HEYNE

Für Rosemarie

Jürgen Leinemann

HÖHEN
RAUSCH

Die
wirklichkeitsleere
Welt der Politiker

WILHELM HEYNE VERLAG
MÜNCHEN

VORWORT ZUR TASCHENBUCHAUSGABE

Die Stille umhüllt den Hausherren mit milder Weltenferne. Ihn erfülle »Kampfeseifer« versichert er, aber um ihn herum ist Frieden. Der Blick durch die weiten Fenster gleitet über eine blühende Stadtlandschaft. An den Wänden des hohen Raumes ist die brüchige, grelle Wirklichkeit des Lebens – gemalt von den großen Künstlern unserer Zeit – kultiviert in Bilderrahmen gezwungen.

Ruhe, Ordnung, Kultur – ein Ambiente wie im Museum für moderne Kunst am Abend vor der Eröffnung. Nein, mitten im Leben regiert der Kanzler der Bundesrepublik Deutschland nicht. Sein Arbeitszimmer im siebten Stock des Berliner Amtssitzes ist ein Ort unwirklicher Ruhe inmitten einer hektischen, gereizten politischen Umgebung. Ein Zauberberg. Wer hier allein ist, wird es lange bleiben…

Oder auch nicht. Wo ist denn bloß das Grundgesetz? Gerhard Schröder, der gerade noch betont gemütlich an seiner Zigarre gezogen hat, ist aufgesprungen und hastet vom Regal zum Schreibtisch, weil er seinem Besucher Artikel 63 des Grundgesetzes vorlesen will, der die Wahl des Bundeskanzlers regelt, in dem aber das Wort Rücktritt nicht vorkommt. Gerade hatte er – es ist Donnerstag, der 9. Juni 2005 – vor der Presse seine Entschlossenheit bekundet, vorzeitige Neuwahlen zu erzwingen und zu diesem Zweck die Vertrauensfrage zu stellen.

Das ist ein kompliziertes Verfahren, seine Kritiker wollen deshalb, dass er einfach zurücktritt. Doch das, findet Schröder, sei eher noch komplizierter. Und vor allem – aber das sagt er nicht –

könnte Rücktritt so aussehen, als werde er »vom Hof gejagt« oder als schmeiße er einfach kampflos die Brocken hin wie einst sein früherer Kampfgefährte und Parteifreund Oskar Lafontaine, der sich vor sieben Jahren ohne Gruß aus der rotgrünen Koalition davonmachte. Das soll über ihn einmal nicht im Geschichtsbuch stehen.

Insofern hat Deutschland wohl trotz allem Glück gehabt. Denn wie nahezu alle Politiker seiner Generation von Trümmerkindern, die zwischen 1940 und 1950 geboren und nach dem Zweiten Weltkrieg in die Wirtschaftswunderwelt der neuen Bundesrepublik hineingewachsen sind, ist auch für den von »den Asozialen« – wie er selbst sagt – an die politische Spitze aufgestiegenen Sozialdemokraten Gerhard Schröder der persönliche Erfolg das Allerwichtigste. Wenn der mit den Interessen der Bürger, des Landes und womöglich auch seiner Partei übereinstimmt, umso besser.

Und so hat Schröder nach der verheerenden Niederlagen-Serie seiner Partei in elf Bundesländern am Abend des Debakels von Nordrhein-Westfalen handstreichartig Neuwahlen angekündigt. Noch einmal versuchte er, seine Fernseh-Popularität als Medienkanzler auszunutzen und eine Bundestagswahl zum Plebiszit über seine Person zu machen – zum Schrecken seiner Genossen, zur Freude der seither strahlenden CDU-Chefin und Gegenkandidatin Angela Merkel und zum Unbehagen des Bundespräsidenten Horst Köhler, der das knifflige Verfahren der Auflösung des Bundestages absegnen muss.

Als Coup wurde Schröders Entscheidung beurteilt, als machiavellistisches Manöver, die Macht wieder in den Griff zu bekommen, die ihm zu entgleiten drohte. So sah ich es auch. Wer den Kanzler lange und gut kennt, der kommt nicht auf die Idee, dass Schröder freiwillig etwas loslassen würde, was er schon erobert hatte. Ich fand also meine vor einem Jahr in diesem Buch veröffentlichen Prognosen über die Realitätsferne, die süchtige Gier nach Macht und Aufmerksamkeit, das selbstzerstörerische Klammern an Ämtern und Privilegien unserer politischen Elite voll bestätigt.

Überhaupt haben die Akteure aller Parteien es mir leicht gemacht, die Thesen meines Buches in zahlreichen öffentlichen Diskussionen und Lesungen, in Fernseh-Interviews und Presse-Befragungen zu vertreten. Als wollten sie für mich Reklame laufen, leisteten sie sich Ausrutscher, Skandale und Tragödien. Auf vielfältige Weise bekräftigten sie damit Erhard Epplers Einschätzung, dass Politik an der Grenze dessen angesiedelt sei, was Menschen bewältigen können, ohne Schaden zu nehmen an ihrer Seele.

Vor allem Heide Simonis führte es vor, die nach dem für sie enttäuschenden Wahlausgang in Schleswig-Holstein die Chance gehabt hätte, in Würde als Ministerpräsidentin abzutreten. Auf die Frage, warum sie sich denn auf die wackelige Mehrheit von nur einer Stimme einlassen wolle, statt ihrer SPD den Weg frei zu machen in eine große Koalition mit der CDU, antwortete sie in einer Talkshow mit dem Schlüsselsatz ihrer ganzen Generation: »Ja – und wo bleibe ich dann?« Sie pokerte auf persönlichen Erfolg und verlor mehr als ihr Amt.

Oder Joschka Fischer, der Publikums-Liebling. Krachend stürzte er von seinem Umfrage-Gipfel, als bekannt wurde, wie fahrlässig er die Visa-Affäre seines Amtes unterschätzt hatte. Dass er dazu vom Untersuchungsausschuss des Bundestages einen ganzen Tag lang vor Fernsehkameras befragt wurde, empfand er indes eher als eine Chance. »Zwölfeinhalb Stunden Live-TV, das ist doch der Traum jedes Politikers«, spottete er. »Die Kinder gehen zu Schule, Fischer ist im Fernsehen. Die Kinder kommen nach Hause, Fischer ist im Fernsehen. Die Kinder müssen ins Bett, Fischer ist immer noch auf dem Bildschirm«.

Landauf, landab bestätigte das politische Personal seine schwindende Bodenhaftung. In Bremen knallte der CDU-Wirtschaftssenator Peter Gloystein durch, der ein heimisches Weinfest offenbar mit der Siegerehrung eines Formel-Eins-Rennens verwechselte. Mit den Worten »Hier hast Du auch was zu trinken«, kippte er von der Bühne herab Sekt aus einer Magnum-Pulle auf einen Obdachlosen. In Wiesbaden verstand Helmut Kohls früherer Bundesinnenminister Manfred Kanther die Welt nicht mehr, als er zu 18 Monate Gefängnis auf Bewährung verurteilt wurde, wegen Untreue. Untreue? Aus »Übertreue« hatte der damalige CDU-Generalsekretär 1983 illegal 20,8 Millionen Mark Parteigelder in die Schweiz transferiert.

Von der Droge Politik redeten plötzlich alle so freimütig und öffentlich, als hätten sie sich schon immer als Abhängige verstanden, als »Poilitiksüchtige«, wie der frühere Gesundheitsminister Horst Seehofer (CSU), oder zumindest als »Kleinjunkie«, wie Ex-Verkehrsminister Reinhard Klimmt (SPD). In der ARD-Fernsehdokumentation »Im Rausch der Macht« bekräftigten Klaus Kinkel, Joschka Fischer, Andrea Fischer, Wolfgang Schäuble, Horst Seehofer, Heide Simonis, Gregor Gysi, Wolfgang Thierse und Wolfgang Clement vor der Kamera, was die meisten mir in den Jahren zuvor lieber hinter vorgehaltener Hand anvertraut hatten. Jetzt waren sie zu öffentlichen Eingeständnissen – freiwilligen und unfreiwilligen – von verblüffender Deutlichkeit bereit.

So bekannte beispielsweise Heide Simonis: »Wenn mich auf fünf Schritte keiner erkennt, werde ich depressiv.« Es musste also – als sie sich später so jammervoll an ihr Amt klammerte – niemand raten, warum sie das tat. Oder Gregor Gysi. Es klang wie der Erleichterungsstoßseufzer eines Mannes, der das Schlimmste hinter sich hat, als er einräumte »Politik kann abhängig machen, ja«. Im Wahlkampf 2005 aber ist er prompt wieder dabei – nach drei Herzinfarkten und einer Hirnoperation, die er überstanden hat, »ohne bekloppter zu sein als vorher«, wie er sagt. Wie der PDS-Star im Duett mit dem linken Populisten Oskar Lafontaine noch einmal zurück auf die öffentliche Bühne drängt, das trägt Züge von Verzweiflung. Für die Wichtigkeitsdroge »öffentliche Aufmerksamkeit« setzen sie Leben und Ansehen aufs Spiel.

Der vorgezogene Wahlkampf 2005 liefert der jetzt regierenden Generation von 60-jährigen die letzte Chance, im Rampenlicht des Erfolges zu bleiben. »Fischer ist Geschichte« titelte die *taz* bereits. Aber was kommt danach? Noch hat die Generation der 40 bis 50-jährigen keine erkennbare politische Physiognomie. Dass aber die CDU-Chefin und Kanzlerkandidatin Angela

Merkel schon immer mehr war als Helmut Kohls »Mädchen« aus dem Osten, könnte jeder gemerkt haben, der sich nicht in traditioneller Überheblichkeit an seine Vorurteile aus der guten alten Bonner Republik klammert.

Ich habe sie im Februar 1990 als engagierte, selbstironische, nüchterne junge Wahlkämpferin des Demokratischen Aufbruch kennen gelernt. Wie nahezu alle ihrer heutigen Politiker-Kollegen, die aus der DDR stammen, kam sie mir wirklichkeitsnäher und erwachsener vor als ihre Altersgefährten aus dem Westen. Angela Merkels Aufstieg war rasant ohne Beispiel. Bald galt sie als eiskalt, misstrauisch und machtbesessen ohne inhaltliche politische Ziele. Je länger sie im Partei-Geschäft war, umso undurchschaubarer verhängte sie ihre Züge mit einer auf westliche Medien umfunktionierten grämlichen Stasi-Abwehr-Maske. »Ich habe früh gelernt, dass man im Freundeskreis alles besprechen kann, aber draußen eben vorsichtig ist«, erklärte sie. Sie wusste, dass ihre Rivalen in CDU und CSU noch keineswegs aufgegeben hatten.

Dann kam der triumphale CDU-Sieg in Nordrhein-Westfalen und Schröders Neuwahl-Ankündigung. Von einem Tag zum anderen erschien Angela Merkel auf den Titelseiten der Medien und auf den Bildschirmen als strahlende, selbstbewusste Lichtgestalt, glücklich und schön wie eine Braut. War das alles nur Inszenierung? Und wenn ja – von wem? Sicherlich hat sie an ihrem Styling gearbeitet, dezentes Make-up, luftigere Frisur, flottere Kostüme. Auch wählten Fotografen und Bildredakteure freundliche Motive, die zur allgemeinen Stimmung passten. Vor allem aber war es die Droge Macht, die Schröders Herausforderin von innen leuchten ließ. Einen Satz von Hillary Clinton hatte sich Angela Merkel dazu gemerkt: »Frauen sind wie Teebeutel. Du weißt nicht, wie stark sie sind, bis Du sie ins heiße Wasser tauchst.«

Jürgen Leinemann
Berlin, Juni 2005

EINLEITUNG

Todeskuss

Der Mann im Publikum fühlte sich sichtlich fehl am Platz. Gierig blickte er auf die Bühne, während er wortlos zwischen den Sportlern und Chorsängerinnen des sächsischen Städtchens Grimma wartete, vielleicht ein bisschen formeller gewandet in seinem dunklen Nadelstreifenanzug, aber nicht weniger aufgeregt. Denn da oben auf dem provisorischen Podest am Ufer der Mulde standen die Großen des Landes – der Bundeskanzler und der Ministerpräsident. Auf die zielten die Kameras, vor denen waren die Mikrofone aufgebaut, zu ihnen blickten die Leute auf. Nichts wünschte der Mann in der Menge in diesem Augenblick mehr, als mit den Wichtigen zusammen gesehen zu werden, seinen Namen erinnerte sowieso noch jeder: Kurt Biedenkopf.

In Wahrheit zählte er sich natürlich noch immer dazu. Sechzehn Monate war es jetzt her, dass der kleine Professor sein Amt in der Dresdener Staatskanzlei an Georg Milbradt abgegeben hatte. Offiziell hoch gepriesen, war er im April 2002 als Ministerpräsident zurückgetreten, tatsächlich aber hatten ihn seine Parteifreunde nach kleinkrämerischen Affären und großmannssüchtigem Gehabe in Schande davongejagt. Denn der CDU-Chef Biedenkopf und seine Frau Ingrid hatten etwas zu feudal und selbstherrlich regiert. Ein Minister spottete: »Biedenkopfs öffentliche Auftritte besitzen eine fast religiöse Dimension.«

Jetzt liefen die Kabelträger und Fotografen achtlos an ihm vorbei. Es war der 13. August 2003, vor fast genau einem Jahr hatte das Hochwasser hier eine Hängebrücke schwer beschädigt und die Stadt überflutet. Damals versprach ein entschlossener Gerhard Schröder, dem im Wahlkampf selbst das Wasser bis zum Hals stand, unbürokratische rasche Hilfe. Jetzt kassierte er den Dank ein. Und während der Bundeskanzler zufrieden die Menge der vielen tausend Grimmaer Bürger überblickte, entdeckte er schließlich den vor verkannter Bedeutung vibrierenden Mann neben der Bühne. »Ach«, rief er leutselig, »da ist ja der Altministerpräsident.« Und ohne auf Milbradt zu achten, zog er dessen Vorgänger hoch aufs Podium und juchzte ins Mikrofon: »Herr Professor Biedenkopf. Oder soll ich sagen: König Kurt?« Die Menge klatschte, Kurt Biedenkopf strahlte und überbrachte Grüße von Richard von Weizsäcker.

War das nun rührend? Zynisch? Peinlich? Gar entwürdigend? Mit gemischten Gefühlen verfolgte ich, wie der 73-Jährige dem genüsslich die Zuneigung der Menge einsammelnden Schröder nachlief. Gelegentliches Winken und Zurufe, die ihm galten, beflügelten den Promi im Ruhestand wie Aufputschpillen: Ja, auch Kurt Biedenkopf war immer noch populär. »Wie leben Sie denn so ohne Politik?«, fragte ich ihn, als der Kanzler ihm an der Theke eines Lokals ein Bier bestellt hatte. Das war aber die falsche Frage. »Ich lebe doch nicht ohne Politik«, fuhr er mich an. Was glaubte ich denn, was er mache im Flutkuratorium und in der Deutschen Nationalstiftung, an Hochschulen, Akademien und beim Bücherschreiben? Nein, dieser Mann, der sich zeitlebens so viel darauf zugute gehalten hatte, dass er in der Wirtschaft erfolgreich gewesen war, an der Universität Karriere gemacht und als »Staranwalt« – so seine Frau – reüssiert hatte, konnte von der Politik nicht lassen.

Wieder einer. Seit vierzig Jahren beobachte ich nun Politiker aus nächster Nähe, sehe, wie die Macht sie verändert, wie sie sich einmauern in Posen von Kompetenz und Zuversicht, während die öffentliche Verachtung wächst. Alle haben sie irgendwann einmal die Welt verändern wollen, ein bisschen wenigstens, aber die meisten geraten doch alsbald in die Versuchung, ihre Wahlämter als Plattform zur Selbstbestätigung zu benutzen, sich und anderen mit ihren Privilegien Bedeutung vorzuspielen. Viele merken gar nicht, wie sie von einem Sog erfasst werden, der ihnen immer mehr äußeren Betrieb zumutet und immer mehr innere Freiheit nimmt. Meist wollen sie es nicht wahrhaben.

Eine Weile glaubte ich mich in meiner Beobachterposition auf der sicheren Seite – bis ich merkte, dass ich als Journalist keineswegs nur Zuschauer war, der auf der Tribüne des Geschehens saß und cool protokollierte, sondern auch Zeitgenosse und Mitspieler in der politischen Klasse. Ich musste erst selbst eine lebensbedrohliche Krise überstehen, um zu begreifen, in welches Elend manche geraten, wenn sie Politik zum Beruf machen. Hans Magnus Enzensberger hat es drastisch zugespitzt: »Der Eintritt in die Politik ist der Abschied vom Leben, der Kuß des Todes.«

Mit den meisten politischen Karrieristen teilte ich einen unersättlichen Hunger nach Anerkennung und Bestätigung. Denn wie sie sah auch ich mich bald nicht nur auf der Erfolgsleiter, sondern zugleich auf der Flucht vor der immer unangenehmer werdenden Realität aus Selbstzweifeln, Furcht vor dem Scheitern und quälenden Fragen nach dem persönlichen Preis für die Karriere. Aus bescheidenen Verhältnissen stammend war ich schnell weit gekommen. Mit einunddreißig Jahren arbeitete ich als dpa-Korrespondent in Washington, D.C., 1971 wurde ich Büroleiter des *Spiegel* in der amerikanischen Hauptstadt.

Da war damals zwar noch nicht viel zu leiten, aber zu viel für mich: Ich begann zu ahnen, dass ich meinem Aufstieg nur unzureichend gewachsen war. Zwar hatte ich gelernt, die Erwartungen meiner Umwelt zu erkennen, und ich war auch talentiert und fleißig genug, sie zu erfüllen. Doch meinem äußeren Aufstieg fehlte das innere Gegengewicht. Ich brauchte Erfolg, um meine Selbstzweifel zu kompensieren. Ich war hungrig nach Lob und Zustimmung, um meine Ängste zu ersticken. Und ich arbeitete bis zur Bewusstlosigkeit, um meinen Aufstieg zu rechtfertigen und meinem Leben einen Sinn zu geben. Das gelang mir aber erst später.

Nun erlebte ich in Grimma ohne Überraschung die klägliche öffentliche Macht-Ranschmeiße des Kurt Biedenkopf, der sich zwar immer als hochintelligenter Mann, aber selten als talentierter Politiker erwiesen hatte. Nie war ich dem selbstgefälligen CDU-Herren, den ich seit Anfang der Achtzigerjahre kannte, besonders nahe gekommen. Sein ruhmloser Abgang aus Dresden, wo er um Ikea-Rabatte gefeilscht und sich monatelang mit »Putzfrauen«-, »Miet«- und »Yachturlaubs«-Affären herumgeschlagen hatte, erschien mir umso trostloser, als er sich kurz zuvor noch öffentlich über den verhassten Helmut Kohl belustigt hatte, weil der – als Kanzler abgewählt und als CDU-Ehrenvorsitzender abgesetzt – sich wie ein »Altbauer« aufführe, der nicht aufs Altenteil wolle. Mit deutlicher Herablassung hatte Kurt Biedenkopf begründet, woher »die irrationale Unfähigkeit zum Loslassen« komme, mit der der Altkanzler seine furiose Selbstdemontage durch illegale Parteispenden in Szene gesetzt habe: Kohl habe nun einmal seit seinem 15. Geburtstag ein Leben geführt, das auf nichts anderes als auf die Eroberung von formalen Machtpositionen ausgerichtet gewesen sei. Und nun könne er eben nicht mehr existieren ohne Macht. Das sei wie eine Sucht.

Dass Politik im »Machtrausch« enden kann, dass der Verlust einer politischen Position zu »Entzugserscheinungen« führt – das sind geläufige Redensarten in Politikerkreisen. Schon Max Weber hatte 1919 in seiner berühmten Rede über »Politik als Beruf« davor gewarnt, dass das Machtstreben des Politikers »Gegenstand rein persönlicher Selbstberauschung« werden könnte. Heute hantieren die Akteure selbst locker mit Sucht-Begriffen, um die Gefahren der beruflichen Verformung zu beschreiben. Und Gerd Langguth, einst CDU-Vorstandsmitglied, Bundestagsabgeordneter und RCDS-Vorsitzender, jetzt Professor für Politische Wissenschaft in Bonn, spricht gar von »Politoholics«, um die Persönlichkeitsveränderungen zu charakterisieren, die die »Droge Macht« auslöst.

Sucht. Droge. Entzug. Die meisten Politiker benutzen die Begriffe aus der Junkie-Szene mit bemerkenswerter Beiläufigkeit, um ihre eigene Befindlichkeit zu beschreiben. Sie tun so, als seien die Sucht-Vergleiche bloße Metaphern, harmlose Umschreibungen für eine etwas peinliche Besessenheit. Sucht light, sozusagen.

Doch wer von Drogen redet und von Sucht, der redet zugleich von Realitätsverlust. Wenn also gerade jene Menschen Gefahr laufen, von Berufs wegen ein gestörtes Verhältnis zur Wirklichkeit zu entwickeln, denen wir durch Wahl den Auftrag erteilt haben, unser eigenes Leben, unsere persönliche Alltagsrealität zu ordnen, zu schützen oder sogar zu verändern, dann brauchen wir uns über den beklagenswerten Zustand der Welt nicht zu wundern.

Die »Droge Politik«, hat Bundespräsident Johannes Rau gewarnt, verursache eine »Sehstörung«, die er als Hauptgefahr im Leben von Berufspolitikern betrachte. Politiker neigten dazu, sagte Rau, sich so sehr an ihrer eigenen Bedeutung zu berauschen, in dem Gefühl zu schwelgen, die Welt verändern zu können, dass sie bald nicht mehr wahrnähmen, dass für andere Menschen Politik keineswegs das ganze Leben ist. Normale Bürger lesen Bücher, treiben Sport, kümmern sich um ihre Familie, haben Hobbys. Der Politiker hat von morgens bis abends nur die Politik, um die sich alles dreht – sein Denken, sein Tagesablauf, seine Phantasien, alles. Rau: »Wenn der Politiker das zu übersehen beginnt, dann politisiert er die Welt. Und weil die Realität anders ist, verschätzt er sich in der Welt.«

Auch der SPD-Politiker Rau war gegen solche Irrtümer keineswegs gefeit. Ziemlich erschrocken und empört saß er im Frühjahr 2000 – während ihm im atmosphärischen Gefolge der Kohlschen Parteispenden-Affäre nachträglich angebliche Privatflüge und gesponserte Geburtstagsfeiern aus seiner Düsseldorfer Regierungszeit vorgeworfen wurden – als neu gewählter Bundespräsident im Berliner Schloss Bellevue, auf dessen Dach die goldene Präsidentenfahne mit dem schwarzen Adler flatterte. »Die Leute sagen, wenn der Lappen draußen hängt, sind die Lumpen drinnen«, flüsterte er fassungslos Freunden zu, die ihn besuchten.

Dass die Anklagen unhaltbar waren, erwies sich schnell. Raus Wahrnehmungsstörung betraf auch eher sein neues Amt – er hatte offenbar geglaubt, als Staatsoberhaupt aus der Klasse der normalen Berufspolitiker ausgeschieden zu sein. Sonst hätte der alte politische Fahrensmann eigentlich nicht überrascht sein können, dass in der Vorstellung der meisten Deutschen die parteipolitischen Profis generell als korrupt, oder wenigstens als latent korruptionsanfällig gelten. Und schien nicht eine unendliche Folge von Skandalen und Affären in den vergangenen Jahrzehnten – eine Strauß-Lambsdorff-Barschel-Engholm-Späth-Krause-Streibl Leisler Kiep-Kohl-Koch-Klimmt-Biedenkopf-Möllemann-Döring-Kette von mehr oder minder hochgespielten Anrüchigkeiten und unzweifelhaft kriminellen Akten – diesen Eindruck zu bestätigen?

Politik als Beruf, hat Erhard Eppler geschrieben, gehöre nicht nur zum Gefährlichsten und Abgründigsten, worauf Menschen sich einlassen können, sondern auch zum Faszinierendsten, Spannendsten, ja Schönsten. Fast zögernd fügte der gestrenge Protestant in einer Art verkappter Bilanz seines öffentlichen Wirkens als Abgeordneter, Minister und freier Volkstribun der Friedensbewegung hinzu: »Vielleicht ist Politik an der Grenze dessen angesiedelt, was Menschen leisten können, ohne, um es biblisch zu sagen, Schaden zu nehmen an ihrer Seele.« Das wissen die meisten ziemlich genau, auch wenn sie über den selbstzerstörerischen Trend in ihrem Beruf nicht reden. Sie ahnen zumindest, dass es ernst ist.

Ich weiß es seit dem 9. August 1974, 12 Uhr mittags. Damals gab der 37. amerikanische Präsident, Richard Milhouse Nixon, in Washington, D.C. sein Amt an den Vizepräsidenten Gerald Ford ab. Die Watergate-Affäre, eine aus dem Weißen Haus gesteuerte Verschwörung zur Vertuschung krimineller Wahlkampfaktivitäten, hatte den Republikaner eingeholt. Nixon war der erste Präsident, den Verstöße gegen seinen Amtseid zum Rücktritt zwangen. Zum letzten Mal spielte die Marine Band »Hail to the Chief«. In der Tür des Helikopters, der ihn aus dem Weißen Haus abholte, drehte sich Nixon noch einmal um und spreizte die Finger zum nun grotesk wirkenden Siegeszeichen »Victory«. Er hatte keine Schuld auf sich genommen und niemanden um Verzeihung gebeten. Er tat sich Leid.

Ein paar hundert Meter entfernt hockte ich derweil am Schreibtisch des *Spiegel*-Büros im National Press Building und versuchte vergeblich, Nixons trostlosen Augenblick als meinen

Triumph zu genießen. Aus irgendeinem Grund war auch ich ganz allein. Sozusagen zur Belohnung für meine ausführliche und vorherschauende Berichterstattung in den Monaten zuvor sollte ich den Abgang des US-Präsidenten in einem Namensbericht beschreiben – in jenen Jahren im Hamburger Nachrichtenmagazin noch eine ziemlich ungewöhnliche Auszeichnung. Doch ich starrte auf den Fernseher, sah den krampfhaft um Haltung bemühten gedemütigten Mann und fühlte nichts. Keine Erregung, keine Erleichterung, kein Mitgefühl, keinen Hass, nichts. Es war eine historische Stunde, aber die Kommentare der Fernsehkorrespondenten erreichten mich so wenig wie die Bedeutung der Bilder. Ich hörte wie durch Watte, sah wie durch Milchglas. Mein Bewusstsein schien ausgeschaltet. Heute weiß ich, dass dieser taube Augenblick ein existenzieller Tiefpunkt war, dass er eine Wende in meinem Leben einleitete, nicht nur in meinem beruflichen, aber da vor allem.

Im Mai 1968 hatte ich in Washington angefangen. Da schwelten in Reichweite des Weißen Hauses noch die Trümmer der schwarzen Ghettos, die nach dem Mord an dem farbigen Bürgerrechtler Martin Luther King explodiert waren. Monatelang passierte ich die Sicherheitskontrollen zum Amtssitz des Präsidenten, 1600, Pennsylvania Avenue, NW, mit einer Art frommem Schauder. Ich war der junge Mann aus Germany, ein kaum wahrgenommener Außenseiter im legendären White House Press Corps. Den Ausweis – man trug ihn an einer Kette um den Hals – empfand ich als eine Art Orden. Auch wenn mich das Attentat auf John F. Kennedy und der schmutzige und erfolglose Krieg in Vietnam erschreckt und irritiert hatten – im Grunde waren meine positiven Vorurteile über die Vortrefflichkeit der amerikanischen Demokratie noch unerschüttert.

Dann eskalierte der Vietnamkrieg, Präsident Lyndon B. Johnson, der deftige Texaner, der John F. Kennedy nachgefolgt war und den Krieg intensiviert hatte, gab auf, die Demokraten verloren die Wahl 1968. Jetzt richtete sich der Zorn der Demonstranten gegen den Republikaner Nixon, der sich fast über Nacht aus einem geschäftsmäßig kühlen Taktiker der Weltpolitik in einen rücksichtslosen Spieler mit Menschenleben verwandelt zu haben schien. Statt, wie versprochen, den Krieg in Südostasien zu beenden, weitete er ihn aus. Dennoch wurde Nixon 1972 wiedergewählt – und das, obwohl zuvor fünf Männer, von der Presse »die Klempner« genannt, bei einem Einbruch ins Wahlkampfhauptquartier der Demokraten im Watergate-Bürokomplex erwischt worden waren, denen eindeutig Kontakte ins Weiße Haus nachgewiesen werden konnten.

Mich versetzte diese Nachricht schlagartig in ein unerkläriches und unangemessenes Jagdfieber. Ich war inzwischen zum *Spiegel* gewechselt, wo ich größeren Spielraum für Meinungsäußerungen hatte, aber mehr als eine kurze Nachrichtengeschichte über die obskure Räuberpistole hatte ich zunächst nicht zu bieten. Trotzdem sagte mir mein Instinkt, dass Nixons Leute, wenn nicht gar er selbst, hinter dem klandestinen Unternehmen stecken mussten.

Ich traute dem ungeliebten Nixon, für den ich auf eine mich selbst irritierende Weise zugleich Abscheu und Mitgefühl empfand, inzwischen allerhand Verrücktheiten zu. Irgendwie meinte ich etwas zu ahnen von den Ängsten und der unterdrückten Wut, die ihn antrieben, immer aufs Neue beweisen zu müssen, dass er, der einfache Kleinbürger aus Yorba Linda in Kalifornien – dem der Ruf eines schlüpfrigen, überehrgeizigen Opportunisten anhing – der rechtmäßig gewählte und auch befähigte Präsident der Vereinigten Staaten von Amerika war. Ich war sicher, dass er scheitern würde – an sich selbst. Das blieben natürlich Vermutungen. Mit seinem Einzug ins Weiße Haus war Richard Nixon sozusagen der menschlichen Nachprüfbarkeit entrückt und zu einer abstrakten Herrschaftsfigur geworden – blutleer, aufgedonnert, schemenhaft, mehr das Image eines Präsidenten als eine kenntliche Person. Solche Enthumanisierungsprozesse, im heutigen Medienzeitalter überall üblich, gehörten schon Anfang der Siebzigerjahre zum Alltag in der politischen Weltmetropole am Potomac, dem Neuen Rom.

Das Thema »Watergate« entwickelte einen Sog, dem sich kaum einer zu entziehen vermochte. Ich am allerwenigsten. Meine Jagd nach Details, die Akribie meiner Kenntnisse über Personen, Zeitpunkte und Formulierungen sowie die aggressive Intensität meiner Argumentation kriegten wahnhafte Züge. Was nach außen wie professionelle Leidenschaft wirkte – und sich für die Berichterstattung ohne Zweifel auch höchst positiv auszahlte –, empfand ich selbst immer mehr als Besessenheit. Ich begann Richard Nixon zu hassen. Er hatte mir nicht nur endgültig meinen amerikanischen Traum von einer funktionierenden und integren Demokratie zerstört. Er trug auch persönlich alle Merkmale des kleinbürgerlichen Aufsteigers, der sich in Positionen hochgedient hatte, denen er nicht gewachsen war – so wie ich selbst. Immer zwanghafter projizierte ich meine eigenen ungeliebten Eigenschaften auf Tricky Dick, um sie an ihm zu bekämpfen.

Wohl war mir dabei nicht. Ich ahnte meine Unfreiheit, litt unter meiner Unfähigkeit zur Distanz. Die Ruhelosigkeit quälte mich. Ich lebte mit dem Gefühl, mich und meine Position verteidigen zu müssen, obwohl mich niemand in Frage stellte. Ich schlief schlecht. Ich arbeitete rastlos. Ich trank zu viel und aß zu wenig. Aus Erschöpfung wurde Depression. Medikamente kamen dazu. Doch ich blieb Richard Nixon auf den Fersen, begleitete ihn zur Nato nach Brüssel, zu Breschnew auf die Krim und in den Kreml und zu Pompidou, den sterbenskranken, durch Kortison aufgeblähten französischen Staatspräsidenten, nach Island. Merkte Nixon nicht, dass ich dabei war, ihn zur Strecke zu bringen? Wann würde er zurückschlagen? Bei jedem Telefonschrillen zuckte ich zusammen. FBI? CIA? Secret Service? Steuerbehörde? Einwanderungsbüro? Er oder ich, ich oder er – in meinem Kopf lief ein panischer High-Noon-Film in Endlosschleife.

Am Ende war Richard Nixon erledigt, aber ich hatte nicht gewonnen. Im Gegenteil – auch ich konnte und wollte in Washington nicht länger bleiben. Denn so krank, müde und depressiv, wie der Präsident wirkte, fühlte ich mich auch. Ein Hochstapler im Weißen Haus war enttarnt, nun war ich dran. Das weinerlich selbstmitleidige und unterschwellig suizidale Lamento über seine armen Eltern, die sich krumm gelegt hatten für ihren Sohn, der es einmal zu etwas bringen sollte, weswegen er, Richard

17

Nixon, ihnen niemals Schande machen wollte – diese Schnulze, die echten Schmerz in falsche Gefühle umsetzte, entsprach voll und ganz meiner eigenen Empfindung. Der Alkohol, mit dem ich mir aufhelfen wollte, machte alles noch schlimmer. Nein, ich konnte keine Sieger-Story abliefern, denn mir ging es miserabel. Wie Nixon suchte auch ich nach diesem Tag professionelle Hilfe wegen meines seelischen Zustands. Doch was dann monatelang von verschiedenen Ärzten zunächst als endogene Depression behandelt wurde, erhielt am Ende einen anderen Namen: Sucht.

Das Wort »Sucht« – es kommt von »siech«, englisch »sick«, was krank heißt – kennzeichnet einen Mangel, ein Defizit. Die Wirklichkeit wird als unerfüllt oder bedrohlich erlebt. Mit Hilfe von Drogen, ganz gleich ob chemische Mittel oder stimulierende Aktivitäten, versucht der Betroffene, dieses Defizit zu füllen. Wenn das Bedürfnis nach solchen Mitteln sich auswächst zu einem »unabweisbaren Verlangen« nach einem bestimmten Gefühls-, Erlebnis- oder Bewusstseinszustand, sprechen die Fachleute von Sucht. An Mitteln zur Herstellung dieser betäubenden Gemütsverfassung war kein Mangel in meinem Job – dazu dienten Arbeit, öffentliche Wirkung, Lob und Rituale der Bedeutung, Rauchen und vor allem Alkohol. Aus Gewöhnung an diese Mittel wurde durch ständige Wiederholung und immer höhere Dosierung zunächst Abhängigkeit, dann Sucht.

Es dauerte eine Weile, bis ich diesen Prozess erkannt, bearbeitet und akzeptiert hatte. Einzugestehen, dass ich zwar alkoholabhängig war, dass mein süchtiges Verhalten aber nicht durch Whisky, Bier oder Wein erzeugt wurde, sondern dass umgekehrt der Suff die Folge eines persönlichen Defizits war, fiel mir nicht leicht. Es half aber, dass ich schnell merkte, wie sehr auch andere sich mit dieser Problematik herumschlugen – nicht zuletzt in der Politik.

Die da oben

Etwas Zweideutiges und Heimtückisches, ja Todbringendes hat der tschechische Präsident Václav Havel in der Versuchung der Macht entdeckt, nachdem er selbst in politische Führungspositionen aufgerückt war: »Unter einem Schleier existenzieller Selbstbestätigung wird die Existenz ihrer selbst enteignet, von sich selbst entfremdet, gelähmt.« Es war aber gerade dieses Abgründige, das mich an der Politik früh gereizt hat. Neugierig auf Menschen war ich sowieso immer – auf ihre Irrtümer, ihre Vernunft und ihr Bewähren, auf ihr Scheitern und ihre Schuld, das ganze unübersichtliche Drama des Lebens.

Die Umstände meiner Kindheit und Jugend in den Bombenkellern des Zweiten Weltkrieges und im Wiederaufbaufieber der frühen Adenauer-Jahre haben es mit sich gebracht, dass dieses Interesse schon früh eine politische und historische Einfärbung erhielt. Denn die älteren Menschen um mich herum – die Verwandten, Nachbarn, Lehrer und Professoren, die mich auf den Ernstfall des Erwachsenendaseins vorzubereiten vorgaben – schienen fast alle über zwei verschiedene Biografien zu verfügen. Es irritierte mich, dass – wenn sie von sich redeten – eine unüberbrückbare Kluft ihre persönliche Alltagswelt von jener großen Geschichte zu trennen schien, die offenbar ganz ohne eigenes Zutun hineingehagelt hatte in ihr privates Geschick.

Von ihren Großtaten als treu sorgende Familienmenschen, fleißige Kleingärtner, listige Überlebenskünstler und pflichtbewusste Berufstätige wussten sie lebensprall und saftig zu erzählen – von Geburten, Hochzeiten, Krankheiten und Beförderungen. Da waren sie Helden, Schlitzohren, Tölpel und Pechvögel, und, ob glücklich oder unglücklich, immer mittendrin im richtigen Leben. Das zweite Schicksal blieb dagegen seltsam vage, farblos und abgetrennt von eigenem Selbstverständnis. Es war den verhärmten Neudemokraten irgendwie zugestoßen, als exklusive Veranstaltung von »denen da oben« über sie hereingebrochen. Die hatten sie nach Verdun in den Ersten Weltkrieg geschickt oder nach Stalingrad in den Zweiten. Die hatten Inflation, Arbeitslosigkeit, Krieg, Hungerjahre und Wirtschaftswunder gemacht. »Die da oben« – das waren der Kaiser und die Parteien, die Siegermächte, Hitler und die Nazis, die Amis, der Tommy und der Russe, schließlich Adenauer und »die in Bonn«.

Vor allem deshalb, denke ich heute, habe ich Geschichte studiert und bin Journalist geworden, um herauszufinden, wie diese beiden Leben zusammenpassen. Die Abspaltungen waren mir unheimlich, das Private und das Politische zu integrieren, erschien mir unumgänglich. In meinem eigenen Leben wollte ich diese Kluft nicht zulassen, und ich wollte andere Menschen beobachten, wie sie sich gegen das Auseinanderfallen wehrten – oder wie sie es benutzten. Und wo wäre das besser zu studieren gewesen als in der Politik?

Deshalb habe ich mich nach meinem Zusammenbruch, den ich nur verkraften konnte, indem ich eine Menge über mich selbst lernte, vor allem darauf konzentriert, die handelnden Figuren in der Politik zu beschreiben. Nicht weil ich – wie etwa die Geschichtsschreiber des 19. Jahrhunderts – noch immer glaubte, Politiker und Staatsmänner seien die großen Macher, die alle Fäden in der Hand hielten und die Geschichte lenkten. In ihnen bricht und spiegelt sich Geschichte eher. Weil sie öffentliche Ämter haben und öffentliche Funktionen ausüben, weil sie mitentscheiden, wie wir leben, verdienen sie besondere Aufmerksamkeit, nicht weil sie so bedeutsame Menschen wären. In seltenen Fällen sind sie es trotzdem.

Als ich anfing, klangen solche Einschätzungen ziemlich altmodisch. Ende der Siebzigerjahre kamen Menschen als Machtfaktoren in theoretischen Abhandlungen über Politik kaum noch vor. Biografische Darstellungsformen galten als überholt. Strukturen und Systeme, Bürokratien, Märkte und Kulturen schienen Geschichte zu machen, wenn die sich nicht ohnehin dem Ende zuneigte, künftig abgelöst von einer die Zeit einebnenden virtuellen Globalität. Doch dann geriet mit dem Fernsehen der Mensch wieder in den Blick – die Glotze brauchte *action*. Und prompt reduzierten sich hoch komplizierte politische Zusammenhänge auf archaische Kämpfe zwischen Helden und Schurken, Rettern und Opfern, Machern und Moralisten. Je differenzierter und unüberschaubarer Politik wurde, desto mehr wuchs das Bedürfnis von Parteien und Wählern, mit Hilfe des Fernsehens einzelne Personen als Symbole für Kompetenz, Integrität und Durchsetzungskraft eines politischen Konzeptes herauszustellen und zu akzeptieren. Nach amerikanischem Vorbild, das ich ja sieben Jahre lang vor Ort hatte studieren dürfen, wurden auch in der Bundesrepublik aus Wahlkämpfen zunehmend Duelle zwischen den Spitzenkandidaten der Parteien.

Uns schreibenden Journalisten blieb die Aufgabe, zu den Bildern spannende Geschichten zu erzählen. Hinter den Gesichtern in der »Tagesschau« sollten Lebensmodelle erkennbar werden, die zur Identifikation einluden. Denn es sind ja nicht in erster Linie die Aussagen eines Politikers, die ihn für die Fernsehzuschauer attraktiv oder abstoßend machen. Nur zu sieben Prozent, haben Kommunikationswissenschaftler ermittelt, reagieren Menschen auf Worte und Aussagen. Tonfall und Stimme beeinflussen das Urteil zu 38 Prozent, den Rest – 55 Prozent – prägen Körperhaltung, Gesten, Gang und Mimik. Und so hängt die Glaubwürdigkeit von Politik weitgehend davon ab, ob die Politiker ihre Inhalte durch Auftreten zu legitimieren vermögen. Sie bieten der Öffentlichkeit ein Bild von sich an – ist es durch ihr Leben gedeckt?

Das interessierte mich, nachdem ich an Richard Nixon wie auch am eigenen Leib erlebt hatte, dass es offenbar nicht ausreichte, die nötigen Begabungen für bestimmte Positionen zu besitzen – man musste ihnen auch charakterlich und menschlich gewachsen sein. Gab es so etwas Altväterliches wie sittliche Integrität überhaupt noch? Was waren das für Menschen, die Politik zum Beruf machten? Was trieb sie an? Von welchen hohen Träumen und tiefen Ängsten, Ehrgeiz und Trieben, Hemmnissen und Prägungen wurden sie bestimmt? Willy Brandt, der während seiner jungen Jahre in Oslo lange Gespräche mit dem politisch engagierten Psychoanalytiker Wilhelm Reich geführt hatte, wunderte sich später häufig, dass die seelischen Probleme und die neurotischen Störungen von Politikern in der öffentlichen Diskussion in Deutschland so wenig erörtert wurden. Man frage viel zu wenig, »wie es zu bestimmten Fehlentscheidungen oder zu bestimmtem Fehlverhalten kommt. Man nimmt sie einfach so hin, als Faktum«, sagte Brandt 1989 in einem Interview. Das sei ein Fehler. Es werde so getan, als ergebe sich alles aus politischen Erwägungen, aus parteipolitischen Interessen oder aus sachlichen Notwendigkeiten. Brandt: »Daß die Beweggründe eines Politikers sich häufig aus dessen Struktur mehr ergeben als aus den eingespielten politischen Regeln, das, finde ich, wird viel zu wenig beachtet.«

Muss man, um das erkennen zu können und beurteilen zu dürfen, ausgebildeter Psychoanalytiker sein? Im Studium der Psychologie bin ich über die Köhlerschen Affenversuche nicht hinausgekommen, der Statistikkurs hatte mich vergrault. Auf der Psycho-Couch eines Analytikers habe ich nie gelegen. Mit Hilfe verschiedener Methoden der humanistischen Psychologie und durch langjährige Sitzungen in Selbsterfahrungsgruppen glaube ich mir aber so viel Menschenkenntnis angelernt und anerlitten zu haben wie meine Großmütter in der Alltagspraxis ihrer Großfamilien. So gerüstet habe ich mich teilnehmend dem politischen Personal in Bonn und Berlin genähert. Wie sehr dabei mein Blick auf die Befragten durch die eigene Befindlichkeit bestimmt war, ist mir im Nachhinein erst so recht deutlich geworden.

Natürlich nahm ich die Personen, über die ich schrieb, als Individuen ernst. Auch habe ich ihre sozialen Rollen, ihre Herkunft und ihre Lebensgeschichte sorgsam zu recherchieren versucht. Doch die jeweilige Sehweise auf den anderen – ob meine Aufmerksamkeit sich auf Fassaden, Identitäten oder Inszenierungen konzentrierte – hatte mit meiner persönlichen Biografie zu tun, mit dem jeweiligen Stand meiner Selbsterkundung.

Wichtig blieb mir jedoch immer, dass Berufspolitiker Handeln und Verantwortung nicht nur darstellen, sondern dass sie als gewählte Vertreter des Volkes auch wirklich entscheiden und für ihr Handeln verantwortlich sind. »Entscheidend kommt es am Ende immer wieder auf die Person in der Politik an«, hat der politische

Praktiker Richard von Weizsäcker bekräftigt. »Sie kann Fehlent-wicklungen korrigieren. Zweifellos kann sie aber auch Gefahren heraufbeschwören.«

Weizsäcker – inzwischen Bundespräsident a. D. – versuchte im Februar 2003 im Französischen Dom am Berliner Gendarmen-markt aktuelle Antworten auf Fragen zu finden, die 1919 Max Weber zum ersten Mal öffentlich formuliert hatte: Was ist ein Po-litiker? Was treibt ihn? Was betreibt er? Einen Beruf? Max Weber selbst – Jurist, Historiker, Soziologe – war im Revolutionswin-ter 1919 gerade mit seinem Versuch gescheitert, ein Mandat der Deutschen Demokratischen Partei für die Nationalversammlung der Weimarer Republik zu erhalten. Aber aus Sorge um das Ge-lingen der jungen Demokratie in Deutschland ließ er nicht nach in seinem Bemühen, die bürgerliche deutsche Abneigung allem Politischen gegenüber zu bekämpfen. Bis heute kommt niemand, der sich ernsthaft mit dem Politikbetrieb und den politischen Profis befasst, an seinen Maßstäben vorbei.

Offenbar hatte Weber vor allem den Idealtypus des *homo poli-ticus* im Sinn, weniger den gemeinen Berufspolitiker. Und doch trifft die Grundbeschreibung auch diesen: »Kampf um die eigene Macht und die aus dieser Macht folgende Eigenverantwortung für seine Sache ist das Lebenselement des Politikers.« Webers Forderungen an einen Menschen, der dafür gerüstet sein möchte, »seine Hand in die Speichen der Geschichte legen zu dürfen«, hei-ßen Leidenschaft, Verantwortungsgefühl und Augenmaß. Auch die berühmte Geduld für »starkes langsames Bohren von harten Brettern« verlangt er vom Politiker sowie die Einsicht: »Politik wird mit dem Kopf gemacht, nicht mit anderen Teilen des Kör-pers oder der Seele.«

Diese Qualifikationen gehören seither zum Pflichtrepertoire der Selbstbeschreibung politischer Profis.

Traumtänzer

Besonders angesehene Leute waren Politiker nie. Schon der französische Historiker und Politiker Alexis de Tocqueville, der während der Revolution von 1848 in der Französischen Nationalversammlung saß und unter der Diktatur des Louis Napoleon seine *Erinnerungen* schrieb, machte aus seiner Abscheu vor dem Opportunismus, der platten Verlogenheit und der Mittelmäßigkeit seiner Politikerkollegen kein Geheimnis. Sie besäßen »die wertvolle und in der Politik manchmal unerlässliche Gabe«, höhnte er, »ihre Überzeugungen ihren augenblicklichen Begierden und Interessen anzupassen, und gelangen so dazu, auf verhältnismäßig anständige Weise ziemlich unehrenhaft zu handeln«. Der deutsche Volkswirtschaftler Werner Sombart sprach vor dem Ersten Weltkrieg geradezu mit Ekel von der »unseligen Spezies der Berufspolitiker« als von einer Art unehrlichen Gewerbetreibenden – »geistig öde, ethisch verlogen, ästhetisch roh«. Und Thomas Mann hieß 1918 in den *Betrachtungen eines Unpolitischen* den Politiker »ein niedriges und korruptes Wesen«, das in geistiger Sphäre eine Rolle zu spielen keineswegs geschaffen sei.

An diesem Negativ-Image hat sich bis heute nicht viel geändert. In der Skala der Traumberufe, die im Jahr 2000 bei den Männern von Spitzensportlern und bei den Frauen von Stewardessen angeführt wurde, kamen Politiker nicht vor; bei einer Rangfolge von »ehrlichen Berufen« – mit Pastoren, Apothekern und Polizisten an der Spitze – landeten Bundestagsabgeordnete ein Jahr später knapp vor Autoverkäufern und Immobilienmaklern am Schluss. Niemand schien besonders überrascht über die Parteispenden-Skandale; die Erwartung an die Sachorientierung der Politiker, an ihre politische Leidenschaft für die Lösung der Probleme des allgemeinen Wohls scheinen auf ein Minimum gesunken. Filz und Vetternwirtschaft, Absahnermentalität und egoistisches Versorgungsdenken werden den Parteien und ihren professionellen Vertretern nahezu selbstverständlich zugerechnet. Und nach einer Umfrage von 2003 fanden 80 Prozent der Bundesbürger, das

Ansehen von Politikern sei seit der Bundestagswahl im Jahr davor »eher gesunken«.

Die Zahl der Berufspolitiker in der Bundesrepublik Deutschland ist geringer, als ihre öffentliche Wirkung und die allgemeine Empörung über sie vermuten lässt. Hans Herbert von Arnim, einer der unermüdlichsten Kritiker des politischen Personals, kommt auf 16 826 Frauen und Männer, die als Politiker ihren Lebensunterhalt verdienen – unter Berücksichtigung von gut 2000 Abgeordneten aus 16 Landtagen, 603 Bundestagsabgeordneten, 99 deutschen Vertretern im Europäischen Parlament, einer Bundesregierung und 16 Länderregierungen samt Ministern und Staatssekretären, der direkt oder indirekt gewählten hauptamtlichen Bürgermeister, Dezernenten und Landräte, sowie der fest angestellten Mitarbeiter der Parlamentarier. Nicht in dieser Zahl enthalten sind die fest angestellten Funktionäre der Parteien.

Ich habe mir angewöhnt, von der »politischen Klasse« zu sprechen, wenn ich die Polit-Profis meine, wobei ich den Begriff beschreibend benutze, nicht, wie vielfach üblich, denunziatorisch als Ausdruck verbalen Widerstandes gegen eine neue Privilegienstruktur. Denn die polemisch geführte Debatte über Pensionsansprüche, Nebeneinkünfte, Luxusreisen, Dienstwagen und Bonusmeilen scheint mir oft in klischeehafter Banalität die eigentlichen Probleme zu verdunkeln. Ich halte eher die gesellschaftliche Isolierung und den häufig ärgerlichen Mangel an Sach- und Weltkenntnis dieser Generalisten »mit Spezialwissen, wie man politische Gegner bekämpft« – wie Ex-Bundespräsident Richard von Weizsäcker die Mehrheit der Abgeordneten einmal charakterisierte – für eine gefährliche Entwicklung.

Politik als Beruf, das hieß und heißt in Deutschland praktisch, dass die meisten Akteure in keinen anderen Beruf wechseln können, weil sie nichts anderes gelernt haben als jenen Teil von Politik, den die Amerikaner *politics* nennen, was – im Gegensatz zu *policy* – nur die Tricks und Fertigkeiten des parteipolitischen Ränkespiels meint, nicht Inhalte, Programme oder gar Visionen. »Das sind doch fast alles Traumtänzer«, spottet der greise Politikwissenschaftler Wilhelm Hennis über die gestern und heute Regierenden. »Der Wirklichkeitsverlust unserer führenden Politiker, und das begann bei Kohl, ist tief beängstigend.« Ihren Politikstil empfindet er als unernst, bei niemandem kann Hennis »große sachliche Kenntnisse« ausmachen. Gerade die fatale Neigung der politischen Führungseliten, ihre Ohnmacht angesichts der hoch differenzierten und komplexen gesellschaftlichen Probleme hinter selbstgewissen Posen und beruhigenden Formeln verstecken zu wollen, entlarvt den Anspruch nur allzu oft als öffentliche Lüge.

Glücklich sind die Betroffenen damit selbst nicht. Ein Minister, der sicher ist, dass die Leute ihm ein Eingeständnis seiner Machtlosigkeit nicht honorieren würden, hat mir sein Dilemma so beschrieben: »Da sitzt du schon am frühen Morgen im Auto, hörst Radio, liest Zeitung, telefonierst und wartest, dass irgendwo irgendwas schief läuft. Nie weißt du: Wann passiert die Riesensauerei? Wann machst du den zentralen Fehler, wo du abrutschst. Dann musst du handeln, oder besser: Du musst so tun, als ob du das Problem lösen könntest. Meist kannst du ja gar nix machen. Entscheidend ist also, welche Erscheinung du von dir in die Welt setzt, dass du also Handlungen vortäuschst. Denn das fragen doch immer gleich alle: Hat er gehandelt? Und je weniger konzeptionell du bist, desto mehr Fiktion musst du liefern. Das wird dann zur Masche.«

War das immer so? An großen Ereignissen und Veränderungen hat es in den letzten zwanzig Jahren gewiss nicht gefehlt. Aber machten die Politiker mehr oder gar anderes, als sowieso geschah? Gut – Helmut Kohl bei der Euro-Einführung, Gerhard Schröder beim Nein zum Irak-Krieg. Aber sonst? Management des Betriebs, Verwaltung des Zustands. Wochenlang bin ich in den letzten zwei Jahrzehnten immer wieder bei Wahlkämpfen mit den Kandidaten durch das Land gehetzt – mit Helmut Kohl und Johannes Rau, mit Oskar Lafontaine und Rudolf Scharping, mit Gerhard Schröder und Edmund Stoiber, Joschka Fischer, Angela Merkel und Guido Westerwelle. Manchmal war das nicht unspannend, unterhaltsam fand ich es immer, abwechslungsreicher jedenfalls als den Alltag in Bonn. Aber aufregend, leidenschaftlich, elektrisierend? Da waren routinierte Manager der Macht unterwegs, die es verstanden, noch das kleinste Karo in große Worte umzumünzen und dazu ein betroffenes Gesicht zu machen. Aber Ziele, die mich bewegt hätten, Hoffnungen, die mein Engagement gefordert hätten, Projekte, die mein Herz angesprochen hätten? Fehlanzeige.

Das Auftreten der ersten beiden Bundeskanzler, die ich Ende der Sechzigerjahre in Washington erlebte, Kurt Georg Kiesinger und Willy Brandt, war deutlich bestimmt durch ihr persönliches Schicksal inmitten der deutschen Geschichte. Während wir jüngeren Korrespondenten aus der Bundesrepublik froh waren über jede Minute, die Kiesinger über seine in Washington lebende Enkelin »Fröschle« schwätzte, weil er in dieser Zeit nicht nach seiner Nazi-Vergangenheit gefragt werden konnte, mokierte sich der Emigrant und Antifaschist Willy Brandt über die vielen Nazi-Filme im US-Fernsehen, wenn Fragen zur neuen Rechten in Westdeutschland kamen. Und abends erzählte er im kleinen Kreis, wie Fritz Erler und er bei ihrem ersten Amerika-Besuch während der kommunistenfresserischen McCarthy-Zeit einmal um vier Uhr morgens angeheitert am Weißen Haus vorbeigefahren seien und – im offenen Wagen stehend – die Internationale gesungen hätten.

Es gibt eine unheilvolle deutsche Tradition fehlender Einfühlung in die eigene Befindlichkeit, die vom Wilhelminismus bis zu den Nazis den seelischen Untergrund von Generationen prägte. »Affektive Entwirklichung« nennt der Psychoanalytiker Tilman Moser diese Verschüttung biografischer Wahrheiten, die sich in allen Bereichen des Lebens auswirkte – auch, wenn nicht gar vor allem, in der Politik. Doch die historischen Ereignisse der Hitler-Barbarei und der »Scheiße des Krieges«, wie Helmut Schmidt bis heute gern sagt, waren so intensiv und verheerend, dass sie – trotz der kollektiven Tabuisierung des Persönlichen – die innersten Lebensbezirke der Zeitgenossen berührten. Die persönliche Existenz der Weimarer Generation, der Soldaten und Flakhelfer, ihr Blick auf Welt und Menschen, wurde davon für immer geprägt.

Danach rückten in die politischen Ämter der Bundesrepublik junge Deutsche ein, die weniger von ihren persönlichen Erfahrungen als von ihren Ambitionen und Karriereträumen beflügelt wurden. Für sie wurde Politik mehr und mehr zur bloßen Laufbahn, zu einem Aufstiegskanal für Emporkömmlinge. Die von Max Weber erwartete »geschulte Rücksichtslosigkeit des Blickes in die Realitäten des Lebens, und die Fähigkeit, sie zu ertragen und ihnen innerlich gewachsen zu sein«, von der die Alten gezeichnet blieben, verdünnte sich bei ihren Nachfolgern zum scheelen Seitenblick auf den Konkurrenten beim Gerangel um öffentliche Erfolge.

Mit vielen bin ich mitgewachsen. Ich sah, wie die Erfahrungen des Aufstiegs ihr Misstrauen schärfte. Sie kannten sich aus mit der Angst vor eigenen Fehltritten und der Heimtücke anderer. Das machte sie »beinhart«, wie Gerhard Schröder bekannte, und zynisch. Jeder kämpft gegen jeden. Die Zweckbündnisse der Politik zerbrachen bei veränderter Lage. Im glücklichsten Fall blieben den politischen Stars ein paar private Freundschaften. »Jeder, der Erfolg hat – und das heißt auch, sich durchsetzen –, wird Gegner hinterlassen, Enttäuschungen produzieren, auch Wut. Dann heißt es, er geht über Leichen«, rechtfertigte sich Joschka Fischer. Der grüne Vizekanzler und Außenminister schwelgt in Bergsteiger-Bildern, um die extremen Belastungen zu beschreiben, die Politiker auf der letzten Etappe ihres Weges zum Gipfel aushalten müssen. Mit fast kindlicher Bewunderung, die vor sich selbst keineswegs Halt macht, beschreibt er strahlend die Strapazen auf dem Marsch zum Gipfel. Kanzlerschaft, Regierung – das sind für Fischer die Achttausender der Politik. Bis auf 7000 Meter brächten es viele Talente, höhnt Fischer mit genüsslichem Schaudern. Auf den letzten Metern aber sieht er viele fest gefrorene Politikerleichen in der Wand hängen. Er selbst aber hat es geschafft, er sieht sich auf dem Mount Everest: »Da ist die Luft dünn und der Wind eisig.«

Um sich gegen Verletzungen zu wappnen, lernen Spitzenpolitiker, sich emotional zu reduzieren. Vielleicht ist das die Voraussetzung dafür, ins politische Hochgebirge aufzusteigen. Sie spalten ganze Bereiche ihrer Persönlichkeit ab, verweigern das Nachdenken über Fehler und Niederlagen, wehren Selbstzweifel ab, suchen Schuldige anderswo und klammern sich so an eine durchsetzungsfähige Siegerversion von sich selbst.

Aber sind die wirklich mächtig, die es bis ganz oben geschafft haben? Gewiss, die üppige Ausstattung ihres Arbeitsplatzes suggeriert Macht. Denn die Luftwaffenjets, die gepanzerten Limousinen, die Leibwache und die Suiten in Luxushotels, die den Spitzenleuten in ihren demokratischen Ämtern ein kinohaftes Königsleben ermöglichen, sind ja keine Attrappen. Mag auch der Luxus der Sicherheit geschuldet sein und der Funktionalität des Amtes – verführerisch ist er trotzdem. Alles signalisiert: Wichtig! Very important person! Überrascht erkannte der PDS-Fraktionschef Gregor Gysi nach zehn Jahren Parlamentszugehörigkeit in der kapitalistischen Bundesrepublik die Kehrseite: »Politiker sind oft hilflos, ohnmächtig, überfordert.« Allerdings geständen sich die meisten die Begrenztheit ihrer Wirkungsmöglichkeiten nicht ein, ergänzte er. Im Gegenteil: »Politiker sind an dem trügerischen Bild, das über sie existiert, sogar interessiert.«

Kann es verwundern, wenn der eine oder andere sich womöglich unersetzlich findet mit der Zeit? Stets sitzen sie in der ersten Reihe, immer wollen sie das Beste, Applaus ist ihnen sicher. Schnell haben sie herausgefunden, welche Gesten und welche Floskeln beim Publikum ankommen. Und sie werden ihrer eigenen Erfolgstiraden nie überdrüssig. Sie gefallen sich immer aufs Neue, wenn sie sich im Radio noch einmal hören oder in der »Tagesschau« sehen: Guck, da bin ich schon wieder. Sollten sie es nicht selbst registrieren, hilft die Umgebung. »Hans-Dietrich, du bist im Fernsehen«, gellte mütterliches Triumphgeschrei durch die Genscher-Villa im Bonner Vorort Pech, sobald der Außenminister während seiner Amtszeiten über den Bildschirm flimmerte.

Der Blick für die kleinen Schwierigkeiten des Alltags verliert sich. Alles scheint möglich. In der Umgebung von Macht halten alle Zerrspiegel der Täuschung bereit. Die zeigen einen öffentlichen Helden. Für die Betroffenen ergibt das eine seltsame Diskrepanz. Auf der einen Seite wird der Spitzenpolitiker zum Prominenten schlechthin. Völlig entindividualisiert, geistert er als glorreiche Schablonen-Figur durch die öffentliche Landschaft, die mit einem normalen Lebewesen nicht mehr vergleichbar scheint. »In der Politik gibst du die Souveränität über dich auf«, hatte Gregor Gysi schon geahnt, bevor er in Berlin Senator wurde, »du verfügst nicht mehr über dich: nicht über dein öffentliches Bild, nicht über dein Image, nicht über deine Zeit.«

Das blieb so. Aber zusätzlich lernte Gysi jetzt die andere Seite kennen: Als Medienversion des Helden wurde er ganz persönlich für alles haftbar gemacht, was in der Welt passierte. Auf dem Bildschirm ist er der, um den sich alles dreht, im Positiven wie im Negativen. Als die Firma Herlitz in Berlin Pleite machte, standen die Arbeitslosen bei Gysi vor der Tür, nicht bei den Banken. Und die Kameraleute waren dabei.

So ist es überall. In allen politischen Institutionen, Gremien oder Parteien sind sämtliche Handlungen und Charaktere auf den politischen Hauptdarsteller ausgerichtet: Er muss – möglichst mit Taten, auf jeden Fall aber mit Worten – den Dingen einen Sinn geben, Orientierung schaffen. Das ist eine Überforderung, die schmeichelt und nervt. Sie putscht die Akteure auf und deformiert sie zugleich. »Die gesamte Gesellschaft nimmt teil an den Verletzungen«, sagt Angela Merkel, »man ist sozusagen auf dem öffentlichen Markt.«

Sucht ist Ersatz

Umgekehrt werden die Politiker mit der Lebenswirklichkeit ihrer Bürger ebenfalls vor allem durch Fernsehbilder konfrontiert. Was widerfährt ihnen denn noch persönlich? Längst ist der politische Betrieb für die meisten Akteure zum Ersatz für das richtige Leben geworden – und damit zur Einbruchstelle von süchtiger Deformation. Denn Ersatz ist das Wesen der Sucht. Drogen ersetzen das Eigentliche: Anerkennung, Sinn, Glück, Glauben, Liebe, Sicherheit.

Meine an Richard Nixon – und natürlich auch an mir selbst – gewonnenen Erfahrungen halfen mir beim Verständnis der Barschel-Affäre und des Möllemann-Endes, des Lafontaine-Rücktritts und der Geltungsgier Helmut Kohls. Aber nicht nur die Extremfälle, sondern der Alltag des politischen Betriebes mit seiner zunehmend um sich selbst drehenden Hektik, der »Machtvergessenheit und Machtversessenheit« (Richard von Weizsäcker) der Parteien und der Realitäts- und Lebensfremdheit vieler Akteure erschienen mir süchtig. Je intensiver ich mich mit dem Suchtphänomen befasste, während ich gleichzeitig weiter hauptberuflich das Geschehen aus der Nähe beobachtete – ab 1975 in Bonn, seit 1989 in Berlin –, desto auffälliger wirkten die Überschneidungen. Wenn der Nutzen des Drogenkonsums in der Entlastung von Ohnmachtsgefühlen, Kränkungen und Selbstwertzweifeln besteht – wo wäre der Unterschied? Wahrgenommen, bemerkt und anerkannt zu werden, ist das Hauptziel jedes Süchtigen. Es ist auch das Bestreben jedes Politikers in der Medienwelt.

Alle wollen sie bemerkt und gemocht und am Ende natürlich gewählt werden. Das Fernsehen habe die Politik nicht nur deshalb so tief greifend verändert, glaubt Altkanzler Helmut Schmidt, weil es die Politiker zur Oberflächlichkeit verführt: »Es macht sie auch sympathiesüchtig.« Die Versuchung zum Opportunismus, ohnehin immer eine Gefahr für die demokratisch gewählten Vertreter des Volkes, werde übermächtig. Schmidt: »In der Demokratie werden Sie nämlich nur gewählt, wenn Sie sich ausreichend angenehm machen.« Das heißt: Der Politiker sagt Dinge, von denen er glaubt, dass seine Zuhörer sie denken. Vor allem sagt er nicht, was sie nicht hören wollen. In diesem Zusammenspiel zwischen dem Volk und seinen gewählten Vertretern wird die Suchtgefahr am deutlichsten – die Wähler werden zu Co-Abhängigen, wie es in der Therapiesprache heißt, zu Komplizen der von sich selbst und ihren Privilegien Berauschten, die ihnen zum Dank dafür die Welt schönreden.

In Wahrheit sind die Politiker den Bürgern ziemlich ähnlich. Dass die Bereitschaft, rücksichtslos – und möglichst am Finanzamt vorbei – in die eigene Tasche zu wirtschaften und egoistisch auf den eigenen Vorteil zu pochen nur eine Eigenart der politischen Klasse wäre, lässt sich gewiss nicht behaupten. »Politikverdrossenheit und ihre permanente Beschwörung halte ich in den meisten Fällen für eine unernste Luxushaltung des verbrämten ›Ohne mich‹, einen billigen Freibrief zum Meckern«, schrieb der Philosoph und Theologe Richard Schröder, der 1990 SPD-Fraktionsvorsitzender in der frei gewählten Volkskammer war.

Es geht um Wirklichkeit. Die krasse Realität ist für niemanden uneingeschränkt erfreulich. Für den Politiker aber, der gewählt wird, um den Bürgern ein möglichst erfreuliches Leben zu gestalten oder wenigstens vorzugaukeln, ist eine verunsichernde Realität besonders bedrohlich. Also versucht er, sie zu schönen: Ängste zu leugnen, Störungen abzuwehren und sich selbst zu bestätigen. Das macht ihn zum Dienstleistungspolitiker. Tatsachen verwandelt er in Ansichtssachen, durch symbolische Politik ersetzt er, was an Handlungen unterbleibt. Verändert werden solle weniger die äußere Welt, sagt der Soziologe Claus Offe, »als das Bild, das wir uns von ihr machen, und die Erwartungen, die wir an sie richten«. Macht hat, wessen Wirklichkeitsversion von der Mehrheit der Wähler geteilt wird. Im Idealfall könnten Politiker ihren Wählern natürlich zumuten, das Störende zu akzeptieren. Das wäre staatsmännisch. Im schlimmsten Fall lenken sie die Wut ihrer Klientel auf Sündenböcke. Das wäre Demagogie. Im Normalfall aber rühren Politiker nicht an Themen, die den Leuten Einsichten oder Einbußen abverlangen. Immer häufiger entwickelt sich so eine wechselseitige Manipulation, mit der sich Politiker und Wähler in ihrer Gemütsruhe bestätigen«. Das macht die Bürger immer verdrossener, die Politiker immer unfreier.

Dass ich über meine Beobachtungen und Erfahrungen zu diesem Thema ein Buch schreiben würde, stand für mich seit zwanzig Jahren fest. Ich habe so lange gewartet, weil ich wusste, dass ich mich selbst als Süchtiger zu erkennen geben müsste, sollte die Charakterisierung der Politiker als potenzielle Erfolgs-Junkies nicht denunzierend wirken. Und sozusagen offiziell als trockener Alki outen wollte ich mich erst, wenn ich für den *Spiegel*, der mich in meiner Notzeit vorbildlich geschützt und gestützt hatte, nicht mehr im politischen Tagesgeschäft tätig sein würde. Denn natürlich hat der Sucht-Begriff ja auch heute noch einen diffamierenden Beigeschmack: Er enthält einen moralischen Vorwurf gegenüber angeblich Willensschwachen, Undisziplinierten, wenn nicht gar Verwahrlosten. »Ob etwas als Sucht bezeichnet wird, und wie sehr die Sucht verurteilt wird, hängt davon ab, wer sie hat«, schreibt die Psychoanalytikerin Thea Bauriedl. »Die Sucht der Herrschenden und der ›Normalen‹ wird nicht oder nur vorsichtig als solche benannt und zumeist mit irgendeinem ›Sachzwang‹ entschuldigt.«

Natürlich weiß ich, dass es vieler Reformen und Veränderungen im institutionellen Umfeld der Parteien, Parlamente und des Staates und der Medien bedürfte, um Politikern ihre innere Freiheit zu sichern. Letztlich ist aber auch in diesem Gewerbe jeder selbst – wie jeder Workaholic, jeder Computer-Freak oder jeder fröhliche Zecher – dafür verantwortlich zu erkennen, wann süchtige Entgleisungen sein Leben zu beherrschen beginnen. Die zunehmende Fülle der öffentlichen Äußerungen zu diesem Thema deutet darauf hin, dass sich viele Polit-Profis der psychischen Unfallgefahr an ihrem Arbeitsplatz bewusst zu werden beginnen.

Nach meinem Eindruck ist die Flucht in die Sucht ganz und gar keine Spezialität der politischen Klasse. Eher halte ich die Politiker in dieser Hinsicht wirklich für »Volksvertreter«, Mandatsträger einer Suchtgesellschaft. Ihre Besonderheit ist freilich erstens, dass ihre berufsbedingte »Sehstörung« nicht Privatangelegenheit bleibt, sondern unser aller Leben beeinflusst. Und dass zweitens die Verführungen zur Deformation für sie in jüngster Zeit weitaus zahlreicher und wirksamer geworden sind als die Bildungschancen. Eppler: »Die wachsende Übermacht der Medien über die Politik, des Verkaufens über das Erarbeiten, des Scheinens über das Sein, der Inszenierung über die Aktion machen Deformation immer wahrscheinlicher, Reifung immer erstaunlicher.«

Doch unmöglich ist das Erstaunliche nicht.

I

Die Berliner Republik

Das Raumschiff

Politiker tun sich schwer mit dem richtigen Leben. Nicht nur haben sie Schwierigkeiten, es zu bewältigen, es macht ihnen schon Mühe, es überhaupt zu erkennen. Kein Wort habe die Union »zur realen Lage« in der Bundesrepublik gesagt, empörte sich Bundeskanzler Gerhard Schröder Dezember 2002 im Bundestag. Höhnisch fragte er den CSU-Sprecher Michael Glos: »Über welches Land reden Sie eigentlich?« Und für die Grünen nahm sich die Fraktionsvorsitzende Katrin Göring-Eckardt die CDU-Vorsitzende vor: »Frau Merkel, haben Sie denn keine Möglichkeit mehr, die Realität in diesem Lande wahrzunehmen?« Prompt lederte die an die Adresse des Bundeskanzlers zurück: »Sie haben ja langsam einen Tunnelblick in Bezug auf das, was die Realität in diesem Lande ausmacht.« Und ihr Parteifreund Steffen Kampeter assistierte: »Sie liefern ein absolutes Zerrbild nicht nur von der Wirklichkeit, sondern vor allem von den angeblichen Erfolgen Ihrer Regierungsarbeit. Sie haben in Ihrer Rede jedweden Bezug zur Wirklichkeit vermissen lassen.«

Eigentlich war das, im Gebäude des Berliner Reichstages, eine typische Bonner Debatte. Dort am Rhein, in der idyllischen Provinz, war es ja realistisch gewesen, einander Wirklichkeitsverlust vorzuwerfen. Dort galt es sozusagen als ausgemacht, dass die »wahre Wirklichkeit«, wie Kanzler Schröder zu sagen pflegt, bei den Menschen draußen im Lande zu Hause war, aber nicht zwischen den lieblichen Vorgärten im Villenviertel rund um das

35

Kanzleramt, wo sich die drittgrößte Industriemacht der Erde vor der Weltpolitik wegduckte. Ex-Justizminister Jürgen Schmude (SPD) hatte mich, als ich ihm in den Monaten nach der deutschen Vereinigung allzu ungeduldig auf politische Konsequenzen aus der radikal veränderten Situation zu drängen schien, einmal an die Fenster im obersten Stockwerk des Abgeordnetenhochhauses »Langer Eugen« geführt und auf das romantische Panorama des Siebengebirges gedeutet. »Sie müssen doch zugeben«, spottete er, »dass man dahinter den Osten beim besten Willen nicht erkennen kann.«

Das Treibhaus hatte Wolfgang Koeppen in einem frühen Roman die provisorische Hauptstadt am Rhein genannt. In dem schwülen Klima zwischen Drachenfels und Venusberg gediehen vor allem Eitelkeit und selbst gezüchtete Aufgeregtheiten der angereisten Politiker, die zu den rheinischen Menschen wenig Zugang fanden. »Bonn war eine kleine Stadt, die im politischen Leben nicht wirklich vorkam«, fand vierzig Jahre später Wolfgang Thierse, der Parlamentspräsident, der sich damals, wie auch heute noch, vom Kollwitzplatz im Ostberliner Bezirk Prenzlauer Berg aus zur Arbeit in den Bundestag aufmachte – bis 1999 nach Bonn, seither nach Berlin Mitte. »Berlin aber hat selber so viel Gewicht, dass die Stadt und ihr Leben die Politik in ihrer Bedeutung relativieren können.«

Die Politik in ihrer unrelativierten Bedeutung – das meinte die nimmermüde, um sich selbst zirkulierende politische Klasse, den Insider-Betrieb der nahezu ausschließlich mit ihrer eigenen Bedeutung beschäftigten Bescheidwisser und Wichtigtuer von Ministern, ehemaligen Ministern, künftigen Ministern und journalistischen Ministermachern, von Parlamentariern, Lobbyisten, Diplomaten, Pressesprechern, Redenschreibern und Beamten, denen in Bonn niemand entrinnen konnte. Mein erster Karneval begann mit einem in Mullbinden gewickelten Bettler, der greinend auf dem Parkplatz unseres Bonner Redaktionsbüros saß und »um 'ne Mark für'n Kölsch« barmte. Es dauerte eine Weile, bis ich ihn als Norbert Blüm identifizierte.

Für den damals noch grünen Großbürger Otto Schily gehörten solche Episoden zu den Trostlosigkeiten einer provinziellen Tristesse, die er nur schwer aushielt. Er fand »die sterilen Aufgeregtheiten, die verschnulzten Sprechweisen« und »hausbackenen Rituale« ebenso unerträglich, wie die »entsetzlichen Zusammenrottungen, die in Bonn als Feste ausgegeben werden und hauptsächlich als Staffage für die Werbung von Brauereien und Würstchenfabrikanten dienen«.

Als Pressemensch gehörte ich dazu. Das war einfach so in der rheinischen Republik. Für mich bedeutete das eine radikale Umstellung, denn in Washington blieben Auslandskorrespondenten immer außen vor. In Bonn hingegen war Abstand schwerer hinzukriegen als Nähe. Du wusstest, welcher Abgeordnete dir am Sonntag in der Sauna begegnen würde, welcher Botschafter am Samstag, und dass du am Mittwoch dort Richard Stücklen beim Skat zusehen konntest. Beim Schwimmen traf man gegen acht Uhr morgens Richard von Weizsäcker im Godesberger Kurfürstenbad, beim Italiener in Kessenich tafelte Helmut Kohl mit seiner Carbonara-Runde, die rundliche Wirtin Didi bemutterte im »Midi« nahe dem Auswärtigen Amt die Grünen. Norbert Blüm hechelte mit zwei *Spiegel*-Redakteuren durch die rechtsrheinischen Wälder. An »Ossis Bar« im Bundestagsrestaurant lallte verlässlich der Hannoversche Liberale Detlef Kleinert. Am Gemüsestand des Eifelbauern auf dem Heiderhof starrte ein lebloser Herbert Wehner ins Rheintal hinunter, während seine Frau Greta Gurken einkaufte. Beim Elternabend des Heinrich-Hertz-Gymnasiums saß ich neben Anke Fuchs. Und der freundliche Mensch, der an der Ampel aus dem auf der Nebenspur wartenden Auto winkte, war der Bundespräsident. Seine Frau saß am Steuer, also war »Ritchie« mal wieder seinen Sicherheitsleuten entwischt. Ich winkte zurück. Alles war berechenbar, unüberraschend, freundlich und langweilig. Alle redeten immer so über Politik, dass sie selbst deren Mittelpunkt zu sein schienen.

»Es stimmt ja, wenn immer von dem Raumschiff Bonn die Rede ist«, sagte Björn Engholm, nachdem er vierzehn Jahre als Abgeordneter, Staatssekretär und Minister in der provisorischen Hauptstadt am Rhein verbracht hatte. »Das heißt ja nicht, dass da nur Verrückte oder Autisten leben. Das heißt nur, dass sich Menschen gewissermaßen einschließen und für denselben Zweck unter engsten Bedingungen zusammenleben. Fünf, sechs Tage immer in denselben Strukturen, dreizehn, vierzehn Stunden am Tag.« Es war ein Leben ohne Blutzufuhr, ohne Wärmeaustausch und Energieschübe von außen. Der Beamte, der den Politikern die Info-Mappe mit dem Pressespiegel und den Agenturmeldungen auf den Schreibtisch legte, stellte den einzigen Bezug zur realen Welt her. »Und am Abend«, so Engholm, »geht man in die Kneipe, sitzt wieder mit Kollegen oder Journalisten zusammen. Und redet wieder das Gleiche.«

Auch deshalb war die Politik 1999 umgezogen nach Berlin, um endlich in der Wirklichkeit anzukommen. Bedeutete der Wechsel nicht Risiko statt Behäbigkeit, Vielfalt gegen Einfalt, Offenheit versus »Keine Experimente«? Hofften nicht viele, wie ich, dass den Politikern in der harten, widersprüchlichen, schnellen Millionenstadt, der angeblichen Werkstatt der deutschen Einheit, der größten Baustelle des nach Osten erweiterten Europas, endlich die Augen aufgehen würden für notwendige Veränderungen?

Kein Kanzler außer Konrad Adenauer fühlte sich wirklich wohl in Bonn. Zuletzt hatte der neu gewählte Gerhard Schröder gelangweilte Blicke durch die schusssicheren Scheiben seines Chefbüros in die prächtigen Bäume des Parks hinter dem Kanzleramt am Rhein geschickt. Für ihn war das die grüne Hölle, er kam sich vor »wie im Aquarium«. Der Umzug erschien ihm als Befreiung. Im September 1999 stand er zum ersten Mal in Berlin hinter der mächtigen Panzerglasscheibe seines provisorischen neuen Büros und blickte mit fast kindlicher Freude über die weite, wüste Brache, auf der einmal das Schloss der Hohenzollern gestanden hatte. Die Adresse musste dem Mann, der in einer Baracke am Rande eines dörflichen Fußballplatzes im östlichen Westfalen aufgewachsen war, vorkommen wie aus einem Monopoly-Spiel geklaut: Schlossplatz Nr. 1, Berlin-Mitte. Bis zum Ende der DDR hatte der Staatsratsvorsitzende Erich Honecker hier residiert. »Berlin«, sagte Schröder, »finde ich doll.«

Gewiss, wenn da das Schloss stände, mit Türmen, Giebeln und

38

Portalen, das würde ihm noch besser gefallen als der Blick auf den bräunlich-trüben Torso des abgewrackten Palastes der Republik am Rande des Platzes. Das sprach er an diesem Tag auch ganz unverhohlen aus. Um Schönheit ging es ihm dabei so wenig wie um Geschichte. Letztlich war es ihm egal, dass die Berliner frisch-grünen Rollrasen in sein Blickfeld drapiert und eine Baumreihe gepflanzt hatten, wo einst das Schloss stand. Nein, ihn reizte der leere Platz. Was man auf dem alles machen könnte... Warum nicht wieder ein Schloss? Über Drahtzäune, Rummelbuden, Parkplätze und Bauwagen hinweg ließ er den Blick Hunderte von Metern schweifen bis zum barocken Zeughaus, den Säulen des Alten Museums und dem wilhelminischen Schwulst des Berliner Doms. Der Mann am Fenster konnte sich nicht satt sehen an dieser chaotischen Stätte. »Glücklich« fühlte er sich. Es war, als sauge er Energien an aus den Schrunden des Platzes. Dass dies einmal die Welt der Markgrafen, Kurfürsten, Könige und Kaiser gewesen war, ließ ihn kalt. Ihn faszinierte, dass Touristen zu ihm hoch-winkten, dass Arbeiter herüberstarrten, Autos vorbeirauschten – Leben, Abwechslung, Bewegung. So hatte er sich die neue Haupt-stadt vorgestellt. Und er mittendrin. »Es ist ja nicht so sehr der Ort, der für mich Berlin ausmacht«, bekannte er, »es ist das Tempo.«

Dann zog er, widerwillig, in seinen mächtigen Neubau im Regierungsviertel an der Spree, wo sich inzwischen längst wieder – in mehreren tausend funkelnagelneuen Büros – der politische Betrieb rastlos um sich selbst drehte. Raus aus der Idylle, rein in die harte Realität? Gewiss doch. Aber obwohl – oder vielleicht sogar gerade weil – der Lebensalltag mit seinen realen Problemen den Politikern in Berlin so viel näher auf die Pelle rückte, verbarrikadierte sich die politische Klasse umso perfekter hinter Glas und Beton. »Glas suggeriert erbarmungslose Transparenz«, findet der ehemalige CDU-Minister Norbert Blüm, »in der sich niemand in eine dunkle Ecke verkriechen kann. Beton erzeugt jene Kälte, auf die harte technokratische Politik angewiesen zu sein scheint.« Und sicher ist, dass die Einsamkeit des Kanzlers Schröder in seinem lichtdurchfluteten Amtsneubau in Berlin vor der

Vertrauensfrage nicht geringer war als die des Kanzlers Brandt vor dem Misstrauensvotum im biederen Bonner Palais Schaumburg rund dreißig Jahre zuvor.

Das »Raumschiff Bonn« war im Spreebogen am Tiergarten gelandet. Dort liegt es als ein monumentaler Fremdkörper. In Bonn hieß dieser lebensleere Innenraum der Macht »die Käseglocke«.

Zu viele Wirklichkeiten

Keine Frage, dass die Besatzung des Regierungs-Raumschiffs in Berlin häufiger und lieber von Bord geht als in Bonn. Aber den festen Boden der Tatsachen, auf den sie doch ihre Politik in Berlin gründen wollten, den suchen sie vergeblich. Denn die große Stadtlandschaft von 890 Quadratkilometern, die einzige wirkliche Metropole in Deutschland, entzieht sich der Greifbarkeit. Die Welt um das Raumschiff herum ist bunter, anregender, vielfältiger, zugleich aber auch fordernder, härter, lauter und unbequemer geworden. Das macht die Situation unübersichtlich und widersprüchlich, erlaubt viele Deutungen und widersetzt sich verlässlichen Einordnungen. Diverse Scheinwirklichkeiten verzerren das Bild zusätzlich.

»Unordnung« und »Vielfalt«, »Verwirrung« und »Zeitenwende« waren die zentralen Begriffe, um die noch im sechsten Jahr nach dem Umzug in den Reichstag eine Selbstvergewisserungsdebatte der Deutschen Gesellschaft für Parlamentsfragen über die Berliner Republik kreiste. »Wo die Sachen diffus werden, werden die Personen konkret«, beschrieb Jürgen Engert, der frühere Chef des ARD-Hauptstadtbüros, die Situation: »Personen schieben sich vor die Sachen.« Sind es wirklich Personen? Oder sind es inszenierte Bilder? Der junge CDU-Abgeordnete Eckart von Klaeden zitierte eine Maxime des verstorbenen Kollegen Jürgen Möllemann: »Ansehen und Aufsehen sind zwei Seiten derselben Medaille.« Im hektischen Medienumfeld an der Spree diene sie vielen Politikern als Handlungsanweisung.

Nein, an kultureller Vitalität, gesellschaftlicher Vielfalt und Medien-Aufmerksamkeit ist in Berlin kein Mangel, doch wer sich aus der neuen Regierungsumwelt Prägekraft erhoffte, um der vereinigten Bundesrepublik einen neuen Stempel aufzudrücken, der sah sich bisher enttäuscht. Eher schon hat die Republik – zerfasert in Regionen, Milieus, Mentalitäten, Kulturen, Religionen und inzwischen auch wieder in Klassen – mit ihrer mobilen Richtungslosigkeit die Berliner Politik verwaschen. »Vieles ist so unerkennbar geworden«, seufzt Bundespräsident Johannes Rau. Optimistisch klang er nicht am Ende seiner Amtszeit in Berlin.

Wenn Bundeskanzler Gerhard Schröder bei seinen gelegentlichen Fußmärschen durch Berlins Mitte Hände schüttelt und für Amateurfotos posiert, bleibt ihm die Realität seiner unmittelbaren Umgebung erspart. Bisweilen wirkt es sogar noch immer so, als seien Reste jener Heiterkeit in den Grünanlagen hängen geblieben, die 1995 vor Christos silbern verkleidetem Reichstag Hunderttausende verzauberte. Dabei ist die Armut näher, als das Touristentreiben vermuten lässt. 41 000 der 319 000 Bewohner von Berlin Mitte bezogen 2003 Sozialhilfe, darunter jedes dritte Kind, das jünger als sechs Jahre war. »Der Regierungssitz ist von Armut umgeben«, erläuterte ein Wissenschaftler des Instituts für angewandte Demografie. Die Stadt hat so viele Arbeitslose wie Bonn Einwohner hat: 300 000. Jeder sechste Berliner muss mit weniger als der Hälfte des durchschnittlichen Einkommens der Bundesbürger auskommen und gilt deshalb nach den OECD-Richtlinien als arm. 6,65 Millionen Euro Schuldenzinsen muss die Stadt täglich zahlen.

Doch das blieb den meisten der elf Millionen Menschen verborgen, die in den ersten fünf Jahren nach dem Umzug die neuen Parlamentsgebäude im Spreebogen besichtigten. Keine Frage, dass dieses Interesse den Abgeordneten schmeichelte. Sie alle – von den Regierenden ganz zu schweigen – kommen sich wichtiger und großartiger vor als in Bonn. Täglich sehen sie in Schlangen noch immer Hunderte von Bundesbürgern vor dem Reichstag warten, die ihnen im wahrsten Sinne des Wortes aufs Dach steigen wollen. Die Kuppel des wuchtigen wilhelminischen Kastens, die strahlend über die Stadt leuchtet, ist zu einem höchst attraktiven Symbol der Berliner Republik geworden. »Politik«, so Wolfgang Thierse, »verleiht ihren Akteuren ohnehin ein Gefühl von Wichtigkeit, die über alles hinausgeht, was sie in den meisten anderen Berufen erfahren würden. Tagtäglich werden sie in ihrer Bedeutung bestätigt, und sei es nur durch Kritik.« Dieser Trend, das glaubt auch der CDU-Oldtimer Heiner Geißler, hat sich nach dem Umzug verstärkt. »Allerdings«, fügte er hinzu, »der Inzuchtbetrieb bleibt.«

Dass sich die Politik in der alten Reichshauptstadt Berlin – wenigstens zum Teil – in historischen Gemäuern abspielt, hat höchst widersprüchliche Folgen. Einmal lädt das Regieren an Schauplätzen der Vergangenheit zu realistischen Auseinandersetzungen mit der deutschen Geschichte ein, die in Bonn praktisch ausgeklammert blieb. Zum andern droht das geschichtsgesättigte Berlin häufig auch, die graue Alltagswirklichkeit durch historisch und emotional aufgeladene Reize zu überwuchern – womöglich eine Reaktion auf die Verdrängungspraxis in den Jahren davor. In den Nachkriegsjahren und während der Teilung neigten die Regierenden in beiden Hälften Berlins dazu, unliebsame Erinnerungen zu sprengen, abzutragen und zu vergraben. »Misstraut den Grünanlagen«, mahnte der Ostberliner Schriftsteller Heinz Knobloch nach dem Mauerfall auch die Westberliner. Um das neue Regierungsviertel herum decken Rasen und Bürobauten den Zentralfriedhof der neueren deutschen Geschichte, hier versuchte die Nation, sich ihrer Vergangenheit zu entledigen. Das jüngste Zeugnis untergebuddelter, verschrotteter Wirklichkeit – 155 Kilometer lang, bis zu 4,20 Meter hoch – ist die Berliner Mauer. Zusammen mit 302 Beobachtungstürmen, 22 Bunkern, mit Panzersperren, Hundelaufanlagen, Signalzäunen, Kolonnenwegen und Bogenlampen ist sie nahezu spurlos beseitigt. Nach den spärlichen Resten der bunt bemalten Betonwand müssen Touristen lange suchen.

Berlin ist eine Bilderfabrik. Eine Kino-Version dieser Stadt, mit Liedern und vorgefertigten Texten, mit eigenen Träumen und Ängsten, haben viele im Kopf, wenn sie an die Spree reisen. Als ich 1956 zum ersten Mal in das damals schon geteilte, aber noch nicht vermauerte Berlin kam, suchte ich vor allem das, was in meinem Kopf für »Spree-Athen« stand: das legendäre Haus Vaterland am Potsdamer Platz, für das mein Vater immer nur das Wort »gewaltig« gehabt hatte, den »lieben Leierkastenmann«, den Bully Buhlan besang, die Reichskanzlei und den Führerbunker, eine Erinnerung an Jesse Owens im Olympia-Stadion, das Haus in der Potsdamer Straße 134 c, in dem – drei Treppen hoch, rechts – Theodor Fontane gewohnt hatte. Es machte nichts, dass ich nichts davon fand. Die Suche zählte.

Acht Jahre später war ich wieder da, um in Berlin zu arbeiten. Das Brandenburger Tor war verriegelt, die Mauer zerschnitt die Stadt. Ich begleitete als Journalist Martin Luther King, Robert Kennedy, Moïse Tschombé und die Begum auf das Aussichtspodest am Potsdamer Platz. Ihr Erschrecken war so unübersehbar wie ihre Verständnislosigkeit. Was war denn schon zu sehen? Der Todesstreifen. Ein paar durch Ferngläser herüberstarrende Grenzer, versteppte Flächen, im Hintergrund zwischen belanglosen Plattenfassaden ein paar Passanten in der sich öffnenden Leipziger Straße. Das hatte eine abstoßende Trostlosigkeit, aber um zu erschauern, musste man wissen. Erst dann sah man, was man nicht sah. Die Erschütterung kam aus der Erinnerung.

Als die Mauer gefallen war, siedelte ich sofort nach Berlin um, nicht in der Hoffnung, wohl aber mit der voreiligen Überzeugung, dass der Bonner Staatsbetrieb bald hinterherkommen würde. Ich kam in eine befremdliche Stadt, in Wahrheit in zwei Städte, und deutlicher denn je empfand ich die Brache im Zentrum, auf der jetzt das neue Regierungsviertel Kontur gewinnt, als leere Mitte nicht nur dieser amorphen Stadtlandschaft, sondern des ganzen wiedervereinigten Landes. Doch erst am 20. Juni 1991 fiel im Bundestag – nach heftigem Widerstreben – die Entscheidung für den Umzug nach Berlin. Wenige hatten so leidenschaftlich für diesen Schritt geworben wie der SPD-Abgeordnete Gert Weisskirchen, Jahrgang 44, in dessen Reden ich mein Empfinden wieder fand: »Wer vom Reichstag zu Fuß geht, am Brandenburger Tor vorbei, der betritt märkischen Sand. Da stand die Mauer, suchte Alfred Döblin nach Spuren von Glück in der Verzweiflung des Biberkopf, hier vergrub sich Hitler, schrien die Soldaten, deutsche und russische, nach ihrer Mutter. Hier blicken wir auf die Wüste, die sie uns hinterlassen haben. Sie ruft nach neuem Leben. Dort wird es gebraucht, das Parlament, um ein besseres, ein europäisches Deutschland zu bauen.«

Wenn Bundeskanzler Schröder aus den Fenstern seines neuen Amtssitzes im Spreebogen, wo einst ein Palast für Adolf Hitler stehen sollte, seinen Besuchern die Stadt zeigt, dann sollte er zunächst auf die grüne Leere zwischen Tiergarten im Süden und den bebauten Vierteln jenseits der Spree im Norden verweisen. Dort hatte Albert Speer Hitlers Traumstadt GERMANIA bauen wollen. Erinnerungen und Wahrnehmung verschmelzen zu einer untrennbaren Einheit. Alles ist zerstört, entkernt, verfälscht, selbst wenn es noch da ist. Und alles ist noch da, selbst wenn es zerbombt, gesprengt oder geschleift ist.

Vor historischer Kulisse setzt sich die Politik in Berlin effektvoll in Szene. Von den östlichen Balkonen des neuen Kanzleramtes geht der Blick geradewegs auf den Reichstag – aus einem der Fenster hatte der Sozialdemokrat Scheidemann 1919 die Weimarer Republik ausgerufen –, dann folgt rechts das Brandenburger Tor, Symbol des Endes der deutschen Teilung, dahinter der riesige Platz mit den grauen Betonblöcken des Holocaust-Mahnmals. Weiter rechts sieht man vor dem Tiergarten das Ehrenmal zum Ruhme der Roten Armee, noch weiter westlich die Siegessäule mit den vergoldeten Kanonenrohren der geschlagenen dänischen und französischen Heere aus den drei Kriegen, mit denen Bismarck zwischen 1864 und 1870/71 Deutschland einte. Für den Unionsveteranen Heiner Geißler, Jahrgang 30, ist dieses Monument eines verblendeten deutschen Nationalismus »das negative Symbol Berlins«. Kanzler Schröder betrachtet es eher sportlich als eine Art gigantischen Pokal. Darauf verwiesen, dass »die Goldelse« auf der Säule an die Kriege gegen Frankreich erinnere, fragte er hoffnungsvoll: »Gewonnen?«

Das Kabinett tagte sogar schon einmal vor dem legendären Pergamon-Altar. Der Außenminister residiert im Gebäude der

Reichsbank des Nazi-Bankers Hjalmar Schacht. In dem prachtvollen wilhelminischen Anbau des friederizianischen Palais, in dem jetzt Wirtschaftsminister Wolfgang Clement amtiert, sprach einst die DDR-Justizministerin Benjamin, genannt die Rote Hilde, ihre Schreckensurteile. Der Finanzminister verwaltet unsere Schulden in dem abschreckend gigantischen grauen Gemäuer an der legendären Wilhelmstraße, das sich Nazi-Feldmarschall Hermann Göring als Reichsluftfahrt-Ministerium bauen ließ. Nach der Niederlage der Nazis wurde darin die DDR gegründet.

In einer Atmosphäre, in der die Gegenwart so massiv von Historie überlagert wird, wo es geradezu zum guten Ton zu gehören scheint, die politischen Gegner mit diffamierenden Vergleichen aus der unheilvollen Vergangenheit anzuschwärzen, erscheint es nicht ganz so zufällig, dass Ex-Kanzler Helmut Kohl den Parlamentspräsidenten Wolfgang Thierse mit Hermann Göring vergleicht, die ehemalige Justizministerin Herta Däubler-Gmelin den US-Präsidenten Bush mit Adolf Hitler und der militante Historiker Arnulf Baring den amtierenden Bundeskanzler Schröder mit Reichskanzler Heinrich Brüning, nach dessen gescheiterter Sparpolitik 1933 die Nazis die Macht ergriffen. Baring ließ sich vom Geist dieser Zeit voll überwältigen: »Die Situation ist reif für einen Aufstand gegen das erstarrte Parteiensystem«, schrieb sich der Professor in Rage. »Ein massenhafter Steuerboykott, passiver und aktiver Widerstand, empörte Revolte liegen in der Luft. Bürger, auf die Barrikaden.«

Keine Frage, das Leben der Politiker ist schwerer geworden in Berlin, komplexer, unübersichtlicher, aber auch spannender. Wer täglich durchs Brandenburger Tor geht, um an seinen Schreibtisch zu gelangen, der muss sich zugleich bedeutender und demütiger fühlen, als einer, der in Bonn, auf seinem Weg von Dottendorf zum Regierungsviertel in den Rheinauen, vor der Bahnschranke wartete. Die in Bonn an bescheidene Herrschaftsverhältnisse gewöhnten Politiker empfangen jetzt in prunkvollen Hallen und gewaltigen Lichthöfen, sie schreiten über ausladende Freitreppen, erscheinen durch hohe Flügeltüren, residieren unter üppigen Lüstern. »Erlebbare Geschichte« nennt Antje Vollmer das neue Ambiente, und sie glaubt, aus der »unglaublichen Anziehungskraft des Reichstagsgebäudes« schließen zu können, dass die Bürger das mögen. Doch sind sie nicht auch verunsichert? Auf der Projektionsfläche Berlin flimmern sehr verschiedene Bilder.

Die Probebühne

Mit dem Umzugsbeschluss in Bonn begann eine Übergangszeit, die bis heute nicht abgeschlossen ist. Nicht einmal ihr Ziel schien deutlich, als sich die Bonner im April 2004 daran erinnerten, dass sie schon fünf Jahre in Berlin regierten. Dass das nicht mehr die alte Bonner Republik war, in der sie lebten, hatten inzwischen auch die hartnäckigsten Verteidiger des ewigen Status quo erkannt. Doch war es schon eine Berliner Republik?

Altbundespräsident Johannes Rau bleibt dabei, dass es die gar nicht gebe. Er hält sie für eine »Medien-Schimäre«. Doch konnte auch er einen erheblichen »Stilwandel« nicht bestreiten, die Beschleunigung der politischen Prozesse hatte gegenüber Bonner Zeiten unverkennbar zugenommen. Das Geschehen bekam etwas Kurzatmiges. Noch erschien alles Neue improvisiert, alles Alte aber wirkte beschädigt und abgenutzt. Scheinbar identitäts- und orientierungslos driftet das vereinte Deutschland reformunwillig zwischen glorifizierter Vergangenheit und apokalyptischer Zukunftsangst hin und her – und verfehlt seine Gegenwart.

Bereits 1993 hatte der Historiker Christian Meier dem vereinigten Deutschland eine Art »Durchgangsschwachsinn« diagnostiziert. Dessen Hauptsymptom sei ein Gefühl von Sinnlosigkeit, die Menschen spürten, dass vieles nicht mehr zusammenpasse, und argwöhnten, dass die Politiker den Überblick verloren hätten, dass kein Krisenmanagement funktioniere, dass vielleicht gar die Ordnung bedroht sei. »Die ganze Wirklichkeit ist auf diese Weise schlüpfrig geworden«, schrieb Meier.

Daran hat sich wenig geändert. Es ist eben alles nebeneinander da in der alten Hauptstadt der neuen Republik – Isolation und Lebensnähe, Geschichte und Zukunft, Stillstand und Dynamik, Ost und West. Nicht nur Außenminister Joschka Fischer, den das ungeheure Tempo der Veränderungen, das heillose Durcheinander der Ideen und das Nebeneinander von widerstreitenden Lebensgefühlen fasziniert, ist besorgt über die offenkundigen Schwierigkeiten aller Beteiligten, die »diffuse Situation« nach dem plötzlichen Zusammenbruch des Ostblocks und dem Ende des Kalten Krieges wenigstens halbwegs realistisch einzuschätzen. Auf die völlig überraschende Implosion der Sowjetunion sei der Westen mental und politisch nicht vorbereitet gewesen. »Es war, wie viele damals empfanden, Wahnsinn, als wäre der Zauberbann, der über der Prinzessin im Dornröschenschloss lag, urplötzlich weg.« Dass dieser weltpolitische Umbruch, den Fischer, »was die historischen Konsequenzen angeht«, für ein größeres Ereignis hält als die Französische Revolution, aus westlicher Sicht kaum mit Erschütterungen einherging – zunächst nicht einmal in Westberlin –, das führe »zu dieser diffusen Mischung aus Wahrnehmen und Nichtwahrnehmen«. Man kann das Ergebnis auch Entwirklichung nennen.

Diese Situation – angeheizt durch die Auswirkungen des amerikanischen Antiterrorkrieges, weltwirtschaftlicher Labilität und hausgemachter Rezession, verbunden überdies mit den Chancen einer nie erlebten individuellen Flexibilität und Mobilität und den Ängsten vor dem Verlust von Sicherheit und fehlenden verbindlichen Werten –, diese brisante Mischung erzeugt in Berlin eine ungemein hektische Statik, einen aggressiven Stau, den man als das Lebensgefühl jener umstrittenen Berliner Republik bezeichnen könnte, die es bisher womöglich nur als eben dieses Gefühl gibt. Aber die Ausstrahlung ist stark. Nur langsam und in Schüben verfestigen sich die Veränderungen zu einer neuen politischen und kulturellen Gestalt, die einmal Nachfolgerin der Bonner Republik sein wird.

Anders als Bonn ist die raue und noch immer geistig und kulturell zweigeteilte Millionenstadt Berlin durchaus ein gesellschaftliches Brennglas. Und der quadratische Platz vor dem Brandenburger Tor ist die Bühne, auf der sich täglich zeigt, dass die Bundesrepublik in Bewegung geraten ist, wenn auch zunächst nur auf der Stelle. Dem Bonn-Befürworter Norbert Blüm gefällt das: »Der Platz um das Brandenburger Tor ist das bevorzugte Protestgelände der Berliner Republik. In Bonn mussten die Demonstrationszüge in fast unzumutbarer Weise mit dem Hofgarten, zwei Kilometer entfernt vom Parlament, oder mit den Rheinwiesen auf der Beueler Seite vorlieb nehmen. Berlin ist demonstrationsfreundlicher.«

Claude Martin betrachtet dieses Phänomen von einem Logenplatz aus. Er ist seit 1999 Botschafter der Französischen Republik in Berlin und kann, vor allem samstags vormittags, von seiner Residenz am Pariser Platz Nr. 5 aus die fein regulierten deutschen Demonstrationsrituale beobachten. »Jeweils zur vollen Stunde wechseln sich die Vertreter der verschiedenen Anliegen ab«, entdeckte er. Mal protestiere ein kleines Häuflein gegen die Wolfsjagd in Alaska, dann versammelten sich Radfahrer, die ihre Vehikel in ICE-Zügen der Bahn mitnehmen wollen. Auch Rechtsradikale und Krankenschwestern, Schüler, Bauern und Taxifahrer posaunen in Hörweite des Reichstages und der Versammlungsräume der Abgeordneten ihre Forderungen heraus. Und der neue Bundespräsident Horst Köhler traf sich dort unmittelbar nach Amtsantritt im Juli 2004 mit Bundesbürgern zu einem volkstümlichen Begrüßungsessen.

Auch das erweiterte Europa stellte sich auf dem Pariser Platz vor – mit Bier, Wurstbratereien und Walzerklängen. Besonders enthusiastisch fiel die zweitägige Begrüßungsparty für die zehn neuen Länder allerdings nicht aus. Ein kurzer Jubel um Mitternacht zum 1. Mai 2004, ein paar Luftballons – das war's. Was sollte auch sein? Schon Ende 2002 lebten in Berlin 38 777 offiziell gemeldete Bürger aus den dazugekommenen Mitgliedsländern, über 30 000 davon kamen aus Polen. Die Dunkelziffer dürfte mindestens genauso groß sein. Es werde wohl alles so werden wie nach dem Ende der DDR, sagte ein Berliner aus dem Osten: »Zuerst ist da die Hoffnung, und dann kommt die Enttäuschung.«

Wie die Deutschen in allen Teilen des Landes sind auch die Berliner nach den historischen Umbrüchen der letzten Jahre nicht besonders scharf auf zusätzliche Veränderungen. Und doch wird hinter ritualisierten Abläufen überall Neues erkennbar.

Schon der »Aufstand der Anständigen«, wie Kanzler Schröder die Demonstration gegen Rechts am 9. November 2000 nannte, hatte das gezeigt – alle wollten irgendwie dasselbe, nämlich »Mitmenschlichkeit und Toleranz«, aber jeder schien andere Gründe dafür und andere Vorstellungen davon zu haben. Zweihunderttausend Menschen waren zum Brandenburger Tor gekommen, so wie die Regierung, der Deutsche Bundestag, die Kirchen und alle Parteien von CDU bis PDS es gewünscht hatten; aber viele wollten offenbar auch ausdrücken, dass sie da waren, obwohl »die da oben« gerufen hatten. Zu viel »Staatsdemonstration«, schimpften die Linken, bloße »Schauprozession«, höhnten die Rechten.

Auf der Bühne ging die Frontbildung weiter. Bundespräsident Johannes Rau hatte seine Kritik an der Ausländerpolitik der Union noch dezent verschlüsselt, als er sagte, Anstand beginne mit der Sprache, und Unworte könnten Untaten hervorrufen. Der Beifall zeigte, dass er verstanden worden war. Paul Spiegel aber, der danach für den Zentralrat der Juden redete, ließ jede Rücksicht fahren. Noch drei Tage vorher hatte er sich mit herzlichen Küsschen von CDU-Chefin Angela Merkel verabschiedet. Da glaubte er nach einem intensiven Gespräch, die Union hätte den »schlimmen Einfall von der deutschen Leitkultur« zurückgenommen. Das war aber ein Trugschluss. Und zornig donnerte Spiegel jetzt, einen Meter vor den versteinert blickenden Unions-Führern Angela Merkel, Edmund Stoiber und Friedrich Merz stehend, ins Mikrofon: »Ist es etwa deutsche Leitkultur, Fremde zu jagen, Synagogen anzuzünden, Obdachlose zu töten?« Spiegels jüdische Gemeindefreunde, die mitkriegten, wie Wut und Scham die Unionsoberen verstörte, stöhnten auf, als ihr Vorsitzender ungebremst fortfuhr: »Meine Damen und Herren Politiker, überlegen Sie, was Sie sagen, und hören Sie auf, verbal zu zündeln« und »von so genannten nützlichen und unnützen Ausländern zu faseln«. Ein Beifallssturm fegte über den Pariser Platz.

Auch die Berliner Demonstration gegen den Irak-Krieg am 15. Februar 2003 etwa hatte nur noch auf den ersten Blick Ähnlichkeit mit den Demonstrationen und Protesten der Friedensbewegung in Ost und West gegen die Nachrüstung in den Achtzigerjahren. Gewiss, Friedrich Schorlemmer predigte neue Variationen zum Thema »Schwerter zu Pflugscharen«, und noch immer sang der unverdrossene Konstantin Wecker linke Lieder. Es erscholl der Demo-Klassiker »Hoch die internationale Solidarität«, Kirchen und Gewerkschaften hatten die Teilnehmer aus der ganzen Republik mit Bussen herangekarrt – Rucksäcke, Bärte und Palästinensertücher signalisierten eingeschliffene Reflexe, von den Ostermärschen bis zu den Sitzblockaden von Mutlangen. Und doch waren das eher Randerscheinungen in einer bunten Menge von einer halben Million individualistischer Bürger, die kein Milieu zusammenhielt, kein einheitliches Feindbild und keine Alternativkultur – nicht einmal eine apokalyptische oder aggressive Stimmungslage.

Die an diesem Tag bei trübem und nasskaltem Wetter im Tiergarten zusammenliefen, wollten einfach nur ein Zeichen setzen. Sie waren die alte und die neue Mitte oder, um es altmodisch auszudrücken, das deutsche Volk, multikulturell verstärkt. Damen in Pelzmänteln schlenderten friedlich und freundlich neben Punks, der Parlamentspräsident Thierse neben PDS-Funktionären und Palästinensern. Jeder hatte seine eigene Botschaft. »Kein Krieg im Irak« war eine Art allgemeine Richtungsangabe. Es war keine Anti-Regierungs-Demo, aber auch keine Pro-Schröder-Veranstaltung. Der Ton war skeptisch zustimmend. »Gerhard, bleibe stark« und »Joschka, halt durch« stand auf handgemalten Plakaten.

Ein gutes Jahr später, am 4. April 2004, hallte der Pariser Platz erneut wider von Protestgeheul und Trillerpfeifen. Nun zielten die wütenden Angriffe auf Gerhard Schröder und seine Reform-Agenda 2010 – und es waren die Gewerkschaften, die den Marsch von 250 000 Bürgern gegen die regierenden Roten organisiert, sowie die Globalisierungsgegner von Attac, die den Protest gegen die mitregierenden Grünen inspiriert hatten. Nein, die alten Fronten stimmen nicht mehr, doch die allgemeine Parteien- und Politiker-Verdrossenheit, die in einer ersten Welle nach den Affären um die Flick-Spenden, die Neue Heimat und den Barschel-Skandal in den Achtzigerjahren aufgebrochen war, konnten die Akteure weder durch einen Regierungswechsel noch durch eine Generationsablösung noch durch ihren Umzug von Bonn nach Berlin abschütteln. Im Gegenteil – nicht kulturelle Vielfalt und kreativer Schwung, sondern die offenkundige Unfähigkeit der Politiker aller Parteien, Arbeitslosigkeit und Reformstau in den Griff zu kriegen und die deutsche Einheit wirtschaftlich wenigstens halbwegs erfolgreich zu gestalten, prägen das Image der Hauptstadt Berlin. Es werde kaum gelingen, grummelte der sozialdemokratische Altkanzler Helmut Schmidt, »das Bild Berlins zu lösen von dem unbefriedigenden Bild, das der Durchschnittsdeutsche heute von seiner politischen Klasse hat«.

Genschers Generationen

Nun war mir die Befürchtung – oder Hoffnung –, dass mit dem Umzug gleich alles anders werden würde, immer völlig wirklichkeitsfremd erschienen. Es waren schließlich dieselben Personen, die ihr politisches Geschäft jetzt zwar in historisch aufgeladener Umgebung und vor imposanterer Kulisse, aber doch mit unveränderten menschlichen und gesellschaftlichen Vorprägungen fortsetzten. Bei feierlichen Gelegenheiten repräsentieren die Ehrengäste auf den reservierten Plätzen alle Facetten des politischen Personals der Bundesrepublik Deutschland von den Anfängen bis heute. Zum 75. Geburtstag des langjährigen Außenministers und FDP-Vorsitzenden Hans-Dietrich Genscher etwa, im März 2002 in Berlin, stellten sie sich im kalten Glasfoyer des Paul-Löbe-Hauses neben dem Reichstag wie in einer gigantischen Museums-Vitrine unfreiwillig als personalisierte deutsche Demokratie-Geschichte aus.

Dabei symbolisierte Genschers Geburtstagsgesellschaft ja nicht nur politische Kontinuität, sondern auch historischen Wandel. Zu seinen Ehren saßen sechs Generationen der politischen Klasse beieinander, deren politisches, gesellschaftliches und historisches Selbstverständnis bestimmt war durch die unterschiedlichen Erfahrungen und Erlebnisse in ihrer Jugend und den frühen Jahren des Erwachsenenlebens. Über parteipolitische Differenzen hinweg hatten diese schicksalhaften Gemeinsamkeiten das Klima und die unterschiedlichen Wertigkeiten der Republik beeinflusst, denn für die allgemeine Weltsicht und den politischen Stil macht es – bei aller individuellen Nuancierung und trotz grundsätzlicher Gemeinsamkeit in der programmatischen Ausrichtung – eben auch einen Unterschied, ob einer aus dem Konzentrationslager, aus der Kriegsgefangenschaft oder aus dem Uni-Hörsaal in den Bundestag gerät.

Am eindrucksvollsten nehmen sich bei solchen Gelegenheiten die Alten aus. In Bonn waren immer einige dabei gewesen, die aus der Weimarer Republik in die Adenauer-Zeit hineinragten – Herbert Wehner, Walter Scheel, Hermann Höcherl, Hildegard Hamm-Brücher, Willy Brandt, Annemarie Renger. Nun war von den zerklüfteten Resten des politischen Urgesteins nur noch Egon Bahr anwesend, Jahrgang 22. Angesichts eines Parlaments, das dem Jugendwahn so konsequent verfallen ist, dass mit dem damals 70-jährigen Otto Schily ein amtierender Minister als Alterspräsident den 15. Bundestag eröffnete, verkörperte der Altsozi allein die historische Kontinuität der deutschen Demokratie.

Es folgten Genschers Altersgenossen, die sich heute als Elite der Bonner Republik verstehen – der frühere Bundespräsident Richard von Weizsäcker sowie zahlreiche Ex-Minister aus dem Kabinett Schmidt, angeführt von Hans-Jochen Vogel, Georg Leber und Otto Graf Lambsdorff, die alle noch Soldaten waren in Hitlers Armee.

Sodann die Damen und Herren der langen Kohl-Jahre, Kriegskinder, die sich auf die »Gnade der späten Geburt« berufen konnten, repräsentiert vor allem durch Helmut Kohl selbst, eskortiert von vielen Ministern und Abgeordneten, an der Spitze Norbert Blüm, Theo Waigel und Rudolf Seiters.

Ferner natürlich die derzeit regierende und opponierende Generation der Trümmer- und Nachkriegskinder, die sich später als 68er oder Anti-68er verstanden, von Bundeskanzler Gerhard Schröder, Außenminister Joschka Fischer und Justizministerin Herta Däubler-Gmelin bis zu deren Herausforderern Edmund Stoiber und Wolfgang Schäuble sowie Genschers langjährigem Lieblingsschüler und Sorgenkind Jürgen Möllemann.

Und mittendrin, zu Ehren des Ex-Hallensers Genscher, natürlich auch die politischen Zuwanderer aus der ehemaligen DDR, mit Bundestagspräsident Wolfgang Thierse, CDU-Chefin Angela Merkel und der FDP-Generalsekretärin Cornelia Pieper.

Die Jüngsten schließlich, die selbstbewusst und keck auftretenden Vertreter der Spaßgesellschaft aus den Generationen Golf und Berlin, die inzwischen in stattlicher Zahl für alle Parteien ins Parlament nachgerückt sind, wurden an diesem Tag vom Polit-Entertainer Guido Westerwelle allein vertreten, schrill.

Dabei war der Jubilar Hans-Dietrich Genscher, der Strahlemann mit den großen Ohren und dem gelben Pullunder, selbst ein Medien-Kultstar geblieben – »Genschman«, der fliegende Liberale, der so rastlos unterwegs war in der Welt, dass er sich angeblich über dem Atlantik bisweilen selbst begegnete. Überall war er gewesen, nichts hatte er gesehen, weil er immer telefonieren musste, um seine Partei zu Hause unter Kontrolle zu halten. Und den Rest der politischen Klasse im Unklaren.

Jetzt verkörperte er sie irgendwie alle. Genscher konnte das, weil er nach sechsundfünfzig Jahren in der Politik habituell unfähig geworden war zu eindeutigen Aussagen. »Genscherismus« hieß seine kunstvolle Art, sich so zu jedem beliebigen Thema zu artikulieren, dass alle nickten, aber keiner wusste, wer oder was gemeint war – außer, dass es ganz bestimmt nicht um das ging, wovon gerade die Rede war. Das machte den FDP-Chef zu einem frühen Prototypen jener glatten Macher, die »da oben« vereinsamten in einer Art Grauzone, die »seine Umgebung« hieß. Aus der sickerten, tuschelten und tönten unentwegt Informationen, dahin flossen auch Informationen, aber nichts war persönlich zurechenbar, und Verantwortung ließ sich nicht festmachen.

Sein Geburtsjahr 1927 und der Geburtsort Reideburg bei Halle an der Saale hatten Genscher zu einem Grenzgänger zwischen den Generationen und zwischen Ost und West gemacht. Im Februar 1943 war der Untersekundaner Flakhelfer geworden, Anfang 1945 rückte er als 17-Jähriger zu den Pionieren ein. Er gehörte zur Geistertruppe des General Wenck, der auf Befehl des Führers Berlin von der russischen Umklammerung befreien sollte, sich aber entschloss, seine Soldaten in die amerikanische Gefangenschaft statt in den Heldentod zu führen. »Die Schrecken des Krieges hatten mich für den Rest meines Lebens geprägt«, schrieb Genscher in seinen *Erinnerungen*. Dieses Schicksal teilte er mit allen, die als Soldaten überlebten. Aber anders als vielen der älteren Landser erschien den Flakhelfern der Krieg schon verloren, als sie antraten. Entsprechend keck und zukunftszugewandt sei unter ihnen der Ton gewesen. Genscher: »Für mich gab es keine Landserromantik. Furcht und Angst hatte ich oft empfunden; jetzt, nach dem Ende des Krieges, dachte ich: ›Irgendwie geht es weiter. Ich habe das überlebt.‹«

Obwohl schon im Westen, schlug er sich nach Halle durch, wo seine Mutter lebte, studierte dort Jura und trat der LDPD bei. 1952 ging Genscher endgültig in den Westen, vier Jahre später war er bereits wissenschaftlicher Assistent in der Bonner FDP-Fraktion. »Meine Ost-Herkunft war ein ziemlich entscheidendes Moment in meinem politischen Werdegang«, sagt Genscher heute. Er empfand sich nicht gerade als Außenseiter, »aber ich habe alle beneidet, die ihre Heimat im Parlament vertreten konnten«.

Wohl der wichtigste Faktor für seine empfundene Sonderposition war eine schwere Lungentuberkulose, die den jungen Juristen zwischen 1947 und 1957 für insgesamt dreieinhalb Jahre in Krankenhäuser und Heilstätten zwang. Ein Arzt in Leipzig, der zu den Widerständlern des 20. Juli gehört hatte, rüstete ihn gegen die Krankheit und für den Lebenskampf: »Wenn du den Willen hast, überall der Erste und Beste zu sein, dann kannst du es packen«, zitiert Genscher den Mediziner.

Das wurde Hans-Dietrich Genschers Lebensmotto in der Politik. Er wurde ein Mensch, der sich stets hinter seinen eigenen überhöhten Erwartungen im Rückstand sah. Deshalb durfte er möglichst nichts riskieren. Er lernte, nicht anzuecken. Der schwere Mann mit den listigen Elefantenaugen arbeitete mehr als andere und brachte es weiter. Er war intelligent, vernünftig, gefällig. Er legte sich nicht fest, gegen Personen schon gar nicht. Gegenüber Fremden war er misstrauisch, hilfsbereit bei Freunden. »Aber nie, nie tut er etwas ohne Kalkül«, wussten Mitarbeiter. Politik betrieb er wie ein Computer: Aufnahme von so vielen Informationen wie möglich, nahezu unbegrenzte Speicherkapazität, blitzschnelle Abruffähigkeit. Seine Entscheidungen, berichteten seine Freunde, waren von emotionalen Vorlieben oder ideologischen Vorurteilen ungetrübt. Aber immer war die Sache, die er betrieb, das Amt, das er ausübte, die Gruppe, die er vertrat, eins mit seiner Person. Die Inhalte ergaben sich aus den Umständen. Mit anderen Worten: Hans-Dietrich Genscher handelte zwar immer für sich, aber nur im Ausnahmefall von sich aus. Er reagierte.

Vielleicht war das der Grund, dass der politische Ruheständler bei seiner Feier allen Generationen von Kollegen ein bisschen zu ähneln schien. Die ganz Alten wie Thomas Dehler, Konrad Adenauer, Carlo Schmid, die längst nicht mehr lebten, hatte er in Bonn noch persönlich erlebt, mit Walter Scheel, Willy Brandt und Herbert Wehner zusammen hatte er regiert. Sie waren Lehrmeister und Stoff für Anekdoten, die Genscher, prustend vor Lachen, unermüdlich zu erzählen wusste. Mit dem nächsten Jahrgang – den Ex-Soldaten wie Lambsdorff und Hans-Jochen Vogel – hatte er die Arbeitswut und die Selbstdisziplin gemeinsam, dazu natürlich die Kriegserfahrung und Erinnerungen an ein ungeteiltes Deutschland.

So wie Helmut Kohl für die CDU stand, personifizierte Hans-Dietrich Genscher lange Zeit die FDP. Der Liberale ähnelte dem CDU-Chef in seinen Machttechniken, der Mischung aus Vorsicht und Raffinesse, mit der er Menschen manipulierte und durch ein System von Vorleistungen und Einforderung von Dankbarkeit an sich band. Sein Bedürfnis nach Kontrolle war enorm, sein Blick für Schwächen und Blößen seiner Mitbürger gefürchtet. So machte er Karriere: Assistent der Fraktion, Abgeordneter, Parteivorsitzender, Innenminister im Kabinett Brandt, Außenminister und Vizekanzler in der Schmidt-Regierung und dann bei Helmut Kohl. Als Funktions-Großbesitzer war Hans-Dietrich Genscher einer der mächtigsten Männer in Bonn.

Vor den Selbstdarstellungskünstlern der Schröder-Fischer-Gauweiler-Möllemann-Generation brauchte er sich nicht zu verstecken. Unter dem Motto »Mein Privatleben muss tabu bleiben« gab er Boulevard-Zeitungen bereitwillig Auskunft über Mutter, Frau und Tochter, deren Reitpferd und seine Sauna, über Fahrrad, Kellerbar und sein Leibgericht »grüne Bohnen«, kurz, über so gut wie jeden privaten Winkel seines Lebens. Auch in der Persönlichkeitsstruktur schien er eine Art Vorläufer der politischen Show-Generation zu sein. Echtes Empfinden und Wirkungskalkül waren bei Genscher stets gleichzeitig da.

Deswegen wäre es für ihn wohl auch lebensgefährlich gewesen, sich der Politik ganz zu enthalten. Der Mann, der sich in Berlin feiern ließ, war noch immer ein gefürchteter Strippenzieher und ein gesuchter Trendwitterer. »Ich möchte Ihnen allen versichern, dass mein Ausscheiden aus dem Regierungsamt keinen Abschied von der Politik bedeutet«, hatte er 1992 seine Parteifreunde wissen lassen, als er überraschend als Außenminister zurücktrat. Zwei Herzinfarkte hatten den PR-Junkie gewarnt. Die Ahnung, dass Politik und Macht tödliche Drogen sein könnten, ließ sich nicht immer verdrängen. Er fühle sich »wie in einem Drahtverhau von irren Verpflichtungen«, räumte er damals ein. Das sei wie eine wuchernde Hecke – »die wächst zu, wenn man sie nicht zurückschneidet«. Im Sommer 2004, ein Dutzend Jahre später, war er gerade wieder »in einer Bereinigungsphase«. Sein Terminkalender sah nicht viel leerer aus als der des aktiven Polit-Profis.

Veranstaltungen wie Genschers Geburtstag sind immer journalistische Fundgruben. Ich stand, von Fahnen und Säulen angemessen verborgen, neben den TV-Kameras vor der Festversammlung und genoss die kleinen Karos des großen Machtspiels. Wie verdrießlich Ex-Kanzler Kohl seinen Nachfolger Schröder ignorierte. Wie intim Angela Merkel mit Herta Däubler-Gmelin tuschelte. Wie erschrocken Edmund Stoiber auffuhr, als er in seiner unmittelbaren Nachbarschaft Joschka Fischer gewahrte, der ihn spöttisch begrüßte. Dieses Nebeneinander von Temperamenten und Lebenswegen, wie sie unterschiedlicher nicht sein könnten, gebündelt durch Karriererituale, die alle gleich schleifen, charakterisiert die politische Klasse. Ich kannte sie fast alle persönlich. Über die meisten hatte ich geschrieben, über manche oft.

»Was also war das Leben?« als Antworten auf diese Frage aus Thomas Manns *Zauberberg*, die mit metallischen Lettern in den Fußboden des Paul-Löbe-Hauses eingelassen war, haben die Damen und Herren viele ähnliche Geschichten im Kopf. Darüber zum Beispiel, wie schön und praktisch es ist, wenn einem jede Tür aufgerissen und jede Fahrkarte besorgt wird, und wenn am Telefon jeder Gesprächspartner prompt zu sprechen ist – banale Geschichten also über die Faszination der Macht. Aber auch an Beispielen für Ohnmacht und Illusionen des öffentlichen Heldenlebens wäre sicher kein Mangel.

Viel reden, wenig sagen

Es ist schon so, wie das Volk an den Stammtischen weiß: »Die da oben« sind alle gleich. Und doch sind die Unterschiede beträchtlich, nicht nur zwischen den Einzelnen, sondern auch zwischen den Älteren und den Jüngeren. Gewiss, spektakuläre Vater-Sohn-Konflikte nach dem traditionellen Familienmuster hat es zwischen den Politiker-Generationen bei uns kaum gegeben. Allenfalls die 68er traten zunächst mit dieser Attitüde an. Doch erwiesen sich auf Dauer selbst zwischen einem Joschka Fischer und einem Hans-Dietrich Genscher die prägenden Kräfte des Politikerberufs und die Verbindlichkeit demokratischer Spielregeln als stärker. »Gemeinschaft«, sagt Wolfgang Schäuble, »besteht nicht nur mit denen, mit denen wir aktuell zusammenleben, Gemeinschaft ist unerlässlich auch in der Kontinuität der Generationen.«

In diesem Sinne funktioniert die politische Klasse in der Bundesrepublik Deutschland überraschend reibungslos. Sie speist sich nahezu vollständig aus dem Nachwuchs, den die Parteien vorschlagen. Die Auswahl ist begrenzt: Im 14. Deutschen Bundestag konnten 80,1 Prozent aller Abgeordneten einen Hochschulabschluss vorweisen, im 2. Bundestag hatte der Akademikeranteil nur bei 44 Prozent gelegen. Genau 45,8 Prozent kommen jetzt aus dem öffentlichen Dienst. Freiberufler, Arbeiter und Bauern, ja, sogar Rentner sind Exoten in dieser windschnittigen Angestellten-Versammlung, die Seiteneinsteiger schwer aushält und leicht abstößt, wie Ex-Wirtschaftsminister Werner Müller erfahren konnte.

Sie sprechen auch alle ähnlich – so wie Genscher. Im internen Aufstiegswettbewerb der Parteien haben die Kandidaten für höhere Ämter gelernt, sich hinter Leerformeln zu verstecken. »Am besten viel reden und nichts sagen, das aber wortreich und entschieden«, spottet Warnfried Dettling, einst Berater der CDU-Regierungen in Bonn, jetzt Publizist. So haben sich inzwischen auch die Dazugekommenen ohne größere Schwierigkeiten dem Komment und dem Selbstverständnis der Bonner Gründungsväter der Republik angeschlossen, die Grünen und die Ostdeutschen. Die alternativen Grünen, deren Einzug in den Bundestag 1983 Unionsabgeordnete mit unverhüllten Hassausbrüchen begleiteten, und denen ein besonders konservativer Chor von Besitzstandswahrern um Helmut Kohl bis heute vorwirft, sie wollten »eine andere Republik«, fallen so wenig auf wie die später neu hinzu gestoßenen Politiker aus der DDR, die PDS eingeschlossen, die ja nun wirklich aus einer anderen Republik kamen.

Dennoch schoss mir an jenem Tag, als Genscher auf seine Zusammenarbeit mit den drei Kanzlern Willy Brandt, Helmut Schmidt und Helmut Kohl zurückblickte und den vierten, Gerhard Schröder, spöttisch darüber hinwegtröstete, dass er ohne ihn auskommen müsse, plötzlich in den Sinn, mit welch ähnlicher Beharrlichkeit Willy Brandt und Gerhard Schröder sehr unterschiedliche politische Bretter gebohrt hatten. Als ich 1964, drei Jahre nach dem Bau der Mauer, bei der Deutschen Presse-Agentur in Westberlin freier Mitarbeiter war, stand im Kalender der

Redaktion an jedem Dienstagnachmittag ein Termin im Rathaus Schöneberg, den kein gestandener Redakteur freiwillig wahrzunehmen bereit war. Der Termin hieß im Redaktionsjargon »Egons Märchenstunde«. Manchmal, wenn kein Volontär zur Stelle war, durfte ich hin. Egon Bahr, der Berater des Regierenden Bürgermeisters Willy Brandt, versuchte mitten im kältesten Kalten Krieg, der Westberliner Journaille in Hintergrundgesprächen die Brandtsche Ostpolitik zu verkaufen – Wandel durch Annäherung, Politik der kleinen Schritte. Lachhaft fanden das die seriösen Kollegen, wenn nicht gar am Rande des Verfassungsbruchs. Es dauerte sieben Jahre, bis Brandt für diese Politik, die er im Außenministerium und im Kanzleramt von Bonn fortsetzte, den Friedensnobelpreis erhielt.

Zwanzig Jahre später, 1984 – Helmut Kohl war schon ein ganzes Jahr Bundeskanzler, war ich mehrmals Zeuge, wenn die frustrierten jungen Abgeordneten von SPD und Grünen, Gerhard Schröder und Joschka Fischer, in der Bonner Politkneipe »Provinz« nach dem sechsten oder siebten Bier die alsbaldige Vertreibung »des Dicken« aus dem Kanzleramt auf der gegenüberliegenden Straßenseite vorzubereiten begannen. Auf einem Bierdeckel entwarfen sie die Zusammensetzung der neuen Regierung. Die Liste fing immer gleich an: Bundeskanzler Schröder, Vizekanzler und Außenminister Fischer. Fast fünfzehn Jahre vergingen, bis dieser Plan Realität geworden war.

Zweimal harte Bretter, zweimal starkes langsames Bohren. Eindrucksvoll, fürwahr. Aber Willy Brandt, der linke Patriot und von der Geschichte gezeichnete Sozialist, hatte ein politisches Ziel, das größer war als er selbst. Gerhard Schröder, sozialer Aufsteiger mit bravouröser politischer Karriere, wollte sich und der Welt beweisen, dass er groß genug sei für die höchsten Ämter, mehr nicht.

Der Kanzler und ehemalige SPD-Vorsitzende Gerhard Schröder ist ein aufrichtiger Verehrer Willy Brandts, zu dessen Enkeln er gerechnet wird. Er rühmt sich keiner besonderen Nähe, wer das tue, glaubt er, lüge ohnehin: »Willy war niemand nahe.« Und doch ist es mehr als parteitaktisches Kalkül, dass er sich eine Statue seines Vorgängers ins Kanzleramt gestellt hat. Gemeinsamkeiten muss er nicht erfinden. Da ist die ähnliche Proletarier-Herkunft, die vaterlose Kindheit, eine rätselhafte Distanz selbst zu Freunden. Manchmal redet Schröder wie Brandt, manchmal posiert er wie »der Alte«, und bisweilen bekennt er sogar: »Ihr glaubt es mir ja doch nicht, aber ich möchte, dass Willy auf Wolke Sieben findet, dass ich einen ordentlichen Job mache.« Das ist Gerhard Schröder in solchen Augenblicken so ernst, wie ihm etwas nur ernst sein kann.

Und doch könnte der Kanzler von heute, der im vorletzten Kriegsjahr zur Welt kam, als der 31-jährige Emigrant Brandt sich schon auf ein Leben im zerstörten Deutschland nach Hitlers Niederlage vorzubereiten begann, dem Parteiheiligen Willy unähnlicher kaum sein. Liegt das tatsächlich nur, wie der Politikwissenschaftler Graf Christian von Krockow einmal in einer Diskussion über Max Webers Berufspolitiker-Bild sagte, am grundlegend veränderten »Gefüge der Rahmenbedingungen für Aufstieg, Durchsetzung und Machtausübung«? Oder gibt es Max Webers Idealtypus der reifen Persönlichkeit als Endprodukt einer erfolgreichen Integration und Verarbeitung von individuellen und historischen Erfahrungen gar nicht mehr?

Was Willy Brandt auszeichnete und worüber auch Schröder verfügt, ist eine eher instinkthafte Fähigkeit zur »politischen Urteilskraft«, die der britische Philosoph Isaiah Berlin erfolgreichen Politikern zuschreibt. Diese politische Variante eines ausgeprägten »Wirklichkeitssinns«, die mehr mit Verstehen zu tun habe als mit Wissen und durch nichts zu ersetzen sei, ermögliche es Politikern, bewusst oder halb bewusst die Grundmuster menschlicher oder historischer Situationen aufzunehmen und Fakten als Symptome vergangener und zukünftiger Möglichkeiten zu sehen. »Es handelt sich um eine gewisse Vertrautheit mit den relevanten Tatsachen, die sie erkennen lässt, was zueinander passt, was unter den gegeben Umständen getan werden könnte und was nicht, welche Mittel in welcher Situation und in welchem Umfang anzuwenden sind, ohne dass sie zwangsläufig erklären können, warum sie dies wissen, oder worin dieses Wissen überhaupt besteht.«

Politiker teilen diese Fähigkeit, die eher eine der Synthese als der Analyse ist, mit Dompteuren, Dirigenten und Dichtern. Im ausgeprägtesten Falle, meint Berlin, bedeute das »Genialität«. In der alltäglichen Version heißt diese Begabung gesunder Menschenverstand.

Doch bei aller Vergleichbarkeit der Grundausstattung – die Zeitumstände und sein politischer Lebensweg haben Willy Brandt einen gewaltigen Vorsprung gegenüber Schröder in Kenntnis und Wahrnehmung von Wirklichkeit verschafft. Brandt hat die Geschichte erlebt, von der Schröder im besten Falle gelesen hat. Und was für die beiden Kanzler gilt, lässt sich in beträchtlichem Maße auch auf ihre Generationsgefährten übertragen. Das ist niemandes Verdienst und niemandes Schuld. Aber es ist eine generelle Tatsache, die den Charakter der deutschen Politik, ihren Stil und ihr Personal im Verlauf der vergangenen Jahrzehnte erheblich verändert hat. Die Älteren haben sich durch Emigration, Inhaftierung, schuldhafte Verstrickungen und politisches Wirken in Kriegszeiten und im Untergrund einen unvergleichlichen Erfahrungs- und Wissensschatz aneignen können und müssen, der über die Fähigkeit zur Einschätzung von historischen Entwicklungen, von politischen Chancen und Risiken weit hinausging. Im Vergleich zu den Jüngeren brachten sie ungleich mehr Lebenswirklichkeit mit in ihren Politikerberuf. Die meisten hatten ihre Kenntnisse auf schmerzhafte Weise durch Handeln und Erleiden erworben, vielfach im Wortsinne leibhaftig erfahren und erlebt.

Das beantwortet auch – unabhängig von allen erkenntnisphilosophischen Disputen – die Frage, was denn Wirklichkeit in der Politik überhaupt sei. Immer steht, was wirklich ist, in gegenwärtiger Beziehung zum eigenen Körper, wird durch Schmerz, Krankheit oder Wohlbehagen beglaubigt. »Die Realität, nach der die Philosophie letztlich fragt«, schreibt der französische Philosoph Paul Ricœur, »ist der handelnde Mensch. Ich füge immer hinzu: Und der leidende Mensch.« Sein deutscher Kollege Erich Rothacker erkennt Wirklichkeit daran, dass sie »wirken«, das heißt, »ihr Erlebtwerden erzwingen« kann. Mit anderen Worten: Realität ist, wo man durch muss.

Mediokratie

Handelnd? Leidend? Wirkend? Wo lassen solche Definitionen einen Mann wie Guido Westerwelle, der an Genschers 75. Ehrentag vor dem Mikrofon herumkreischte wie bei einer Kindergeburtstags-Party? Formal ist er ja wer in der Politik – Parteivorsitzender, Parlamentarier, Rechtsanwalt. Daneben hat er sich einen anderen Ruf erarbeitet – als Talkshow-Gag-Produzent, Berufsjugendlicher, Omas Liebling, alles und noch viel mehr. In Sekundenschnelle kann der schmallippige, klirrend kalte Jurist zum balzenden rheinischen Charmeur schmelzen, wenn ein neuer Gesprächspartner eine veränderte Ansprache erforderlich macht. Vierzig Jahre ist er alt, aber er klammert sich an eine kultige Jugendlichkeit, die an ihm spannt wie ein zu enger Pullover. Seine Fähigkeit, viele höchst unterschiedliche Bilder von sich in die Welt zu setzen, machen ihn im Medienzeitalter zu einer attraktiven Figur. Was er natürlich weiß. Bisweilen gelingt es ihm sogar, den Eindruck zu erwecken, er habe genügend reflektive Distanz zu sich selbst, um mit seinen diversen Rollen spielen zu können.

Aber wer so etwas wie einen authentischen Kern sucht, wird nicht fündig. Westerwelle gelingt es nicht, seine diskrepanten Ausdrucksformen zu einem auch nur halbwegs identischen Persönlichkeitsbild zusammenzufügen Die diversen Guidos überlagern sich zu einer unscharfen Bilderserie. Ist er nun modern? Weltläufig? Entscheidungsstark? Cool? Sportlich? Die Design-Splitter seiner öffentlichen Erscheinung, mit denen der Liberale in den Medien hausieren geht, sind so unzureichend durch erkennbare Wirklichkeiten legitimiert wie Schecks ohne finanzielle Deckung. Für einen Politiker, der auf Glaubwürdigkeit angewiesen ist, kann das tödlich sein.

Einen »evidenten Verfall von Individualität »hatte Theodor W. Adorno schon in den Sechzigerjahren festgestellt. Klagen über den Sozialtypus des entkernten Menschen gehören inzwischen zum verlässlichsten Bestandteil der neuen Unübersichtlichkeit. »Das Ich der Zukunft« beschrieb das Magazin *Psychologie heute* als ein Kaleidoskop aus fremden Meinungen, Eindrücken, Bildern und miteinander im Widerstreit liegenden Überzeugungen.

Wer täglich erlebt, wie die Profis der Politik im Scheinwerferlicht der Öffentlichkeit in Sekundenschnelle ihr Gesicht wechseln, den Ton verändern oder die Logik ihrer Argumentation umdeuten, den muten solche Theorien nicht allzu fremd an. »Patchwork-Identitäten« nennt der Sozialpsychologe Heiner Keupp solche fraktionierten Menschen, die in der Lage sind, in jedem Augenblick ihr Ich zu dekonstruieren und situationsangemessen neu zusammenzusetzen.

Es sind Bilder, die von solchen Politikern haften bleiben, nicht Inhalte. Guido im plüschigen Guido-Mobil, Guido mit der 18 auf den Schuhsohlen, Guido mit Spaß-Kumpel Möllemann, später zerknautscht beim Nachruf, Guido mit Bierpulle im »Big-Brother«-Container. Guido als alles und nichts. Wie ernst er guckt, wie neckisch er lacht; ob er stottert oder eine geblümte Krawatte trägt, das bleibt beim Publikum eher in Erinnerung als irgendeine kesse These zur Rentenpolitik. Was rüberkommt, sind nur in Ausnahmefällen Reste von Information, normalerweise bleibt nicht mehr als ein vager Stimmungsreiz. Der Dortmunder Politikwissenschaftler Thomas Meyer erkennt darin eine neue politische Grundkonstellation, die er »Mediokratie« nennt. Wo Politiker-Talkrunden zum »menschelnden Geschwätz« werden und dramatische Bilder in Nachrichtensendungen sich selbst zum Inhalt machen, sieht er die Gefahr einer »Kolonisierung der Politik durch das Mediensystem« heraufziehen. Die sei immer dann gegeben, »wenn die dem Mediensystem eigentümlichen Regeln auf das politische System übergreifen und dessen eigentümliche Regeln dominieren oder gar außer Kraft setzen«. Der Durchschnittszuschauer wähnt sich unterrichtet, während er in Wahrheit auf unterhaltsame Weise nichts erfährt.

Die Entwicklung in diese Richtung hatte schon in Bonn begonnen. Aber sie hat sich in der Metropole Berlin rasant verschärft. Im Jahr 2003 arbeiteten in der neuen Hauptstadt 5300 Menschen für die elektronischen Medien. Die Berliner konnten zwischen 42 TV-Kanälen und 61 Rundfunkprogrammen wählen.

Beim Bundespresseamt waren 3285 Berichterstatter akkreditiert. Die tägliche Zeitungsauflage betrug 1,3 Millionen Exemplare, ungefähr die Hälfte davon waren Boulevard-Blätter. Damit bestimmen schon jetzt die Kommunikationsweisen der Medien das Schicksal der Demokratie in der Berliner Republik. Sie ermöglichen dem Politiker, sich in Szene zu setzen und gezielt eigene Botschaften über seine persönliche Vortrefflichkeit zu verbreiten, sie setzen ihn aber auch dem Risiko aus, dass er unfreiwilliger Mitspieler einer Medieninszenierung wird.

Ja, wilder, bildergeiler und skandalträchtiger als am Rhein geht es schon zu in der Medienmetropole. Politik goes Pop. Minister sind Stars wie Filmschauspieler und Fußballer. Das Fernsehen braucht Drama, Kampf, Helden und Schurken. Immer wird auf Sieg und Niederlage inszeniert. Und immer geht es um alles. Manchmal liefert die Politik selbst das Drama, wie etwa beim Berliner Europa-Gipfel im März 1999. Die Kameras konnten in Großaufnahme nur noch den physiognomischen Niederschlag eines erbarmungslosen Machtkampfes um Geld und Prestige nachliefern, der hinter verschlossenen Türen abgelaufen war. Wie zwei Schiffbrüchige, die eigentlich schon nicht mehr an Rettung geglaubt hatten, saßen die außenpolitischen Neulinge Schröder und Fischer um 6 Uhr 30 am Morgen des letzten Verhandlungstages vor der Presse im Berliner UFA-Palast. Zwanzig Stunden hatten sie mit ihren europäischen Kollegen – immer am Rande des Scheiterns – um eine Neuordnung und Stabilisierung des EU-Agrarmarktes gefeilscht. Es war die Stunde der Bewährung auf internationalem Parkett für die neue rot-grüne Regierung. Am Ende sagte der Kanzler tiefstapelnd, er sei »zufrieden, trotz aller Härte der Arbeit«. Aber das fast weihnachtliche innere Strahlen, das seine kalkig weißen, von Müdigkeit und Anstrengung zerschlissenen Züge erleuchtete, erzählte eine andere Geschichte: Mein Gott, das war knapp. Und: Es war mörderisch. Fischer fand sich »innerlich um zehn Jahre gealtert«. Fünf Jahre konnte jeder auch äußerlich erkennen.

Meistens aber schaffen sich die Medien ihre Thriller selbst. Etwa als die Fernsehsender zur Bundestagswahl 2002 die Rivalen

Edmund Stoiber und Gerhard Schröder zu einem Rededuell aufeinander hetzten, das die schreibende Presse wochenlang in sportlich-kriegerischen Vorausberichten angeheizt hatte, als boxten die Herren Kanzlerkandidaten um die Schwergewichts-Weltmeisterschaft: Gerhard Schröder, der Zwangsentspannte, gegen Edmund Stoiber, den verkannten Gutmütigen, dröhnte selbst die feine *Zeit*.

Der Effekt solcher Kampfsport-Politik-Bilder, ob dem wirklichen Leben abgewonnen oder durch Inszenierungen produziert, ist erheblich: Nahaufnahmen rücken die Akteure den Zuschauern so dicht vor die Augen, dass sie sich auf eine fast familiäre Weise an ihn oder sie gewöhnen. Die Wähler sehen, wie der Clement, die Merkel oder »Bruder Johannes« schwitzen, wenn sie unter Druck geraten, wie ihre Mundwinkel zucken und die Oberlippe zittert. Dann leiden sie mit. Oder sie freuen sich.

Politiker werden durch das Fernsehen in gewisser Weise »menschlicher«; das wiederum weckt Erwartungen auf völlig andere Eigenschaften als die Fähigkeit, »die Realitäten mit innerer Sammlung und Ruhe auf sich wirken zu lassen«, wie es Max Weber den Polit-Profis abverlangte. Wer komplexe Sachverhalte darlegt, kommt als Umstandskrämer an. Wer zuhört, gilt schnell als Schlaffi. Wer zu viel weiß, wirkt wie ein Streber. Der bayerische Ministerpräsident Edmund Stoiber, der im letzten Bundestagswahlkampf als Kanzlerkandidat der Union in einer Christiansen-Talkshow mit Prozentzahlen um sich warf wie ein Zirkusclown mit Torten, wie die *taz* höhnte, fing sich eine vernichtende Presseschelte ein. Politik wird keineswegs nur mit dem Kopf gemacht. Mimik und Körpersprache, Modulation und Aussehen beeinflussen die Wirkung eines Politikers im Fernsehen nachdrücklicher als eine schlüssige Argumentation.

Medienwirksamkeit ist zur wichtigsten Voraussetzung geworden für eine politische Karriere, die in die Spitzenpositionen des Staates führt. Wer in der Bundesrepublik politisch nach ganz oben will, in die Regierung oder an die Spitze einer Partei, der muss vor allem im Fernsehen gut rüberkommen. Er muss mit flotten Sprüchen Stimmung machen können, sich extravagant aufführen, am liebsten ein bisschen schräg zur eigenen Partei argumentieren und eine gefällige Ausstrahlung haben, dann ist er gefragt in den drei Dutzend Talkshows. Harte Sachdiskussionen dagegen und programmatische Zielsetzungen, nach denen die Kommentatoren der Zeitungen verlangen, scheinen das Publikum zu überfordern und zu langweilen. Nach einer internen Studie des Instituts polis für den SPD-Parteivorstand interessieren sich 75 Prozent aller Bundesbürger kaum oder gar nicht für Politik. Nur ein Prozent ist »hoch interessiert«. 10 Prozent sind »interessiert«, 15 Prozent bezeichnen sich als »mäßig interessiert«. Etwa 80 Prozent der Wähler haben nach einem Bericht der *Frankfurter Rundschau* vom Juli 2002 keine stabile Parteibindung. Der Anteil der harten Stammwähler wird für die beiden großen »Volksparteien« Union und SPD nur noch auf je 10 Prozent geschätzt.

Kein Wunder, dass die um Mehrheiten kämpfenden Politiker sich vorteilhaft persönlich in Szene zu setzen versuchen, wenn schon auf ihre politischen Positionen keiner wirklich neugierig ist. Dass dabei die Grenzen zwischen der öffentlichen Figur der Zeitgeschichte und dem Privatmenschen verschwimmen, versteht sich. Genauso wie sich die Unterschiede zwischen Gerücht und Information, Politik und Unterhaltung verwischen. Politiker wie Schröder, Fischer oder Westerwelle gewinnen ihre populäre Stärke nicht zuletzt aus ihren riskanten Gratwanderungen auf der Intimitätsgrenze. Ob der Kanzler seine in Thüringen entdeckten Cousinen der Presse vorführt, der Außenminister seine Jogging-Besessenheit als langen Weg zu sich selbst vermarktet, oder der FDP-Chef mit Parteifreunden vor Fotografen seine Volleyball-künste produziert – immer haben sie diese öffentlichen Einblicke in ihre Privatsphäre als wählerwirksame Aktionen verteidigt. »Politainment« nennt der Politikwissenschaftler Andreas Dörner diese spezielle Form von »unterhaltender Kommunikation«, die Politik und Entertainment zusammenkoppelt, um politisch mäßig interessierte Bürger über Gefühle als Wähler zu gewinnen.

Einfach ist es nicht, immer und unter allen Umständen ein gutes Bild abzugeben. Man kann sich, in der Hoffnung auf parasitäre Popularität, auch so gründlich vergaloppieren wie Helmut Kohl

1998. Der hatte sich zu Beginn seines Wahlkampfes gegen Gerhard Schröder hemmungslos in der Bewunderung des deutschen Fußball-Nationaltrainers Berti Vogts und seiner Kicker gesonnt. Beim Länderspiel gegen Kroatien während der Weltmeisterschaft in Frankreich stand er breit und bräsig auf der Tribüne im Stadion von Lyon, als das Deutschlandlied erklang. Kohl, Deutschland und seine Kicker – waren wir das nicht alle? Eine glorreiche, schwarzrotgoldene Einheit? Dieser emotionale Eindruck wurde 22 Millionen Zuschauern – das entsprach der Hälfte aller Wahlberechtigten – per Fernsehbild ins Haus geliefert: Darum CDU.

Kohls sozialdemokratischer Konkurrent, Fußballfan auch er, hockte derweil mit unverkennbarem Grimm vor der Glotze. Seine Kiefer malten. Eine Einladung habe er auch gehabt, brummte Gerhard Schröder im Kreise von Freunden, die auf dem Ferienbauernhof des Theaterintendanten Jürgen Flimm das Spiel ansahen. Für Schröder schien es schon verloren, bevor es begann. Hätte er doch hinfahren sollen? »Das hätte aber auch blöd ausgesehen.« Aber dann verloren die Deutschen nicht nur 0:3, sie machten als Verlierer auch noch eine schlechte Figur, vor allem Vogts, der bald darauf von seinem Amt zurücktrat. Für Helmut Kohl wurde das Spiel damit zum symbolischen Desaster, und Gerhard Schröder musste sich große Mühe geben, nicht allzu laut zu jubeln über die Niederlage, die er ja auch nicht gewünscht haben dürfte. Doch dass das klägliche Scheitern der Kicker am amtierenden Kanzler persönlich hängen bleiben würde, war dem Instinktpolitiker Schröder sofort klar. »Es konnte empirisch nachgewiesen werden, dass sich die symbolische Kontamination tatsächlich direkt auf die Wahlabsicht des Publikums ausgewirkt hat«, bestätigte Andreas Dörner später.

Es ist üblich geworden, diese Entwicklung, die früher bei uns besonders zu Wahlkampfzeiten mit geradezu aristokratischer Hochnäsigkeit als demokratische Entartung, sprich: Amerikanisierung, verketzert worden war, heute als »Telekratie« zu akzeptieren – vor allem mangels Alternative. Aber ist das tatsächlich Entpolitisierung? Sind Politiker nur noch Staatsschauspieler? Und ist das schließlich alles so neu?

Darsteller waren Politiker immer. Genau wie Schauspieler waren sie stets auch darauf aus, ihre Zuschauer zu erreichen und Beifall und Zustimmung zu erlangen. »Die Politik ist keine Wissenschaft, wie viele der berühmten Herren Professoren sich einbilden«, sagte Bismarck 1881 im Reichstag, »sie ist eben eine Kunst.« Aber anders als professionelle Mimen spielen Politiker nicht Rollen in einem Stück, das andere geschrieben und wieder andere für sie inszeniert haben. Politiker müssen sich und ihre Inhalte selbst inszenieren – und zwar paradoxerweise so, dass beim Publikum statt einer gelungenen schauspielerischen Leistung ein Eindruck von Authentizität ankommt.

Im übertragenen Sinn gehe es also für Politiker darum, die Waage zwischen Pragmatik und Theatralität im Gleichgewicht zu halten, schreiben Christine Kugler und Ronald Kurt in einem Aufsatz über »Inszenierungsformen von Glaubwürdigkeit im Medium Fernsehen«. In der Pragmatik-Waagschale finden sich die Eigenschaften, die eine Gesellschaft von ihren Politikern erwartet: Verantwortungsgefühl, Machtwille, Tatkraft, Klugheit, taktisches Geschick, Konfliktfähigkeit, Sachkompetenz, Engagement, Standhaftigkeit. In die Theatralitäts-Waagschale gehören Gestaltungsmittel wie Stimme, Tonlagen, Gesten, Posen, Mimik. »Jedes Zuviel oder Zuwenig an Ausdruckskraft kann die Glaubwürdigkeit eines Politikers in Frage stellen.«

Die Wichtigkeitsdroge Politik

Touristisch boomt Berlin, und ohne Zweifel gehört das Regierungsviertel mit dem Reichstag und seiner Kuppel weiter zu den Attraktionen. Doch wenn Bundestagspräsident Wolfgang Thierse die Gesichter der Wartenden studiert, dann fragt er sich bisweilen, ob seine Abgeordneten sich über ihre Bedeutung nicht Illusionen machen. Er meint nämlich bei den Besuchern einen Ausdruck erkennen zu können, der ihm bei Zuschauern von Autounfällen aufgefallen ist: »Eine Mischung aus Faszination und Ekel.«

Die politischen Profis leiden darunter, dass ihr Bild zwischen solch extremen Einschätzungen hin und her schwankt. Sie wollen keine »Windbeutel« (Weber) sein, keine Raffkes und keine Ganoven. Aber sie wehren sich genauso dagegen, als moralische Vorbilder in Anspruch genommen zu werden. So schwer sie sich tun, die Wirklichkeit im Lande zu erfassen, noch überforderter wirken sie bei ihren Bemühungen, die eigene Alltagsrealität, die konkreten Voraussetzungen und Umstände ihrer Berufsausübung der Öffentlichkeit zu vermitteln. Das führt zu einem Image, verwackelt und verwaschen, dem niemand recht traut. Umgekehrt fühlen sie sich durch die widersprüchlichen Erwartungen ihrer Wähler überfordert. »Parlamentarier sollen hoch kompetent, bienenfleißig, absolut integer und gleichsam in hohem Maße selbstlos sein«, seufzt der SPD-Abgeordnete Hermann Bachmaier.

So weit, so gut. Danach aber wird es schwierig: Hoch professionell sollen die Abgeordneten ihr Mandat ausüben – aber bloß keine Berufspolitiker sein. Sie sollen Stehvermögen haben – gleichzeitig aber dem Bild der Geschlossenheit ihrer Fraktion keinen Schaden zufügen. Sie sollen Rückgrat zeigen und sich zugleich für »höhere Aufgaben« empfehlen. Bei allen Plenarsitzungen, die im Fernsehen übertragen werden, sollen sie anwesend sein, aber ebenso ihren zum Teil hoch spezialisierten Parlaments- und Wahlkreisaufgaben nachkommen. Lobbyisten und Interessenvertretern sollen sie auf die Finger klopfen und sich dennoch kompromisslos für alle Wahlkreisinteressen einsetzen. In mustergültigen Familienverhältnissen sollen sie leben und trotzdem rund um die Uhr den Mandatspflichten, selbstverständlich auch an Wochenenden, nachkommen.

Hermann Bachmaier aus Crailsheim in Baden-Württemberg sitzt seit 1983 im Deutschen Bundestag, erst in Bonn, jetzt in Berlin. Er ist Justiziar der SPD-Fraktion, stellvertretender Vorsitzender des Rechtsausschusses, wählt Richter mit aus, kontrolliert Geheimdienste, gilt als fleißiger Arbeiter und Experte für Atomrecht und ist, wie er sagt, »auf vielen Baustellen tätig«. Im Fraktions-Establishment ist der Anwalt eine geachtete Größe. Und dennoch zählt er nicht zu den fünfzig bis siebzig Prominenten des

Hohen Hauses, die immer aufs Neue in Talkshows eingeladen werden – und damit ihre Bedeutung schon nachgewiesen haben, bevor sie auch nur den Mund öffnen. Bachmaier sarkastisch: »Das wahre Leben spielt sich meist in Nischen ab.« Einerseits ist der Fachpolitiker mit seiner Rolle ganz zufrieden. »Es gibt eben auch stille Karrieren im Bundestag.« Vieles ist ihm zugewachsen, und mit seinen Expertenkenntnissen glaubt er, manchmal mehr bewegen zu können, »als wenn ich Medienzirkus-Mitglied wäre«. Andererseits ist ihm klar, dass er mehr öffentliche Akzeptanz hätte – und damit auch mehr Durchsetzungskraft –, wenn er bekannter wäre. »Das Parlament gerät zunehmend in die Gefahr, als Symbol herhalten zu müssen für alles, was schief läuft. Und wenn du nur Abgeordneter bist und kein Staatssekretär werden willst, dann giltst du nach außen schnell als einer, der nicht weiterkommt.«

Hermann Bachmeier gehört zweifellos zu den fleißigsten Parlamentariern in Berlin. Während das Bild der leeren Stühle im Plenum des Bundestags dem Volk seinen Verdacht zu bestätigen scheint, dass seine Abgeordneten Nichtsnutze und Tagediebe seien, sind die in Wahrheit am produktivsten, wenn sie nicht auf ihren blauen Sesseln unterm Adler sitzen. Im 14. Deutschen Bundestag von 1998 bis 2002 hatten die Abgeordneten 14 495 Fragen gestellt, 1288 Anträge behandelt und 851 Gesetzentwürfe beraten, von denen 548 rechtskräftig geworden sind. Weder die Neunzig-Stunden-Sitzungswochen der normalen Parlamentarier, noch die sechzehnstündigen Arbeitstage der Polit-Prominenten bestehen vorwiegend aus Talkshows, Pressekonferenzen und öffentlichen Gala-Auftritten. In unzähligen Telefonaten, Konferenzen, Beratungen und Gremiensitzungen sind Berufspolitiker damit beschäftigt, ihre Ziele und Auffassungen gegen politische Konkurrenten und Parteifreunde, gesellschaftliche und wirtschaftliche Interessengruppen und wohlmeinende Bedenkenträger durchzusetzen. Führungswille und Fingerspitzengefühl, taktisches Gespür und Entscheidungsfreude, fachliches Know-how und politische Erfahrung entscheiden über Erfolg und Misserfolg im internen Einflussgerangel.

Dass diese Vielfalt ihren Reiz hat, bestätigen alle, so sehr sie sonst auch über unzumutbare Lebensumstände in der Politik klagen mögen. Selbst der einst so erbitterten und enttäuschten Grünen Andrea Fischer, Jahrgang 60, die über Einsamkeit, Versagensängste und Medienterror geklagt hatte wie alle, die halbwegs ehrlich von ihrem Berufsalltag reden, schien nach ihrem Abschied aus dem Regierungsamt etwas zu fehlen. Dass sie hart geworden war, misstrauisch und ungeduldig im politischen Geschäft, hatte sie oft bedauert. Und im Januar 2001 trat sie als Berliner Gesundheitsministerin zurück, um dem Rausschmiss durch die eigenen Parteifreunde zuvorzukommen. Versteinert blickte sie bei ihrer letzten Pressekonferenz in die Kameras. Ein sicheres Angebot, wieder in den Bundestag einzuziehen, lehnte sie ab: »Jetzt ist es vorbei.« Doch nicht einmal ein Jahr später, während noch immer kaum verkraftete Demütigungen ihr Gesicht verschatteten, sagte sie plötzlich: »Politik ist ein wunderbarer Beruf.«

Wunderbar? Den meisten fällt zu ihrem Beruf auf Anhieb nichts Beneidenswertes ein. Macht? »Sie wissen ja gar nicht, wie machtlos ein Bundeskanzler ist«, winkt Gerhard Schröder ab. Nach dem Amoklauf eines Schülers in Erfurt bekannte er hilflos: »Und da sitzt du hier und möchtest was tun und kannst nichts machen.« Respekt? »Staubsaugervertreter werden auch nicht verächtlicher behandelt«, glaubt Thomas Krüger, Präsident der Bundeszentrale für Politische Bildung. Einkommen? »Wer ökonomisch denkt, ist völlig beknackt, wenn er in den Bundestag geht«, findet der ehemalige Juso-Chef Wolfgang Roth, der aus dem Bonner Parlament als Vizepräsident der Europäischen Investitionsbank nach Luxemburg wechselte. Erfolge? »In meiner Bank beraten wir zu sechst drei Stunden, und dann machen sich dreieinhalbtausend Mitarbeiter daran, die Beschlüsse umzusetzen«, sagt Ingrid Matthäus-Meyer, die frühere Finanzexpertin der SPD-Bundestagsfraktion, die jetzt im Vorstand der Kreditanstalt für Wiederaufbau sitzt. »Im Bundestag brauchten wir zu dritt sechs Stunden, um uns auf ein Ergebnis zu einigen. Anschließend begannen dreieinhalbtausend Genossen, den Kompromiss zu zerreden.«

Und doch muss es irgendeinen magischen Reiz geben, der Politik als Beruf für Menschen attraktiv, ja faszinierend macht. Denn es waren ja nicht nur Gerhard Schröder, Edmund Stoiber und Guido Westerwelle, die bei der letzten Bundestagswahl als Bewerber um das Kanzleramt ihre Köpfe und Kehlköpfe und unsere Nerven strapazierten. Etwa 2500 Kandidaten kämpften überdies um die 598 Plätze im Bundestag. Und auch wenn Bundeskanzler Schröder manchmal zu befürchten vorgibt, dass – als Folge von Medien-Aufdringlichkeiten – bald kein junger Mensch mehr Politiker werden wolle, drängen auf der Ebene der Parteien noch immer genügend Nachwuchsleute in die erste Reihe. Teil einer systematischen Lebensplanung ist »Politik als Beruf« allerdings nur in Ausnahmefällen. Bloß knapp ein Sechstel der westdeutschen Abgeordneten bringt sich, nach den Erkundungen des schleswig-holsteinischen CDU-MdB Wolfgang Börnsen, gezielt als Kandidat für den Bundestag ins Gespräch. In Ostdeutschland ist es nur jeder Zehnte.

Es ist auch kein einheitlicher Typus auszumachen, sieht man einmal ab von einer robusten Grundausstattung an Eitelkeit, Ehrgeiz und Geltungsdrang. Leidenschaft, Verantwortungsgefühl und Augenmaß? Inhalte? Hingabe an eine Sache? Irgendeine utopische Idee, wie es zugehen sollte zwischen den Menschen, hat – wie vage auch immer – wohl jeder, der politische Ämter anstrebt. Aber ob es die Politik ist, die über die entscheidenden Schalthebel zur Veränderung der Welt verfügt, das bezweifeln selbst die Akteure in der ersten Reihe. »Das Endziel sozialer Gerechtigkeit und ökologischer Verantwortung werden wir nicht erreichen«, wusste Schröder schon vor mehr als zwölf Jahren. Das hat ihn nicht daran gehindert, die Kanzlerschaft anzustreben. Und Heide Simonis, damals Finanzministerin, heute Ministerpräsidentin von Schleswig-Holstein, sagte im selben Jahr 1992: »Wenn es mir ausschließlich darum gegangen wäre, etwas zu ändern, wäre ich vermutlich bei der Gewerkschaft oder in der Kirche gelandet. Offensichtlich habe ich mir in der Politik auch eine gewisse Außenwirkung versprochen, die Möglichkeit, andere zu beeinflussen. Und das befriedigt auch die persönliche Eitelkeit.«

Siegertypen oder wenigstens »Gewinnenwoller«, wie der Sohn der Familienministerin Renate Schmidt seine Mutter charakterisiert, nehmen die Qualen und Strapazen des politischen Lebens auf sich, um wahrgenommen zu werden und Bestätigung einzuheimsen. Was der Gewinn ist? »Ich bin immer im Zentrum der Aufmerksamkeit«, sagt Wolfgang Thierse. Auch Wolfgang Schäuble findet es »natürlich wichtig, öffentliche Beachtung zu erfahren«.

Die Show-Seite und die Innenseite der Macht sind dabei keineswegs klar voneinander geschieden. In einer Rückkoppelungsbeziehung zwischen den öffentlichen und den arbeitsinternen Aspekten vermischen sich Sachverhalte und ihre mediale Präsentation. »All das«, findet der Theaterregisseur Hajo Kurzenberger, »macht Politiker in mehrfachem Sinne zu Phantomexistenzen und stellt ihnen neue, oft kaum lösbare Aufgaben, nicht zuletzt die der eigenen wirkungsvollen Selbstdarstellung.« Diese Quälerei im Druck- und Kräftedreieck von Medienpräsenz, internem Einflussgerangel und zuschauendem Wählerpublikum, dessen Meinung wöchentlich abgefragt und publiziert wird, und die damit verbundenen Identitätskrisen, panischen Ängste, Höhenflüge und Lebenslügen hat Kurzenberger in Berlin auf die Bühne gebracht: Kleine böse Geschichten aus dem großen neuen Deutschland, wie es im Programmheft heißt, frei erfunden auf der Basis von Dokumenten der Zeit. *Merkels Brüder* nannte er seine kabarettistische Grusel-Revue über die Karrieretretmühle Politik im Gorki-Theater, das von Angela Merkel und ihren real existierenden Kollegen zielstrebig gemieden wurde. Um über die »Spuren der Macht« in ihren Gesichtern zu erschrecken, reichte den meisten wohl Herlinde Koelbls Fotoband, wenn nicht der morgendliche Blick in den Spiegel. In den Gesichtern, den Bewegungen und der Körperhaltung der Politiker wird die Erfahrung ihres Berufes im Wortsinne »leibhaftig«.

Nichts fürchten die Profis der Politik mehr, als ihre Verletzlichkeit und Schwäche als normale Sterbliche zu zeigen. »Warum ist es so schlimm zu weinen?«, habe ich einmal einen Bundestagsabgeordneten gefragt, der als Minister gehandelt wurde. Der schoss von seinem Schreibtischstuhl in die Höhe, stürmte zum Eingang des Büros, sah sich wie gehetzt nach Lauschern um und knallte dann die Tür zu. »Was für eine Frage«, sagte er dann. »Als wüssten Sie nicht, wie viele hier nur darauf warten, dass ich mal Schwäche zeige, um mich dann fertig zu machen.« In der Konkurrenzgesellschaft der Politik lebt jeder gegen jeden, weil jeder besondere Angst vor Rivalen hat. Und der geheime Wunsch nach Geborgenheit in einer paradiesisch-heilen Welt zeigt sich in pervertierter Form als Gewalttätigkeit gegen sich selbst und gegen andere.

Das hatte der PDS-Star Gregor Gysi im Sinn, als er seinen überraschenden Rücktritt vom Amt des Berliner Wirtschaftssenators in einem Brief an seine Wähler begründete: »Ich fürchte mich vor meinen Persönlichkeitsveränderungen.« Er habe gemerkt, dass er sich zu wichtig genommen und den Drang verspürt habe, sich zu allem zu äußern. Im Urlaub sei es ihm nicht gelungen, Telefonate und Fax-Anfragen unbeantwortet zu lassen – trotz bester Vorsätze. Mit seiner 6-jährigen Tochter habe er gespielt, ohne wirklich bei der Sache zu sein. »Du hast den Kopf nicht frei, um mitzukriegen, wie ein anderer Mensch fühlt.«

Das sei nun mal so, sagt Doris Schröder-Köpf, die Frau des Bundeskanzlers, die sich längst damit abgefunden hat, dass ein Spitzenpolitiker wie ihr Mann niemals, auch im Urlaub nicht, wirklich abschalten kann. Im Grunde habe er immer das Büro dabei. Dann kommen die Unterschriftsmappen, und wenn sie nicht kommen, ruft er in Berlin an und fragt, was los sei. Schröder-Köpf: »Er kann sich nicht aus der Verantwortung verabschieden, und insofern ist man nie mehr frei.«

Unabhängig von Intelligenz, politischer Phantasie und menschlicher Reife ist es vor allem eine Frage der Härte, ob einer bis an die Spitze durchhält. Politik ist *learning by doing*. Das, findet Andrea Fischer heute, ist das größte Handicap in diesem Beruf: Man wird nur durch Schaden klug. Dass sie viel kämpfen musste und viel einstecken, findet sie in Ordnung. »Politik«, sagt sie, »ist niemals irgendwie Ringelpiez mit Anfassen, also irgendwas Nettes. Wer kuscheln will, sollte was anderes machen.«

Diese emotionale Verarmung nehmen die meisten gar nicht wahr. Sie wissen nicht viel über sich und damit auch nicht über andere. Das macht sie handlungsfähig. »Mangel an Menschenkenntnis ist eine der wichtigsten Führungsvoraussetzungen in der Politik«, hat Holger Börner, lebenslanger Berufspolitiker und Ex-Ministerpräsident von Hessen, einmal gesagt. Das war keineswegs als Witz gemeint. Selbstzweifel, schon auf früher Karrierestufe hinderlich, bedeuten auf oberster Ebene einen Anschlag auf die eigene politische Existenz. »Wenn man am Morgen aufwachen und über seine eigenen charakterlichen Defizite nachdenken würde, käme man nicht mehr zur Arbeit«, bekannte Gerhard Schröder, als er noch öffentlich über sich reflektierte.

Im März 2004 musste sich Bundeskanzler Schröder im Bundestag wieder einmal von Frau Merkel vorwerfen lassen, dass seine Regierung »abgekapselt irgendwo in einer irrealen Welt« agiere und er selbst »die Bodenhaftung« verloren habe. Der Regierungschef lachte gequält das traditionelle wegwerfende Kanzlerlachen. Müde sah er aus, sichtbar gezeichnet von Belastungen seines Amtes. Er wusste natürlich, dass auch in das schicke neue Bundestagsbüro der CDU-Chefin Merkel das richtige Leben nur in Form von Regenwasser einsickerte. Im Übrigen fühlte er sich in seinem schallschluckenden neuen Kanzlerbau tatsächlich häufig genug ausgesperrt.

Und so wirken seine gelegentlichen Versuche, die Isolation des Protokolls und der Sicherheit zu durchbrechen, wie brachiale Kraftakte. Es ist, als wäre eine Blase geplatzt, wenn Gerhard Schröder nach einer halbwegs wichtigen Rede oder Abstimmung aus dem Reichstag tritt. Ein rangelnder, schubsender, verbissen gegeneinander mit Ellenbogen kämpfender Pulk von Journalisten, bewaffnet mit schwerem Gerät, quillt rückwärts stolpernd die Treppe hinab. Blitzlichter zucken, Kameras surren, Mikrofone stechen nach dem Mann, um den es geht, und der – unterstützt von den Sicherheitsrecken an seiner Seite – so tut, als bummele ein entspannter Staatsmann lächelnd zu seiner Arbeitsstätte, hier eine Autogrammkarte signierend, dort ein paar Hände schüttelnd – Politik macht Spaß.

So sieht es jedenfalls abends auf dem heimischen Fernsehschirm aus, und man mag – wenn man dabei war als Teil der

»Meute« – gar nicht glauben, dass dies das Ergebnis jenes Gedrängels ist, bei dem man sich kurz wieder einmal seines Berufs geschämt hat, wegen der blöden Fragen und der allgemeinen Rücksichtslosigkeit. Jetzt ist nichts mehr davon zu hören und zu sehen, auch nicht von den Regenschirmen, die den Kanzler trocken hielten, und nichts von den Scheinwerfern, die Schröders Gesicht in einen rembrandtschen Lichtschimmer tauchten.

II

Die Weimarer
(1966 – 1974)

Inneres Geländer

Eigentlich hatten wir uns darauf gefreut, unseren ersten Urlaubstag im Frühjahr 1979 in Ruhe zu genießen. Doch plötzlich stand gestikulierend der alte Mann auf unserer Terrasse, sichtlich erregt, mit wirrem Haar und wildem Blick. Er wollte rein. Meine Frau und ich schossen vom Frühstückstisch hoch. Was war geschehen?

Aus dem Fernsehen kannten wir den massigen Mann, der jetzt seufzend und stöhnend am Küchentisch thronte, seit vielen Jahren. Tags zuvor waren wir ihm auch persönlich begegnet – Carlo Schmid, Professor, ehemaliger SPD-Präside, früherer Vizepräsident des Deutschen Bundestages, Ex-Minister.«Es tut mir Leid«, schnaufte er, »aber ich muss es einfach loswerden. Es ist furchtbar.«

Ein Unglück? Ha, eine Katastrophe. Carlo Schmid redete nicht, er spie Sätze aus, lange. Erst allmählich schälte sich aus seinen kunstvoll verschlungenen Wortgirlanden so etwas wie ein Sachverhalt heraus. Er hatte ein Buch geschrieben, sein Lebensbuch, die *Erinnerungen*. Jetzt war er fertig, und das war die gute Nachricht. Die schlechte war, dass er dafür 4000 Seiten gebraucht hatte, während der Verlag beim besten Willen nicht viel mehr als 800 Seiten drucken wollte. Und deshalb musste, wie immer, wenn es ernst wurde im richtigen Leben des Bildungsbürgers und Genussmenschen Carlo Schmid, seine Lebensgefährtin Hanne Goebel ran – kürzen. Tapfer begann sie, Carlos Lebensgeschichte zu straffen, »zu verstümmeln«, wie er es sah.

Wo immer sie den Rotstift ansetzte, es war die falsche Stelle. Was hätte sie auch streichen können, das den 80-jährigen Geistesheroen unter den Politikern nicht geschmerzt hätte? »Dreißig Jahre lebe ich mit dieser Frau zusammen«, erregte sich Schmid, »und was muss ich entdecken? Sie hat nichts von mir verstanden.« Vergeblich versuchten wir zu beschwichtigen. Vorsichtig, wir waren ja weder mit seinem Temperament noch mit seinen Lebensumständen vertraut. Als der Freund, in dessen Haus im südfranzösischen La Croix Valmer wir wohnten, uns angewiesen hatte, den Schlüssel »nebenan bei Carlo« abzuholen, hatte ich angenommen, das sei der Hausmeister. Als sich der ominöse Carlo stattdessen als der Mann entpuppte, über den die *Zeit* bei seinem Ausscheiden aus dem Bundestag geschrieben hatte: »Ein Denkmal geht in den Ruhestand«, musste ich erst mal schlucken, um die Überraschung zu verkraften. Nun schluckten wir schon wieder, denn Carlo Schmid begann uns zu überschütten mit Erzählungen aus seinem langen, farbigen Leben.

Am ersten Tag saßen wir bis weit über Mittag am Frühstückstisch. Schmid erzählte von seiner französischen Mutter und seinem deutschen Vater, seiner Kindheit als musischer Fremdling in zwei Ländern, der »Alt-Wandervogel«-Jugend im wilhelminischen Deutschland und dem mörderischen Ersten Weltkrieg, vor dem er sich nicht drücken mochte: »Ich wollte dabei sein.« Die Ernüchterung kam schnell. Er erlebte den Kriegsalltag als »ein Konglomerat aus Feuerregen und Dreck, Tod und Davonkommen«. Eintönig. Unheroisch.

Desillusioniert kehrte der junge Leutnant heim. Doch auch die Sprechchöre, die im Dezember 1918 auf der Stuttgarter Königsstraße die »russische Revolution« forderten, missfielen ihm. Schmid wollte zwar eine Veränderung der Gesellschaft, eine »linke Politik« – weil, wie er gern zitierte, »links die Herzseite der Menschheit ist« –, aber keine Diktatur des Proletariats. Er war deshalb bereit, die aufrührerischen Auswüchse von 1919 für die regierenden Sozialdemokraten notfalls sogar mit Waffengewalt zu ersticken.

Das Schießen blieb Carlo Schmid danach erspart, aber vierzehn

Jahre später geriet die Republik trotzdem in die »Hände von Unmenschen«, wie er klagte. Wer trug Schuld, dass dieses Volk sich so täuschen, sich so überrumpeln ließ? Carlo Schmids Stimme zitterte vor Scham und pathetischer Selbstanklage, als er in der Osterwoche 1979 in den Garten hinausrief, was er ähnlich emphatisch in seinen *Erinnerungen* niedergeschrieben hatte: »Ich und meinesgleichen sind schuld, weil wir uns zu gut waren, uns so tief zu bücken, wie die Erde unter dem Sternenhimmel liegt; jene Erde, in die man die Fundamente für Freiheit, Frieden, Gerechtigkeit legen muss.«

Ich war bewegt, fasziniert, erleichtert. Mit gut einem Vierteljahrhundert Verspätung erzählte endlich mal einer der Älteren so ehrlich und emotional anrührend aus der Zeit vor und mit den Nazis, wie ich es mir zu meiner Schul- und Studentenzeit in den Fünfzigerjahren gewünscht hätte. Er räumte Fehler ein, warb um Verständnis, stellte sich ganz offenkundig seiner Vergangenheit. Damals in den Fünfzigern, als wir Jüngeren voller Fragen und Anklagen waren, hatten sich Lehrer, Eltern, Professoren abwinkend gedrückt wie mein Vater: »Ach, Junge, frag nicht.« Schon Fragen stellen galt als illoyal.

Vierunddreißig Jahre nach Hitlers Herrschaftsbeginn war der Professor Bundesminister der Großen Koalition in Bonn. Und an einem sonnigen Julitag 1967 tagte das Kabinett des CDU-Bundeskanzlers Kurt Georg Kiesinger, Jahrgang 04, und des SPD-Vizekanzlers Willy Brandt, Jahrgang 13, unter einer uralten Platane im Park des Palais Schaumburg am Rhein. Ein idyllisches Arrangement, fast so, als hätten diese beiden zutiefst unterschiedlichen Männer beschlossen, zusammen jenen vagen Weimarer Traum von einer bürgerlich-sozialdemokratischen Volksregierung gegen Radikale von rechts und links zu verwirklichen, der Carlo Schmid als Auftrag der Geschichte schon immer vorgeschwebt hatte.

Große Koalition. War sie das Ende der Dauerkonfrontation zwischen zwei feindlichen politischen Lagern in der Bonner Republik, die – so Kiesinger – jene geistige und politische »Zerrissenheit des deutschen Volkes« fortschrieb, an der Weimar zugrunde gegangen war? Oder war es ein Bündnis, das »die innere Feindschaft« der Partner nicht aufhob, sondern nur verschleierte, wie der Philosoph Karl Jaspers vermutete? Es war eine bizarre Versammlung, die sich da unter der Platane um den Ex-Nazi Kiesinger und den vor den Nazis ins Ausland geflüchteten Sozialisten Willy Brandt geschart hatte, um die deutsche Nachkriegsrepublik vor einem ähnlichen Desaster zu bewahren, wie es der Weimarer Demokratie beschieden war. Das Leben hatte sie gebeutelt, die Geschichte hatte sie allesamt im innersten Kern erwischt.

Da saß der grimmige Ex-Kommunist Herbert Wehner neben dem näselnden früheren SA-Mann Gerhard Schröder, der karge protestantische Christenmensch Gustav Heinemann neben dem einst von Goebbels faszinierten knubbeligen »alten Kämpfer« Hermann Höcherl, der vierschrötige katholische Ex-Pfadfinder Paul Lücke neben dem elegischen Humanisten Carlo Schmid. Jede dieser Biografien hätte als Drehbuch für eine Fernsehserie getaugt. Verrat, Irrtum, Scheitern, Todesangst, Schmerz und Scham waren Gefühle, die diese Männer nicht nur aus Romanen kannten. Das Wunder ihres Lebens war nicht der Wirtschaftsaufschwung, sondern dass es sie noch gab.

Sie hatten eben alle »eine ganze Menge durchgemacht schon in jungen Jahren«, wie Willy Brandt über sich und seine gleichaltrigen und älteren Politiker-Kollegen einmal sagte: »Wir haben noch etwas mitgekriegt vom Niedergang der Weimarer Republik, wir haben auf die eine oder andere Weise die Erfahrung des Nationalsozialismus und des Krieges hinter uns und sind dann ernsthaft hineingekommen nach dem Zweiten Weltkrieg in die öffentliche Verantwortung.«

Zusammen repräsentierte die Runde der Weimarer einen Erfahrungsschatz gelebter und durchlittener Politik, wie er in dieser Mischung bisher allenfalls bei den Gründungsvorbereitungen der Nachkriegsrepublik in Herrenchiemsee und Bonn anzutreffen war. »Die hatten alle noch ein inneres Geländer«, sagt heute Egon Bahr, der im Gefolge Willy Brandts von Berlin nach Bonn umgesiedelt war. Bahr meint damit eine tief verwurzelte politische und gesellschaftliche Überzeugung, ein Bild von der Welt und den Menschen, das ihrem politischen Handeln Ziel und Antrieb gab. Nach diesen Vorgaben trafen sie aktuelle Entscheidungen. »Das Wichtigste war, dass die meisten damals noch völlig mit sich selbst und ihren politischen Zielen identisch waren«, erklärte der 82-jährige Egon Bahr. »Es ging ihnen um mehr als ums Geld und ums Geldverdienen. Bankkonten sagten nichts aus über gut und böse. Und eine Formel wie ›Recht auf Glück‹ hätte Adenauer wie Brandt als eine Gotteslästerung betrachtet.« Nach einigem Zögern entschlüpfte Bahr sogar der Zusatz: »Die hatten alle noch so was wie eine Weltanschauung.«

In ihrer Jugend waren sie – ob links oder rechts – ziemlich idealistisch gewesen, hatten in Jugendgruppen, Studentenverbindungen oder politischen Bewegungen und Parteiorganisationen gelernt, gemeinschaftlich zu leben und zu denken. Wie missbrauchbar durch Gewaltherrscher wie Hitler und Stalin ihr jugendbewegter Elitismus gewesen und wie verletzlich eine Demokratie ohne Demokraten war, mussten die meisten später erkennen. Das veranlasste sie, die Bundesrepublik zunächst vor allem als korrigierte Vergangenheit zu betrachten: »Bonn ist nicht Weimar«, hatte der Schweizer Publizist Fritz René Allemann 1956 in seinem gleichnamigen Buch behauptet – ein Satz, der zu einem Fetisch der Adenauer-Zeit wurde. Und auch nach dem Rückzug des greisen Patriarchen Adenauer sollte es das nicht werden, darüber war sich die politische Klasse der Bundesrepublik einig.

Nicht, dass sich plötzlich alle politischen Gegensätze erledigt hätten. Doch was die Spitzenpolitiker der beiden großen Volksparteien einte, das teilten sie mit der Mehrheit der Bevölkerung, den älteren Deutschen vor allem: die Sehnsucht nach einem starken Staat, einer wehrhaften Republik. Genau wie ihre Wähler hatten die Wort- und Meinungsführer der jetzt amtierenden Politiker das Chaos der Weimarer Jahre, die Machtübernahme und den Terror der Nazis und schließlich den verheerenden Krieg nicht nur als historisches Ereignis erlebt, sondern auch als Erdbeben in ihrem privaten Leben. Stabilität und Sicherheit waren deshalb ihre zentralen Kategorien, die internationale Einbindung in das Wertesystem des Westens schien vor nationalem Missbrauch zu schützen, zumal in einem geteilten Land.

Das Volk hatte sich – in den Augen der Nachkriegs-Politiker – als unkalkulierbar, gefährdet, ja sogar als gefährlich erwiesen. Starke Institutionen und politische Leidenschaftslosigkeit galten als Gegenmittel. Erste ernsthafte Attacken gegen die fortlebende Tradition des deutschen Obrigkeitsstaates – etwa während der *Spiegel*-Affäre und gegen die Notstandsgesetze – erinnerten Politiker wie Kurt Georg Kiesinger sofort an das Ende von Weimar: »Wo aber immer Tendenzen erscheinen, die sich grundsätzlich gegen unsere freiheitliche gesellschaftliche und staatliche Ordnung richten, müssen wir schon den Anfängen wehren.« Der Mehrheit der älteren Bundesbürger war es recht – die Herrschaft des verinnerlichten Staates war ungebrochen.

Längst gehören die Fotos von der regierenden Männerrunde mit Dame im Park – einzige Frau war Gesundheitsministerin Käte Strobel, SPD – zu den dokumentarischen Klassikern der deutschen Geschichte. Als der Fotograf Jupp Darchinger an jenem heißen Mittwochnachmittag ins Kanzleramt kam, um die Regierungsmannschaft abzulichten, die drei Tage lang in einer Art Sondersitzungsserie die »Mifrifi« erarbeiten wollte – die »Mittelfristige Finanzplanung« der nach stürmischem Wirtschaftsaufschwung seit dem Herbst 1965 erstmals stagnierenden Bonner Republik –, hatte ihn ein Mitarbeiter des Kanzlers mit verschwörerischer Miene in den Garten geführt, wo auf Anordnung Kiesingers der Kabinettstisch aufgebaut war. Die Fotos, die Darchinger und seine Kollegen schossen, waren, in vielerlei Hinsicht, symbolträchtige Bilder des Übergangs. Von den »Weimarern« fehlten bereits wichtige Männer der ersten Stunde – von Konrad Adenauer über Ludwig Erhard bis Kurt Schumacher. Und neben den Regierenden oder im Hintergrund saßen bereits – mit Franz Josef Strauß, Karl Schiller und Helmut Schmidt – einige Schlüsselfiguren der nächsten Generation. In ihrer demonstrativen, wenn auch nur symbolischen Öffentlichkeit signalisierte die Sitzung überdies eine deutliche Abkehr von der klandestinen Kanzlerallmacht der Adenauer-Republik. Und schien nicht die sommerliche Picknickatmosphäre im Grünen auf eine Freizeitgesellschaft vorauszudeuten, auf die die Akteure freilich noch in keiner Weise eingestellt waren? Steif und korrekt gewandet, demonstrierten sie auch in ungewohnter Umgebung, wie man traditionell Staat macht.

Alte Alte saßen neben jüngeren Alten, Rechte neben Linken. Und wiewohl aus vielen Äußerungen der Beteiligten bekannt ist, dass zwischen den politisch und damals auch noch ideologisch gegnerischen Lagern durchaus nicht eine allgemeine Verbrüderung ausgebrochen war – Egon Bahr, Willy Brandts engster Vertrauter, nannte das Bündnis sogar »widernatürliche Unzucht« –, erinnern sich doch manche auch an ein ungewöhnliches Maß von Offenheit und persönlicher Akzeptanz. »Die Stimmung war gelassen, fast fröhlich. Die hatten eine Art, sich anzusehen, wie sie später immer unüblicher wurde«, sagt Darchinger. »Die guckten sich sogar in die Augen, wenn sie sich vors Schienbein traten.«

Auch der Antifaschist Willy Brandt und der Ex-Nazi Kurt Georg Kiesinger – zwei Männer, wie sie verschiedener nicht hätten sein können – wahrten im Umgang miteinander die Form. Immerhin gehörte es zu den makabren Folgen der restaurativen Adenauer-Jahre, dass sich beide wegen ihrer Vergangenheit zu rechtfertigen hatten. Willy Brandt hielt wortkarg auf Abstand. Er habe sich physisch und psychisch unwohl gefühlt in Gegenwart dieses Kanzlers, erinnerte sich seine Frau Rut. Kiesinger erschien ihm aufgeblasen und geschwätzig. Gelangweilt blätterte Brandt in den Akten, wenn die beiden Tübinger Bildungsprotze Kiesinger und Carlo Schmid sich in gelehrten Anspielungen zu übertreffen suchten. Der Kanzler wiederum fand seinen Außenminister »merkwürdig leer«. Er wirke auf ihn »wie ein Korken auf einem Fluss, der sich mit der Strömung treiben lässt«, vertraute er einem Interviewer an. Bei Herbert Wehner beklagte er sich, dass Brandt nicht mit ihm spreche. Wehner antwortete: »Lübeck ist eine Stadt, da redet man nicht.«

Aber sie regierten zusammen. Noch im Wahlkampf 1965 hatten Spitzenpolitiker der Union und der Sozialdemokratie einander aus ideologischen Lagern diffamierend und persönlich verletzend bekämpft. Die »Weltanschauung« des Antitotalitarismus machte die plötzliche Einigkeit möglich. Diese antikommunistische Argumentationsfigur, die den Zusammenbruch von Weimar ausschließlich als Verschwörung von rechten und linken Extremisten beschrieb, wurde unter dem Druck des Kalten Krieges – der mit dem Bau der Mauer 1961 in Deutschland eine besonders bedrohliche Gestalt angenommen hatte – von beiden großen Volksparteien akzeptiert.

Selbst zwanzig Jahre nach Gründung der Bundesrepublik ging der Blick der Weimarer, sobald Fragen der demokratischen Gestaltung des Staates anstanden, noch immer geradezu reflexhaft zurück nach vorn. Vergeblich hatte der CDU-Kanzler Ludwig Erhard nach der Wahl 1965 gemahnt: »Die Bezugspunkte in der Arbeit des 5. Deutschen Bundestages und der Politik der Bundesregierung dürfen… nicht mehr der Krieg und die Nachkriegszeit sein. Sie liegen nicht hinter uns, sondern vor uns. Die Nachkriegszeit ist zu Ende.« Im Bonner Parlament saßen zu diesem Zeitpunkt aber noch 349 von 518 Abgeordneten, die vor 1919 geboren waren.

Deren Erinnerungen an Weimar und den Nazi-Terror prägten weiter das politische Klima. Da war die Liberale Liselotte Funcke, Jahrgang 18, die nicht vergessen konnte, dass ihr Vater nach Hitlers Machtübernahme von der Polizei zur Einschüchterung in »Schutzhaft« genommen worden war, während ihr die Paraden, Fahnen und Fackelzüge der Braunen Eindruck machten. Der Unions-Politiker Johann Baptist Gradl, Jahrgang 04, wusste eindringlich von Straßenkämpfen zwischen SA-Leuten und Kommunisten zu erzählen. An einem Herbstabend 1931 in Berlin wäre er fast in einer Blutlache ausgerutscht. Zwanzig Minuten zuvor war an dieser Stelle ein Mensch erschossen worden. Werner Dollinger, Jahrgang 18, CSU-Abgeordneter und Ex-Bundesminister, hatte noch lebhaft vor Augen, wie nach der Nazi-Machtübernahme in seiner Heimatstadt Neustadt a. d. Aisch allmählich eine Hand nach der anderen zum »Heil Hitler« hochging, nachdem er den Ortsgruppenleiter der NSDAP hatte sagen hören: »Dieses Mal wird ein anderer Wind wehen.«

Und einem so überzeugungsfesten und gradlinigen Mann wie dem gelernten Schlosser und Feuerwerker Paul Lücke aus dem Bergischen Land konnte keiner seine Weimarer Ängste ausreden. »Wir haben heute tausend und einen Grund, um zu erklären, warum dies und jenes in Weimar so kommen musste und nicht so«, sagte er zur Begründung, warum er als CDU-Minister mit den ungeliebten »Roten« in einer Großen Koalition zusammen regierte. »Es gibt jedoch nur eine Erklärung dafür, warum es zur Zersplitterung der politischen Willensbildung in Weimar kommen musste: das Fehlen eines die entgegenstehenden vielfältigen Interessen und politischen Strömungen integrierenden mehrheitsbildenden Wahlrechts.«

Ähnliche Ängste hatten schon die Verfassungsgeber umgetrieben. Dem Grundgesetz war anzumerken, dass das Desaster der Nazi-Machtübernahme nicht zu völlig neuen Ansätzen geführt hatte, sondern nur zu Konsequenzen aus dem Scheitern der Weimarer Republik. Gewiss, die Grundrechte wurden hervorgehoben, das plebiszitäre Element wurde stark eingeschränkt, dem Präsidenten die Macht genommen, die Abwahl des Kanzlers erschwert, und die Parteien wurden gestärkt. Aber weder Carlo Schmid noch Konrad Adenauer, der erste Kanzler, noch die überwiegende Zahl der neu in den Bonner Bundestag gewählten Politiker aller Parteien sahen sich veranlasst, ihr grundsätzliches Politikverständnis, wie es sich bis 1933 herausgebildet hatte, im Kern zu überprüfen und zu verändern. Sie knüpften dort an, wo Adolf Hitlers Machtübernahme den Versuch einer demokratischen Geschichte der Deutschen unterbrochen hatte – bei der formalen Organisation einer funktionierenden Republik.

Als im März 2004 – aus Anlass des bevorstehenden 100. Geburtstages von Kurt Georg Kiesinger – Zeitzeugen und Mitstreiter der Großen Koalition von 1966 bis 1969 im Bonner Palais Schaumburg über deren Bedeutung diskutierten, stellte sich schnell Ratlosigkeit ein. Dieser Regierung habe wohl die große Idee gefehlt, mutmaßte der ehemalige FDP-Chef Hans-Dietrich Genscher, und für die *FAZ* war Kiesinger »hinter dem langen Schatten Adenauers und den Zigarrenwolken Erhards verschwunden«. In Berlin gestand CDU-Chefin Angela Merkel, dass ihr Kiesinger völlig fremd sei.

Mir war es schon in den Sechzigerjahren so ergangen. Allerdings war ich damals – obwohl ich schon als Journalist arbeitete – von der konkreten Politik noch ziemlich weit entfernt. Die Namen Brandt und Kiesinger waren mir natürlich seit meiner Schulzeit aus dem Radio und der regionalen Zeitung bekannt. Gesehen hatte ich die beiden nie. Einmal war Konrad Adenauer in meine niedersächsische Heimatstadt Burgdorf gekommen, einmal Herbert Wehner – beide natürlich zu Wahlveranstaltungen. Weil meine Schulfreunde und ich uns über Herbert Wehners eruptiven Redestil amüsierten, fuhr der uns an: »Das – ist – so, auch – wenn – Sie – lachen, – meine – Herren – von – der – Jungen – Union.« Und aus jeder Lücke zwischen den explodierenden Wörtern stieß anklagend der Zeigefinger des grauen Mannes auf uns herab. Ein anderes Mal nötigte uns unser Lehrer, CDU-Stadtrat und Ex-Offizier, auf einer Klassenfahrt dem damaligen Innenminister Gerhard Schröder zuzuhören, dessen schnarrender Junkerstil mich abstieß. Aber als mein Schulfreund Hans, Arbeitersohn und überzeugter Sozialdemokrat, aus Protest fünfzehn Kilometer allein zu Fuß zurück in die Jugendherberge ging, nur weil er keinem CDU-Minister zuhören wollte, fand ich das übertrieben.

Im Grunde waren mir damals die Bonner Größen – Kiesinger und Brandt eingeschlossen – ziemlich gleichgültig. Ich sah mich irgendwie als Außenseiter, obwohl es real dafür wenig Anlass gab. Als die absolut dominierende politische Figur meiner Jugend erlebte ich den »Alten«, der, wie er selbst zu sagen pflegte, im Umgang mit der Macht wenig pingelig war. Adenauer wurzelte noch im 19. Jahrhundert und entsprechend autokratisch regierte er auch. Da der alte Häuptling schon vor den Nazis sich in Machtpositionen befunden und die Hitlerei ihn immer angewidert hatte, beschränkte er sich auf die Beseitigung der Folgen dieses historischen Betriebsunfalls. »Nach zwölf Jahren Nationalsozialismus und sechs Jahren Krieg ist Ruhe nicht mehr die erste Bürgerpflicht, sondern das erste Bürgerrecht«, bestätigt ihn der Schweizer Fritz René Allemann.

Für mich und meine Freunde war Parteipolitik im Grunde läppisch. Wir lasen Sartre und Camus, gefielen uns in einer Mischung aus Paranoia und Protest, sehr selbstgerecht, ziemlich beleidigt und unglücklich. Wir profitierten hemmungslos davon, dass sich in Deutschland wieder die Fenster zur Welt geöffnet hatten. Der Jazz wurde meine Musik, sie untermalte ein idealisiertes amerikanisches Demokratie-Bild. Den Kalten Krieg rechnete ich vorwiegend Konrad Adenauer und seiner antikommunistischen Hysterie zu. Diente er nicht allzu aufdringlich der Verdrängung der Nazi-Zeit, die im Schulunterricht nicht vorkam und im öffentlichen Jargon vertuschend »die jüngste Vergangenheit« genannt wurde?

Wir höhnten über die staatlich geförderte Entpolitisierung, dabei hielten auch wir uns raus. Die Parole hieß: Ohne mich. Die Aufgeregtheiten des Fernsehzeitalters lagen noch in unbekannter Zukunft, die Debatten aus dem Bundestag verfolgten wir am Radio unregelmäßig und mit gemischten Gefühlen. Mich faszinierte der theatralische Ton, das pathetische Bühnengedonner der Star-Redner Schumacher, Dehler, Erler, Gerstenmaier und Carlo Schmid. Manchmal klangen sie so flammend, als deklamierten sie Gedichte. Doch stand ihr wortreiches, wildes Geschrei in einem befremdlichen Kontrast zu dem zähen, feindseligen Schweigen, das drückend über dem Land lag.

Heute stimme ich Klaus Harpprecht zu, der die soziale Umwälzung, die sich in den Kriegs- und Nachkriegsjahren vollzog, die radikalste nennt, »die das Land seit dem Dreißigjährigen Krieg heimgesucht hatte«. Aber erlebt habe ich es anders – muffig, bigott und kitschig erschien mir das Leben, nichts bewegte sich. 1957 machte ich Abitur; es war ein Wahljahr, aber: Ich durfte noch nicht mitwählen. Adenauer blieb, die Restauration auch. Wohlstand für alle. Keine Experimente. Keine politische Leidenschaft. Nur Spießertum und peinigende Öde.

In Wahrheit veränderte sich die Welt, während ich dann in Marburg und Göttingen studierte, mit rasender Geschwindigkeit. In der Bundesrepublik verabschiedete die SPD ihr Godesberger Programm. Der Aufbruch ins All hatte begonnen, John F. Kennedy wurde mein Idol. Die Diskussion über Fritz Fischers Buch *Griff nach der Weltmacht* beschäftigte mich intensiv, weil es den Deutschen eine Mitschuld am Ersten Weltkrieg zuschrieb und damit Hitlers Kriegsziele in einen historischen Kontext stellte. Es folgten Eichmanns Verurteilung in Jerusalem, der Frankfurter KZ-Prozess, die *Spiegel*-Affäre. In Berlin hatte Ulbricht die Mauer gebaut.

Bewegung genug. Und obwohl der altväterliche Ludwig Erhard als Nachfolger Adenauers schon nach kurzer Zeit politisch am Ende war, hält sich in meiner Erinnerung ein Bild der Stagnation. Tatsächlich bestand die westdeutsche Bundesrepublik mittlerweile ja auch schon länger, als die Weimarer Republik gedauert hatte, und während damals zwölf Politiker an der Spitze von zwanzig Regierungen versucht hatten, das Land demokratisch zu regieren, war Ludwig Erhard erst der zweite Regierungschef in Bonn.

Historische Hypothek

Dass Erhard die Wahl 1965 gegen Willy Brandt gewann, ließ mich allerdings nicht mehr gleichgültig. Ich arbeitete damals bereits als Journalist in Westberlin, und der SPD-Vorsitzende und Regierende Bürgermeister hatte für mich persönliche Konturen erhalten, als ich ihn am 1. Mai 1964 zum ersten Mal direkt erlebt hatte – zusammen mit 300 000 Menschen vor der notdürftig restaurierten Reichstagsruine mit der Mauer im Hintergrund. Der Faszination seiner schartigen Stimme, der Intensität seiner Werbung um »schrittweise Veränderungen« in Richtung Einheit der Nation konnte ich mich – trotz aller Skepsis – nur schwer entziehen. Person und Ort verschmolzen zu einem Erlebnis von suggestiver Kraft.

Im Berliner Regierungsalltag, den ich in den folgenden Monaten für die Deutsche Presse-Agentur beobachtete, verlor sich der Eindruck fast historischer Größe schnell wieder – nicht zuletzt wegen der zynischen Häme vieler älterer Kollegen, die sich 1965 nicht genug darüber belustigen konnten, dass ihr »Willy« nach seiner zweiten Wahlniederlage als SPD-Kanzlerkandidat nun im Abgeordnetenhaus wieder Auskunft darüber geben musste, »warum die Zehlendorfer Zellstofffabrik immer noch so stinkt«. Jetzt sei er endlich wieder auf dem Boden der Tatsachen, höhnten auch viele seiner Genossen, vor allem in Berlin. Zusammen mit dem als Wahlkämpfer rücksichtslosen CDU-Patriarchen aus Bonn versuchten sie Brandt zu schaden, indem sie ihn wegen seiner unehelichen Geburt, seiner Trinkgewohnheiten und seiner Emigration denunzierten. Brandts politische Biografie, die leidenschaftliche Suche eines jungen Deutschen nach sozialer Gerechtigkeit, die engagierte Geschichte seines persönlichen Widerstands gegen die Hitler-Barbarei, drohte dahinter fast zu verschwinden.

Dass Willy Brandt damals, obwohl er für seine Partei in Bonn vierzehn Mandate hinzugewonnen hatte, fast verzweifelt wäre, erfuhr ich erst sehr viel später. Nach einem gesundheitlichen Zusammenbruch bilanzierte er sein Leben als eine Serie von Niederlagen und teilte mit, dass er für 1969 als Kanzlerkandidat nicht mehr zur Verfügung stehe. Später sollte er dieses Stimmungstief als Krise der Lebensmitte beschreiben: »Bei einigen ist es dann überhaupt so, dass sie etwas absacken, und bei anderen ist es so ein Zwischenstadium, bevor sie den Kopf wieder ganz hoch nehmen.«

Im Juni 1966 hatte Willy Brandt den Kopf wieder oben. Ernst und sendungsbewusst ließ er sich auf der Bühne der Dortmunder Westfalenhalle von den Delegierten des SPD-Parteitages feiern, die ihn mit 324 von 326 Stimmen als Parteichef wiedergewählt hatten. Kanzlerkandidat wollte er trotzdem nicht mehr sein. Doch beeindruckt erlebte ich das Comeback jenes Willy Brandt, der mich zwei Jahre zuvor begeistert hatte. Plötzlich schien alles Verkrampfte von ihm abgefallen, er musste – inzwischen zweiundfünfzig Jahre alt – nicht länger John F. Kennedy nachahmen und auch nicht mehr den jugendlichen Strahlemann darbieten. Der »Quatsch mit dem Image« hatte ihn immer beeinträchtigt. Jetzt war er einfach Willy Brandt, oder besser: Er begann es zu werden. Konrad Adenauer war widerwillig abgetreten, Ludwig Erhard hatte zwar als Wahlkampflokomotive gezogen, spielte als Regierungschef aber keine besonders glückliche Rolle. Umso deutlicher wurde, dass die SPD, selbstbewusst wie selten zuvor, nur im Regierenden Bürgermeister von Berlin eine souveräne und unumstrittene Führungsfigur hatte.

Die Sozialdemokraten gingen weiter ihren Weg zu einer bürgerlichen Volkspartei, aber sie verleugneten ihre proletarische Herkunft nicht mehr. Die Damen und Herren und lieben Freunde von der SPD hießen nun wieder »Genossinnen und Genossen«, und alle duzten sich. Willy Brandt sagte: »Wir sind keine Kampfpartei mehr allein der arbeitenden Klasse.« Aber auch: »Ihrem Wesen nach ist diese unsere Sozialdemokratische Partei noch immer die einzige, in der der Arbeiter seinen gewissermaßen naturgegebenen Platz findet.«

Es war, als hätte Willy Brandt einen Vorhang weggezogen von seiner politischen Jugendzeit in Lübeck, die Adolf Hitler mit Gewalt beendet hatte. Als Herbert Ernst Karl Frahm stand er seit 1913 im Hansestädtischen Geburtsregister. Seine Mutter Martha, bei seiner Geburt erst 19 Jahre alt, arbeitete als Verkäuferin im Konsumverein. Über seinen Vater, den Hamburger Buchhalter John Möller, verlor die Mutter zu Brandts Kinderzeiten kein Wort. Er lernte ihn nie kennen. »Ich wurde in die SPD hineingeboren«, hat Willy Brandt später von sich gesagt. Kaum konnte er laufen, meldete ihn die Mutter in der Kindergruppe des Arbeitersports an, dann in einem Arbeiter-Mandolinen-Club. Später wurde er erst bei den Falken, dann bei der Sozialistischen Arbeiterjugend aktiv. Sein Großvater, Ludwig Frahm, ein treuer SPD-Genosse aus der Kaiserzeit, der den Knaben Herbert an Vaters statt zu betreuen versuchte, erzählte ihm von den Ungerechtigkeiten der Welt. Befreien konnte die Arbeiter, sang er, »kein Gott, kein Kaiser noch Tribun, das können nur wir selber tun«. Gleichheit und Gerechtigkeit hielt der Junge mit August Bebel, »der gestorben war, als ich zur Welt kam« und von dem er reden hörte wie von einem Mythos, für ein und dasselbe.

Bebels Träume vom ideellen Zusammenhalt der Arbeiterbewegung machte sich der junge Frahm zu Eigen. Rosa Luxemburg und Karl Liebknecht blieben für den Jungen aus Lübeck die wahren Klassenkämpfer, seine eigene Partei schien ihm die proletarische Sache zu verraten. Je älter er wurde, desto enttäuschter war der politisch intensiv engagierte Schüler Herbert Frahm von der »anhaltenden Halbherzigkeit« der Sozialdemokratischen Partei in der Weimarer Republik. Dass der Großvater die Abschaffung der Monarchie, den Acht-Stundentag und seine Staatsbürgerrechte als Revolution bezeichnete, empfand der Enkel fast als Hohn. Eine »treue und genügsame Seele der Mehrheitssozialdemokratie« nannte er den alten Frahm einmal. Im SPD-Reichspräsidenten Friedrich Ebert und der etablierten Parteispitze in Berlin sah der junge Sozialist jene »Lust an der Ohnmacht« verkörpert, die auch sein Lübecker Vorbild, der Journalist und Reichstagsabgeordnete Julius Leber, anprangerte. Aber auch Leber war dem radikalen Gymnasiasten Frahm auf Dauer zu weich und angepasst. Er schloss sich der SAP an, einer sozialistischen Splittergruppe, die sein Mentor Leber einen »Verein für verklemmte Schwärmer« nannte.

Der hochintelligente Junge war früh auf sich allein gestellt. Als Stipendiat des Reform-Realgymnasiums Johanneum erhielt Brandt »einen soliden Grundstock der im Bürgertum seiner Zeit gängigen Bildung«, schreibt Peter Merseburger in seiner Brandt-Biografie. Aber die häuslichen Wurzeln waren zu stark, als dass der Abiturient über die Arbeiterkultur hätte hinauswachsen können. »Republik, das ist nicht viel – Sozialismus ist das Ziel«, stand auf einem Plakat, mit dem der junge SAP-Kämpfer 1931 in Lübeck demonstrierte.

An der republikanischen Wirklichkeit von Weimar erschien dem jungen Frahm wenig verteidigenswert, nachdem er als 10-Jähriger gesehen hatte, wie die Polizei demonstrierende Arbeitslose zusammenschlug, ohne dafür zur Rechenschaft gezogen zu werden. Dieser bürgerlich-kapitalistische Staat mochte für die Alten ein Kampfziel gewesen sein, für ihn war er eine verächtliche Zwischenstufe auf dem Wege zu Gleichheit, Freiheit und Brüderlichkeit. In seinem Abitur-Aufsatz – einem mutigen Heldenepos über August Bebel – beschuldigte der Schüler Frahm 1932 seine Schule, in schwankendem Liberalismus dahinzuleben und sich nie auf demokratischen Boden gestellt zu haben. Den gebe es aber in Deutschland ohnehin nur auf dem Papier. »Die demokratische Republik war die neue politische Form. Die Wirtschaft aber änderte sich nicht. Auch die anderen Machtfaktoren, Militär, Bürokratie usw. nicht.«

In den Nazis konnte der junge Mann bis ziemlich zum Schluss keine wirkliche Bedrohung erkennen, sie erschienen ihm weder »national« noch »sozial«. Jahrzehnte später bekannte Brandt: »Wir sind zu weit gegangen in der Kritik, aber es war das Unbefriedigtsein davon, dass die Weimarer Republik nicht den großen Wurf zustande brachte.« Und in seltener Klage über seine jugendliche Einsamkeit fragte er: »Wo wäre der gewesen, der mir beizeiten nahe gebracht hätte, dass Demokratie nicht Mittel sondern Ziel ist?« Dass Julius Leber genau das versucht hatte, erkannte Brandt erst sehr viel später.

Im März 1933 floh der Enkel, dem Opas Sozialdemokraten zu lahm und vergreist gewesen waren und der sich der radikaleren SAP angeschlossen hatte, unter dem Namen Willy Brandt nach Skandinavien. Hitlers SA-Schergen hatten Leber, der noch immer sein heimliches Vorbild war, überfallen, zusammengeschlagen und inhaftiert. Ausgestattet mit 100 Mark von Großvaters Sparbuch gelangte er – an Bord des Kutters TRA10 versteckt – heimlich nach Skandinavien.

»Ich musste weg, wenn ich nicht Leib und Seele riskieren wollte«, schrieb er später. Er fügte hinzu: »Mit neunzehn, als ich aus Nazi-Deutschland flüchtete, wusste ich, was ich tat.« Den Namen Brandt behielt er für immer bei – es war sein eigener, er verdankte ihn niemandem.

Damit begannen zwölf Jahre sozialistischer Parteiarbeit gegen das Nazi-Reich. Als norwegischer Berichterstatter bei den Nürnberger Kriegsverbrecher-Prozessen kehrte er in das Trümmer-Deutschland zurück. 1949 zog Brandt für die SPD in den 1. Deutschen Bundestag ein. Dass er dann ab Dezember 1966 neben

Kanzler Kiesinger als Außenminister der Großen Koalition in Bonn amtierte, empfand er als Bestätigung seines Kampfes für ein »anderes Deutschland«. Bei seiner Amtseinführung sagte er: »Wer Sinn für Geschichte hat, wird nicht leicht darüber hinwegsehen, dass ein Mann meiner Herkunft und meiner Überzeugung der deutsche Minister des Auswärtigen geworden ist.«

Vor dem Hintergrund einer sehr anderen historischen Hypothek ließ sich fünf Monate später, im Mai 1967, Kanzler Kurt Georg Kiesinger in Braunschweig auf einem Bundesparteitag auch zum CDU-Vorsitzenden wählen. Mir schien damals die mit weißen Blumen dekorierte Bühne mit einem sechs Meter hohen Adenauer-Porträt wie ein Mahnmal, das aus einer untergegangenen Ära in die Zukunft hineindrohte. Tatsächlich ist der große, silberhaarige Mann mit dem geölten Habitus eines Karrierediplomaten aus dem Schatten des Alten nie hinausgelangt. Wie sein gescheiterter Vorgänger Ludwig Erhard, der aufs Ehrenmitglieds-Altenteil abgeschoben wurde, blieb auch Kiesinger Episode. Mochte der eitle Schöngeist, der immer ein Zitat von Plato, Descartes oder Tocqueville zur Hand hatte, die Nachfolge des robusten Machtmenschen aus Rhöndorf auch wie ein Hochamt zelebrieren, mochte er sich vom Parteitag auch als »Retter aus der Provinz« feiern lassen – er blieb die Verlegenheitslösung einer Union, die mit der neuen Zeit nicht zurechtkam. Ministerpräsident in Stuttgart war der Württemberger zuletzt gewesen; aus seiner Zeit im Bundestag davor war mir die geschmeidige Eleganz seiner Sätze besser in Erinnerung geblieben als irgendwelche inhaltlichen Positionen. Dass ihn seine Parteifreunde in Bonn als »wandelnden Vermittlungsausschuss« verspotteten, kam so wenig von ungefähr, wie die Tatsache, dass Adenauer ihn nie zum Minister gemacht hatte.

Zum ersten Mal war ich auf einem CDU-Parteitag, und dass ich meinen früheren Klassenlehrer in der Braunschweiger Stadthalle als Delegierten entdeckte, erschien mir symptomatisch. Verkörperten er und sein neuer Vorsitzender Kiesinger nicht genau jene Generation von Eltern und Lehrern, von denen wir in der Adenauer-Zeit nicht so recht wussten, was sie im Dritten Reich gemacht hatten? Kiesinger reagierte mit milde herablassendem Spott auf die »rührende Unbefangenheit« von uns »eifrigen jungen Leuten«, die meinten, sich kritisch äußern zu müssen zu dem, was seinerzeit geschehen war. Es muss wohl noch Ausdruck dieser rührenden Unbefangenheit gewesen sein, dass ich später mit unverhohlener Genugtuung auf die Ohrfeige reagierte, die ihm Beate Klarsfeld verpasste.

Kurt Georg Kiesinger hatte nicht verheimlicht, dass er NS-Parteigenosse und während des Krieges stellvertretender Abteilungsleiter in der Rundfunkabteilung des Reichsaußenministeriums gewesen war, konnte es wohl auch nicht, nachdem er siebzehn Monate in einem Internierungslager der Amerikaner gesessen hatte. Doch bestritt er, als Verbindungsmann zwischen den Ministern Ribbentrop und Goebbels fungiert zu haben. Jetzt fühlte sich der CDU-Star als »Repräsentant all derer, die im Lande geblieben waren, sich mit den Nazis arrangiert hatten, aber für ihre Verbrechen nicht die Verantwortung trugen«.

In die NSDAP war Kiesinger im März 1933 eingetreten, etwa zur selben Zeit, als Willy Brandt vor den Nazis nach Skandinavien flüchtete. Ihm sei Hitlers Partei als der offenbar »einzige noch verbliebene Weg aus dem Chaos« erschienen, um eine Wendung zum Besseren in Deutschland möglich zu machen, rechtfertigte er sich später. Hitler als Person und vieles an den Zielen und im Erscheinungsbild seiner Partei hätten ihn nach wie vor abgestoßen, ihren Antisemitismus empfand er als »vulgäre Abseitigkeit«. Kurt Georg Kiesinger wollte eben »nicht ohnmächtiger Zuschauer« bleiben, wie er später sagte. »Vor allem gegen diese Rassenpropaganda zu wirken, war mein Motiv in diesen ersten Wochen nach der Ernennung Hitlers zum Reichskanzler, eventuell in die NSDAP einzutreten.«

Einem durch und durch politischen Menschen wie Willy Brandt musste Kiesingers treuherziger Blick auf die Welt als blanker Zynismus erscheinen. 1904 im württembergischen Kleinstädtchen Ebingen geboren, verlor Kurt Georg Kiesinger schon nach einem halben Jahr seine Mutter, lebte dann ein Jahr bei den Großeltern, bis sich sein Vater, kaufmännischer Angestellter und zeitweise Fabrikarbeiter, wieder verheiratete. Er wuchs als Ältester mit sechs Geschwistern auf. Über Politik wurde in Kiesingers Elternhaus in den Jahren vor dem Ersten Weltkrieg kaum gesprochen. In der Schule lernte der Junge, dass das von Bismarck geeinte deutsche Kaiserreich mächtig und gut sei, aber leider zu wenig Kolonien habe.

Als der Erste Weltkrieg begann, schrieb Kiesinger sechs Jahrzehnte später in seinen Memoiren, »wurde es bei uns karger, und wir fingen an Hunger zu leiden«. 1915 wurde sein Vater eingezogen. Vom Aufstand der Kieler Matrosen 1918 hörte Kiesinger über den Vater eines Freundes. »Der furchtbare Zorn dieses Mannes, wenn er die Regierung, die Reichen, den Kaiser, die Kirche und sogar den Herrgott angriff, hat mich damals tief erschreckt.«

Kurt Georg Kiesinger war gerade in einem katholischen Lehrerseminar in Rottweil aufgenommen worden, als die Weimarer Verfassung in Kraft trat. Die Geburtswehen der Republik erschienen ihm von ferne wie ein andauernder Bürgerkrieg, »wie Feuer, die bald da, bald dort aufflackerten und wieder erloschen«. Zu den 180 Schülern des Seminars drang davon wenig. Kiesinger empfand Württemberg im Inflationsjahr 1923 als »eine Insel der Ruhe«. Er hielt sich von der Politik fern und schrieb Gedichte. Ein Jugendfreund seines Vaters ermöglichte ihm ein Studium. 1926 wechselte Kiesinger von Tübingen nach Berlin, um Rechts- und Staatswissenschaften zu studieren. In katholischen Studentenvereinen lernte er namhafte politische Größen persönlich kennen – den Kölner Oberbürgermeister Konrad Adenauer, die Reichskanzler Wilhelm Marx und Heinrich Brüning –, die ihn allerdings nicht sonderlich beeindruckten. »Die Politiker und Staatsmänner der Zwanzigerjahre waren nicht dazu angetan, Bewunderung zu erregen«, schrieb er später, »man sah selten eindrucksvolle Köpfe, wenn man sie in schlecht geschneiderten Anzügen über gewölbten Westen, dicke Zigarren rauchend, beisammen sitzen sah.«

Da imponierte ihm der Berliner »Herrenclub«, in dem neben Deutschnationalen und Hugenberg-Gefolgsleuten auch hohe Offiziere der Reichswehr verkehrten, schon eher. Der angehende

Amtsrichter Kiesinger gewann die Überzeugung, dass »von hier aus eine Eindämmung und, wenn nötig, eine gewaltsame Bekämpfung des Nationalsozialismus zu erwarten war«. Gewählt hatte er, abgesehen von den beiden Präsidentschaftswahlen, als er für Hindenburg votierte, in den Weimarer Jahren nicht ein einziges Mal. »Mit jugendlichem Hochmut«, so Kiesinger, habe er »auf den politischen Werktag der Republik herabgeblickt«.

Nun musste er diesen Werktag als Regierungschef gestalten. Er war an der Macht, wie man so sagte, wenngleich die Regierenden der Bonner Republik dieses Wort lieber vermieden. Macht war, seit Hitler sie »ergriffen« und pervertiert hatte, ein deutsches Tabu-Wort. Die Nazi-Barbarei lieferte ein blutiges Exempel für die These, dass die Macht an sich böse sei, gleichviel wer sie ausübe, wie Jacob Burckhardt in seinen *Weltgeschichtlichen Betrachtungen* gewarnt hatte. Die Macht »ist kein Beharren, sondern eine Gier und eo ipso unerfüllbar, daher in sich unglücklich und muß also andere unglücklich machen. Unfehlbar gerät man dabei in die Hände sowohl ehrgeiziger und erhaltungsbedürftiger Dynastien als einzelner ›großer Männer‹ usw., das heißt solcher Kräfte, welchen gerade an dem Weiterblühen der Kultur am wenigsten gelegen ist.«

»Die Weimarer« – die Frauen und Männer des ersten Bundestages und die Älteren der jetzt regierenden Großen Koalition – hatten den Amoklauf unkontrollierter Herrschaft gerade überlebt, manche nur knapp. An Misstrauen fehlte es dem Kiesinger/Brandt-Kabinett also gewiss nicht. Aber dass die Macht »unfehlbar« in den zerstörerischen Bann des Bösen führen sollte, das wollten sie verhindern. Dagegen hatte man jetzt ja die erneuerte Demokratie mit ihren verstärkten Kontrollmechanismen als institutionalisiertes Misstrauen in die Verführbarkeit des Menschen. Schon 1956 in Berlin hatte Willy Brandt an Julius Leber erinnert, seinen frühen politischen Lehrmeister, auf den der heranwachsende Sozialist in Lübeck vor 1933 nicht hatte hören wollen. Er habe ihn und die Sozialdemokratie gelehrt, dass Macht in den Dienst einer gesunden Staatsauffassung gestellt werden müsse.

Nicht dass sich die Brandts und Wehners, auch nicht die Höcherls und Lückes Illusionen darüber gemacht hätten, was die Politik ihnen persönlich auch in dieser gezähmten Form abverlangen würde. Willy Brandt geriet immer wieder in erschöpfte Phasen von Resignation und Zweifel, selbstquälerische innere Kämpfe lähmten ihn. Carlo Schmid klagte, er fühle sich manchmal wie ein Rudersklave auf einer römischen Galeere. Und was er »die Galeere« nannte, hieß Friedrich Nietzsche einen »Dämon«, Jacob Burckhardt »eine Gier«, Henry Kissinger ein »Aphrodisiakum« und Kanzler Gerhard Schröder »eine Droge« – die Macht. Abgestumpft durch Wiederholungen und Enttäuschungen, verhärtet durch unzählige Verletzungen, berechnend und rastlos unter ständigem emotionalen Überdruck, waren Politiker schon immer in der Gefahr, sich selbst verloren zu gehen. Ihre Bereitschaft zu lernen, sich anderen zu öffnen, Mitleid zu empfinden, versiegt, dafür wächst das Bedürfnis, sich zu betäuben. Gegen diese Form der professionellen Deformation ist kaum einer gefeit; sie ist Churchill so wenig erspart geblieben wie Roosevelt, sie spart Chirac so wenig aus wie Tony Blair.

In den Erinnerungen der Alten mögen die Mühen des Ausstiegs wie Literatur klingen. Für die Betroffenen waren sie immer eine erbarmungswürdige Schinderei. »Wer von der Politik einmal gegessen hat, der möchte immer mehr und mehr«, hatte 1963 Konrad Adenauer einer Gruppe japanischer Besucher anvertraut, als seine eigene Fraktion ihm nicht mehr folgte. »Die Politik kann zum Laster werden, wenn man sich ihr zu sehr ergibt.« Otto von Bismarck nannte Politik »eine Leidenschaft«, eine zerstörerische freilich, die alle übrigen Teile der Persönlichkeit aufzehrte. Dem Alten vom Sachsenwald spiegelten die Forellen in seinen Fischteichen das politische Leben: »Eine frisst die andere auf, bis nur mehr eine dicke alte Forelle übrig bleibt. Bei mir hat im Laufe der Zeit die Leidenschaft zur Politik alle anderen Leidenschaften aufgefressen.«

Bei Hermann Höcherl war das nicht anders, wenn es sich auch nicht so bedeutend ausnahm. Oft habe ich ihn in seinen späten Bonner Jahren am Rande von Empfängen schlafend in einem Sessel hocken sehen. Er war alt und müde und konnte nicht mehr viel Alkohol vertragen. Aber die Politik loslassen, konnte er noch viel weniger. An seinem 70. Geburtstag klagte seine Frau: »Ach, wäre er bloß Amtsrichter geblieben.« Der Bayer war schon früh von der Politik fasziniert, als Student ließ er sich ab 1930 in Berlin nach Möglichkeit keinen politischen Redner entgehen, von Thälmann über den »Magier Goebbels« bis Hitler. Nach der Entlassung des Leutnants Höcherl aus der amerikanischen Kriegsgefangenschaft setzte sich, wie er schrieb, »bald wieder dieser politische Bazillus« in seiner Blutbahn durch. In seinem oberpfälzischen Heimatdorf Brennberg gründete er einen CSU-Ortsverein. 1953 wurde Höcherl in den Bundestag gewählt. Dort verschaffte sich der Neuling schnell Ansehen als listiger und eigenwilliger Charakter, aber auch als trinkfester Eigenbrötler. Als Ludwig Erhard seinen Vorgänger Adenauer bei einem Festakt zu dessen 90. Geburtstag würdigte, platzte verspätet Hermann Höcherl in die feierliche Veranstaltung und begrüßte die Ehrengäste per Handschlag. »Der Mann ist ja betrunken«, flüsterte indigniert Kanzleramtsminister Westrick. Höcherl zischte zurück: »Anders hält man's bei euch auch nicht aus.«

Der gelehrte Professor Carlo Schmid pflegte immer so zu reden, als sei Macht nur eine Eigenschaft des Staates und nicht auch eine Verführung für Menschen. »Politik« dozierte er, sei »der richtige, vom erkennenden Verstande und der Sorge um die anvertrauten Menschen gelernte Umgang mit der Macht«. Als wären Politik und Macht abstrakte Systeme und nicht konkrete menschliche Angelegenheiten. Und als hätte er nicht selbst darunter gelitten und davon profitiert, dass Politiker handelnde Individuen sind, mit Schwächen und Stärken und persönlichen Lebensgeschichten, eingebettet in die Zeitläufe.

Wir haben nach dem Erscheinen seiner *Erinnerungen* lange darüber geredet, diesmal auf seiner Terrasse, an einem weichen Frühherbsttag in La Croix Valmer. Nie habe die »Schlange der Politik mit den Giftzähnen des Ehrgeizes« ihn gebissen, prahlte er. »Mein Wissen um die Bedeutung der Macht im Leben des Staates«, so wollte er den Genossen in den SPD-Führungsgremien klar gemacht haben, als sie ihn einmal sogar als potenziellen Kanzlerkandidaten handelten, »hat sich nicht in persönliches Machtstreben umgesetzt.« Carlo Schmid merkte schnell, dass ich ihm diese Aussagen so wenig abnahm wie alle seine Genossen, die miterlebt hatten, wie sehr er darunter litt, als »Paradiesvogel« betrachtet und in die zweite Reihe abgeschoben zu sein, wenn es um reale Machtpositionen ging. Dabei hatte ich versucht, mich vorsichtig auszudrücken, weil ich ihn sehr mochte und wusste, wie empfindlich er auf Kritik reagierte. Trotzdem fragte er bald: »Du findest mein Buch nicht gut, oder?«

Das versetzte mich in Verlegenheit. Ich lobte den ersten Teil, in dem er sehr lebendig von seiner Kindheit und Jugend erzählte, und bedauerte, dass er so protokollarisch blass und formal geworden sei, sobald es um Politik und Politiker ging. »Manchmal hört sich das an«, sagte ich, »als ob Sie glaubten beweisen zu müssen, dass Sie überhaupt dabei waren.« Da kullerten dem alten Herrn plötzlich dicke Tränen die Wangen herunter. »Ich kann das nicht«, flüsterte er, »ich kann einfach nicht böse schreiben über Menschen, die ich kenne.« Das war es wohl. Wiewohl Carlo Schmid wieder und wieder versichert hatte, dass er »nicht nur ein ästhetisches Verhältnis zur Macht habe«, fehlte ihm die persönliche Härte, um sich in diesem Ellenbogen-Gewerbe durchzusetzen.

Schon Anfang der Fünfzigerjahre hatte Erich Kuby über ihn geschrieben: »Die Bonner Mühlen zermahlen diese Männer, und sie mahlen rascher als die Mühlen Gottes.« Nur der zweite Teil des Satzes war ein Irrtum. Carlo Schmid zweifelte und litt, aber aufhören konnte und wollte er nicht. Nach seiner gescheiterten, aber nicht geschiedenen Ehe, nach dem Selbstmord eines Sohnes, nach einem Schlaganfall und einer Thrombose überhäuften die Ärzte ihn mit Ratschlägen. Den einzig guten, den sie ihm geben könnten, klagte Schmid, »nämlich aus der Galeere Politik herauszugehen«, den könne er nicht annehmen. Er habe »im eigenen Fleische« gespürt, schrieb er einem Freund nach seinem Ausscheiden als Vizepräsident des Deutschen Bundestages, dass »Abschiednehmen immer ein Stück Sterben ist«. Noch mit über achtzig war er Koordinator der deutsch-französischen Beziehungen, und dass er kurz vor seinem Tod von der SPD auf ihrem Berliner Parteitag noch einmal gefeiert wurde, bedeutete ihm unendlich viel.

Trotzdem schienen – im Vergleich zu heute – die Nachkriegspolitiker im Wesentlichen noch weitgehend im Einklang mit sich selbst und damit besser gewappnet gegen den Sog, der Macht voll zu verfallen. Die Einbindung in eine verbindliche demokratische Werteordnung, die Rückbesinnung auf ein reiches persönliches Erleben, der jederzeit mögliche Rückzug auf eine Welt neben dem Politikbetrieb und die Reflexion der eigenen, oft sehr schmerzlichen Erfahrungen hinderten sie am Abheben. So entstand jenes »innere Geländer«, das Egon Bahr den Alten zuspricht. Es war umso stabiler, je mehr an eigener Lebenssubstanz und persönlicher Identität die Politiker in ihre öffentlichen Ämter mitbrachten.

Herbert Wehner, Jahrgang 06, lebte das demonstrativer vor als jeder andere. Schweigend, blaue Wolken aus der Pfeife paffend, in seinen Aufzeichnungen blätternd, saß er im März 1968 tagelang entrückt auf dem Vorstandspodium des SPD-Parteitages von Nürnberg. Ein schlummernder Vulkan. Empfindsam, hartnäckig und rücksichtslos hatte er die Große Koalition herbeiverhandelt, und stärker als Willy Brandt bestimmte er ihre Politik mit. Um seine Partei an die Macht zu bringen, war Wehner zu gnadenlos pragmatischen Zugeständnissen bereit. Im Augenblick schien der grimmige alte Mann voll mit sich im Reinen, doch die Spuren der Kämpfe, die er durchgestanden hatte, verbarg er nicht. »Eine Vorstudie zum eigenen Denkmal« sah *Spiegel*-Reporter Hermann Schreiber, »einen Mann mit einem endgültigen Gesicht.«

Die jüngste Blessur war eine Zahnlücke. Wütende Demonstranten hatten den SPD-Vize vor der Nürnberger Meistersinger-Halle angerempelt und herumgestoßen. Seine Brille zersplitterte, die Pfeife wurde ihm aus dem Mund gerissen, ein Zahn ging mit. Auch Willy Brandt wurde geknufft und gestoßen, sein Fahrer erhielt einen Schlag mit einem Regenschirm über den Kopf. »Arbeiterverräter« höhnten die zumeist jugendlichen Demonstranten, »Sozialfaschisten«. Von acht Fahnenmasten holten sie die roten SPD-Flaggen und verbrannten sie. War Bonn doch Weimar?

Ich erlebte die Zusammenrottung von etwa 2000 Menschen auf dem »Platz der Opfer des Faschismus«, die aufbrechende politische Leidenschaft, mit gemischten Gefühlen. Als junger dpa-Redakteur war ich dem SPD-Vorsitzenden Willy Brandt in einigem Abstand gefolgt, als der dem Eingang der Meistersinger-Halle zustrebte, ohne sich von den Gegnern der Notstandsgesetzgebung und der Großen Koalition einschüchtern zu lassen. Die Zusammenarbeit mit der konservativen Adenauer-Partei und einem Ex-Nazi als Kanzler hatte viele Sozialdemokraten erbittert und Sympathisanten enttäuscht. Auf dem Parteitag, der nachträglich die »Elefantenhochzeit« billigen sollte, entlud sich die Wut. Als sich das Spalier von aggressiven Gegnern in ein Gedränge und Geschiebe auflöste, in dem Brandt und seine drei Begleiter sowie Herbert Wehner verschwanden, wurde ich abgedrängt. Voller Aufregung versuchte ich, das Geschehen zu verfolgen. Dass die Opposition gegen die Regierenden sich auch auf der Straße artikulierte, fand ich nach den politisch lähmenden Anfangsjahren der Bundesrepublik befreiend, ungerecht hingegen, dass der Protest ausgerechnet die legitimierten Antifaschisten Brandt und Wehner traf.

Vor allem der barsche Apparatschik Wehner rückte damit neu ins Licht der öffentlichen Aufmerksamkeit. Gerade auf Konservative wie Kiesinger und den CSU-Freiherrn von und zu Guttenberg schien der undurchschaubare, unberechenbare Ex-Kommunist mit Untergrund-Erfahrung und konspirativer Ausstrahlung eine beträchtliche Anziehung auszuüben. Sein Werdegang in Weimar, seine politischen Irrtümer in der ersten deutschen Republik bestimmten Wehners jetziges Verhalten. Die geheimnisvolle, ebenso bedrohliche wie tragische Aura, die seine Person umgab und sein eruptives Temperament speiste, hatte er sich während seiner kommunistischen Kampfzeit nach 1933 erworben, als er ein abenteuerliches Leben zwischen Berlin und Moskau, Paris und Prag führte und den illegalen, vom stalinistischen Apparat brutal gelenkten Widerstand gegen Hitler-Deutschland organisierte.

Am 26. Februar 1933, als der Reichstag brannte, saß der hauptamtliche KPD-Funktionär Wehner mit dem Genossen Ernst Torgler, der in Extrablättern als einer der Brandstifter verdächtigt wurde, bei »Aschinger« in der Berliner Friedrichstraße. Wehner wusste, dass nun seine Zeit im Untergrund beginnen würde. Unerkannt streifte er am folgenden 1. Mai durch Berlin, sah die massenhafte Beflaggung der Wohnungen und hörte das Geschrei der Lautsprecher aus den offenen Fenstern. Wehner: »Mir war elend zumute, und ich dachte, wieviel Widerstand dazugehörte, gegenüber diesem Massenwahn und dieser Massenunterwerfung fest zu bleiben und ihnen entgegen zu arbeiten.«

Glaubt man Wehners nachträglichen Äußerungen, wäre er damals am liebsten schon wieder Sozialdemokrat gewesen oder hätte wenigstens Seite an Seite mit den Genossen von der SPD gegen die Nazis gekämpft. Doch er hatte mit der Partei seines Vaters gebrochen. 1906 als Sohn eines Schuhmachers in Dresden geboren, hatte Herbert Wehner bewusst miterlebt, wie sein Vater 1914 in den Krieg gezogen und als gebrochener Mann zurückgekommen war. Der 9-jährige Herbert musste nach der Schule als Laufbursche arbeiten, um der Familie über die Hungerjahre hinwegzuhelfen. Die Nachrichten von der russischen Revolution hätten ihn beflügelt, erzählte er später, auch die Mutter habe zuversichtlich von einem ähnlichen Umsturz in Deutschland geredet, mit gerechteren sozialen Verhältnissen und Frieden. Trotzdem war der Einfluss des arbeitslosen Vaters 1923 stark genug, den 16-jährigen Wehner zum Eintritt in die SPD-orientierte Sozialistische Arbeiterjugend zu bewegen.

Als im November desselben Jahres im sächsischen Freiberg die Reichswehr in eine Massenversammlung sozialistischer Demonstranten feuerte und siebenundzwanzig Menschen tötete, endete der erste Teil seiner sozialdemokratischen Biografie: »Wir waren damals nicht hasserfüllt. Aber wir waren aus dem Gleis geworfen.« Für kurze Zeit schloss sich Wehner als Privatsekretär dem Anarchisten und Schriftsteller Erich Mühsam an, der 1919 in

München eine Räterepublik zu etablieren versucht hatte. Wehner gab eine Zeitschrift heraus, die den bewaffneten Aufstand forderte: »Die erste Notwendigkeit ist die Zerstörung des Staates.« 1927 trat er der KPD bei, 1930 zog er, gerade vierundzwanzig Jahre alt, als stellvertretender Fraktionsvorsitzender in den sächsischen Landtag ein.

Gegen seinen Wunsch wurde er auf Beschluss der Partei schon 1931 zum Zentralkomitee der KPD nach Berlin beordert, ein Jahr später war er einer der engsten Mitarbeiter des Vorsitzenden Ernst Thälmann. Verzweifelt und vergeblich habe Wehner damals versucht, Kommunisten und Sozialdemokraten zu einer gemeinsamen antifaschistischen sozialistischen Arbeiterpartei zusammenzuführen, berichtete Marion Gräfin Dönhoff, die Wehner zitierte: »Die Kluft zwischen uns und den Sozialdemokraten war nicht zu überbrücken.« Wehners Kritik galt, zumindest nachträglich, deutlich eher seiner eigenen Partei als den Sozialdemokraten. Die Kommunisten, so Wehner, hätten während des großen Berliner Streiks bewiesen, dass sie nicht verstanden, »was die Stunde geschlagen hatte, nämlich, dass das Schicksal der Arbeiterbewegung davon abhing, ob es gelingen würde, eine Verständigung mit den Sozialdemokraten zum Kampf um die Verteidigung der Demokratie zu erzielen«.

Das blieb Herbert Wehners entscheidende Lehre von Weimar: Demokratie in Deutschland konnte nur funktionieren, wenn die Arbeiterklasse mit dem Staat versöhnt war. Teile des deutschen Bürgertums hielt Wehner durchaus für potenzielle Bündnispartner der Arbeiterbewegung. Der Lieblingswitz vieler SPD-Genossen in den Anfangsjahren der Bundesrepublik, man müsse die Anfangsbuchstaben der CDU von hinten lesen, dann werde die Botschaft klar: »Und Doch Centrum«, schreckte Wehner überhaupt nicht. Er sah den Ursprung der demokratischen Tradition des Zentrums in der Erfahrung des Bismarckschen Kulturkampfes, den er als einen bürgerlichen Freiheitskampf deutete.

Wirkliche Wirklichkeit

Nürnberg war, wie Willy Brandt es ausdrückte, für die Sozialdemokraten »ein Parteitag des Umbruchs«. Er war es auch für mich. Die Erfahrung einer »doppelten Zeitgeschichte«, die nach den Beobachtungen des Bonner Historikers Karl Dietrich Bracher typisch war für die späteren Sechzigerjahre, komplizierte meine politische Wahrnehmung: Das historische Bezugssystem wurde doppelbödig, weil es »einerseits auf die gescheiterte Weimarer Republik und die belastende Erbschaft des Nationalsozialismus, andererseits auf die Erfahrungen der unmittelbaren Nachkriegsära und die erfolgreiche Zeit des Wiederaufbaus bezogen war«. Endlich tauchten aus dem in der Adenauer-Zeit kalkuliert erzeugten Nebel historischer Undeutlichkeit klare Biografien und geschichtliche Konturen auf. Allerdings wurden damit auch Brüche und Widersprüche erkennbar, die überhaupt nicht in mein jugendliches Schwarz-Weiß-Raster passten.

Ich hatte nicht differenziert nach Altersgruppen. Was Carlo Schmid, Konrad Adenauer und Fußball-Nationaltrainer Sepp Herberger vorlebten, konnte ich auch bei meinem Vater und seinen Freunden beobachten. Sie dachten und handelten nach einem im Wilhelminischen Kaiserreich verinnerlichten Tugendkatalog von Pflichterfüllung und Gehorsam, Fleiß und Ordnung. Damit hatten sie in vier deutschen Staatsformen reüssiert. Sie verkörperten den Obrigkeitsstaat und garantierten auf allen Ebenen der Gesellschaft eine Kontinuität, die zwar nicht den Wechsel politischer Systeme verhindern konnte, wohl aber den Zusammenbruch einer fortexistierenden autoritären Werte- und Symbolwelt.

Dass die Konflikte zwischen den verschiedenen Altersgruppen im Nachkriegsdeutschland krass waren, gehörte zu den zentralen Erfahrungen meiner Jugend. Von einer »Wir-Schicht«, wie der Soziologe Norbert Elias den vorherrschenden sozialen Habitus der Gesellschaft nannte, habe ich damals nicht viel gespürt. Väter, Lehrer, Politiker – so gut wie alle älteren Männer mit Autoritätsanspruch – wurden in der Adenauer-Ära für uns Jüngere zu Symbolen für alles Hassenswerte im Lande. Denn sie kämpften um eine Behauptung von »Normalität«, wie es sie früher angeblich gab, die ihnen jedoch keiner von uns abnahm. »In der Kette der Generationen sind Kriege heute Scheidelinien«, schrieb Elias, »der Bruch zwischen den Erfahrungswelten der vor und nach dem Kriege Herangewachsenen war im Falle des großen Krieges der Jahre 1939–1945 besonders tief. Das gilt im höchsten Maße für Deutschland.«

Ich saß inzwischen als dpa-Redakteur in der Hamburger Zentrale. Nein, Weimar war Bonn wirklich nicht geworden. Aber dass Bonn nichts als Bonn war, empfand ich auch nicht als sonderlich prickelnd. Müsste Demokratie nicht ganz anders sein? Mein Respekt vor der regierenden rheinischen Altherren-Runde mit Dame hielt sich in Grenzen. Für mich gehörten sie damals alle – die Weimarer wie die ehemaligen Soldaten und Offiziere – zur Kriegsgeneration. Sie waren die Alten.

Das sollte sich nun ändern. Nachrichten-Agenturen aus Norwegen, Holland und der Schweiz erbaten sich von dpa vorbereitete Nachrufe – knappe Biografien der Bonner Spitzenpolitiker unter besonderer Berücksichtigung ihrer Lebensumstände während der Nazi-Zeit. Und weil ich der Jüngste war im Europa-Dienst der Deutschen Presse-Agentur, zudem gelernter Historiker, durfte ich diese Kurznachrufe verfassen – was mir zunächst fast frevelhaft erschien, sich dann aber immer spannender gestaltete. Denn aus Archivmaterial und Büchern ließen sich plötzlich Schicksale erahnen, Lebensumrisse wurden deutlicher, Zusammenhänge kenntlicher.

Doch wahrhaft atemberaubend empfand ich die vielen blinden Flecke bei den Angaben zur Person. Je mehr ich nachforschte, desto zahlreicher wurden die offenen Fragen: Wer waren sie wirklich, die uns jetzt regierten? Was hatten sie beigetragen zum Unheil unserer Vergangenheit? Was hatten sie erlitten? Und was hatte jeder Einzelne gelernt? Ich fand, dass mir auch jene, die ich achtete, wie Willy Brandt etwa und Carlo Schmid, Antworten – und Taten – schuldig geblieben waren. Es waren keine privaten Fragen mehr, die sich mir aufdrängten, auch keine exklusiven. Sie schienen plötzlich in der Luft zu liegen. In den Chefetagen der westdeutschen Medien war eine neue Generation von Journalisten eingezogen, die für die regierungsfromme, antikommunistische Konsumgesinnung der Adenauer-Zeit nicht mehr zu haben war. Zeitkritik war angesagt, Konflikt, Provokation.

Es sollte aber noch bis zum neuen Jahrtausend dauern, bis Sebastian Haffners *Geschichte eines Deutschen* offenbarte, was es wirklich hieß, vor und während der Nazi-Zeit »Geschichte am eigenen Leibe zu erleben«. In seinen 1939 geschriebenen, aber erst 2000 in Deutschland veröffentlichten »Erinnerungen 1914–1933« beschrieb der nach England emigrierte Berliner Jurist eindringlich, dass die Ereignisse vom Beginn des Ersten Weltkriegs bis zum Ende der Weimarer Republik »selbstverständlich ihre Spuren hinterlassen« hatten bei ihm und seinen Landsleuten. Doch gebe es einen wichtigen Unterschied zwischen allem, was vor 1933 geschah und dem, was dann kam: »Alles frühere zog an uns vorbei und über uns hin, es beschäftigte uns und es regte uns auf, und den einen oder anderen tötete es oder ließ ihn verarmen; aber keinen stellte es vor letzte Gewissensentscheidungen. Ein innerster Lebensbezirk blieb unberührt. Man machte Erfahrungen, man bildete Überzeugungen: Aber man blieb, was man war. Keiner, der willig oder widerstrebend, in die Maschine des Dritten Reiches geraten ist, kann das ehrlich von sich sagen.« Offenbar habe geschichtliches Geschehen verschiedene Intensitätsgrade, folgerte Haffner. Historische Ereignisse könnten in der »wirklichen Wirklichkeit«, also im eigentlichen, privatesten Leben der einzelnen Menschen fast unregistriert bleiben – oder sie könnten dort »Verheerungen anrichten, die keinen Stein auf dem anderen lassen«. So ein Ereignis sei der 30. Januar 1933 gewesen, als Hindenburg Hitler zum Reichskanzler machte. Haffner: »Ein Erdbeben beginnt in 66 Millionen Menschenleben!«

Aus den kargen Angaben, die Bonner Spitzenpolitiker der Großen Koalition über ihre Vergangenheit vor und nach Hitlers Machtergreifung in die Öffentlichkeit hatten tröpfeln lassen, wäre – außer bei Brandt und Wehner – auf ein persönliches Erdbeben schwer zu schließen gewesen. Lediglich Justizminister Gustav

Heinemann, Jahrgang 1899, der während seiner Studentenzeit 1920 in München Adolf Hitler einmal persönlich reden hörte, empörte sich: »An allem und jedem waren die Juden schuld. Hier wurden schreckliche Emotionen aufgerührt. Als ich meinem Entsetzen mit einem Zwischenruf Luft machte, holten mich einige handfeste Gesellen aus meiner Sitzreihe und expedierten mich vor die Tür.«

In den folgenden Jahren blieb Heinemann zwar politisch engagiert, konzentrierte sich aber nach Abschluss seiner Studien auf seine juristische Karriere als Anwalt und Prokurist der Rheinischen Stahlwerke. 1930 trat er dem Christlich-Sozialen Volksdienst bei, einer unbedeutenden evangelischen Partei, und im März 1933, so erzählte er später, habe er – »als es noch mal eine sogenannte freie Reichstagswahl gab« – sozialdemokratisch gewählt. »Nicht weil ich sonderliche Nähe zu denen schon empfunden hätte, sondern aus dem ganz einfachen Gefühl heraus: Wenn es überhaupt noch möglich ist, gegen Hitler ein Gegengewicht darzustellen, kann es nur die SPD sein.« Politischen Widerstand leistete er im Dritten Reich nicht. Er stellte sich den Nazis aber in der Bekennenden Kirche entgegen. Warum er denn keine stärkere politische Leidenschaft gezeigt habe, wollte sein Freund Helmut Gollwitzer einmal von ihm wissen. Heinemann: »Es war ja auch keinerlei Chance, im Dritten Reich über Parteipolitik außerhalb der NSDAP nachzudenken; es war doch nicht die geringste Verheißung.«

Der CSU-Landwirtschaftsminister Hermann Höcherl, Jahrgang 1912, hat den 30. Januar 1933, den er als Student in München erlebte, als eine Nacht spontaner, ungebremster, am Ende gar »zügelloser Euphorie« in Erinnerung behalten. Sonderlich zerknirscht zeigte er sich später nicht über seine damalige Haltung. Hitler habe es in seiner Anfangszeit einfach verstanden, »populär« zu handeln, sagte Höcherl; er selbst habe als 20-Jähriger noch nicht das geistige Vermögen gehabt, die Dinge nach »der Verwirrung von Weimar« zu durchschauen.

Höcherl, später eine Ludwig-Thoma-Figur von beachtlicher Charakterstärke, war in dem 400-Seelen-Dorf Brennberg bei Regensburg als uneheliches Kind einer Bauerntochter zur Welt gekommen und wuchs auf dem Hof des Großvaters auf, wo seine Mutter – die als Einzige von zehn Töchtern geblieben war – dem Alten den Haushalt führte. In den Gymnasien von Cham, Landshut und Regensburg predigten frühere Frontoffiziere und von den Franzosen aus dem Rheinland ausgewiesene »Professoren« als Lehrer dem jungen Höcherl schwarzweißrote Heldenarien und vaterländische Gesinnung. Der war dafür so empfänglich, dass er unmittelbar nach dem Abitur 1930 zum Jurastudium nach Berlin aufbrach. Höcherl: »Ich kam aus der trotz aller Not ruhigen Provinz in den politischen Hexenkessel Berlin und erlebte dort, was ein sterbender Staat ist.«

Weil ihn die Ideen und Ziele des raubeinigen Nazi-Vorkämpfers Gregor Strasser ansprachen, trat der Student Höcherl 1931 der NSDAP bei, um 1932 gleich wieder auszutreten, nachdem Strasser bei Hitler in Ungnade gefallen war. Doch die Braunen faszinierten Höcherl nach wie vor. 1935 wurde er erneut NSDAP-Mitglied. Erst während seiner Tätigkeit als Staatsanwalt, besonders nach der so genannten »Reichskristallnacht« 1938, sei er nicht nur hellhörig, sondern skeptisch geworden. Er meldete sich freiwillig zur Wehrmacht.

Dort war auch Verteidigungsminister Gerhard Schröder, Jahrgang 10, gelandet, allerdings nicht im Offizierscasino wie einst erhofft, sondern als Obergefreiter im Endkampf um Berlin, wo er im April 1945 den Untergang Preußens mit eigenen Augen miterlebte, wie er erzählte: Er hatte die Potsdamer Garnisonkirche niederbrennen sehen. Der hochmütige Karriere-PG Schröder, der noch als Bonner Minister wie ein Generalstäbler aussah und auftrat, musste seine Offiziersambitionen in der großdeutschen Wehrmacht aufgeben, weil er 1940 Brigitte Landsberg geheiratet hatte, die Tochter eines Bankiers, die nach der Rassenlehre der Nazis nicht rein arisch war. In der Bundesrepublik verschaffte diese couragierte Haltung dem konservativen Juristen ein irreführend eindimensionales antifaschistisches Image. Seine Kontakte zu namhaften Vertretern der Bekennenden Kirche beförderten nach Kriegsende seine politische Karriere in der Christen-Union.

Dabei war seine Mitgliedschaft in der NSDAP von Mai 1933 bis Mai 1941 nicht zu bestreiten. Auch der SA hatte er eine Weile angehört. Für Schröder waren dies »Minimalkonzessionen«, nichts als formale Voraussetzungen für seine Promotion und sein juristisches Staatsexamen. Er wurde Fakultäts-Assistent in Bonn und arbeitete nach 1936 als Rechtsanwalt. »Ich bin weder vor dem ›Dritten Reich‹ noch im ›Dritten Reich‹ auch nur eine Minute Nationalsozialist gewesen«, beteuerte der CDU-Minister 1958 im Bundestag. »Ich wiederhole: nicht eine Minute lang.«

Darüber, dass vieles nicht so war, wie es im Nachhinein aussah und manches nicht so aussah, wie es wirklich gewesen war, machten wir uns ein Vierteljahrhundert später wenig Gedanken. Wir glaubten den meisten Alten sowieso nicht und blieben auf Distanz. Erst viel später wurde mir klar, wie viel Selbstgerechtigkeit in dieser demonstrativen Abkehr von den Verbrechen, Irrtümern und Schwächen der Älteren steckte. Bei Haffner konnte ich jetzt nachlesen, dass weder er noch seine gesamte Generation, von den noch Älteren ganz zu schweigen, vor dem tatsächlichen Beginn der Hitler-Herrschaft über eine Begriffswelt verfügten, in der unterzubringen gewesen wäre, was an Gräueln und Pogromen bevorstand. Haffner: »Von dem, womit ich im Begriff war konfrontiert zu werden, hatte ich bestenfalls einen warnenden Geruch in der Nase…«

Unsere Haltung, die wir – wie Günter Gaus es einmal formuliert hat – als Generation kollektiv der Gnade der späten Geburt verdankten, verschaffte uns eine latente Machtposition, die jeder Staatsbesucher auf dem Bonner Marktplatz mit Appellen an uns, die deutsche Jugend, noch verstärkte. Die Verbrechen unserer Eltern und Großeltern, denen wir so demonstrativ abschworen, blieben, wie es Gerd Koenen in seinem Buch *Das rote Jahrzehnt* formulierte, »unser unsichtbares moralisches Negativkapital, das unseren Status deutlich erhöhte, das Pfund, mit dem wir wucherten«.

Vielleicht schwiegen deshalb selbst jene oft beharrlich, die sich einer aufrechten Haltung hätten rühmen können, wie beispielsweise der CDU-Innenminister Paul Lücke, Jahrgang 14. Bei dreien seiner Kinder, die alle politisch sehr interessiert sind, darunter Maria Theresa Opladen, die CDU-Oberbürgermeisterin von Bergisch-Gladbach, habe ich vergeblich versucht, Einzelheiten über die Politisierung ihres Vaters zu erkunden. Der vierschrötige und gradlinige Katholik Lücke aus dem Bergischen Land hatte zu Hause nicht viel erzählt, nicht aus Bonn und nicht aus der Vergangenheit.

Am Feuer der Schmiede des Steinbruchs, in dem der Vater als Meister arbeitete, absolvierte Paul Lücke seinen politischen Grundkurs. An kalten und regnerischen Tagen kamen die Steinbrucharbeiter, Sozialisten und christliche Gewerkschafter, um sich aufzuwärmen. Dann wurde diskutiert, Paul Lücke hörte zu. Acht Jahre in einer einklassigen Volksschule lagen hinter ihm. Mit vierzehn Jahren begann der Junge eine Schlosserlehre. Zusammen mit dreizehn Geschwistern, von denen sechs früh verstarben, war er im Dorf Schöneborn – hundert Einwohner, dreizehn Häuser – in einfachsten Verhältnissen aufgewachsen.

An die politische Kommunikation im Reich waren die Dörfler im Oberbergischen nur sehr lückenhaft angeschlossen. Ein junger Kaplan, Präses Alfes, gab in den frühen Dreißigerjahren die politische Richtung vor. Als Leiter der örtlichen katholischen Jugendbewegung ernannte er 1932 den 18-jährigen Schlossergesellen und engagierten Pfadfinder Paul Lücke zum »Dekanatsjugendführer«. Der klebte im letzten freien Wahlkampf vor der Nazi-Herrschaft Zentrums-Plakate, auf denen Hitler Feuerbrände in deutsche Städte warf. Dass ihm 1933 vor dem Altenburger Dom SA-Männer gewaltsam seine Kluft vom Leibe rissen, hat er nie vergessen. 1945 gehörte der Mann, der Hände hatte wie Schraubstöcke, im Oberbergischen zu den Mitbegründern der CDU. Er hinkte. Bei einem Attentat der französischen Resistance hatte der deutsche Soldat Lücke ein Bein verloren.

Paul Lücke war ein Mann, mit dem sich der Kommunist Herbert Wehner wohl auch schon in der Weimarer Zeit hätte verbünden können, doch war an eine Zusammenarbeit mit dem Zentrum nicht zu denken. Schon hing zwar, wie Wehner wusste, jene »grausige neue Wirklichkeit über uns, die 1933 Gestalt annahm«, und es hätte, um Hitler aufzuhalten, der Zusammenarbeit zumindest mit den Sozialdemokraten bedurft – aber »die deutschen Führer der Kommunisten« hätten einen demokratischen Staat für nicht akzeptabel gehalten. Wehner: »Diese Theorie war das Unglück.«

Wenn er das so klar gesehen habe, warum hatte Wehner trotzdem weiter mitgemacht, fragte Günter Gaus den stellvertretenden SPD-Vorsitzenden 1964. Wehner: »Ich wollte nicht feige sein. Wie konnte ich bei all meinen Skrupeln, was die Lehre der Partei betraf, weggehen, wenn es um Tod und Leben ging?« Hätte man aus der Partei austreten sollen, fragte Gaus nach. »Ja, oder weniger aktiv werden, oder nicht ihre Beschlüsse durchführen«, antwortete Wehner. Aber diese Möglichkeiten kamen für ihn nicht in Frage. »Da hast du zu stehen, so sagte ich mir, und zwar nicht wegen eines Beschlusses, sondern weil ich nicht feige sein wollte und weil ich nicht braun sein wollte.«

Konnten wir Jüngeren das verstehen? Mussten wir es verstehen? Wie hätten wir – aufgewachsen in Bombenkellern und auf Trümmergrundstücken – fähig sein sollen, von den objektiven Folgen solch subjektiver Skrupel abzusehen? »Trau keinem über dreißig« sollte bald eine Parole der Studentenbewegung heißen. Sie entsprang nicht nur dem zeitlosen Hochmut der Jugend.

Bilderwelten

Drei Schüsse peitschten um 16 Uhr 23 am 11. April 1968 über den Kurfürstendamm in Westberlin, Passanten warfen sich zu Boden, ein Mann rannte in Richtung Gedächtniskirche davon, ein anderer rappelte sich vom Fahrdamm hoch, taumelte und brach blutend wieder zusammen – Rudi Dutschke. »Du dreckiges Kommunistenschwein« soll der Täter gerufen haben, bevor er feuerte. Wenig später wurde er festgenommen, ein aufgehetzter junger Mann aus München, der 23-jährige Malergehilfe Josef Bachmann. Auf der Intensivstation operierten die Ärzte Rudi

Dutschke zwei Kugeln aus dem Kopf. Er lebte noch elf Jahre, doch von den Folgen dieses Attentats sollte er sich nie erholen.

Der Aufruhr brach erst in Berlin und dann in vielen westdeutschen Städten los. Denn der schmächtige, sensible und hochintelligente Dutschke, Jahrgang 40, war die zentrale Figur der Außerparlamentarischen Opposition gewesen, Bürgerschreck für die einen, Revoluzzer-Idol für die anderen. Tausende junger Leute demonstrierten vor allem gegen die Springer-Zeitungen, die systematisch Hass auf den gezielt »die autoritären Strukturen« provozierenden Dutschke und die linken Studenten geschürt hatten. Die Auseinandersetzungen steigerten sich zu regelrechten Straßenschlachten. Es waren die schwersten Unruhen seit Bestehen der Bundesrepublik. Und natürlich stellte sich wieder die Frage: Wird Bonn doch Weimar?

Seit Mitte der Sechzigerjahre hatte sich Alfred Willi Rudolf Dutschke, den alle Rudi nannten, Doktorand und Assistent an der Westberliner Freien Universität, so leidenschaftlich in einen außerparlamentarischen politischen Aktivismus hineingesteigert, dass er sich 1967 ohne Koketterie einen »Berufsrevolutionär« nannte. Begriffe wie »räterevolutionäre Machtergreifung«, »die Machtfrage stellen« und »das konkrete Gebäude einer umfassenden Weltrevolutionstheorie errichten« mochten wahnhaft klingen, aber die »Kampfansage« Dutschkes und seiner radikalen Genossen vom Sozialistischen Deutschen Studentenbund (SDS) gegen den »autoritären Staat« war ernst gemeint. Und sie wurde – spätestens nach den Anti-Schah-Demonstrationen und den Todesschüssen auf den Studenten Benno Ohnesorg am 2. Juni 1967 – auch so empfunden. In der hysterisierten Atmosphäre im Westen der geteilten Stadt hatten sich die Auseinandersetzungen zwischen den eingesessenen »Frontstadt«-Berlinern, ihren etablierten politischen Vertretern und der Springer-Presse auf der einen Seite und den aus Westdeutschland und der DDR zugereisten Studenten auf der anderen, fast bürgerkriegsähnlich aufgeheizt.

Dass sich der Aufruhr dann doch verhältnismäßig schnell beruhigte, war nicht zuletzt das Verdienst des Bürgers Gustav Heinemann, Justizminister der Großen Koalition, der am Ostersonntag mit einer toleranten und besonnenen Rundfunk- und Fernsehrede Älteren und Jüngeren ins Gewissen redete. »Wer mit dem Zeigefinger allgemeiner Vorwürfe auf den oder die vermeintlichen Anstifter oder Drahtzieher zeigt, sollte auch daran denken, dass in der Hand mit dem ausgestreckten Zeigefinger zugleich drei andere Finger auf ihn selbst zurückweisen«, mahnte er. »Damit will ich sagen, dass wir uns alle zu fragen haben, was wir selber in der Vergangenheit dazu beigetragen haben könnten, dass ein Antikommunismus sich bis zum Mordanschlag steigerte, und dass Demonstranten sich in Gewalttaten der Verwüstung bis zur Brandstiftung verloren haben.«

Später würde der nüchterne protestantische Christenmensch Heinemann diese Integrationsrede seine »Kandidatur-Ansprache« nennen. Eigenwillig, wie er war, hatte er sich ohne Umschweife selbst ins Spiel gebracht, als für den Bundespräsidenten Heinrich Lübke aus Krankheitsgründen vorzeitig ein Nachfolger gesucht wurde. Als Mann aus der Wirtschaft, kämpferisches Mitglied der Bekennenden Kirche und als überzeugter Hüter freiheitlicher Traditionen der deutschen Geschichte war Gustav Heinemann die bürgerlichste Version eines Sozialdemokraten, die damals denkbar und für die Liberalen wählbar erschien. Und knapp ein Jahr nach dem Dutschke-Attentat, am 5. März 1969, wurde er in Berlin zum Bundespräsidenten gewählt – Symbol eines politischen »Erdbebens«, wie Willy Brandt es sah, »ein Stück Machtwechsel«, wie er selbst es nannte.

Gustav Heinemann, nüchtern, aufrecht und peinlich korrekt, war sich, als er das höchste Staatsamt antrat, sehr bewusst, wo sein Weg begonnen hatte: »Die Anfänge meiner politischen Betätigung reichen in den Januar 1919 zurück«, erzählte er im Rückblick. »Damals meldete ich mich als Student in einer Versammlung zur Wahl der Weimarer Nationalversammlung zu Wort.« Zusammen mit dem späteren CDU-Bundesminister Ernst Lemmer hatte er sich während seines Studiums in Marburg der Studentengruppe der linksliberalen Deutschen Demokratischen Partei angeschlossen, an Wochenenden zogen sie nicht selten über die hessischen Dörfer und hielten in Wirtshäusern politische Versammlungen ab. In der *Hessischen Landeszeitung* schrieb Heinemann 1919 kämpferisch: »Die Hoffnung Rechtsstehender, auf dem Umweg über die zweite Revolution wieder zur monarchistischen Diktatur zu gelangen, wird an der Einigkeit der Arbeiterschaft zuschanden werden.«

Der radikaldemokratische Habitus gehörte zur Familientradition der Heinemanns. Der Vater war Direktor der Krankenkasse der Kruppwerke und später Prokurist. Die republikanische Gesinnung und die liberalen Überzeugungen, die Heinemann bis zu seinem Tode beibehielt, verdankte er nicht nur dem nationalen und sozialen Bürgersinn im Elternhaus, sondern stärker noch Gustav Walter, seinem Großvater mütterlicherseits, einem wohlhabenden Dachdeckermeister aus Wuppertal. Nach heutigen Maßstäben würden beide Männer wohl als linke Liberale gelten, schätzt der Heinemann-Biograf Helmut Lindemann, der Großvater etwas weiter links stehend als der Enkel. Die Familie Walter hatte sich 1848 aktiv an der bürgerlichen Revolution beteiligt, und Gustav Heinemann fühlte sich zeitlebens dieser schwarzrotgoldenen republikanischen Tradition verpflichtet.

Nach dem Krieg hatte Gustav Heinemann politisch in der CDU begonnen. Er hatte Adenauers erster Bundesregierung als Innenminister angehört; knapp zwanzig Jahre später saß er zum zweiten Mal an einem Bonner Kabinettstisch – nun als Sozialdemokrat. Wegen Adenauers eigenmächtiger Entscheidung für einen deutschen Wehrbeitrag war der Pazifist Heinemann im Oktober 1950 zunächst aus der Regierung und 1952 auch aus der CDU ausgeschieden. Er gründete eine »Gesamtdeutsche Volkspartei«, die 1953 die Fünf-Prozent-Hürde jedoch nicht überspringen konnte. Danach trat er der SPD bei. Der spröde und biedere Protestant Heinemann, für den Skatspielen bereits dem Tatbestand der Ausschweifung benachbart war, lebte Zivilcourage.

Mit seinem Amtsantritt als Bundespräsident ging die »Keine Experimente«-Phase der Bundesrepublik zu Ende. Die Repräsentanten und Anhänger der »bisherigen Entwicklung« müssten sich »schließlich mal daran gewöhnen, dass es auch noch andere Menschen als nur konservative in dieser Bundesrepublik gibt«, sagte Gustav Heinemann in einem Interview. Antikommunismus war nun nicht länger die einzige, nahezu staatsreligiöse Weltanschauung der Bundesrepublik. Der Staat verlor viel von jenem formalen autoritären und repressiven Anspruch, den die Deutschen seit Kaiserzeiten verinnerlicht und über vier verschiedene Staatsformen durchgehalten hatten. Plötzlich begannen die Bundesbürger, über den Rasen zu gehen, auch wenn auf dem Schild davor »Betreten verboten« stand. Und eineinhalb Jahre später, am 28. September 1969, schufen die Wähler die Voraussetzung für den vollständigen Wechsel: Als erster sozialdemokratischer Bundeskanzler regierte Willy Brandt fortan mit den Liberalen um Walter Scheel die Bonner Republik.

Für Kurt Georg Kiesinger war das eine bittere Niederlage, und sie traf ihn völlig überraschend. Helmut Kohl hat in seinen *Erinnerungen* beschrieben, wie sich der eitle Kanzler Kiesinger – dem die Junge Union am Wahlabend mit Fackelzügen als vermeintlichem Sieger huldigte – im Bonner WDR-Studio in euphorischer Stimmung feiern ließ: »Vor laufenden Kameras gratulierten die Menschen ihm, und die Nachricht von Kiesingers Wahlerfolg wurde in alle Welt gesendet.« Dann drückte jemand Kohl einen Zettel mit dem vorläufigen amtlichen Endergebnis in die Hand. Das war ein Schock, weil klar wurde, dass die FDP auch mit den Sozialdemokraten eine Regierung bilden konnte, und der Machtpolitiker Kohl hielt das sofort für wahrscheinlich. Mit Mühe gelang es ihm, den ungehaltenen Regierungschef aus dem Studio zu lotsen. Er verfrachtete ihn in sein Auto, fuhr mit ihm an den Rhein und zeigte ihm die neuen Zahlen. »An diese Szene in unserem Auto am Rhein erinnere ich mich als eine der brutalsten Erfahrungen, die einem Politiker widerfahren können«, schreibt Kohl. »In einem Moment als strahlender Sieger gefeiert, im nächsten ein politischer K.-o.-Schlag.« Kohl bezweifelt, dass Kiesinger diesen Schock je verwand.

Der Sieg der Sozialliberalen war der Anfang einer neuen Phase der Politik in Deutschland, das Ende der Nachkriegszeit war er nicht. Denn wie die Konservativen, die sie ablösten, wurzelten auch die neuen Amtsinhaber noch tief in der Weimarer Zeit, ja, ihre oppositionellen bürgerlichen und sozialistischen Ansätze reichten zurück bis ins Wilhelminische Deutschland. Allerdings begann jetzt die Zeit jener Politiker, die sich nicht darauf beschränken mochten, das gute alte Deutschland hinter demokratischer Fassade zu restaurieren, sondern die aus eigenen Fehlern gelernt hatten und für Neues offen waren. Heinemann, Brandt und Walter Scheel gingen voran, aber auch Unionspolitiker wie Richard von Weizsäcker und Hermann Höcherl zogen mit.

Mit seinem Schlachtruf »Wir fangen erst richtig an« setzte der SPD-Vorsitzende und Bundeskanzler den Ton für all jene Gruppen in der westdeutschen Gesellschaft, die in der Adenauer-Ära »nahezu konstitutionell von der Macht ausgeschlossen schienen«, wie der Politikwissenschaftler Christian Schneider schrieb. Brandt kannte die Probleme und Lebensentwürfe dieser Außenseiter nur zu gut aus seiner eigenen gebrochenen Biografie – Verfolgte der NS-Diktatur, Teile der alten und neuen Linken, Pazifisten und rebellische Studenten wie sein Sohn Peter, gegen den Verfassungsschützer in Berlin zwischen 1967 und 1971 gleich fünf Ermittlungsverfahren wegen Widerstands gegen die Staatsgewalt, Aufforderung zum Ungehorsam und Landfriedensbruchs auflisteten. Und er erreichte auch jene wichtigen Großgruppen, die von den Patriarchen- und Honoratioren-Parteien CDU und CSU wie Minderheiten behandelt wurden: Frauen und Arbeiter.

Ich erlebte diese Entwicklung aus der Ferne mit. Lange schon hatte ich weggewollt, nach England, in die USA – irgendwohin, wo ich Demokraten vorzufinden hoffte, nicht nur Untertanen, die ihr Wahlrecht als Anordnung der Regierung verstanden. Nun, da endlich die Verhältnisse in Bewegung gerieten, war mein Wunsch in Erfüllung gegangen: Drei Wochen nach dem Attentat auf Rudi Dutschke saß ich zum ersten Mal an meinem Schreibtisch im National Press Building, Ecke 14. und F-Street, Northwest, in Washington, D.C. Drei Blöcke westlich regierte Präsident Lyndon B. Johnson im Weißen Haus, drei Blöcke nördlich schwelten die Trümmer des Ghettos der Schwarzen.

Nach der Ermordung Martin Luther Kings waren in vielen Städten der USA schwere Krawalle und Straßenschlachten ausgebrochen, ein bürgerkriegsähnlicher Aufstand der rassistisch diskriminierten Minderheit. Für mich fügten sich der Mord an dem amerikanischen Bürgerrechtsführer am 4. April 1968 und die Schüsse auf den deutschen Studenten-Aufrührer am 11. April ein in eine Kette politischer Gewalttaten, der zunächst John F. Kennedy, dann Benno Ohnesorg und, am 6. Juni 1968, auch Robert Kennedy zum Opfer fielen. Alles, was wie idealistischer Aufbruch aussah, wurde niedergemacht – in Berlin und Washington, in Paris und Prag. Und alles gipfelte in diesem heißen Sommer.

Machte mich die bloße Zeitgenossenschaft zum 68er? Ich war nicht aktiv, aber ich war dabei. Ich war zu alt, doch ich fühlte mich dazugehörig. In New Haven hetzte die Polizei nach einer Black Panther Rally an der Universität Yale uns Journalisten mit Schlagstöcken und Tränengas durch die Straßen. In Washington interviewte ich den Bürgerrechtler Ralph Abernathy, den Nachfolger Martin Luther Kings, im Gefängnis. Herbert Marcuse besuchte ich auf dem Campus in San Diego.

In wilden Krawallen und brutalen Polizeiaktionen während des Parteikonvents der Demokraten in Chicago eskalierte im August »mein« 68. Wahllos prügelten die Polizisten und Nationalgardisten auf alle ein, die ihnen jung, links und kritisch vorkamen – von den hedonistischen Kinderkreuzzüglern des linken Senators Eugene McCarthy bis zu militanten Vietnamkriegsgegnern des SDS um Jerry Rubin, von den sanften Popsängern Peter, Paul and Mary bis zu den aggressiven Black Panthers. Die schmerzhafte Enttäuschung über die Väter, die bis dahin in den Augen der amerikanischen Jugend immer auf der richtigen Seite gestanden und für die gerechte Sache gekämpft hatten, teilte ich. Aber ich verharrte in meiner Beobachterposition, halb erleichtert, halb beschämt.

Es sollte noch gut zehn Jahre dauern, und es bedurfte des völligen physischen und psychischen Zusammenbruchs, bis ich begriff, dass mein privates Unglück, meine zunehmende Entfremdung von mir selbst, vom gesellschaftlichen und politischen Umbruch dieser Jahre nicht zu trennen war. Der Soziologe Heinz Bude hat die Kriegskinder als »Container-Generation« der Nachkriegsgeschichte beschrieben, »worin sich ein ganzer Herkunfts-komplex übernommener Traumata und entlehnter Konflikte abgelagert hatte«. Darin erkenne ich mich wieder. Meine Authen-tizität als politischer Mensch speist sich aus einer komplexen Mi-schung: deutsches Kriegskind und kleinbürgerlicher Aufsteiger, reflektierender Historiker, idealistischer Traumtänzer und kühler journalistischer Beobachter. Und ja – zur »wundersamen retro-spektiven Vermehrung« der 68er-Generation bekenne ich mich auch.

Wenn ich zurückdenke, stellen sich sofort Bilder ein, dann Musik, erst danach politische Inhalte. Nie werde ich vergessen, wie beim Chicagoer Parteitag der Demokraten der jüdische Sena-tor Abraham Ribikoff in der Versammlungshalle mit dem Pathos eines römischen Senators anklagend auf den mächtigen Haus-herren wies und ausrief: »Wie lange noch, Bürgermeister Dai-ley, werden Sie Ihre Gestapo in den Straßen dieser Stadt zur Men-schenjagd auf friedliche Bürger hetzen?« Kinoreif, zumal Paul Newman als ordentlicher Delegierter aufstand und applaudierte. Und immer wieder sehe ich die Holzwand hinter der Bar des Stat-ler Hilton Hotels, in dem der Präsidentschaftskandidat Hubert Humphrey wohnte, langsam einbrechen und krachend umfallen, eingedrückt von Demonstranten, die vor brutal knüppelnden Po-lizisten Schutz suchten. Oder mir erscheinen die Latten schwin-genden Prügelperser vor dem Schöneberger Rathaus in Berlin 1967.

Manchmal träume ich davon. Und ganz sicher bin ich nur noch bei den Ribikoff-Szenen, dass ich das wirklich erlebt habe. Ob sich in anderen Fällen bei mir Fotos und Fernsehbilder zum Kopfkino verdichtet haben, das mir eigene Erlebnisse vorgaukelt, vermag ich oft nicht mehr eindeutig zu entscheiden. Wozu auch? In der inneren Erlebnislandschaft haben die Ereignisse längst ihren festen symbolischen Stellenwert.

Dass die Studentenrevolte von 1968 weltweit Interesse fand, war der »media coverage« geschuldet. Längst hatte das Fernse-hen begonnen, die Erde zum globalen Dorf schrumpfen zu lassen. Und die Deutschen waren inzwischen zugeschaltet. Sie hatten sich damit viel Zeit gelassen. Als am 1. Weihnachtstag 1952 der Nordwestdeutsche Rundfunk in Hamburg ein zweistündiges tägliches Fernsehabendprogramm auszustrahlen begann und tags darauf die »Tagesschau« startete, wurde die Zahl der Fernsehgeräte in der Bundesrepublik auf ganze dreihundert geschätzt. Zwei Monate später schickte Bundestagspräsident Hermann Ehlers, CDU, dem NWDR eine vernichtende Depesche: »Sah eben Fernsehprogramm. Bedaure, dass Technik uns kein Mittel gibt, darauf zu schießen.«

Politisch waren die Fünfzigerjahre in Deutschland noch eindeutig Hörfunkzeit. Für viele der damals Heranwachsenden – Joschka Fischer etwa – hatten die Bundestagsdebatten im Radio nahezu Kultcharakter. Die »Tagesschau« war bis zu Beginn der Sechzigerjahre eine Art für das Wohnzimmer verkleinerte Kino-Wochenschau. Ein gesprochener Nachrichtenblock, den die Hörfunkabteilung des NDR lieferte, gehörte erst ab 1959 dazu.

Der erste politische Fernsehstar wurde Willy Brandt. Schon in Zeitungen hatten Bilder des eleganten Paares Rut und Willy Brandt auf dem Berliner Presseball 1955 Aufsehen erregt – sie im trägerlosen weißen Seidenkleid, mit weißen Handschuhen und einem schwarzen Band um die Hüfte, er im Smoking. So hatte man in Deutschland Sozialdemokraten noch nie gesehen. Dann gewann der Regierende Bürgermeister mit seinen besonnenen und zugleich beherzten Auftritten während der kritischen Tage nach dem Mauerbau 1961 Ansehen bis in das bürgerliche Lager hinein.

Die Fernsehbilder erwiesen sich als neue Machtfaktoren. Sie suggerierten Wahrheit und schufen neue Wirklichkeiten. Doch den Politikern bescherten sie nicht nur ein neues und überaus wirksames Instrumentarium der Macht, sondern auch eine zusätzliche verheerende Droge, eine weitere Verführung, sich im Politikbetrieb als Person – als Subjekt für eigene Lebenswünsche also und als Mensch mit Einfühlung und Verständnis für andere – zu verlieren.

Auch das sollte Willy Brandt in Deutschland als Erster erfahren. Im Bundestagswahlkampf gegen den alten Adenauer stilisierten ihn seine Wahlkampfmanager gnadenlos zum jungen deutschen Kennedy. Willy Brandt – mit Homburg und cremefarbenem Mercedes-Kabriolett – erledigte das Programm seiner Wahlstrategen mit fast roboterhafter Disziplin. Doch ihn bedrückte sein eigener Wahlkampfstil, der ihm allzu dicht an der Waschmittelwerbung zu liegen schien. Egon Bahr verglich den Wahlkampf seines Chefs mit einem Karussell – »bunt, klingelnd, dauernd in Bewegung, ohne vom Fleck zu kommen«.

Dass aus der Trallala-Glotze ein Instrument der kritischen Öffentlichkeit zu werden begann, erfuhren die Regierenden in Bonn spätestens durch die *Spiegel*-Affäre 1962. Zur Aufklärung des Skandals, der Franz Josef Strauß zum Rücktritt zwang, trug das Magazin »Panorama« mehr bei als die meisten Zeitungen. Die Adenauer-Regierung nahm das als Kriegserklärung auf. Zum ersten Mal wurde einer breiteren Öffentlichkeit bewusst, dass auch in der Demokratie die von gesellschaftlichen und politischen Machteliten gesteuerte Wirklichkeitsdarstellung ein Instrument der Herrschaft war. Es kam Bewegung in die deutsche Medienlandschaft. Am 1. April 1963 begann das Zweite Deutsche Fernsehen ein Konkurrenzprogramm zur ARD auszustrahlen. Und so etablierte sich das Fernsehen zunehmend als Lebensbestandteil der Bevölkerung. Die fünf Millionen Empfangsgeräte von 1961 waren zehn Jahre später auf sechzehn Millionen angewachsen.

Natürlich hatte das Fernsehen zu diesem Zeitpunkt noch keineswegs »die fast totale Herrschaft über die Volksvertreter« errungen, die Günter Gaus später beklagen sollte. Auch waren die Abgeordneten aller Fraktionen noch längst nicht so erpicht darauf, »ein paar Sekunden Fernsehzeit zu erobern«, wie Klaus Bölling zwanzig Jahre später registrierte, als er notierte: »Der Ausweis von Prominenz sind lange schon nicht mehr allein Gedankenkraft und Phantasie oder Stetigkeit, sondern ist, ich übertreibe wohl nur gering, die ›Präsenz‹ auf dem Bildschirm.«

Dennoch war der Trend Ende der Sechzigerjahre klar: Je mehr das Medium jedermanns Sache wurde, desto bedeutsamer war es für Politiker. Die Wahlabende von 1961, 1965 und vor allem 1969 blieben als Fernsehereignisse in Erinnerung. Bei der TV-Debatte vor der Wahl 1972 – mit Willy Brandt, Rainer Barzel, Walter Scheel und Franz Josef Strauß – waren schon vierzehn Millionen Geräte eingeschaltet. Da war die Mediendemokratie bereits auf dem Weg zur gegenwärtigen Situation, in der Politiker zusammen mit den Fernsehjournalisten die kollektiven Wahrnehmungen organisieren.

Abenteuer der Existenz

Die Gefahr, dass die Inszenierer solcher Wahrnehmungseffekte ihr Werk am Ende für die Realität halten und sich selbst für ein bedeutsames Ereignis, war damals allerdings noch nicht allzu groß. Nur Willy Brandt schien bisweilen versucht, sich aus der Wirklichkeit zu verabschieden und in Phantasiewelten oder in suchtähnliche Ersatzbetäubungen zu flüchten. Das wurde ihm zunehmend vorgeworfen. Hatte er nicht Politik zum Showgewerbe degradiert? Verhöhnten sie ihn nicht als »Willy Wolke« in Bonn? Diffamierten sie ihn nicht in Berlin als »Weinbrandt-Willy«? Und wusste nicht alle Welt, dass er geradezu rituell dazu neigte, von Zeit zu Zeit in tiefe Depressionen zu versinken?

Die Legenden der Einsamkeit, die sich früh um Willy Brandt rankten, kamen nicht von ungefähr. »Die Aura des Fremdlings behagte ihm«, schreibt seine Witwe Brigitte Seebacher. Und Günter Grass stellte fest, dass niemand sich inmitten von vielen Menschen so geistesabwesend isolieren konnte wie »jener in sich zurückgezogene Mann, den ich Willy nenne«. Als versteinerter Gast hockte der SPD-Chef manchmal stundenlang zwischen den anderen, sein Blick in ferne Leere versickert, das Gesicht zur Maske erstarrt. Der Fotograf Jupp Darchinger erinnert sich: »Ich habe schon Aufnahmen gemacht, da haben wir vier, fünf Filme durchgenudelt, und ich hatte immer noch dasselbe Bild drauf, weil Willy Brandt sich einfach nicht regte. Das kam oft genug vor.«

Er schwieg. Er brütete. Er haderte. »Scheißleben«, murmelte er bisweilen. Dass er in solchen Augenblicken glaubte, jedes Leben sei »von innen her gesehen nichts weiter als eine Kette von Niederlagen«, wie er einmal auf einem Zettel notierte, nahm man ihm ab. Und auch, dass Depression gefrorene Wut sein kann. Keine Emotion ging von ihm aus, keine erreichte ihn. Es sprach ihn in solchen Momenten der Düsternis auch niemand an. Eine unsichtbare Kälteschicht schien ihn vom Leben zu trennen.

Solche Rückzüge auf das eigene Selbst zeigten immer an, »dass die Beziehung zur Welt brüchig« war (Seebacher). Er habe das Versteckspiel gebraucht als Ausweis des Besonderen und als Schutz gegen Zudringlichkeiten. Die Demütigungen und Kränkungen durch politische Gegner und mehr noch durch Parteifreunde, die verlorenen Wahlen und die Zumutungen der öffentlichen Rituale in immer grellerer Medienbeleuchtung führten den empfindsamen, konfliktscheuen, unaggressiven Mann oft in Versuchung, den Krempel hinzuwerfen – die politischen Ämter und sein Leben. Seelische und körperliche Krisen gehörten für Brandt selbstverständlich zum Leben, auch und gerade zum politischen. Er halte es »für eine ganz unangebrachte Prüderie, nicht über Neurosen und deren Wirkung im politischen Geschäft offener zu reden«, hat der Ehrenvorsitzende Brandt in seinen späten Jahren einmal gesagt. Ob er sich diesen Aufschluss mehr über sich selbst oder über andere wünschte, gab er nicht zu erkennen.

Dass er süchtig war, hat Brandt eingeräumt – wenn auch nur am Beispiel des Rauchens. »Wenn ich Ihnen diese Frage auch noch beantworte«, sagte er einmal zu mir während eines Hintergrundgesprächs zu einer Zeit, als er offiziell längst nicht mehr rauchte, »geben Sie mir dann eine von Ihren Zigaretten?« Sein Scheitern nach der Wiederwahl 1972 führte der gestürzte Kanzler nicht zuletzt auch auf einen Nikotinentzug nach einer Stimmbandoperation zurück, die er nur knapp überlebte. Wie ein Hund habe er gelitten, bekannte er später. »Ich war kaputt.« Ohne Zigaretten habe er sich nicht konzentrieren können, täglich seien ihm deshalb zwei Fehler unterlaufen. Auch Alkohol, ein anderes Fluchtmittel aus den Widerwärtigkeiten des alltäglichen politischen Geschäfts, die ihn ekelten und empörten, war ihm damals verboten. Nicht nur in Berlin war bekannt, dass der Regierende Bürgermeister –

wenn der nasskalte Herbst kam, die Tage dunkel wurden und die Nächte lang – sich seine »Grippe« zu nehmen pflegte, die er mit Rotwein bekämpfte. In Washington hielt eines der Nixon-Tonbänder fest, was der zechfreudige US-Präsident und sein Sicherheitsberater über den deutschen Bundeskanzler nach einem seiner Besuche im Weißen Haus dachten. Nixon: »Brandt ist ein bisschen dumm.« Kissinger: »Brandt ist dumm. Und faul.« Nixon: »Eben.« Kissinger: »Und er trinkt.«

In Berlin hatten die Sozialdemokraten 2002, zu Brandts 10. Todestag, Gemälde, Zeichnungen, Fotos und Skulpturen ihres großen Vorsitzenden zu einer Ausstellung zusammengestellt, die der Maler Johannes Heisig als Illustration eines Dramas »shakespearescher« Dimension empfand. Die Täler der Depression, von denen er gelesen hatte, die Unerlöstheiten, die aus Brandts stets bedrohter und verletzter Kindheit hineinreichten in seine politische Karriere, die Runen und Furchen, die Macht, Müdigkeit, Verrat und Erfolg in seine Physiognomie gegraben hatten – alles das fand Heisig in den Werken seiner Kollegen wieder. Und auch er malte es in seine Porträts hinein. Aber ganz erfasst hatte er Brandt noch lange nicht. Das Bild blieb verwischt.

Georg Meistermann, der Brandt mehrmals porträtierte, erlebte ihn als einen Mann mit »variablen Konturen«. Kaum zehn Fotos von ihm gebe es, die sich gleichen würden. »Immer erscheint er anders als das Bild, das man von ihm hat.« Manchen aus dem Osten reichte – vor allem zu Beginn der Sechzigerjahre – seine Stimme, »markant, unverkennbar und oft unüberhörbar«, wie der ostdeutsche Bildhauer Pit Kroke schrieb. »Schon seine Stimme evozierte sein Bild in mir.«

Ist Brandt also vielleicht doch in erster Linie eine Medienfigur? Ein vorweggenommener Schröder? Ein früher Fernseh-Selbstdarsteller mit grandiosem Geschick für die pathetische Geste? War nicht der unvergessliche Kniefall in Warschau ein Gipfelpunkt symbolischer Politik? Der Friedensnobelpreis ein freundliches, aber folgenloses Dankeschön-Signal für guten Willen?

Gewiss, so ließe sich argumentieren. Nur dass Willy Brandt eben wirkliche politische Handlungen, Konzeptionen und Argumente nicht nur symbolisierte, sondern durch seine Vita die angemeldeten Ansprüche und Ziele legitimierte. Er hat gehandelt, nicht nur geredet, gelitten, nicht nur theoretisiert. Sein Leben war eine schmerzhafte Folge von Niederlagen und Neuanfängen, von schroffen Brüchen und melancholischer Beharrlichkeit. Nie gab er seinen Anspruch auf, die Welt verändern zu wollen. Er wusste, wann er zugreifen musste. Er wusste auch, wann er besser losließ. Aber er gab nicht auf.

»Wirklichkeitssinn« hat der britische Philosoph Isaiah Berlin dieses Weltverständnis von Staatsmännern genannt, wie es Willy Brandt erlebt und erfahren hatte – ein halb instinktives Wissen um unsichtbare Tiefen, ein Wissen um die verwickelten Beziehungen zwischen der Oberfläche und anderen, entlegeneren Schichten des sozialen und individuellen Lebens. »Wir sagen«, erläuterte Berlin, »jemand habe ein gutes politisches Auge, ein gutes politisches Ohr oder eine gute politische Nase«, einen »politischen Sinn«, der durch Liebe, Ehrgeiz oder Hass geweckt werde, einen Sinn, »bei dem Erfahrung eine entscheidende Rolle spielt: eine spezifische Begabung, die derjenigen von bildenden Künstlern oder Dichtern nicht ganz unähnlich zu sein scheint.«

Keine Frage, dass Willy Brandt über diese Gabe verfügte. Mit ihr hielt er die Balance zwischen utopischen Höhenflügen und solider Bodenhaftung. Die Versöhnungsgeste, die er in Warschau vor den Augen der Welt im Namen Deutschlands leistete, bezog ihre Glaubwürdigkeit sowohl aus dem vergangenen Leben des Nazi-Gegners Brandt wie aus dem Risiko, das er für die eigene politische Zukunft mit seinem Bekenntnis einging. Wer hätte sich im Nachkriegsdeutschland je so angreifbar gemacht?

Nein, Willy Brandt war kein Wahrnehmungsereignis, sondern eine Art gelebtes politisch-ästhetisches Gesamtkunstwerk, das bis ins hohe Alter offen blieb für Veränderungen. »Dieses grandiose Abenteuer einer Existenz« – so sein früherer enger Mitarbeiter, der Publizist Klaus Harpprecht – umspannte fast das gesamte 20. Jahrhundert mit seinen Katastrophen und dem schütteren Frieden Europas.

Gegen die Droge Politik blieb Brandt gleichwohl stets anfäl-

lig – auch wenn er sie zu dosieren wusste und genügend Lebens-
normalität aufzubieten hatte, um nicht durch sie entwürdigt
zu werden. Suchtgefahr besteht für Politiker immer. Die Angst,
in einem schwarzen Loch von Bedeutungslosigkeit zu verschwinden, sobald man sich aus seinen Machtpositionen zurückzieht,
hat zu allen Zeiten wie eine existenzielle Bedrohung gewirkt. Die
Floskel, dass einer »politisch tot« sei, hat für die Bedrohten stets
einen hohen Realitätsgehalt.

Das macht den Ausstieg aus der Politik für so viele zu einer
Krise. Wer nicht länger Herr der Macht ist, sondern ein Getrie-
bener, der braucht den politischen Betrieb zum Überleben. Für
den gibt es auch kein endgültiges Ziel. »In der modernen Gesellschaft sind die Prozesse nach oben offen, weil es keine Grenze
der Einkommen gibt, keine Grenze der Satisfaktion und keine
Grenze der Selbstverwirklichung«, sagt der Philosoph Peter Sloterdijk. »Im Gegensatz zur antiken Hypothese, dass der Mensch
satt werden kann – das ist ja das anthropologische Prinzip der
alten Welt –, sind die Menschen in der Moderne nimmersatte
Zielverfolger.«

III

Die Soldaten
(1974–1982)

Intensive Feindberührung

Der Konvoi von fünf schweren Limousinen näherte sich mit
scharfem Tempo der letzten Kurve vor dem Bonner Kanzleramt.
Bevor die Kolonne einschwenkte, sprangen sechs Grenzschützer
aus den vorderen Wagen, sicherten mit Maschinenpistolen die
Straße und zielten auf die Büsche in den Vorgärten. Mit quiet-
schenden Reifen und zuckendem Blaulicht schleuderten die anderen Autos vor der Villa der Parlamentarischen Gesellschaft auf
den stacheldrahtbewehrten Amtssitz des Kanzlers zu. Die sechs
Krieger saßen schon wieder in dem letzten Fahrzeug und rausch-
ten hinterher. Das war Innenminister Maihofer, der hatte sechs
Leibwächter. Gleich würde, mit vier Sicherheitsbeamten, Justizminister Vogel kommen. Und Außenminister Genscher. Und Generalbundesanwalt Rebmann. Und BKA-Chef Herold.

Aus unseren Bürofenstern Ecke Welcker- und Dahlmann-
straße hatten wir im September 1977 zweimal täglich einen kino-
reifen Blick auf Deutschland im Herbst. Bonn war, nachdem Terroristen der Rote-Armee-Fraktion am 5. September in Köln den
Arbeitgeberpräsidenten Hanns-Martin Schleyer entführt und seinen Fahrer und drei Polizisten ermordet hatten, über Nacht zur
Festung geworden. Gut sechs Wochen lang war über dem Land
praktisch der Ausnahmezustand verhängt. Die Schleyer-Entführung beherrschte die Abendnachrichten des Fernsehens und die
Schlagzeilen der Morgenpresse. »Sechs gegen sechzig Millionen«,
spottete Heinrich Böll. Aber die Bonner Politik, die offiziell die

Täter als ganz normale Verbrecher abtat, nahm in Wahrheit die »Kriegserklärung« der RAF-Kämpfer an. Sie verbarrikadierte sich und rüstete auf, als sei ein Volksaufstand ausgebrochen.

Hinter den Büschen im idyllischen Regierungsviertel am Rhein ringelten sich Stacheldrahtrollen, unter Tarnnetzen türmten sich Sandsäcke. Schützenpanzer fuhren auf, Mannschaftswagen und Jeeps. Nachts tauchten Scheinwerfer Ministerien und Politiker-Wohnungen in gleißendes Licht. Doppelstreifen zu Pferde. Grüne Uniformen, Khaki-Hemden, quäkende Walkie-Talkies, Schäferhunde. Bonn wurde zum Heerlager. Vierundvierzig Tage lang reduzierte sich die Bundesregierung de facto auf einen Krisenstab, dessen Mitglieder in kleiner oder großer Besetzung im Kanzleramt nahezu ununterbrochen tagten und die Situation der »intensiven Feindberührung« berieten, wie sich Horst Herold, der Chef des Bundeskriminalamts, ausdrückte. Er habe in dieser Zeit mit dem Bundeskanzler länger gesprochen als mit jedem anderen Menschen in seinem Leben. Und für den Kanzler dürfte es nicht viel anders gewesen sein, mutmaßte er. Wann sitzt man sonst schon so lange und unter so bedrohlichen Umständen zusammen?, fragte Herold und gab sich selbst die Antwort: »Allenfalls noch im Krieg mit Kriegskollegen, sechs Wochen lang, Tag und Nacht.«

Die militärische Wortwahl kam nicht von ungefähr. Sowohl Bundeskanzler Schmidt als auch die Mehrzahl seiner engsten Berater griffen in dieser Extremsituation auf die prägendsten Erlebnisse ihres Lebens zurück – auf ihre mehr als dreißig Jahre zurückliegende Soldaten-Vergangenheit. Um den Ex-Oberleutnant Helmut Schmidt versammelte sich eine Art Generalstab aus ehemaligen Leutnants, Unteroffizieren und Flakhelfern der Großdeutschen Wehrmacht. Die mussten sich über ihre alten Rollen gar nicht ausdrücklich verständigen, geradezu reflexartig klinkten sie sich in die eingedrillten alten Programme ein. Sie waren eben, wie Helmut Schmidt noch Jahrzehnte später im Landserjargon formulierte, alles »Leute, die die ganze Scheiße des Krieges hinter sich hatten«.

Nach den Weimarern waren die Wehrmachtssoldaten und

Flakhelfer die nächste Generation in der Politik der Bundesrepublik Deutschland, deren Lebensauffassungen und Haltungen von den Erlebnissen der Vergangenheit geprägt waren. In wenigen Jahren hatten sie mehr und Schlimmeres erlebt, als sich selbst die Abenteuerlustigsten unter ihnen für ein ganzes Leben gewünscht hätten. Die Erinnerungen daran hielt sie am Boden fest. Aber wo die Weimarer noch ein »inneres Geländer« hatten, wie Egon Bahr es ausdrückte, hielten sie sich an einem »äußeren Geländer« aufrecht – an den strengen Formen soldatischer Ordnung und den Ritualen der »verdammten Pflicht und Schuldigkeit«. Betrogen um ihre Jugend, misstrauisch gegenüber Utopien und großen weltanschaulichen Würfen, betrieben sie Politik nüchtern und pragmatisch.

Dem Bundeskanzler war die Situation wie auf den Leib geschnitten. Wie schon einmal, während der Hamburger Flut-Katastrophe, elektrisierte ihn die existenzielle Herausforderung. Die Dramatik eines Geschehens, der nicht mit alltäglichen Mitteln zu begegnen war, »schoss ihm wie eine Droge ins Blut«, erinnert sich sein damaliger Staatssekretär Klaus Bölling. Wobei das Soldatische bei Schmidt die landsknechthafte Färbung des Schillerschen »Reiterliedes« annahm, das diese Generation so gern an den Lagerfeuern der HJ gesungen hatte: »Im Felde, da ist der Mann noch was wert, da wird das Herz noch gewogen ...« Der kalte, tödliche Ernst der Situation sei ihm jedoch – »wie jedem Truppenführer« – immer bewusst gewesen. Umso wichtiger war dem Kanzler der Geist der Kameradschaft. Für Schmidt und seine Generation war und blieb Kameradschaft das Schlüsselerlebnis für jede echte Männergemeinschaft in einer existenziellen Gefahrensituation. Unter den vielen schlimmen Erfahrungen des Krieges sei ihm die Kameradschaft einer der wenigen Werte gewesen, so Schmidt später, die er glaubte bewahren zu müssen. Die »bleierne Zeit« im Herbst 1977 schien ihn zu bestätigen.

Täglich zweimal versammelte der Kanzler seine engsten Vertrauten – alles gediente Soldaten oder einstige Offiziere der Wehrmacht – zur »Kleinen Lage« um sich. Zu diesem Kreis gehörten Innenminister Werner Maihofer (Ex-Oberleutnant, acht Jahre

Soldat), Justizminister Hans-Jochen Vogel (Fahnenjunker-Ober-jäger), Außenminister Hans-Dietrich Genscher (Pionier), in sei-ner Vertretung häufig Wirtschaftsminister Otto Graf Lambs-dorff (Panzerschütze, schwer verwundet am 31. März 1945) und Staatsminister Jürgen Wischnewski (Leutnant und Kompanie-chef). Dazu die Staatssekretäre Manfred Schüler (nicht gedient) und Klaus Bölling (Flakhelfer), Generalbundesanwalt Kurt Reb-mann (Soldat, verwundet) und BKA-Präsident Horst Herold (Leutnant der Panzertruppe, viermal verwundet).

Ein- bis zweimal die Woche traf sich darüber hinaus der »Große Politische Beraterkreis«, um auch »exotische Modelle« zur Befreiung Schleyers, zur Bekämpfung der Terroristen und zum Schutz der Bevölkerung zu denken und zu diskutieren. Das Ziel war, nichts zu versäumen und nichts zu verschulden. Zu den Mitgliedern der Kleinen Lage stießen dann die Vorsitzenden der im Bundestag vertretenen Parteien – also Willy Brandt (SPD), Helmut Kohl (CDU), Franz Josef Strauß (CSU, Oberleutnant), die Fraktionsvorsitzenden Herbert Wehner (SPD), Friedrich Zim-mermann (CSU, Leutnant) und Wolfgang Mischnick (FDP, Sol-dat) und die Ministerpräsidenten jener Länder, in denen inhaf-tierte RAF-Häftlinge einsaßen, die möglicherweise freigepresst werden sollten – Hans Filbinger (Baden-Württemberg, Marine-Richter), Heinz Kühn (Nordrhein-Westfalen), Alfons Goppel (Bayern, Oberleutnant) und Hans-Ulrich Klose (Hamburg). Nur drei Mitglieder dieses Gremiums – Schüler, Klose und Kohl – waren zu jung gewesen für Hitlers Wehrmacht; drei von ihnen – Brandt, Wehner und Kühn – hatten als Emigranten im Unter-grund gegen die Nazis gekämpft.

Dass die Bedrohung damals gewaltig überschätzt worden ist, räumten Beteiligte erst ein Jahrzehnt später ein. Gerade die So-zialdemokraten wollten sich nicht vorwerfen lassen, eine Partei zu sein, »die sich mit der eigenen Nation nicht Unter den Linden zeigen wolle, wenn es mulmig wird«, wie Ex-Regierungsspre-cher Klaus Bölling später erklärte. Und wiewohl Teilnehmer der Beratung bekräftigten, dass Kanzler Schmidt, dem sein biswei-len schneidiger Ton im Ausland den Spottnamen »Le Feldwebel«

eingetragen hatte, in diesen Tagen weder kaltschnäuzig noch schnoddrig aufgetreten sei, so dachte und handelte er doch in Kategorien des Frontsoldaten; er lobte an Franz Josef Strauß dessen »Tapferkeit« und an anderen Pflichterfüllung und »Mannesmut«, verwarf aber alle Vorschläge, gegen die Terroristen »das Kriegsrecht« anzuwenden, wie etwa standrechtliche Erschießungen. Er war der Chef, und wenn er auch offen war für Ratschläge – am Ende zählte allein Schmidts Kommando. Im Bundestag bekräftigte der Kanzler, es gehe ihm bei seinen Appellen zur Zusammenarbeit nicht darum, »Verantwortung zu verwischen«.

Als dann, am 13. Oktober, arabische Terroristen auch noch die Lufthansa-Maschine »Landshut« entführten und Ex-Oberleutnant Schmidt ein militärisches Kommando nach Afrika entsandte, das in Somalia das Flugzeug erstürmte und die einundneunzig Geiseln befreite, wurde er als »Held von Mogadischu« in der Presse gefeiert wie einst Generalfeldmarschall Rommel in Hitlers Wüstenkrieg. Sein Verhalten indes war weniger markig und zutiefst menschlich: Um null Uhr zwölf am 18. Oktober rief Staatsminister Hans-Jürgen Wischnewski, der Leiter dieser riskanten Sondermission, in Bonn an. »Die Arbeit ist erledigt«, meldete er lakonisch. »Wie viele Tote?«, fragte Schmidt. »Auf unserer Seite keine. Ein oder zwei Terroristen.«

Helmut Schmidt wankte, als er im Nachrichtenzentrum auf seine Frau Loki zuging. Nachträglich wollte er nicht richtig geweint haben, wie in den Zeitungen zu lesen stand, allenfalls seien ihm die Augen ein wenig feucht geworden. Und selbst das schien ihm entschuldigungsbedürftig. »Mich kann man nicht so leicht erschüttern«, sagte er Jahre später. »Aber in diesem Augenblick konnte ich mir einfach nicht helfen. Die Spannung dieser letzten Wochen hatte sich eben gelöst.« Im Falle eines Scheiterns der Aktion wäre er am nächsten Tag von seinem Amt zurückgetreten, daran hatte er keinen Zweifel gelassen. Nun blieb er, obwohl noch zwei Rückschläge zu verkraften waren: erst die Ermordung Hanns-Martin Schleyers, dann die Selbstmorde von Stammheim.

Die Spannung hatte das Land verändert. Die allgemeine Hysterie der Öffentlichkeit, die nahezu unverhohlenen Lynch-Forderungen in manchen Pressekommentaren und politischen Äußerungen erschreckten mich sehr. Als ich zwei Jahre zuvor aus den USA zurückgekehrt war, empfand ich Bonn als die offenste und zugänglichste Regierungshauptstadt, die ich kannte. Jetzt konnte ich ohne Presse-Ausweis nicht einmal mehr die Straßenunterführung zum Regierungsviertel passieren. Überall lauerten Kameras, rollten Schützenpanzer, bellten Suchhunde. Misstrauen hatte sich wie ein giftiger Nebel über die rheinische Gemütlichkeit gelegt.

Das sollte also nun das neue Deutschland sein, in dem mehr Demokratie gewagt wurde? Ich war so empört wie enttäuscht. Hatte ich nicht in Amerika geglaubt, mit der Wahl von Willy Brandt und Gustav Heinemann habe sich der Zeitgeistkurs in der Bundesrepublik um 180 Grad gedreht? Mit Kanzler Brandt hatte ich darüber bei seinem letzten Washington-Besuch geredet. Er schien amüsiert über mein optimistisches Deutschlandbild und war selbst viel, viel skeptischer: »Um das zu erleben, müssten Sie aber schnell zurückkommen«, hatte er gespottet, »die Drehung geht nämlich weiter, und schnell ist sie bei 360 Grad. Dann ist alles wieder beim Alten.«

Brandt hatte Recht behalten. Fassungslos las ich die deutschen Zeitungen. Nackter Hass, geifernde Sympathisanten-Hetze gegen jeden, der vor Übertreibung warnte und nach politischen Kontexten suchte. Dass »die freiheitliche Demokratie, die wir aus den Trümmern von Diktatur und Krieg aufgebaut haben, nicht als schlapper Staat missverstanden werden dürfe«, wie Willy Brandt warnte, verstand ich. Aber warum räumten Regierung und Öffentlichkeit den Terroristen eine solch enorme symbolische Relevanz ein? Wenn die Nachfolger von Baader und Meinhof nichts weiter waren als geistig und charakterlich deformierte Desperados, warum sollten sie dann in der Lage sein, »die Funktionstüchtigkeit unseres demokratischen Gemeinwesens unmöglich zu machen«, wie es im Kanzleramt hieß?

Was ging da vor? Welches historische Trauma brach da auf? Mussten wir diesen irrationalen Ausbruch nicht auch intensiver kommentierend begleiten? Ich schlug im Bonner Büro eine Geschichte über die kollektiven Hintergründe dieser Teufelsaustreibung vor. Ein besonnener älterer Kollege riet mir daraufhin dringend, mich mit öffentlichen Äußerungen zurückzuhalten. Ich sei gerade mal knapp zwei Jahre wieder im Lande, und mir sei manches entgangen.

So musste es wohl sein. Aus der Ferne hatte ich 68, die Ostpolitik und den Demokratisierungsschub durch die sozialliberale Regierung für das endgültige Ende der langen Fünfzigerjahre gehalten. Nun musste ich erkennen, dass die öffentliche Verurteilung des Nationalsozialismus im Rahmen eines antitotalitaristischen Konsenses vielfach nur Deklamation gewesen war – die offenbar nur notgedrungen akzeptierte Kehrseite des quasi staatsreligiösen Antikommunismus. Dass der politische Hintergrund der terroristischen Aktionen, die tiefe Verzweiflung mancher Akteure – deren mörderische Verblendung mich entsetzte und abstieß – nirgends erwähnt wurde, dass die Wut über den Vietnamkrieg und über Altnazis wie Filbinger in hohen politischen Ämtern überhaupt nicht zur Kenntnis genommen wurde, das alles empörte mich.

Die gespenstische Unwirklichkeit dieser düsteren Jahre ergab sich nicht zuletzt aus der lebensfeindlichen Abstraktion der Nazi-Feindbilder, mit der beide Seiten unter dem Motto »Nie wieder« ihre Rigorosität rechtfertigten. Viele radikale Demonstranten, vor allem aber die Sympathisanten der Terroristen, wähnten sich wirklich im Bürgerkrieg gegen ein faschistisches Hitler-Nachfolgesystem. Und je rücksichtsloser die RAF mordete, desto mehr fühlten sich Kanzler Schmidt und die radikalen Verfechter der wehrhaften Demokratie gerechtfertigt, mit aller Härte gegen »linksfaschistische« Verfassungsfeinde zurückzuschlagen. Erst im Nachhinein wurde sichtbar, dass beide Seiten diesen kalten Prinzipienkampf benutzten, um schmerzhafte Auseinandersetzungen mit persönlicher Schuld oder Versagen in der eigenen Familie zu vermeiden.

Für die Kriegsgeneration spielte die Frage der persönlichen Schuld des Einzelnen während der Nazi-Zeit, also auch ihrer eigenen, eine ganz entscheidende Rolle. Und da die meisten sich an Nazi-Verbrechen nicht aktiv beteiligt hatten, betrachteten sie persönlich die deutsche Vergangenheit als bewältigt. Offiziell hatten sie nichts zu befürchten und nichts zu bereuen. Im öffentlichen Leben, so schien es wohl vielen der leitenden Männer dieser Generation, sollte man den Albtraum der Hitler-Jahre besser schweigend übergehen. Ich aber hatte in Amerika erlebt, dass es nicht reichte, meine persönliche Unschuld an den Nazi-Barbareien per Geburtsurkunde zu beteuern. Ich war Deutscher, das reichte. Der Makel Auschwitz hing der Nation an, nicht allein den Mördern. Und so empfanden das die meisten jungen Deutschen.

Entsprechend sensibel reagierten sie auf jedes Zeichen staatlicher Willkür. In der ersten Empörung über die rücksichtslosen Bluttaten der Terroristen hatten sich die Medien in Bonn bereit erklärt, die Ermittlungen der Behörden nicht durch aufdeckende Berichterstattung zu erschweren. Aber je länger die Jagd dauerte, je rigider der Ausnahmezustand ausgenutzt, ja, ausgeweitet wurde, desto misstrauischer und unzufriedener wurden wir Journalisten. In einem Hintergrundgespräch mit Staatssekretär Klaus Bölling protestierten alle Bonner *Spiegel*-Redakteure gegen die weitgehenden Einschränkungen der Bürgerrechte im Namen der Terroristenbekämpfung. Wir seien nicht bereit, uns weiter an die Schweigeverabredung zu halten, wenn sich dieser Staat quasi über Nacht zu einem zentralistischen Polizeistaat entwickle.

Bölling nannte unsere Befürchtungen lächerlich. Den Zustand der deutschen Polizei charakterisierte er als »reines Biedermeier«. »Ja«, warf ich ein, »mit ganz viel Metternich.« Das fand Bölling, mit dem ich heute befreundet bin, damals überhaupt nicht komisch. Waren wir nicht früher zumeist einer Meinung gewesen? Ich hatte ihn als ARD-Korrespondenten in Washington während der Nixon-Präsidentschaft bei einer Anti-Vietnam-Demonstration kennen gelernt, als zwischen uns eine Tränengasgranate der Polizei explodiert war. Triefenden Auges reichten wir uns in einem Sanitätszelt des Roten Kreuzes zum ersten Mal die Hand. So etwas verbindet. Über Amerikas Politik hatten wir keinen Dissens. Jetzt sagte er spitz: »Sie haben sich aber sehr verändert, werter Herr Kollege.« – »Ich?«, fragte ich nicht minder spitz. »Wieso ich?«

Im Februar 1975 hatten Terroristen den Westberliner CDU-Landesvorsitzenden Peter Lorenz entführt und für seine Freilassung fünf inhaftierte Anarchisten freigepresst. Als die Flugzeugentführer nun zweieinhalb Jahre später dieses Exempel zu wiederholen versuchten, nämlich den Austausch ihrer Geiseln gegen einsitzende RAF-Führer, wuchs die öffentliche Erregung. Ein sowjetischer Journalisten-»Kollege«, dessen geheimdienstliche Funktionen für niemanden in Bonn ein Geheimnis waren, höhnte unverhohlen über die Zimperlichkeit der deutschen Regierung. In Moskau, hielt er mir prahlend vor, hätte man »mit den Herrschaften in Stammheim« – gemeint waren Andreas Baader, Gudrun Ensslin, Irmgard Möller und Jan-Carl Raspe – »längst Schluss gemacht«. Mit brutaler Eindeutigkeit zog er dabei eine imaginäre Schlinge um seinen Hals zu. »Sehen Sie«, sagte ich, »genau deshalb bin ich froh, in der Bundesrepublik zu leben und nicht in der Sowjetunion.« Kopfschüttelnd ging er davon.

Das war am Tag vor der Erstürmung der »Landshut«. Wenige Stunden danach kam der nächste Schock: In ihren supergesicherten Zellen wurden Baader und Raspe erschossen, Ensslin erhängt und Ingrid Möller mit Stichwunden aufgefunden. Es waren Selbstmorde – aber sie warfen so viele Fragen auf, und die Behörden reagierten so stümperhaft und verlogen, dass sich der Argwohn gegen die Regierung bis heute nicht überall verflüchtigt hat. Damals kam der Moskauer Kollege grinsend und augenzwinkernd auf mich zu. »Na, sehen Sie«, feixte er.

Es mochte kein Auftragsmord gewesen sein, ein schrecklicher Skandal war es allemal. Wie Günter Grass empfand auch ich eine unheilvolle Parallele zwischen dieser hahnebüchenen Justizpanne in Stuttgart und der Watergate-Affäre in Washington, die ich gerade hinter mir hatte. Für Grass war der Umgang mit diesem Skandal ein Maßstab für den Zustand der Demokratie in der Bundesrepublik. »Wenn Stammheim nicht aufgeklärt wird«, erregte er sich in einem langen Gespräch, das ich als Bekräftigung meiner eigenen Zweifel empfand, »wenn es der baden-württembergischen Regierung gelingen sollte, ihre Verantwortung unter den Teppich zu kehren, dann wäre das ein Sieg des Terrorismus.«

Und zehn Jahre später bekannte auch Klaus Bölling: »Ich glaube zwar nicht an die Theorie von dem staatlich gefingerten oder fingierten Selbstmord, aber ich fühle mich sehr unbehaglich, weil die mit der Untersuchung beauftragten Beamten sich in einer mir unbegreiflichen Weise über handwerkliche Regeln hinweggesetzt haben, die jeder Kriminalist – noch dazu in einem solch dramatischen Fall – zu beachten hätte.«

Es gab Historiker, die den Deutschen Herbst für jene »Katharsis« hielten, die nach dem Urteil von Alexander und Margarete Mitscherlich 1945 ausgeblieben war. Erst nach dem »Opfertod« des ehemaligen SS-Mannes Hanns-Martin Schleyer – dessen gezeichnetes und gedemütigtes Antlitz in den vierundvierzig Tagen seiner Gefangenschaft eine menschliche Würde ausstrahlte, die es unvergesslich machte – »konnte der nationalsozialistischen Gewaltvergangenheit über die Generationsschranken hinweg in einer neuen Schuldkultur begegnet werden«, schrieb die Historikerin Dorothea Hauser.

Die Geschlagenen

Aber galt das auch für die beiden Ex-Oberleutnants, die zwei Jahre später als Kandidaten für das Bundeskanzleramt gegeneinander antreten sollten – Helmut Schmidt und Franz Josef Strauß? Beide haben nie verhehlt, dass ihre Jugend im »Tausendjährigen Reich« sie für ihr ganzes Leben geprägt hat. In Wahrheit fühlten sich beide Männer als Opfer, und das – was ihre verlorene Jugend anging – gewiss nicht zu Unrecht. Schmidt stilisierte sein Politikerleben als einen Opfergang der Pflicht, den er protestantisch tapfer auf sich nahm. Strauß sah sich als Opfer von Neidern, die ihm missgönnten, dass ein Metzgersohn wie er in der großen Welt mitredete. Und beide kompensierten ihr Opfer mit einer herablassenden Verachtung für die jüngeren »Arschlöcher« (Schmidt) und »Oberarschlöcher« (Strauß) um sie herum. Mochten sie öffentlich auch aufeinander eindreschen, privat begrüßten sie sich mit »Na, Sie alter Gauner« und »Na, Sie alter Lump« und fühlten sich als alte Kameraden. »Wir haben Seite an Seite gestanden in der Abwehr des mörderischen RAF-Terrorismus«, lobte Schmidt seine »gute Beziehung« zu dem Bayern posthum in seiner Laudatio für Roman Herzog, dem im März 2003 die Franz-Josef-Strauß-Medaille verliehen wurde. Schon während der Großen Koalition hatten die politischen Rivalen eng zusammengearbeitet. Zeit seines Lebens habe er Strauß für einen hoch bedeutsamen Mann gehalten, pries Schmidt den toten Bayern. Und der hatte den Hanseaten nicht minder bewundert – schon weil der Kanzler geworden war. Vor Autoritäten stand Franz Josef Strauß immer stramm.

Helmut Schmidt war fünf, Franz Josef Strauß nur zwei Jahre jünger als Willy Brandt – und doch, zwischen diesen Schicksalen lagen Welten. Sie rechneten sich zu einer »Generation zwischen den Generationen«, zu jung, um die Weimarer Jahre politisch erfahren zu haben, aber alt genug, um 1939 in den Krieg zu ziehen. Und sie kamen von diesen Erfahrungen zeitlebens nicht los. Schmidt berief sich häufig auf diese überlebende Generation der »Kindersoldaten, der Kriegsverstümmelten, der jungen Witwen, der Flüchtlinge und Vertriebenen, der Trümmerfrauen«. Den »Geruch brennender Städte und faulender Leichen« hatte er für immer gespeichert. Strauß predigte über »Fluch und Gnade der Stunde Null« und schwadronierte unentwegt darüber, wie er und seine Kameraden mit Hilfe »leidenschaftlichen Erlebens« und »tätigen Mitgestaltens« aus dem »größten Trümmerhaufen der Weltgeschichte« die »stärkste Wirtschaftsmacht Europas« aufgebaut hätten.

Ihre frühen Lebensläufe ähnelten sich verblüffend. Adolf Hitler galt nicht viel in ihren Elternhäusern. Metzgermeister Strauß betrieb in den Zwanzigerjahren einen Schlachterladen in der Münchner Schellingstraße, schräg gegenüber vom Schwabinger Hauptquartier der NSDAP, wo die SA Flugblätter verteilte. Als der junge Franz Josef einmal mit solchen Hitler-Schriften heimkam, belohnte ihn sein Vater, ein frommer Katholik und königstreuer Anhänger der Bayerischen Volkspartei, mit einer

136

Watschn. »Mein Vater war das, was man einen geschworenen Gegner Hitlers, Gegner der nationalsozialistischen Weltanschauung und des ganzen Systems nennt, und diese Einstellung hat sich schon früh auf mich übertragen«, erzählte Franz Josef Strauß 1964 Günter Gaus. Er fügte jedoch vorsichtig hinzu: »Ich weiß nicht, wie meine Einstellung gewesen wäre, wenn ich in einem anderen Milieu aufgewachsen wäre.« Tatsächlich wurde Strauß auch Mitglied im Nationalsozialistischen Kraftfahrer-Korps, führte den Titel »Rottenführer« und bekleidete den Posten des »weltanschaulichen Referenten«; aber mehr als eine Mitläuferrolle war das nicht.

Helmut Schmidt, der gerade vierzehn geworden war, als »Adolf Nazi«, wie er zu sagen pflegt, die Macht übernahm, wäre gern in die HJ eingetreten, weil fast alle seine Klassenkameraden dabei waren. Sein Vater, ein gestrenger Lehrer, gestattete es nicht. »Meine Eltern haben die NSDAP nicht gewählt«, schrieb Schmidt später. »Sie waren aber auch nicht anderweitig politisch gebunden.« Er sei von seinem Vater her zwar atmosphärisch gegen das Dritte Reich beeinflusst worden, aber nicht für eine andere Ordnung. Als sein Schülerruderverein 1934 eingegliedert wurde, gelangte Schmidt doch noch in die Hitler-Jugend. Aus seiner Ruderriege wurde eine »Kameradschaft« der Marine-HJ, Helmut Schmidt avancierte zum »Kameradschaftsführer«. Doch 1936 wurde er als »Nörgler« suspendiert. Dass sein Großvater väterlicherseits nach den Rassengesetzen der Nazis als Halbjude galt, hatte Schmidt inzwischen von seiner Mutter erfahren.

Franz Josef Strauß wurde nach dem Arbeitsdienst und acht Semestern Studium der Geschichte und Volkswirtschaft 1939 zur Wehrmacht eingezogen. Er war als Artillerist in der Eifel, in Luxemburg und Frankreich stationiert. In Russland entkam er knapp der Schlacht bei Stalingrad, weil er als Batterieoffizier zu einem Lehrgang an die Feldflakartillerieschule nach Stolpmünde abkommandiert wurde. Den Rest des Krieges überlebte er als Ausbilder an einer ähnlichen Schule in Oberbayern. Dort lehnte er nach eigenen Angaben die Funktion eines nationalsozialistischen Führungsoffiziers ab.

»Weil der Staat Soldaten brauchte«, war Helmut Schmidts Schulzeit vorzeitig zu Ende. Er wurde schon 1937 erst zum Arbeitsdienst, dann zur Luftwaffe eingezogen und einer Flakbatterie in Bremen zugeteilt. Acht Jahre verbrachte er beim Militär, davon sechs im Krieg. Jahrzehnte danach sollte er sich weiter mit Waffen und Soldaten befassen – als Parlamentarier, Minister und Kanzler. 1941 wurde er als Leutnant einer Flakeinheit an die russische Front geschickt. Von 1942 bis 1944 diente er als Referent bei Hermann Görings Oberkommando der Luftwaffe in Berlin. Wegen seiner »frechen Klappe«, so Schmidt, galt er als »Roter«. »Ich wusste gar nicht, was das war, und die wussten es auch nicht.« Das Ende des Krieges erlebte Schmidt an der Westfront, wo er im April 1945 von britischen Truppen gefangen genommen wurde.

Dass Franz Josef Strauß Politiker wurde, war – wenn man ihn reden hörte – »eigentlich mehr von selbst gekommen«. Bei Kriegsende fiel er in Schongau im heimischen Bayern mit selbst ausgestellten Entlassungspapieren den Amerikanern in die Hände. Die freuten sich, dass er des Englischen halbwegs mächtig war, und schickten ihn als Dolmetscher und Gehilfen zum Landrat. Bald begann der bis dahin unpolitische Strauß sich für örtliche Aufstiegsmöglichkeiten zu interessieren, beteiligte sich als Mitglied Nr. 2 an der lokalen Gründung der CSU und machte durch Wendigkeit, Redekraft und Intelligenz auf sich aufmerksam. Eine adlige Dame empfahl ihn dem Münchner Parteioberen Josef »Ochsensepp« Müller, und der befand nach der ersten Begegnung: »Den nimmst du, der ist außerordentlich geeignet.«

Warum ging er gerade in die CSU? Es sei »eine instinktive Entscheidung« gewesen, »mich für die Union zu erklären«. Man war an ihn herangetreten. Keine Spur von unverrückbarem Weltbild. Der Unterschied zwischen christlicher und sozialistischer Sozialgesetzgebung war nach seinem Bekunden so groß wie der zwischen drei Mark und drei Mark fünfzig. Später schnitt er sich und der Union einen Rahmen zurecht, der ihm jeden Spielraum ließ. CDU und CSU waren nach seiner Definition »christlich-sozial, sie sind wertgebunden-liberal, sie sind modern-konservativ, sie sind geschichtlich geläutert national, und sie sind europäisch-fortschrittlich«. Oder wie er es seinen Freunden erläuterte: »Nur die Unbeweglichkeit ist die Reaktion.«

Helmut Schmidt wurde im Gefangenenlager in Belgien Sozialdemokrat. Er habe den Sozialismus im Offizierskasino gelernt, höhnten linke Genossen später. Aber wo hätte einer wie er ihn denn sonst lernen sollen? Seine Eltern waren keine Sozis. Er stammte nicht aus dem Arbeitermilieu. Er hatte auch keine marxistischen Freunde oder Nachbarn. Nur einen halbjüdischen Großvater. Und Kriegskameraden. Wie Tausende dieser Generation wusste Schmidt nicht, wie er später im Bundestag sagen sollte, was denn nun an die Stelle der Braunen treten müsste und was sie dazu zu leisten hätten. »Wir wollten damals nichts Altes einreißen – da gab es gar nichts mehr einzureißen! –, sondern wir wollten etwas Neues aufbauen und wußten in unserer jugendlichen Unerfahrenheit in Wirklichkeit überhaupt nicht, wie man das macht.«

Über Demokratie hatte Schmidt viele Jahre nur Negatives gehört, und wenn er auch sicher war, dass das nicht alles stimmen konnte, blieb ihm doch unklar, wie sie funktionierte. Und woher hätte er wissen sollen, wie Wirtschaft geht, wie Gerechtigkeit hergestellt wird? Helmut Schmidt lernte und debattierte. »Ich kam aus dem Krieg zurück, war sechsundzwanzig und hatte eigentlich viel Glück gehabt. Eine oder zwei leichte Verwundungen, keine große Scheiße miterlebt, kein einziges Kriegsverbrechen miterlebt. Nun ging es eigentlich nur darum, nicht zu verhungern oder zu erfrieren. Das andere Problem war, die fehlende Bildung nachzuholen.« Er war und blieb misstrauisch gegenüber Visionen und jeglichem Anspruch von geistiger Führerschaft. Politik betrachtete er als eine Art Kampfsport.

So ähnlich gaben sich alle politischen Profis der Bundesrepublik, die den Krieg verloren hatten und nun die Feldzüge des Alltags zu gewinnen gedachten – »cool« und »tough« würde ihre Haltung heute genannt, oder, weniger verherrlichend, emotional erstarrt und arbeitswütig. Aus professionellen Gründen war mir das nicht unlieb; es machte es leichter, zu ihnen auf Distanz zu bleiben. Denn als ich 1975 zurückkehrte, gab die Kriegsgeneration – immerhin noch ein Drittel der Bundestagsabgeordneten zählte zu den Jahrgängen 1915 bis 1925 – am Rhein den Ton an. Und der war mir nur allzu unangenehm vertraut. Ihren forschen Pragmatismus, den klirrenden Unterton ihrer zur Schau gestellten Selbstsicherheit, ihr autoritäres Amtsverständnis und den kumpelhaften Machostil kannte ich noch aus der »Kriegsbücherei der Deutschen Jugend«, mit der ich lesen und falsches Leben gelernt hatte. Mit ihrem gönnerhaften und rechthaberischen Großer-Bruder-Stil nervten sie uns Jüngere schon seit den ersten Nachkriegsjahren. Ich hatte schmerzliche Prozesse der Selbsterkundung und -akzeptierung zu durchlaufen, bevor ich den Altvorderen, insbesondere den Jüngeren unter ihnen, den Flakhelfern und jungen Offizieren, die nicht meine Väter, sondern meine älteren Brüder hätten sein können, wenigstens eine gewisse Lern- und Leidensfähigkeit zuerkennen mochte.

Kritischer Abstand also. Der war hilfreich, weil ich in Bonn schnell lernte, dass sich ein Vorsatz nicht würde durchhalten lassen, den ich während der Watergate-Ermittlungen in den USA gefasst hatte – nämlich zu versuchen, über die Geschehnisse im eigenen Land mit der Distanz eines Auslandskorrespondenten zu berichten. In Washington waren uns Ausländern zwar die Kollegen von *Washington Post* und *New York Times* Welten weit voraus gewesen bei der Aufdeckung der kriminellen Details. Aber das politische Ausmaß der Affäre – die Bewertung, dass Nixon die Demokratie außer Kraft zu setzen versucht hatte, dass er in Wahrheit, wenn auch halbherzig, eine Art verkappten Putsch von oben riskierte –, zu dieser Einschätzung kamen so gut wie alle europäischen Korrespondenten schneller und fundierter als ihre amerikanischen Kollegen, die den Akteuren und dem politischen Alltag zu nahe waren und sich in Einzelheiten und Präzedenzfällen verzettelten. Spätestens während der Terrorismus-Phase aber musste ich erkennen, dass ich mir diesen Luxus der Distanz – der ja in Wahrheit auch eine aus der Not geborene Tugend gewesen war – in Bonn nicht würde leisten können. In der provisorischen Hauptstadt konnte man sehr dicht an die politischen Akteure herankommen, zumal als *Spiegel*-Redakteur, und man musste es auch, wollte man sich ein ernsthaftes Urteil erlauben. Das Problem war immer, zugleich mit dem Abstand nicht auch die eigene Unabhängigkeit aufzugeben und den kritischen Blick zu verlieren.

»Ich wunderte mich, dass ich lebe«, so hat der frühere SPD-Bundestagsabgeordnete Dieter Lattmann, Spross einer traditionsreichen Potsdamer Offiziersfamilie, Jahrgang 26, seine Reaktion auf die Kapitulation beschrieben. Und Erhard Eppler, der seinen Parteifreund Lattmann 1989 mit einer Rede feierte, bekräftigte: »Das war unsere Empfindung. Wir waren noch nicht einmal ganz so sicher, ob wir uns freuen sollten. Wir wussten ja nicht, was nun auch noch kommt.« Erst in den folgenden Jahren kam die nächste Überlegung: Was auch immer sich in diesem Deutschland, in diesem damals zertrümmerten, buchstäblich physisch und moralisch zertrümmerten Deutschland, ereignen kann und soll – das, was passiert ist, darf nie wieder geschehen.

Sie waren *Die Geschlagenen*, wie ein Roman von Hans Werner Richter, Initiator der Gruppe 47, das Lebensgefühl der Männer beschreibt, die – wie er selbst und seine Brüder – »Gegner und Soldaten dieses Krieges waren, die ein System hassten und doch dafür kämpfen mußten und weder sich selbst, noch ihren Glauben, noch ihr Land verrieten«. Zu diesen »Geschlagenen« rechnet der Journalist Klaus Stephan die »gelernten Demokraten« Helmut Schmidt und Franz Josef Strauß. Schmidt war neunzehn Jahre alt, als er 1937 Soldat wurde; Strauß, der 1939 gemustert wurde, war dreiundzwanzig. Ich würde zu den »Geschlagenen« aber auch die Jüngsten zählen, die man kurz vor Kriegsende vom Arbeitsdienst oder von den Schulbänken wegholte, um den Endsieg zu retten. Dazu gehört der Panzerjäger Erhard Eppler, der gerade mal achtzehn Jahre und fünf Monate alt war, als am 8. Mai der Krieg zu Ende ging. Oder der Flakhelfer Horst Ehmke, achtzehn Jahre und 86 Pfund Lebendgewicht, auf Strümpfen in Berlin unterwegs in die Gefangenschaft. Oder der Pionier Hans-Dietrich Genscher, ebenfalls gerade achtzehn geworden, der zum »Entsatz« von Berlin im Schnellverfahren aus einem Wehrertüch-

tigungslager der HJ über den Arbeitsdienst zur »Geisterarmee«
Wenck abkommandiert war.

An eine Karriere als Berufspolitiker habe damals keiner aus seiner Generation gedacht, erinnert sich Richard von Weizsäcker,
der als Hauptmann aus dem Krieg kam. Obwohl eigentlich jeder,
der mit fünfundzwanzig Jahren im Jahre 1945 als Soldat »mit einigermaßen offenen Sinnen und Verstand erlebt hatte, was die fins-
tere Nazizeit mit sich gebracht hatte«, ein vitales Verlangen danach haben musste, Altes zu korrigieren und Neues anzufangen.
Allerdings: »Die Nazi-Zeit hat nur zwölf Jahre bestanden. So
schrecklich sie war, als sie endete, war noch eine Generation da,
deren Erfahrung aus der Zeit vor den Nazis stammte.« Adenauer
persönlich habe ihm gesagt: »Nun macht mal eure Ausbildung,
erwerbt euch erst mal Berufserfahrung, für die Politik sorgen wir,
da brauchen wir euch noch gar nicht.« Richard von Weizsäcker
ging in die Wirtschaft, trat 1950 der CDU bei und zog erst 1969
in den Bundestag ein.

Andere engagierten sich früher in der Politik: der 1944 ver-
wundete Otto Graf Lambsdorff bei der FDP, in der CDU der
heimgekehrte Oberleutnant der Luftnachrichtentruppe Bruno
Heck, der nach sieben Jahren beim Militär als 30-Jähriger in Tübingen Altphilologie studierte, die ostdeutschen Genscher und
Wolfgang Mischnick bei den Liberalen. Im 7. Deutschen Bundestag saßen 1975 noch 244 Abgeordnete aus allen Parteien, die
ihre politische Motivation aus diesem »Nie wieder« bezogen.
»Wahrscheinlich war dies eine psychisch notwendige Konsequenz aus dem Missbrauch, der mit uns getrieben worden war«,
glaubte Helmut Schmidt. »Im Grunde braucht wohl ein normaler junger Mensch eine positive Einstellung zum Leben.« Ihre
anerzogenen Haltungen aber, die Prägungen ihres Charakters, die
auch aus dieser unheilvollen Vergangenheit stammten, bestimmten weiter ihr Denken und Handeln, wobei die zwölf Nazi-Jahre
nur die makabre Krönung jener autoritären Staatsformen war, die
sich auch in den autoritären Familienhierarchien widerspiegelten.
»Die Persönlichkeitsstruktur der Deutschen war auf diese Jahrhunderte ungebrochene absolutistische Tradition abgestimmt«,

schrieb Norbert Elias. »Es kam hinzu, daß militärische Formen der Über- und Unterordnung, des Befehlens und Gehorchens weitgehend als Modell für menschliche Beziehungen in anderen Sphären dienten.«

Lange verfolgte ich diese Generation mit ambivalenten Gefühlen. Wer blond war und blauäugig, wer eine Frisur und eine Tonart pflegte wie Helmut Schmidt, der konnte auf meine instinktive und unreflektierte Abneigung zählen. Einerseits trug ich solchen Männern unbewusst nach, dass sie nicht so heroisch waren, wie sie mir von der Goebbels-Propaganda als Vorbilder ausgemalt worden waren – schließlich hatten sie verloren. Andererseits regten mich die verbleibenden Attituden angelernter Schneidigkeit wohl vor allem deshalb so maßlos auf, weil ich selbst davon nicht frei war. Beim ersten Treffen mit meiner ersten großen Liebe knallte ich als 14-Jähriger die Hacken zusammen, als wollte ich militärisch Meldung machen.

Gewiss, ich wurde gerade erst acht, als Hitlers Wehrmacht kapitulierte, aber die Männlichkeitsideale der Pimpfe hatte ich schon vorauseilend verinnerlicht. »Vorwärts, vorwärts, vorwärts mit flatternden Fahnen« sang ich mit meinem Vater sonntags morgens im Bett. Und vor dem Haus eines Wehrmachtshelden in meiner Kleinstadt wartete ich mit dem Jungvolk stundenlang und brüllte: »Wir wollen unseren Ritterkreuzträger sehn.« Aber dann kam der Frühling 1945, und im strahlenden Sonnenlicht sah ich, was aus den Siegern meiner Träume geworden war: Graue ausgemergelte Gestalten in abgerissenen Uniformen hockten am Rande der Lüneburger Heide müde im Straßengraben und löffelten Wassersuppe aus dem Kochgeschirr. Rückzug. Auflösung. Es war auch meine ganz persönliche Niederlage, meine Helden hatten mich verraten.

Ein gestörtes Verhältnis zur zivilen Welt ist der Kriegsgeneration geblieben. Einerseits dürfte für alle gelten, was Peter Glotz über Helmut Schmidt sagte – dass nämlich der Hass auf den Krieg ihre »Lebensmelodie« blieb. Andererseits blieben sie diesen Abenteuern ihrer Jugend auch in lebenslanger Faszination verfallen. Gewöhnlich ohnehin aus traditionellen Familien stammend, in denen der Vater die unbestrittene Autoritätsfigur war, gerieten sie mit dem Ende der Kindheit – zumeist über Jungvolk, HJ, Arbeitsdienst und Militär – in ein System von Befehl und Gehorsam hinein, das sie verinnerlichten. Aus Kommandopositionen entwickelten sie ein sehr persönliches und autoritäres Verhältnis zur Macht.

Auch Hans-Jochen Vogel, Jahrgang 26, schien mir dafür ein typisches Beispiel. Ich lernte ihn erst 1981 besser kennen, als er – der in Bonn als möglicher Schmidt-Nachfolger im Kanzleramt favorisiert wurde – für die SPD nach Berlin ging. Dort war der persönlich integre Regierende Bürgermeister Dietrich Stobbe nach zahlreichen Skandalen der Partei unhaltbar geworden. Vogel, der den Auftrag nicht hätte akzeptieren müssen, sah sich in die Pflicht genommen. Ich begleitete ihn, als er an einem ungemütlichen Januartag, grau und kalt wie das Wetter, in Tegel landete. Was ich von ihm gehört hatte, klang wenig einladend: Er sei ein erstklassiger Jurist, aber als Mensch ein bisschen gruselig-selbstgerecht, unduldsam und kalt. Nicht nur den Jusos, sondern nahezu allen linken Genossen galt der Sozialdemokrat, der von 1960 bis 1972 ein ungemein erfolgreicher und populärer Münchner Oberbürgermeister gewesen war, inzwischen als ein besonders abschreckender Prototyp des Machtmenschen. Als Vogel, von Willy Brandt gerufen, nach Bonn wechselte, fürchteten ihn viele als selbstherrliche, schulmeisternde Diva. »Einen zweiten Strauß« nannte ihn sein parteiinterner Gegenspieler Rudolf Schöfberger. Herbert Wehner hieß ihn das »weiß-blaue Arschloch«, und der junge Bundesminister Volker Hauff empfand ihn als »autoritären Knochen«.

So trat er auch in Berlin an. Einen offiziellen Empfang am Flugplatz hatte sich der künftig Regierende verbeten. Er wollte auch keine Senatslimousine. Kaum war Vogel gelandet, saß er schon im Taxi. Seine Frau Liselotte vergaß er in der Eile. Die nahm ich mit zum Hotel Berlin, wo in einem kleinen Hinterzimmer zwei Referenten und ein technischer Beamter arbeiteten, die Hans-Jochen Vogel aus Bonn mitgebracht, sowie eine Sekretärin, die er von der Berliner SPD ausgeliehen hatte. Einen Senats-Arbeitsstab brauche er nicht, ließ er wissen.

Für die Berliner waren die nächsten Tage Schrecken erregend. Wortlos, unnahbar und ohne den Ansatz eines Lächelns eilte Vogel vorbei an staunenden Journalisten und stummen Genossen durch die Gänge und über die Treppen des Rathauses Schöneberg. Konzentriert und untadelig präsent bereitete er den Amtswechsel vor. Kein Gremium wurde übergangen, jede protokollarisch vorgeschriebene Nuance beachtet. Er tickte, als habe ihn in Bonn einer aufgezogen und in Berlin losgelassen. Dabei umgab ihn eine Eiseskälte, die man auf gut belichteten Farbfotos noch als Blaustich zu erkennen meinte. Selbst als er am Ende der Woche gewählt war, konnte man Genugtuung und Stolz von seinem geröteten Gesicht eher erraten als ablesen. »Der guckt ja immer noch so miesepetrig«, nölte ein Abgeordneter, obwohl Vogels engster Mitarbeiter Sepp Binder durchblicken ließ, dass sein Chef ihm in diesem Augenblick fast als ein Ausbund von Fröhlichkeit erschien. »Schließlich«, sagte Binder, »haben wir jetzt zwei Tage frei. Da können wir in Ruhe arbeiten.«

Dass die soldatischen Werte dieser Generation – Pflicht, Ordnung, Tüchtigkeit, Selbstkontrolle, Sauberkeit, Pünktlichkeit – von den Nachgewachsenen als »Sekundärtugenden« herabgewürdigt wurden, mit denen man – wie es Oskar Lafontaine einmal Helmut Schmidt vorwarf – »auch ein KZ betreiben« könne, empfanden vor allem die ehemaligen Offiziere als tiefe Kränkung. Hatten sie nicht alle die Zähne zusammengebissen, die Tränen unterdrückt, durchgehalten, sich eingesetzt, ihre verdammte Pflicht und Schuldigkeit getan, bis der Krieg zu Ende war? Dann die Ärmel aufgekrempelt, angepackt, sich durchgesetzt? Auf die Kriegsgeneration war immer Verlass gewesen. Sie waren unsentimental, hart, kalkulierbar.

Ex-Leutnant Zimmermann von der CSU zum Beispiel, über dessen disziplinierte und intelligente Mitarbeit im »Großen Krisenstab« hohes Lob aus dem Kanzleramt an die Öffentlichkeit drang, bekannte ungeniert: »Ich sitze gern jemandem vor.« In Bonn führte er die CSU-Landesgruppe nicht wie ein Familienvater, was die urigen Altbayern unter den Abgeordneten an Friedrich Zimmermanns Vorgänger Richard Stücklen geschätzt hatten, sondern wie ein Kompaniechef. Den Jüngeren imponierte sein Stil, sie fürchteten und bewunderten seine schneidige Emsigkeit, sie gehorchten seinem Kommandoton – »kurz, knapp und verletzend«, wie ihn einer beschrieb.

Bei dieser Führungsmethode war nicht viel Platz für demokratische Pingeligkeiten. Zimmermann dachte und handelte in Herrschaftskategorien. Seine Leute wurden eingesetzt, wo sie gerade zu gebrauchen waren, und angehört, wenn sie Gründe vorzubringen hatten. Wichtiges war prinzipiell »Chefsache« – so hatte es Zimmermann im Krieg gelernt und in der CSU bei Franz Josef Strauß fortgesetzt gefunden. Und so machte er jetzt in dessen Sinne Politik in Bonn – nur akkurater, fleißiger und pünktlicher. Kein Wunder, dass auch Kanzler Schmidt vortrefflich mit ihm zurechtkam. Ruckzuck, zackzack.

Oder Hans Matthöfer, Schmidts Finanzminister, Jahrgang 25, für den Politik noch unverblümter Kampf war als für den von ihm bewunderten Kanzler. Ihn hatte das Leben geprägt, und das war hart. Also holzte er verbal, dass die Fetzen flogen, seine Reden protzten mit Formeln wie »in die Pfanne hauen«, »aufs Kreuz legen« und »dazwischenschlagen«. Stets berief er sich dabei »auf die Tatsachen des Lebens«, ob er nun im Kabinett mit Kollegen stritt, auf SPD-Parteitagen mit Genossen oder auf dem Marktplatz von Recklinghausen mit Hausfrauen. Immer führte er unbewusst eine Rechtfertigungskampagne: »So einfach ist das Leben nicht.«

Das Leben, das war für den Volksschüler Hans Matthöfer aus Bochum, Sohn eines lange arbeitslosen Kranführers, der mit siebzehn Jahren zum Arbeitsdienst einberufen wurde und den Krieg als Unteroffizier bei den Panzergrenadieren überstand, ein unaufhörlicher Selbsterziehungsprozess zur Härte im Umgang mit sich und anderen, den er nach Ende des »Tausendjährigen Reiches« in der IG-Metall und in der SPD fortsetzte. Da wurde aus einem, der Magengeschwüre bekam vom Einstecken, einer, der mit Sprüchen um sich keilte, wie: »Wer die Hitze nicht abkann, soll sich aus der Küche scheren.« Oder: »Nur Amateure nehmen übel.«

Verdammte Pflicht und Schuldigkeit

Und nur Amateure wurden krank. Es war, als hätte die letzte Kämpfergeneration des Führers das Hitler-Jugend-Motto, mit dem sie heranwuchs, für den Rest ihres Lebens verinnerlicht: Zäh wie Leder, hart wie Kruppstahl, flink wie Windhunde. In die kapitalistische Aufbauwelt von Wirtschaftswunder-Westdeutschland übertragen, hieß das: Arbeit, Arbeit. Arbeit. »Welcome to the club of workaholics«, begrüßte Helmut Schmidt seinen vertrauten Kameraden Hans-Jürgen Wischnewski, als der nach längerer Pause als Staatsminister ins Kanzleramt zurückkehrte. Und damit auch jeder einfache Malocher mitkriegte, was er meinte, fügte der Kanzler hinzu: »Willkommen im Klub derjenigen, die, statt sich mit Alkohol zu betrinken, sich mit Arbeit besoffen machen.«

Klarer konnte einer Arbeitssucht nicht zum Programm erheben. Noch als er längst achtzig Jahre alt war, renommierte der Ex-Kanzler mit seinen vierzehn bis sechzehn, manchmal achtzehn Arbeitsstunden am Tag. Einer wie Helmut Schmidt ließ sich nicht krankschreiben, der fehlte allenfalls mal ein paar Tage wegen einer leichten »Unpässlichkeit«, wie sein Regierungssprecher sich ausdrückte, als der Chef sich einen Herzschrittmacher einbauen ließ. Mehr als ein Dutzend Mal war Helmut Schmidt als Bundeskanzler bewusstlos zusammengebrochen. Na und? Der französische Staatspräsident Valéry Giscard d'Estaing beschrieb in seinen Memoiren eindrucksvoll, wie der deutsche Kanzler im Februar 1980 bei einem Gespräch zu zweit im Pariser Élysée-Palast plötzlich die Augen verdrehte und röchelnd und stöhnend in Ohnmacht versank. Giscard rief, um Aufsehen zu vermeiden, selbst den Armeearzt an und wartete. »Diese Krankenwache«, schrieb er später, »hat etwas von einer Shakespeare-Szene. Was würde wohl die Öffentlichkeit, die Menge, dazu sagen, wenn sie uns so sähe, Helmut auf dem Sofa und mich, wie ich hilflos neben ihm wache, ohne ihm helfen zu können?« Als der Arzt kam, erholte sich der deutsche Kanzler schnell. Er wollte nicht ins Hotel, um sich auszuruhen. Eine Stunde später betrat er betont agil den Saal, um an einem offiziellen Essen teilzunehmen. Später sickerte durch, dass dem Kanzler insgesamt vier Herzschrittmacher eingesetzt worden seien. Natürlich rauchte er zu viel, schnupfte auch. »Ist das eine Sucht?«, fragte ihn Sandra Maischberger. »Natürlich ist das eine Sucht«, antwortete Schmidt. »Es tut aber niemandem weh, nicht mal mir selbst.«

So ähnlich tickte sein ganzes Kabinett. »Bis zum Hörsturz habe ich es schon gebracht«, tönte auch Wirtschaftsminister Graf Lambsdorff. Sechzehn Stunden pflegte er als normale Arbeitszeit anzugeben, ganz so wie Justizminister Hans-Jochen Vogel. Der begann sein Pensum, ganz gleich ob als Oberbürgermeister in München, Minister in Bonn, Regierender Bürgermeister in Berlin oder Partei- und Fraktionsvorsitzender wieder in Bonn, gewöhnlich um sechs Uhr morgens. Der Ton war harsch, das Tempo forsch. Seine Selbstdisziplin wirkte einschüchternd auf viele, sein Eigensinn, seine Beharrlichkeit, seine besessene Askese schreckten manchen. Als er als Kanzlerkandidat in die Bonner Baracke einzog, das legendäre SPD-Hauptquartier, räumte er zum Auftakt erst einmal den Begrüßungskognak vom Tisch, riss die Fenster des verräucherten Sitzungszimmers auf und sagte: »So, jetzt fangen wir an zu arbeiten.« Und der rastlose Außenminister Hans-Dietrich Genscher brachte es bis zum Ausscheiden aus der Politik auf zwei Herzinfarkte.

So hatte ich auch gelebt. Doch zu der Zeit, als der Bundeskanzler und seine Mannen sich mit ihrer rastlosen Tätigkeit brüsteten, als sei der Heldentod an der Arbeitsfront ihr gesellschaftlicher Auftrag, lernte ich gerade in schmerzhafter Therapie, dass jede Sucht wehtut – egal, ob die Droge Schnaps ist oder Arbeit. Und dass sie immer ein gestörtes Verhältnis zur Wirklichkeit signalisiert. Es war, als wäre ich in den fünf Jahren zwischen 1977 und 1982 von zwei einander widersprechenden Programmen geleitet worden, die einander in schnellem Wechsel überlagerten. Mal war Arbeit Lebenssinn, mal war sie Lebensflucht. Disziplin galt in einem Kontext als Charakterstärke, im anderen als mangelnde Spontaneität. Emotionalität bedeutete einmal, irrational und gefühlsduselig zu sein, zum anderen signalisierte sie Warmherzigkeit und Mitgefühl. Zu allem Überfluss drückten sich die beiden Programme damals auch noch politisch aus – im parteiübergreifend etablierten Bonner System auf der einen Seite, in den sozialen Bewegungen und Bürgerrechts-Aktionen im Lande auf der anderen. Allmählich lernte ich nicht nur, die Vor- und Nachteile beider Systeme zu erkennen, sondern auch, mich ihrer nach Bedarf zu bedienen.

Viel zu arbeiten ist in Deutschland seit jeher ein hohes gesellschaftliches Ideal, und Helmut Schmidts selbstgefälliger und koketter Gebrauch des Wortes »workaholic« signalisierte, dass er die Warnung vor krankhafter Entgleisung der politischen Tätigkeit in die Arbeitssucht als lächerlich empfand. Seine eigenen Depressionen pflegte er nicht als Folge seines geliebten Sechzehnstundentages anzusehen. Den Begriff »workaholic« hatte die amerikanische Psychologin Marylin Machlowitz 1976 zum Titel einer ersten umfassenden Beschreibung der Abhängigkeit von der »Droge Arbeit« gemacht. Inzwischen ist die Arbeitssucht ein gut erforschtes Gebiet.

Der Psychiater und Neurologe Gerhard Mentzel, Chefarzt der Hardtwaldklinik im nordhessischen Bad Zwesten, stieß bei seiner Suche nach den Ursachen von Alkoholismus darauf, dass auch Arbeit zur Droge werden kann. Er entdeckte, dass das Verhalten von strebsamen Menschen in vielerlei Hinsicht dem der Alkoholkranken gleicht. Zwar sei die unmittelbare Wirkung der Drogen anders, denn bei der Arbeitssucht blieben direkte Gesundheitsstörungen aus. »Doch die Folgeerscheinungen gleichen einander.« Es beginnt mit immer hastigerem Arbeiten, das zu Rauscherlebnissen führen kann. Leichte Depressionen, Erschöpfungsgefühle, unbegründete Ängste und Konzentrationsstörungen stellen sich ein. Auf der nächsten Stufe wird der Arbeitssüchtige seinen Mitmenschen gegenüber unduldsam, arrogant und aggressiv. In der Folge wird er nur noch durch die berufliche Tätigkeit in Schwung gehalten. Er übernimmt zusätzlich Aufgaben und Ämter. Mentzel: »Die Selbstzerstörung schreitet fort, eine Konsequenz ist der Herzinfarkt«. Vor allem gesellschaftspolitisch tätige Menschen würden von ihrer Arbeit im wahrsten Sinne des Wortes aufgefressen, stellte Mentzel 1988 fest. Bei seinen Patienten aus der Politik entdeckte er, »dass sie keinerlei persönliche Interessen entwickelt haben, dass sie keine Freundschaften pflegen können und dass ihre Ehen oft zerbrechen«.

Auch die Berliner Psychoanalytikerin Eva Jaeggi erlebte Politiker als besonders gefährdet. Nicht nur, weil sie dem Sog der Arbeitssucht besonders leicht verfallen, sondern weil dieser Beruf auch reichlich andere Drogen bereithält: »Die Droge Arbeit kann sich noch potenzieren durch die Faktoren Geld, Erfolg und Macht... Auch sie sind, wie die Arbeit selbst, von außen hereingeholte Aufblähungsmöglichkeiten der eigenen Person.« Mit anderen Worten: Arbeit kann – wie Macht, Geld, Erfolg und öffentliche Zurschaustellung – zum Teil eines komplexen Suchtsyndroms werden, das die seelische, geistige und körperliche Gesundheit von Politikern zu ruinieren vermag.

Suchtkrankheiten haben immer einen gesellschaftlichen Kontext. Die politische Karriere, die für ehrgeizige Menschen ein attraktiver sozialer Aufstiegskanal ist, verführt durch gnadenlose Konkurrenz zum Einstieg in süchtiges Verhalten. Der abgegriffene Scherz von den Steigerungsstufen der Bedrohung, den politische Neulinge von den Routiniers des Gewerbes hingerieben kriegen – »Feind – Todfeind – Parteifreund« –, kommt ja nicht von ungefähr. »

Das habe ich erst gar nicht gemerkt, dass du hier nichts, aber auch gar nichts erwarten kannst an Anteilnahme«, entsetzte sich ein junger Bundestagsneuling während der Ära Schmidt. »Dass man anderen vertrauen könnte, muss man verlernen. Die Gefühlsroheit untereinander, die ist wirklich unglaublich. Das ist in jeder Metzgerfamilie besser.« Konkurrenz heißt Misstrauen gegen alle, heißt unaufhörlicher Kompetenzstreit, heißt Angst vor ständiger Kritik, heißt Isolation und macht alle Beteiligten zu Einzelkämpfern in der Alltagsarbeit. »Politiker«, sagt Richard von Weizsäcker, »sind Generalisten, die von nichts außer von einer Frage etwas verstehen, nämlich von der, wie man innerparteiliche Konkurrenten ausschaltet. Das ist ihr Spezialgebiet.«

Wie der Politikbetrieb mit seinen Wichtigkeiten Neulinge langsam in den Sog hineinzieht, hielt der spätere Finanz- und Verteidigungsminister Hans Apel Weihnachten 1969, am Anfang seiner Parlamentarierkarriere, in seinem Tagebuch fest: »Ich bin schon eine rechte Betriebsnudel geworden. Diese Feiertage gehen mir zunehmend auf die Nerven. Es passiert nichts. Nirgends wird Politik gemacht. Nur selten klingelt das Telefon. Ich habe mich mit Gewalt immer wieder zwingen müssen, nicht wehmütig der Arbeit nachzutrauern.« Als er dann mehr als zehn Jahre später seinen frustrierenden Job als Verteidigungsminister los war, in dem er nach eigener Einschätzung in viereinhalb Jahren »vom Kronprinzen zum Arschloch« mutierte, beschrieb er einen klassischen Entzug: »Das hat mir sehr zu schaffen gemacht. Wenn die Maschine siebzig Stunden auf Hochtouren lief und jetzt nur noch fünfunddreißig, dann kommt man doch auch psychisch ins Gedränge. Jetzt bräuchte ich fünfzig bis sechzig Stunden Arbeit in der Woche, sonst bin ich unglücklich. Ich bin ja echt orientierungslos, das ist mein Problem. Und gesundheitlich bricht man auch ein – wie Helmut Schmidt. Natürlich werde ich trotzdem weitermachen. In der Fraktion. Soll ich denn mit einundfünfzig Jahren noch einen anderen Beruf anfangen? Vielleicht Langnese-Eis verkaufen statt SPD? Aufs Lesen kann ich mich auch nicht mehr konzentrieren. Ich halte doch das Buch verkehrt rum, so entwöhnt bin ich. Und dann kommt die berühmte Sinnfrage. Die macht mir schlaflose Nächte. Als Christ bin ich da auch nicht besser dran.«

Ein anderer Minister der Regierung Schmidt-Genscher, früherer Flakhelfer auch er, erlebte den Entzug ähnlich bedrohlich. Unter dem Siegel der Vertraulichkeit bekannte er: »Das Ausscheiden aus dem Regierungsamt, das war die völlige Leere, der Verlust jedes Selbstwerts. Ob man als Liebhaber, Ehemann, Vater, Christ oder Wissenschaftler gefragt ist – das zählt alles nichts angesichts der vollen Bedeutungslosigkeit, in die man rutscht.« Er fühlte sich schlapp und zittrig, als hätte er sechs Wochen krank im Bett verbracht. Wie in Trance habe es ihn durch seine Heimatstadt gezogen, wo er sich plötzlich am Grab seiner Mutter wieder fand.

Er landete auch in einer katholischen Kirche, wo sinnvollerweise ein Priester über die Notwendigkeit von Lebenskrisen predigte. »Ich hatte auf einmal richtige Lebensangst«, erzählte der plötzlich arbeitslose Politiker: »Man stürzt ans Telefon, weil man hofft, einer gäbe einem ein Stück Macht zurück.« An dieser Stelle senkte er fast ergriffen von seiner ehemaligen Bedeutung die Stimme, um eindringlich fortzufahren: »Wenn du je in einer Position warst, wo eine Anregung von dir aufgegriffen und in reale Politik umgesetzt wird, dann erzeugt das einen Rausch. Dann wächst du mit jeder Entscheidung, hebst dich selbst in die Höhe. Du hast am Webstuhl der Geschichte als ein kleines Rädchen mitgewoben, hast Schicksale beeinflusst, wirst belohnt von der Mehrheit mit Gläubigkeit. Das hat eine Magie. Du bist im Zentrum. Du bist im verbotenen Zimmer, im Tempel der Macht, weit weg von den Menschen.« Es entstand eine Pause, bevor der Ex-Minister schulterzuckend hinzufügte: »Da versteht es sich, dass du viel Persönliches unterdrückst. Diesen Verzicht überzuckerst du mit hohen Prinzipien – mit dem Gemeinwohl, dem Staat, dem Frieden. Und dann ist es vorbei – und du sitzt da.«

Das gilt nicht nur für die Spitzenpolitiker, sondern auch schon für das parlamentarische Fußvolk. Das Klima und der Umgangsstil, den die Oberen vorgeben, sickert in die unteren Etagen der hierarchischen Herrschaftswelt durch und prägt den Nachwuchs. Bei dem 1980 frisch in den Bundestag gewählten SPD-Abgeordneten Karl Weinhofer aus Eichstätt in Bayern dauerte es beispielsweise nur ein paar Wochen, bis er die Veränderungen in seinem Leben schmerzhaft zu erfahren begann. Ich hatte »Charly« Weinhofer vier Tage vor der Bundestagswahl 1980 in Ingolstadt kennen gelernt, wo der Oberstudienrat in der Fußgängerzone mit leuchtend roten Lettern warb: »Mit Karl Weinhofer für Helmut Schmidt«. Weinhofers Name war weitaus größer gedruckt als der des Kanzlers, den er bewunderte. Er wollte nach Bonn, »um dort einiges mitzutun, was die Welt verbessert«. Wir kamen überein, dass ich ihn während der folgenden Legislaturperiode sowohl in Bonn als auch in seinem Heimatwahlkreis kontinuierlich und aus nächster Nähe beobachten würde, um einen Eindruck zu bekom-

men – und vermitteln zu können –, was Politik mit ihren Betrei-
bern macht.

Nach seiner ersten Woche im Parlament fuhr ich mit Weinhofer
zurück nach Bayern. Herbert Wehner höchstpersönlich hatte dem
Neuling zum Geburtstag einen Blumenstrauß überreicht. Charly
war high. Die ersten Eindrücke hatten ihn überwältigt, »persönliche Befriedigung« erfüllte ihn. Aber jetzt freute er sich auf eine
Maß im heimischen »Peterskeller«, seiner traditionellen »Biertank-
stelle«. Angeln wollte er gehen und Schwammerl suchen. Keine
Krawatte tragen und nicht über Politik reden. »Laßt's mi mei Bier
trinken, i hob koa Lust. Ich bin privat da.« Aber das war ein Irrtum, privat war er eigentlich nie mehr. Überall wurde er plötzlich
behandelt, als sei er ein anderer als früher. »Auf Veranstaltungen«,
sagte er, »steh ich herum wie ein Blumenständer.« In der Kneipe sti-
chelten die alten Saufkumpane: »Du bist kein Kumpel mehr. Hältst
dich wohl jetzt für was Besseres?« Auch die Familie fremdelte.
Und in Bonn verflog die erste Begeisterung schnell. Er fühlte sich
hilflos: »Jetzt bin ich an der Wurzel und verliere den Überblick.«
Zu Hause hatte er regelmäßig Zeitung gelesen, »da wusste ich wenigstens die großen Linien, aber hier weiß ich gar nichts mehr«.

Was Erfolg ist in der Politik, das konnte der Sozialdemokrat
Karl Weinhofer, Jahrgang 42, eigentlich nur bei seinem Freund
Gerhard erkennen, der zusammen mit ihm 1980 im Bundestag
angefangen hatte. Im Sommer 1998 kam Niedersachsens Ministerpräsident Schröder für einige Tage in Weinhofers Heimatstadt
Eichstätt und schickte sich an, Kanzler zu werden. Lärmende
Umarmung auf dem Marktplatz. Schulterklopfen. Hatte ihm
»Charly« nicht damals schon vorausgesagt, es werde den Nieder-
sachsen einmal holzgeschnitzt als Marionette geben? Nun hing
Schröder als Nussknacker in den Läden. Weinhofer selbst war
in der Politik nichts Spektakuläres gelungen. Genau genommen
hatte er in den sieben Jahren, in denen er im Bundestag saß, nicht
einmal herausgefunden, was eigentlich die Leistung eines MdB
ist. Seine Anwesenheit im Plenum? Die Zahl seiner Anfragen?
Eine minimale Textänderung in einem Gesetzentwurf? Lobende
Erwähnung in der Lokalpresse?

153

Einmal war Karl Weinhofer im Fernsehen erschienen. Das hielten seine Familie, viele seiner Freunde und heimischen Genossen für seinen größten Auftritt in Bonn. Danach gab es keinen Zweifel mehr, dass er einer von denen da oben geworden war. Man redete über ihn. Ihn ärgerte das. Denn er war nicht auf dem Bildschirm erschienen, weil er etwas gefragt worden wäre oder etwas zu sagen gehabt hätte. Weinhofer kam groß ins Bild, als er beim Aufruf zur namentlichen Abstimmung in alphabetischer Reihenfolge unmittelbar auf Herbert Wehner folgte, den die Kamera festhielt.

Karl Weinhofer veränderte sich schnell. Er wurde reifer, wie er es nannte. Egoistischer und härter, sagte seine Frau. Das, fand er, sei dasselbe. Immer träger funktionierte er, während er sich immer gehetzter fühlte. Von Hupton (Auszählung), Klingelzeichen (einfache Abstimmung), Gong (der Präsident) und Glockengeläut (Morgenfeier), durch Lautsprecher und Telefon, von roten Lichtsignalen und weißen, durch Drucksachen auf gelbem, grünem oder rosa Papier wurde er sicher geleitet. Wann es Freitag war, wusste er ohnehin. Das war, wenn er den Frust über Bonn und das Heimweh nach Bayern nicht einen Tag länger zu ertragen schien. Dort hetzte er dann durch den Wahlkreis. Pro Jahr fuhr er zwischen 26 000 und 28 000 Kilometer. Er informierte, belehrte, manipulierte. Irgendwie fühlte er sich wichtig.

Aber glücklich war er nicht. Voller Schrecken nahm Weinhofer wahr, wie er Fett ansetzte, neun Kilo außen, zentnerschweren Seelenspeck innen. Den Bericht seines Fraktionskollegen Dieter Lattmann über *Die Einsamkeit des Politikers* hatte der bayerische Neuling mit ungläubigem Gruseln gelesen, bevor er nach Bonn ging. Jetzt entdeckte er, dass der schriftstellernde SPD-Parlamentarier, der 1972 in den Bundestag gewählt worden war, keineswegs übertrieben hatte, wenn er die Abgeordneten als »politische Mönche« beschrieb, die abends in ihren Zellen sitzen und das Unerledigte von einer Schreibtischkante auf die andere häufeln, um das Dringendste für den morgigen Tag herauszufinden. Lattmann: »Im Clubhaus der Parlamentarischen Gesellschaft und in entfernter liegenden Kneipen helfen sich andere MdBs bei Bier,

Fernsehen und Unverbindlichkeiten über die Lage von Solisten ohne Publikum hinweg. Wieder andere nächtigen in endlosen Sitzungen, sinken immer tiefer in die Sessel – immer grauer die Gesichter und weitschweifiger die Wortmeldungen, die kaum noch ein Gespräch ergeben, sich vielmehr wie Parallelen erst im Unendlichen treffen.«

Am Abend der nächsten Bundestagswahl hockte Weinhofer dann trotzdem wieder fast so aufgeregt mit seiner Familie vor dem Fernsehschirm wie beim ersten Mal. Helmut Schmidt war vor einem halben Jahr abgewählt worden. Der Kanzler hieß jetzt Helmut Kohl. Mit großer Mehrheit wurde er bei Neuwahlen bestätigt. Die SPD verlor beträchtlich. Als letzter SPD-Bayer rutschte »Charly« gerade noch wieder in den Bundestag. »Scheiße«, sagte Tochter Eva, er selbst freute sich. Warum? Weinhofer grinste: »Die Zufuhr von Eitelkeit ist nicht zu unterschätzen.«

Nach weiteren vier Jahren ohne Glanz und Gloria auf den Hinterbänken des Bonner Parlaments schied Weinhofer 1987 aus. Als er drei Jahre später noch einmal eine Chance erhielt und ziemlich unerwartet als Nachrücker in den Bundestag kam, widerfuhr ihm der Höhepunkt seines politischen Lebens: Er saß mit im Berliner Reichstag, als die Volksvertreter die deutsche Einheit feierten. Ansonsten fühlte er sich aber so unwohl, dass er den restlichen Sitzungen fernblieb.

Zehn Jahre später versicherte er, die Zeit in Bonn bleibe ihm unvergesslich. Er möchte sie nicht missen, auch wenn »die Familie dabei draufgegangen ist«. Er ist geschieden, den Kindern entfremdet. Würde er das Ganze noch einmal machen wollen? »Jetzt nicht mehr.« Weinhofer musste sich zur Abschreckung nur das Schicksal seines einstigen Gegenkandidaten Horst Seehofer von der CSU vor Augen führen. Der Sozialdemokrat, der den erfolgreichen Seehofer stets beneidet hatte, gab sich nun erleichtert: »Der Stress ist doch noch viel größer geworden. Die Rolle der Medien noch bedeutender. Nein, von dieser Sucht bin ich jetzt geheilt.«

Wirklichkeitsoffensiven

Helmut Schmidts politisches Ende hatte sich lange abgezeichnet. Seine Regierungszeit war von Anfang an eine Art Krisen- und Unheilsphase der Nachkriegsentwicklung gewesen. Nicht nur der RAF-Terrorismus, auch Ölpreis-Schock und Wachstumsschwäche, Arbeitslosigkeit und Inflation, Energiekrise und Nachrüstungsstreit hatten die Amtszeit der von ihm geführten sozialliberalen Koalition verdüstert. Der Kanzler, der sich als Weltstaatsmann sah und so gern global gestaltete, erlebte, wie die Zeit der Entspannung zu Ende ging. Den US-Präsidenten Jimmy Carter verachtete er, Moskaus Leonid Breschnew enttäuschte ihn, als er in Afghanistan einmarschierte und Westeuropa mit Raketen bedrohte. So wurde Schmidt mehr und mehr auf innenpolitisches Krisenmanagement zurückgeworfen.

Das erledigte er zwar hoch professionell, aber zunehmend verbissener. Je deutlicher neue Themen und unkonventionelle politische Ausdrucksformen eine Veränderung des gesellschaftlichen Großklimas anzeigten – Umweltzerstörung, Atomangst, Bürgerbewegungen –, desto grimmiger schottete sich das regierende Bonn, getrieben von einer noch wahrnehmungsresistenteren Opposition, dagegen ab. Damit aber begannen Helmut Schmidt und seine Gefolgsleute die Deutungsmacht zu verlieren, mit der sie politische Prioritäten zu setzen und Aufmerksamkeiten zu bündeln gewohnt waren. Die verlässlichste Floskel von Amtsinhabern bei der Abwehr unbequemer Fragen – »So dürfen Sie das nicht sehen« – kam in dieser Zeit, unter besonders intensiver Mithilfe von Hans-Dietrich Genscher, in den täglichen Umlauf. Und doch blieben die Bemühungen Helmut Schmidts und seiner Minister, all jene Probleme klein zu reden, die ihnen nicht passten, deren Relevanz ihnen entging oder deren Vertreter ihnen zuwider waren, letztlich erfolglos, weil das Fernsehen sie konterkarierte.

Mitte der Siebzigerjahre saßen jeden Abend zur »Tagesschau«-Zeit etwa 61 Prozent aller Bundesbürger vor dem Bildschirm. In 96 Prozent der westdeutschen Haushalte stand inzwischen mindestens ein TV-Gerät. Das Fernsehen war zum Leitmedium geworden, und es erwies sich, allem – von Helmut Schmidt angeführten – elitären Geunke über die unausbleiblichen kulturellen Verödungen zum Trotz, zunächst einmal als ein tolerantes und antiautoritäres Medium. Es berichtete mit zunehmender Ernsthaftigkeit von Umweltinitiativen und von den Protesten gegen die Frankfurter Startbahn West, aus besetzten Häusern und von Kirchentagen, von Randale bei Bundeswehrgelöbnissen und von Feministinnen-Diskussionen, von Friedensmärschen und autonomen grünen Republiken. In den Sechziger- und Siebzigerjahren setzte sich dank des Fernsehens die »in Soziologendeutsch steil klingende, nun aber eben suggestiv nachvollziehbare Einsicht in die ›Nichtzustimmungspflichtigkeit‹ der medial gelieferten Realitätsversionen und Lebensformen« wirklich durch. Für jeden erkennbar, gebe es mehrere Sichten auf die Wirklichkeit, schrieb Jochen Hörisch in seinem Medien-Buch *Der Sinn und die Sinne,* und keine könne mehr den Alleinvertretungsanspruch erheben. Selbst der kulturkritische Philosoph Günther Anders, der 1956 in seinem Buch *Die Antiquiertheit des Menschen* das Fernsehen, wie er es aus seiner Emigrationszeit in Amerika kannte, vernichtend beschieben hatte, schränkte seine Warnungen 1979 drastisch ein: »Unterdessen hat es sich nämlich herausgestellt, dass Fernsehbilder doch in gewissen Situationen die Wirklichkeit, derer wir sonst überhaupt nicht teilhaftig würden, ins Haus liefern und uns erschüttern und zu geschichtlich wichtigen Schritten motivieren können.«

Gewiss, noch immer dominierte der »Staatsschauspieler« Schmidt, wie er sich – halb kokett, halb verächtlich – bisweilen selbst zu nennen beliebte, die »Tagesschau« und den Pressespiegel mit seinen machtzeremoniellen Auftritten, seinen geschliffenen Bundestagsreden und kompetenten Statements zur Weltwirtschaftslage. Daneben aber schockten und verwirrten Bürgerkriegsbilder, wie sie das Fernsehen am 14. November 1976 aus der Wilster Marsch in Schleswig-Holstein in die deutschen Wohnzimmer trug, nicht nur die Politiker. Rund 30 000 Demonstranten, angeführt von Pastoren in Talaren und gewalttätig durchsetzt von militanten vermummten und bewaffneten Gruppen, versuchten den Bauplatz des Atomkraftwerkes Brokdorf zu besetzen. Vierzehn Hundertschaften der Polizei aus allen Bundesländern wehrten mit Knüppeln und Schilden den Ansturm ab. Aus tief fliegenden Hubschraubern sprühte die Polizei Tränengas auf friedliche Demonstranten wie auf hasserfüllte Politrocker und extremistische Gruppierungen. Molotowcocktails und Stahlkugeln, Nebelkerzen und speiende Wasserwerfer verwandelten die Szene in ein Inferno. Franz Josef Strauß, der »wandernde Bürgerkriegsarmeen« ausmachte, sah – nachdem in zwei Weltkriegen »Hekatomben von Blut und Tränen« geflossen seien – jetzt zum dritten Mal in diesem Jahrhundert eine »Katastrophe« in Deutschland heraufziehen.

Das waren Bilder von einer Wirklichkeit, die es im idyllischen Bonn hinter den sieben Bergen und in der Vorstellungswelt des ordnungsliebenden Hanseaten Helmut Schmidt am besten nicht gegeben hätte. Weil nicht sein kann, was nicht sein darf. Im südbadischen Wyhl hatte die Anti-Kernkraft-Bewegung ein Jahr zuvor ihre ersten Erfolge errungen. Nach einer friedlichen Demonstration von 30 000 Menschen besetzten 2000 Protestler den Bauplatz. Es kam zu Verhandlungen, die den handstreichartigen Methoden der Kraftwerksbetreiber ein Ende setzten. Großdemonstrationen gegen Kalkar, Grohnde, Gorleben und später gegen geplante Wiederaufbereitungsanlagen im niedersächsischen Wendland und im bayerischen Wackersdorf mündeten in einer Art alternativen Kultur, die der Bonner Politik im höchsten Maße suspekt war. Wie in anderen westlichen Industrienationen signalisierte auch in der Bundesrepublik ein »Wertewandel« tief greifend veränderte politische Bedürfnisse. Lebensqualität, Umwelterhaltung, Selbstverwirklichung und politische Beteiligung gewannen Vorrang vor so genannten »materialistischen Bedürfnissen« wie Wohlstand, ökonomische Stabilität, Pflichtbewusstsein, Fleiß und Recht und Ordnung. Da die etablierten Parteien – vor allem die »Volksparteien« SPD und CDU/CSU – auf diesen politischen Klima-Umschlag nur widerwillig und feindselig reagierten, entlud sich die öffentliche Protesthaltung sowohl in regelrechten Umweltschlachten wie auch in Politikverdrossenheit und in der Gründung einer neuen Partei – den Grünen. Alternativbewegungen formierten sich zu einer Art Gegenkultur. Die Kulturrevolution von 68 trug späte Früchte.

Was sich – jenseits von Wahlergebnissen und Umfragen – wirklich abspielte in der Welt der Teenies und Twens, wussten in Bonn nur wenige Politiker. Richard von Weizsäcker, der für die CDU ein neues Grundsatzprogramm erarbeitete, gehörte dazu. Er reagierte 1976 auf die 68er-Revolte und die Folgen mit einem Passus, der dem Vorsitzenden Helmut Kohl weder damals noch später gefallen konnte. »Für die Jugend fängt die Welt immer von vorne an. Das ist ein Glück«, schrieb er. »Denn wie wäre die Freiheit als Offenheit für die Zukunft anders denkbar? Jugend kann und will nicht von der älteren Generation wie ein Austauschmotor in ein vorfabriziertes Gehäuse eingesetzt werden. Eltern und Lehrer müssen lernen, die nachfolgende Generation freizugeben, sonst gibt es keine Freiheit.« Akzeptiert haben das damals wohl nur die Politiker, die das jugendliche Aufbegehren am eigenen Leibe erfahren hatten – als Väter. Doch über diesen Teil ihres Lebens schwiegen sich die Berufsredner hartnäckiger aus als über geheime Sitzungen. Nur so viel wollte etwa der SPD-Abgeordnete Peter Conradi verraten: »Meine Tochter ist für mich eine größere Herausforderung als jeder Parteitag.«

Zum Thema Jugend und Politik meldeten sich die meisten schon deshalb nicht zu Wort, weil sie über Niederlagen hätten reden müssen, über die Mauer in der eigenen Familie. Da saß etwa ein Mann als Delegierter beim FDP-Parteitag in Freiburg, der Vater zweier Töchter war, die in einer Großstadt illegal Häuser besetzten. Sie agierten ganz persönlich gegen ihren alten Herrn, denn der war als hoher Beamter für diesen Bereich zuständig. Die jüngere Tochter hatte der FDP-Mann abgeschrieben – sie lebte in einer Punk-Kommune in Berlin-Kreuzberg und klaute sich ihren Lebensunterhalt zusammen. Die ältere arbeitete erfolgreich in einem bürgerlichen Beruf, woraus der Vater schloss, sie sei »vernünftig geworden«. Doch die Tochter zuckte nur die Achseln: »Der will nichts verstehen.« Beim SPD-Parteitag in Essen beklagte sich ein Delegierter bitter im privaten Gespräch, dass sein Sohn ihm den Wunsch nach einer klärenden politischen Aussprache hohnlachend verweigert habe. »Ich könnte dir in einer Stunde sechzig Figuren hierher holen«, hatte er gesagt, »aber was willst du denen denn erzählen? Dein Parteichinesisch?«

In Bonn waren solche Geschichten keine Seltenheit, aber sie blieben *top secret*, Privatsache. Dass Kinder von Regierungsmitgliedern ausflippten und ausstiegen, wie ihre Väter es nur von extremen Außenseitern zu behaupten pflegten; dass Söhne von hohen Funktionären von einem Tag auf den anderen das Gymnasium verließen, um in Fußgängerzonen Musik zu machen; dass Sprösslinge von Bundestagsabgeordneten statt auf die Uni nach Schweden wollten, zum Holzfällen; dass Töchter von etablierten Politikern sich die Haare zu lila Punkfransen zerrupften, um deutlich zu machen, dass sie nichts mit der »Scheißpolitik« des Vaters zu tun haben wollten – das ging in den Einzelheiten gewiss niemanden etwas an. Aber ob das alles unpolitisch war? Lauter »schwarze Schafe« oder »Lümmel«, wie sie seit eh und je in den besten Familien vorkommen?

Deutlich wurde an solchen Beispielen, warum die Jugendlichen und Politiker sich so weit voneinander entfernt hatten: Zwischen dem, was die Politprofis redeten, und ihrem tatsächlichen Leben hatte sich eine Kluft aufgetan, in die ihre Glaubwürdigkeit gefallen war. Warum sollte man denen noch zuhören? Protest blieb aus, die Abwendung verlief völlig undramatisch. »Die drehen sich einfach um und lassen einen stehen«, erlebte Innenminister Gerhart Baum. Sein Kollege Volker Hauff machte ähnliche Erfahrungen: »Die hören schweigend zu und sagen dann sehr höflich: ›Du hast uns nicht überzeugt.‹«

Helmut Schmidt brachte diese Haltung, der er zuweilen auf Kirchentagen begegnete, zur Weißglut. Der Gießener Psychoanalytiker Horst-Eberhard Richter erzählte, wie schnell der Kanzler in Zorn geraten konnte, wenn man Verständnis für die Jugendproteste und die Friedensbewegung äußerte. Er jedenfalls betrachte die Beunruhigung der Jugend im Wesentlichen als spontane Reaktion auf empfundene Bedrohungen, versicherte Richter

dem Kanzler, als der ihn kurz vor dem Ende seiner Regierungszeit ins Kanzleramt zur Beratung lud. Richter: »Da fuhr er mir ins
Wort, knallte mit beiden Handflächen auf seine Stuhllehne.
›Spontan? Da ist nichts spontan. Wenn ich das Wort spontan
schon höre!‹ Dahinter stecke doch nur eine gezielte Aufwieglung
durch Väter, Lehrer und selbst durch einige Politiker seiner eigenen Partei, die da ein unverantwortliches Spiel trieben.«

Ob damals als Kanzler oder später als Ex-Kanzler – Helmut
Schmidt begann sich überaus heftig zu erregen, sobald die Rede
auf die Generationen seiner Kinder und Kindeskinder kam. Ge-
radezu provozierend gelassen saß er an einem der terminprallen
Tage vor seinem 75. Geburtstag im Hamburger Herausgeber-
Büro der *Zeit* und gab das Schauspiel »Älterer Staatsmann vor
Bücherwand«. Huldvoll nahm er meine Fragen entgegen, zog tief
eine Prise ein, blickte herausfordernd auf und fletschte breit die
Zähne zum bekannten Klischee-Grinsen: Nein, auf eine eigene
Lebensgeschichte brauche man nicht zu warten, denn mit dem
autobiografischen Schreiben verhalte es sich wie mit dem Rasieren: »Du stehst vor dem Spiegel, bist immer in Gefahr, dich zu
schneiden – und möchtest doch nur gut aussehen.«

Er sah gut aus. Bis er eine Minute später darauf zu sprechen
kam, dass seine eigene Tochter Susanne, Jahrgang 47, Unver-
ständnis geäußert habe über des Vaters auffällige politische Unin-
formiertheit in den ersten Jahren der Nazi-Zeit. Was Schmidt
auf gut sechzig Seiten zum Thema »Kindheit und Jugend unter
Hitler« zu Papier gebracht hatte, befriedigte die Tochter nicht.
Ihr wollte nicht einleuchten, »warum du so lange ein politisch
nicht denkender, ein apolitischer Mensch gewesen bist«. Klar,
dass diese Kritik den Vater traf, zumal sie ihm besonders sein
»Nicht-Wissen« oder »Nicht-Wissen-Wollen« über die Juden-
frage vorwarf. Wo er doch bekannt hatte, dass ihm während der
ganzen Nazi-Zeit die Angst im Nacken saß, seit er von seinem jüdischen Großvater wusste. Aber er hatte tatsächlich nie einfach
aus seinem Leben in jener Zeit erzählt. Immer rechtfertigte er sich
aggressiv gegen »leichthin geäußerte Verurteilungen«.

Alle Gelassenheit war dahin. Vor Zorn schoss ihm das Blut in den Kopf, und eine Wutkaskade über die 68er im Besonderen und alle jungen Menschen im Allgemeinen brach aus ihm heraus, egal wer sie waren und wo sie saßen – in der SPD-Fraktion des Bundestages oder in der Zeit-Redaktion, an Universitäten, in Kirchen oder Landtagen: »Die haben auch nicht mehr gelitten als andere Generationen.« Vergeblich versuchte er, seinen Grimm durch einen abschätzigen Tonfall zu dämpfen. Diese elitären Friedensengel. Alles Gefühlsduselei! Massenhysterie. Diese gewaltbereite Arroganz, diese moralische Überheblichkeit! Der chaotische Überschwang! Zum Kotzen.

Da habe ich wohl doch ein bisschen den Kopf eingezogen, aber angesprochen fühlte ich mich nicht. Im Gegenteil. Ich teilte ja die Auffassung des Ex-Kanzlers, dass eine Generation, der die Schrecknisse und Gefährdungen des Krieges erspart geblieben waren, später als Führungspersonal »nicht so entscheidungssicher« sein konnte, wie er das für wünschenswert hielt. Schmidt: »Es mag traurig sein, aber es ist so. Das ist keine Theorie, sondern ein *fact of life*. Das akzeptiert man am besten.« Die irrationale Aggressivität seiner kollektiven Generationskeile aber empfand ich eher als gegen sich selbst gerichtet. Denn plötzlich nahmen in seiner leidenschaftlichen Diktion und Sehweise die 68er-Bewegung und ihre Ausläufer Züge einer linken HJ an. Und deutlich wurde, was den alten Herren umtrieb – er projizierte auf die Jungen von heute jenen emotionsgeladenen Idealismus, den er sich selbst nicht verzieh. Dabei blieb er bis heute. »Würden Sie im Nachhinein sagen, dass Sie etwas gelassener hätten reagieren müssen, vielleicht?«, fragte Sandra Maischberger Jahre später Helmut Schmidt. »Ich?«, fragte der zurück. »Ja, Sie, manchmal.« Schmidt: »Nein.«

Seine Partei zerstritt sich. Ein halbes Jahr bevor die Regierungszeit der SPD zunächst einmal zu Ende ging, waren im April 1982 in München beim sozialdemokratischen Bundesparteitag in Wahrheit zwei Parteien feindselig nebeneinander versammelt. Es hätte nicht noch eines kalkuliert verletzenden Ausfalls von Helmut Schmidt bedurft, der seine Nachrüstungsgegner in die Nähe von Moskau-Handlangern und Kriegstreibern rückte, um diese Spaltung zu zementieren. Nur war es nicht mehr »das klassische Schisma zwischen links und rechts, das alle fünf Jahre an einem neuen Thema aufbricht«, wie der frühere Berliner Bürgermeister Dietrich Stobbe sagte. Dieses Mal teilten sich die Genossen in eine Regierungs- und Staatspartei und eine Art Mitgliederpartei, die sich ins Gehege gerieten.

Die Staats-SPD wurde in München angeführt von der Ministerriege, die müde wirkte, resigniert und zusätzlich verunsichert durch eine bevorstehende Kabinettsumbildung. Erschöpfung verbarg sich nur unvollkommen unter frischer Osterbräune; Finanzminister Hans Matthöfer spottete, auf seine Südfrankreich-Frische angesprochen: »Das Herzflimmern bräunt nicht mit.« Stärke bezogen Schmidt und seine Minister vor allem von den Rechten in der Fraktion, die sich als »Freunde sauberer Verhältnisse« um den in Nazi-Haft und im Strafbataillon 999 gehärteten Egon Franke organisiert hatten. Sie nannten sich die »Kanalarbeiter« und waren eine machtvolle Seilschaft.

In München trafen sie sich täglich zur Lagebesprechung als »Geschlossene Gesellschaft« im Wienerwald-Restaurant »Am Olympiasee«. Von dort aus hatten sie ein scharfes Auge auf jene Störenfriede des »Wir-Gefühls«, die »draußen von sich reden gemacht haben« – in der Friedensbewegung vor allem. Zwar waren die Kanaler, wie der Berliner Abgeordnete Peter Männing mit verdächtiger Treuherzigkeit versichert, »kein Feme-Gericht«, aber als eine Art selbst ernannte Leibgarde für Helmut Schmidt verstanden sie sich schon. »Wir stehen zum Kanzler«, trugen sie ihre Überzeugung auf der Brust. Vergeblich bat Hans-Jochen Vogel, »das Wapperl«, das die Franke-Freunde für eine Mark verhökerten, lieber nicht zu tragen, sähe es doch so aus, als stände der Rest des Parteitages woanders. Aber so sollte es auch aussehen.

So unversöhnlich und hart Schmidt während seiner Regierungszeit auf alle Signale der Veränderung im Lande reagiert hatte, so rabiat sperrte er sich auch gegen Vermittlungsversuche aus den eigenen Reihen. Nicht einmal Hans-Jochen Vogel, den seine Berliner Bürgermeisterzeit aus der »Bonner Verengung«, wie er es heute sieht, befreit hatte, erreichte den Kanzler. Obwohl Schmidt den verlässlichen Vogel nach wie vor als einen seiner möglichen Nachfolger im Kanzleramt favorisierte, empfand er ihn in seinem Verhältnis zu den jungen Leuten inzwischen als zu schlapp und versöhnlerisch. Er hatte nicht vergessen, dass der einstige Jusofresser aus München sich auf einem Kirchentag in Hamburg – im Gegensatz zum Kanzler und zu Verteidigungsminister Apel, die den jungen Christen als Haupt-Buhmänner dienten – in jene Halle getraut hatte, in der eine Überlebensuhr für die Menschheit auf vier Minuten vor zwölf vorgerückt war. Und wenn Hans-Jochen Vogel auch weit davon entfernt war, den unmittelbaren »Einstieg in die Apokalypse« zu befürchten, den der Hamburger Bischof Wölber heraufbeschwor, teilte er doch jenes »Zäsurbewusstsein«, das Veränderungen im Lebensgefühl vieler Menschen in der Bundesrepublik signalisierte.

Dass seine starre Haltung seine Wirklichkeitswahrnehmung entscheidend einschränkte und sein politisches Handeln beeinträchtigte, wollte Helmut Schmidt nicht sehen. Es muss eine schwere persönliche Kränkung für ihn gewesen sein, dass es am Ende seiner Amtszeit nicht bei Fernsehbildern blieb, die Kunde von der Friedensbewegung nach Bonn brachten, sondern dass die Protestler leibhaftig und in Massen am Rande seines Regierungsviertels aufmarschierten – angeführt von einem seiner ehemaligen Minister, der auch den Krieg als Soldat erlebt hatte: Erhard Eppler. Damit war endgültig auch in Bonn nicht mehr wegzuleugnen, dass es mindestens zwei politische Wirklichkeiten in der Bundesrepublik Deutschland gab – die etablierte Welt der Staatsgeschäfte und die alternative Realität einer sich rapide verändernden Gesellschaft »draußen im Lande«.

Ich lebte in beiden Welten, über sie zu berichten war mein Beruf. Aber was mich bewegte, ging darüber hinaus. Gerade hatte ich persönlich begonnen, mich mit den unerwünschten Wirklichkeiten meines eigenen vergangenen Lebens vertraut zu machen und die selbstzerstörerischen Folgen ihrer Abspaltung und Verdrängung zu erkennen, da rollte ein ähnliches Geschehen sozusagen als politisches Drama vor mir auf der nationalen Bühne ab. Wie bei mir selbst sah ich auch bei den Politikern, dass offenbar

164

Privates und Politisches nicht immer so säuberlich voneinander zu trennen war, wie es die Lehrbücher der politischen Wissenschaften und des Journalismus verlangten. Und fast unmerklich veränderte sich beim Schreiben politischer Porträts mein Blickwinkel: Nicht mehr »Fassaden« waren mein zentrales Thema, sondern »Identität«. Nicht was einer versteckte hinter seiner offiziellen Maske machte mich zuerst neugierig, sondern wie einer die disparaten Teile seiner Biografie und seiner Anlagen zu einer Gesamtpersönlichkeit zusammenfügte.

Das Thema »Verrat der Intellektuellen?«, das der Künstler Klaus Staeck und der SPD-Bundesgeschäftsführer Egon Bahr im Juni 1982 einer Gruppe von Künstlern, Wissenschaftlern, Publizisten und Politikern zur Diskussion stellten, traf deshalb bei mir einen Nerv. Am selben Tag, als der amerikanische Präsident Ronald Reagan in Bonn mit einer dröhnenden Hubschrauber-Armada auf der linken Rheinseite zum Nato-Gipfel eingeflogen kam und auf den Rheinwiesen am rechten Ufer rund 400 000 friedensbewegte Deutsche dagegen protestierten, diskutierten fünf Dutzend kritischer Zeitgenossen auf dem Venusberg über der Stadt aggressiv die Lage der Regierungspartei SPD, die hilflos zwischen den beiden Lagern hin- und herschwankte. Kanzler Schmidt forderte im Bündnis die Raketen-Nachrüstung. Erhard Eppler zählte zu den Führern der Friedensbewegung, der auch Parteichef Brandt zuneigte. Hatten in dieser Situation die Intellektuellen die SPD verraten? Oder lag der Verrat bei der SPD?

Egon Bahr provozierte die Anwesenden mit seiner Einschätzung, die SPD müsse gerade wegen ihrer Friedenspolitik, zu der er auch die Nachrüstung rechnete, weiterregieren. In diese Verlegenheit werde die Partei wohl nicht kommen, entgegnete Heinrich Böll; er halte die nächsten Wahlen schon jetzt für verloren, und das, ließ er durchblicken, nicht zu Unrecht. Und für nahezu alle Anwesenden gab er den Vorwurf zurück: Verraten fühle er sich eher von den Sozialdemokraten, die er immer geschätzt habe. Nur linke Liberale, aber kein einziger Sozi hätten ihn im Bundestag gegen die Terror-Sympathisanten-Hetze der Union verteidigt, sagte er. Eugen Kogon mahnte, die SPD habe in Zukunft nur eine

Chance, wenn sie sich dem Bürger-Engagement öffne, das sich in den sozialen Bewegungen und in der neuen Partei der Grünen offenbare.

Drei Stunden lang beklagten, verhöhnten, beschimpften Theaterleute wie Jürgen Flimm und Claus Peymann, Philosophen, Historiker, Naturwissenschaftler und Frauenrechtlerinnen die »Bunkermentalität« der Kanzler-Partei. Dann war Mittagspause. Und als der ehemalige Regierende Bürgermeister von Berlin, der Pastor Heinrich Albertz (SPD), seinen Bundesgeschäftsführer Bahr fragte, ob er denn heute Morgen etwas dazugelernt habe, zuckte der abwehrend die Achseln. »Was denn? Ich habe heute noch nichts Neues gehört.« Da griente Albertz und raunte seinem alten Berliner Mitstreiter spöttisch zu: »Egon, wenn du heute Morgen nichts Neues gehört hast, dann wirst du in deinem ganzen Leben niemals wieder etwas Neues wahrnehmen.«

Es musste einer aus der Kriegsgeneration wohl so schmerzhaft eingebrochen sein wie Heinrich Albertz oder auch wie Hans-Jochen Vogel, bevor er sich auf die Argumentations- und Gefühlsebene der alternativen jungen Leute einlassen konnte. Albertz, der für den harten Polizeikurs gegen die protestierenden Studenten während des Schah-Besuches 1967 in Berlin mitverantwortlich war, hatte sich in einem Akt tätiger Reue in einen einfachen Gemeindepastor zurückverwandelt – mit höchst ketzerischen, parteipolitisch linken Ansichten. Und auch den arbeitssüchtigen Prinzipienreiter und Schulmeister Hans-Jochen Vogel begann sein Berlin-Einsatz menschlich zu verändern. Sehr zum Schrecken seiner alten Bonner Kabinetts- und Fraktionskollegen, die ihn plötzlich für »verludert« hielten. Ihm hatte es geholfen, dass ihm in zwei Jahren 3900 Bürger in seiner Sprechstunde in der Schönstedter Straße von Neukölln ihre Sorgen vorgetragen hatten. »Das war eine Immunisierung gegen die Bonner Realitätsferne«, erinnerte er sich später.

So lernte ich nach und nach auch einen ganz anderen Hans-Jochen Vogel kennen. Der ersetzte zwar das alte Bild nicht völlig, aber er ergänzte und vervollständigte es. In Wahrheit staunte er wohl bisweilen selbst über Veränderungen, die er sich mit wachsendem Alter gestattete. So erlebten Journalisten und Mitarbeiter im Januar 1983, als Vogel tatsächlich in der Nachfolge Helmut Schmidts den neuen CDU-Kanzler Helmut Kohl im Bundestagswahlkampf herausforderte, einen ziemlich veränderten Menschen. Mit unverhohlener Erschütterung schritt der Kandidat da – das Gesicht grau unter hektischer Röte – auf dem Moskauer Friedhof Lublino die Reihen der Gräber deutscher Soldaten ab, zu deren Ehren er einen Kranz niedergelegt hatte. Die Lebensdaten der Gefallenen, die alle in seinem Alter gewesen wären, lebten sie noch, hätten ihn sehr berührt, sagte er später: »Wir waren zweiundzwanzig damals in der Gymnasialklasse. Es leben noch acht.« Vogel, Jahrgang 26, war als 19-jähriger Unteroffizier im März 1945 in Italien verwundet worden. Ein Schuss in die Hüfte rettete ihm womöglich das Leben. Die meisten seiner Kameraden starben bei dem Versuch, in hoffnungsloser Unterlegenheit einen Berg nahe Bologna von den Amerikanern zurückzuerobern.

Hans-Jochen Vogel hatte sich 1944 mit achtzehn Jahren für die Reserveoffizierslaufbahn beworben. Bis zum Schluss hatte er an den Endsieg geglaubt. Von seiner Verwundung genesen, kehrte der junge Panzergrenadier nach Kriegsende heim zu den Eltern nach Gießen. Sein Vater, Professor für Agrarwissenschaften, war NS-Mitglied seit 1932. Er sei wohl »zunächst engagiert« gewesen, habe aber von 1935 an immer deutlicher ablehnend reagiert, was den Sohn damals erbittert hatte. Trotzdem musste der Professor nach Kriegsende in ein Internierungslager. Über den persönlichen Schock, den das Schicksal von Vater und Vaterland dem jungen Mann versetzt haben muss, schweigt sich Hans-Jochen Vogel bis heute aus. Dass ein deutscher Junge nicht weint, steckte ihm als lebenslanger Appell zur Härte gegen sich selbst im Leib.

Wie alle anderen hatte es auch der Kriegsheimkehrer Vogel eilig, in einen bürgerlichen Beruf zu kommen. Er wollte »die verlorenen Jahre« aufholen.1946 begann er in Marburg Jura zu studieren. In die neue Bundesrepublik nahm Vogel damals vor allem Erkenntnisse mit, auf denen bald das Wirtschaftswunder basierte: dass der Mensch zum Überleben möglichst viel Wissen und Fähigkeiten braucht, dass körperliche Leistungsfähigkeit wichtig ist, dass Familien und Kleingruppen Halt bieten, dass politisches Pathos und ein »ideologischer Überlegenheitsanspruch« jeder Art verwerflich sind.

Der Rest schien geradezu zwangsläufig: Hochintelligent, von einer ehrgeizigen Mutter auf Erfolg und Leistung getrimmt – nicht zufällig hat es auch der sieben Jahre jüngere Bruder Bernhard in Rheinland-Pfalz und später in Thüringen zum Ministerpräsidenten gebracht –, dazu gestützt durch eine humanistische Bildung und gehalten von der institutionellen und rituellen Beharrungskraft der katholischen Kirche und einem Jura-Studium, konnte eine Karriere im Adenauer-Deutschland nicht ausbleiben. Dass es eine sozialdemokratische wurde, ergab sich. Ein politisches Erweckungserlebnis zum Sozialismus war damit nicht verbunden. Vogel: »Das war ein recht nüchterner Prozess.« Erzogen in einer bürgerlichen deutschen Tradition, die den Kindern die Hochschätzung von Staat und Staatlichkeit bis zur Verinnerlichung einbläute, hatte vor allem Kurt Schumachers patriotisches Staatsverständnis den jungen Vogel beeindruckt.

In der Partei stieg Hans-Jochen Vogel schnell auf. 1970 hatte er sich bis in den SPD-Bundesvorstand hochgearbeitet, 1972 wurde er Landesvorsitzender in Bayern. Das verdankte er seiner Popularität als »Karajan der Kommunalpolitik«, wie ihn die Schweizer *Weltwoche* feierte, nicht sozialdemokratischem Stallgeruch. Seine Karriere entwickelte sich atemberaubend. Schon mit vierunddreißig Jahren war er Münchner Stadtoberhaupt. Als er 1972 nach zwölf Jahren ausschied, kannten ihn 91 Prozent aller Bundesdeutschen, 95 Prozent aller Bayern und 96 Prozent aller Münchner. Er hatte der Stadt die Olympischen Spiele, ein attraktives Nahverkehrssystem und eine Fußgängerzone in der Innenstadt beschert. Vogels stolze Bilanz von 1972, niedergelegt in seinem Rechtfertigungsbuch *Die Amtskette*, hatte nur einen Schönheitsfehler: Der strahlende Held galt trotzdem als gescheitert. Nach zermürbenden dogmatischen Flügelkämpfen der SPD in München machte er sich mit der Idee vertraut, aus der Politik auszusteigen. »Allerdings«, sagt er heute, »wäre ich dann wohl zeitlebens mit mir unzufrieden gewesen.« Vor einem öffentlichen

Gesichtsverlust rettete Willy Brandt den selbstherrlichen Star, indem er ihn als Wohnungsbau-Minister nach Bonn rief.

Hans-Jochen Vogel, der sein Leben nach dem Chaos des Kriegsendes erbarmungslos unter das Joch einer eisigen Rationalität gezwungen hatte, war mit seiner kopflastigen Lebenskonzeption aufgelaufen. Das machte ihn ratlos und bitter. »Der ist sich vorgekommen wie ein politischer Dinosaurier«, erinnern sich Freunde, »hoch entwickelt, kraftstrotzend, aber dabei nicht lebensfähig.«

Schmerzhaft musste er auch am Rhein fühlen, wie er sich isolierte: durch weitschweifige, spitzfindige Belehrungen, verbissene Rechthaberei, hochfahrendes Gebaren und künstlich wirkende Freundlichkeit. Der Mann, dem niemand das Wasser reichen konnte, drohte in politischer Einsamkeit zu vertrocknen.

Doch als 1979 die regierenden Genossen auf dem evangelischen Kirchentag in Hamburg geradezu schockartig erkennen mussten, dass sie bei der nachwachsenden Generation vollständig ins Abseits geraten waren – »Die halten uns alle für Nichtmenschen«, jammerte Niedersachsens SPD-Vorsitzender Karl Ravens –, fiel plötzlich der Katholik Vogel durch Verständnis für die Ängste der jungen Leute auf. Es zeigte sich, dass es Vogel offenbar langsam gelungen war, die verlorenen Jahre seiner eigenen Jugend zu verschmerzen. Anders als in München konnte er inzwischen anderen gestatten, was ihm versagt geblieben war. Und so schockte er Helmut Schmidt und seine alten Krieger zunehmend mit seinem Verständnis für die pfiffigen Einfälle der alternativen Jugendlichen. Und ihr provokantes Auftreten? »Ach Gott, da bin ich nicht mehr so empfindlich, wir provozieren die ja auch oft genug.«

Da war Vogel fünfundfünfzig Jahre alt, und seine eigentliche politische Karriere begann erst: Kanzlerkandidat, SPD-Fraktionsvorsitzender in Bonn, Bundesvorsitzender der Partei in der Nachfolge Willy Brandts. Auch Erhard Eppler, Hildegard Hamm-Brücher und Richard von Weizsäcker begannen gerade ihren Aufstieg in die politisch-moralischen Spitzenpositionen der Bonner Republik.

Alte Kameraden

Die bisherigen politischen Heroen der Kriegsgeneration, Helmut Schmidt und Franz Josef Strauß, damals einundsechzig und fünfundsechzig Jahre alt und nicht bereit oder fähig, sich den Forderungen und Fragen jüngerer Generationen zu öffnen, waren im Grunde schon am Ende, als sie sich noch einmal in den Mittelpunkt der allgemeinen öffentlichen Aufmerksamkeit schoben – im Bundestagswahlkampf 1980. In der Presse galt die Auseinandersetzung als »Kampf der Giganten«. Dabei war es eigentlich nur noch ein Kampf der Legenden.

Beide Kandidaten waren ja Ende der Siebzigerjahre längst mehr als bloße Erfolgspolitiker. Beide hatten im Vierteljahrhundert davor öffentliche Karrieren absolviert, die sie zu Berühmtheiten werden ließen. Strauß gehörte schon 1949 der Bonner CDU/CSU-Fraktion an, Schmidt zog 1953 für die Hamburger SPD ins Parlament ein. Ihre brillanten rhetorischen Fähigkeiten, die Härte ihrer Diktion und die Geistesgegenwärtigkeit in Debatten verhalfen ihnen im Bundestag schnell zu Ansehen. Dass beide ihre politische Karriere als Verteidigungsminister vorantrieben, folgte einer Art inneren Logik. Beide wechselten, ehrgeizig und politisch hochbegabt, später ins Finanzressort. Strauß galt schon Ende der Fünfzigerjahre als kommender Kanzler, eine Chance, die er sich 1962 mit seinen Lügen im Bundestag im Zusammenhang mit der *Spiegel*-Affäre verscherzte, Schmidt – der sich bei der beherzten und professionell vorbildlichen Bekämpfung der Hamburger Flutkatastrophe bundesweit Respekt verschafft hatte – war nach dem Ausscheiden Willy Brandts 1974 dessen unumstrittener Nachfolger.

Die Bundesbürger hatten sich überlebensgroße Bilder von ihnen gemacht, die allerdings mehr ihre eigenen Erwartungen wiedergaben, als dass sie die beiden Männer charakterisiert hätten. Da war Schmidt, der »Macher« – eine Bezeichnung, die er verabscheute, die ihn gleichwohl überlebte und ihm für immer den Mythos des Experten sicherte. Und da war Strauß, der »Urbayer« und »ganze Kerl«, halb Schurke und halb Rächer des kleinen Mannes, dem in solch folkloristischen Einschätzungen der Respekt vor seiner klassischen Bildung als auch seiner weltpolitischen Erfahrung fehlte. Aber der Mythos FJS blieb – vor allem nach seinem Tod – für immer der krachledernen Patriarchenrolle des Bajuwaren verhaftet.

Schmidt und Strauß mochten ihre Klischeebilder öffentlich ablehnen, an der Schaffung von »Schmidt-Schnauze« und dem »Alpen-Churchill« hatten sie selbst kräftig mitgewirkt, wobei sie sich natürlich klar waren, dass ihr Image in erster Linie durch die Medien geformt und verbreitet wurde. Gern taten sie so, als seien ihnen Journalisten lästig, in Wahrheit suchten sie die »Wegelagerer«, »Indiscretins« (Schmidt), die »Brunnenvergifter«, »Giftköche«, »Verleumder«, »Dreckschleuderer« und »Kesseltreiber« (Strauß), sooft es möglich war. Dass Schmidt sein Lebenswerk als Herausgeber einer Zeitschrift abschloss, war sicher so wenig ein Zufall wie Straußens unerschütterliche Überzeugung, dass Verleger wie Rudolf Augstein, Axel Springer und Franz Burda immer einflussreicher und mächtiger gewesen seien als er selbst.

Dem Fernsehen galt ihr besonders deftiger Abscheu, auch in dieser Hinsicht waren sie sich einig. Zwar wussten beide längst, wie wichtig TV-Bilder für ihre öffentliche Beliebtheit waren, dennoch pflegte Schmidt Fotografen und Fernsehmenschen fast schon routinemäßig anzupöbeln. Als ihm einmal beim Spaziergang im Urlaub drei TV-Leute auflauerten, drohte er ihnen geradezu lustvoll den Rachetod an: »Das wird langsam und stückweise gemacht, damit ihr auch was davon habt.« Dabei war ihm natürlich klar, dass jenes »Charisma«, ohne das Politiker laut Max Weber in der Demokratie nicht viel bewegen können, inzwischen über Fernsehen vermittelbar sein musste. Mit »Ausstrahlung« übersetzte Schmidt einmal diese Gabe – die könne durch Witz und Schlagfertigkeit entstehen, wie er es bei Gregor Gysi beobachtete, durch persönliche Autorität wie bei Adenauer, durch Charme wie bei einem »Kerl wie Franz Josef Strauß« oder durch alles zusammen. Wie bei ihm. Was er zwar nicht sagte, aber auch ohne Worte auszudrücken verstand.

In Wahrheit wusste damals keiner das Fernsehen so effektvoll als Selbstdarstellungsinstrument zu nutzen wie Helmut Schmidt. Es habe ihm eine hohe persönliche Akzeptanz durch das Publikum beschert, bekannte er viele Jahre später; er bleibe indes bei seinem Urteil, »dass das Fernsehen für die Politik eine Verleitung zur Oberflächlichkeit ist«. Während seiner Amtszeit propagierte er ganz altmodisch einen fernsehfreien Tag in der Woche. Er habe sich tatsächlich Sorgen gemacht, dass das Gespräch in der Familie verkümmere, sagt sein früherer Pressesprecher Bölling heute. Solche Bedenken hatten den Bundeskanzler Schmidt freilich keinen Augenblick daran gehindert, die Vorteile voll auszukosten. Einem kleinen Kreis von schreibenden Journalisten sagte er einmal: »Ihr Arschlöcher könnt machen, was ihr wollt – fünf Minuten Fernsehen ist mehr.«

Gekonnt inszenierte er seine Bedeutung. Sobald das Rotlicht der Kamera aufleuchtete, saß Schmidt in Positur. Er hatte seine Pfeife angezündet und hielt mit einer stählernen Aura des Wissens, der Kompetenz und der Entscheidungsstärke die Frager auf Distanz. Noch wenn er lächelte, zeigte er Biss. Helmut Schmidt, der sich, strotzend vor Kraft und Zuversicht, neben dem damals smartesten Werbefachmann Charles Wilp ablichten ließ, brauchte in Wahrheit dessen Weisheiten nicht. Die Massen fordern Illusionen? Das Irreale hat bei ihnen stets den Vorrang? Die Realität tritt zurück zugunsten von affektiv besetzten Wunschregungen? Wenn einer das verstand, dann war es Helmut Schmidt.

Schwer tat sich dagegen der urwüchsige Bayer Franz Josef Strauß. Dass er im Fernsehen nicht als Adonis rüberkommen würde, war ihm schon lange klar. Gleichwohl wehrte er sich am Schminktisch gegen jede allzu intensive Bearbeitung seiner Physiognomie. Dabei hatte er durchaus erlebt, dass »wenig erfreulich aussehende Politiker durch raffinierte Beleuchtungs- und Aufnahmetechniken idealisiert worden sind«. Ihm war das lästig. Gern verglich er sich mit dem legendären Türkenbezwinger Prinz Eugen (1663–1736), der – obwohl äußerlich unansehnlich – in der Erinnerung des Volkes als »edler Ritter« fortlebte. Der österreichische Feldherr und Staatsmann wäre nach Ansicht des CSU-

Chefs nie ein Held geworden, hätte er sich dem kaiserlichen Hof und dem Heer im Fernsehen präsentieren müssen. Letztlich würden die Deutschen auch ihn so nehmen, wie er war. Und so blieb er, obwohl ihm sein eloquenter und eleganter Parteifreund Freiherr von und zu Guttenberg immer wieder riet, auf lateinische Vokabeln und komplizierte Satzstellungen zu verzichten, bei seinen donnernden Satzkaskaden, deren blubbernde Wortgewalt und eruptive Sprunghaftigkeit nur noch von Herbert Wehner erreicht wurde. Für die Fernsehnation hatten solche Ausbrüche zwar einen hohen Unterhaltungswert, aber keine politische Überzeugungskraft.

Es war ja auch keineswegs nur Koketterie, wenn er sich vor dem Fernsehen fürchtete. Er kannte seine Schwächen und fürchtete, dass die Kameras sie gnadenlos enthüllen könnten. Franz Josef Strauß war nicht nur der bayerische Kraftbolzen, als der er sich mit Vorliebe gerierte und als den ihn Freund und Feind bewunderten. Er war auch empfindlich, verwundbar und ängstlich. In Wahrheit kennzeichnete ihn Unstimmiges. Statisch und dynamisch war er zugleich, grazil und massig, großspurig und kleinmütig. Er marschierte ja nicht, wie das Klischee behauptete, er walzte nicht und schon gar nicht schob er sich vorwärts. Er hastete vielmehr in weicher Eile, verfiel fast ständig in einen unsteten Trippeltrab. Sein Gang hatte kein Gewicht. Wenn Franz Josef Strauß irgendwo saß, dann schoben seine Mannen immer einen Tisch zwischen ihn und das Publikum, denn seine stiernackige Vierschrötigkeit ließ nach unten beträchtlich nach. Er war ein Koloss ohne körperlichen Unterbau. Brav setzte er, nach mädchenhafter Tanzstundenart, seine zierlichen Füße nebeneinander. Kein Wunder, dass er oft keinen Standpunkt fand.

Dafür entstanden Höchstleistungen bisweilen aus nackter Angst. Als er zum Wahlkampfauftakt routinemäßig in die USA reisen musste, um sich in Washington zur Begutachtung vorzuzeigen, feierten ihn die Redakteure der *Washington Post* begeistert für ein »historical first«. Der Bayer hatte während eines zweistündigen Hintergrundgesprächs mit den Außenpolitikern des renommierten Blattes zwei Teller voll Roastbeef und Kartoffelsalat ratzekahl blank geputzt und zugleich einprägsam, wenn auch – wie die Amerikaner fanden – etwas arg »falkig« (hawkish) ihre Fragen beantwortet. »Wow, he is a mensch«, staunten da die Gastgeber. Und prompt protzte Strauß: »Wer nicht anständig essen und trinken kann, ist kein richtiger Mann.« In Wahrheit pflegte der CSU-Chef nach eigenem Eingeständnis immer dann hemmungslos einzuschaufeln, wenn er sich unter Druck fühlte.

Vor allem solche Kraftauftritte hatten Strauß zu einem Publikumsmagneten werden lassen, schon bevor es das Fernsehen gab. Hatte er nicht in 130 Versammlungen zweieinhalb Millionen Zuhörer angelockt? Live? Wie ein Popstar protzte er mit seiner Zugkraft – Mittelpunkt von Tschingderassassa und Wirbel, von Unterwerfungsgesten und Lobpreisungen war er auch ohne Fotoblitze und Fernsehkameras. Nach Strauß habe ich keinen Politiker mehr erlebt, der sich weigerte, eine Pressekonferenz zu beginnen, so lange ihm die Kameraleute den Blick auf die schreibenden Korrespondenten verstellten. Natürlich merkte er, dass das Medium Fernsehen das Wesen der Politik, und vor allem die Wahlkämpfe, entscheidend zu verändern begann – aber noch war ihm die Glotze nicht mehr als eine zusätzliche Bühne, neben Bundestag und Bierzelt, Pressekonferenz und Kundgebung. Es ging darum, möglichst oft die neue Bühne zu bespielen, das ja. Seine juristischen Büchsenspanner um Edmund Stoiber feilschten in den öffentlich-rechtlichen Fernsehanstalten um jede Sendeminute. Aber seine Popularität, sein Ansehen, ja, seinen Ruhm bezog er zu dieser Zeit noch aus seiner Vergangenheit im Bundestag und in den diversen Regierungen. Für Schmidt galt Ähnliches. Beide hatten ihren eingefahrenen Images, die den Wahlkampf entschieden, in den Werbespots der Parteien und in der Elefantenrunde der Sender nichts Wesentliches hinzuzufügen.

Ausgerechnet diesen Franz Josef Strauß, den Lieblingsfeind des *Spiegel* seit der Affäre, die den Bayern 1962 das Amt gekostet hatte, sollte ich im Wahlkampf begleiten und beschreiben – das waren Auszeichnung und Vertrauensbeweis, die mir zu schaffen machten. Fast ein halbes Jahr folgte ich ihm bei seinen öffentlichen Auftritten – in jedem Bierzelt und bei jeder Bundestagsdebatte, auf der Terrasse des chilenischen Diktators Pinochet in Valparaiso und bei der Donaufahrt der CSU-Landtagsfraktion im kommunistischen Budapest, überall war ich dabei. Nach einer Weile begann Strauß schon unruhig umherzugucken, wenn er mich nicht gleich entdeckte. Hatte er mich ausgemacht, zuckte ein blinzelndes Erkennen über sein Gesicht, fast ein ritterlicher Gruß unter Gegnern. Manchmal, in Chile zum Beispiel, schoss er auch direkt auf mich zu und fuchtelte drohend mit dem Zeigefinger: »Sie, i hob nix zu verbergn.« So entstand langsam eine geradezu peinigende Intimität – ich las über ihn, ich befragte andere zu seiner Person, ich erzählte von ihm, ich dachte über ihn nach. Vermutlich träumte ich auch von FJS. Es wurde Zeit, ihn mir vom Leibe zu schreiben.

An Material war so wenig Mangel wie an Distanz zu seinen politischen Positionen. Und trotzdem tat ich mich schwer – ich fand einfach keinen stimmigen Ton. Am Ende bat ich ratlos meine Frau, ihr den Anfang des Textes vorlesen zu dürfen, etwas, das ich nur ganz selten tue. Sie hörte sich ein paar Absätze an, dann unterbrach sie mich: »Das kann doch nicht dein Ernst sein. Du hast ja bei jedem Satz Schaum vor dem Mund.« Entschlossen entschied sie, dass es Zeit sei für einen klärenden Spaziergang durch den Bonner Kottenforst: »Und dann erzählst du mir mal, was du an Strauß bekämpfst, weil du es bei dir nicht leiden kannst.«

Es wurde einer der lehrreichsten und schmerzlichsten Spaziergänge meines Lebens. Denn ich entdeckte – nicht in seinen politischen Inhalten und seinen gesellschaftlichen Zielen und schon gar nicht in seinen finanziellen Praktiken, wohl aber in seinen verdeckten Ängsten, in den Lebenszielen des ehrgeizigen Aufsteigers, in den emotionalen Einfärbungen und den zeitgeschichtlichen Prägungen durch eine autoritäre Familien- und Kleinbürgerumwelt – mehr Ähnlichkeiten und Überschneidungen, als ich mir in meinen schlimmsten Alpträumen hätte ausmalen können. Das tat weh. Aber es half. Ich lernte, Franz Josef Strauß zu verstehen. Was nicht hieß, dass ich sein Denken und Handeln billigte oder entschuldigte.

Helmut Schmidt blieb mir wesensfremder, aber auch sein Lebensdrehbuch glaubte ich, aus seinen biografischen und historischen Bedingungen heraus verstehen zu können. Dass er erwartungsgemäß die Wahl gegen Strauß gewann, beschleunigte zwar den endgültigen Abgang des Bayern von der Bonner Bühne, verzögerte seinen eigenen aber nur um zweieinhalb quälende Jahre. Auf den ersten Blick hätten die Abschiedsinszenierungen der beiden politischen Krieger unterschiedlicher nicht sein können. Hier die frostige protestantische Kargheit des arroganten Hanseaten Helmut Schmidt, der sein Amt in Bonn mit bitterer Disziplin, aber ohne Dramatik abgab. »Es wird mit Laserstrahlen operiert«, staunte der Liberale Klaus Gärtner, als Schmidt sich im Bundestag verabschiedete. Dort die katholisch-barocke Fülle des hitzblütigen Bajuwaren Franz Josef Strauß, der beleidigt seinen legendären Satz von 1969 neu belebte: »Ich glaube, es ist reizvoller, in Alaska eine Ananas-Farm aufzubauen, als in Deutschland das Bundeskanzleramt zu übernehmen.« Gemeinsam aber war beiden die unverhohlene Verachtung für die »versammelte Dusseligkeit« (Schmidt) und die »politischen Pygmäen« (Strauß), die sie in Bonn hinterließen. Schmidt: »Nur Karrieren, keine Schicksale.«

Franz Josef Strauß starb, wie er zuletzt gelebt hatte – im Rausch eines überdrehten Lebens. Der 73-Jährige wurde dahingerafft auf einer Jagd – ein Opfer, kein Jäger. Vom Oktoberfest in München mit dem Hubschrauber nach Regensburg und von dort mit dem Auto zum Hochsitz – das schaffte sein Herz nicht mehr. Zwei Tage später, am 3. Oktober 1988 um 11.45 Uhr, war er tot. Überall läuteten in Bayern die Glocken, weinten viele Menschen, ehrten ihn sogar seine Feinde. Nun nannten ihn plötzlich alle, was er immer hatte sein wollen: einen großen Staatsmann und einen geliebten Landesvater, Urgestein, Machtmensch, »Kini« und einen Vollblutpolitiker. Kardinal Ratzinger predigte: »Er hat wie eine Eiche gelebt. Und er wurde wie eine Eiche gefällt.«

Mit solchen Lobpreisungen schloss sich ein Kreis. Denn die Realität hatte gegen Ende seines Lebens immer weniger Konturen für ihn gehabt. Dass er die Wirklichkeit anders zu sehen pflegte als die meisten seiner Mitmenschen, war man gewohnt. Aber in den letzten Jahren war seine Welt voller Geisterfahrer, die ihm in Scharen entgegenkamen. Hartnäckig unterstellte er seinen Mitmenschen »Lebenslügen«, zieh seine Umwelt der »Realitätsverkennung«, höhnte über »Wirklichkeitsverluste« und »Selbsttäuschungen«. Und stets waren es die anderen, die sich auf einer »mondbeschienenen Silberwiese« bewegten, »Traumtänzer«, die sie waren. Sein Amt als Ministerpräsident hielt ihn in einem protokollarischen Rahmen wie in einem Stützkorsett, seine Macht als CSU-Chef gab seinen Worten einen Wirklichkeitsbonus, seine Vergangenheit als Bonner Minister putzte ihn mit Weltläufigkeit, und die bayerische Stammesart lieferte Entschuldigungen für nahezu alle unvertuschbaren Ausrutscher.

Seine militärische Vergangenheit schien mit den Jahren mehr und mehr Besitz von ihm zu ergreifen. Immer schon war er von Waffen fasziniert gewesen und hatte über die Welt in strategischen Großlinien geredet, in Zangenbewegungen gedacht und von politischen Kesselschlachten gefaselt. Es waren Feldherrnblicke, die er von der Alpenhöhe über den Erdball schweifen ließ. Schließlich hatte schon ein Geschichtslehrer dem Gymnasiasten Strauß bescheinigt, er habe das Zeug zum General. Und so übertrug er die Schlachtenpläne Caesars, Napoleons und Schlieffens – mit Zangen, Flügeln, Offensiven und Einkreisungen – auf die Weltpolitik seiner Zeit. Im Alter übermannten ihn zusätzlich Kriegserinnerungen. Wie unter Zwang erzählte er wieder und wieder seine Abenteuer bei der Schlacht am Don. Dass sein letzter Gesprächspartner Rupert Scholz gewesen war, der Bonner Verteidigungsminister, erschien so symbolträchtig wie die Tatsache, dass dieses Treffen auf dem Oktoberfest stattfand. Was folgte, war Verklärung.

Als Helmut Schmidt im Oktober 1982 von Helmut Kohl als Kanzler abgelöst wurde, stand am Bonner Bundeskanzlerplatz, dem Kanzleramt direkt gegenüber, mit weißer Farbe ein Slogan an einer alten Bretterwand: »Modell Deutschland, leicht beschädigt, gegenüber abzuholen bei Herrn Schmidt«. Das hatten bestimmt wieder diese »Splitterrichter« da hingeschmiert, wie Schmidt sie zu nennen pflegte – 68er, Friedensbewegte, jungsozialistische

Akademiker, grüne Spinner, »alberne Idioten« sie alle miteinander, arrogant und selbstgerecht, die nicht wussten, wovon sie redeten, weil sie bei Hitler und im Krieg nicht dabei waren und deshalb den Balken im eigenen Auge nicht wahrnahmen.

Keine Frage, dass sich der Politik-Routinier Helmut Schmidt bei solchen und ähnlichen Tiraden auch später noch breiter Zustimmung sicher wusste. Besonders in den neuen Ländern konnte er auf Beifall rechnen, wenn er pauschal die Zumutung zurückwies, sich persönlicher Schuld oder Schwäche zu stellen. »Mir ist bewusst«, schrieb Helmut Schmidt in seinem Jugend-Rückblick, »dass Menschen in aller Regel nicht dazu neigen, die Versäumnisse und Fehler bloßzulegen, die sie begangen haben, und so können subjektive Motive uns heute hindern, unsere damaligen Defizite zu erkennen. Niemand bekennt sich gern als Schwächling.« War es das, was die Deutschen nach ihm rufen ließ, wann immer sie sich vor Katastrophen fürchteten?

Dabei waren ihm die Gefahren dieser Haltung durchaus geläufig. Dass er selbst aber als junger Mensch »fähig war, aus Pflichtgefühl einer Führung zu folgen, die entsetzliche Verbrechen beging«, das verzieh er sich nicht, auch nicht nach über fünfzig Jahren. Deshalb hatte ihn Oskar Lafontaine mit der erbarmungslosen Herabwürdigung des Schmidtschen Pflichtenkatalogs als »Sekundärtugenden«, mit denen man auch ein KZ betreiben könne, an seinem verletzlichsten Punkt getroffen. Entgegen dem Bild vom eisernen Kanzler war er ein komplizierter und persönlich leicht verwundbarer Mann. Resignation suchte ihn oft heim. Wiewohl er Krankheiten und Operationen gern als Bagatellen herunterspielte, betrachtete er sie in depressiven Phasen durchaus als »Signale der Endlichkeit«, wie sich Klaus Bölling erinnert. Bisweilen sinnierte sich der Kanzler in eine tiefe Melancholie hinein, wenn er sich beispielsweise fragte, was künftige Generationen über ihn in den Geschichtsbüchern lesen würden. Besonders heftig befiel ihn diese Stimmung, als er zum Jahresausklang 1977 in Luxor lange vor den über 3000 Jahre alten Tempeln der ägyptischen Herrscher stand, die ihren Anspruch auf Größe machtvoll in die Nachwelt hineingebaut hatten. Der unterschätzte Staatsmann Helmut Schmidt sah sich durch solche Denkmäler in Frage gestellt. Denn was würde schon bleiben von einem wie ihm, der seine Kräfte in dem – auch noch vergeblichen – Bemühen aufrieb, die Zahl der Arbeitslosen unter einer Million zu halten und die Inflationsrate unter drei Prozent? Eine Fußnote allenfalls, scherzte er bitter.

Kein Mangel an Irrtümern also. Viel unsicherer Boden. Schmidts manchmal groteske Versuche, um jeden Preis Recht behalten zu wollen, erhielten vor diesem Hintergrund eine fast verzweifelte Erklärung. Es könnte sehr wohl sein, dass dieser scheinbar so selbstsichere Mann ein Leben lang fürchtete, unter ihm könnte der Boden zu schwanken beginnen. Hat er deshalb so irrwitzig gearbeitet? Hat er es aus Notwehr gegen Selbstzweifel bis zum Kanzler gebracht? Konnte er deswegen nicht aufhören? An intellektuellen und vernünftelnden Anstrengungen hat sich der Hamburger wenig erspart, um deutscher Ängste Herr zu werden. Doch jenen »Bereich von Schuld und Versäumnis«, in dem sich Schmidt während der Schleyer-Entführung unausweichlich gefangen wusste und den er akzeptierte, mochte er sich für seine Jugend nicht zugestehen. Stattdessen ließen ihn seine Unfähigkeit zu trauern und seine pragmatischen Anschauungen Positionen anstreben, in denen er nicht nur Recht haben durfte, sondern sogar musste. Das nannte er politische Führung.

Natürlich habe ich sowohl Schmidt als auch Strauß als süchtig erlebt. Helmut Schmidt hat ja öffentlich Zigaretten, Schnupftabak und Arbeit als seine Drogen benannt. Seine unverhüllte Gier nach diesen Rauschmitteln wurde im Alter immer deutlicher. Franz Josef Strauß drohte süchtig zu entgleisen bei allem, was er betrieb. Er kannte den Höhenrausch als Flieger wie als Redner, den Geschwindigkeitsrausch zu Lande, zu Wasser und in der Luft. In vielem erinnerte er mich an Richard Nixon, wenn auch sein Charme den Bayern ungleich liebenswürdiger machte.

Immer hat Franz Josef Strauß zu viel getrunken. Bereits die Kubakrise hatte der Verteidigungsminister bezecht in den Bonner Grünanlagen verschlafen. Später lallte er in manches Mikrofon oder röhrte trunken durch Bierzelte. Marianne Strauß versuchte vergeblich, ihn unter Kontrolle zu halten; heimlich schlich er auf Auslandsreisen zu Journalisten, um sich von ihnen einen Flachmann zustecken zu lassen. Aber öffentlich empörte er sich: »Ich bin kein Alkoholiker und kein Quartalssäufer.« Als er 1987 Renate Piller traf, die seine neue Lebensgefährtin wurde, hoffte er, wie er in einem Brief schrieb, »dass durch deren Einfluss der zeitweilig überhöhte Alkoholgenuss eingeschränkt wird«. Die Hoffnung trog. »Er konnte einfach nicht nippen«, erzählte Frau Piller. Entweder habe er sich »den ganzen Abend an einem Gespritzten festgehalten, oder er hat's fließen lassen«. Mit aufgedunsenem Gesicht und blutunterlaufenen Augen starrte Franz Josef Strauß in der Wahlnacht 1987, als er von München aus der Bonner Runde der Parteichefs zugeschaltet wurde, den Wählern in die Wohnzimmer.

Am Ende hielten ihn nur noch seine eigene Rastlosigkeit und die Rituale des politischen Betriebs zusammen. Helmut Schmidt bastelte sich aus Kants kategorischem Imperativ ein Überlebenskorsett, das ihm zwar oft die Luft nahm, aber moralische Superiorität lieferte. Beiden half die geschlossene und durchorganisierte Welt staatlicher Ämter, ihre vulkanische Emotionalität zu unterdrücken – was Schmidt überzeugender gelang als Strauß. Ihr in einem obrigkeitlichen Familien-, Gesellschafts- und Staatssystem eingeübter Blick auf das Leben strukturierte die Welt auf so traditionelle Weise, dass jüngere Generationen sich darin nicht erkennen konnten.

Gleichwohl werden die beiden Herren im Nachhinein nicht nur – zu Recht – zu den starken Gestalten der deutschen Nachkriegspolitik gezählt, sondern – zu Unrecht – auch zu den erfolgreichen. Nach Franz Josef Strauß sind in Bayern Straßen und Plätze benannt, auch der silberglänzende, überdimensionierte Flughafen vor den Toren Münchens trägt seinen Namen. Helmut Schmidt hat mit – wie er selbst schätzt – etwa fünfundzwanzig Büchern seinen Ruhm als Weltstaatsmann festgeschrieben. Zehn Jahre nach seiner Abwahl in Bonn wünschten sich ihn 55 Prozent aller Deutschen als Regierungschef, im Osten noch mehr als im Westen. Das eigentliche Wunder dieses Erfolges aber besteht darin, dass beide

Politiker Anfang der Achtzigerjahre letztlich als Verlierer von der nationalen politischen Bühne abgetreten waren.

Das hatte sie nicht ruhen lassen. Den Rest ihres Lebens – Strauß knappe zehn Jahre lang, Helmut Schmidt mehr als zwanzig – haben sich beide als eher tragische Helden inszeniert, die zwar, so der Bayer, von ihrer Umwelt verkannt und verleumdet oder gar, wie der Hamburger, von den liberalen Partnern und eigenen Genossen verraten worden sein mochten, aber ganz gewiss nicht an der politischen Front besiegt. So verlängerten sie das biografische Drehbuch ihrer Generation um ein weiteres Kapitel. Zuvor hatten sie sich rastlos bis zur Bewusstlosigkeit (Schmidt) oder bis zum Tode (Strauß) durch Kraftakte in der Politik gegen das Verliererschicksal der jungen Kriegsteilnehmer gestemmt, das sie sich nie zu verzeihen bereit waren.

Schwer getan mit ihren Abschieden aus der Politik haben sich nahezu alle Vertreter der Kriegsgeneration – ob Hans-Jochen Vogel oder Hans-Dietrich Genscher, Georg Leber oder Alfred Dregger, Wolfgang Mischnick oder Richard von Weizsäcker. Bisweilen schien es, als fühlten sie sich – obwohl sie das vehement bestritten – als Büßer für die ganze Generation der heute etwa 75-jährigen Deutschen, die als freiwillige oder unfreiwillige, wissende oder nicht-wissen-wollende Mittäter oder Mitläufer das »Tausendjährige Reich« der Barbarei Adolf Hitlers durchlebten. Und natürlich taugte der politische Betrieb vortrefflich zur Betäubung und Schein-Entschuldung von Selbstzweifeln. Viele haben, was ihre persönlichen Verstrickungen betraf, ein Leben lang geschwiegen. Scham hat ihnen den Mund verschlossen, Scham zumeist nicht über Untaten, die sie begangen hätten, sondern darüber, was sie mit sich hatten machen lassen. Es war ihnen peinlich. Gefragt nach ihren Erinnerungen an den Nazi-Alltag oder dem Leben an der Front winkten sie ab, oder sie reagierten – wie Helmut Schmidt – mit aggressiver Abwehr. Widerstand und Exil war nicht ihr Thema. Eher sahen sie sich selbst als Opfer der Diktatur – was die Generation ihrer Kinder und jüngeren Geschwister zu oft mitleidloser und unnachsichtiger Verurteilung veranlasste.

Die alten Kameraden Franz Josef Strauß und Helmut Schmidt haben diese Haltung durchgehalten. Als eine Art »Tragödie des Pflichtbewusstseins« wollte Schmidt seine Biografie verstanden wissen. Dem hätte Strauß nicht widersprochen. Der harte Tugendkatalog soldatischen Lebensgehorsams und ritualisierter Gewohnheiten hielt sie fest in einer Welt von Wiederholungen, deren Realitätsgehalt immer mehr zusammenschrumpfte. Beide Männer wirkten so, als ob etwas Entscheidendes in ihrem Leben fehlte. Vermutlich haben sie es in der Politik gesucht. Glücklich waren sie wohl nie.

IV

Die Kriegskinder
(1982–1998)

Dieser unser Staat

Langsam sammelte sich Schweiß im Nacken des mächtigen Mannes. Der Haaransatz wurde dunkel, der Kragen feucht. Ob er denn »bewusst« einschlägige Gesetze ignoriert habe, wurde er gefragt. Ob er sich über die dort festgeschriebene Transparenz in der Spendenpraxis »bewusst« hinweggesetzt habe? Da warf sich der Kanzler empört in die Brust und höhnte: »Auf dieses ›bewusst‹ wollen Sie doch hinaus.« Genau. Otto Schily nickte, Helmut Kohl winkte ab. »Ja, ja, ja«, sagte er dann wegwerfend, »wahr ist, dass alle Parteien gegen gesetzliche Bestimmungen verstoßen haben.« In Tonfall und Haltung schwang nach: Na und?

Keinen Fußbreit Boden gab der Zeuge Kohl an diesem Novembertag des Jahres 1984 preis, als er im kargen Sitzungssaal 1903 des Bonner Parlamentshochhauses »Langer Eugen« vor dem Untersuchungsausschuss zur Flick-Affäre befragt wurde. Nicht einmal durch eine unfreiwillige Geste der Unsicherheit oder Nervosität ließ er Selbstzweifel oder gar Schuldgefühle erkennen. Im Gegenteil, er fühlte sich als Sieger in seinem Kampf gegen Naivlinge, deren Lebenserfahrung nicht ausreichte, sich das ständige Existenzringen von Parteivorsitzenden am Rande des Bankrotts und der Legalität auszumalen.

Seit Steuerfahnder 1975 eher zufällig auf ein illegales Spendenkonto der CDU in Liechtenstein gestoßen waren und später auf Listen des Flick-Konzerns über Zahlungen an alle etablierten Parteien, ermittelte die Staatsanwaltschaft. »Was da zutage kommt«, schrieb im Januar 1983 die konservative *Frankfurter Allgemeine Zeitung*, »wirkt mit seinen widerwärtigen Details über schwarze Kassen in Millionenhöhe, Zuwendungen in Kuverts, Durchstechereien und unverhohlenen politischen Ansinnen wie eine Horrorgeschichte über die Abgründe des Kapitalismus.« Erst auf Druck der Öffentlichkeit und der neu in den Bundestag gewählten Grünen entschloss sich das Parlament, einen Untersuchungsausschuss einzurichten.

Dort redete Helmut Kohl über die Widerwärtigkeiten der Geldbeschaffung für seine Partei mit dem Stolz eines zupackenden Praktikers im Sanitärgewerbe. »Ich steh hier nicht als einer, der die Drecksarbeit den anderen überlässt«, brüstete er sich hinterher vor der Fernsehkamera: »Diese Partei ist nicht zur stärksten Kraft geworden, weil sich der Vorsitzende nicht kümmerte bis ins Detail hinein.« Er hatte die Umschläge eingesteckt, ohne nach dem Absender zu fragen, nachzuzählen oder Quittungen auszustellen. »Cash? Auf die Pfote?«, erkundigte sich ungläubig der SPD-Abgeordnete Gerhard Schröder aus Hannover beim Zeugen Eberhard von Brauchitsch. »Nein«, korrigierte der Flick-Manager süffisant, »sehr vornehm, natürlich mit einem Kuvert.«

Helmut Kohl fand solche Feinheiten albern. Er dampfte fast vor vibrierender, selbstgerechter Kampfeslust. War er nicht der rechtmäßig gewählte Kanzler der Bundesrepublik Deutschland? Seit über zehn Jahren der Bundesvorsitzende der CDU und damit ein Nachfolger Konrad Adenauers? Und war nicht der Grüne, der ihm unverschämte Fragen zu stellen wagte, die, laut Kohl, »nicht zur Erhaltung der Republik beitragen«, der hinlänglich bekannte Terroristen-Anwalt Otto Schily? Zählte der also nicht zu jenen, »die eine ganz andere Republik wollen«? Der Parteivorsitzende hatte seine Pflicht getan und sonst gar nichts. Heilfroh war Helmut Kohl um jeden, der ihm dabei half. Schlimm genug für den Gesetzgeber, dass der nach dem Parteiengesetz die rechtlichen Konsequenzen für die Finanzierung nicht gezogen hatte. Sollte wohl heißen: An Gesetze, die einem nicht in den Kram passen, muss man sich auch nicht so pingelig halten.

Das hatte der junge Kanzler von seinem Vorbild Adenauer gelernt: Zimperlichkeit im Umgang mit Gesetzen und Verfassung kann hinderlich sein, wenn es gilt, politische Gegner zu erledigen. Auf Helmut Kohl konnte die »Der Staat sind wir«-Fraktion der tonangebenden Kreise immer bauen. Sein eigenes Wohl und Wehe, der Erfolg der christlichen Staatspartei CDU und die Herrschaft in der Bonner Republik – das war für den Pfälzer identisch und irgendwie gottgewollt. Nein, Helmut Kohl kämpfte in der Flick-Affäre nicht um einen blütenreinen demokratischen Leumund der Unbestechlichkeit, er kämpfte politisch um die Macht in »seiner« Republik. Diese Formulierung meinte der Bundeskanzler schon zu Beginn seiner langen Regierungszeit so besitzergreifend, wie er sie aussprach.

Helmut Kohl war ein Macht-Haber. Je länger er amtierte, desto unverhohlener führte er sich auf, als sei er der Eigentümer des Staates und seiner Privilegien. Er kaufte Einfluss, vergab demokratische Ämter wie Pfründen, strafte und belohnte nach Gutsherrenart. Geld war für ihn mehr ein Herrschafts- als ein Zahlungsmittel. Illegale Spendenkonten und »schwarze Kassen« hielt er für notwendige Waffenlager im Kampf gegen politische Gegner, die er als Feinde verteufelte. Wie die Welt zu sehen sei, bestimmte er. Er inszenierte sie als Kampfstätte: »wir« gegen »die«. So entstand das inzwischen legendäre System Kohl – ein System von Abhängigkeiten, in dem Machtbesitzstände in jeder Form zu Drogen wurden.

Kohls rüder Materialismus war nicht untypisch für die Männer seines Jahrgangs. Diesen in den Dreißigerjahren geborenen Kriegskindern, die der Soziologe Helmut Schelsky als »skeptische Generation« charakterisierte, war jedweder Idealismus ausgetrieben worden. Sie hatten das Grauen des Krieges und des Nazi-Terrors noch miterlebt, waren zu jung, um selbst in Schuld zu geraten, aber alt genug, um zu begreifen. Ihr Denken und Verhalten war so strikt auf auf das Praktische, Handfeste, Naheliegende ausgerichtet, dass Schelsky diese »Kraftmeier des sogenannten praktischen Lebens« auch als angepasst empfand. Ihre Väter hatten die Welt in Ruinen verwandelt. Ihre Mütter hatten die Trümmer weggeräumt. Sie wollten aufbauen. Einsteigen. Anschaffen. Später würden sie »Macher« heißen oder »Aktivisten«, sie waren ein gesamtdeutsches Phänomen. »Auferstanden aus Ruinen«, sangen sie im Osten, »Haste was, biste was«, hieß das Motto im Westen.

Ein geistiges Geländer, an das sie sich halten konnten und das ihnen Richtung hätte geben können, hatten die Politiker dieser Generation nicht – weder ein inneres wie die Weimarer, noch ein äußeres wie ihre älteren Brüder, die Pflicht-Soldaten. Nur über einen wilden Aufbauwillen verfügten sie, über ungeahnte Aufstiegschancen und über ein Feindbild, im Osten wie im Westen.

Im Oktober 1982 war der CDU-Vorsitzende im Bonner Bundestag zum Kanzler gewählt worden, nachdem Außenminister Hans-Dietrich Genscher an der Spitze seiner Liberalen das lange historisch genannte Bündnis mit Helmut Schmidt und der SPD verlassen hatte. Ein knappes halbes Jahr später holte sich der neue Regierungschef in einer Bundestagswahl die nachträgliche Legitimation der Wähler. Allerdings zogen da zusammen mit seiner bürgerlichen Mehrheit zum ersten Mal die Grünen in den Deutschen Bundestag ein – was einem Kulturschock gleichkam.

Unter Linken gehörte es damals zum guten Ton, sich über Helmut Kohl Schenkel schlagend zu belustigen. Das war mir nie geheuer. Gewiss, komisch fand ich den Pfälzer auch, wenn er sich in seinen Sätzen verheddert und die fehlende Logik durch liderflatternde Inbrunst ersetzte. Aber zu oft hatte ich erlebt, lange bevor er Kanzler wurde, wie er in Bierzelten, Stadthallen und Festsälen eine fast religiöse Weihestimmung zu verbreiten wusste, wenn er die Welt erklärte, so wie sie sein müsste. Dagegen malte er dann die sozialdemokratische Regierung zum Gruselkabinett aus. Ja, wo leben wir denn?, fragte er entrüstet. Und sein Kopfschütteln pflanzte sich durch die Zuhörerreihen fort, bewegte Urahne, Großmutter, Mutter und Kind.

Nein, komisch war das nicht, eher unheimlich. Helmut Kohl, der ja noch gar nicht so alt war damals und nur halb so dick, beschwor eine Welt, die es nie gegeben hatte. Und er traf einen Ton, der bei allen Resonanz auslöste – einen Ton der Sehnsucht, der

Empörung und vor allem der Angst. Die schürte er, die teilte er wohl auch.

Tatsächlich redete Helmut Kohl davon schon, als ich ihn zum ersten Mal persönlich erlebte. Das muss 1976 gewesen sein, nach seiner knappen Niederlage gegen Helmut Schmidt, als er von Mainz als Fraktionsvorsitzender in die Bundeshauptstadt kam. Damals sprach er noch mit dem *Spiegel,* und bei einem Redaktionsgespräch schilderte er die politische Machtzentrale Bonn als Dschungellandschaft, »wo hinter jedem Busch einer mit dem Messer sitzt, bereit, dich hinterrücks niederzumachen«. Eine sonderbar unstimmige Figur gab er ab, war moderner Aufsteiger- und Karrieretyp einerseits, kühl kalkulierender Berufspolitiker und zugleich kitschiger Nostalgiker, der in jeder Veränderung Verfall witterte. Kein Konservativer, wie er behauptete, sondern ein zutiefst Konventioneller. Ein Weltmeister der echt gefühlten falschen Töne.

So trat er an gegen den Rest der Welt, wir würden seinen Erfolg schon noch erleben. Seine Lieblingsbewegung war bereits damals das geringschätzige Abwinken. Und wenn die Welt nicht sowieso voller Teufel wäre, dann hätte Helmut Kohl sie sich erfunden. Denn er brauchte sie, um seinem politischen Leben einen Inhalt zu geben.

Nun stand er, am 29. März 1983, mit erhobener Schwurhand neben der schwarzrotgoldenen Fahne im Bonner Bundestag, um zum zweiten Mal seinen Amtseid abzulegen. Der neue Bundeskanzler hatte sich extra eine Position quer zum Plenum ausgedacht, um sich den Blick auf eine aufreizend leere Doppelbankschneise in der Mitte das Saales zu ersparen. Denn durch die von den Bonner Parteien so symbolträchtig beanspruchte Mitte ging, rechts von den Sozialdemokraten und links von der Union, ein unübersehbarer Riss. Dort hatten, bei den Plätzen 7 und 8 unmittelbar vor dem Rednerpodium beginnend und sich vierzehn Reihen tief bis zu den Plätzen 408 und 409 hineinfressend, während der Eröffnung des 10. Deutschen Bundestages am Vormittag »diese Typen« gesessen, achtundzwanzig grüne Neulinge: der Feind – ein buntes Westen- und Sandalenvolk, das seine Pulte mit

Blumen und Zweigen schmückte und die graublaue Arbeitsuniformität der Volksvertretung schrill durchbrach.

Jetzt, am Abend, wirkte ihr Fehlen doppelt trist. Die Fraktion der Grünen war ausgezogen, hatte dem Kanzler den Respekt ihrer Anwesenheit verweigert, weil sie seinen Eid als »ein Lippenbekenntnis« betrachtete. Und mehr noch als durch ihr sanft herausforderndes Auftreten am Morgen provozierten die selbstbewussten Neulinge mit Rauschebärten, Turnschuhen und Schlabberpullovern durch ihre Abwesenheit die Traditionalisten unter den Abgeordneten aller Parteien. Die aufgestauten Aggressionen dieses Tages brachen sich Bahn.

Kaum war die Zeremonie beendet, stürzte der CDU-Landwirt Karl Eigen in die Lobby, wo im Kreise der Grünen Ex-General Gert Bastian eine Erklärung verlas, nach der seine Freunde und er in der Aufstellung von »Pershing 2«-Raketen und dem Bau von Atomkraftwerken keinen gemehrten Nutzen für die Republik erkennen könnten. Wütend fuhr Eigen filmende Fernsehleute an: »Schämen Sie sich nicht, die grünen Verweigerer zu filmen, während drinnen der Kanzler vereidigt wird?« Wutverzerrte, hochrote Gesichter bei den parlamentarischen Besitzstandswahrern. »Trojanische Sowjet-Kavallerie«, schrie eine bayerische Stimme. Nackte Angst in den Zügen grüner Frauen. Es ging nicht um Argumentation, es ging um Abrechnung. Am liebsten würden sie die »ganze Mischpoke« rausschmeißen, bekannte ein Volksvertreter der Union offen und aus vollem Herzen.

Dieser Wunsch steckte natürlich auch hinter den Kohlschen Umschreibungen der Grünen als »vorübergehendem parlamentarischen Zustand«. So wie sie redeten, aussahen und sich verhielten, gehörten sie aus der Sicht des Kanzlers weder in den Bundestag noch überhaupt in »diesen unseren Staat«. Darüber habe es die schärfsten Zusammenstöße mit den traditionellen Parteien gegeben, erinnerte sich später Otto Schily, der damals einer der grünen Fraktionssprecher war. »Die Altparteien dekorierten sich gern mit dem Titel ›staatragende Parteien‹, sie verabsolutierten ihre Rolle und setzten sich gleich mit dem Staat.«

Die Altparteien. Tatsächlich stand Helmut Kohl keineswegs

allein da mit seiner Feindseligkeit gegenüber den Neulingen. Abgeordnete aller Parteien, die Demokratie so gern mit der Verteidigung des Status quo verwechselten – die überwältigende Mehrheit also – waren in angstvoller Defensive. Der Unrat, den feine Herrschaften aus CDU und CSU, FDP und SPD in privater Runde über die »Zottelhaarigen«, und speziell jene weiblichen Geschlechts, ausleerten, verlieh der Dokumentation demokratischer Unreife einen Zug ins Widerliche. Gemeint war immer dasselbe: Die gehören nicht dazu. Mit Verblüffung erkannte mancher Grüne, dass die 68er-Bewegung vor den Türen der gesellschaftlichen Isolierstation Bonn, zumal vor dem Parlament, stecken geblieben war. »Der Muff von tausend Jahren«, den die revoltierenden Studenten fünfzehn Jahre zuvor unter den Talaren von Professoren, Predigern und Richtern ausgemacht hatten und zu entlüften begannen, hing noch dick in den Nadelstreifenanzügen und Sakkos der Bonner Parlamentarier.

Nun fühlten sie ihr eingespieltes Machtkartell bedroht. Erregt fielen sie über die Grünen her, nötigten die zu stotternder Rechtfertigung, hielten Bruchstücke ihrer unbeholfenen Gegenargumentation wie Trophäen fest. »Sie haben gesagt, Sie sind im Besitz der absoluten Wahrheit« – so wischte der frühere rheinland-pfälzische Innenminister Heinz Schwarz der 60-jährigen Grünen Christa Reetz jede Chance zur Erwiderung weg. Plötzlich lag eine Prügelei in der Luft. Nicht vorher und nicht nachher habe ich die Atmosphäre im Vorraum des Bundestagsplenums, wo sonst die gedämpfte Feierlichkeit eines Konzerthauses waberte, so aufgeheizt erlebt.

Als Feinde, nicht als Kollegen standen sich die neuen und die alten Abgeordneten gegenüber. »Nein danke«-Abzeichen trugen die einen am Revers, Bundesverdienstkreuze hatten die anderen im Knopfloch. Die Mehrheit der »steifen Krähenversammlung« – als die der Grüne Joschka Fischer die etablierten Abgeordneten verhöhnte – wirkte, als sei sie allein durch das Dasein der grünen Volksvertreter persönlich zutiefst beleidigt. »Diese Arschlöcher bringen hier alles durcheinander«, schimpfte ein CDU-Mensch.

Das war nicht nur inhaltlich gemeint. Denn die Neuen, das war schon vom ersten Tag ihres Auftritts an deutlich zu spüren, standen nicht nur für viele Versäumnisse der Bonner Politiker in der Sache, sondern auch für Lebensdefizite. Konfrontiert mit den unbekümmerten Grünen wurden sich viele der Eingesessenen plötzlich ihrer persönlichen Entsagungen und Verbildungen bewusst. Das galt vor allem für die 40- bis 50-Jährigen, die als Kinder noch den Krieg miterlebt und danach in zum Teil blinder Aufbauwut Karrieren angestrebt hatten. Die frechen Regelverstöße der Grünen machten sie zornig, und ihre Wut entlud sich in Aggression und Selbstmitleid. Der SPD-Neuling Ingomar Hauchler spürte: »Viele haben ein schlechtes Gewissen. Sie fühlen sich etabliert, wollen es auch bleiben, haben aber kein gutes Gefühl dabei.«

Sehr viel anders ging es uns Pressemenschen auch nicht. Ich war hin und her gerissen. Einerseits verdankte ich den Grünen ein neues Distanzgefühl. Zwar hatte ich gewiss keine Mühe, einen politischen und menschlichen Sicherheitsabstand zu Kohls Bundesregierung einzuhalten, und doch machte mir die wilde Truppe der Alternativen deutlich, wie etabliert ich selbst lebte und dachte, während ich mir vergleichsweise unkonventionell vorkam. In Bonn gehörte dazu ja nicht viel. Aber wenn der Abgeordnete Joseph Fischer im Plenum krähte: »Mit Verlaub, Herr Präsident, Sie sind ein Arschloch«, dann war das schon ein anderer Verstoß gegen die Gebräuche des Hohen Hauses, als wenn ich mich ohne Krawatte auf die Pressetribüne setzte. Andererseits musste ich mir nur mal ein bis zwei Stunden lang eine der öffentlichen Fraktionssitzungen der Grünen zumuten, um wieder den Segen eines Mindestmaßes an zivilisierten Umgangsformen würdigen zu können. Die Brutalität, mit der die Freundinnen und Freunde sanfter Friedfertigkeit unter dem Deckmantel von Wahrheit und Klarheit aufeinander eindroschen, erfüllte bisweilen den Tatbestand des versuchten Totschlags. Das half gegen jede Versuchung, sich den Neuen ungebührlich zu nähern.

Klar, dass sich dieser Kanzler als selbst ernannter Verteidiger von Recht und Ordnung durch den Aufstieg solch wilder Figuren wie Joschka Fischer oder Daniel Cohn-Bendit in die demokratischen Institutionen moralisch-politisch zum Widerstand herausgefordert fühlte. Schon als er 1973 in der Bonner Beethovenhalle zum CDU-Vorsitzenden gewählt worden war, hatte er, wie später noch oft, drohend »eine andere Republik« heraufziehen sehen. Mitte 1983 hieß es in der vom Kohl-Gefährten Bruno Heck herausgegebenen Streitschrift *Die politische Meinung* unter der Überschrift »Hitler, Bonn und die Wende«: »Die Rebellion von 1968 hat mehr Werte zerstört als das Dritte Reich. Sie zu bewältigen ist daher wichtiger, als ein weiteres Mal Hitler zu überwinden.« Diese Wende hatte Helmut Kohl im Sinn, als er zu Beginn seiner Kanzlerschaft ein anderes »geistig-moralisches Klima« ankündigte. Ein Modell stand ihm klar vor Augen: Es war die Bonner Republik seines Vorbildes Konrad Adenauer.

In die waren Helmut Kohl, der als Kanzler und CDU-Parteichef den kommenden Jahren seinen ganz persönlichen Stempel aufdrücken sollte, und seine Jahrgangsgruppe hineingewachsen. Sie fielen als Jugendliche nicht auf. Sie spurten. Zu ihrer Schul- und Studentenzeit gaben die Flakhelfer und jungen Soldaten den Ton an, später die spektakuläre 68er-Generation. Natürlich waren sie Kinder des Kalten Krieges. Doch als eine eigenständige Generation mit gemeinsamen, sie von ihren Vorgängern und Nachfolgern unterscheidenden Erfahrungen und Prägungen, begannen sie sich erst wahrzunehmen, als die meisten von ihnen 1998 und 2002 aus der aktiven Politik ausschieden. Aber selbst da noch gaben sie ein seltsam uneindeutiges Bild ab, galten den einen als letzte Kriegsgeneration und den anderen als erster Nachkriegsjahrgang.

Als eine »vergessene Generation« hat die Journalistin Sabine Bode sie beschrieben – vergessen von ihrer Umwelt, weil sie selbst vergessen wollten und deshalb schwiegen über die prägendste Zeit ihres Lebens, über ihre frühen Jahre, die gekennzeichnet waren von Bombenhagel, Hunger und Flucht. Sie jammerten nicht. Sie nannten die Schrecken ihrer Kindheit im Nachhinein »normal« – so war es eben. Die Scham über die Elterngeneration, die Hitler an die Macht gebracht hatte, und die eigenen Traumata durch Kriegsgewalt und Vertreibung ließen die Heranwachsenden zwar handeln und auch politisch aktiv werden – aber der Mund blieb den meisten lange verschlossen.

Der ehemalige Verteidigungsminister Rupert Scholz, Jahrgang 37, erstarrt geradezu körperlich, wenn er über seinen Vater befragt wird, der in Stalingrad als Offizier fiel, als der Junge knapp sieben Jahre alt war. Und Bremens früherer Bürgermeister Hans Koschnick, Jahrgang 29, beschreibt seine Kriegskindheit als »ein schlichtes Durchstehen, nicht selten auf sich allein gestellt«. Koschnicks Eltern hatten schon vor 1933 massiv gegen Hitler Front gemacht, die Nazis rächten sich mit Gefängnisstrafen, Zuchthaus und Konzentrationslager. »Ich wurde von den Großeltern erzogen, ohne wirklich zu begreifen, warum ich bis zu meinem zehnten Lebensjahr ohne die Fürsorge der Eltern auskommen musste«, beschrieb Koschnick diese Zeit. Den Krieg erlebte er zunächst als »Kinderlandverschickung«, dann folgten Fliegeralarme, Bunkeraufsuchen, Trümmerräumen, am Ende »Schanzen« und sogar Kampfeinsatz mit dem Reichsarbeitsdienst. »Das alles prägte mich in besonderer Weise« – und gab ihm viele Fragen mit auf den Lebensweg, vor allem die, warum die Erwachsenen von sich aus gar nicht oder nur selten über die Kriegszeit sprachen. Koschnick: »War es bei den damals für die Familien Verantwortlichen nur der Wunsch, ihre eingekapselten Traumata der Zeiten von Not, Vertreibung und Schrecken nicht aufbrechen zu lassen, oder wollte man den Kindern Belastungen, Kenntnisse oder Erfahrungen ersparen, die das eigene Leben so bitter beeinflusst hatten?«

Entsprechend zurückgenommen, emotional gebremst und sachorientiert ist diese Generation der Kriegskinder, zu der ich auch gehöre, mit dem Leben und auch mit der Politik umgegangen. Von ihrem sozialdemokratischen Vater Paul Nevermann hat die frühere Ministerin Anke Fuchs, Jahrgang 37, gelernt, »dass man die Politik nie an sein Herz herankommen lassen darf«. So habe ich Journalismus gelernt, wir nannten das Objektivität. Und wenn uns schon was zu Herzen ging, dann durften wir uns das auf gar keinen Fall anmerken lassen.

Mit Jürgen Schmude, Jahrgang 36, ein Jahr älter als ich, habe ich darüber oft geredet. Als er noch Bildungs- und später Justizminister bei Helmut Schmidt war, heftete ich mich auf seine Spuren, weil ich einfach nicht glauben wollte, dass er »auch wieder nur so'n Technokratenarsch« sei, wie ein Juso-Genosse behauptete. Das bestätigte sich, und ich hielt ihn eine Weile sogar für eine Art politisches Wunder, weil alle gut über ihn redeten. Keine Skandale, keine Entgleisungen, keine Enttäuschungen. Allerdings auch nichts Aufregendes und nichts Anregendes. Als Person schien der fast durchsichtig bleiche Mann nur die Projektion von anderen zu sein: »Notar des Kanzlers«, »Schützling Wehners« und »Heinemanns Erbe«.

So wollte er es haben: Die Sache ist alles, die Person nichts. Nur nicht den Kopf herausstrecken, nur kein Risiko, nur keine Kenntlichkeit. Er berechnete jede Äußerung, jede Situation, jede Stimmung, jeden Gesprächspartner. Erfolg durch kalkulierte Zurücknahme der eigenen Person, »tranig wirkende Gelassenheit«, so Schmude über Schmude, anstelle von Emotionen – »Karriere durch Anpassung«, schrieb ich.

Mir kam das nur allzu bekannt vor. Hatte ich mich nicht als Journalist zunächst so versteckt wie Schmude als Politiker? Gerade war ich alt genug gewesen, mir in der Welt außerhalb der Familie einen Platz zu suchen, da brach 1945 alles zusammen, alle Werte und alle Ordnungen, an die zu glauben ich gelernt hatte. Und alle väterlichen Leitfiguren hatten Unrecht. Jürgen Schmude war es ähnlich ergangen, nur viel drastischer. Als Sohn eines Millionärs und einer leistungsheischenden Mutter war er im ostpreußischen Insterburg aufgewachsen, »der feine Knabe mit dem Pelzkragen«, wie er selbst spottete. Aber Ende 1944 ging diese Welt zu Bruch, musste die Familie ihre zehn Geschäfte und alle bürgerliche Herrlichkeit zurücklassen. »Mein Selbstverständnis, das der Familie und meiner gesamten gesellschaftlichen Umwelt zerbrachen damals«, erinnerte er sich als Minister.

Keine Frage, wir waren eine tüchtige Generation, unauffällig, nicht larmoyant und ausdauernd. Doch aus eigener Erfahrung und Gesprächen mit vielen Gleichaltrigen habe ich den Eindruck gewonnen, dass die meisten von uns eine tief sitzende Störung mit sich herumgeschleppten, die es uns schwer machte, in der Welt, wie sie ist, zu Hause zu sein und eine lebendige Beziehung zu uns selbst und zu unserer Umwelt zu entwickeln, zumal in der Adenauer-Zeit das Unglück der frühen Jahre auch noch zusätzlich durch die staatlich angeleitete Flucht vor der eigenen Vergangenheit verdeckt worden war.

Die verheerenden Wirkungen dieser Haltung wurden 1988 sichtbar, als der christdemokratische Bundestagspräsident Philipp Jenninger, Jahrgang 32, mit einer missglückten Rede die Öffentlichkeit erschreckte und unfreiwillig seine politische Karriere zerstörte. In einer Sondersitzung des Bonner Parlaments zum 50. Jahrestag der Novemberpogrome, die bei den Nazis »Reichskristallnacht« hießen, erweckte er durch die Emotionslosigkeit seines Vortrags den irrigen Eindruck, als sei er von den »staunenserregenden Erfolgen« Adolf Hitlers noch heute fasziniert. Dabei hatte Philipp Jenninger, Sohn eines schwäbischen Buchdruckermeisters, als 12-jähriger Junge vom Vater den Lebensauftrag erhalten, sich dafür einzusetzen, »dass so etwas über unser Land nicht noch einmal hereinbricht«. Da hatten die Nazis gerade den kleinen katholischen Verlag geschlossen, in dem Vater Jenninger das Geld für die Familie mit acht Kindern verdiente. Jetzt musste er als Fabrikarbeiter für sie malochen. Zwei seiner Söhne fielen im Krieg.

Niemand, der Jenninger kannte, bezweifelte, dass er die Mahnung des Vaters ernst nahm. Doch in der »Atmosphäre des Schaffens und Wühlens«, die, wie er sagte, sein strebsames Jura-Studium in Tübingen bestimmt hatte, war sein emotionaler Reifeprozess wohl zurückgeblieben. Und so scheiterte er im Bundestag an seiner totalen Unfähigkeit zu trauern. Sein roboterhafter Auftritt, die völlige Abwesenheit eines persönlichen Gestus, verwischte alle Nuancen. Was Zitat war und was eigene Aussage, wo Anführungsstriche im geschriebenen Text Distanz signalisierten – das alles ebnete der leblose Sprechautomat Jenninger ein. Vergeblich suchten die Fernsehzuschauer einen Ton des Mitgefühls mit den Opfern, einen Anflug von Schrecken »über den politischen Triumphzug« des Diktators, einen Ausdruck der Trauer über das Versagen so vieler Anständiger.

Für diese Generation war das Kriegsende wirklich eine »Stunde null«, wie Helmut Kohl – bis zu jenem Tag des Versagens ein herzhafter Kumpan Jenningers – nicht müde wurde zu behaupten. In ihrer Jugend ohne Jugend flüchteten sie, wie Hans »Johnny« Klein, Jahrgang 31, vor den sowjetischen Truppen und einem »mordenden Mob« aus ihren Heimatorten im Osten, vorbei an toten Soldaten und toten Frauen und Kindern, die im Sudetengau »auf der Flucht erschlagen worden waren«; wurden, wie Ignaz Kiechle, Jahrgang 30, auf dem Acker im heimischen Allgäu von Tieffliegern beschossen; wie Norbert Blüm, Jahrgang 33, und Manfred Wörner, Jahrgang 34, im Luftschutzkeller verschüttet; gerieten, wie Walter Wallmann, Jahrgang 32, im eigenen Haus in die Hauptkampfzone. »Der Bombenkrieg«, schrieb Peter Glotz, Jahrgang 39, »ist ein anderes Kindheitserlebnis als die Eigenheimwelle.« Bis heute fühlt sich Roman Herzog, Jahrgang 34, verfolgt »vom Horror beim Klang der Sirenen«.

Das Inferno von Dresden am 13. und 14. Februar 1945 überlebten zwei künftige Bonner Politiker als Kinder in den Luftschutzbunkern. Mit Mutter und Bruder duckte sich der 13-jährige Gerhart Baum – später FDP-Innenminister in der Regierung Schmidt – unter den Angriffswellen der britischen und amerikanischen Bomberverbände. Er musste mit ansehen, wie man später Zehntausende Menschenleichen aufeinander schichtete und verbrannte. Mit den beiden Kindern und den Resten ihres großbürgerlichen Haushalts auf einem Leiterwagen flüchtete die Mutter nach Bayern. Der Vater war gefallen. Der 7-jährige Andreas von Bülow – unter Schmidt SPD-Forschungsminister – konnte sein Cello retten und mitnehmen, als seine Mutter mit Kinderwagen und zwei Fahrrädern die Familie aus dem brennenden Dresden über Thüringen nach Heidelberg lotste.

Viele Jungen gerieten in die sie überfordernde Situation, »der einzige Mann in der Familie« oder der »übrig gebliebene Bruder« zu sein wie der 5-jährige Theo Waigel, als 1944 sein 18-jähriger Bruder in Lothringen sein Leben ließ. Gegen den Vater, der nach dem Krieg fast depressiv wurde, lehnte sich Sohn Theo dann auf. Er wollte nicht alles schwarz in schwarz sehen.

Vielleicht war das schon die ganze Philosphie dieser gebrannten Kinder. »Nicht jede Generation wird so früh gebrannt, auch geschunden, auch gerettet, wie diese Generation«, hat Günter Gaus, Jahrgang 29, einmal gesagt. »Sie war vom Krieg noch mitgeprägt, aber nicht in ihm ausgeglüht worden.« Er glaubt, dass seine Generation an einer »gnädigen Pause mitgewirkt hat, in der viel Gutes für viele Menschen möglich wurde, und beide Staaten in Deutschland zu den Gewinnern auf der Welt gehörten«.

Sie waren Manager, keine Kämpfer wie die Ex-Soldaten vor ihnen und keine Spieler, wie die Jüngeren nach ihnen. Sie gingen auf Nummer sicher. Narben von Niederlagen, die sie als Menschen für Menschen glaubwürdig machen würden, kerbten ihre Gesichter nicht. Nur die Anstrengung, die es kostete, jedem Risiko aus dem Wege zu gehen. Gefühle lassen sich aber nicht nur nicht darstellen, sie fehlen auch tatsächlich, wenn man ein Leben lang daran gearbeitet hat, sie zu unterdrücken. Allenfalls in den Primitivformen von Selbstmitleid und Wut brachen sie bei den angeblich »Skeptischen« bisweilen noch durch. Sie trauten sich einfach nicht, die Damen und vor allem die Herren der »skeptischen Generation«, sie trauten sich nicht im doppelten Sinne des Wortes. Was ihnen fehlte, war nicht ein dramatisches Kriegsschicksal, sondern der Mut, überhaupt Schicksal zuzulassen. Selbstkritisch notierte Peter Glotz: »Unser Versuch, unverletzlich zu erscheinen und uns an die Gebärden unserer Wähler anzupassen, verwandelt uns in einen Maskenzug.«

Ein Zufall war es nicht, dass so ungewöhnlich viele dieser Altersgruppe in Schlüsselpositionen der deutschen Politik gelangten und sich dort ungewöhnlich lange hielten. Es waren eben nicht allzu viele übrig geblieben von den Soldaten-Jahrgängen, die den politischen Nachwuchs hätten bilden können. Schon zur Zeit der Großen Koalition 1966 fielen die jungen CDU-Abgeordneten Egon Klepsch, Jahrgang 30, und Manfred Wörner, Jahrgang 34, im Bundestag durch ihre Rührigkeit auf. Sie führten die Gruppe 46 an, eine Arbeitsgemeinschaft von 46 Volksvertretern der Union, die alle jünger als vierzig waren und gegen die Alten aufmuckten: »Jedes Wirtschaftsunternehmen, das wie der

Bundestag arbeiten würde, wäre längst pleite.« Und unter den Kandidaten, die 2004 für das Amt des Bundespräsidenten öffentlich gehandelt wurden, waren immer noch fünf Aspiranten aus dieser Kriegskinder-Generation: die Liberalen Cornelia Schmalz-Jacobson, Jahrgang 34, Klaus Kinkel, Jahrgang 36, und Wolfgang Gerhardt, Jahrgang 43, sowie Rita Süssmuth, Jahrgang 34, und Klaus Töpfer, Jahrgang 38, von der Union.

Die Sozialdemokraten dieser Jahrgänge und die Linksliberalen haben in den Siebzigerjahren regiert – unter Willy Brandt und Helmut Schmidt: Neben Jürgen Schmude und Andreas von Bülow waren das die Genossen Dieter Haack, Rainer Offergeld, Volker Hauff, Anke Fuchs, Gunter Huonker, Klaus von Dohnanyi, dazu Gerhart Baum aus der FDP. Nach der politischen Wende 1982 wurden sie von ihren Altersgenossen Norbert Blüm, Wolfgang Schäuble, Heiner Geißler, Heinz Riesenhuber, Kurt Biedenkopf, Rita Süssmuth, Rudolf Seiters, Theo Waigel, Martin Bangemann und Klaus Kinkel abgelöst. Mochten in der Regierungszeit des Kriegsveteranen Schmidt die Jüngeren vorwiegend nur mitgelaufen sein – in der Kohl-Periode prägte ihre Mentalität das Klima der Bonner Republik. Im Bundestag saßen nach der Wahl 1983, die Helmut Kohl als Kanzler bestätigte, 212 Abgeordnete der Geburtsjahrgänge 1930 bis 1939.

Natürlich waren die individuellen Unterschiede beträchtlich. Die meisten Sozialdemokraten und linken Liberalen stammten entweder aus Familien, in denen die Väter gegen Hitler und die Nazis waren, oder sie hatten sich von ihren Nazi-Eltern abgewandt. In den Erzählungen der Kohl-Minister tauchten hingegen zumeist Väter oder ältere Brüder auf, die auch nach dem Ende des Nazi-Reiches noch wegen ihrer Rolle im Krieg als Autoritäten, wenn nicht gar als Helden verehrt wurden. Zweifel an Pflicht und Gehorsam, an Staat und Nation, an gottgewollten Ordnungen von oben nach unten schienen etwa Rupert Scholz nie befallen zu haben. Doch so unterschiedlich die Politiker dieser jugendlichen Kriegs-Jahrgänge individuell auch sein mochten – fast alle ähnelten sich darin, dass sie auf eine seltsam zeitlose Weise zugleich jünger wirkten, als sie tatsächlich waren, und ältlicher als die Wehners und Höcherls, die Straußens und Brandts es je werden konnten. Und ihre Erinnerungen klingen alle, als seien sie Vervielfältigungen eines gemeinsamen Lebensdrehbuches.

Ein deutscher Typus

Auch für Johannes Rau, Jahrgang 1931, der im Jahr 1986 gegen den um ein Jahr älteren Helmut Kohl als SPD-Herausforderer im Kampf um das Kanzleramt antrat, blieb der Krieg die negative Folie: »Bestimmte Erinnerungen bleiben.« Zum Beispiel die Bombardierung Wuppertals im Mai 1943, wohl der schlimmste Angriff, den es bis dahin in Deutschland gegeben hatte. »Das brannte sich natürlich ein; man hat Leichen gesehen, zum ersten Mal im Leben. Das waren schreckliche Bilder. Zum Teil hatten die Körper gar keine menschliche Größe mehr. Man hatte den Asphalt gesehen, in dem die Füße der Flüchtenden abgedrückt waren. Man hatte Häuser zusammenstürzen sehen. Ich weiß noch, dass ich mit Schuhen im Wasser stand und dass sie sich auflösten; sie waren nicht aus Leder, sondern aus irgendeiner Pappe.«

Dann kamen die Amerikaner. Der Krieg war zu Ende, die Not nicht. »Wir haben gehungert«, erzählte Rau, »aber nicht aus individueller Armut, sondern wie fast alle in den Jahren 1945 bis 1948, als es nichts gab. Wir gehörten nicht zu denen, die – wie begüterte Leute – etwas zum Tauschen hatten.« Im Herbst 1948 verließ er das Gymnasium vor der Mittleren Reife und begann eine Verlagsbuchhändlerlehre. Er musste morgens den Ofen heizen, dann mit dem Handwagen zur Post fahren und verdiente im ersten Jahr 35 Mark im Monat. Mit neunzehn erlebte er Gustav Heinemann, der ihn begeisterte. Zwei Jahre später wurde er in dessen Gesamtdeutscher Volkspartei aktiv, und schon 1952 war er Kreisvorsitzender in Wuppertal. Fortan ging es für Johannes Rau in der jungen Bundesrepublik nur noch voran.

Allerdings war die Partei des verehrten Gustav Heinemann laut Rau »kein Verein, in dem einer was werden konnte«. Der engagierte junge Mann malte seine Wahlplakate selbst und hängte sie eigenhändig an die Bäume. Als die GVP bei der Bundestagswahl 1953 nur auf 1,2 Prozent kam, vermutete Rau einen Irrtum: »Ihr müsst das Komma weglassen.« Im Mai 1957 löste die Partei sich auf. Rau trat – wie Heinemann, Eppler und Schmude – der SPD bei. »Der Wechsel ist uns schwer gefallen«, bekannte er, »und zwar aus politischen und stilistischen Gründen. Wir waren Bürgerliche im Lebensgefühl.«

Im Juni 1958 errang Johannes Rau in Wuppertal sein erstes Landtagsmandat. Zum Fraktionschef wählten ihn die SPD-Abgeordneten 1967, da war er sechsunddreißig Jahre alt. Er gab seinen Verlagsjob auf und wurde Berufspolitiker. Nach einem knappen Jahr als Oberbürgermeister von Wuppertal berief ihn Ministerpräsident Heinz Kühn 1970 als Wissenschaftsminister ins Düsseldorfer Kabinett. 1977 wählten die Genossen Johannes Rau gegen den favorisierten Friedhelm Fahrtmann zum Landesvorsitzenden, ein Jahr später war er Ministerpräsident. Bei den Landtagswahlen 1980 erzielte die SPD in Nordrhein-Westfalen unter Raus Führung zum ersten Mal die absolute Mehrheit, ein Erfolg, den Rau im Mai 1985 wiederholen und noch ausbauen konnte. Aus dem »Predigersohn aus Wuppertal«, wie er sich selbstironisch nannte, war ein sozialdemokratischer »Menschenfischer« geworden. Das machte ihn damals geradezu zwangsläufig zum Kanzlerkandidaten.

Sein Gegenkandidat, der amtierende Kanzler Helmut Kohl, Sohn eines Steuersekretärs aus Ludwigshafen, gehörte natürlich auch längst zu den Gewinnern der Nachkriegsgeneration. Als der 17-jährige Pennäler drei Jahre vor dem Abitur 1947 in die CDU eintrat, konnte das wahrlich niemand voraussagen. Dass er dann schon als Student im Vorstand der pfälzischen Christdemokraten saß, verdankte er der harten Schule des Krieges und der Nachkriegszeit. In gesetzloser Zeit hatte sich der halbsoldatische Kinder-Kämpfer quer durch Deutschland geschlagen, von Berchtesgaden bis Ludwigshafen. Helmut Kohl sah sich als Überlebenssieger an der Heimatfront, einer, der sich auskannte mit den Tricks und Tücken des Daseins.

Auch für ihn gehörten Trümmer und Ruinen zur realen Welt seiner Kindheit. »Ab 44 habe ich schon eine sehr konkrete Erinnerung. Wir hatten dauernd Fliegerangriffe in Ludwigshafen. Ich war beim Schüler-Löschtrupp – und das war keine Kindheit, wie man sie sich heute bei einem 14-Jährigen vorstellt. Wenn Sie Tote nach einem Fliegerangriff geborgen haben, sind Sie kein 14-Jähriger mehr.«

Dann kam sein 18-jähriger Bruder bei einem Bombenangriff um, und der 15-jährige Helmut Kohl wurde im Wehrertüchtigungslager von Berchtesgaden am 20. April 1945 auf den Führer vereidigt. Einer, der sich dem entziehen wollte, »ein Bub«, ein oder zwei Jahre älter, hing an einem Baum mit einem Schild um den Hals: »Ich bin ein Vaterlandsverräter«. Kohl: »Es gab ja solche Wahnsinnstaten am Ende, das hat mich schon geprägt.« Unvergessen auch die Hungerzeit während der französischen Besatzung. Nie mehr wurde er »dieses schreckliche, ausweglose Gefühl« los, »nicht satt zu sein, und die depressive Grundstimmung, die daraus kommt«. Das Gymnasium konnte einen Schüler mit diesem Hintergrund nicht mehr voll fesseln. Kohl begann politisch tätig zu werden; mit siebzehn erlebte er Kurt Schumacher, dessen politische Leidenschaft ihn faszinierte, später Adenauer – und fortan ging es immer aufwärts.

Für den nur wenig jüngeren Journalisten Jürgen Engert ist Kohl ein »deutscher Typus«. Sein Kennwort hieß »organisieren«. Kohl zählte zu jenen Kindern, die der Krieg zu Halb-Erwachsenen machte. Sie wussten sich zu behaupten. »Wir haben gestohlen wie die Raben«, erinnert er sich, »aber wir haben gewusst, dass wir stehlen. Wir haben es halt aus Hunger gemacht und gingen nicht zur Beichte.« In der gesetzlosen Zeit unmittelbar nach dem Waffenstillstand bestimmte er aus eigenem Ermessen, was richtig und falsch, was gut und böse war. Engert über diesen Menschenschlag: »Er knüpfte ein Beziehungsgeflecht. Er wusste, wo was zu holen war. Er hatte den Überblick. Er war das spezifische Produkt einer spezifischen Zeit.«

Helmut Kohl war immer der Jüngste auf der nächsten Karriere-stufe. 1959 zog er in den Mainzer Landtag ein, mit dreiunddreißig Jahren war er Fraktionsvorsitzender, mit fünfunddreißig CDU-Landesvorsitzender, mit neununddreißig stellvertretender Bundesvorsitzender. Ein Angebot Kurt Georg Kiesingers, im Bonner Kabinett der Großen Koalition Innenminister zu werden, lehnte Kohl 1968 ab. Am 19. Mai 1969 wurde er Ministerpräsident von Rheinland-Pfalz. »Wir erleben gegenwärtig, dass nicht nur die so genannte Großväter-Generation abtritt, sondern gleichzeitig eine Ablösung der Väter-Generation erfolgt«, triumphierte er. Ab Juni 1973 führte er als Bundesvorsitzender die CDU. »Ein Filzpantof-fel-Politiker«, höhnte Franz Josef Strauß. Doch der Pfälzer über-flügelte auch ihn. Nach einer knapp verlorenen Bundestagswahl 1976 gegen Helmut Schmidt amtierte Kohl in Bonn sieben Jahre als Fraktionsvorsitzender, bevor er im Oktober 1982 ins Kanzleramt einzog.

Für den »schwarzen Riesen« aus Mainz, den Starken und Selbstbewussten unter den Verunsicherten, den Großen unter all den Kleinen, musste es eine Selbstverständlichkeit gewesen sein, die Herrschaftsmuster seiner wilden Schülerzeit in die Politik hi-nein zu verlängern. Diese angelernte Egozentrik trug Kohl durch sein gesamtes politisches Leben. Immer mehr gewöhnte er sich an, sich als eine Art Retter zu betrachten. Für seine Ziele suchte er sich zunächst in der Jungen Union Kampfgefährten gegen die Alten, dann heuerte er intellektuelle Talente für sein Mainzer Kabinett an, schließlich lockte er Erfolgstypen aus Wissenschaft und Wirtschaft in die Politik: Roman Herzog, Kurt Biedenkopf, Richard von Weizsäcker. Kohl agierte wie ein Headhunter. Er ließ sich Namen nennen und holte dann über verschiedene Mittels-männer Einschätzungen ein.

So schuf Kohl in seinen mehr als fünfzig Unionsjahren ein ver-lässliches System von Verbindlichkeiten, das er auch nach seiner Kanzlerzeit weiterpflegte. Er wählte vorwiegend solche Gefähr-ten, von denen er sich Hilfe für die eigene Karriere versprach. Kohl-Biograf Klaus Dreher: »Sie mussten sich in die Gruppe ein-ordnen, keinen übertriebenen Ehrgeiz entwickeln, verschwiegen und diskret und außerdem zuverlässig sein.« Über die Jahre entstand auf diese Weise ein Netzwerk von gleich gesinnten und ähnlich geprägten Männern in Schlüsselpositionen des politischen Lebens der Bundesrepublik, die den Ton des Landes bestimmten. Es hat deshalb wohl seine Berechtigung, die 16-jährige Regierungszeit des Pfälzers als Ära Kohl zu charakterisieren, wie es nicht nur seine Propagandisten tun.

Helmut Kohl verkörperte – noch dazu in unübersehbarer Gewichtigkeit – die Eigenheiten seiner Generation, die ideologischen Glaubenssätze der Adenauer-CDU und den rücksichtslosen Durchsetzungswillen des Machtmenschen. In ihm bündelten sich die Kraftlinien der Nachkriegsjahre. Geleitet von seinem emotionalen Gedächtnis, reagierte dieser Kanzler weit mehr mit Gefühlen als mit abstrakter Logik auf Geschehnisse, Argumente, Menschen und Daten. Seine Fähigkeit, die Welt in Bildern und Szenen wahrzunehmen, diese zu speichern und bei Bedarf – angereichert mit eigenen Botschaften – systematisch als Weltdeutungen und Herrschaftssignale unter die Leute zu bringen, verschaffte ihm in der sich entfaltenden Medienwelt einen beängstigenden Wirkungsgrad. Er teilte die Gefühle der Mehrheit seiner Mitmenschen, wusste, dass seine Altergenossen sich wie er selbst nach einer harmonischen Welt des Wohlstands und der Sicherheit sehnten, und traute sich, seine eigenen Wünsche und Ambitionen als verbindliche Normalität zu propagieren. Dass der Mensch hinter dem Politiker durch die TV-Inszenierungen zunehmend ins Interesse der Öffentlichkeit rückte, das Private und Amtliche sich immer mehr vermischten, kam Kohls Neigung zur assoziativen Bilder- und Gefühlssprache sehr entgegen. Um seine Empfindungen zu verdeutlichen, lud er seine Handlungen mit nonverbalen Botschaften auf und fand, dass »die ja mehr sagen, als man mit Wörtern ausdrücken kann«.

Wirklichkeitseinbruch Tschernobyl

Eine solche Botschaft war dringend gefragt, als im Mai 1986 die Deutschen fast panisch auf die Reaktorkatastrophe von Tschernobyl reagierten. Das war ein Realitätseinbruch, wie ihn der Kanzler bei seinen Bemühungen, die Wende zu einer heilen Welt der Vergangenheit zu beschwören, nun ganz und gar nicht gebrauchen konnte. »Wir stellen Betroffenheit und Angst von einer Art fest, wie sie noch nie bekannt war«, konstatierte der Gießener Psychoanalytiker Horst-Eberhard Richter; eine veränderte »gesellschaftliche Stimmungslage« sei zu erwarten, »Bedrücktheit, Mißmut, Gereiztheit«, bis hin zu massenhaft »unguten Träumen«.

Im oberfränkischen Dorf Schneckenlohe bei Coburg saß Landwirtschaftsminister Ignaz Kiechle in einem überfüllten Festzelt der CSU und jammerte mit fast tonloser Stimme und tieftraurigem Blick »über diese blöde Strahlerei«, die den Bauern gerade noch gefehlt hätte. Die Blasmusik hatte ihn mit der schmetternden Falschmeldung empfangen: »Wohlauf, die Luft geht frisch und rein.« Das machte ihn noch unfroher. Denn gerade hatte er auf einem gespenstischen Hubschrauberflug über das frühlingssonnige Deutschland erlebt, dass offenbar niemand der frischen und reinen Luft traute. Von Bonn über Hildesheim nach Coburg und später weiter nach Kempten im Allgäu hatte der Minister, den ich begleitete, in der ersten Maiwoche 1986 als Folge der Angst vor der radioaktiven Strahlung überall das gleiche Bild wahrnehmen müssen: ein leeres Land – keine Bauern auf den Feldern, keine Kinder auf den Spielplätzen, keine Spaziergänger in den Parks, keine Wäsche auf der Leine, keine Kühe auf den Weiden.

Der Schock des 1300 Kilometer Luftlinie entfernten atomaren Supergaus hatte die Deutschen in Schrecken bis zur Hysterie versetzt. Die Fernsehbilder von Autos waschenden Strahlenschutz-Trupps, von Bergen unverkaufter Radieschen und welkendem Spinat auf den Wochenmärkten, von überfüllten Flugzeugen nach Mallorca, wohin Familien flüchteten, rückten den Bundesbürgern die Risiken ins Bewusstsein, die sie – trotz aller Proteste gegen Kernkraftwerke und Wiederaufbereitungsanlagen – seit der vagen Furcht vor dem Atomtod in den Fünfzigerjahren weitgehend verdrängt hatten.

Zu einem bezeichnenden Ausbruch kam es während einer Pressekonferenz von Gerhard Schröder und Johannes Rau in Hannover, die beide damals die Kernkraft noch für eine saubere Lösung künftiger Energieprobleme hielten. Als der niedersächsische SPD-Kandidat für das Amt des Ministerpräsidenten ankündigte, er werde das Thema Tschernobyl aus dem Wahlkampf heraushalten, war es mit der Fassung einer Journalistin vorbei. Sie fände das »entzückend«, höhnte sie, und dann brach es schluchzend aus ihr heraus: »Aber wir sterben alle. Kapieren Sie das denn nicht?« Hilflos versuchte Wolfgang Clement, der als SPD-Sprecher die Veranstaltung leitete, die Frau zu beruhigen. Hinterher gestand er, dass seine Frau und seine Töchter beim Frühstück fast dieselben Befürchtungen ausgesprochen hätten.

Beflügelt wurden die Ängste, ja, Alpträume, durch einen beispiellosen Wirrwarr behördlicher Maßnahmen, Anordnungen und Empfehlungen. Es war eine krisenhafte Situation, und die Bürger fühlten sich von ihren Regierenden ohne Durchblick im radioaktiven Regen stehen gelassen. Dass Innenminister Friedrich Zimmermann die Situation mit beschwichtigenden Erklärungen zu entschärfen versuchte, erschien dem Bundeskanzler nicht ausreichend. Helmut Kohl liebte zwar das Wort Umwelt nicht, wie er einmal einräumte, er sprach stattdessen lieber von der Schöpfung, doch jetzt richtete er ein Umweltministerium ein und betraute Walter Wallmann mit dem Job.

Nicht, dass der Jurist Wallmann ein leidenschaftlicher Umweltschützer gewesen wäre, oder der Kanzler sich mit der Anfälligkeit von Kernkraftwerken oder der ungeklärten Entsorgung befasst hätte – es ging Helmut Kohl allein um den Eindruck von Handlungsfähigkeit. In dieser Situation war Wallmann, der im Herbst 1982 eine Landtagswahl und 1985 eine Kommunalwahl in Hessen verloren hatte, für den Regierungschef der richtige Mann. Kohl wusste, als er Wallmann nach Bonn berief, dass sich hinter dessen ständiger Forderung nach einer »Industriegesellschaft mit menschlichem Gesicht« in Wahrheit dieselbe Haltung verbarg, die er selbst propagierte: Weiter so, Deutschland. Er ließ dem Kandidaten keine Chance, das Angebot zu überdenken. Kohl: »Ich sage dir, du hast keinen Ermessensspielraum. Ich sage dir das als dein Parteivorsitzender und Bundeskanzler.«

Wallmann hätte sowieso nicht abgelehnt. Man musste ihn nur das Wort »Ausstieg« sagen hören, um das zu wissen. Der Sohn eines christlich-konservativen Lehrers aus der niedersächsischen Kleinstadt Uelzen sprach dieses Keulenwort von Grünen und Alternativen nie einfach so aus, er erbrach es. Denn der Ausstieg, den die Sozis und Grünen meinten, so erfuhren Walter Wallmanns alarmierte Zuhörer, war ja nicht nur der »aus der friedlichen Nutzung der Kernenergie«; aus allem, was dem CDU-Politiker heilig war, wollten sie aussteigen: aus der Automobilindustrie, aus der chemischen und der pharmazeutischen Industrie, aus dem Straßenbau, ja, aus der modernen Informations- und Kommunikationsgesellschaft, aus der modernen Industrie- und Dienstleistungsgesellschaft und am Ende gar »aus unserer Zivilisation«. Stets war bei Wallmann ein Unterton persönlichen Schreckens unüberhörbar. Merkte denn keiner, was »Ausstieg« bedeutete? »Verweigerung« hieß das, »Abstieg«, »Abkoppelung«, »Isolierung« – lauter existenzielle Horrorwörter für den erfolgreichen Karrieristen aus der Lüneburger Heide, der ein Leben lang zwanghaft gesucht hatte, was er jetzt als Bundesminister für die Bonner Republik propagierte: »Neue Einstiege«.

Es gehörte zum Stil und zur Art Wallmanns, dass er alle Rollen perfekt darbot. Als Oppositionspolitiker war Konfrontation unumgänglich, da war er Partei. Als Oberbürgermeister, als Minister, als Ministerpräsident in Hessen wollte er für alle da sein; »Diener des Ganzen« nannte er das mit salbungsvollem Pathos. Seine Mitmenschen konnten sich die Botschaften aussuchen, die ihnen der geschmeidige Rollenspieler anbot. Es war für jeden etwas Gefälliges dabei.

Damit war Wallmann – wie nahezu alle Politiker seiner Generation, mit Helmut Kohl und Johannes Rau an der Spitze – ein Musterbeispiel des politischen Typus »Amtsinhaber«. Amtsinhaber waren die Herren nicht nur in dem Sinne, dass sie Regierungen führten oder mindestens Ministerien, und dass sie gewählt worden waren von den großen Mehrheiten in ihren Wahlgebieten. »Amtsinhaber« meint nach der Definition von Guy Kirsch und Klaus Mackscheidt auch einen bestimmten Politikertyp. Dessen Erfolg gründet – wie die beiden Wirtschafts- und Gesellschaftswissenschaftler 1985 in einer Abhandlung mit dem Titel *Staatsmann, Amtsinhaber, Demagoge* darlegten – auf der Erwartung der Wähler, »daß er ihnen in seiner politischen Analyse ein Bild der Realität anbietet, in dem alle beunruhigenden und Angst machenden Elemente fehlen«. Amtsinhaber können das überzeugend, weil sie sowohl alle psychosozialen Ängste ihrer Bürger teilen als auch deren dringlichste Wünsche. Sie sind wie die Mehrheit. Ihr Markenzeichen ist eine »überdurchschnittliche Durchschnittlichkeit«. Was sie aber darüber hinaus auszeichnet, ist eine überdurchschnittliche Robustheit ihrer Abwehrmechanismen gegen das Eindringen all jener Schrecken und Verlockungen der Wirklichkeit, die das innere Gleichgewicht im Alltag zu gefährden drohen. Das befähigt sie, ihre Mitbürger zu beruhigen, Gefahren zu verharmlosen, Zweifel zu zerstreuen, Optimismus zu verbreiten. Und genau das wird von ihnen auch erwartet.

Mir hat diese Demokratie-Theorie damals schon deshalb eingeleuchtet, weil sie das parlamentarische System als eine Mischung aus sachlicher Diskussion und persönlicher Auseinandersetzung beschreibt. Damit schien sie mir näher an der von mir und meinen Kollegen täglich erfahrenen Lebenswirklichkeit als andere idealtypische Modelle, denen zumeist die emotionale Komponente fehlte. Denn Politik ist, nach Mackscheidt und Kirsch, nicht nur eine Auseinandersetzung über Sachen, sondern auch eine Auseinandersetzung von Menschen.

Gerade am Werdegang Walter Wallmanns hatte ich das mit besonderer Aufmerksamkeit verfolgt. Für mich war er als Prototyp der irrlichternden Kriegskindergeneration eine Art negative Vorbildfigur, und was er sagte, erschien mir sehr vertraut – auch ich stamme aus einer Kleinstadt in der Lüneburger Heide, bin in einem Beamtenhaushalt groß geworden und habe in Marburg studiert. Wallmann verkörperte einerseits die neue Leistungs- und Macherwelt, stellte ein Erfolgsmodell der technokratischen Fortschrittsgesellschaft dar. Andererseits klammerte er sich hartnäckig an das deutschnationale Traditionserbe aus dem bürgerlichen Elternhaus. Und so wie er – mit all diesen fast karikaturhaften Zügen von kleinstädtischer Angepasstheit, vorauseilender Korrektheit und selbstverleugnender Erfolgswut bis in die Haarspitzen hinein – hätte auch ich werden können, wäre ich nicht durch meine Sucht lebensrettend aus der Bahn geworfen worden. Dass auch er Politik für eine Sucht hielt, räumte Walter Wallmann ohne Umschweife ein; dazu rauchte er gierig und arbeitete wie besessen.

Jedermann konnte den Preis erkennen, den das ständige »Ja«-Sagen kostete, wenn Walter Wallmann lächelte. Er öffnete sich nicht, er legte eine Freundlichkeitsmaske an, die dem Tatbestand der passiven Bewaffnung nahe kam. Seine wachen blauen Augen kontrollierten derweil die Wirkung. »Gefühle gehören in die Familie und nicht in die Politik«, fand Wallmann. Und der Grüne Tom Koenigs, der im Frankfurter Römer ein Jahr lang versuchte, den damaligen Oberbürgermeister in Wallung zu bringen, war am Ende sicher: »Die Person Wallmann gibt es gar nicht. Das ist eine Figur wie aus dem Wachsfigurenkabinett, die Zigarette ist das einzige, was an dem brennt.«

Wie alle Kriegskinder war Wallmann mit einem verstümmelnden Blick auf die Welt herangewachsen. Hatte er – vom Krieg abgesehen – nicht eine wunderbare Jugend gehabt? Auch ich habe die Defizite meiner frühen Jahre erst später erkannt. Die viel zitierte »Pubertät der Republik« war auch die Zeit des eigenen, in der Rückschau unbeschwert erscheinenden Heranwachsens. Alles, was damals aufgebaut wurde, erschien besser als die kaputte Welt, die der Krieg hinterlassen hatte. Alle dunklen und belastenden Affekte wurden verdrängt. Und das geschah ausdrücklich im Sinne der Mehrheit der Bundesbürger. Kein Wunder, dass in der Politik der Bonner Republik der Typus des Amtsinhabers besonders gedieh.

Er dient seinen Wählern mit seiner Deutung von Wirklichkeit. Die krasse Realität ist für niemanden uneingeschränkt erfreulich. Für den Politiker aber, der gewählt wird, um den Bürgern ein möglichst erfreuliches Leben zu gestalten oder wenigstens vorzugaukeln, ist eine verunsichernde Realität besonders bedrohlich. Also versucht er, sie aufzuhübschen. So entwickelt sich eine wechselseitige Manipulation, mit der sich Politiker und Wähler in ihrer Gemütsruhe bestätigen. Wie in jeder Beziehung zwischen einem Süchtigen und seinen Angehörigen, Freunden oder Kollegen sind auch Politiker und ihre Wähler durch einen Prozess des Leugnens aneinander gebunden. Der Politiker verspricht, weil er die Stimmen der Bürger braucht, um seine Position zu halten, mehr, als er verwirklichen kann. Die Wähler helfen ihm und erwarten dafür Gratifikationen.

Bei der Bundestagswahl 1987, als Johannes Rau den Kanzler Helmut Kohl herausforderte, hätte der SPD-Kandidat als Personifizierung der Thesen von Mackscheidt und Kirsch auftreten können. Für Helmut Kohl mit seinem »Weiter so, Deutschland« galt das natürlich sowieso. Für die Mehrheit der Bürger – all jener, die etwas zu verlieren hatten, seien es Eigentum oder Einkünfte, Privilegien, ihre Seelenruhe oder Aufstiegshoffnungen – erweckte der Kanzler den Eindruck, dass er alle mehr oder weniger deutlich sichtbaren Bedrohungen des Lebens in den Griff zu kriegen vermöge. Schließlich waren die Preise stabil, und die Kasse stimmte.

Und so ähnlich »weiter« wollte auch Johannes Rau, der sich das Land ausdrücklich nur »ein bißchen menschlicher, ein bißchen sozialer und ein bißchen gerechter« wünschte. »Es geht doch der Mehrheit der Menschen erfreulich gut«, fand er. Sollte er etwa wollen, dass die Wirtschaftsdaten schlechter wären, nur um regieren zu können? Johannes Rau war nicht Franz Josef Strauß. Redlich sagte er im Wahlkampf: »Wir haben doch dieses Land in vier Jahrzehnten mit aufgebaut und können jetzt nicht die Bundesbedenkenträger der Republik sein.«

Beim Katholikentag in Aachen trafen die Kanzleramtsbewerber von CDU und SPD am 13. September 1986 erstmals direkt aufeinander. Die Festversammlung brummelte schleppend den ersten Choral, da erschien der Kanzler. »Weck die tote Christenheit aus dem Schlaf der Sicherheit«, sang innig der Ministerpräsident von Nordrhein-Westfalen. Als der verspätete Helmut Kohl, mürrisch und ohne hinzugucken, seine Rechte ausfuhr, um nach den kirchlichen Würdenträgern notgedrungen auch seinen weltlichen Kollegen aus Düsseldorf zu begrüßen, griff Johannes Rau beherzt zu. Er strahlte. Die Fotografen brachten ihn mit einem höchst säuerlichen Kohl aufs Bild.

Aber hatte der Sozialdemokrat nicht in Wahrheit schon verloren, bevor der Wahlkampf begann? Eine Szene – wenige Minuten später auf der Freitreppe des Aachener Rathauses – verdeutlichte, was Demoskopen wieder und wieder in trockenen Kurven ausdrückten: Rau, der zuerst geredet hatte, war mit gesenktem Kopf auf dem Weg nach unten; Kohl stürmte erhobenen Hauptes ans Mikrofon hinauf. Von der Straße, außerhalb der Festversammlung, schallte es beiden Rednern entgegen: »Wir sind arbeitslos, und ihr labert bloß.«

Es wurde ein Winterwahlkampf, und der fand vorwiegend im Fernsehen statt. Die Witterung verhinderte Großkundgebungen unter freiem Himmel. Bei der Verbreitung der Botschaften traten die elektronischen Medien weitgehend an die Stelle von Plakaten, Prospekten und anderen traditionellen Freiluft-Werbeträgern.

Beide Kandidaten gaben vor, dass ihnen das zuwider sei. Pathetisch pflegten sie sich schon seit Jahren zu beklagen über die Scheinwelt der Medien-Inszenierungen, die sie von Politikern in Showstars zu verwandeln drohe. Kohl bedauerte sich jahrelang als Opfer einer »Schweigespirale« linker Medienmenschen, die ihn 1976 vorsätzlich so unvorteilhaft fotografiert und gefilmt hätten, dass die Wähler verschreckt zu Helmut Schmidt geflüchtet seien. Rau, der auch in hohen Ämtern grundsätzlich als »einer von uns« gesehen werden wollte, empfand die Vermittlung durch das Fernsehen als eine Beeinträchtigung seiner persönlichen Wirkung.

Ihre Wahlkampfmanager, die beide ihr Metier in Amerika gelernt hatten, sahen das ganz anders. Der CDU-Geschäftsführer

Peter Radunski, der alle Wahlkämpfe Helmut Kohls zwischen 1973 und 1994 gestaltete, und Bodo Hombach, der Johannes Rau beriet, wussten aus Umfragen, dass in 97 Prozent der westdeutschen Haushalte mindestens ein Fernsehapparat stand. Die Mehrzahl der Bürger bezog ihre politischen Informationen längst in erster Linie vom Bildschirm. Die Bundesbürger konnten 1985 zwischen drei und vier Programmen auswählen, die im Durchschnitt wöchentlich 35 bis 45 Stunden sendeten. Die Deutschen waren eine Mediengesellschaft geworden, auch wenn die – nach einem heftigen politischen Kulturkampf zwischen den Befürwortern aus der Union und sozialdemokratischen Gegnern – 1984 gestarteten Testprogramme der Privatsender auf die Kampagne 87 noch keinen Einfluss hatten.

Umso weniger konnte Radunski verstehen, dass die deutschen Polit-Profis sich über die Bedeutung des Fernsehens nicht im Klaren zu sein schienen: »Wer Arbeits- und Terminpläne führender Politiker kennt, kann sich nur wundern, wie niedrig der Stellenwert von Fernsehauftritten darin ist.« Sie selbst würden zu wenig fernsehen und hätten deshalb keine Vorstellungen von den Wirkungen, die sie erzielen könnten. Hombach konnte sich gar nicht genug mopsen über die hochakademischen Denk- und Sprachformen, mit denen die SPD sich den Wählern entfremdete. »Emotion ist Manipulation«, habe Helmut Schmidt einmal geschrieben, der sich für das »Seelenheil« seiner Mitmenschen ausdrücklich nicht zuständig fühlte. Jetzt glaubte Hombach: »Diese Weigerung ihrer politischen Führer hat der SPD den Draht zu einer ganzen Generation gekappt.« Sein Gegenspieler Radunski hielt 40 Prozent der Wähler für beeinflussbar – vielleicht nicht mit Argumenten, wohl aber durch Werbung: »Menschen haben Menschen etwas zu sagen.«

Ich habe die Winterwochen dieser Wahlkampagne aus vielerlei Gründen als geisterhaft in Erinnerung. Um so etwas wie einen Wettbewerb herzustellen, aktivierten beide Kandidaten im Fernsehen längst verblichene Feindbilder. Helmut Kohl lieferte halbherzig eine matte Wiederaufnahme des alten Franz-Josef-Strauß-Schlagers »Freiheit statt Sozialismus« ab, und Johannes Rau gab die Kirchentagsversion von »Proletarier aller Länder vereinigt Euch«. Bei genauerem Hinhören und Nachlesen waren die beiden so gut wie nicht voneinander zu unterscheiden. »Aussteigen«, das Wort wie die Haltung war Johannes Rau nicht weniger zuwider als dem Rivalen Helmut Kohl. Wie Kohls Reden wimmelten auch die Raus von Begriffen wie »gemeinsam«, »zusammen«, »miteinander«. Misstrauisch beäugten sie weniger einander als all jene Gruppen in der Gesellschaft, die am radikalsten auf Veränderung drängten. Jene, die Strauß die »Insassen der Szenen« nannte: emanzipierte Frauen, Intellektuelle, radikale Umweltschützer, Jugendliche und linke Christen. Ihnen gegenüber wirkten Kohl und Rau wie das Zentralkomitee einer Honoratioren-Einheitspartei.

Geisterhaft erschien mir denn auch weniger das ausbleibende Duell der Volksparteien als die Tatsache, dass an Konfliktstoff und Reformnotwendigkeit in der Gesellschaft nun wirklich kein Mangel herrschte. »Wir dürfen nicht zulassen, daß, weil da dieser Mann im Kanzleramt sitzt, dieses Land in Stagnation verfällt«, hatte schon 1984 Kohls in Ungnade gefallener Ex-Generalsekretär Kurt Biedenkopf gewarnt. Aber die angemahnte große Steuerreform blieb ebenso aus wie Konsequenzen aus der vom Kanzler selbst düster beschworenen »Katastrophe in der demographischen Entwicklung«. Der neue CDU-Generalsekretär Heiner Geißler mahnte, dass sich »ab dem Jahr 2000 die Probleme in der Rentenversicherung dramatisch verschärfen«, falls sich nichts ändern sollte. Kurz, alle Strukturkrisen, die heute das vereinigte Deutschland in massive Nöte bringen, waren schon vor zwanzig Jahren erkannt – und blieben unbearbeitet. Die SPD beschuldigte die Union, sie habe die Sozialabgaben auf den höchsten Stand seit Gründung der Bundesrepublik getrieben, verlangte aber, dass der Prozess der Arbeitszeitverkürzung weitergehen müsse.

Weiter so, Deutschland? Die Kräfte der Veränderung in der SPD um Oskar Lafontaine, Erhard Eppler und viele Junge waren mit der Abwahl Helmut Schmidts ja nicht verschwunden, so wenig wie die Grünen in Bonn und die sozialen Bewegungen überall im Lande. Im Gegenteil – sie prägten das Klima stärker denn je, fanden durch die Grünen auch Gehör in der institutionalisierten Bundespolitik, aber einen Kandidaten, der sich getraut hätte, schon jetzt nach der Macht zu greifen, hatten sie nicht. Die jugendlichen Helden der SPD, Willy Brandts »Enkel« Lafontaine, Schröder, Engholm und Scharping und deren grüner Freund Joschka Fischer, hatten sich alle in die Provinz abgesetzt und übten dort als Zaunkönige Regieren. Am Bundeswahlkampf nahmen sie nur als eine Art Rahmenprogramm teil – in Wahrheit waren sie die eigentlichen Herausforderer für beide Spitzenkandidaten. Gegen sie verteidigten Helmut Kohl und Johannes Rau den Schein der heilen Welt, in der sie aufgestiegen waren. Und mit ihnen die Mehrzahl der westdeutschen Wähler.

So blieb es bis zum Wahltag. Kohl gegen Rotkohl, Birne gegen Ersatzbirne, spotteten die Kabarettisten. Statt eines spannenden Wahlkampfes gegeneinander erlebten die Bundesbürger einen gemeinsamen Werbefeldzug für die Erhaltung des kulturellen und gesellschaftlichen Status quo in der Bundesrepublik – gegen die Grünen und Linken, selbst in den eigenen Parteien. Nur als Personen unterschieden sich die Kontrahenten beträchtlich, als Amtsinhaber suchten sie ihre Mehrheiten auf austauschbare Weise.

Nie hatte ich einen Kandidaten erlebt, der so unverkennbar nicht gewinnen wollte, wie Johannes Rau. Obwohl er tapfer seine Pflicht tat. Am Abend vor seinem Nominierungsparteitag saßen wir in einem Hotel in Würzburg mit ihm zusammen, ein halbes Dutzend Journalisten und der bayerische Landesvorsitzende Hiersemann, und je länger das Abendessen dauerte, desto deutlicher kriegte es den Charakter einer Henkersmahlzeit. »Eigentlich müsste ich ja noch mal durch meine Rede gehen«, seufzte der Kandidat, aber dann erzählte er doch lieber noch einen Witz: Trifft ein Sozialdemokrat einen anderen und fragt, warum der denn nicht bei der letzten Ortsvereinssitzung gewesen sei? – »Ach«, sagt der, »wenn ich gewusst hätte, dass es die letzte ist, wäre ich bestimmt gekommen.«

Johannes Rau kann wunderbar Witze erzählen. Er weiß auch so viele, und wenn er erst einmal angefangen hat, ist er nicht mehr zu bremsen. Und so reihte sich an diesem Abend eine Schote an die andere, Anekdoten dazwischen, wieder Witze – die Runde wurde zum atemlosen Lachkabinett. Gegen neun Uhr hatte er begonnen, nach Mitternacht erzählte er immer noch, immer krampfhafter hechelte er von Pointe zu Pointe, immer erschöpfter stöhnten wir vor Lachen. Natürlich hatte Rau längst gemerkt, wie zwanghaft er sich in diese Rolle hineingewirtschaftet hatte. Er wirkte wie besiegt, als er endlich aufstand und leise sagte: »Ja, Witze erzählen kann ich wohl besser, als Kanzler sein.«

Solche Augenblicke der offenen Wahrheit sind rar in der Politik. Er mochte Bonn nicht, er fürchtete die kalte Erfolgswelt. Ich hatte Johannes Rau persönlich immer gemocht, seit diesem Wahlkampf respektierte ich ihn für seine Anstrengung, sich gegen den Sog des politischen Betriebes zu behaupten. Es gelang ihm nicht immer, aber er reduzierte die Rituale der Macht auf ein Minimum. Dass er auf Schritt und Tritt beobachtet wurde, dass sein Körper und sein Gesicht, seine Bewegungen und seine Stimme auf deutbare Zeichen überprüft wurden, wo immer er sich öffentlich zeigte – das war Johannes Rau nicht nur sichtbar lästig, es quälte ihn.

Helmut Kohl war im Wahlkampf ganz Bundeskanzler. Er kam nicht einfach, er ereignete sich. Wo immer er auftrat, fand »unsere Republik« statt. »Unsere Hymne«, das Deutschlandlied, riss die Menge von den Stühlen. Auf einer Riesenleinwand flatterte die schwarzrotgoldene Fahne, und dann füllte mit pompösem Ernst SEINE Stimme die Halle. Dem Volke wollte er dienen, Schaden von ihm wenden und seinen Nutzen mehren. »Unser Kanzler«, vermeldete eine ergriffene Stimme, »mit ihm läuft's wieder.« Vierzig Jahre lang war Helmut Kohl jetzt Politiker, er sagte es in jeder Versammlung. Und so sah er auch aus, wenn er von der Bühne winkte wie eine Freiheitsstatue, gemessen, staatsmännisch und von sich selbst zutiefst ergriffen.

Als wäre der Kontrast nicht an sich schon krass genug, inszenierte Johannes Rau demonstrativ das Gegenmodell. Er präsentierte sich als »der Mensch Rau«, und meist erweckte er den Eindruck, als sei er eher zufällig in seine Veranstaltungen geraten.

»Ich will der Johannes Rau bleiben, der ich war, als ich Kandidat wurde«, pflegte er zu versichern. Natürlich war auch er umdrängt von Fotografen, wenn er sich Hände schüttelnd, winkend und lachend durch die Säle treiben ließ. Aber das hatte nichts Hoheitliches. Wenn er endlich auf der Bühne stand, wirkte er schon deswegen wie ein Sieger, weil er diesen Weg geschafft hatte. Johannes Rau schwitzte. Er war gerührt, und den Leuten gefiel, dass einer sich so demonstrativ nicht verbiegen lassen wollte. »Die ganze Politik, die kann mir gestohlen bleiben«, sagte er bisweilen, »wenn sie das Leben der Menschen nicht menschlicher macht.«

Unglaubliche Alkoholikerversammlung

Erfolgreich waren die Kandidaten mit ihren Anstrengungen beide nicht. Erwartungsgemäß hatte Johannes Rau – ohnehin nur halbherzig unterstützt von seiner Partei – gegen den amtierenden Bundeskanzler keine Chance. Doch richtig glücklich konnte auch Helmut Kohl über seinen Sieg nicht sein. Er war zwar, als ausgezählt wurde, eindeutiger Sieger über seinen sozialdemokratischen Herausforderer (44,3 Prozent gegen 37,0), doch gewann er mit dem schlechtesten Ergebnis der Union seit 1972. Kohl schnitt – als amtierender Kanzler – sogar schlechter ab als Franz Josef Strauß 1980. Rau büßte gegenüber Helmut Schmidt 5,9 Prozent ein. Die Grünen steigerten sich auf 8,3 Prozent.

Das Wahlvolk hatte den etablierten Parteien einen Denkzettel verpasst. Zwei Drittel der Befragten hatten kurz vor der Wahl »negativ getönte Aussagen« gemacht, berichtete das Meinungsforschungsinstitut Emnid. Auch wenn man Helmut Kohl den Verfall der politischen Kultur persönlich ankreidete, der Kanzler repräsentierte auch das Großklima: Alle Altparteien und das gesamte politische Personal in Bonn hatten in den vorhergehenden Jahren beträchtlich an Ansehen verloren. »Gefühle wie Ärger, Verdrossenheit und Verunsicherung« registrierte eine Sinus-Studie. Das Vertrauen in die Entscheidungskompetenz der Politiker war ebenso dahingeschwunden wie der Glaube an ihre persönliche Integrität. Sie tickten nach den Regeln der Medien im Sinne der vorher erfragten Stimmungen, ihr einziges Ziel war die Macht. Sie redeten unanstößig, leidenschaftslos und unverbindlich.

Auch die Glaubwürdigkeit des Fernsehens nahm in den Augen der Zuschauer kontinuierlich ab. Die Frage, ob das Fernsehen »wahrheitsgetreu« berichte und »die Dinge« immer so wiedergebe, »wie sie wirklich sind«, beantworteten 1970 noch 56 Prozent der Befragten positiv, 1980 waren es nur noch 41 Prozent, 1985 ganze 27 Prozent. Zweifel an der Objektivität der öffentlich-rechtlichen Sender bei der politischen Berichterstattung wuchsen nicht zuletzt angesichts des Parteiengezerres in den Aufsichtsgremien, in denen die Politiker auf »Ausgewogenheit« pochten, Minuten zählten, kritische Moderatoren rüffelten und Nachrichten zu beeinflussen suchten.

Doch vor allem waren es der Flick-Parteispenden-Skandal und die Affäre um den Gewerkschaftskonzern »Neue Heimat«, die das Potenzial politischer Entfremdung beträchtlich anwachsen ließen. »Es gab Zeiten«, erinnert sich der damalige Bonner SPD-Fraktionsvorsitzende Hans-Jochen Vogel, »in denen die Verachtung geradezu körperlich zu spüren war.« 69 Prozent der Westdeutschen glaubten, dass Politiker bestechlich seien, 54 Prozent hielten sie für weniger ehrlich als andere Menschen.

Im Verlauf der mehrjährigen Versuche, die illegalen Parteispenden aufzuklären, musste Wirtschaftsminister Otto Graf Lambsdorff (FDP) von seinem Amt zurücktreten, nachdem ein Gericht Klage wegen Steuerhinterziehung und Bestechlichkeit erhoben hatte und ihn wegen des Steuervergehens verurteilte. Seinen Amtsvorgänger Hans Friderichs, inzwischen Vorstandssprecher der Dresdner Bank, ereilte das gleiche Schicksal. Auch Parlamentspräsident Rainer Barzel (CDU) verlor sein Amt. Nie erweckten die drei Altparteien den Verdacht, dass sie die unappetitlichen Verfilzungen von Wirtschaft und Politik, von Geld und Macht bis in die letzten Einzelheiten aufgeklärt wissen wollten. Sie schoben sich gegenseitig eine gewisse Teilschuld in die Schuhe und überließen die Angelegenheit dann weitgehend den Justizbehörden, die am Ende in 1860 Verfahren wegen Bestechung und Bestechlichkeit gegen Politiker und Industrielle wie den Flick-Manager Eberhard von Brauchitsch ermittelten.

Die Grünen bezeichneten die Union, die Liberalen und die Sozialdemokraten als »ein Kartell der Spurenverwischer, Verdunkler und Vernebler«, als der Deutsche Bundestag am 13. März 1986 den Untersuchungsbericht des Parteispenden-Ausschusses debattierte. In der Tat war es von Anfang an die Absicht der drei Parteien gewesen, den Skandal zu vertuschen, und fast wäre es ihnen gelungen. Denn als 1981, noch zur Zeit der Schmidt-Regierung, die ersten Meldungen über den Flick-Skandal erschienen, ereiferten sich die Medien gerade über Korruption und Misswirtschaft beim gewerkschaftseigenen Baukonzern Neue Heimat. Und hätte sich nicht der damalige Justizminister Jürgen Schmude quer gelegt, hätten die Fraktionen noch vor der Wahl Helmut Kohls im Schnellverfahren die Parteispenden-Affäre mit einer Amnestie beerdigt. Noch zwanzig Jahre später ist Schmude ziemlich fassungslos über diese Bereitschaft ehrenwerter SPD-Kollegen.

Die neuen Regierungsparteien versuchten es dann noch einmal. In geheimer Kommandosache beschlossen die Parteichefs von CDU, CSU und FDP – Kohl, Franz Josef Strauß und Hans-Dietrich Genscher – einen zweiten Amnestieplan für Parteispender. Kanzler Kohl gab Weisung, den Kreis der Mitwisser so klein wie möglich zu halten. Wolfgang Schäuble, den Kohl als Bundesminister für besondere Aufgaben ins Kanzleramt holte, sollte die Ausführung erledigen. Am Ende scheiterte das Vorhaben am Aufruhr der FDP-Basis. Schäuble nannte dieses Ergebnis »einen meiner größten Flops, eine der bittersten Stunden meiner parlamentarischen Arbeit«.

Dem loyalen Kanzlergehilfen war indes nicht verborgen geblieben, dass sein Chef selbst damals nur haarscharf am Verlust seines heiß geliebten Kanzleramts vorbeischrammte. Vor dem Untersuchungsausschuss, bei dem er sich 79-mal auf Gedächtnislücken berufen hatte, bestritt Kohl, vom illegalen Treiben einer »Staatsbürgerlichen Vereinigung 1954 e. V.« gewusst zu haben, die ihn in Wahrheit seit 1964 mit Spenden versorgte. Das war eine glatte Lüge. Sein Generalsekretär Heiner Geißler rettete ihn vor dem Kadi, indem er die flattrige Falschaussage seines Chefs entschuldigend als momentanen »Blackout« charakterisierte. Die staatsanwaltlichen Ermittlungen, die Otto Schily durch eine Strafanzeige ausgelöst hatte, wurden eingestellt, weil man dem Kanzler und CDU-Vorsitzenden keinen Vorsatz zur Lüge nachweisen konnte. Jahre später offenbarte sein Helfer Uwe Lüthje, dass Helmut Kohl damals sogar an Rücktritt gedacht habe. Nur weil er, Lüthje, vor den Staatsanwälten gelogen hatte, sei Kohl ein Gerichtsverfahren erspart geblieben.

Auch die Unregelmäßigkeiten bei der Neuen Heimat und die anstößigen Praktiken großkotziger Gewerkschaftsbosse hielt ein Bonner Untersuchungsausschuss bis drei Wochen vor der Bundestagswahl im Januar 1987 im öffentlichen Scheinwerferlicht. DGB-Bundesvorständler Alfons Lappas, der regelmäßig zur Großwildjagd nach Zentralafrika zu fliegen pflegte, weigerte sich, vor dem Untersuchungsausschuss zu erscheinen, und wurde bei der Eröffnungsveranstaltung eines IG-Metall-Kongresses in Hamburg festgenommen. Seine Mahlzeiten ließ er sich dann aus dem Hotel »Atlantic« in die Zelle bringen. Das Stichwort Neue Heimat genügte noch lange, um auch die SPD in die Defensive zu drängen, klagte Hans-Jochen Vogel.

Plötzlich war der Begriff »politische Klasse« zum Schimpfwort geworden. Politik als Beruf bedeutete spätestens seit jenen Jahren, die einmal »die Ära Kohl« heißen sollten, Politik als Karriere: Jeder gegen jeden, und so gut wie alle Mittel waren recht. Um die politischen Abläufe in Bund, Ländern und Kommunen zu organisieren, brauchte und braucht das Land ein paar tausend Profis, Abgeordnete des Bundestages und der Landtage, Bürgermeister und Stadträte, hauptamtliche Funktionäre in Parteien und Verbänden. Das war die »politische Klasse«, die für die und von der Politik lebte. Die Angehörigen dieser Klasse – das begann die Öffentlichkeit in den Achtzigerjahren zu erkennen – lagen miteinander in einem unerbittlichen Wettbewerb. Und jeder dachte in erster Linie an den eigenen Erfolg, gerade dann, wenn er vorgab, sich für andere aufzureiben.

Es trug gewiss ebenso zum schlechten Ruf der Gewählten bei wie zur Hochnäsigkeit vieler öffentlicher Urteile über sie, dass es den Berufspolitiker, den Max Weber beschrieben hatte, nicht mehr gab, aus vielerlei Gründen nicht mehr geben konnte. Politik als Beruf, das mochte in den ersten Jahrzehnten der Bundesrepublik noch einen gewissen Zauber gehabt haben, solange die Akteure Adenauer, Schumacher, Dehler, Luise Schröder, Brandt, Schmidt oder Heuss hießen, also Frauen und Männer mit einem Schicksal waren, die durch ihre Biografien Ansehen in die Nachkriegsrepublik brachten. Nun hießen sie Kohl und Rau, Blüm und Bangemann und waren Kinder des Nachkriegsalltags wie Otto Normalwähler und Produkte der allgemeinen Angestelltenkultur. Kurt Biedenkopf, der von der Hochschule und aus der Wirtschaft in die Politik gewechselt war, machte sich über das Niveau seiner neuen Umgebung nie Illusionen: »Systeme, in denen die einzige formale Qualifikation auch für höchste Ämter darin besteht, mehrheitsfähig zu sein, haben eine eingebaute Tendenz zur Mittelmäßigkeit.«

Nach Helmut Kohls Wiederwahl begann politische Apathie Bonn zu lähmen. Was immer auch geschah oder unterblieb, nichts folgte daraus. Heute erscheint es mir fast unmöglich, mich noch einmal in das ohnmächtige Gefühl hineinzuversetzen, mit dem wir damals die dreiste Herrschaft Kohlscher Lachhaftigkeiten ertrugen. Es wurde ja nicht leichter, wenn auf der Speisekarte unserer linken Stammkneipe statt der Kohlroulade »der Kanzler in seiner besten Rolle« angekündigt wurde. Der war ja keine Ulknummer, der war Regierungschef der Bundesrepublik Deutschland.

Im Nachhinein würden Berichte über die damaligen Grotesken wie Ausgeburten linker Rachephantasien wirken, hätte der große Helmut Kohl nicht mit seinen späten Spendenaffären wenigstens noch einmal angedeutet, wie er in jenen Phasen zu regieren pflegte, als er noch nicht als Kanzler der Einheit im Geschichtsbuch stand. Damals dachte im Übrigen niemand – außer ihm selbst – an einen historischen Stellenwert dieses Kanzlers. Aber lustig konnte ich ihn trotzdem nicht finden. Immer blieb mir das Lachen im Halse stecken, wenn ich sah, wie die Leute das mochten, dass da einer, wie im Slapstick-Kino, strampelte, herumstolperte und unentwegt einbrach zwischen den Ebenen seiner idyllisch-heilen Wendewelt und dem Gemenge aus Täuschung und Tollpatschigkeit, Eigensucht und Machtgier, den er und die anderen »da oben« als Politik ausgaben. Denn so ähnlich hilflos und überfordert fühlten die Bürger sich offenbar alle in einer Welt, die sich täglich zu ändern schien. Kohl zeigte: Keiner kann was machen. Viele, die permanent über ihn lachten, hatten ihn wiedergewählt. Sie brauchten ihn. Lachen, so der Anthropologe Helmuth Plessner, ist – wie Weinen – eine stark gefühlsgeladene, unbeherrschte und gebrochene Antwort auf Situationen, denen die Menschen nicht gewachsen sind.

So empfand ich mich auch. Ich war fünfzig Jahre alt, hatte fünfundzwanzig Jahre als politischer Journalist gearbeitet, davon die Hälfte in Bonn. Und noch nie waren mir bisher Zweifel gekommen an meiner Arbeit, nie hatte mich Politik gelangweilt, und ich hatte mich auch nicht unwohl gefühlt in Bonn. Doch in der zweiten Amtszeit Helmut Kohls hatte ich genug. Ich suchte mir andere Themen, begann über Sportler zu schreiben, über Theater und sogar über Wirtschaftsbosse, und ich nahm mir vor, aus Bonn wegzugehen. Abstand zu kriegen von dem, was sich als Politik ausgab. Gespräche mit dem Kollegen Rolf Zundel von der *Zeit* trugen zu diesen Überlegungen bei. Zundel, der Doyen der politischen Journalisten in Bonn, überraschte damals die Kollegen mit seinem Entschluss, als Psychotherapeut arbeiten zu wollen. Er hatte persönliche Gründe, aber auch diesen: »Seit Kohls Amtsantritt verstehe ich die Politik nicht mehr.«

Kein Wunder, dass gesoffen wurde in Bonn. Die üblichen halluzinatorischen Hilfsmittel zur Verdrängung aktueller Aggressionen, Sorgen und Ängste – Machtrituale, Arbeitsüberlastung, selbst gemachter Termindruck und öffentliches Gefragtsein – standen nicht allen in gleicher Weise zur Verfügung. Da half vielen nur ein verbreitetes Hausmittel: Alkohol.

Wie in Washington, D.C., wo ich es erlebt hatte, und wie in vermutlich allen anderen Hauptstädten der Welt gehörte der Suff auch in Bonn zur politischen Routine – vom gepflegten Sherry-Genippe auf Lobbyisten-Empfängen am Vormittag, über die »Anfeuchter« beim mittäglichen Arbeitsessen, das abendliche Frust- oder Renommierbesäufnis in der Parlamentsbar, bis zum einsamen nächtlichen Verzweiflungssuff am Schreibtisch. Und wie alle Problemtrinker verstanden sich die Polit-Profis vorzüglich darauf, ihren Alkoholkonsum zu verstecken. Nicht zuletzt mit Hilfe des Bundestagswirtes Osvaldo Cempellin, genannt »Ossi«, der inzwischen seit mehr als drei Jahrzehnten den Abgeordneten gut eingeschenkt, zugehört und noch besser geschwiegen hatte. Im Herbst 2003 wurde ihm »in Anerkennung der um Volk und Staat erworbenen Verdienste« das Bundesverdienstkreuz verliehen.

Mit Methoden, den Suff zu verstecken und noch sturztrunken einen Eindruck von Funktionstüchtigkeit zu erwecken, kannte ich mich aus. Ich war zwar inzwischen ein Dutzend Jahre trocken, aber die Erinnerung hielt ich wach. Gegen Anfälle von Übermut hatte ich mir ein Foto über den Schreibtisch meines Bonner Büros gehängt, auf dem ich 1972, als Korrespondent in Washington, dem damals mächtigen Vorsitzenden des Haushaltsausschusses im amerikanischen Repräsentantenhaus, Wilbur Mills, Feuer für seine Zigarre gab. Mills wollte Präsident der USA werden, und ich interviewte ihn für meine Zeitschrift.

Es wurde ein munteres, lockeres Gespräch, für das mich meine Redaktion ausdrücklich belobigte. Weder dem Text des Interviews noch dem Foto ist anzusehen, dass wir beide – Mills und ich – sturzvoll waren, beflügelt von mindestens einer Flasche Wodka pro Person. Keiner hatte es beim anderen gemerkt. Wir funktionierten prächtig. Das gab sich aber bald, bei beiden. Ein paar Jahre später konnte ich die Fassade nicht mehr durchhalten und musste mich als Alkoholiker akzeptieren. Mills wurde etwas eher auffällig – 1974, als er nachts einer Stripperin namens Fanny, genannt »das argentinische Knallbonbon«, in einen Teich vor dem Capitol hinterhersprang.

Meine Washingtoner Erfahrungen erwiesen sich in Bonn als hilfreich. »Der Bundestag ist eine unglaubliche Alkoholikerversammlung, die teilweise ganz ordinär nach Schnaps stinkt«, hatte der Grüne Joschka Fischer öffentlich verkündet, nachdem er ins Parlament eingezogen war. Knapp fünf Jahre später, im November 1988, konfrontierte das ARD-Magazin »Panorama« die Öffentlichkeit mit einem sorgfältig dokumentierten Film über die »Suchtgefahr bei Abgeordneten und Ministern«. Darin schätzte der Berliner Medizinprofessor und Gerichtsgutachter Detlef Cabanis, dass bis zu 20 Prozent der Spitzenpolitiker und 10 Prozent der »Politiker im mittleren Bereich richtig oder akut durch Alkohol gefährdet« seien.

Ein Sturm der Entrüstung einte plötzlich die Parteien, mit Ausnahme der Grünen, versteht sich. Deren gesundheitspolitische Sprecherin, die Suchtärztin Heike Wilms-Kegel, selbst eine trockene Alkoholikerin, hatte den Fernsehleuten erzählt, abends herrsche im Hohen Haus bisweilen Bierzelt-Atmosphäre. Ihr wurden daraufhin von christlichen Volksvertretern Prügel angedroht. Empört versammelten sich die Abgeordneten der etablierten Parteien am Morgen nach der Sendung in der Lobby des Bonner Wasserwerks, das damals als Ersatzparlament diente, vor den TV-Geräten, um die Wiederholung der Magazin-Sendung zu begutachten. Annemarie Renger (SPD) und Richard Stücklen (CSU) sahen in dem Bericht »eine Unverschämtheit« und »eine Beleidigung des höchsten Verfassungsorgans«. Minister Ignaz Kiechle hielt den Tenor der Sendung für »die dümmste Aussage, die ich je gehört habe«.

Und ausgerechnet der FDP-Abgeordnete Detlef Kleinert, den Fischer als den »schwankenden Teil der Koalition« zu verhöhnen pflegte, sprach wegwerfend von »willkürlichen Tatsachenbehauptungen und herausgegriffenen falschen Beispielen«. Dabei hatten die Panorama-Leute mit gutem Grund ihn als Beispiel herausgegriffen und ihn gefilmt, als er zu später Stunde, aus »Ossis« Bundeshausbar herbeieilend, im Plenum das Wort ergriff und sich über die Ansicht seines Vorredners empörte, die Mehrheit des Bundestages sei der Diskussion mit den Bürgern nicht gewachsen. Kleinert lallte: »Wir haben es nicht nötig, uns hier von einigen, die eine Außenseiterrolle zur persönlichen Hochsteigerung missbrauchen wollen, haben wir es nicht nötig, dieses Parlament missbrauchen zu lassen.«

Weder für Suchtexperten noch für Bonner Journalisten lieferte der handwerklich sauber gearbeitete und differenziert kommentierende Film aufregende Neuigkeiten. Auf die Tatsache, dass jeder fünfte Arbeitnehmer in der Bundesrepublik »massive Probleme mit Alkohol« hatte, hatte die Deutsche Hauptstelle für Suchtgefahren wiederholt aufmerksam gemacht. Warum also nicht auch die Arbeitnehmer in der Branche Politik? Jeder, der die Bonner Szenerie aus der Nähe miterlebte, hätte die Beispielreihe aus dem Film beliebig verlängern können. Und, ja – »illuminierte Journalisten«, wie eine Abgeordnete giftete, gab es auch genug.

Gewiss, Politiker, insbesondere die bekannteren, mochten anfälliger erscheinen als Durchschnittsbürger, aber in Wahrheit unterschieden sie sich in ihrem Trinkverhalten nicht von den Usancen in der Wirtschaft oder den freien Berufen – in den Chefetagen wurde mehr gesoffen. Der (inzwischen verstorbene) Chefarzt der Oberbergkliniken für Suchtkranke, Matthias Gottschaldt, der viele Politiker unter seinen Patienten hatte, erläuterte: »Karrieretypen sind meist intelligent, kopfgesteuert und haben Schwierigkeiten, über ihre Probleme zu sprechen. Sie setzen sich selbst unter hohen Leistungsdruck. Sie sind einsam und maßlos. Maßlos im Arbeitspensum, im Alkoholkonsum und in Partnerschaften. Den meisten fehlt das Gefühl, gebraucht zu werden.« So erlebte ich die Politiker, und so erlebte ich auch uns Journalisten. Nur hatte ich erfahren, dass es nicht der Alkohol war, der süchtig machte, sondern dass Suchtanfällige instinktiv nach allem griffen, das versprach, sie emotional zu entlasten vom Druck und Dreck der realen Welt – und Alkohol war immer zur Hand.

Es dauerte denn auch nur ein paar Monate, bis *Bild*, im Juli 1989, wieder mit einer dicken Schlagzeile aufjaulte: »Die heimlichen Trinker von Bonn«. Es waren noch dieselben wie im Panorama-Film. Nur dass jetzt einer auf allen vieren eine Gangway hoch gekrochen war, einer in einen Dienstmercedes gekotzt und einer seiner Sekretärin an den Busen gegrapscht hatte. Mit anderen Worten: Volksvertreter, Menschen wie überall. Doch einen hatte *Bild* aufgetan, der – leider nur anonym – den Unterschied zu Otto Normalschlucker auf den Punkt brachte: »Der Parlamentarier entscheidet über unser Land, unser Volk, über uns alle. Dazu braucht er alle Sinne und einen klaren Kopf.«

Erfolgsmenschen

Eigentlich war Helmut Kohl schon im Spätsommer 1989 am Ende. Auf der Popularitätsskala lag er auf Platz 18. Nach den Erkenntnissen der drei Meinungsforschungsinstitute Emnid, Infratest und Infas war die Union im Ansehen der Wähler auf bis zu 31 Prozent abgerutscht. Zum ersten Mal gab es eine rechnerische Chance für eine rot-grüne Koalition, die rechtsextremen Republikaner würden ins Bonner Parlament einziehen. »Die schlimmen Jahre kommen erst«, unkte Vizekanzler Hans-Dietrich Genscher.

Die Bundesanstalt für Arbeit rechnete erfasste und nicht registrierte Arbeitswillige auf gut 3,5 Millionen Arbeitslose zusammen. Laut Nachtragshaushalt 1988 lieh sich Bonn 39,19 Milliarden Mark und verstieß gegen das Grundgesetz, weil die Regierung nur 34 Milliarden investierte. Die Subventionen wucherten, die Renten kamen ins Gerede. »Wir haben uns benommen wie jemand, der in einem fürstlichen Restaurant ein opulentes Mahl zu sich nimmt und nachher erstaunt ist, wenn er die Rechnung sieht«, spottete der FDP-Wirtschaftssprecher Otto Graf Lambsdorff.

Seit dem Frühjahr 1989 hatte der Kanzler einen neuen Finanzminister – den CSU-Chef Theo Waigel, Jahrgang 39. Sein Vorgänger, Gerhard Stoltenberg, der sich an einer großen Steuerreform aufrieb, wurde ins Verteidigungsministerium abgeschoben. Der CSU-Chef, der genau wusste, dass sich gegen Helmut Kohl in der CDU eine Revolte zusammenbraute, trat selbstbewusst als Retter des Kanzlers und als Stabilisator seines wackligen Kabinetts auf. »Wer sich jetzt versagt, versagt«, feuerte er seine CSU-Parteifreunde pathetisch zur Unterstützung an. Persönlich versprach sich Waigel, der als CSU-Landesgruppenvorsitzender in Bonn viele Jahre zwischen Helmut Kohl und Franz Josef Strauß vermittelt hatte, von der neuen Schlüsselposition persönliches Prestige und gute Chancen beim noch ausstehenden Griff nach der ganzen Hinterlassenschaft des vor einem Jahr gestorbenen Franz Josef Strauß.

Der belesene und oft sarkastische Theo Waigel hatte in Bonn zu den angenehmeren Figuren der Regierungskoalition gehört – gelassen, oft selbstironisch, heiter. Aber das dauerte nicht lange. Schon Monate nach seinem Eintritt in die Regierung wurde er von der allgemeinen Misere eingeholt, ja mehr noch, er schien sie zu verkörpern. In Bonn sorgten sich seine engsten Mitarbeiter: »Der Theo reibt sich auf.«

Selten hatte ich einen einsameren Mann erlebt als den Theo Waigel, den ich im Sommer 1989 an einem kühlen Sonntag besuchte. Vor dem flackernden Kamin seines Wohnzimmers, das einst der Kuhstall des väterlichen Kleinbauernhofes gewesen war, schien der Minister innerlich zu frösteln, als er sagte: »Immer könnte man so wohl nicht leben.« Theo Waigel litt. In Bayern hatten so genannte Parteifreunde eine schmutzige Flüsterkampagne gegen ihn gestartet, weil er eine Beziehung zu der Skiläuferin Irene Epple unterhielt und sie heiraten wollte. Er war aber noch nicht geschieden, obwohl seine Ehe schon seit Jahren kriselte. Seine Frau, die mit ihm auf dem Dorf aufgewachsen war, hatte seit langem mit seelischen Problemen auf seine ständige Abwesenheit reagiert, die beiden Kinder, inzwischen erwachsen, lebten ihr eigenes Leben und mieden das triste Zuhause in dem Klosterdorf Oberrohr in der Nähe von Augsburg. Mutterseelenallein saß der Minister daheim, um an einer wichtigen Rede zu arbeiten.

Immerhin war Theo Waigels Mund hier weder schief noch verbissen. In Bonn rutschte ihm, sobald er ins Grübeln versank, der Mundwinkel immer tiefer nach rechts unten. Als Physiognomie des zynischen Zeitgeistes hat Peter Sloterdijk diesen schiefen Mund der Herrschenden beschrieben: Die eine Hälfte versucht zu lächeln, die andere weiß, »dass es im Grunde nichts zu lachen gibt«. Jetzt lebte Waigel auf, als er mir das in ein schwäbisches Eiszeittal hingeduckte Dorf zeigen konnte – gut 500 Einwohner, bei der Europawahl 80,5 Prozent CSU. Und am liebsten führte er das ehemalige Prämonstratenser-Chorherrenstift Ursberg vor, das Heim- und Ausbildungsstätte für fast 2000 Behinderte war. Dorf und Kloster waren die Kraftquellen seines Lebens. »Hier singe ich noch manchmal im Kirchenchor«, sagte er, und dann redete er über die Kühe, mit denen er einst die acht Äcker seines Vaters gepflügt hatte. »Das wird einen niemals loslassen, da habe ich mir die Ewigkeit vorstellen können.« Ein wenig klang es, als betreibe Theo Waigel Selbstbeschwörung. In dieser Heimat wurzelt der Aufsteiger Theo. Sein Vater, Maurerpolier und Nebenerwerbslandwirt, »fast ein Sonderling«, der aber immer »sehr kluge Gedanken« hatte, schickte den Sohn ins Gymnasium. Nachdem der ältere Bruder im Krieg gefallen war, sollte aus dem Theo »etwas Großes« werden.

Nun war es seine Aufgabe, in Bonn einen noch Größeren zu stützen. Kohl brauchte ihn, weniger gegen Widersacher von SPD und Grünen in Bonn und den Bürgerbewegungen im Lande, sondern gegen eine bedrohliche Front in der Union. Generalsekretär Heiner Geißler, dazu Rita Süssmuth, Kurt Biedenkopf, Ernst Albrecht und vor allem der baden-württembergische Ministerpräsident Lothar Späth planten gegen den CDU-Parteichef einen Putsch – der freilich kläglich zusammenbrach.

Im Grunde war von vornherein klar, dass der Verlierer nicht Kohl heißen würde. Der hatte sich inzwischen zu einem gewaltigen Modell von schierer Macht und Herrschaft ausgewachsen, 260 Pfund schwer, Anzuggröße 62. Kein Hals, kein Kragen – ein immer starrer werdender Koloss. Er verkörperte die Unbeweglichkeit seiner Bonner Republik. »Kohls jeder geistigen Wahrnehmung widersprechende Körperlichkeit – im Unterschied zur Leiblichkeit Bismarcks oder Churchills – ist aus dem Status des rein Physischen herausgetreten und hat eine symbolische Qualität angenommen«, höhnte Karl Heinz Bohrer.

Das sah er selbst auch so, wenn er es auch anders wertete. Er liebte es, sich in der Rolle des ländlichen Patriarchen zu produzieren, Essen und Trinken als Beleg seiner prallen Lebenskraft öffentlich vorzuführen. Der Philosoph Elias Canetti beschrieb in *Masse und Macht* diesen Politikertypus als »Meistesser« – als hätte er Helmut Kohl gekannt. »Je voller er ist, umso besser ist ihm zumute… aber er ißt und zecht mit den ausgewählten Leuten seiner Umgebung, und was er ihnen vorsetzen läßt, gehört ihm. Wenn er schon nicht selbst der stärkste Esser ist, so müssen doch seine Vorräte die größten sein… Er könnte, wenn er nur wollte, immer der Meistesser sein.«

Vor den Frondeuren hatte er keine Angst. Ganz im Stile seiner jugendlichen Raufbold-Herrschaft in der unmittelbaren Nachkriegszeit nahm Kohl zunächst den Kampf mit seinem langjährigen Vertrauten Heiner Geißler direkt auf. »Kohls Machtbewusstsein hat etwas beinahe Physisches an sich«, beobachtete CSU-Innenminister Zimmermann, »er setzt, wenn er jemandem gegenübersteht, ganz ungeniert die Wucht seines großen massigen Körpers ein, verbunden mit einer Seele, die wie eine Dampfwalze über Widersprüche hinweggehen kann.« Geißler, der freilich auf diese Weise nicht einzuschüchtern war, kannte das schon. Er war nicht überrascht, als ihm Kohl ohne Verbrämung den Kampf ansagte: »Heiner, einer von uns bleibt auf der Strecke.«

Auch Geißler war ein harter Kämpfer, aber er brauchte Mitstreiter in der Partei, und die – das wusste Kohl – würden einknicken. Denn die innerparteilichen Frondeure waren alle durch dieselbe Lebensschule der Nachkriegszeit gegangen wie »der Dicke«, und sie alle teilten seinen platten Pragmatismus, nach dem am Ende allein zählte, »was hinten rauskommt«. Dass die meisten seiner Gegner ihm intellektuell weit überlegen waren, irritierte Helmut Kohl nicht im Geringsten, denn die Biedenkopfs und Albrechts, Süssmuths und Späths hatten – wie die gleichaltrigen Sozialdemokraten und Liberalen – schon ein Jahrzehnt lang bewiesen, dass ihre geistig-politischen Ansprüche sich nicht nur der Macht des Faktischen, sondern vor allem dem Faktum der Macht unterordneten.

Und wer hätte die Techniken der Macht in einer Parteiendemokratie virtuoser entwickelt, wer wüsste sie so skrupellos anzuwenden wie Helmut Kohl? Nie hatte der etwas anderes gemacht und nie etwas anderes gewollt. Hingabe? Leidenschaft? Zu diesem Zeitpunkt seiner Laufbahn war keine große Sache zu erkennen, der er verpflichtet gewesen wäre, auch wenn er das nachträglich behauptete. Politik war Betrieb, nicht Inhalt. Das Ziel war die Macht. »Karriere durch Aufstieg, und Aufstieg, sein eigener und derer, die ihn dabei unterstützten, durch Pfründe und durch Abhängigkeiten und durch Teilhabe an der Beute«, so beschrieb der Publizist Warnfried Dettling, der den Aufstieg Kohls als Mitarbeiter in dessen Administration aus der Nähe beobachtet hatte, diesen Techniker der Macht. »Konrad Adenauer beherrschte die Partei, weil er ein großer, ein respektierter Kanzler war. Helmut Kohl blieb so lange Kanzler, weil er die Partei beherrschte.«

Kohl war immer misstrauisch. »Es ist unglaublich«, staunte ein Parteifreund, »was der alles weiß, was dem alles zugetragen wird.« Dieses Wissen benutzte er als Waffe. Er hatte seine Informationen zu einem bedrohlichen Machtschatz aufgetürmt. Er vergaß nichts, er vergab nicht. Der direkte Zugang zu Menschen war die Methode, mit der Kohl sich die Welt erschloss. Nicht dass er wirklich ein Menschenkenner gewesen wäre. Er näherte sich anderen instinktgelenkt auf der Gefühlsebene, witterte Sympathie oder Abneigung. Für die Wünsche und Schwächen seiner Mitmenschen, für ihre Schläue, ihre Energie und ihre Sentimentalität hatte er ein feines Gespür. Auf dieser emotionalen Ebene setzte er ein Wechselspiel gegenseitiger Abhängigkeiten in Gang. Diese Beziehungen gliederten sich hierarchisch. Jeder hatte nach einer Weile verinnerlicht, was er zu tun und zu lassen hatte. Was in Ordnung war und was nicht, bestimmte der Chef. Zivilcourage war nicht gefragt.

Auf diese Machtmaschine, die durch Ämterpatronage betrieben wurde, konnte sich der CDU-Chef schon Ende der Achtzigerjahre verlassen. Er hängte sich persönlich ans Telefon und ließ skrupellos seine Beziehungen spielen, um einflussreiche Helfer zu gewinnen und Kritiker auszuschalten. Über die Hälfte aller Parteitagsdelegierten und Bundestagsabgeordneten der CDU, schätzte Ralf Dahrendorf, waren dem Kanzler für persönliche Förderung und Gefälligkeiten zu Dank verpflichtet. Er konnte Ämter in Aussicht stellen und Straßenbauprojekte für den Wahlkreis – er hatte etwas zu bieten. Die Putschisten aber konnten nicht wissen, ob sie Erfolg haben würden, was sie bei Misserfolg erwarten und wie es im Falle eines Erfolges weitergehen würde. Entsprechend zaghaft agierten sie. »Und es hat auch«, glaubt Warnfried Dettling, der die Akteure alle gut kannte, »an der Radikalität, an der Entschlossenheit gefehlt, die für ein solches Unternehmen erforderlich ist« – nicht zuletzt dem persönlichen Herausforderer und Rivalen Lothar Späth, Jahrgang 37.

Im September 1989, auf dem Parteitag in Bremen, erhielt der umtriebige, aber letztlich halbherzige Stuttgarter Ministerpräsident die Rechnung. Kalter Schweiß glitzerte ihm auf der Stirn, und fast flehend suchte er in der ihn umdrängelnden Runde nach Signalen der Bestätigung und der Zuneigung, als das Ergebnis der Wahl zum Parteipräsidium bekannt wurde: Nur 357 von 780 Delegierten hatten für ihn gestimmt. Lothar Späths Augen irrten von seinen empörten Gefolgsleuten zum gierigen Pulk der Journalisten, die unbarmherzig ihre Mikrofone vor sein fahles Gesicht schoben. Gelle, bettelten seine Blicke, das Lotharle ist doch trotzdem lieb? Oder? Eine gute halbe Stunde blieb er hocken inmitten des hektischen Getümmels. Über ihm, mit schnellem Blick registrierte es Späth, betrieb der Sieger Helmut Kohl, scheinbar ungerührt, seine Parteitagsgeschäfte weiter. Dass ihn Prostatabeschwerden quälten, weil er für den Bremer Macht-Showdown die Operation verschleppt hatte, sah ihm keiner an.

Lothar Späth lächelte schmal und versicherte seinen Mitverschwörern, die zu gemurmelten Artigkeiten herandrängten, es sei alles in Ordnung. Norbert Blüm, Ernst Albrecht, Kurt Biedenkopf zwängten sich durch den Belagerungsring der Journalisten. Rita Süssmuth hatte sich neben ihn gesetzt, tätschelte seinen Arm, mehr Krankenschwester als Kampfgefährtin. Ihr traute er, nur ihr und Heiner Geißler. Den anderen mochte er kaum in die Augen sehen – er hasste die triefenden Blicke, die schmalzigen Betroffenheitssprüche. Oft genug in seiner politischen Laufbahn hatte er sie selbst produziert. Aber erst als der glatte Walter Wallmann sein Sprüchlein aufsagte, reichte es dem Betrauerten: »Was soll denn das? Das ist doch hier keine Beerdigung.«

Späth hatte sich und die anderen in diesen Augenblicken des tiefen Falls, als die Emotionen brodelten in der Halle, kühl und genau beobachtet, erzählte er hinterher. Ganz so überraschend wie den meisten anderen wollte ihm das Ergebnis nicht erschienen sein. »Ich mache ja nicht viel aus dem Bauch«, sagt er, »aber mein Gefühl für Gefahren ist intakt.« Und die Zeichen des Unmuts über den ewigen Meckerer, der nie den Aufruhr wagte, die glaubte er überall gespürt zu haben. »Was machste eigentlich, wenn's schief geht?«, hatte er sich deshalb zuvor gefragt. Insgeheim musste er sich im Kopf eine Art Checkliste mit typischen Merkmalen und Reaktionen von Verlierern zurechtgelegt haben, die er abhakte, als es geschehen war.

Hatten nicht viele gesagt, erst eine Niederlage werde ihm Tiefe verleihen? War es nicht immer ein Ziel des flinken Schwaben gewesen, sich selbst »abzurunden«? Neue Erfahrungen waren schließlich allemal ein Gewinn für Politiker, insbesondere für einen, der sich in der letzten Zeit manchmal vorgekommen war, als hätte er, zunehmend dem richtigen Leben entfremdet, gelebt »wie in einem goldenen Gefängnis«. Und so verwandelte sich Schritt für Schritt die Erfahrung des »Erfolgsmenschen« (Späth über Späth), endlich einmal Verlierer zu sein, in einen Gewinn. Hätte etwa der Präside Lothar Späth so viel Aufmerksamkeit und Beachtung gefunden in den Medien wie der Verlierer? Zwei Dutzend Interviews hatte er abgespult am Tag danach.

Als Helmut Kohl, den das Aufsehen um seinen Widersacher nicht glücklich machen konnte, in seinem Schlusswort zum Bremer Parteitag mit einer persönlichen Erklärung Lothar Späth zur Zusammenarbeit aufforderte, nickte der nur zögernd dem Kanzler Zustimmung. Sein Widerstreben war fast körperlich spürbar. Doch erst irgendwann später sagte er – so leise, dass er kaum zu verstehen war: »Vielleicht bin ich ja auch zu weich.«

Ach, wie gut konnte sich Lothar Späth schon damals immer mal wieder vorstellen, den ganzen Kram hinzuschmeißen. Aber in der Praxis, »da bin ich wie'n Zirkuspferd. Da klimpert die Musik, und dann muss ich lostraben.« In Gedanken war er vermutlich schon wieder in Indonesien, Singapur oder Japan. Schnelle Wechsel, immer was Neues – anstoßen, vorausdenken, andere Bereiche entdecken. So hatte der Mann, den sie »das Cleverle« nannten, gelebt, bis er in die Politik geriet, und so hatte er auch Politik gemacht. »Getrieben« sei er, höhnten seine politischen Gegner in Stuttgart, und selbst seinen Freunden erschien die Hektik oft befremdlich und zwanghaft. Er selbst sprach von einer »Gier«, die ihn trieb. Die Kanzlerfrage hatte sich mit Bremen erst einmal erledigt, doch mit bemerkenswerter Hartnäckigkeit glaubte er weiter an die Gunst »schicksalhafter Stunden«.

Wirklichkeitseinbruch Mauerfall

Die schicksalhafte Stunde schlug den Deutschen knapp zwei Monate später, und sie erwischte den Bundeskanzler zur falschen Zeit am falschen Ort. Helmut Kohl saß am Abend des 9. November 1989 als Gast des polnischen Ministerpräsidenten Tadeusz Mazowiecki beim offiziellen Staatsbankett in Warschau, als die Berliner Mauer fiel. Er konnte die Botschaft gar nicht glauben: »Das gibt's doch nicht.« Der Bonner Ministerialdirektor Eduard Ackermann, seit Jahren Kohls Kontaktmann zu den Medien, übermittelte seinem Chef telefonisch die historische Nachricht: »Herr Doktor Kohl, halten Sie sich fest, die DDR-Leute machen die Mauer auf.« Dann erzählte er von der Schabowski-Pressekonferenz, und ein ums andere Mal kam aus Warschau ein fassungsloses: »Sind Sie wirklich sicher, Ackermann?« Der war es. Er sah es mit eigenen Augen: »Das Fernsehen überträgt live aus Berlin.« Kohl: »Das ist ja unfassbar.«

In der Hotelhalle des »Marriott« in der polnischen Hauptstadt warteten wir mitgereisten Presseleute angespannt auf den Kanzler, der zu später Stunde zu einem vorher angesagten Hintergrundgespräch eintraf. Helmut Kohl wirkte eher verunsichert und gedämpft als »elektrisiert«, wie er später gern behauptete. Er scheuchte zunächst die Fotografen weg. Wie eigentlich immer, solange er regierte, waren es die unverhofften Einbrüche von Wirklichkeit in seine angestrengt behauptete Normalität, die sich gespenstisch ausnahmen – so mächtig war die inszenatorische Bonner Routine, die Irritationen und Unpassendes wegzudeuten pflegte. Das war beim Einzug der Grünen ins Bonner Parlament so gewesen, bei der Reaktorkatastrophe von Tschernobyl, zuletzt bei sich abzeichnenden neuen Parteienkonstellationen und Wählermehrheiten. Und jetzt wieder. In die Routine eines offiziellen Regierungsbesuches platzte die Weltgeschichte mit einem Störfall.

Kohl wollte zunächst nicht einmal darüber reden. »Wir sind hier in Polen«, blaffte er, »und ich möchte gern über meinen Besuch etwas sagen.« Würde er nach Deutschland zurückfliegen? »Das kann ich meinen Gastgebern nicht zumuten.« Massig und hoch aufgerichtet saß Helmut Kohl da, mehr nach innen lauschend als nach außen donnernd. Die Öffnung der Mauer schien ihn in einen tranceähnlichen Zustand versetzt zu haben. Würde nicht alle Welt in Ost und West auf uns, die Deutschen, achten? Auf unsere Sprache? Darauf, dass wir in ruhiger Weise reagierten? Andererseits – musste er in dieser historischen Stunde nicht doch etwas zeigen von der beträchtlichen nationalen Wallung, die ihn vor »innerer Leidenschaft« fiebern ließ?

Helmut Kohl war ohne Frage in einer wenig beneidenswerten Situation. Er war zu weit weg, wusste zu wenig und sollte ein staatsmännisches Bild abgeben. Unfreiwillige Einblicke konnten nicht ausbleiben, wenn einer in solcher Situation vor über hundert Journalisten, Fotografen und Kameraleuten laut vor sich hin sinniert. Niemand hatte ihn danach gefragt, aber Helmut Kohl sagte: »Ob einer groß ist als Kanzler oder nicht, das ist keine Frage der Zeitgenossen, das wird später beurteilt.« Und ohne zu wissen, ob man ihm dereinst ein Monument setzen werde, schwang er sich aufs hohe Ross der Demut: »Die, die sich die größten Denkmäler gebaut haben, werden später am wenigsten noch in den Denkmälern aufgesucht.« Schon in dieser Stunde tauchten aus dem Nebel der Geschichte die Umrisse von Helmut dem Großen auf, der ständig Brücken baut »zwischen Ost und West«, der sich selbst als Akteur sieht in »einer Brückenfunktion, die uns zuwächst«. In Wahrheit wusste er nicht einmal, ob er nun in Warschau bleiben oder nach Deutschland fliegen sollte.

Am nächsten Morgen war alles anders. Helmut Kohl hatte während der Nacht ausdauernd mit seinen Leuten in Bonn telefoniert, die seine Anwesenheit in Berlin für dringend nötig hielten. Konrad Adenauer war der geteilten Stadt ferngeblieben, als die Mauer gebaut wurde. Das hatte Kohl nie verstanden. Sollte er jetzt fehlen, wenn sie fiel? Plötzlich waren dem Kanzler Bewegung und Aufregung anzusehen. Gegen den deutlichen Wunsch der polnischen Gastgeber beschloss er, den Besuch zu unterbrechen und für gut vierundzwanzig Stunden nach Deutschland zu reisen. Den deutschen Journalisten und Wirtschaftsbossen teilte er das auf der Straße neben jenem Denkmal mit, vor dem Willy Brandt gekniet hatte. Wohin der Kanzler reisen würde, was er zu tun gedenke, sagte er nicht. Den Medienmenschen eröffnete er die Alternative, entweder in Warschau auf seine Rückkehr am Samstagabend zu warten, oder – in einer gesonderten Pressemaschine – direkt nach Bonn zu fliegen.

Ich habe mich mit niemandem beraten. Vom ersten Augenblick an war mir klar, dass ich versuchen müsste, irgendwie am Kanzler dranzubleiben. Was sollte ich in Warschau in dieser Situation? Und was in Bonn, wenn er doch vermutlich nach Berlin fliegen würde? Um Helmut Kohl zu beobachten bei diesem historisch und politisch delikaten Polenbesuch, war ich mitgereist. Jetzt war die Beobachtung noch aufregender. Allerdings lagen meine Chancen, mit in die Kanzlermaschine zu kommen, ziemlich nahe bei null. Schließlich hatte Kohl mich seit seinem Amtsantritt eigenhändig von allen Begleitlisten gestrichen. Dennoch – ich musste es versuchen.

Als angebliches Mitglied der deutschen Delegation mogelte ich mich am Flugplatz durch die polnischen Sicherheitskontrollen und gelangte so zumindest erst einmal bis vor die Maschine. Das hatten außer mir von den gut zweihundert Kollegen nur noch zwei geschafft. Auch sie hatten sich, um Delegation zu mimen, wie ich pikfein in Schale geschmissen und sich hochnäsig geriert, als sie die Posten passierten. Doch Außenminister Genscher, Umweltminister Töpfer, Norbert Blüm und Finanzminister Theo Waigel hielten unseren Versuch für aussichtslos. »Ihr glaubt doch nicht im Ernst, dass der Kanzler euch mitnimmt?«

Der kam und federte sichtlich beflügelt die Gangway zur Maschine hinauf. Für ihn hatte es am gestrigen Abend zwei historische Ereignisse gegeben: In Berlin war die Mauer gefallen, und in Bonn hatten sich Abgeordnete aller Parteien im Deutschen Bundestag von ihren Sitzen erhoben und gemeinsam das Deutschlandlied gesungen. Das hatte ihm sein Pressesprecher Johnny Klein noch während des offiziellen Banketts im Palais Radziwill erzählt. Selbst einige Grüne hatten sich von ihren Plätzen erhoben. Für das sentimentale Gemüt Helmut Kohls war eines so symbolträchtig wie das andere. Bevor er in der Maschine verschwand, hörten wir, wie ihm seine Büroleiterin Juliane Weber zuraunte, indem sie auf uns drei Pressefiguren wies: »Herr Bundeskanzler, da unten steht die elegante Linke. Sollten wir die nicht mitnehmen?« Und dann geschah das nächste historische Wunder. Kohl blickte einen Augenblick auf uns herab, dann winkte er. Er kannte keine Presse mehr, er kannte nur noch Deutsche.

Wir flogen über Skandinavien nach Hamburg, da die Luftwaffe Berlin nicht ansteuern durfte. Der Kanzler wirkte geradezu euphorisch. So als summe in ihm unablässig das »Lied der Deutschen«, düste Kohl gen Westen. Im Flugzeug schrieb er mit eigener Hand seine Rede nieder, die er, im Gang stehend, sich selbst vorlas – kein Zweifel, Helmut Kohl war bereit für die historische Stunde. In Hamburg stieg der Kanzler mit seiner Regierungsmannschaft in eine kleine Militärmaschine des amerikanischen Botschafters Vernon Walters um, in der für uns kein Platz war. Aber die Mirakel dauerten an: Wir drei Journalisten, dazu ein Fernsehteam des NDR, flogen mit einer eigens gecharterten Boeing der BA hinterher. In Tegel wartete eine Polizei-Eskorte auf Motorrädern, um uns mit Sirenengeheul durch das total verstopfte Westberlin zum Rathaus Schöneberg zu bringen, wo die politische Prominenz der Bundesrepublik Ost- und Westberliner zu einer Kundgebung geladen hatte.

Für Helmut Kohl war es ein Desaster. Er wurde ausgepfiffen und niedergebrüllt. Seine Berliner Parteifreunde hatten eine eigene CDU-Kundgebung an der Gedächtniskirche organisiert, alle »Helmut, Helmut«-Jubler waren dort. Die Stars am Rathaus Schöneberg waren Willy Brandt, Hans-Dietrich Genscher – der sich nach des Kanzlers Geschmack schon bei der Jubelarie auf dem Balkon der Deutschen Botschaft in Prag allzu aufdringlich in den Vordergrund gespielt hatte – und vor allem der Mann mit dem provozierend roten Schal, der Regierende Bürgermeister Walter Momper. Dass der ausdrücklich betonte, es ginge um Wiedersehen, nicht um Wiedervereinigung, brachte Kohl an den Rand der Raserei. »Der will eine andere Republik«, murmelte er ein ums andere Mal. Und: »Lenin spricht.«

Das Allerschlimmste aber sei für ihn gewesen, bekannte Helmut Kohl später, dass der »linke Pöbel« auf dem Platz das Deutschlandlied, das er mit Inbrunst angestimmt hatte, auspfiff und niederbrüllte. Mund und Stimme so schief nach oben verzerrt wie den Blick, sang er unbeirrt gegen das Gejohle unter ihm an. Und dort, wohin er ins Weite blickte, musste irgendwo die Geschichte sein, deren Sonnenseite Helmut Kohl plötzlich unheilvoll verdüstert sah. Lachhaft wirkte dieser monströse Auftritt, lachhaft und Furcht erregend zugleich. Es wurde ein schauerlicher Gesang. Die ganze aufgeregte und chaotische Vielstimmigkeit der Bonner Führungselite schlug sich in dieser kakophonen Darbietung nieder, die im Protest der Menge unterging. Die Berliner alternative Tageszeitung *taz* verteilte eine CD dieser musikalischen Kostbarkeit mit ihrer nächsten Ausgabe.

So hatte sich Helmut Kohl, der – eingezwängt hinter der Balustrade des Rathauses stehend – nebenher auch noch Gorbatschow telefonisch versichern musste, dass in Berlin alles unter Kontrolle sei und für die Alarmierung sowjetischer Truppen kein Anlass bestehe, den Auftakt der Deutschen Einheit nicht vorgestellt. Entsprechend schnell und rückstandslos verdrängte er die Ereignisse – bis auf Walter Mompers Auftritt. »Schändlich«

fand er den, den Beifall dafür »bestellt«. Noch am nächsten Tag, auf dem Rückflug nach Warschau, äußerte der Kanzler, wie einen Refrain, kopfschüttelnd immer wieder den Satz: »Der will eine andere Republik.«

Ansonsten hatte er am Checkpoint Charly Brüder und Schwestern aus dem Osten getroffen, glückliche Menschen allüberall, alles so »positiv« und er mittendrin. »Wie auf den Champs-Élysées am 14. Juli«, erzählte er am nächsten Tag François Mitterrand am Telefon. In eine Gruppe von Brandenburgern war der Kanzler geraten, lauter 16-Jährige, und die Autos mussten halten – »aber kein Gehupe, kein Vogelzeigen; die kommen einfach mal raus, und dann hoch die Tassen, phantastisch«. So war es in Berlin. Und war nicht auch das ein Symbol? Der Kanzler, der unbemerkt vom Fernsehen – was er an anderer Stelle heftig rüffelte – als Mensch wie du und ich im jubelnden Volk stand? Ein glücklicher Sieger wie alle, nur größer?

Ich hatte Helmut Kohl im Gewühl nach der Kundgebung verloren, dafür Hans-Jochen Vogel getroffen, der mir anbot, zusammen mit Willy Brandt nach Ostberlin zu fahren, um die neuen Genossen von der Ost-SDP zu treffen. Ich musste aber nach Bonn, um am nächsten Tag wieder mit dem Kanzler zurück nach Warschau fliegen zu können. Ich hängte mich an Hans-Dietrich Genscher und gelangte so völlig unerwartet zu einem Zwischenstopp in der rheinischen Idylle, wo alles seinen üblichen Gang ging und am nächsten Morgen – am 11.11. um 11 Uhr 11 – die Karnevalssaison begann. Die deutsche Einheit gab es nur im Fernsehen.

An diesem Morgen, als auf dem Godesberger Theaterplatz die Jecken schunkelten, traf ich meine ganz persönliche Berlin-Entscheidung. Dort waren jetzt endlich die Dinge in Bewegung geraten, die lähmende Immobilität der Bonner Republik wurde von außen aufgebrochen. Dort wollte ich leben. Dass ich aus Bonn wegstrebte, war schon vorher klar gewesen. Jetzt wusste ich, wo in den nächsten Jahren die »action« sein würde.

Mich beflügelte plötzlich eine Empfindung, als hätte mir jemand eine große Last abgenommen. Mit nationaler Emphase hatte das nichts zu tun, an ein vereintes Deutschland dachte ich da noch keinen Augenblick – nur an Aufbruch. Die Stimmung in Berlin, die Bilder im Fernsehen, die Telefonate mit Frau und Tochter, die beide an diesen Tagen zufällig in Leipzig waren, meine unmittelbare Nähe zu einem Geschehen, dessen Grundstimmung Freude war und dessen Ausgang ganz und gar ungewiss – das alles wirkte wie ein euphorisierender Energiestoß. Bonn, so viel war klar, hatte ich hinter mir.

Zu meiner großen Verwunderung blieb Helmut Kohl auch auf dem Rückflug nach Warschau uns Journalisten gegenüber ausgesprochen aufgekratzt. Er erzählte von seinen Telefongesprächen mit George Bush, Mitterrand, Margret Thatcher, Egon Krenz und Felipe Gonzáles, machte aber in keiner Weise den Eindruck, als rechne er – trotz seines Zorns über die Momper-Bemerkung – selbst in absehbarer Zeit mit der Vereinigung.

Schon in der Nacht, Abfahrt drei Uhr, fuhren wir von Warschau aus mit dem Bus weiter nach Auschwitz, dann durch Breslau ins früher schlesische Kreisau, wo die Hitler-Widerständler ihre konspirativen Pläne geschmiedet hatten. Hier endlich, während einer Messe auf dem Gut des von den Nazis hingerichteten Widerständlers Helmuth Graf von Moltke, verdichtete sich des Kanzlers historisch überhöhte Wunschwelt, sorgsam inszeniert, zur Hauptmetapher seiner Reise. Da pfiff keiner, da buhte niemand. »Helmut, Helmut«, riefen die polnischen Schlesier, »denk an uns, du bist auch unser Kanzler.« Weihrauch wallte; Transparente, Fahnen flatterten, und die Fernsehkameras schweiften über jenen gelben Baldachin, unter dem auf ausdrücklichen Wunsch Kohls vor den frisch getünchten Wänden der arg heruntergekommenen Gutsgebäude seine Minister saßen. Und Kohl selbst lieferte die Interpretation: »Wir haben die Geschichte gespürt. Sie war da, gerade auf diesem Platz in Europa.«

Alles floss in dieser Inszenierung zusammen, was des Kanzlers heile Welt nährte: nationaler Stolz und katholische Glaubensfestigkeit, historische Rechtfertigung durch Verweis auf »den deutschen Widerstand gegen die Tyrannei«, die zeremonielle Beschwichtigung der Verlierer von gestern und die vereinnahmende

Freundschaftsumarmung des Siegers von heute. Unvergesslich, wie der Koloss Kohl den schmächtigen polnischen Ministerpräsidenten an seiner Brust fast zerquetschte. Der gebeugte Tadeusz Mazowiecki, den seine Landsleute einen »Schmerzensmann« nannten, hatte für seine Überzeugungen sichtbare Verwundungen erlitten. Kohls stabiles Weltbild diente – wie das Gewicht, das er auf die Waagschale der Geschichte brachte – vorwiegend dazu, sich die unbequemen, widersprüchlichen, schmerzlichen Seiten des Lebens vom Leibe zu halten.

Bonn – Warschau – Berlin – Bonn – Warschau – Auschwitz – Kreisau – Bonn in drei Tagen, und das immer in Sichtnähe zum Bonner Regierungschef, während sich vor unseren Augen die Welt veränderte. Diese Reise gehörte mit ihrem Übermaß an Realität zu den unwirklichsten Erlebnissen meines journalistischen Lebens. Helmut Kohl wirkte, je mehr passierte, geradezu erleichtert, wenn er im Stützkorsett protokollarischer Routine oder vorgeplanter Veranstaltungen Halt und Sicherheit fand. Mir schien er bedrückter und verunsicherter, je deutlicher ihm wurde, dass sein gehätschelter Status quo der Nachkriegszeit endgültig zu Ende war.

Einsam und wie in sich selbst verkrochen saß Kohl in der folgenden Woche während der ersten Plenarsitzung nach dem Fall der Mauer auf der Regierungsbank im Bundestag. Der Kanzler hatte seine Pflicht getan. Die kenne er, versicherte er im letzten Satz einer so lustlos, fast mürrisch vorgetragenen Regierungserklärung, dass Willy Brandt den Kanzler mahnte, jetzt bloß nicht »die beleidigte Leberwurst zu spielen«. Schämte er sich, weil er im entscheidenden Augenblick nicht im Lande gewesen war? Ärgerten ihn noch die Pfiffe von Berlin? Ängstigten ihn die misstrauischen Reaktionen der europäischen Freunde in London, Paris und Rom? Quälte ihn Ratlosigkeit über den nächsten Schritt?

»Die ganze Welt schaut heute auf die Deutschen«, hatte Helmut Kohl vom Blatt gelesen. Dabei wirkte er, als wäre es ihm peinlich, mit in den Blick zu geraten. Nicht trotzig gab sich der Regierungschef, nicht arrogant oder hochfahrend – eher resigniert, als sei er der einzige Verlierer der vergangenen Tage. Nahezu unbewegt sprach er von bewegenden Ereignissen, unfroh über »Freude und Genugtuung«, ganz und gar unfeierlich über das »Fest des Wiedersehens, der Zusammengehörigkeit und der Einheit«. Bis zur Tonlosigkeit abgeflacht klang seine Stimme, in der eine Woche zuvor das Pathos vibriert hatte, als sei jeder Satz dem Text der Nationalhymne entliehen. Später würde er den Weg, der jetzt begann, als »Durchquerung eines Hochmoors« charakterisieren. »Wir standen knietief im Wasser, Nebel behinderte die Sicht, und wir wussten nur, dass es irgendwo einen festen Pfad gab.«

Vor allem aber ging alles zu schnell. Wie eine »tektonische Verschiebung« war Umweltminister Töpfer am Abend des 9. November die Situation beim Staatsbankett in Warschau vorgekommen: »Über die eine Wirklichkeit wurde noch geredet, da schob sich die andere darüber.« Dieser Prozess dauerte an. Er schien Kohl zu lähmen, der in den folgenden Wochen die deutsch-deutsche Szene Willy Brandt, Hans-Dietrich Genscher und Lothar Späth überließ. Erst auf energisches Drängen seiner Mitarbeiter raffte er sich zu jenem Zehn-Punkte-Programm auf, das später zu einer Art Magna Charta der Deutschen Einheit hochgefeiert wurde. Gewiss gelang es Kohl, mit seiner mit niemandem abgestimmten Überraschungsrede am 28. November im Bundestag wieder Tritt zu fassen im innerdeutschen Vereinigungsprozess. Aber an einem baldigen staatlichen Zusammenschluss, wie nachträglich gern behauptet wurde, glaubte der Kanzler da noch keineswegs. Kohl: »Wie ein wiedervereinigtes Deutschland schließlich aussehen wird, das weiß heute niemand. Dass aber die Einheit kommen wird, wenn die Menschen in Deutschland sie wollen – dessen bin ich sicher.«

Einig Vaterland

Er konnte sich schnell bestätigt fühlen. Helmut Kohl hat es oft erzählt, wie er – am 19. Dezember 1989 – zu einem Gespräch mit dem neuen DDR-Regierungschef Modrow in Dresden-Kotzsche landend, die Menge in einem Meer von schwarzrotgoldenen Fahnen sah, ihre Rufe hörte, sich zu Rudolf Seiters umdrehte und sagte: »Die Sache ist gelaufen.« Tatsächlich wurde er an diesem Tag zum Kanzler der Einheit.

Obwohl es noch keineswegs alle so sahen. »Grüß Dich, Helmut«, hatten junge Leute mit grünen Buchstaben auf ein Betttuch gemalt, das sich plötzlich zwischen den schwarzrotgoldenen Fahnen in der Innenstadt entfaltete. Als es höher stieg, entpuppte sich die anbiedernde Begrüßung als purer Hohn: »Nimm es nicht so schwer, wir bleiben DDR.« Da war es vorbei mit der nationalen Weihe- und Weihnachtsstimmung, die sich zum Empfang von Bundeskanzler Helmut Kohl vor dem Kulturpalast in Dresden über die Menge gelegt hatte. Ein vielhundertfacher wütender Aufschrei röhrte über die Straße, hallte von den Glaswänden der spiegelnden Fassade zurück und deckte die geblasenen »Stille Nacht«-Choräle vom gegenüberliegenden Weihnachtsmarkt zu. »Deutschland«, brüllte die Menge, als habe ein unterschätzter Gegner beim Fußball ein Tor erzielt.

Hektisch schwangen die schwarzrotgoldenen Fahnen ohne das Emblem der abgehalfterten Arbeiter-und-Bauern-Macht. Das symbolträchtig durchlöcherte Banner »Deutschland, einig Vaterland« spannte sich noch höher und herausfordernder hinter dem Spalier der uniformierten Volkspolizisten. Ein inbrünstiger Massenchor griff den Text auf. Die seit 1971 parteiamtlich unterdrückte Zeile der DDR-Hymne, zackig und zornig skandiert, begleitete Helmut Kohl triumphal auf seinem Weg zur Pressekonferenz. Ein grauer Hans Modrow – bisher, obwohl SED-Bezirkssekretär, geachtet in Dresden, jetzt als Ministerpräsident und Gastgeber ignoriert – hastete mit eingekniffenen Lippen neben dem Gast durch seine Landsleute. Drinnen verkündete Modrow der versammelten Weltpresse gleichwohl tapfer, er sehe »in der DDR die Chance und die Möglichkeit, dass wir unseren Weg weitergehen«.

Doch zur Rede an das Volk, das sich vor der Ruine der Frauenkirche zu Zehntausenden zusammendrängte, als fröstele es im nationalen Fieber, ließ er seinen Gast lieber allein gehen. Und so mäßigend und warnend für seine Verhältnisse Kohl auch sprach, bei allen nationalen Lassoworten, mit denen die Union seit Jahrzehnten die Masse emotional einzufangen versuchte, bei jeder Erwähnung von »Freiheit«, »Einheit« und »Nation« dröhnten die »Deutschland«-Sprechchöre über den Platz, flatterten die Fahnen hoch. Sie mochten *das* Volk gewesen sein gegen ihre verhassten SED-Oberen, jetzt wollten sie *ein* Volk sein mit den Landsleuten dieses Kanzlers aus dem Westen. »Gemeinsam«, rief Kohl beschwörend, »werden wir den Weg in die Zukunft schaffen.« – »Deutschland, Deutschland, Deutschland«, hallte es zurück.

Dies war noch immer ein anderer Staat. Und im Grunde redete Helmut Kohl ja vor einem ihm fremden Publikum – wie fremd, das würde sich erst später zeigen. Und doch wusste er instinktiv, wie er seine sentimentgetränkte patriotische Botschaft unter die emotional gleich gestimmten DDR-Deutschen in Dresden bringen musste. Schweigend ließen sie seine Mahnungen zur Vernunft über sich ergehen, hörten sich ohne Bewegung an, wie er ihre gewaltfreie Revolution als »Demonstration für Demokratie und Frieden« pries. Aber das Wort »Freiheit« wirkte dann wie ein Energiestoß und brachte die »Deutschland«-Rufer wieder in Aktion. Helmut Kohl musste auch nicht verbal gegen Sozis und Marxisten vom Leder ziehen wie der an seiner Seite kaspernde Norbert Blüm, dem der Sozialismus so antiquiert vorkam wie Nippes auf dem Vertiko seiner Oma. Die Leute verstanden diesen Kanzler ohne Worte. »SED – das tut weh«, riefen sie, »Helmut Kohl – das tut wohl.«

Der glitt – mit der Sicherheit eines Weltklassesurfers – über die aufgewühlte emotionale Brandung. Nie vorher und nie nachher habe ich Helmut Kohl so mitreißend und so besonnen reden hören. Es war eine brisante Situation. Ein falsches Wort – und es hätte eine mörderische Hetzjagd auf Anti-Einheits-Demonstranten, Stasi-Spitzel-Verdächtige, PDS-Leute, ja, sogar auf Volkspolizisten geben können. Ein zu überschwänglicher Einheitssatz – und die versammelte Presse hätte die Angst vor einem neuen nationalistischen Großdeutschland um die Welt gejagt. Die Szenerie war bizarr genug. Vor der Ruine der Frauenkirche wogte ein schwarzrotgoldenes Fahnenmeer in der untergehenden

Abendsonne. Das Bild faszinierte in seiner antiquierten und kitschigen Romantik. Hollywood an der Elbe, mit einer Mischung aus Hambacher Fest und Vertriebenentreffen. Es hätte nur noch das Deutschlandlied gefehlt, aber genau das vermied Kohl dieses Mal. »So ein Tag, so wunderschön wie heute«, sangen die Menschen stattdessen.

Helmut Kohl stand auf einer improvisierten Bühne inmitten der Menge. Wer ihn kannte, bemerkte die Anspannung in seinen Zügen, die seine Sentimentalität niederhielt. Wer nahe genug war, konnte auch den Schweiß auf seiner Stirn unter den Fernsehscheinwerfern glitzern sehen. Später traten ihm Tränen in die Augen. Dies war – nach der Demütigung in Berlin – sein nationales Erweckungserlebnis. Der Kanzler wusste sich getragen in diesem gefühligen Umfeld. Jedes Wort kam aus dem Gemüt und zielte aufs Gemüt. Kein Satz dieser historischen Rede blieb in Erinnerung. Sie bestach weder durch markante Formulierungen noch durch bedenkenswerte Reflexionen oder schieren Neuigkeitswert. Die Unpräzision aber, das heimelig Ungefähre, enthielt für jeden die Botschaft, die er hören wollte – und das Echo signalisierte Kohl: Wir haben verstanden, du bist unser Mann. Der Kanzler reiste als Wahlsieger aus Dresden ab.

Ahnungsvoll hatte einen Tag zuvor ein sehr anderer – ehemaliger – Kanzler in Berlin geredet, als sei ihm die Szene von Dresden längst vertraut: »Die Einheit von unten wächst und sie wird weiter wachsen.« Und sie »werde einen politischen Ausdruck finden«, sagte Willy Brandt. Er verblüffte seine SPD-Genossen, erschreckte auch manchen, durch einen Ton der Zustimmung, der ihm, dem Antifaschisten, Emigranten und Internationalisten, aus »Herz und Verstand« floss, wie er sagte, ausdrücklich in dieser Reihenfolge. »Fünfundvierzig Jahre nach Ende des Krieges taugt die Kategorie Sieger/Besiegte nicht mehr«, erklärte er. Unter dem Dach des Westberliner Internationalen Congress Centrums klatschten ergriffen junge Sozialdemokraten aus der DDR. »Ja«, versicherte in ihrem Namen Markus Meckel, einer der Mitbegründer der Ost-SDP, »wir werden für den deutschen Einigungsprozeß eintreten.«

Mit atemberaubender Geschwindigkeit war eine gesamtdeutsche Parteienautomatik in Gang geraten, bei der sofort wieder jenes Recht auf Selbstbestimmung in der DDR eingeschränkt zu werden drohte, das die Wortführer der Bonner Parteien mit hehrem Pathos den Landsleuten im Osten zusicherten. »Wir Sozialdemokraten werden in jedem Fall den Willen der Menschen in der DDR respektieren, wie immer sie ihr Verhältnis zur Bundesrepublik und ihr eigenes Gemeinwesen gestalten wollen«, versprach Hans-Jochen Vogel in Berlin. Und in Dresden sagte Helmut Kohl, auf einem Plakat gefeiert als »ein edler Streiter für die deutsche Einheit«: »Wir respektieren, was Sie entscheiden für die Zukunft Ihres Landes.«

Hatten sie das noch in der Hand? Selbst wenn die Parteivorsitzenden glaubten, was sie sagten – waren sie nicht längst, angetrieben von der nationalen Gefühlsdynamik der Demonstranten, Gefangene der von ihnen betriebenen Diskussions-Verengung, mit der sie in beiden Republiken das politische Klima prägten?

Die Szenerie, die Akteure und der Ton hätten unterschiedlicher nicht sein können als zwischen Helmut Kohls romantisch-gefühliger Vaterlandsfeier im Dresdner Zwielicht zwischen Abendrot und TV-Beleuchtung und der linkspatriotischen Beschwörung des jungen Greises Willy Brandt vor verunsicherten sozialistischen Genossen im harten Neonglanz des ICC. Aber die Botschaft an die Öffentlichkeit war identisch: Der Wahlkampf hatte in beiden deutschen Staaten begonnen.

Vergebens wünschte sich der preußisch pflichtbewusste Hans Modrow am Abend des ersten Kohl-Besuchstages, seine neuen politischen Partner würden mehr durch Arbeit helfen bei ihren DDR-Besuchen, als Wahlkampfauftritte absolvieren. Sie waren längst überall. Eberhard Diepgen in Weimar, Norbert Blüm, Kurt Biedenkopf und Rita Süssmuth in Leipzig, wie auch CSU-Generalsekretär Erwin Huber und Hans-Dietrich Genscher für seine FDP. Björn Engholm trat in Ost-Berlin auf, Willy Brandt und Gerhard Schröder gingen nach Magdeburg. Alle wollten angeblich nur lernen, aber alle heizten die emotionsgeladene Einheitsdiskussion an.

Am 3. Oktober 1990 wurde die Einheit vollzogen, und am 2. Dezember gewann Helmut Kohl die erste gesamtdeutsche Bundestagswahl gegen Oskar Lafontaine, der die Vereinigung nicht gewollt hatte. Fortan galt der Pfälzer als Staatsmann von Format. Das beschrieb ohne Zweifel seinen außenpolitischen Stellenwert. Unter den Regierungschefs der Welt begann Helmut Kohl in die Rolle eines Doyens hineinzuwachsen. Innenpolitisch aber gingen dem Kanzler die entscheidenden Merkmale historischer und persönlicher Größe völlig ab. Er blieb auch im vereinigten Deutschland der bloße »Amtsinhaber«, einer, der es nicht wagte, seinen Bürgern Umdenken, Risiken, ja, materielle Opfer zuzumuten, aus Angst, seine Macht aufs Spiel zu setzen.

Die harte deutsche Mark, Kohls »Bimbes«, war das Zaubermittel des Erfolges – im Osten wie im Westen. Deshalb verzichtete er, die Deutschen darauf vorzubereiten, was die Einheit kosten würde. In seinen berühmten zehn Punkten kamen finanzielle Belastungen für die Bürger nicht vor. Warnungen von Fachleuten wie Bundesbankpräsident Otto Pöhl, der die schnelle Einführung der D-Mark im Osten als »Desaster« empfand, ignorierte er. Kohl später: »Jetzt war nicht die Stunde der Bedenkenträger.« Auf die völlig veränderte Situation reagierte er mit den vorhandenen Instrumenten. Weil die Regierenden nicht wagten, für Hilfe im Osten die Steuern im Westen zu erhöhen, plünderten sie die Sozialkassen. Rund 230 Milliarden Mark mussten die Beitragszahler der Arbeitslosen- und Rentenversicherung bis 1996 von West nach Ost transferieren. Selbstständige und Beamte kamen unbehelligt davon.

»Recht eigentlich« heißt es bei den Demokratie-Theoretikern Kirsch und Mackscheidt, »erfüllt ein Staatsmann im Gesellschaftlich-Politischen jene Funktion, die im Individuell-Privaten der Psychotherapeut erfüllt: Geleitet durch seine Sensibilität und seine Empathie, in der Kraft seiner eigenen Freiheit, erschließt er seinen Patienten die Möglichkeit, sich aus der schützenden und einengenden Panzerung der Neurose herauszuwagen und zu größerer Freiheit, zu intensiverem Leben und Erleben, zu einer gestärkten und erweiterten Leidens- und Glücksfähigkeit zu gelangen.« In diese Funktion wagte sich Helmut Kohl erst später, als er den Euro durchsetzte. Jetzt war er weit entfernt von solchen Risiken.

Ein anderer war der Pfälzer mit der Einheit keineswegs geworden. Mit genüsslichem Spott registrierte er plötzliche Bewunderungsadressen und Deutungen seines diplomatischen Geschicks. »Ich habe mich ja nicht verändert«, wehrte er ab, »ich bin im Prinzip natürlich der Gleiche geblieben.« Tatsächlich war das das eigentliche Geheimnis seines Erfolges. Helmut Kohl machte, was er immer machte – nämlich weiter so. Er ging, nachdem er den ersten Schrecken der Veränderung verdaut hatte, ganz pragmatisch vor. Er sicherte seine Macht, er gewann Wahlen, und er organisierte Unterstützung, nicht zuletzt mit Geld. Die Handlungsanweisungen lieferte die Verfassung mit ihrem Auftrag zur Vereinigung. Nicht einmal das Vokabular und den Aufmöbelungsgestus seiner Reden musste der Kanzler verändern – die »blühenden Landschaften«, die er den DDR-Bürgern versprach, waren lediglich eine Variation der Wiederaufbau-Lyrik, die er zu den 40-Jahr-Feiern des Grundgesetzes ohnehin drauf hatte. So, wie Helmut Kohl die Bonner Republik der Achtzigerjahre zu einer Neuauflage der Adenauer-Wirtschaftswunder-Zeit schönzureden versucht hatte – und dabei die tatsächlichen, unbequemen Reformerfordernisse ignorierte –, stilisierte er nun die »lieben Landsleute« aus den neuen Ländern zu einer Art Trümmerfrauen und Kriegsheimkehrern der Neunzigerjahre. An die Tüchtigkeit der deutschen Menschen und die Selbstheilungskräfte des Marktes glaubte er ja auch selbst, wenigstens bis zu einem gewissen Grade.

In Bonn ging der politische Betrieb weiter, als wäre nichts geschehen. Der großzügige Umbau des Bundestages schritt seiner Vollendung entgegen, das Provisorium Bonn wurde immer hauptstädtischer. Nun galt es, nur noch die Abstimmung gegen einen möglichen Umzug von Parlament und Bundesregierung zu gewinnen, dann war die Bonner Republik gerettet – trotz Osterweiterung. Am 20. Juni 1991, einem grauen Regentag, versammelten sich die 662 Abgeordneten in ihrem provisorischen

Sitzungssaal im Wasserwerk und diskutierten das Pro und Kontra eines Umzugs nach Berlin. Es wurde eine elfstündige leidenschaftliche Auseinandersetzung auf beachtlichem Niveau. Die Frontlinien verliefen quer durch die Fraktionen. Über hundert Redner traten an, etwa weitere hundert gaben ihren Beitrag zu Protokoll. Die Wetten standen gut für Bonn.

Norbert Blüm, der die rheinische Idylle quasi verkörperte, begann mit einer rührseligen Werbung für die arme »kleine Schwester Bonn«, der der »große Bruder Berlin«, der sowieso schon alles hatte, nun auch noch Bundestag und Bundesregierung wegnehmen wollte. »Ich brauche immer Heimat in Sichtweite«, sagte er gern. Er machte sie sich selber, in Rüsselsheim, in Dortmund und in Bonn. Der quirlige kleine Hesse, Jahrgang 35, Arbeitsminister in der Kohl-Regierung, redete aus derselben Erfahrungs- und Gefühlswelt wie sein Chef Helmut Kohl, nur origineller, witziger und schneller. Vor allem aber wirkte er authentischer – trotz seiner Anleihen bei Eduard Mörike und Wilhelm Busch, denen er hübsche Genrebilder verdankte, die seine politische Rede sentimentalisch-idyllisch einfärbten. Da er seine szenischen Schöpfungen schauspielerisch darbieten konnte, erzielte Blüm jahrzehntelang erhebliche Popularitätserfolge.

Auch am Tag des Berlin-Entscheids gelang es Blüm, den Kanzler zu erheitern. Um 12.25 Uhr trat Helmut Kohl selbst ans Rednerpult. Niemand war sicher, wie er sich entscheiden würde, er hatte vage hin- und hergeschwankt. Zur Überraschung selbst seiner Parteifreunde war sein Votum aber klar: »Ich bin für Berlin. Ich war es als 17-Jähriger, ich war es als Kanzler, als ich mit Reagan vor der Mauer stand, ich war es in der Nacht der Deutschen Einheit.« Entschieden war mit Kohls Berlin-Rede freilich noch nichts. Auch Willy Brandt und Hans-Jochen Vogel warben für Berlin. Wäre das denn »eine solch unanständige Zumutung?«, fragte der SPD-Chef.

Dann plädierte der CDU/CSU-Fraktionsvorsitzende Wolfgang Schäuble leidenschaftlich für den Umzug. Er sprach aus, worum sich der Kanzler bei all seinem Einheitspathos seit dem Fall der Mauer gedrückt hatte: »Teilen heißt, dass wir gemeinsam bereit sein müssen, die Veränderungen miteinander zu tragen, die sich durch die deutsche Einheit ergeben. Deswegen kann auch in den so genannten elf alten Bundesländern ... nicht alles so bleiben, wie es war, auch nicht in Bonn und nicht im Rheinland.« Mit 338 gegen 320 Stimmen beschloss der Deutsche Bundestag die Verlegung von Parlament und Regierung vom Rhein an die Spree. Den Vollzug hielt Helmut Kohl allerdings erst in zehn bis fünfzehn Jahren für finanzierbar und machbar. Und vor allem: »Wir ziehen nach Berlin, aber nicht in eine neue Republik.«

Schnell überwucherte die Bonner Routine wieder den Ausblick auf anstehende Veränderungen. CSU-Chef Theo Waigel, den ich vor dem Fall der Mauer häufiger getroffen und begleitet hatte, war als Bundesfinanzminister in kürzester Zeit ungemein bedeutend geworden. Wenn er jetzt seine ganze Bonner Herrlichkeit entfaltete, mit Polizeieskorte und Pressewirbel, schwarzen Limousinen und angedeuteter Intimität zu den Großen der Welt, vom »lieben George« in Washington bis zu »Gorbi« in Moskau, dann staunten die Einheimischen in Bayern nicht schlecht. War nicht der Theo so prächtig aufgeblüht in dieser »zentralen Stunde der deutschen Geschichte« – die nun schon ein paar Jahre andauerte und nicht recht von der Stelle kam –, dass sich selbst seine engsten Mitarbeiter wunderten? Wie der jetzt frei redete. Wie der als Vorsitzender die CSU im Griff hatte. Wie der – das sagte er selbst gern – »mit den Kameraden« im Bonner Kabinett umsprang, wenn er ihnen das Sparen beibrachte. Wahnsinn.

Manchmal allerdings, in flüchtigen Pausen, wenn er sich auf einem Podium unbeobachtet wähnte, wirkte Theo Waigel weit weg und so erschöpft, dass das fahle Betongrau seiner Züge unter der flüchtigen Tiroler Sonnenbräune durchschien. Hinter ergeben vor dem Gesicht gefalteten Händen starrte er dann vor sich hin – als wolle er verbergen, wie gereizt und lustlos er schon nach wenigen Jahren wirkte. Glatt geschliffen hatten ihn seine neuen Ämter. Das Leben »oben in Bonn«, wie er zu sagen pflegte, hatte die klaren Konturen des »alten« Theo verwischt. Sah er das auch so? Ach, seufzte er, wenn er's nur wüsst'. Ein erheblicher Teil seines Ruhms bestand ja darin, dass er immer im Dienst war. Dieses Allzeit-bereit-Image hatte seinen Preis: eine nervöse Hast, eine barsche Ungnädigkeit und eine herrische Empfindlichkeit. Während er sich früher, als Abgeordneter und vor allem als Vorsitzender der mächtigen CSU-Landesgruppe, mit sarkastischem Witz einen beharrlichen Abstand zu den sich aneinander reibenden Mächtigen Franz Josef Strauß und Helmut Kohl zu verschaffen gewusst hatte, drohte Waigel nun selbst zerrieben zu werden. Achselzuckend räumte er ein: »Die in der Bonner Landesgruppe sagen auch: Er ist zu hart geworden, knorriger, er bürstet die Leute ab.«

Auch Helmut Kohl, der nun ein Land mit 80 Millionen Deutschen regierte, zeigte deutliche Zeichen der Ermüdung. Je länger er amtierte, desto mehr wurde er zum Symbol eines erschöpften Landes und einer gelähmten Partei. Die Opposition hatte er schon längst mit verschlissen. Dass der Sozialstaat umgebaut und reformiert werden müsste, meinten nicht nur Unternehmer wie der Arbeitgeber-Präsident Klaus Murmann. Selbst den Sozialdemokraten nahe stehende Experten wie der Konstanzer Professor Fritz W. Scharpf hatten erkannt: »Unter den Bedingungen der Massenarbeitslosigkeit ist der deutsche Sozialstaat zu einem Teil des Problems geworden, das er lösen soll.« Das Sozialbudget der Bundesrepublik überstieg 1994 eine Billion Mark.

Der CDU-Patriarch war ein Kanzler der Apathie. Ohne ihn lief nichts, aber mit ihm auch nicht. Bei den Festabenden der Delegierten auf den Parteitagen thronte er bräsig und selbstgefällig seine Lippen leckend neben Franz Lambert hinter der weißen Hammondorgel und ließ seine Altersgenossen, die er alle gedemütigt hatte, vortanzen, ja, antanzen. Das waren Höhepunkte der zunehmenden Gespensterhaftigkeit seiner Machtausübung. Je länger er der Partei vorsaß – inzwischen waren es schon mehr als zwei Jahrzehnte –, desto höher wurden die Podien auf den CDU-Kongressen. Der Parteichef und Kanzler sprach von oben auf die Seinen herab. Längst hatten auch seine einst treuesten Gefolgsleute begriffen, was die scheinbare Idylle verbarg: Die CDU wurde sprachlos. »Unter Helmut Kohl ist die Partei der Versuchung zum Opfer gefallen, sich einer zweifellos imponierenden Führungspersönlichkeit bis an die Grenze der Entmündigung anzuvertrauen und sich auf diese Weise zu entlasten«, sagte Kurt Biedenkopf später. Auf diese Weise hatte der Vorsitzende seine Partei zu einem zugleich höfischen und männerbündlerischen Gebilde deformiert, in dem die Kategorien Kameradschaft und Dankbarkeit den rationalen Diskurs, die kritische Auseinandersetzung und letztlich die innerparteiliche Demokratie ersetzten. »Sachfragen«, so der CDU-Bundestagsabgeordnete Eckart von Klaeden, wurden »zuallererst als Ableitung der großen Loyalitätsfrage begriffen«. Ein »gesundbeterisches Dauergespräch« – so der Althistoriker Christian Meier – erstickte jede ernsthafte Diskussion im Ansatz. Dem Historiker Hans-Ulrich Wehler fiel zur Beschreibung solcher Politik nur der Begriff »Gehirnleere« ein.

Immer schon hatte Helmut Kohl auch die Wahrnehmung der Welt als Machtfrage behandelt. Der Kanzler wusste und sagte, was »normal« und »natürlich« und was »absurd« war. Er erinnerte sich, wie es ihm passte, und da er auch zu glauben pflegte, was er den anderen einzuhämmern versuchte, verwandelte sich seine Autosuggestion in Deutungsmacht. Seit ich in Berlin lebte, empfand ich das noch stärker als früher. Er war schließlich nicht nur der Kanzler, ihm hatte auch noch die Geschichte Recht gegeben. Für uns Journalisten wurde es daher immer schwerer, die Unwirklichkeit seiner Bonner Welt angemessen zu beschreiben. Unsere Ohnmacht verleitete uns zu feindseligen Übertreibungen, seine Macht verführte manchen auch zu Anbiedereien. Das schwierige Geschäft der Balance zwischen Nähe und Distanz – in Bonn durch die kleinstädtischen Lebensumstände ohnehin problematischer als anderswo – wurde in den letzten Kohl-Jahren zu einer Gratwanderung.

Beim Wahlkampfauftakt der Union 1994 in der Dortmunder Westfalenhalle erlebte ich diese Situation hautnah. Der Bundeskanzler schob sich durch ein Spalier von Jublern und Fans zur Tribüne. Eine inszenierte Prozession. Hinter Kanzler und Gefolge schritt eine verklärte Frau und hielt ein Kreuz hoch. So sieht Macht aus. Cool bleiben, ganz cool. »Helmut! Helmut!«, brüllten sie neben mir. Ich stand am Rande der Gasse, die Ordner offen hielten, sah den Kanzler gewaltig heranquellen und wahllos links und rechts nach Händen greifen, die sich ihm entgegenstreckten. Er schwitzte. Nackter Triumph verklärte sein Gesicht – das war es, wofür er sich quälte.

Die Erregung stieg, je näher Kohl kam. Nur nicht verwechselt werden mit den Jublern um mich herum. Erstens sowieso nicht, zweitens war ich hier als professioneller Beobachter. Ich verhakte meine Arme vor der Brust, stützte mit dem linken Arm den rechten und mit dem das Kinn. Doch dann – Helmut Kohl war fast vorbei – langte er noch einmal nach rechts aus, grapschte an allen ihm zustrebenden Händen vorbei nach mir, zerrte meine Hand unter dem Kinn weg und schüttelte sie. Ich erstarrte. Blickte in das feixende Gesicht von Finanzminister Theo Waigel: »Helmut!«, rief der, »das war doch der Leinemann vom *Spiegel*.« Da drehte der Kanzler sich um, sah mich an und spottete: »Das weiß ich doch. Der soll anständige Geschichten schreiben.« Fort war er, während Waigel sich amüsierte: »Hast du gesehen, wie der erschrocken war?«

So war es. Erschrocken. Aber irgendwie auch geschmeichelt. Und darüber erst recht erschrocken. Selten hatte ich Reize und Gefahren der Bonner Kumpanei zwischen Politikern und Journalisten so intensiv empfunden wie in diesem Augenblick. Einerseits – das wäre ja noch schöner, wenn ich nach fast zwanzig Jahren Bonn-Berichterstattung einfach zu übersehen wäre. Andererseits – war ich nicht die Hamburger Feindpresse? Ich fühlte mich durch Auszeichnung gezeichnet.

»Ein Schmiergeld namens Nähe« hatte Kollege Peter Zudeick eine selbstkritische Analyse über den Journalismus in Bonn betitelt. Der zugereiste Beobachter Reimar Oltmanns sprach gar von einer »pathologischen Symbiose auf Gedeih und Verderb«. Ohne Schaden überstand das keiner. An pikanten und peinlichen Geschichten über komplizenhafte Verstrickungen zwischen Politikern und Journalisten war seit Jahrzehnten kein Mangel. Mal wurde darüber geschrieben, mal nur gewispert. Von beiderseitigen Gefälligkeiten aus Karrierekalkül oder Bequemlichkeit, von

zynischen Machtspielen, erpresserischen Übergriffen, staatser-
haltender Servilität bis zur plumpen Bestechung hatte ich alles
miterlebt.

Ja, und? Als ob das einer bestritte in Bonn. Wollte ich denn
etwa behaupten, das gebe es in Wiesbaden oder London nicht?
Na also. Längst war das zerknirschte Lamento der Kollegen Teil
jener systematischen Aufhebung des Antagonismus zwischen
Politik und Medien geworden, der das eigentliche Bonner Cha-
rakteristikum bildete. Dass die Politiker zugleich herzbewegend
über die angemaßte Macht der Medien jammerten, war die andere
Seite der Medaille. Beide Seiten stilisierten ihr Gegenüber gern zu
mythischer Größe hoch, um sich selbst zu entlasten. Jede Mücke,
die sie machten, erklärten die Bonner Journalisten damit, dass sie
es schließlich mit »Elefanten« zu tun hätten. Jede Schleimspur, auf
der Politiker für acht Sekunden mit Bild in die Tagesschau schlit-
terten, wurde entschuldigt als Absonderung der Furcht vor der
»vierten Gewalt«. Je länger und enger ich in Bonn das politische
Geschehen und dessen journalistische Verarbeitung miterlebte,
desto unbehaglicher fühlte ich mich als Teil einer professionell betriebenen Verschwörung zur Unterdrückung von Wirklichkeit.
Politiker und Journalisten beteiligten sich daran mit augenzwin-
kernder Selbstverständlichkeit, manche wussten es womöglich
nicht einmal.

Am besten nichts Neues, auch nicht nach der Vereinigung. So
geschlossen wie im »Jahr der Deutschen« 1990, als der Kanzler
einem Teil der Korrespondenten dafür dankte, »dass sie mit umfassender und engagierter Berichterstattung dazu beigetragen
hatten, den Weg zur Einheit Deutschlands national und international zu ebnen«, hielt das politische Bonn noch allemal zusammen, wenn es darum ging, neue unbequeme Realitäten abzuwehren oder einzupassen. Meist gelang es. Jetzt, vier Jahre später,
war die Einheit in Bonn eher bürokratischer Vollzug als nationale
Aufgabe. Das Ossi-Genöle war in Fraktionen, Parteien und Regierung personell eingegrenzt und den Thierses und Eppelmän-
nern zugeordnet. Die Wertungen lagen fest. Sie pendelten zwischen Abscheu vor einer angeblich nur im Osten konservierten

treudeutschen Untertanen-Servilität und Hohn über sozialistische Raffgier.

Ob Neonazis oder Friedensbewegung, Frauenemanzipation, nukleare Bedrohung, ökologischer Verfall – Politiker in Bonn, die Nachrichten über Veränderungen im Lande nahezu automatisch als Panikmache oder Minderheitengeschwätz abzutun pflegten, konnten immer auf eine applaudierende Presse zählen, die außerhalb der Bonner Bannmeile Systemveränderer am Werk sah, Wirrköpfe und Politclowns. »Machtfaktoren«, schrieb der Medienwissenschaftler Hermann Boventer, »sind die Medien nicht nur als Hersteller von Öffentlichkeit und Foren der öffentlichen Meinung, sondern in dem, was sie als wirklich und Wirklichkeit ausgeben.« Auch mit der Auswahl ihrer Wahrnehmungen und mit der Verweigerung von Einsichten schaffen Journalisten Realitäten.

In Bonn aber redeten sich Politiker und Pressemenschen noch immer gegenseitig ein, sie hätten es mit einer quasi naturwüchsig vorgegebenen Wirklichkeit zu tun, die es einfach »objektiv« oder »sachlich« abzubilden gelte. Je lärmender und aufdringlicher neue Wirklichkeiten bis nach Bonn vordrangen, zumeist in Form von Demonstrationen, am schmerzlichsten aber mit unerwarteten Wahlergebnissen, desto entschlossener rückte die Abwehrfront zusammen. Was Wirklichkeit ist, bestimmen wir, und wer »wir« sind, bestimmen wir auch. Längst war ein geschlossener Kreislauf entstanden. Politiker betrieben Politik zunehmend symbolisch. Adressaten symbolischer Politik waren nicht die Bürger, sondern die Journalisten, und ihr Inhalt war weniger das effiziente politische Handeln als das Reden darüber.

Geändert hatte sich freilich die Verbindlichkeit der in Bonn ausgegebenen Deutungsvorgaben für die »Menschen draußen im Lande«. Sie bekamen vom Fernsehen inzwischen eine bunte Palette von verschiedenen Wirklichkeitsbildern ins Haus geliefert, die ihre alten Gewissheiten in Frage stellten. Mit der Einführung des kommerziellen Fernsehens hatte der Bildschirm als pädagogische Anstalt ausgedient, auch wenn die öffentlich-rechtlichen Sender zunächst noch an der Fiktion festhielten. In der Konkurrenz um den Zuschauer wurde auch Politik immer eindeutiger zur Unterhaltung. Die politischen Akteure inszenierten sich selbst und kreierten ihre eigenen Wirklichkeiten. Klaus Töpfer hüpfte in den Rhein, um die Qualität seiner Umweltpolitik zu belegen. Norbert Blüm kleisterte in politischen Clownsnummern Plakate auf Litfaßsäulen und verkündete von der Leiter herab, dass die Rente sicher sei. Helmut Kohl wurde bei der Wahl 1994 wie ein eingeführter Markenartikel angepriesen. Auf Wahlplakaten war der Kanzler in einer Menschenmenge zu sehen, ohne dass ein Parteilogo, sein Name oder ein Text zusätzliche Informationen lieferten – Kohl blieb Kohl wie Persil Persil blieb. Der Privatsender Sat.1 schuf dem CDU-Chef ein Forum mit der Sendung »Zur Sache, Kanzler«.

Nach einem Urteil des Bundesverfassungsgerichts, das kommerzielle, ausschließlich durch Werbung finanzierte Programme für zulässig erklärte, hatten die Ministerpräsidenten der Länder 1987 einen neuen Rundfunkstaatsvertrag unterzeichnet, der ein »duales Rundfunksystem« etablierte. Damit wandelte sich das Grundverständnis: Das Fernsehen als Kulturauftrag wich dem Fernsehen als Marktgeschehen. Neue Sender strahlten Programme aus, neue Formate tauchten auf, es entstand eine Unübersichtlichkeit des Angebots, das der gesellschaftlichen Unübersichtlichkeit entsprach und sie vergrößerte. Die selbstgefällige Überzeugung der öffentlich-rechtlichen Anstalten, ihr qualitativer Vorsprung würde ihnen Überlegenheit sichern, hielt nur bis 1993 – da holte sich RTL die Marktführerschaft. Die Privatsender setzten stärker auf Provokation, Neuigkeiten und Sensationen, doch mit Erich Böhmes »Talk im Turm« sendete Sat.1 plötzlich die seriöseste und interessanteste deutsche Talkshow. Zwei Jahre später waren die Anteile von ARD und ZDF von jeweils 43 Prozent auf 15 Prozent gesunken, RTL brachte es auf 18 Prozent.

Der Bundestagswahlkampf 1994, in dem die Sozialdemokraten nach interner Mitgliederbefragung mit Rudolf Scharping einen siebzehn Jahre jüngeren Kandidaten aufboten, konfrontierte den Kanzler erstmals unumwunden mit der Frage nach dem Ende seiner Amtszeit. Im Fernsehen erklärte er, im Falle seiner Wiederwahl sei dies »mit Sicherheit die letzte Amtsperiode«, er habe nicht den Ehrgeiz, bis 1998 im Amt zu sein. Doch als am 16. Oktober die christliberale Koalition wiedergewählt war, verfügten CDU/CSU und FDP über ganze vier Stimmen mehr als die anderen. Sollte Kohl also aufstecken und einem Nachfolger sein Amt übergeben? Bei nur vier Stimmen über der Kanzlermehrheit? »Das Risiko, mit einer Niederlage zu enden, war ihm damals zu groß«, sagte Kohl-Berater Ackermann später. Kohl traute niemandem zu, die nötigen 337 Stimmen im Bundestag zu erreichen, deshalb habe er den Wechsel gescheut. Dabei wirkte der Altkanzler resigniert und müde. Arbeitsminister Norbert Blüm erinnerte sich: »Er hatte die Schnauze voll.«

Dennoch dachte er nicht ans Aufhören. Helmut Kohl fühlte sich umso unersetzlicher, je näher der nächste Wahltermin rückte. Ständig erlebte der Kanzler, dass europäische und andere auswärtige Partner ihn als Ratgeber betrachteten, und seine Helfer ließen wissen: »Es wirkt auf sein Selbstgefühl, gebraucht zu werden und die Entwicklung in Europa und der Welt beeinflussen zu können.« In Wahrheit konnte er sich nicht vorstellen, dass Politik ohne ihn überhaupt gehen könnte. Wer sollte denn die Einführung des Euro durchsetzen, die er als letztes verbleibendes historisches Ziel vor Augen hatte? Wolfgang Schäuble, den er selbst zum Nachfolger aufgebaut hatte, traute er das nicht zu. »Dann wäre der Euro nicht gekommen«, sagte er später, »und damit das klar ist: schon in meiner eigenen Partei nicht.«

Also entschied Kohl, den sie schon den ewigen Kanzler nannten, dass er auch 1998 noch einmal antreten würde. Für Schäuble, den der Kanzler erst wenige Stunden vor der Fernseh-Ankündigung verschwommen von dieser Entscheidung in Kenntnis gesetzt hatte, war das eine Brüskierung. Der Jüngere, der sich schon 1994 die besseren Chancen ausgerechnet hatte und jetzt sicher war, dass Kohl verlieren würde, schäumte vor Wut, versicherte dem Kanzler aber öffentlich seine Unterstützung.

Tatsächlich lag Schäuble mit seiner Einschätzung vollkommen richtig. Helmut Kohl verlor. Die Bundesbürger waren nach sechzehn Jahren die alten Gesichter leid.

Langer Abschied

Für Helmut Kohl und Johannes Rau, die Rivalen der Achtzigerjahre um die Kanzlerschaft, wurde 1998 zu einem Schlüsseljahr. Helmut Kohl verlor die Bundestagswahl gegen Gerhard Schröder, Johannes Rau trat sein Amt als Ministerpräsident an Wolfgang Clement ab. Kohl hatte sechzehn Jahre die Bundesrepublik regiert, zuletzt die um die neuen Länder erweiterte; Rau führte zwanzig Jahre lang die Regierung des größten und bevölkerungsreichsten Bundeslandes Nordrhein-Westfalen. Nun schienen sie am Ende ihrer politischen Karrieren, und beide präsentierten sich der staunenden Öffentlichkeit als ungemein noble und gelassene Ruheständler.

In seiner 701. und letzten Rede im Düsseldorfer Landtag bekannte der scheidende Ministerpräsident Rau: »Ich nehme Abschied, aber ein Stück von mir bleibt zurück.« Seine nordrheinwestfälischen Kollegen, nicht nur seine SPD-Genossen, sahen ihn mit Wehmut gehen. Er war alt geworden. Schon 1992 hatte es so ausgesehen, als sei Johannes Rau gesundheitlich am Ende. Ein bösartiger Tumor wurde ihm aus der linken Niere entfernt, die Gallenblase schnitten die Ärzte wegen eines Steines auch gleich weg. Diese Operation empfand der robuste Westfale als persönliche Kränkung, nachdem er vierunddreißig Jahre ohne Beeinträchtigungen in politischen Ämtern geackert hatte. »Wie aus heiterem Himmel« traf den unsportlichen Mann, der stolz war auf seine scheinbar unverwüstliche Konstitution und der den Raubbau an seinen Kräften wie eine Art Leistungssport betrieb, deshalb die Diagnose. »Mein erster Gedanke war: Was wird nun aus meiner jungen Frau und den drei kleinen Kindern?« Die waren zwischen sechs und neun Jahre alt, Christina Rau war sechsunddreißig. Der Eingriff verlief glatt, aber Rau fühlte sich ungemein geschwächt.

Monatelang pausierte der Ministerpräsident. Vierzehn Kilo Gewichtsverlust ließen nicht nur die Anzüge um seine gebeugte Gestalt schlackern, die Krankheit hatte auch greisenhafte Züge in sein Gesicht gegraben. Dass man nach so einem schweren Eingriff an die Grenze seiner Existenz komme, bestritt Johannes Rau nicht. Aber nie dachte er ernsthaft daran, als Politiker aufzuhören. Er rauchte auch weiter und arbeitete rund hundert Stunden die Woche. »Ich darf nicht vom Wege abkommen«, nahm er sich vor. Dass Bundeskanzler Kohl damals nachfragen ließ, ob er bereit wäre, für die Weizsäcker-Nachfolge als Bundespräsident zu kandidieren, gefiel ihm nicht schlecht. Als er dann freilich antrat, setzte die Union Roman Herzog gegen ihn durch.

Das wurmte Johannes Rau, denn in der Nachfolge Gustav Heinemanns einmal Bundespräsident zu werden, gehörte zu den Traumzielen seines Lebens. Und schon nach sechs Wochen im Ruhestand artikulierte er sich 1998 eher unternehmungslustig als resigniert. »Neugier verbietet Endzeitstimmung, die Probleme und Chancen der Welt und des Alltags verhindern Schläfrigkeit. Allmachtsgesten und Ohnmachtsgerede sind nicht erlaubt, wenn die eigene Glaubwürdigkeit nicht auf der Strecke bleiben soll.«

Als Helmut Kohl sich am Abend des 27. September 1998 im Bonner Adenauerhaus als Verlierer der Presse stellte, wirkte er so gefasst, als habe er mit der Niederlage gerechnet. Er gratulierte dem Sieger, bedankte sich bei seinen Wählern und trat als Parteivorsitzender zurück – das war's. Kühl, knapp und korrekt.

Ende einer Ära? Anfang der öffentlichen Inszenierung »Der gute Verlierer«. Im Kanzlerbungalow versammelte er danach seine Getreuesten um sich, und in ihrem Kreis verfolgte er voller Ingrimm, mit welcher Geschwindigkeit sich Wolfgang Schäuble und Volker Rühe an die Mikrofone drängelten, um Interviews in Serie zu geben. Helmut Kohl, der geschlagene Kanzler und zurückgetretene Parteichef, empfand den Eifer seiner potenziellen Nachfolger offenbar als eine Art politischer Leichenfledderei. Zum ersten Mal zitierte er an diesem Abend jene bittere Lebensweisheit seiner Mutter, die er fortan immer wieder zum Besten gab: »Die Hand, die segnet, wird zuerst gebissen.« Knapp zwei Wochen später wählte die CDU Schäuble zu seinem Nachfolger, Angela Merkel zur Generalsekretärin und ihn zum Ehrenvorsitzenden. Der inzwischen auf 160 Kilo angeschwollene Koloss war zu Tränen gerührt, wie jetzt eigentlich laufend. Helmut Kohl, der seinen Abgang hasste, badete in Selbstmitleid.

Schon vorher war er von sich und seiner Einmaligkeit auf das Rührseligste ergriffen gewesen. Im Januar jenes Jahres hatte ich ziemlich fassungslos von einem Rednerpodium im Mannheimer Schloss auf den voluminösen Kanzler hinabgeblickt, der mir offenkundig intensiv zuhörte – Helmut Kohl mir, dem »miesen Schreiberling« vom *Spiegel*, wie er 1978 geschimpft hatte nach meiner ersten Geschichte über ihn. Zwanzig Jahre lang hatte er mich danach von jeder Liste gestrichen, auf der ich als journalistischer Begleiter bei Auslandsreisen vorgesehen war. Jetzt las ich aus meiner Sepp-Herberger-Biografie über die Einsamkeit des Mannes an der Spitze, und der Kanzler kam aus dem Nicken gar nicht heraus. Helmut Kohl identifizierte sich voll mit dem legendären Seppl Herberger, dem Vater des Fußball-Wunders von Bern, der dort bei der WM 1954 als Bundestrainer die (west)deutsche Nationalmannschaft gegen Ungarn zum völlig unerwarteten Sieg geführt hatte.

Zu meiner Buchvorstellung hatte sich der Bundeskanzler selbst eingeladen. Als er hörte, der Rowohlt-Verlag plane, die Biografie zum 100. Herberger-Geburtstag im Mannheimer Schloss zu präsentieren, ließ Kohl beim Deutschen Fußballbund anrufen und begehrte, eine Rede zu halten. Ihm war zu Ohren gekommen, dass fast alle noch lebenden Nationalspieler des Endspiels von Bern unter Führung ihrer Mannschaftskapitäne Ferenc Puškas und Fritz Walter dort sein würden, und er begründete sein ungewöhnliches Ansinnen damit, dass er auch zwanzig Jahre zuvor dabei gewesen sei, als Sepp Herberger am selben Ort zu seinem 80. Geburtstag groß geehrt worden war. Die DFB-Menschen waren verdattert. »Wir haben ihm gesagt, dass aber doch der Leinemann vom *Spiegel* dort sein Buch vorstellt«, versuchten sie ihn abzuwimmeln. Darauf Kohl: »Na und? Da steh ich drüber.«

Ich stand auch drüber. Also rückte Kohl an, brachte seinen Postminister Wolfgang Bötsch mit, der eine Herberger-Briefmarke vorstellte, und den Bundesbahn-Chef Heinz Dürr, der ein Zug-Paar auf den Namen »Herberger« taufte. Der Kanzler selbst redete fast eine Stunde. Später ging ich an seinen Tisch, um mir von Fritz Walter, Puškas und Berti Vogts Autogramme in mein Buch schreiben zu lassen. Plötzlich knurrte Kohl mir leise aus dem Mundwinkel zu: »Ich hab's schon gelesen, ist ein exzellentes Buch.« Ich war platt. Ein bisschen überstürzt schlug ich vor, darüber einmal ausführlicher zu reden, und vielleicht auch über Politik? Er winkte ab: »Zu früh.«

Klang das nicht wie eine vage Vertröstung? Gab es – entgegen aller Erfahrung – Wunder auch in diesem harten Gewerbe? Wollte er wirklich einen Schlussstrich ziehen unter den aktiven Teil seines Politikerlebens? Ich blieb skeptisch, doch fand ich die Abschiedsvorstellungen der Veteranen Johannes Rau und Helmut Kohl darstellerisch eindrucksvoll. Schon im Sommer 1997 hatte ich einen Johannes Rau erlebt, der mit deutlichem Behagen aus seinem Landtags-Büro in Düsseldorf hinaus auf den mächtigen und trägen Rhein blickte und über seine »nachberufliche Lebensphase« sinnierte. Aufgeräumt wirkte der NRW-Chef, locker und erholt, so, als habe er sein Haus bestellt, wieder einmal. Tatsächlich waren im Obergeschoss seines privaten Wuppertaler Heims ein paar Räume frei geworden, die er sich einrichten wollte für die Zeit nach dem Ausscheiden aus dem Regierungsamt. Er denke an »Tätigkeiten im Stiftungsbereich«. Als hätte zu diesem Zeitpunkt in Deutschland nicht jeder gewusst, dass er in Wahrheit geradezu verzweifelt auf die späte Erfüllung seines Lebenstraums hoffte – das Amt des Bundespräsidenten.

Und Kohl – sollte er sich tatsächlich begnügen mit einem Ehrenplatz im Museum? Als er seine Bonner Abschiedsrede vor dem Umzug nach Berlin gehalten hatte – eine letzte Hommage an die westdeutsche Wiederaufbau-Generation –, gratulierte ihm auch Bundeskanzler Schröder. Die grüne Bundestagsvizepräsidentin Antje Vollmer himmelte ihn an fast an: »Sie waren für uns immer so etwas wie die Verkörperung der Bonner Republik.«

Alles voreilig. Sechs Jahre später, im März 2004, waren die beiden angeblichen Ruheständler immer noch da. Im Abstand von zwei Wochen traten die letzten Haudegen der Kriegskinder-Generation – noch immer als öffentliche Größen der Bundesrepublik – in Berlin vor die Presse. Angeblich waren sie wieder bereit zum Abtreten, aber zunächst mussten sie noch ihre Lebensgeschichten erzählen, deren austauschbare und prägenden Anfänge mehr als sechzig Jahre zuvor der Krieg geschrieben hatte. Und beiden Politikern schien gegen Ende ihrer Laufbahn noch deutlicher als am Anfang, wie sehr die frühen Jahre sie und ihre ganze Generation geformt hatten. Helmut Kohl stellte am 4. März in Berlin den ersten Teil seiner *Erinnerungen* vor – 1930 bis 1982. »Wenn ich rückblickend die Summe meiner Lebenserfahrung ziehe, sind viele Leitlinien meines Denkens und Handelns während der Kriegszeit entstanden, und zwar zunächst eher unbewusst und gar nicht reflektiert«, schreibt Kohl. »Es war eine elementare Erfahrung, die uns gezeichnet hat. Viele sprechen das nicht aus, aber es ist ein dominierendes Gefühl meines Lebens geblieben: die Angst, die wir damals empfunden haben.« Und Johannes Rau, dessen Amtszeit als Bundespräsident im Juni 2004 endete, hatte drei Monate zuvor zusammen mit der Journalistin Evelyn Roll einen Gesprächsband präsentiert mit dem Titel *Weil der Mensch ein Mensch ist*... Darin fasst er die Lebenslehren seiner politischen Generation so zusammen: »Das geht über die Kriegserfahrung hinaus. Es ist die Erfahrung von Krieg, und es ist die Erfahrung von Systemwechseln.«

So besitzergreifend und kampfeslüstern wie in alten Tagen blickte Altkanzler Helmut Kohl im Ballsaal des Hilton-Hotels am Berliner Gendarmenmarkt auf die Journaille hinab. Er sah ziemlich einsam aus da oben auf dem Podium. Die Stühle im Saal waren nur zur Hälfte besetzt. Es war wie im Wahlkampf 1998. Da waren viele auch bloß gekommen, um ihn noch einmal zu sehen. Sie hielten ihre Kinder hoch und gingen, wenn er zu reden anfing. Immer wieder habe ich mich über die Jahre dabei ertappt, dass Kohl mir manchmal auch ein bisschen Leid tat, weil er sich immer monströser ausnahm. Inzwischen passte er nicht einmal mehr in eine der üblichen Staatslimousinen.

Ob Helmut Kohl sich wohl auch manchmal gewünscht hat, mich und meinesgleichen von der linken Kampfpresse, wie er zu sagen pflegte, nicht mehr sehen zu müssen? Oder ob es ihm Vergnügen machte zu registrieren, dass auch wir Übriggebliebenen von der Bonner Journaille, die er schon 1976 »gewöhnungsbedürftig« fand, als sie ihm zum ersten Mal widrige Winde ins Gesicht bliesen, älter und grauer geworden waren? »Der Wind der Zeit« sei über uns hinweggegangen, frohlockte er mit genüsslich über den mächtigen Bauch gefalteten Händen, als er in Berlin den ersten Teil seiner *Erinnerungen* vorstellte, der »Staub der Geschichte« habe sich auf uns »abgelagert«.

Ich verspürte wenig Lust, alles, was ich nun seit fast drei Jahrzehnten kannte, noch einmal vorgetragen zu bekommen, vor allem nicht mit diesem satten selbstgerechten Sound des ewigen Opfers. Ja, ja, wir haben ihm zugesetzt mit Tatsachen und Deutungen, die er »Unsinn« nennt und »Verleumdungen«, »Klischees« und »Legenden, die schlicht falsch waren«. Helmut Kohl zählte unsere angeblichen Untaten so routiniert auf wie seine Verdienste: 44 Jahre Abgeordneter, 25 Jahre Parteivorsitzender, 8 Jahre Ministerpräsident, 16 Jahre Kanzler. Ich schätzte derweil die Kilos, die er wieder zugelegt hatte. Viel konnten nicht mehr fehlen an insgesamt 200. So war es gegangen über die Jahrzehnte. Die Hunde haben gebellt, und er hat seine Karawane angetrieben weiterzuziehen – bis ins Kanzleramt, aber das würde erst im zweiten Band stehen. »Erinnerungen« nannte er seine Autobiografie, wie Otto von Bismarck – nur ohne »Gedanken«. Als erfahrener Leser von Lebensberichten und historischen Rechtfertigungsbüchern wusste Helmut Kohl natürlich, dass »Memoiren auch immer für die politische Auseinandersetzung eingesetzt« werden. So war auch sein Lebensrückblick gedacht.

Im Schloss Bellevue, wo Johannes Rau sein Buch vorstellte, gab es kein Podium, von dem einer auf die anderen hätte herabschauen können. Alle standen in lockeren Gruppen herum, Fotografen, Kameraleute und Journalisten, viele Veteranen darunter, die noch ganz altmodisch auf Blöcken mitschrieben, wie der Bundespräsident es liebte. Zögernd und, wie er sagte, »nicht ganz ohne Seufzen« trat Rau ans Rednerpult, um das erste Exemplar seines Gesprächsbuches in Empfang zu nehmen. Evelyn Roll hatte ihm ziemlich hartnäckig zugesetzt auf der Suche nach

Gründen, warum er so lange ausgehalten habe in der Politik – 46 ununterbrochene Mandatsjahre, davon 28 in der Regierung und fünf als Bundespräsident. »Politik ist angewandte Liebe zur Welt«, antwortete der Präsident mit einem Wort der Politologin Hannah Arendt.

Das spiegelte diese Veranstaltung. Zusammen mit seiner Frau Christina hatte Johannes Rau im formellen Ambiente seines Amtssitzes ein Klima geschaffen, das die protokollarische Strenge durch persönlichen Charme erwärmte. Rau war Mittelpunkt, aber er machte kein Aufhebens davon. Dass der Präsident an diesem Tag signieren musste, fand er genierlich. »Wie? Sie auch?«, fragte er, als wollte ich ihn mit meinem Autogrammwunsch veralbern. Unschlüssig schwebte sein Kugelschreiber eine Weile in der Luft, verharrte sozusagen im Ungefähren zwischen Nähe und Distanz, bevor er bedächtig seinen Namen für mich in das Buch schrieb. Dann blickte er hoch und sagte fast ein bisschen verlegen den Text auf, den er nicht geschrieben hatte: »Nach langem Nachdenken – Johannes Rau.« Das war die Pointe einer Anekdote um den Schriftsteller Wolfgang Koeppen, wie er andeutete. Zu Anekdoten flüchtete Johannes Rau immer, wenn es gefühlig zu werden drohte.

Der inzwischen 73-Jährige, der gerade von einer achttägigen Afrikareise zurückgekehrt war, die er wegen einer Terrordrohung vorzeitig abbrechen musste, wirkte ausgeruhter und belastbarer als zu Beginn seiner Amtszeit. Was keineswegs bedeutete, dass er als Staatsoberhaupt eine geruhsame Zeit verbrachte. Rau habe bei seiner Rückkehr über siebzehn Aktentaschen, die Post von einer guten Woche, steigen müssen, um an seinen Schreibtisch zu gelangen, erzählte Evelyn Roll. Der Bundespräsident nickte. Manchmal habe er in diesem Amt mehr an Kräften investiert, als er zu haben glaubte, sagte er: »Das bleibt nicht in den Kleidern hängen.« Trotzdem wollte er nicht einfach aufhören, wenn seine Amtszeit abgelaufen war. Hatten nicht seine Vorgänger Richard von Weizsäcker, Roman Herzog und Walter Scheel nach ihrem Ausscheiden andere Wirkungsmöglichkeiten ergriffen und ausgefüllt? Die eigenen »Entzugserscheinungen« nach seinem

Rücktritt als Ministerpräsident in Düsseldorf und als SPD-Vorsitzender des mächtigen Landesverbandes von Nordrhein-Westfalen waren unvergessen.

Tatsächlich war die Show der Amtsinhaber Rau und Kohl vom reibungslosen Abschied 1998 nichts als politisches Theater gewesen. Für die designierten Nachfolger aus der nächsten Generation, Wolfgang Clement und Wolfgang Schäuble, war das Gezerre demütigend. Die Alten aber fühlten sich plötzlich existenziell bedroht. »Politik ist ein schöner Beruf«, fand Norbert Blüm, als er 1998 ausschied. »Aber auch die friedfertige Herrschaftsaufgabe ist nicht schmerzfrei. Loslassen ist eine schwere Übung.« Plötzlich, als sie aufhörten nach zwanzig, dreißig, vierzig Jahren, redeten fast alle Politiker dieser Generation von Erfolg und Glück in ihrem Beruf, freuten sich, dass sie gestalten, etwas bewegen, Dinge anschieben konnten. »Der Politikerberuf, der oft angefeindet wird, ist einer der schönsten, interessantesten und gestaltungsreichsten Berufe, die es gibt«, sagte der frühere CDU-Innenminister Rudolf Seiters, als er nach dreiunddreißig Jahren aus dem Bundestag ausschied. Dass er 1993 ohne persönliches Verschulden von seinem Ministeramt zurückgetreten war, weil er politisch die Verantwortung übernehmen wollte für eine Panne des Bundeskriminalamtes, empfand er als »schmerzlich«, aber nicht als Niederlage.

Auch seine SPD-Kollegin Anke Fuchs bekannte, nachdem sie 1998 den Bundestag verlassen hatte, dass ihr der Abschied keineswegs leicht gefallen sei. Wie Seiters hatte sich auch die ehemalige Bundesministerin Fuchs bemüht, politische Niederlagen nie als Karriereniederlagen zu werten. Auch wenn die Umwelt ihr das schwer machte, wie sie beim Ausscheiden aus dem Ministeramt 1982 lernen musste: »Alle benahmen sich plötzlich völlig anders. Der Pförtner meines ehemaligen Ministeriums sagte mir kaum noch ›Guten Tag‹, Journalisten grüßten nicht mehr.« Ex-Umweltminister Klaus Töpfer entdeckte erst, als er 1998 ziemlich plötzlich zu den Vereinten Nationen nach Kenia abgeschoben wurde, wie wichtig ihm die kleinen Privilegien in seinem Bonner Ministerium gewesen waren: »Auf einmal fehlte was: Der Fahrer, der einen ins Büro bringt. Die kleine Haushaltsmischung an Zeitungen unterwegs, zwei überregionale, eine regionale, eine lokale, die *Bild*. Stehst du drin? Das Gehetze. Die abendlichen Termine.« Widerwillig gestand er sich ein, dass er »der Droge Politik verfallen« war. Töpfer: »Das hatte ich nicht geahnt. Ein Alkoholiker weiß ja auch nicht, dass er alkoholsüchtig ist. Mein Entzug hat eine ganze Weile gedauert.«

Dem politischen Quereinsteiger Rau, der sich einst ohne Abitur zum Wissenschaftsminister qualifizierte, waren Ämter und Funktionen stets mehr gewesen als nur institutionelle Machtinstrumente. Sie dienten ihm vor allem als Schutz gegen tief sitzende Ängste und Selbstzweifel. Vor allem deshalb versuchte er, die Amtsübergabe an seinen Nachfolger Wolfgang Clement, den er seinen Freund nannte, möglichst lange hinauszuschieben. Auch wollte er auf keinen Fall seine Chancen für die Wahl zum Bundespräsidenten 1999 schmälern. Im Grunde war sich Rau – der über Sucht mehr weiß, als die meisten anderen deutschen Spitzenpolitiker, was allerdings nicht heißt, dass er deswegen automatisch zu folgenreicheren Selbsterkenntnissen käme – über das wenig souveräne Spiel im Klaren, das er betrieb.

Immerhin räumte Rau seinen Platz in Düsseldorf dann tatsächlich für Wolfgang Clement, während Kohl erst als Kanzler besiegt werden musste, bevor er auch als Parteivorsitzender Platz machte für Wolfgang Schäuble. Dabei hatte Helmut Kohl schon nach dem Attentat im Oktober 1990, das Schäuble für immer an den Rollstuhl fesselte, dem Rekonvaleszenten angeboten, sein Nachfolger zu werden. Nicht, dass Kohl, 1,93 Meter groß, drei bis vier Zentner schwer, seinen blessierten Freund Schäuble – knapp 1,70 Meter groß, 65 Kilo schwer und dazu im Rollstuhl – wirklich als Gleichrangigen betrachtet hätte. Und doch hatte er mit Verweisen auf das Beispiel des US-Präsidenten Franklin D. Roosevelt den Mann im Rollstuhl selbst zum ernsthaften Rivalen hochstilisiert.

Und nun, kaum hatte »der Alte« zumindest sein Parteiamt an Schäuble abgegeben, versuchte er alles, um ihn zu demolieren. Der CDU-Ehrenvorsitzende usurpierte geradezu eine Führungsrolle in seiner Partei und untergrub die Autorität seines Nachfolgers Wolfgang Schäuble und dessen Generalsekretärin Angela Merkel durch immer unverfrorenere Einmischungen. Regelmäßig nahm er an Vorstands- und Präsidiumssitzungen teil, die zahlreichen internationalen Ehrungen ließen sein Ego – wenn überhaupt möglich – weiter wachsen. Beim ersten Bundesparteitag unter Schäuble stahl der Alte dem Nachfolger rücksichtslos die Schau. Von Fotografen und Fernsehkameras umdrängt hielt Kohl am »Kanzlertisch« Hof. Die CDU gewann die Europawahl, an der sich Kohl engagiert beteiligt hatte, mit 48,7 Prozent. Der Altkanzler triumphierte. Da ihm nicht verborgen geblieben war, wie schwer sich auch sein Nachfolger Schröder im Kanzleramt tat, begann er offenbar ernsthaft zu glauben, man werde ihn bald zurückrufen. Was zunächst eher rührend und allenfalls ein bisschen lächerlich wirkte, erhielt zunehmend geisterhafte Züge – Helmut Kohl führte den Drogencharakter der Politik und die Schwierigkeiten des Entzugs wie einen Lehrbuchfall vor.

Als am 23. Mai 1999 der Sozialdemokrat Rau zum Bundespräsidenten gewählt wurde, tummelte sich der CDU-Ehrenvorsitzende Helmut Kohl im Europa-Wahlkampf. Als Abhängige von der »Droge Politik« passten die Herren damit bruchlos ins Bild – zwei machtbewusste Egomanen, die nicht loslassen konnten. Und doch gibt es zwingende Argumente dafür, spätestens an diesem Punkt ihrer politischen Laufbahnen das Ende der Gemeinsamkeiten von Helmut Kohl und Johannes Rau hervorzuheben.

Rau hatte es schon während des Wahlkampfes 1986/87 verwundert und irritiert, dass viele Beobachter – wie auch ich – überhaupt Ähnlichkeiten zwischen ihm und dem CDU-Chef erkannt haben wollten. Er sah weder vom Wesen, noch vom Werdegang, noch vom Stil her die geringsten Übereinstimmungen. Und Helmut Kohl beschuldigt Rau in seinen *Erinnerungen,* damals »die schmutzigste Wahlschlacht« geführt zu haben, die er je erleben musste: »Die Infamie der Unterstellungen war nicht mehr zu überbieten.« Die SPD habe »eindeutig den blanken Hass« geschürt.

Heroische Opfer

Niemand, auch die Betroffenen nicht, hatte sich zum Zeitpunkt des Geschehens in dieser Weise geäußert. Inzwischen hatten sich beide Männer aber deutlich weiter auseinander entwickelt. Nicht nur, dass Johannes Rau jetzt Bundespräsident war und Helmut Kohl kein Amt mehr hatte, machte den Unterschied. Zunehmend wirkte sich auch die Art aus, wie beide Männer auf die Deformationen reagierten, die ihnen die jahrzehntelangen politischen Erfolgslaufbahnen zugefügt hatten. Sucht ist ein gnadenloser Gleichmacher, das Bedürfnis nach der Wirkung der Droge und des Rausches ebnet am Ende alle persönlichen Eigenheiten ein. Und wenn dann noch eine so tief greifende gemeinsame Jugend-Prägung dazukommt wie der Krieg, dann nivelliert sie sogar die Unterschiede zwischen zwei so grundverschiedenen Individuen wie Kohl und Rau. Doch gleichzeitig gilt: Jeder hat – durch realistischen und ehrlichen Umgang mit seiner Situation – eine Chance, seine innere Freiheit zu bewahren oder zurückzugewinnen. Johannes Rau hat sie genutzt, Helmut Kohl nicht.

Auf drei zentrale Herausforderungen reagierten die beiden Männer völlig unterschiedlich: auf ihre Familien, auf ihre öffentliche Wirkung und auf die Medien. Im Wahlkampf gegeneinander hatten beide Kandidaten 1987 ihre Politik mit Beispielen aus dem häuslichen Leben zu beglaubigen versucht. Der Populist Johannes Rau, der so gerne Geschichten erzählte, für den sich das Leben zusammenfügte aus lauter menschlichen Begegnungen, holte sich sein politisches Gespür aus dem Alltag, dem Leben seiner Nichten, Freunde, Nachbarn, Mitmenschen. Am liebsten schwärmte er von seinen Kindern.

Aber wo Johannes Rau den Staat am liebsten zu jedem Einzelnen in die Familie getragen hätte, versuchte Helmut Kohl, das Familienleben zur Blaupause für das Funktionieren eines geordneten Staatswesens hochzustilisieren. Helmut Kohl, der Kanzler, war der Vater des Vaterlands. Er saß in seinem Regierungsamt wie in einem Ohrensessel. Er baute sein Aquarium auf, drapierte die Fahne neben dem Schreibtisch, behielt die Strickjacke in Griffnähe und fühlte sich zu Hause im Bonner Kanzleramt. Die Grenzen zwischen seiner Person und seinem Amt verwischte er mit Vorsatz. Nichts hinderte ihn, die Erfahrung aus dem privaten Leben in das der Politik voll zu übertragen. »Alles was im Privatleben wichtig ist, gilt auch für den Staat und in der Politik«, pflegte er zu verkünden.

Nun, ein Dutzend Jahre später, konnte Johannes Rau als Bundespräsident in Berlin darauf zählen, dass ihn seine Familie daran hindern würde, im hohen Amt abzuheben. An seine Bürotür hatte Sohn Philipp den Spruch geklebt »Support the president«. Und sie unterstützten ihn alle. Seine kluge, unprätentiöse Frau Christine, fünfundzwanzig Jahre jünger und doch bisweilen lebenserfahrener als ihr Mann, der zum Gesellschaftslöwen nicht taugt, gab ihm ruhigen Rückhalt. Die drei Kinder und deren Freunde hielten ihn auf Trab und versorgten den alten Herren etwa mit Erfahrungen vom Filmpraktikum in Babelsberg, vom Austausch-Unterricht in den USA und mit Details aus der Formel 1. »Sie helfen mir, Realität wahrzunehmen«, sagte der Präsident. Die Familie Rau war das emotionale Kraftreservoir des Präsidenten, eine Art private Zivilgesellschaft im Schloss Bellevue.

Helmut Kohl dagegen war mit seinem staatstheoretischen Familienmodell irgendwo über dem Dach des gesamtdeutschen Hauses entschwunden, von dem der Vater des Vaterlands schwadronierte. Seine patriarchalischen Sprüche hatten längst keine Beziehung mehr zum Lebensalltag seiner Angehörigen. Seine Ehefrau Hannelore hatte in den sechzehn Jahren »Amtszeit« als Gattin des Bundeskanzlers geradezu die klassische Version der tapferen kleinen Politikerfrau dargestellt: die unauffällige Gefährtin an der Seite des mächtigen Mannes, der verlässliche Pannenservice für den Chef, ansonsten zuständig für Heim und Herd und Kinderlachen. Sie bediente diese Klischees reichlich. »Mein Anteil ist so klein, dass ich ihn gar nicht erwähnen möchte«, beschrieb sie 1973 einmal ihre Rolle. »Wir wollen es so sagen: Es ist immer schön, nicht im Wege zu sein.« Warten, Einsamkeit, Anpassung sind Schlüsselwörter für das Leben von Politikerfrauen.

Lange vor ihrer Krankheit, die sie erst in die häusliche Dunkelheit verbannte und schließlich in den Suizid trieb, hatte Hannelore Kohl in einem freimütigen Interview geklagt: »Nach vier, fünf Stunden echten Wartens« könne man nur noch von einem Hund verlangen, dass er sich immer noch freut. »Ich habe das von unserem Hund gelernt.«

Die Vernachlässigung der Angehörigen gehörte auch für Rudolf Seiters zur »Kehrseite der Medaille« im Leben eines Politikers. Zwei Drittel der Ehen von Bonner Abgeordneten seien gescheitert, schätzte ein SPD-Vorständler schon vor der Vereinigung. Anders als ihre jüngeren Kollegen, taten sich die Kriegskinder der Generation Kohl und Waigel – Frauen wie Männer – mit Scheidungen und außerehelichen Liebesbeziehungen noch sehr viel schwerer als ihre jüngeren Nachfolger. Eine gezielte Rufmord-Kampagne von so genannten Parteifreunden brachte Waigel um die Chance, Ministerpräsident von Bayern zu werden. Das erschütternde Ende der Kanzlergattin Hannelore Kohl durch Suizid bewegte später die Nation. »Ein Politiker ist im Privaten bestenfalls sporadisch vorhanden«, bekannte der SPD-Abgeordnete Dieter Lattmann. »Daran gewöhnt sich, wer mit ihm lebt. Verlaß ist einzig auf die Unverläßlichkeit von Abmachungen. Immer wird es später.«

Die Frau sei der Karriere ihres Mannes förderlich, schrieb Claudia Kossendey, die Frau eines CDU-Bundestagsabgeordneten, »wenn sie unauffällig, gleichmäßig freundlich, zu allen Zeiten, ohne Konturen und Eigenständigkeit kooperiert, kein individuelles Gepräge aufweist und Zufriedenheit charmant ausstrahlt«. In ihrer Dissertation über »Lebenspartnerinnen von Politikern« äußern die Befragten übereinstimmend, dass das Paar zum öffentlichen Eigentum werde. Mechthild Töpfer, die Frau des Umweltministers in der Kohl-Regierung, sah sich Anfeindungen ausgesetzt, weil sie Lehrerin war. »Jetzt ist ihr Mann Minister«, kriegte sie zu hören, »warum muss die als Lehrerin arbeiten, wo es so viele arbeitslose Lehrer gibt?« Nicht von ungefähr ähneln Politiker-Ehen häufig Sucht-Beziehungen. Abhängigkeiten prägen den Charakter.

Auch in ihren öffentlichen Auftritten entwickelten sich Helmut Kohl und Johannes Rau immer deutlicher auseinander. Gewiss, schon im Wahlkampf 87 hatte Kohl den Staatsmann gegeben und Johannes Rau den Menschen. Jetzt hatte der Pfälzer kein Staatsamt mehr inne, mochte aber auf die Attitüde nicht verzichten, während der Mensch Rau auch als Bundespräsident darauf achtete, dass er nicht hinter dem Amt verschwand. Umso mehr ärgerte es ihn, dass er im Gefolge der Parteispenden-Affäre Helmut Kohls und dessen CDU selbst in ein diffuses Licht von Parteienklüngel, Filz und Machtversessenheit zu geraten drohte. »Das hat mich belastet«, sagte Rau später, »aber nicht deswegen, weil es eine Affäre gegeben hätte, sondern weil es den Versuch gab, ein Thema so zu behandeln, dass dabei nicht nur die Person, sondern auch das Amt des Bundespräsidenten hätte beschädigt werden können.« Außerdem konnte Rau – angesichts der Vorgänge in der CDU, die ja auch Kohls Nachfolger fassungslos machten – einfach nicht begreifen, dass man seinen politischen Stil, den er als »System menschlicher Zuneigung« beschrieb, mit dem Bekenntnis Helmut Kohls gleichsetzte, dass im gesamten politischen Leben »persönliches Vertrauen wichtiger als rein formale Überprüfungen war und ist«. In unfreundlicher Übersetzung hieß das in manchen Medien schlicht dasselbe: Politik ist Kumpanei und Filz.

Helmut Kohl entzauberte sich mit solchen Sprüchen selbst, und zwar besonders eindrucksvoll, wenn er sie – wie am 24. November 1999 – auch noch mit unvergesslichen Fernsehbildern unterfütterte. Noch immer trat er so pompös auf wie eine Operndiva, die ihre Umgebung durch schiere Anwesenheit zur Statisterie degradiert. Einer dieser Statisten, der Fraktionsführer der SPD im Bundestag, Peter Struck, hatte sich erfrecht, die CDU wegen ihrer ungeklärten Parteifinanzierung heftig zu attackieren. Und so erhob sich mit der ganzen Macht seiner Persönlichkeit und der Wucht seiner historischen Größe Altbundeskanzler Helmut Kohl in der zweiten Reihe des Berliner Parlaments, um den plötzlich sehr zierlich wirkenden Sozialdemokraten mittels einer als Zwischenfrage getarnten Rüge zu bremsen. Mit schneidender,

Respekt heischender Stimme sagte er: »Herr Abgeordneter, Sie wissen doch so gut wie ich, dass dies nicht eine Situation ist, um die Fragen, die Sie stellen, zu beantworten, und über die Behauptungen, die Sie aufstellen zu debattieren.«

Es war der Ton mehr als der Inhalt, der große Unruhe bei der SPD auslöste. Widerspruch prasselte von allen Seiten, empörte Zwischenrufer griffen den Ex-Kanzler an. Und herrisch donnerte der in den Saal: »Das kann in der Art und Weise, wie hier verleumdet wird, nicht stattfinden. Ob Sie das wollen oder nicht. Sie können hier mit Niederbrüllen gar nichts erreichen.«

Einen Augenblick lang breitete sich Schweigen aus im Plenum. Dann prusteten die Abgeordneten los. SPD, PDS und Grüne lachten aus vollem Halse. Es war, als hätte Kohl seinen eigenen Bann gebrochen. Da stand er wie ein Kanzlerdenkmal, redete wie eine Sagenfigur aus dem Kyffhäuser und war doch in Wahrheit nur noch ein ertappter Abgeordneter, der sein Fehlverhalten pathetisch zu vertuschen suchte. Er trat auf, als verfüge er nach wie vor über die Legitimation des Amtes und den Respekt des Volkes. Doch das Fernsehen enttarnte ihn als Hochstapler – der Kaiser war nackt. Tatsächlich kann man es Machtsüchtigen ansehen, wenn sie in den Entzug geraten. Es ist, als würde ein Licht in ihnen ausgeschaltet. Resignation, Hilflosigkeit und eine verheerende Lebensunsicherheit rauben den einst Mächtigen ihre Ausstrahlung.

Als Kohl dann öffentlich einräumte, von 1993 bis 1998 Parteispenden in Höhe von bis zu zwei Millionen Mark entgegengenommen, aber nicht veröffentlicht zu haben – genau genommen waren es 2,174 Millionen –, begann seine schimpfliche Metamorphose vom Kanzler der Deutschen Einheit zum Bimbes-Kanzler. Den Spendern habe er sein »Ehrenwort« gegeben, ihre Namen zu verschweigen, behauptete er. Ein umfangreiches System verdeckter Konten und illegaler Depots in Liechtenstein und der Schweiz tauchten in den folgenden Wochen auf. Mit der Parteispenden-Affäre endete Helmut Kohls Ära da, wo sie sechzehn Jahre zuvor begonnen hatte – vor einem parlamentarischen Untersuchungsausschuss über schwarze Kassen und bei den Ermittlern der Staatsanwaltschaft. »Er hat ja einfach so weiter gemacht«, erkannte eine erschütterte Angela Merkel. »Politisch-kulturell gesehen ist diese Spendenaffäre die Verlängerung einer Geschichte, die eigentlich Mitte der Achtzigerjahre abgeschlossen war.«

Nach zweieinhalb Jahren, 126 Sitzungen, der Einvernahme von 138 Zeugen und der Sichtung von knapp 1800 Beweismittelordnern sah die Mehrheit des Berliner Parteispenden-Untersuchungsausschusses im Juni 2002 den »schwerwiegenden Verdacht der politischen Korruption« gegen die Kohl-Regierung in mindestens drei Fällen als begründet an. In einem abschließenden Bericht wurde überdies die Vermutung geäußert, dass es die legendären Spender, deren Namen der Ex-Kanzler so bravourös wie illegal nicht nennen wollte, gar nicht gebe. Das angebliche Ehrenwort sei eine Erfindung gewesen, um Geldflüsse aus verdeckten Depots zu vertuschen.

Helmut Kohl hielt diese Erkenntnis natürlich für »absurd«, durchsichtige Manöver, um ihn zu ruinieren und »um sechzehn erfolgreiche Jahre aus der Geschichte zu verdammen«. Den materiellen Schaden glaubte er wieder gutgemacht zu haben, als er mit Hilfe einer privaten Spendenaktion fast acht Millionen Mark aufbrachte. Ein Verfahren, das ihm Untreue gegen die eigene Partei vorhielt, stellte die Wirtschaftskammer des Bonner Landgerichts gegen Zahlung von 30 000 Mark ein. Der Vorwurf gezielter Aktenvernichtung im Kanzleramt erwies sich als falsch. Moralisch fühlte sich der Altbundeskanzler, wie ihn seine Getreuen weiter nannten, ohnehin nicht schuldig. Im Gegenteil: »Ich büße für diese Fehler in einer Art und Weise, die in keinem Verhältnis zur Sache selbst steht.« Er führte sich auf, als hätte er im Dienste einer ehrenwerten Sache heroische Opfer gebracht. Und wann immer es möglich war, präsentierte er sein Lamento im Fernsehen.

Auf keinem Gebiet ihres professionellen Auftretens als Berufspolitiker haben sich Johannes Rau und Helmut Kohl so deutlich auseinander entwickelt wie in ihrem Umgang mit den Medien. Für Helmut Kohl, der sich früher gern als Medienverächter gab, war der Zugang zur Öffentlichkeit über das Fernsehen im Laufe seiner Amtszeit zu einer Selbstverständlichkeit geworden. Er nutzte vor allem die privaten Sender – die »unseren«, wie sie im Kanzleramt zu sagen beliebten – als Machtinstrumente, um seine Weltdeutungen unter die Leute zu bringen. Für sein Buch trat er sogar in einem TV-Werbespot auf.

Wäre Johannes Rau statt Bundespräsident der Zeremonienmeister des Deutschen Bundestages gewesen, dann hätte er mit Sicherheit eine Plenarsitzung mit Anwesenheitszwang für Sonntagabend um 21.45 Uhr angesetzt – zur Christiansen-Talkshow, »damit die Entscheider mal da sind, wo sie hingehören«. Johannes Rau hasste dieses permanente Fernsehgeplapper. »Ich habe den Eindruck, wir plaudern uns zu Tode.« Diese Abneigung des Bundespräsidenten erschien insofern erstaunlich, als gerade Johannes Rau als ein begnadeter Erzähler und Unterhalter gilt, der mit Pointen, Histörchen und anekdotischen Exempeln zu glänzen versteht. Aber es war ja auch nicht das Plaudern an sich, das ihn ärgerte, sondern eine öffentlich-rechtliche Fernsehkultur, bei der es nicht um Inhalte geht, sondern um Wirkung.

Und weil Johannes Rau im Schloss Bellevue aus dieser Abneigung nicht nur keinen Hehl machte, sondern sogar eine Medienstrategie, galt er bald als der »unerhörte Präsident« – im Amt verschollen, sozusagen. »Ich mag keine Inszenierungen«, wiederholte er mit stereotyper Hartnäckigkeit, wenn ihn seine Mitarbeiter bedrängten, sich in Szene zu setzen. Nichts widerstrebte Rau mehr, als sich und sein Image zu vermarkten. Die auf Breitenwirkung kalkulierte und generalstabsmäßig zur Eroberung der Medienlandschaft eingesetzte »Ruck«-Rede seines Vorgängers Roman Herzog hatte für ihn fast schon Horrorqualität angenommen. Rau: »Ich bin mehr ein Hörfunk-Typ.«

Sagen, was man tut, und tun, was man sagt, das war seine Faustregel für Glaubwürdigkeit. Und damit das für ihn stimmte, musste es aus dem Augenblick entstehen – in einer konkreten Situation, als Antwort für bestimmte Menschen und ihre Fragen. Deshalb sträubte sich der spontane, wortgewandte Rau hartnäckig dagegen, Voraustexte seiner Reden verteilen zu lassen.

»Wenn eine Rede gelingt und dann auch noch gehört und verbreitet wird, freut mich das. Ich will mich aber nicht selbst unter
eine Art publizistischen Erfolgsdruck setzen und glaube, dass
auch das leise Gesprochene seine Wirkung hat, wenn es mit dem
Gelebten übereinstimmt.« Doch in Berlin wollte das nicht funktionieren. Seine Reden wurden nicht wahrgenommen, er galt als
altmodisch. Nicht cool, kein Pep.

Johannes Rau litt. Und er lernte. Zwei Jahre brauchte er, um
den richtigen Ton, die richtige Dosierung, die überzeugende Haltung zu finden. Er wollte das Fernsehen ja nicht ignorieren, er
wollte es nur gezielt nutzen, nach seinen Interessen und Absich-
ten, nicht wahllos nach den Usancen der Unterhaltungsindustrie.
Und allmählich zahlte sich seine Beharrlichkeit aus. Häufig saß
der leidenschaftliche Briefeschreiber schon um sechs Uhr morgens am Schreibtisch und formulierte persönliche Botschaften
an seine Mitmenschen. Rau telefonierte mit Freunden und fremden Bürgern, sog Ermutigung aus Gesprächen und Diskussionen
im kleinen Kreis. Nach und nach wurde auch im Bundespräsidenten wieder erkennbar, was ihm als Ministerpräsident den Ruf
eines Kommunikationswunders im direkten Kontakt zu den Bürgern eingetragen hatte. Je länger seine Amtszeit dauerte, desto
mehr blühte er auf. Am Ende war er der Bürgerpräsident, der er
immer hatte sein wollen. 83 Prozent der Deutschen fanden seine
Arbeit gut.

Zur geistigen Debatte der Bundesrepublik meldete sich jetzt
ein deutlicherer Rau zu Wort – er benannte die Ungerechtigkeiten der Globalisierung, warnte vor den vermeintlichen Segnun-
gen unbegrenzter Forschung auf dem Gebiet der Gen-Technolo-
gie, mahnte, den Krieg nicht als Mittel der Politik zu betrachten.
Auch sei es an der Zeit, jetzt jene »substanzielle Reform des
Grundgesetzes« nachzuholen, die zehn Jahre vorher, zum Zeitpunkt der Vereinigung, unterblieben war. Damals wäre, so Rau,
die Gelegenheit gewesen, »zu unterscheiden, was bleiben soll.
Das gilt auch für die Rolle der Parteien in Staat und Gesellschaft.«
Johannes Rau, der als harmoniesüchtig galt und am liebsten Konflikten aus dem Wege ging, war am Ende ein politischer Präsident

geworden, dem 70 Prozent der Bevölkerung eine zweite Amtszeit gewünscht hätten.

Dass er sich dennoch entschied, nach einer Amtsperiode aufzuhören, hatte – trotz seiner vernünftigen Begründungen – wohl doch mehr mit den allgemeinen politischen Verhältnissen zu tun als mit seiner Einsicht. Denn Loslassen hatte Johannes Rau nicht gelernt, weder als Abgeordneter, Minister, Ministerpräsident, stellvertretender SPD-Vorsitzender und Kanzlerkandidat, noch während seiner fünfzig Monate im Berliner Schloss Bellevue. Seine Furcht davor, als Politik-Junkie zu enden, kleidete er wieder in ein Zitat, diesmal von Gustav Heinemann: »Erst merkt man es selbst. Dann merken es auch die anderen. Und dann merken es nur noch die anderen.« Doch mit Wortmeldungen ist weiter zu rechnen.

Helmut Kohl arbeitete derweil an der Restaurierung der Museumsversion seiner selbst. Vor dem Spendenskandal war sein Heroenbild ja längst fertig gewesen. Nun mussten die hässlichen Flecken wegretuschiert werden. Er schrieb – mit seinen zweibändigen Memoiren – den Text dafür. Der Münchner Bildhauer Serge Mangin, der auch Kohls Idol Ernst Jünger porträtiert hatte, arbeitete monatelang an einer Büste des Altbundeskanzlers. Und der Maler Albrecht Gehse schuf ein Gemälde für die Galerie der ehemaligen Regierungschefs im Berliner Kanzleramt. Das zeigt einen ungewöhnlich fragend wirkenden Helmut Kohl, einen Mann, der etwas unschlüssig zugleich in die Ferne und auf den Betrachter zu blicken scheint, fixiert auf etwas Unsichtbares. »Es zeigt eine Schwäche«, fand der Altkanzler, kam aber gleichwohl zu der Überzeugung, »dass es alles in allem ein gelungenes Bild« sei. Die Farben sind leuchtend und feurig, »der Mann glüht«, erklärte Christoph Stölzl, der frühere Museumsdirektor und Parteifreund, und geriet heftig ins Schwärmen über diesen gemalten Kohl, in dem er kein »Wirtschaftswunder-Glückskind« erkennen kann, sondern »nur Wille, Vorstellung, Leidenschaft – und Leiden«.

Erstaunlich in der Tat, dass Kohl es akzeptiert hat, wie der Maler ihn sozusagen aller sekundären Schichten der Macht entkleidete, der allegorischen und der psychosomatischen. Ein angedeutetes Brandenburger Tor im Hintergrund ist alles, was vom Mantel der Geschichte geblieben ist. Auf die Schutzschichten aus Fett und Karamellpudding, mit denen sich der Altkanzler gegen die Härten des politischen Lebens polsterte, verzichtete Gehse ganz. Das lässt diesen Kohl sehr fremd und fast unangemessen harmlos erscheinen. Denn der mächtige Körper und die pompöse Attitüde waren ja Statussymbole des Machthabers Kohl, deren er sich sehr bewusst war. »Das Äußere verschafft offenbar Respekt oder vielleicht auch Distanz«, bekannte er, »wer mich näher kennt, stellt aber fest, dass ich in Wirklichkeit anders bin.« Helmut Kohl liebt – wie man von seinen Urlaubsbildern weiß – vor allem die sentimentale Seite seines Bildes. Doch gibt es in Wahrheit wohl niemanden, der ihn wirklich kennen gelernt hat und unverletzt geblieben wäre.

Zu den erstaunlichsten Behauptungen, die sich zu einem Legendenbild des Kanzlers der Deutschen fügen sollen, gehört das angebliche Fehlen »jeglichen Inszenierungswillens«, das Frank Schirrmacher in der *FAZ* den Lesern einreden wollte. Sechzehn Jahre lang hat dieser Kanzler, der systematisch Politik in symbolische Bilder verwandelte, sich selbst zum obersten Biedermann der Republik stilisiert. Während seiner Regierungszeit hatte Kohl in unzähligen pompösen Inszenierungen staatliche Sinnstiftungen via Fernsehen zelebriert, die alle – besonders das kitschige Händereichen über Kriegsgräber hinweg mit François Mitterand in Verdun und Ronald Reagan in Bitburg – den überlebensgroßen Kanzler als historisches Symbol seiner selbst feierten. Als Regierungs- und Parteichef hat er den Gebrauch von politischer Symbolik über die Grenze vorbedachter Irreführung der Öffentlichkeit hinaus deutlich ausgeweitet.

Die privaten Sender, die der Kanzler Kohl in den Achtzigerjahren unterstützte, um der ideologischen Bildschirmpräsenz der Sozialdemokraten, die er als »brutal, frech und unverschämt« charakterisierte, ein schwarzes Weltbild entgegenzusetzen, wurden seine Bühne. Willy Brandt, nicht Gerhard Schröder, sei der erste Medienkanzler der Bundesrepublik gewesen, schrieb der

Ex-Kanzler in seinen *Erinnerungen*. Er selbst konnte jedoch – nicht zuletzt dank Leo Kirch – gut mithalten. Kirch, der zur Regierungszeit seines Kanzlerfreundes die Sender Sat.1, Pro 7, Kabel 1, Premiere, Deutsches Sportfernsehen, den Nachrichtenkanal N 24 und rund ein dutzend anderer TV-Stationen steuerte und zusätzlich zeitweise 40 Prozent des Axel-Springer-Verlages besaß, zahlte dem Abgeordneten Kohl nach dessen Kanzlerzeit jährlich 600 000 Mark Beratersalär. Und als Kohl im Jahr 2000 an die acht Millionen Mark für die CDU sammelte, um wieder gutzumachen, was seine Partei seinetwegen an Strafzahlungen zu berappen hatte, war Kirch mit einer satten Million der größte Einzelspender.

Dass er persönlich käuflich gewesen sei, unterstellten Helmut Kohl nicht einmal seine schärfsten Gegner. Aber wer wollte bestreiten, dass seine 25-jährige Herrschaft über die CDU auf der Macht des Geldes beruhte, dass »Bimbes« der Stoff des Macht-Junkies Kohl war? Kein anderer Chef der Bundestagsparteien kümmerte sich so sehr um die Details der Geldbeschaffung. Bestechung? Nein, so schlicht ging es bei Helmut Kohl kaum zu. »Nicht, dass der ehemalige Bundeskanzler und CDU-Vorsitzende korrupt, sondern dass sein Handeln korrumpierend sein könnte, war der springende Punkt der so genannten Spendenaffäre«, schrieb der Berliner Politikwissenschaftler Herfried Münkler in der *FAZ*. Von dieser korrumpierenden Politik sah Münkler die ganze Verfassungsordnung der Bundesrepublik beschädigt, weil das legale Zusammenspiel von Instanzen und Kompetenzen zunehmend durch ein Geflecht von Abhängigkeiten, Freundschaften und Protektionen unterlaufen worden sei.

Immer ungenierter hatte Helmut Kohl mit den Jahren seiner Herrschaft für sich eine eigene Wirklichkeit beansprucht, doch erst als politischer Ruheständler trieb er die emotionale Selbstüberhöhung unter Zuhilfenahme der Höhen abendländischer Geschichte und der Tiefen persönlichen Unglücks bis an den Rand der Blasphemie. Zur Trauerfeier für Hannelore Kohl hatte der Ex-Kanzler im Juli 2001 das gesamte politische Establishment des Landes, dazu Romano Prodi, den Präsidenten der Europäischen Kommission, in den Dom zu Speyer geladen – wo man, wie er zu sagen pflegte, »in besonderer Weise die Einheit von deutscher und europäischer Geschichte spürt«. Massig und entrückt, das Gesicht von Tränen aufgeweicht und verdüstert in grimmem Leid, dominierte er mit seiner machtvollen Körperlichkeit das Requiem für die unglückliche Frau. Millionen Bundesbürger konnten am Fernseher miterleben, wie dieser Mann alles an sich raffte, als gehöre es ihm persönlich – das Leid der Familie und das Mitgefühl der Menschen, die Einheit Europas, die deutsche Geschichte und die »zerstörenden und auf Vernichtung zielenden Kräfte« seiner politischen Feinde, die Monsignore Erich Ramstetter, der alte Freund, in seiner Predigt zu erwähnen nicht vergaß.

Fortan berief sich Helmut Kohl, während er an seinen Memoiren arbeitete und von seinem Berliner Amtszimmer aus weiter politische Strippen zog, auf den letzten Willen der Toten, wenn er seine rastlose Umtriebigkeit erklären zu müssen glaubte. Norbert Blüm, der – bis zur Parteispendenaffäre – jahrzehntelang sein ergebenster politischer Freund war, hätte eine andere Erklärung zu bieten: »Es ist schlimm, wenn einer nur Politik machen kann. Vor solchen Leuten habe ich Angst. Wenn einer nichts anderes im Kopf hat als Politik, dann ist er krank.«

V

Die Trümmerkinder
(1998–2004)

Nachträglicher Ungehorsam

Kurz nach 20 Uhr 30 am Freitag, den 14. November – gerade eröffnete Bundespräsident Johannes Rau mit dem traditionellen Walzer den Bundespresseball 2003 – drang der Berliner Außenminister in die Festsäle des Hotels Intercontinental ein. Mit robustem Körpereinsatz gelang es ihm, unterstützt von seinen rempelnden und schubsenden Leibwächtern, den ersten Ring der Presseleute zu durchbrechen. Im hektischen Feuer der Blitzlichter bahnte sich Joseph A. Fischer – rechte Hand in der Tasche, linke Schulter vorgeschoben, Kopf gesenkt – mit unbewegt düsterer Miene seinen Weg durch die Sperrwand der Mikrofone. Wo war seine neue Freundin Minu Barati, 28? Würde sie nachkommen? Feierte er allein?

Eher wirkte der einstige Streetfighter Joschka so, als wolle er den Saal besetzen. Durch die Gasse, die ihm seine Bodyguards frei drängelten, eilte Deutschlands beliebtester Politiker wortlos an den wartenden Journalisten vorbei in den Saal, in dem die Musik spielte. Was für ein Auftritt für die TV-Kameras. Was für ein Kick fürs eigene Ego. Wieder einmal hatte der Mann, der seine atemberaubende Karriere von der Frankfurter Sponti-Szene in die obersten Ränge der Welt-Diplomatie auch den Medien verdankte, den Pressemenschen seine Verachtung gezeigt. »Nacht des Lächelns«? Nicht mit Joschka. Eine Freundlichkeitsgrimasse für den amerikanischen Botschafter, an dessen Tisch er Platz nahm, musste genügen.

Griesgrämig inhalierte Fischer die Aufmerksamkeit, die er erregte, ein Weltmeister der doppelten Botschaften. Seine Leibwächter schreckten Neugierige ab. Belauert von Kameras und gierigen Reporteraugen hielten sie Frager auf Distanz. Der Platz an seiner rechten Seite war leer geblieben. Ob er seine geheimnisvolle Freundin Minu, die Deutschland bis dahin nur aus Fotos der Boulevard-Presse kannte, mitbringen würde wie fünf Jahre zuvor seine künftige vierte Ehefrau Nicola, hatte er vieldeutig offen gelassen. Dass man bei Joschka immer mit allem rechnen muss, steigert seine Attraktivität. Fischer, der ein Mann des Witzes und des Wortes sein kann, ein Machtspieler von hohen Graden, liebt diesen Schwund von Selbstverständlichkeiten.

Wie er das denn fände, dass Dieter Bohlen an diesem Abend in Berlin die politische Prominenz bereichern dürfe, wollte eine Journalistin wissen. »Joschka Fischer macht sich nicht einmal die Mühe hochzugucken«, notierte die Kollegin. »Er legt die Mutter aller grantigen Tonfälle in seine Stimme und knurrt: ›Vergessen Sie's!‹« Sollte sich der Außenminister der Bundesrepublik Deutschland, gewandet in Smoking mit roter Weste, um einen hergelaufenen Popstar im Straßenanzug kümmern? Popstar war er selber – der einzige in der Politik, hatte sein Freund Daniel Cohn-Bendit behauptet. Fischer griff zum Handy und telefonierte. Mit wem nur, mit wem? Schon wieder ein Geheimnis. Er tat, als giggele er mit seiner Minu, doch sein Gesprächspartner war der stellvertretende Pressesprecher. Lautstark und feixend teilte er ihm mit, dass er natürlich nicht frei reden könne, mit dem »Kerl vom *Spiegel*« neben und »dreißig Fotografen« vor sich. Kurz, der Minister amüsierte sich wie Bolle. In der von Fischer selbst diagnostizierten »Entwicklung hin zum Kotzbrocken« war er, wie alle Zeitungen und Fernsehstationen mehr oder weniger unverblümt vermerkten, an diesem Abend ein beträchtliches Stück vorangekommen.

Na und? Hauptsache, die Medien vermerkten irgendwas. Der kindliche Narziss Fischer kann gar nicht anders, als sich auf Kosten seiner Umwelt in den Vordergrund zu drängen. So habe ich ihn immer erlebt. Unvergessen eine Szene aus seinen Anfangszeiten als grüner Abgeordneter in Bonn, als ich mit seinem damals engsten Mitstreiter Hubert Kleinert in der Polit-Kneipe »Provinz« saß, um ihn über ihre jungenhafte Freundschaft zu befragen. Fischer kam herein, setzte sich mit flüchtigem Gruß an den Nebentisch und linste fortan geradezu zwanghaft herüber. »Sollen wir ihn nicht dazu bitten«, fragte ich Kleinert. »Nee, lass man, das dauert höchstens noch fünf Minuten, dann hält er es nicht mehr aus und kommt von selbst.« Drei Minuten später saß er an unserem Tisch. Kleinert kam nicht mehr zu Wort.

Der Politiker Joschka Fischer braucht die Medien wie die Luft zum Atmen. Seine ironisch gemeinten Versuche, sich von ihnen zu distanzieren, sind ohnmächtige Gesten einer vorgetäuschten Unabhängigkeit. Es ist, als würden Fischer und seine Altersgenossen erst richtig zum Leben erwachen, wenn sie sich öffentlicher Aufmerksamkeit sicher sind. Oskar Lafontaine wirkt wie von innen erleuchtet, wenn die Auslöser der Fotoapparate klicken. Jürgen Möllemann schien zu wachsen, sobald sich ihm Mikrofone entgegenreckten. Peter Gauweiler badet in offenkundigem Wohlgefallen, wenn er Autogramme schreibt. Gewiss, auch Carlo Schmid, Walter Scheel oder Lothar Späth wussten sich bei öffentlichen Auftritten zu produzieren und warben um Applaus. Doch erst die Generation, die heute regiert – die Kinder der Nachkriegszeit, geboren in den Vierzigerjahren –, ist daran gewöhnt, sich politisch nicht mehr in erster Linie durch Argumente sondern per Eindruck durchzusetzen.

Ihnen geht es mehr um Wirkung als um Wirklichkeit. Weder ein inneres noch ein äußeres Geländer bestimmt den Lebensweg der meisten. Sie haben sich selbst und sonst gar nichts, was zählt. Deshalb sind sie besessen vom persönlichen Erfolg. »Successoholics« hat der Managerberater Harald G. Butzko diesen Typus genannt. Ihre Droge ist die öffentliche Aufmerksamkeit, ihr Ziel ist Prominenz. Politik bietet dafür in der Mediengesellschaft günstige Voraussetzungen. Und natürlich ist Berlin als Kulisse attraktiver als Bonn.

Sie arbeiten hart an ihren Karrieren, kämpfen unverdrossen um ihren Aufstieg, aber sie verbeißen sich nicht in bestimmte Inhalte.

»Ich empfand die politische Arbeit als ein lustvolles Spiel und genoss es, mittendrin zu sein, auch wenn es anfangs eher die Illusion der Macht war als tatsächliche Macht«, bekennt Heide Simonis. Zur Not wird die Wirklichkeit gefällig uminszeniert. Das nimmt ihrem Tun oft den Ernst. Sie sind Künstler pragmatischer Lösungen, einfallsreiche Erfinder einfacher und schneller Ergebnisse. Das gibt ihrem Wirken etwas Spielerisches, Unterhaltsames. Beifall zählt.

Am 15. September 2001 aber, vier Tage nach dem Terrorattentat auf die Hochhaustürme von New York, mussten die Spitzenpolitiker dieser Jahrgänge keine Beklommenheit schauspielern, als sie sich in parteiübergreifender Geschlossenheit am Brandenburger Tor zu einer Demonstration »uneingeschränkter Solidarität« mit den USA präsentierten. »Weltkrieg – nicht mit uns«, lasen sie auf Plakaten, die ihnen aus der Menge entgegengestreckt wurden. Zweihunderttausend Berliner standen schweigend. Und alle, die sich da oben aufgereiht hatten oder in der ersten Reihe vor der Bühne saßen, der Kanzler und seine Minister, die Ministerpräsidenten der Länder, die Partei- und Fraktionschefs, sie alle wussten, dass sich hinter der Formel von der »uneingeschränkten Solidarität« die Entschlossenheit verbarg, zur Not auch mit militärischen Mitteln den amerikanischen Verbündeten beizustehen. »In diesen Tagen haben viele Menschen Angst«, sagte Bundespräsident Johannes Rau, »ich verstehe das.«

Die Kameras, die über die Gesichter von Gerhard Schröder und Michael Glos, von Heide Simonis und Joschka Fischer, von Wolfgang Schäuble und Gregor Gysi, Wolfgang Gerhardt und Antje Vollmer glitten, lieferten Bilder erschrockenen Ernstes. Rudolf Scharping, Rezzo Schlauch – war das nicht eigentlich die Spaßgesellschaft? Henning Scherf, Edmund Stoiber – verkörperten sie nicht die erste deutsche Politikergeneration an der Macht, die sich nur an Friedenszeiten erinnern konnte? Jetzt war es ausgerechnet Gerhard Schröder, Jahrgang 44, der als erster Regierungschef nach dem Zweiten Weltkrieg wieder deutsche Soldaten an die Front zu schicken hatte. Auf seinem Schreibtisch steht ein Bild seines gefallenen Vaters, der unter dem Stahlhelm der Hitler-

Wehrmacht aussieht wie der Sohn. Dem Bundeskanzler hatte schon die Entsendung deutscher Soldaten auf den Balkan zu schaffen gemacht. Jetzt sah er noch umfangreicheres militärisches Eingreifen voraus. »Ich muss«, sagte Gerhard Schröder deutlich bedrückt, »vermutlich eine der schwerwiegendsten Entscheidungen treffen in der nächsten Woche, die ich je zu treffen hatte.«

Gut drei Wochen später, am Abend des 9. Oktober, stand der sichtlich um Fassung ringende Bundeskanzler im gleißenden Scheinwerferlicht am Rande des Todeskraters von Ground Zero in New York. Ich kannte Gerhard Schröder nun schon gut fünfundzwanzig Jahre und wusste, was für ein harter Knochen er – bei aller Sentimentalität – sein kann. Aber so erschüttert und zugleich kraftvoll habe ich ihn nie gesehen. »Lass mal«, sagte er leise, als ihm jemand ein Mikrofon hinhielt. Er schob es nicht einmal weg. Er weinte, wie wir alle, die ihn begleiteten. Man konnte gar nicht nicht weinen.

Dabei glaubten wir uns vorbereitet. Wir hatten ja alle das Horrorgeschehen auf den Fernsehschirmen zuerst miterlebt und dann wieder und wieder nacherlebt, hatten die Türme zu Staub sinken und die Menschen in Panik und Verzweiflung rennen sehen. Später täglich das Gewusel auf den Trümmerbergen. Die Zahlen. Die Reden. Die Fahnen. Die Trauerfeiern. Deshalb glaubten wir, als wir herangeprescht waren mit den Power-Booten der Polizei von Pier 92 an der 12. Avenue, wir wüssten, was uns erwartete.

Doch dann standen wir da, überwältigt von der brüllenden Stille dieses Götterdämmerungs-Weltuntergangs-Opern-Szenarios, wie bloßgestellt durch die kalten Lichtfluten, erschöpft nach einem 23-Stunden-Tag, leer, hilflos, ohne Worte. Und plötzlich ahnte ich, dass man auch als Kanzler erwachsen werden kann; ja, dass unserer regierenden Nachkriegsgeneration das richtige Leben, das sie sich bisher spielend vom Leibe halten konnte, im Amt womöglich doch noch zustößt.

War es nicht eine besondere Tücke der Geschichte, dass ausgerechnet der als antiamerikanisch und fast pazifistisch eingestuften rot-grünen Regierungsmannschaft diese Entscheidungen zur militärischen Unterstützung der USA abverlangt wurden? In der öffentlichen Wahrnehmung galten Gerhard Schröder, sein Vize Fischer und ihre Koalitionsmehrheit im Parlament als 68er. Und in seiner ersten Regierungserklärung hatte der Kanzler – mit Seitenblick auf seine Regierungsbank – diesen Eindruck bekräftigt: »Diese Generation steht in der Tradition von Bürgersinn und Zivilcourage. Sie ist aufgewachsen im Aufbegehren gegen autoritäre Strukturen und im Ausprobieren neuer gesellschaftlicher und politischer Modelle.«

Das war indes eine nachträgliche und sehr großzügige Inanspruchnahme der Chiffre 68. Denn nicht nur hatte der Ex-Juso Schröder selbst glaubhaft erklärt, dass er sich der Studentenrevolte der Bürgerkinder in den Sechzigerjahren nicht besonders nahe gefühlt habe. Auch der entlaufene Gymnasiast Fischer war zwar »mit großen, glänzenden, gläubigen Augen«, aber doch eher zufällig am 3. Juni 1967 in eine Demo geraten, die vor dem Stuttgarter Schloss den Tod Benno Ohnesorgs betrauerte. Er war zu jung, um gleich ganz vorn dabei zu sein, was ihm vieles ersparte. Er war aber andererseits von der Politik, in die er geriet, viel zu besessen, als dass er – wie die Mehrheit – hätte hängen bleiben können zwischen satter Arriviertheit und gescheiterten Träumen. Und so wurde »Joschka« zur Verkörperung des Lebensgefühls einer ganzen Generation. »Wir«, wie er sagte, »die Kinder der Henker von Auschwitz und die der Helden von Stalingrad.«

Wir – das reicht von Fritz Teufel über Ulrike Meinhof bis Edmund Stoiber (CSU) und Jürgen Möllemann (FDP). Mit den Jahren wuchs die Zahl derer, die sich entweder als 68er fühlten oder sich als Gegner der Revolte profilierten, mächtig an. Der bayerische Ministerpräsident will durch das Engagement der linken Studenten von der Emphase des Aufbruchs angesteckt worden sein, wenn er sich auch heftig in die entgegengesetzte politische Richtung bewegte. Und Wolfgang Schäuble, damals RCDS-Funktionär in Freiburg, später Helmut Kohls rechtskonservativer Statthalter und verfeindeter Nachfolger, erinnert sich sogar, dass ihm sein Ministerpräsident Hans Filbinger wegen des Verdachts studentischer Linksabweichung durch den Verfassungsschutz nachschnüffeln ließ.

Dass Generationen als Erfahrungs- und Erinnerungsgemein-schaften um historische Ereignisse herum ziemlich willkürlich konstruiert werden können, wird gerade an der 68er-Generation deutlich. »Generationsbildung ist ein Prozess der Auswahl des be-kannten Wissens, das hier betont und dort ›vergessen‹ wird«, sagt der Soziologe Claus Leggewie. Und sein Kollege Heinz Bude, der sich der Geburtsjahrgänge zwischen 1938 und 1948 besonders lie-bevoll angenommen hat, kam zu dem Ergebnis, dass sich die Be-zeichnung 68er-Generation wohl erst Anfang der Achtzigerjahre eingebürgert habe. Vorher sei immer von der APO, der Studenten-bewegung oder antiautoritären Bewegungen die Rede gewesen. Die mehr oder weniger geschlossene Veranstaltung von damals aktiven Demonstrations- und Diskussionsteilnehmern erfuhr also erst im Nachhinein jene kulturrevolutionäre Erweiterung, die den Begriff »68er« zu einer »offenen Zuschreibungsformel« machte.

Dass die tumultuösen Ereignisse der späten Sechzigerjahre für das Selbstverständnis der heute 55- bis 65-jährigen Politiker von nachhaltiger Bedeutung waren, bleibt unbestritten. Doch das gemeinsame Lebensgefühl dieser Generation, das – bewusst oder unbewusst – bis heute ihre Wahrnehmung der Welt und den Um-gang mit Menschen und Ereignissen prägt, dürfte stärker noch durch die historisch markanteren und bewegenderen Gescheh-nisse in ihrer Kindheit und Jugend bestimmt worden sein.

Die Proteste von 68 gegen die von der Nazi-Vergangenheit belasteten, schweigenden Eltern und Lehrer brachten spät zum Ausdruck, was diese Generation in ihrer wilden Trümmerkind-heit und der dann wieder autoritär gegängelten Jugend früh ge-formt hatte. Aus diesen Wurzeln – die auch mein Lebensgefühl speisen – scheint mir eher erklärlich, warum sich Kanzler Schrö-der und sein CSU-Herausforderer Edmund Stoiber als Minis-terpräsidenten ähnelten wie eineiige Zwillinge, warum Oskar La-fontaine und Peter Gauweiler gemeinsam öffentlich auftreten wie Siegfried und Roy, und warum der einst linke Nicaragua-Vor-kämpfer Henning Scherf so scheinbar harmonisch mit dem rech-ten Ex-Bundeswehrmajor Hartmut Perschau das Bundesland Bremen regierte.

Diese Jahrgänge waren wirklich auferstanden aus Ruinen, wie sie in der DDR sangen. Günter Verheugen, Jahrgang 44, heute sozialdemokratischer Europa-Kommissar, war drei Jahre alt, als ihn seine Eltern zum ersten Mal mit der Bahn von Brühl nach Köln mitnahmen. »Das Bild von dieser völlig zerstörten Stadt hat mich nie losgelassen«, erzählt der Politiker knapp sechs Jahrzehnte später, »jeder, der damals aufwuchs, trägt solch ein Bild mit sich rum.«

Die Trümmerlandschaften der von Bomben zerstörten Städte und halb verwüstete Stellungen und militärische Anlagen auf dem Lande waren die Abenteuerspielplätze dieser Generation, nicht ungefährlich, aber außerhalb des Kontrollzugriffs der Erwachsenen. Ruinen wurden zu den wichtigsten Erfahrungsräumen dieser Kinder. Hier erwarben sie Überlebenstechniken. Sie bekämpften einander in Bandenkriegen, die Nachbarschaft war feindliches Gebiet. Sie sammelten Kohlen und Buntmetall, stahlen Obst und Gemüse aus den Gärten, Rüben und Kartoffeln von den Feldern. Aber sie fanden auch Bomben und Waffen. Vielen sicherten die Fund- und Beutestücke aus der Trümmerwelt eine frühe Unabhängigkeit, ja, sogar eine gewisse Machtposition gegenüber den Erwachsenen.

Geblieben ist die Erinnerung an eine große Freiheit. Und eine eigentümliche Art von Selbstbesessenheit, die gesellschaftliche Wirklichkeit nur als Kulisse für die eigene Bedeutung wahrzunehmen gelernt hatte. In den Bombenangriffen der letzten Kriegsmonate und den Hungerjahren nach dem Ende des Nationalsozialismus waren die nationale wie die soziale Substanz, auf die sich Adolf Hitlers Reich und seine Autoritäten beriefen, total verwirtschaftet und verbraucht worden, schrieb der Schweizer Fritz Réne Allemann Mitte der Fünfzigerjahre in seinem Klassiker *Bonn ist nicht Weimar.* »Man war vom Kollektivgeschehen durch Jahre (und welche Jahre!) bis zur Überanstrengung in Anspruch genommen worden; nun bog man vor seinen neuen Anforderungen kurzerhand ins radikal Persönliche, Allzupersönliche ab.« Die Heranwachsenden dieser Jahre sind weltoffen und vorurteilslos, vielseitig und selbstsicher. Der Mode-Designer Wolfgang Joop,

Jahrgang 44, beschrieb unlängst die Generation, die uns zurzeit regiert so: »Ohne Verankerung in Vergangenheit oder Zukunft passen wir uns der Chance des Augenblicks an. Unser Ego hat Priorität vor Parteien, Politik und den Parolen von gestern.« Und selbst wenn sie die Politik zum Beruf machen, bleiben sie extrem individualistisch. Die Grüne Bundestags-Vizepräsidentin Antje Vollmer, Jahrgang 43, spricht im Grunde für alle: »Ich war immer Kollektiv-ungeeignet.«

In den spärlichen Erinnerungen an die ersten Lebensjahre dominiert bei den Politikern dieser Generation deutlich ein Erinnerungsoptimismus, der dem Hunger, der Kälte und der räumlichen Enge eine fast folkloristische Färbung gibt. Horst Köhler, Jahrgang 43, der neue Bundespräsident, scheint daraus seinen frischen Ton zu schöpfen, mit dem er den miesepetrigen Deutschen Mut zu machen versucht. Und wenn Gerhard Schröder erzählt, sie hätten »den Kitt von den Fenstern gefressen«, dann klingt das eher verharmlosend übertrieben. Dass die Kinder von den Erwachsenen – meist erschöpften Müttern und Großeltern oder zu früh geforderten älteren Geschwistern – als belastbare Partner behandelt wurden, erscheint im Nachhinein vielen als geradezu ehrenvoll. Jeder musste eben anpacken, wenn es galt, das Dach zu flicken oder Kartoffeln zu stoppeln.

Aber schon ab der Währungsreform, spätestens aber nach 1953, erlebten die Heranwachsenden, wie das Leben immer »normaler« wurde – das hieß: besser. Bereits 1949, erzählte Jürgen Möllemann, habe sein Vater, Polstermeister im niederrheinischen Dorf Appeldorn, stolz das eigene Auto durch die Gegend kutschiert. Wohlstand begann sich auszubreiten, wachsender Konsum wurde für diese Generation in ihren Jugendjahren zur Selbstverständlichkeit. Obwohl der Schulunterricht vergleichsweise rückständig blieb, erweiterten sich doch auch für die Kinder die Chancen der Ausbildung und der kulturellen Entwicklungen. Der Soziologe Viggo Graf Blücher, der Mitte der Sechzigerjahre umfangreiches Befragungsmaterial auswertete, empfand die Angehörigen dieser Jahrgänge als »unbefangen« – nicht zuletzt im Vergleich zur enttäuschten »skeptischen Generation« davor. Die in den

Vierzigerjahren in Deutschland geborenen Mädchen und Jungen – von denen die ersten 1946, die letzten 1955 eingeschult wurden – waren frei von allen ideologischen Fixierungen, frei aber auch schon wieder von ihrer grundsätzlichen Ablehnung.

Und doch schlagen die Verheerungen, die Krieg, Nazi-Zeit und Vertreibungen in deutschen Familien angerichtet haben – bis vor kurzem ein gern verschwiegenes Thema –, noch heute in den Alltag durch. Die traditionelle deutsche Familie nahm in diesen Jahren schweren Schaden, wenn sie nicht schon vorher zusammengebrochen war. Die fehlenden Väter waren vermutlich für den Werdegang der Kinder von besonders prägender Bedeutung. »Es gab keinen Mann in der Familie«, bestätigte der spätere SPD-Bundesvorsitzende Oskar Lafontaine, Jahrgang 43, die Analysen der Psychologen. »Wir haben keine väterliche Autorität erlebt, wurden nie begrenzt.« Andererseits fehlten vielen Jungen, selbst wenn die Väter nicht gefallen waren, männliche Modelle, an denen sie sich ausrichten konnten. Rudolf Scharping und Franz Müntefering haben erzählt, wie ihre Väter nach der Heimkehr in ihren Familien fremdelten und um Autorität rangen. Die Alten galten den Söhnen als Versager und Verlierer, oder aber die Jungen verharrten – wie der spätere schleswig-holsteinische Ministerpräsident Uwe Barschel – in irrationaler Bewunderung für die gefallenen Heroen des Krieges.

Zum Überlebenszentrum der Familie wurden die meist übermüdeten und erschöpften Mütter, die nicht selten »emotionalen Halt bei ihren Kindern« suchten, wie die Soziologen Yvonne Schütze und Dieter Geulen schreiben. Heide Simonis, Jahrgang 43, Ministerpräsidentin von Schleswig-Holstein, wirkte noch an ihrem 60. Geburtstag genervt, sobald die Sprache auf ihre mit dem eigenen Leben unzufriedene Mutter kam, eine ungemein tüchtige Frau, die hochschwanger und mit einem Kleinkind an der Hand, die Flucht von Ostpreußen nach Bonn bewältigt hatte. Als der Vater, der sich freiwillig zu Hermann Görings Luftwaffe gemeldet hatte und als Sturzkampfflieger zu den Helden der ersten Kriegsjahre zählte, nach dem Krieg – ohne Studium, ohne Berufsabschluss – als gebrochener Mann zu Hause saß, nahm die Mutter »unser aller Leben fest in die Hand«. Sie drängte ihren Mann zurück ins Studium, gängelte und deckelte die drei Töchter und arbeitete sich zur Sekretärin von Konrad Adenauer hoch. Aber nach den traditionellen Familienvorstellungen der Zeit ernährte der Mann die Familie, und die Frau sorgte für Heim und Herd. Die Mutter fügte sich, fühlte sich aber in eine Hausmädchenrolle gedrängt und »zur Minna« gemacht. Sie tyrannisierte die Familie mit Migräneanfällen, Tochter Heide reagierte mit Asthma und verbrachte viele Monate in Pflegeheimen.

In den Fünfzigerjahren, als der Wohlstand sich langsam auszubreiten begann in der Bundesrepublik, schrumpften die Freiräume für die Heranwachsenden dramatisch. Die rigiden Erziehungsnormen und bigotten Lebensregeln patriarchalischer Familien aus der wilhelminischen Zeit waren ja nicht außer Kraft gesetzt worden. So wie die Bonner Republik von den Großvätern aus der Kaiserzeit organisiert wurde – von den Adenauers, Schumachers, Heussens und Erhards –, stammten auch die bürgerlichen Ordnungs- und Wertvorstellungen aus der einzigen Zeit, die den älteren Deutschen noch als »normal« in Erinnerung geblieben war – den Jahren vor dem Ersten Weltkrieg.

Das verlieh der Zeit einen anachronistischen Zug. Heute mag die von den Deutschen gewonnene Fußball-Weltmeisterschaft 1954 als »Wunder von Bern« zum Mythos geronnen sein. Bundestrainer Sepp Herberger, der Vater des Erfolges, hat seinen Sieg nie als ein Wunder betrachtet, sondern immer als den verdienten Lohn für die »deutschen Tugenden« – Fleiß, Disziplin, Einsatzbereitschaft, Härte gegen sich und andere. Nicht nur, weil auch mich damals der unerwartete Erfolg stolz machte und weil ich ein Fußball-Freak bin, habe ich eine Biografie über den Bundestrainer geschrieben, der bei Hitler Reichstrainer gewesen war. Sondern weil »der Alte« im Wesen und im Werdegang bis in kleine Eigenheiten hinein meinem Vater ähnelte, mit dem ich damals – außer Fußball – nichts ernsthaft bereden konnte, vor allem nicht die Nazi-Zeit. Sportler waren die einzigen Helden, die uns geblieben waren. Ein Zufall ist es nicht, dass die Schröders, Stoibers, Fischers und Schäubles alle die Elf von

Bern noch ohne zu stocken aufsagen können, Ersatzspieler zumeist eingeschlossen.

So streng wie Herberger seine soldatisch vorgedrillten Spieler gängelte, begannen auch unsere Eltern in den Fünfzigerjahren wieder, ihre Kinder zu disziplinieren. Gerhard Schröder kann sehr eindringlich erzählen, wie oft Prügel drohten, wenn seine Mutter, die als Putzfrau das Familieneinkommen sicherte, abends heimkam und die Kinder nicht gespurt hatten. Im gerade überstandenen Kriegs- und dem herrschenden Nachkriegschaos hatten die Eltern zunächst kaum Zeit und Kraft gehabt, ihre autoritären Erziehungsvorstellungen durchzusetzen. Aber jetzt wurde an den heranwachsenden Kindern wieder »anständig« herumerzogen. Peinlich genau achteten die Mütter nun darauf, dass sich die Sprösslinge ordentlich anzogen, dass sie abends pünktlich nach Hause kamen, sich nicht heimlich mit dem anderen Geschlecht einließen, ihre Hausarbeiten machten und in der Schule nicht störend auffielen. Der gemeinsame Sonntagsausflug gehörte wieder zum gefürchteten Pflichtrepertoire kleinbürgerlicher Normalität. Wer nicht spurte, wurde gehauen.

Konnte das gut gehen? Obwohl die Mehrheit der Heranwachsenden sich brav und angepasst den neuen, oft als heuchlerisch empfundenen Ordnungs- und Kontrollforderungen ihrer Eltern und Lehrer zu unterwerfen schienen, witterten schon zeitgenössische Beobachter wie Viggo Graf Blücher in diesen Jahrgängen auch eine versteckte Unruhe. Und der Philosoph Odo Marquard sah in der Studentenrevolte von 1968 »nachträglichen Ungehorsam«: gegen die Eltern und, stellvertretend für sie, gegen die Nazis.

Dass mit dem Sozialdemokraten Gerhard Schröder und Edmund Stoiber von der CSU erst 2002 zwei Vertreter dieser Generation als Kanzlerkandidaten gegeneinander antraten, entspricht der inzwischen geradezu notorisch gewordenen deutschen Verspätung in der Geschichte. Programmatisch unterschied den früheren Juso-Chef und den ehemaligen Franz-Josef-Strauß-Generalsekretär nahezu nichts mehr – was sie zur Projektionsfläche für eine breite Skala von Erwartungen machte. Den Kontext dafür lieferten nicht mehr Rechts-links- oder Gut-böse-Konflikte, sondern die Biografien und Lebensmodelle der Kandidaten.

Deren Ausgangspositionen ähnelten sich. Beide waren im Krieg geboren – Stoiber 1941, Schröder 1944. Schröders Vater fiel im Krieg, Stoibers Vater kam erst kurz vor der Gründung der Bundesrepublik Deutschland aus der Gefangenschaft zurück. In den Dörfern, in denen ihre Familien als Zugereiste und Fremde mit Argwohn und Ablehnung beäugt wurden, hatten die Jungen Gerhard und Edmund dasselbe Ziel: Sie wollten akzeptiert werden – mitmachen, dazugehören, sich durch Leistung und Anpassung der Dorfjugend als gleichberechtigt beweisen. Die unterschiedliche Art, wie sie dieses Ziel angingen, hat den Lebensstil und die politischen Positionen der beiden Politiker bis heute bestimmt. Schröder provozierte und machte durch Frechheit auf sich aufmerksam. Stoiber passte sich an, tat zunächst alles, um nicht aufzufallen und dann zum Primus aufzusteigen.

Schöne Zeiten können das für beide nicht gewesen sein. »Ein Haus für Asoziale« nannten die Einheimischen das rote Backsteinhaus in Mossenberg, einem Kaff von einem knappen Dutzend Häusern, in dem Schröder seine ersten zwei Jahre verlebte. Seine Mutter putzte, um Sohn Gerd und eine ältere Schwester durchzubringen. Später zogen sie um in eine Baracke direkt neben der Eckfahne des dörflichen Fußballplatzes im ostwestfälischen Bexten. Wenn die Bälle gegen die Wand knallten, fielen die Petroleumlampen von den Wänden. Schröder: »Wenn ich an die kleinen Enttäuschungen und Gemeinheiten denke, die man als Proleten-Kind im Dorf, in der Schule und im Konfirmanden-Unterricht hat erleben müssen, war da bei mir immer schon das Gefühl: Euch werde ich es schon zeigen.«

Dass Edmund Stoiber »eher ein defensives Kind« war, wie der bayerische Ministerpräsident sich nachträglich selbst charakterisierte, »ein zurückhaltender Bub, sehr verspielt, und nicht einer, der damals schon irgendwo vorne dran war, sondern mehr in der Mitte«, das will man gern glauben, wenn man sein Geburtshaus sieht. In einer Siedlung des 5000-Seelen-Kurortes Oberaudorf nahe der österreichischen Grenze wohnten die Stoibers zur Miete, fünf Personen auf 70 Quadratmetern. Zur Ferienzeit wurde das Elternschlafzimmer von Kurgästen belegt. Edmund und seine beiden älteren Schwestern schliefen in der Küche auf dem Fußboden.

Angesehen waren die »zugereisten« Stoibers nicht, zumal der Vater, ein Kaufmann aus der Oberpfalz, erst als »Obernazi« galt, dann – nach der Rückkehr aus der Gefangenschaft – als »schwarzer Wendehals«, wie sich ein Einheimischer erinnerte. Seine Großmäuligkeit und seine zwielichtigen Geschäfte als Schrotthändler in der Nachkriegszeit machten die Familie zu Außenseitern im Dorf. »In meina Schuizeit hod koaner denkt, dass aus'm Edmund amoi so was draus werd«, versicherte Stoibers Mitschüler Hans Seebacher.

So unterschiedlich Schröder und Stoiber ihren Aufstieg aus dem dörflichen Abseits später auch gestalten mochten – die rigorosen Leistungsideale des Wirtschaftswunder-Deutschland prägten beide. Ein kühler Pragmatismus zur Verbesserung der Verhältnisse, der materiellen vor allem, war das wichtigste politische Merkmal, das beide Kandidaten aus diesen Anfängen der Republik mitschleppten. Persönliche Vorbilder hatten sie nicht, auch wuchsen sie nicht in irgendeiner Überzeugungsgemeinschaft auf. Die Zeitrechnung zerfiel in »vor dem Krieg«, »im Krieg« und »nach dem Krieg«. Für sie bedeutete das: Leben in einer neuen Zeit. Und zu deren Grunderfahrungen gehörte, dass jeder seines Glückes Schmied war. Persönlicher Erfolg wurde zum Motor ihrer Politik.

Der Kanzler sieht in seiner eigenen Biografie durchaus ein Muster für die jungen Leute von heute. Als er beim Gemischtwarenhändler August Brand in Lemgo am Markt eine Lehre machte, hatte er das Gefühl: Du wirst unter Wert gehandelt. Für 25 Mark monatlich im ersten Lehrjahr musste er abends auch noch den Linoleumboden bohnern. Anschließend arbeitete Schröder zeitweilig auf dem Bau. »Dann habe ich die Abendschule besucht und die mittlere Reife nachgeholt, schließlich auf einem Kolleg Abitur gemacht und zu studieren begonnen.« 1971 legte er sein erstes, 1976 sein zweites juristisches Staatsexamen ab. Diese Chance gehabt und genutzt zu haben, bildet seither das Fundament des Schröderschen Selbstvertrauens und des zähen Beharrens auf einmal errungenen Vorteilen. »Ich glaube, dass diese Haltung dem eigenen Leben gegenüber, dieses ständige Suchen nach etwas Neuem mich von Personen unterscheidet, die aus einer großbürgerlichen Familie stammen«, sagt Schröder. »Solchen Leuten bleibt immer etwas, weil sie es immer schon hatten, während ich immer nach etwas suchen muss. Das hört nie auf.«

Edmund Stoiber ist mit dem leuchtenden Beispiel des legendären Konrad Adenauer groß geworden. Seine Mutter pries den »Alten« allerdings weniger mit dem Ziel an, dass ihr Junge einmal Bundeskanzler werden sollte, sondern in der Absicht, ihm das humanistische Gymnasium schmackhaft zu machen: »Schau, der hat's zu was gebracht.« Doch Stoiber war ein ziemlich mittelmäßiger Schüler, die siebte Klasse des Gymnasiums in Rosenheim musste er wiederholen. Sein Ehrgeiz entflammte offenbar erst, nachdem er seiner Frau begegnet war. Auch er studierte Rechtswissenschaften, legte 1967 das erste Staatsexamen, 1971 das zweite ab, mit der Note 3,0 und Promotion. In Bayern nennen sie ihn einen »Einser«-Juristen.

Als die unmittelbare Nachkriegszeit in der Bundesrepublik unter dem beginnenden Ansturm von Studenten- und Bürgerbewegungen zu Ende ging, hatten Stoiber und Schröder sich politisch längst festgelegt. Edmund Stoiber war schon 1958 als 17-jähriger Schüler in die Junge Union eingetreten: »Es war ein Bekenntnis, aber keine aktive Mitarbeit.« Gerhard Schröder wurde im Oktober 1963 in Göttingen Mitglied der SPD: »Ich bin wegen Helmut Schmidt da reingegangen.« Es imponierte ihm, wie der Hamburger Innensenator mit der Flutkatastrophe fertig wurde – ein Macher, der sich brillant im Fernsehen zu verkaufen wusste, sogar im amerikanischen.

1966 begann Gerhard Schröder sein Studium in Göttingen. Von vielen Genossen der APO wurde er später als 68er geführt. War er nicht 1966 zu den Jusos gestoßen? Hatte er nicht als Anwalt Prozesse gegen Berufsverbote geführt, Atomkraftgegner verteidigt und für den SPD-Rebellen Karl-Heinz Hansen gegen den Parteiausschluss gekämpft? Mit den meisten linken Inhalten der Bewegung stimmte er damals überein. Frech war er gegen »die da oben« aufgestanden. Bis heute liebt er unkonventionelle Auftritte, genießt individuelle Freiräume und hat den Instinkt des Underdog für die Schwächen der Mächtigen und die Macht der Schwachen.

Dennoch zieht es Gerhard Schröder als Kanzler vor, sich lieber als »ein sehr gemäßigtes Produkt« der 68er-Bewegung zu betrachten. »Für mich war das Studium 1966 ja ein ungeheures Privileg«, sagt Schröder heute, »um Politik habe ich mich da nicht groß gekümmert.« Wie um das zu unterstreichen, heiratete er schon 1968 als 24-jähriger Student. Seine erste Ehefrau, Eva Schubach, war vier Jahre jünger, Bibliothekarin in Ausbildung. Schröder, der es sich zum ersten Mal in seinem Leben erlauben konnte, an einem normalen Arbeitstag ins Schwimmbad zu gehen, empfand das Studium als Geschenk; der Staat, gegen den die Genossen revoltierten, bezahlte sein Stipendium. Natürlich protestierte er trotzdem gegen Notstandsgesetze und Vietnam-Krieg. Aber 68er? »Ich bin es nicht.«

Auch Edmund Stoiber hat 1968 geheiratet. Er war in den unruhigen Zeiten noch an der Uni und im RCDS auf der Gegenseite organisiert, aber an den Auseinandersetzungen nicht direkt beteiligt. Nach einer Dienstzeit als Gebirgsjäger studierte er Jura in München. »Von der Herkunft aus meiner oberbayerischen Heimat, von allen familiären Bindungen und persönlichen Erfahrungen der Kindheit und Jugend, auch der Studentenzeit her, hatte ich keinen Anlass, mich für die Studentenrevolte zu interessieren«, behauptete Stoiber später. Trotzdem hätten die 68er sein politisches Engagement endgültig geweckt, fügte er hinzu. Ihre missionarische Leidenschaft, ihre gruppendynamische Wucht hätten ihn tief beeindruckt und die eigene Kreuzzug-Mentalität angestachelt, natürlich dagegen. »Mir stinken die Linken«, stand auf Stoibers Auto.

So fanden sich die Kontrahenten nach 68 in feindlichen gesellschaftlichen Lagern wieder, ohne aktiv an den Auseinandersetzungen beteiligt gewesen zu sein. Kulturell prägte sie das nachhaltiger als politisch. Das galt auch für mich. Nie hätte ich geglaubt, dass ich einmal persönlich länger mit dem Sozialphilosophen Herbert Marcuse würde diskutieren können, einem der Theorie-Gurus der linken Studenten in Berlin, dem sie 1967 an der Freien Universität zu Füßen gehockt hatten wie die Jünger dem Messias. Drei Jahre später besuchte ich Marcuse auf dem Campus der Universität San Diego, um ihn für den *Spiegel* über die inhaftierte schwarze Rebellin Angela Davis zu befragen. Aus den Zeitungen hatte ich den Eindruck nach Kalifornien mitgebracht, die Uni schwele am Rande des Bürgerkrieges. Stattdessen stieß ich auf dem Campus in La Jolla auf idyllische Freizeitbilder. Freundliche junge Menschen lagerten malerisch auf dem Rasen zwischen den Hörsaalgebäuden, Blumenkinder in Picknickstimmung. »Wo ist denn Ihre Revolution?«, fragte ich verblüfft den Philosophen. »Das ist sie«, sagte er, indem er aus dem Fenster deutete: befreite Sinnlichkeit, Phantasie an der Macht.

Na ja, ein bisschen kämpferischer und heroischer hatte ich mir den Volkstribunen Marcuse mit seinen intellektuellen Appellen zur Entlarvung der repressiven Toleranz nun doch vorgestellt. Wie mir denn im Nachhinein diese Diskrepanz zwischen den von Fernsehbildern und aus Erzählungen geweckten Erwartungen und den real ablaufenden Ereignissen der 68er-Revolte als deren markantestes Merkmal erscheinen will. Es war eben auch ein Medienereignis mit dramatischen Inszenierungen und reichlich verzerrten Wirklichkeiten. Zur Deckung bringe ich meine unterschiedlichen Realitätswahrnehmungen bis heute nicht. Blickte ich aus der Sicht der Rebellen auf Staat und Gesellschaft der Bundesrepublik, das galt besonders für Westberlin, konnten sie voll auf mich zählen; Notstandsgesetze, Große Koalition, Vietnam-Krieg, Nazi-Vergangenheit. Wollte ich freilich von den Aufrührern wissen, wohin die Reise gehen sollte, blieben die Antworten, die ich mir aus dem Soziologen-Chinesisch und dem skurrilen Pathos der nachgeahmten Dritte-Welt-Befreiungsparolen in Frankfurt oder auf dem Kurfürstendamm zusammenreimen musste, verwirrend und vage.

Eigentlich hätte ich in Berlin die Anfänge der Studentenbewegung doch in ihrer künftigen Bedeutung erkennen müssen – ich war ja dabei, als sich in den Jahren vor dem Schahbesuch die Stimmung hochschaukelte. Aus den Fenstern des dpa-Büros konnte ich direkt auf die legendäre Kneipe »Zwiebelfisch« blicken, die zwar erst Ende der Sechzigerjahre zu einem Sammelbecken der linken Protestbewegung wurde, in der es aber schon zu meiner Zeit gegrummelt hatte. Aber irgendwie war das nicht mein Ambiente – zu ernst, zu akademisch, zu unordentlich, zu fremd. War ich noch zu naiv und unpolitisch, um die Zeichen zu erkennen? Oder waren die Signale zu spielerisch, die Haltung zu romantisch, Dutschkes Texte zu lang und zu kompliziert? Die Springer-Presse ohnehin zu autoritär und kaltkriegerisch?

Es war wohl einfach alles zu neu für mich damals – die schnellen Wechsel, die neuen Menschen, der ekstatische Ton, die verquaste Sprache. Zum ersten Mal verdiente ich mein eigenes Geld, und das noch auf eine Weise, die mich faszinierte. Nie zuvor hatte ich mich so frei gefühlt. Und nie so glücklich. Im Nachhinein glaube ich, dass schon der Wechsel aus den schläfrigen Universitätsstädtchen Marburg und Göttingen in das widersprüchliche, verstörte, politisch aufgeladene Berlin für mich damals ein Liberalisierungs- und Modernisierungsschub von lebensverändernder Bedeutung war. Und die gesellschaftliche Klimaveränderung, deren revolutionäres Ausmaß erst später richtig kenntlich wurde, erschien mir ohnehin überfällig. Politisch bewusst war daran gar nichts. Aber kulturell muss ich mir, verglichen mit meiner Kleinstadtvergangenheit, einfach ungeheuer links erschienen sein.

In die Bonner Idylle, dieses Treibhaus eines katholisch versüßten Wilhelminismus, war der Geist des Aufruhrs im Jahre 1968 mit pathetischen Gesten gedrungen. Mal kam er – wie bei der großen Notstands-Demo – in Gestalt des damaligen Unteroffiziers und späteren SDS-Aktivisten Karl-Heinz Klär mit »Ho-Ho-Ho-Chi-Minh«-Gebrüll im Sturmschritt über die Beueler Brücke. Heute ist Staatssekretär Klär Chef der rheinland-pfälzischen Landesvertretung in Berlin, bisweilen veranstaltete er Vortragsabende zum Thema: »Die 68er und der Verschleiß«. Mal platzte er – verkörpert von Leutnant a. D. Hermann Scheer, Agitator des Sozialistischen Hochschulbundes – als großer Räuberhauptmannsauftritt in das Ritual einer biederen Parteiveranstaltung. »Wie redet ihr eigentlich? In Heidelberg ist Revolution!«, donnerte der – für die staatstragenden Bonner Würdenträger verwegen – in Lederjacke gekleidete Student 1969 in die Godesberger Stadthalle, wo Sozialdemokraten einen jugendpolitischen Kongress abhielten. Nun sitzt der Baden-Württemberger schon seit vierundzwanzig Jahren im Bundestag; 1999 wurde er mit dem alternativen Nobelpreis ausgezeichnet.

Klär, Jahrgang 47, und Scheer, Jahrgang 44, gerieten schnell in den Bann – Klär später sogar in den Dienst – jenes Mannes, der die Aufbruchstimmung im Land zum politischen Machtwechsel zu nutzen verstand: Willy Brandt. Die neue SPD unter Brandt zog viele APO-Leute an. Nicht wenige, wie die späteren Bundestagsabgeordneten Manfred Coppik und Ottmar Schreiner, Herta Däubler-Gmelin und Gert Weisskirchen, machten zugleich bei der APO und in der SPD mit. Wer es indes als »Lebenserfolg« ansah, Kanzler werden zu wollen, hatte damit schlechte Karten, spottete Herta Däubler-Gmelin später: »Ein Karriere-Beförderungsverein für Bonn war die Studentenbewegung nicht gerade.« Klaus Uwe Benneter, Juso-Vorsitzender in den Siebzigerjahren, heute Bundestagsabgeordneter und als enger Freund des Kanzlers 2004 zum Generalsekretär gewählt, wurde zeitweise ausgeschlossen. Rudolf Scharping, später Parteivorsitzender und Kanzlerkandidat, drohte ebenfalls der Ausschluss.

Es waren vor allem die Jusos, bei denen sich, wie es der 1969 zum Vorsitzenden gewählte Karsten Voigt ausdrückte, die »Zerfallsprodukte« der APO sammelten. Gut hunderttausend junge Genossen liefen der SPD in dieser Zeit zu. Die meisten fühlten sich später als 68er. Ohne diesen »Push von außen«, so Voigt, der mittlerweile grauhaarig, ungemein bürgerlich und Koordinator der Bundesregierung für die deutsch-amerikanische Zusammenarbeit ist, wären »Typen« wie er in der SPD nie etwas geworden. Von 1976 bis 1998 war er Abgeordneter des Deutschen Bundestages. Natürlich bereitete der Beitritt von Zehntausenden jungen Akademikern der gewerkschaftlich geprägten und sozial orientierten Traditionspartei SPD ursprünglich Schwierigkeiten. Allerdings hat das »diesen uralten Laden« (Schröder) auch entscheidend verjüngt und modernisiert. Die intellektuellen Wortführer unter den jungen Genossen dienten als Moderatoren für die neuen sozialen Bewegungen in der Gesellschaft. Die Jusos versuchten, die Brücken zu den Altersgenossen offen zu halten.

Doch für die radikaleren unter den politisch aktiven jungen Leuten, wie die evangelische Studentin Antje Vollmer, kam die SPD als politische Heimat nicht in Frage; sie war ihr einfach nicht neu genug. Vollmer war auf der Suche. Sie habe »etwas Kreatives« gebraucht, eine Art »kulturellen Urschrei«, bekannte sie später. Es wurde eine lebensgefährliche Irrfahrt. In Berlin, Heidelberg, Tübingen und Paris hatte die junge Frau aus Westfalen Philosophie und Theologie studiert und war gerade zum Examen nach Berlin zurückgekehrt. Als sie im Radio die Nachrichten von den Anti-Schah-Demonstrationen und dem tödlichen Schuss auf einen Studenten hörte, trieben »Neugier und ein moralischer Impuls« sie auf die Straße. »Ohne den Tod Ohnesorgs hätte 68 eine sehr viel leichtere Sache werden können«, sagt sie heute. »Aber da hat auf beiden Seiten etwas sehr Deutsches zugeschlagen, alles kriegte eine tödliche Zuspitzung.« In ein Messingamulett, das sie damals fand, fügte sie Miniporträts ihrer Idole ein: einen schwarzen Franz Kafka und einen roten Karl Marx.

Selbstexperimente. Intellektuelle Abenteuer. Nervenkitzel. Zwischen Schwärmerei und Katzenjammer verlief ein schmaler Grat. Die Erinnerungen an den idealistischen Höhenflug dieser Zeit hängen bis heute in Antje Vollmers Bielefelder Heim an der Wand. Und noch nach Jahrzehnten schwingt etwas mit von der ungeheuren emotionalen Intensität, wenn die Vizepräsidentin des Deutschen Bundestages die Fotos erläutert: Dutschke auf der Kirchenkanzel. Ein entrückt-hochmütiger Horst Mahler, »ein Herr«, in der Aula der TU. »Es war immer Sommer«, sagt sie. »Jede Sache, die wir anpackten, konnten wir auch gewinnen, das wollten wir doch mal sehen. Das war wie im Rausch.« Ihre akademischen Prüfungen absolvierte die Theologin nebenher – 68 erstes Staatsexamen, 71 zweites Staatsexamen, 73 Dissertation. Während sie als

Geistliche in Berlin arbeitete, landete sie über einen Freund, der in den »Roten Zellen« aktiv war, bei der marxistischen »Liga gegen den Imperialismus«. Damit geriet Antje Vollmer, wie viele in diesen Jahren, in einen existenziellen Lebensbruch, mit dem sie noch nach Jahrzehnten nicht ganz fertig war. Krankenhausaufenthalte und Arbeitslosigkeit waren die Folge.

»Ich habe ungeheuer lange gelitten unter der Niederlage der 68er-Zeit«, bekannte sie später. Vor allem machte ihr die emotionale Verhärtung vieler ihrer damaligen Mitstreiter zu schaffen. Antje Vollmer fand es in ihrer Nähe unmöglich, unbefangen oder gar moralisch zu handeln. »Wir haben diejenigen, die die Niederlage erfahren haben, als ein zynisches Potenzial in allen späteren Bewegungen drin gehabt, bis zu den Grünen hin.« Deshalb überdauerte ihr Misstrauen gegenüber der etablierten Politik sogar ihren Einzug in den Bundestag. Als sie 1983 für die Grünen nach Bonn kam, gehörte sie der Partei noch nicht an. Den Eintritt holt sie erst zwei Jahre später nach.

In Bonn entdeckte Antje Vollmer, dass auch viele der jüngeren Abgeordneten in der Union nicht unbeeinflusst von 68 und der APO geblieben waren. Der eigenwillige Konservative Peter Gauweiler etwa hatte an der Münchner Uni und im Allgemeinen Studentenausschuss (AStA) sich und seine RCDS-Leute als »die Contras« empfunden, eine rechtsmilitante Minderheit, die das meiste, was die linke Mehrheit sagte, für »hirnverbrannten Blödsinn« hielt. In der CSU aber galten sie – so Gauweiler heute – als »verlängerter Arm der Studentenschaft« und damit als fast so chaotisch und links wie der SDS. Gauweiler wurde zu Franz Josef Strauß zitiert, der ihn ohne Vorrede runterzuputzen begann. Zehn Minuten hatte er dafür vorgesehen, doch nach eineinhalb Stunden fetzten sich die beiden immer noch. Gauweiler keilte zurück. »Wir haben den ganzen Erdball durchdiskutiert.« Am Ende fand Strauß so viel Gefallen an dem motzigen jungen Mann, dass er ihn – sehr zum Ärger der Jungen Union – zum Sonderbeauftragten für das neue Jugendwahlrecht ab 18 ernannte.

Volker Rühe, Jahrgang 42, später Verteidigungsminister in der Kohl-Regierung und stellvertretender CDU-Chef, hatte zwar

»bei Dutschke nur mal hingehört« und war auch den Demonstrationen ferngeblieben, weil er für das philologische Staatsexamen büffelte. Doch als er 1976 in den Bundestag kam, »habe ich nur ein halbes Jahr zugehört, dann fing ich an zu streiten«. Auch Helmut Kohls Junior-Minister Matthias Wissmann, Jahrgang 48, hatte sich »ein Stück weit« an der APO geformt. Der smarte Jurist, ein in der Karriere früh erstarrter Wunderknabe, trat 1968 in die CDU ein.

Mochten auch ideologische Welten den politischen Nachwuchs der Bonner Republik voneinander trennen, eine Gemeinsamkeit begann sich parteiübergreifend abzuzeichnen: Das Subjektive wurde immer deutlicher zum Motor des politischen Betriebes. Gerhard Schröder hat daran nie einen Zweifel gelassen: »Meine politische Karriere, das habe ich einzuräumen, hat auch etwas mit einem soliden Willen zu tun, aus dem herauszukommen, was ich ja nicht nur als schön wahrgenommen habe: meine Jugend und die Umgebung, in der ich zu leben hatte.« Die meisten Regierenden dieser Generation hatten zugleich mit der politischen Karriere einen gesellschaftlichen Aufstieg erlebt. Und je länger sie im öffentlichen Rampenlicht standen, desto deutlicher wurde, dass der persönliche Erfolg zum Hauptmotor ihres öffentlichen Engagements geworden war.

Wo ließ mich das? Was hieß das für mein Leben und meinen Beruf? Dass das Private politisch sei, hatte ich begriffen, aber war deshalb Politik nur noch individuelle Selbstverwirklichung? In Amerika war ich politisch und persönlich ins Schleudern geraten. Nun, da ich Mitte der Siebzigerjahre in die Bundesrepublik zurückkehrte, fühlte ich mich völlig verloren. Sicher schien mir nur, dass meine Probleme – so wenig ich sie auf einen Punkt bringen konnte und so unfähig ich mich empfand, sie anderen zu erklären – sich nicht einfach als meine persönliche Macke abtun ließen. Keinen Augenblick glaubte ich, dass die »kollektive Störung der Psyche«, die tiefe Erschütterung der WIR-Schicht in der Gesellschaft des eigenen Landes, die Norbert Elias hinter den Ereignissen von 1968 vermutete, mich nicht betroffen haben sollte. Es musste einen Zusammenhang geben zwischen privatem Unglück und gesellschaftlichem Unrecht. Hatte mich nicht die rigorose Abspaltung des Privaten von der nationalen Geschichte in den Biografien meiner Eltern und Nazi-Lehrer schon immer irritiert?

In Amerika hatte ich gelernt, dass es kein Ausweg war, mich nicht als Deutscher, sondern lieber als Europäer oder Weltbürger fühlen zu wollen. Ich wurde für die Taten der älteren Generationen in Haftung genommen. Ich gehörte dazu. Das machte mich wütend auf meine Eltern, ich schämte mich für sie, aber ich trat auch für sie ein, entschuldigte sie. Es waren meine Eltern. Und sie hatten sich persönlich ja auch nichts zuschulden kommen lassen, soweit ich wusste. Im »Deutschen Herbst« quoll dieser ganze unverdaute Gefühlsbrei in mir wieder hoch. Gewiss, ich ging im September 1976 wegen meines Suchtproblems in eine psychosomatische Klinik. Das war mein persönlicher Tiefpunkt, dem hatte ich mich zu stellen. Als bloßen Zufall aber hatte ich es schon damals nicht empfunden, dass mein eigener seelischer und körperlicher Zusammenbruch in diese Zeit der deutschen Krise fiel.

»The Times, They are A-Changin« – Bob Dylans Song gegen morsche Autoritäten und für radikale Veränderungen in der Gesellschaft summte mir seit Amerika im Kopf herum. Aber im Bauch saß die alte Angst. Die verinnerlichte Duckmäuserei. Die Furcht vor Vater Staat und allen Autoritäten. Der Gehorsam gegen die kollektive Gewalt anonymer Ordnungen, den meine Mutter – zu Zeiten der Nazis wie zu Zeiten Konrad Adenauers und Helmut Schmidts – in den beschwörenden Satz zu packen wusste: »Was sollen denn die Leute davon denken?«

Es war ein Generationenkonflikt, der mir das Leben zu nehmen drohte, ein Generationenkonflikt, der im tiefsten Sinne politisch war, nicht einfach ein Bruch zwischen Eltern und Kindern. Wie die SPD-Abgeordneten Freimut Duve und Volker Hauff, beide etwa so alt wie ich, beneidete ich die Jüngeren, als sie 1980 und 1983 im Bundestag oder auf den Bundesparteitagen der SPD von sich reden zu machen begannen, um ihr unprätentiöses Verständnis von Freiheit und Individualität. Doch genau wie sie irritierte mich ihr oft reichlich unbekümmerter Umgang mit dem Erbe und den Erben der Nazi-Vergangenheit. Er spüre »bei vielen Vorgängen einen

Schnitt zwischen denen, die Mitte der Dreißigerjahre geboren wurden, also etwa zehn Jahre alt waren, als der Krieg aus war, und denen, die Kleinkinder in der Nachkriegszeit waren und mit dem Wirtschaftswunder der Fünfzigerjahre zehn Jahre alt wurden«, schrieb Duve. »Sie haben mir eine Unbefangenheit voraus, die ich gern hätte, aber sie ist nicht erlernbar.«

War sie wünschbar? Ich war nur einer von Hunderttausenden, den solche Zweifel in diesen Siebzigerjahren beutelten, und mein depressiver Suff war nur eine von zahlreichen Spielarten, in der sich auch ein unerledigtes Stück deutscher Geschichte zurück meldete. »Im gesellschaftlichen Modernisierungsprozess tauchte die deutsche Gewaltgeschichte als Krieg zwischen den Generationen auf in rätselhaften Bruchstücken«, schrieb der Forschungsanalytiker Christian Schneider vom Frankfurter Sigmund-Freud-Institut. »Ein bisschen Weimar, ein bisschen Stalingrad, ein bisschen Nürnberg, ein bisschen Trizonesien war im Spiel. Nichts war damals klar, noch nicht einmal die Träume.«

Viel Stoff zur Selbsterkundung. War mein gelähmtes Leben ein nachgeholtes Opfer für die unterstellten Sünden der Alten gewesen? War es eine unbewusste Gehorsamsverweigerung? Ich war vierzig Jahre alt – höchste Zeit herauszufinden, wer ich war und wie und wofür ich leben wollte; allerhöchste Zeit auch, mich aus der Gefangenschaft der Vergangenheit zu befreien und realitätstüchtig zu werden. Eigentlich müsste die aufmerksame Beobachtung der politischen Zeitläufte mir dabei helfen.

Tote Hose

Die Rechtsanwälte Edmund Stoiber und Gerhard Schröder, die sich zu Beginn des neuen Jahrtausends als Rivalen im Kampf um das Kanzleramt gegenüberstehen sollten, machten in den legendären Siebzigerjahren, in denen sich in der Bundesrepublik die »entscheidenden gesellschaftlichen Weichenstellungen« (Stoiber) vollzogen, Politik zum Beruf. Stoiber trat 1971 in die CSU ein und wurde in das bayerische Staatsministerium für Landesentwicklung und Umweltfragen berufen, wo er schnell zum Büroleiter von Minister Max Streibl aufstieg. Seit 1974 gehörte er dem bayerischen Landtag an. Vier Jahre später machte ihn Franz Josef Strauß zum Generalsekretär der CSU. Heute steht sein damaliges Idol, FJS, der ihn »Edmund« rief und den er »Herr Doktor Strauß« nannte, als Bronzekopf in einem Regal hinter seinem Schreibtisch.

Auch Gerhard Schröder, der 1972 in zweiter Ehe die Studentin und spätere Lehrerin Anne Taschenmacher geheiratet hatte, stieg auf, beruflich und politisch. Nach dem zweiten juristischen Staatsexamen praktizierte er in Hannover als Anwalt. In der Bonner SPD galt Schröder als ein Juso, der – obwohl Bürgerschreck – die Jugendorganisation wieder mit der Partei aussöhnen könnte. Gegen seinen künftigen Dauer-Widersacher Ottmar Schreiner wurde er 1978 zum Juso-Chef gewählt, zwei Jahre später saß er für die SPD im Bundestag. Sein Regierungschef hieß Helmut Schmidt, sein Idol war längst Willy Brandt geworden. Der steht in Bronze gegossen am Fenster des Schröder-Büros im Berliner Kanzleramt.

Der Einfluss der legendären Mentoren Strauß und Brandt auf die jungen Wahlkämpfer war enorm. Beim Duell Strauß gegen Schmidt waren sie im Sog der Alten zeitweilig auf die äußersten rechten und linken Flügel des etablierten Parteienspektrums gedriftet. »Ein Strauß-Sieg würde in den autoritären Polizeistaat führen«, polemisierte Schröder 1980 im *Vorwärts*; unter dem Druck der CSU habe sich die CDU in »eine erzreaktionäre Partei mit fließenden Übergängen zum organisierten Rechtsradikalismus verwandelt«. Die Funktionäre des RCDS nannte er »Strichjungen von Franz Josef Strauß«. Die Niedersachsen-CDU diffamierte dafür »den Marxisten« Schröder als »Verfassungsfeind« und »Exponenten einer prokommunistischen Politik«, obwohl der eher ein linker Yuppie war.

Stoiber keilte noch gröber, wenn auch nicht direkt auf den vergleichsweise unwichtigen Juso-Chef gezielt, zurück: »Wir haben in der Vergangenheit nicht deutlich gemacht, dass Nationalsozialisten in erster Linie Sozialisten waren.« Er holzte, was das Zeug hielt. Literaten nannte er »Ratten und Schmeißfliegen«,

Willy Brandt einen »psychiatrischen Fall«. In der Friedensbewegung sah er »nützliche Idioten im Sinne der Sowjetunion« versammelt, in den Grünen erkannte er die »trojanische Sowjetkavallerie«. Rund zwanzig Jahre später räumte Stoiber ein: »Damals war ich natürlich wirklich ein sehr polarisierender Politiker.« Das habe sein Amt mit sich gebracht. »Franz Josef Strauß ist mein Programm«, hieß damals seine Parole.

Ich hatte den Namen Schröder noch nie gehört, als ich ihm 1975, auf einem rechtspolitischen Kongress der SPD in Düsseldorf, zum ersten Mal begegnete. Wir saßen während eines Vortrags des damaligen Justizministers Hans-Jochen Vogel in einigem Abstand voneinander in der fünften oder sechsten Reihe des Auditoriums und bemühten uns, den sachkundigen Ausführungen des Redners zu folgen. Es war aber früh am Morgen, Vogel redete laut und geschäftsmäßig, die Nacht war kurz gewesen. Ich nickte ein. Und als mein Kopf nach vorne fiel, sah ich, dass ein paar Sitze weiter einem jungen Mann mit üppigen Haaren, leger gekleidet in Jeans und Pullover, im selben Augenblick dasselbe widerfahren war. Wir grinsten und erhoben uns gleichzeitig, um draußen eine Zigarette zu rauchen.

»Wer bist denn du überhaupt?«, fragte der andere, der seinen Namen genannt hatte, sonst nichts. Ich erzählte ihm, dass ich im Bonner *Spiegel*-Büro arbeitete, was er aber nicht glaubte. »Ach, hör doch auf, die kenn ich doch alle.« Erst als ich ihm erklärte, dass ich neu sei und aus Amerika käme, war er zufrieden. »Und du?«, fragte ich. »Was machst du? Warum bist du hier?« Dass man sich damals unter jüngeren Deutschen, die einander für halbwegs links hielten, ohne Umschweife duzte, hatte ich schon kapiert. Schröder berichtete von seiner Juso-Funktion – irgendwas wie Hannoverscher Vorsitzender, verstand ich.

Nein, einen künftigen Kanzler habe ich nicht in ihm gewittert, auch nicht, als er mir ein paar Jahre später – da produzierte er immerhin schon als Juso-Vorsitzender mit größeren Sprüchen kleinere Schlagzeilen – verriet, er plane, 1980 im Wahlkreis 38, Hannover Land, für den Bundestag zu kandidieren. »Ach«, sagte ich, »dann musst du ja aufs Land ziehen, und wo wohnst du da?« –

»Kennste nich, iss'n kleines Kaff, Immensen.« – »Und wo da?«, setzte ich nach, »vor der Kurve nach Arpke oder dahinter?« So überrascht wie damals habe ich Gerhard Schröder in den folgenden fünfundzwanzig Jahren leider nicht mehr allzu oft gesehen. Ich erzählte ihm, dass ich nur sechs Kilometer von seinem neuen Wohnort aufgewachsen sei, meine Eltern lebten dort immer noch. Wir verabredeten, dass ich mich beim nächsten Mal, wenn ich sie besuchte, bei Schröder melden würde, und das tat ich auch. Oft.

Nach der nächsten Bundestagswahl sah ich den frisch gebackenen Abgeordneten natürlich häufiger in Bonn. Bald wurde er, weil er noch Juso-Vorsitzender war, zu Kanzler Helmut Schmidt gebeten. Fast ergriffen pflegte er danach in der linken Politkneipe »Provinz« zu erzählen, dass der ihm vorgeführt habe, wie es in der großen Politik zugeht. Schmidt hatte in seinem Arbeitszimmer heftig ins Telefon gebrüllt, dann wütend den Hörer aufgeschmissen und gebrummelt: »Dass man diesen Arschlöchern immer die Welt erklären muss.« Erst danach vertraute er seinem ehrfürchtigen Besucher an, wer sein Telefonpartner gewesen war: Leonid Breschnew. Vor dem Kreml-Chef habe er übrigens das Weiße Haus am Apparat gehabt, sagte Schmidt. Mit Jimmy Carter sei es genauso gewesen wie mit Breschnew. Seit diesem Tag wusste der Parlamentsneuling Gerhard Schröder genau, warum er Bundeskanzler werden wollte.

Dass ihm das ernst war, bitter ernst, wussten die »Provinz«-Gefährten spätestens seit jener Nacht, als Schröder angetrunken am Zaun des Kanzleramtes rüttelte, sich daran hochzog und brüllte: »Ich will hier rein!« Wohl keine Schröder-Episode ist so oft erzählt worden – bewundernd, veralbernd, fassungslos – wie dieser ungenierte Ausbruch von Machtgier. Schröder selbst gab sie früher gern zum Besten. Am überraschendsten war freilich, dass keiner der Augenzeugen den Niedersachsen lächerlich fand. Alle waren beeindruckt von Schröders geradezu »ergreifender« Entschlossenheit und Willenskraft, wie sich einer ausdrückte, lange bevor der Wunsch Wirklichkeit geworden war. Noch in derselben Nacht hatte Schröder bekräftigt: »Wenn man nur eins will im Leben, dann kriegt man's auch.«

Er wollte aber noch was. »Zuerst«, dröhnte der noch immer bei den Altgenossen wegen seiner frechen Juso-Vergangenheit verschriene Schröder, »muss ich Niedersachsen gewinnen.« In der Bundeshauptstadt regierte seit Oktober 1982 Helmut Kohl, und dass für junge, ehrgeizige Sozialdemokraten in Bonn erst einmal »tote Hose« war, darüber gab es in der »Provinz« keine Zweifel. An der Theke der gemütlichen Brutstätte des rot-grünen Chaos, gegenüber dem Kanzleramt Helmut Kohls, schwelgten Abend für Abend frustrierte Genossen in Auswanderungs-Phantasien, trösteten sich mit Gewerbescheinen für geplante Antiquitätengeschäfte, spielten Bier an Bier mit den jetzt grünen Kampfgefährten von einst die Straßenschlachten von 1968 noch einmal durch – Nostalgie-Brigade APO.

Gerhard Schröder hatte die Grünen angeschleppt. Irgendwann im September 83 habe er neue Gäste im Gefolge gehabt, erinnert sich die Wirtin Heike Stollenwerk: »Sie gingen hinter ihm her. Joschka Fischer. Hubert Kleinert. Otto Schily.« Seit jenem Abend kamen sie immer wieder, jahrelang. Heide Simonis, damals SPD-Bundestagsabgeordnete, beobachtete die Kollegen aus der Distanz: »Jeder hatte seinen Platz, und keiner pinkelte dem anderen ins Revier. Sie ließen schon damals keinen Zweifel daran, dass sie gottgesandt waren.« An einem Tisch saßen sie nur selten. Manchmal sangen sie linke Lieder zusammen, die »Internationale« oder »Avanti Populo«. Manchmal entwarfen sie auf Bierdeckeln Kabinettslisten, in denen nicht nur regelmäßig Schröder und Fischer als Kanzler und Vize auftauchten, sondern auch Otto Schily, Hubert Kleinert und wer sonst noch so dabei war. Heide Simonis nicht. Die hatte zu selten das Bedürfnis mit den Herren zu reden, die alles besser wussten.

Weihnachten 1983. Eigentlich wollte ich, zusammen mit meiner Frau, bei Schröders in Immensen erst nach dem Fest mal kurz vorbeigucken, aber dann trafen wir ihn am ersten Feiertag mit seinen beiden dicken schwarzen Neufundländern Guiness und Golo auf der Dorfstraße. Ich hatte ihn nach seiner Wahl zum Bezirksvorsitzenden der SPD von Hannover im Oktober noch nicht gesehen und gratulierte ihm zur Nachfolge von Peter von

Oertzen. Schröder war nun neununddreißig Jahre alt, Ex-Juso-Vorsitzender, Bundestagsabgeordneter und Chef des fünftgrößten SPD-Bezirks der Bundesrepublik. Er wirkte immer noch jugendlich frech, aber er begann Macht anzusetzen. »Du willst doch immer was werden«, frozzelte ich, »was wirst du denn nun?« Einen Augenblick zögerte er, dann sagte er fast trotzig: »Jetzt werde ich Albrecht.«

Dass er sich – sehr zum Ärger des rechten Partei-Establishments – selbst ins Gespräch gebracht hatte als möglicher Herausforderer des monarchisch regierenden CDU-Ministerpräsidenten Ernst Albrecht, hatte ich gelesen. Allerdings hatte ich es eigentlich eher für einen PR-Gag gehalten. »Na ja«, sagte Schröder, » eigentlich ist es ja auch zu früh, aber die Rechten wollen wieder jemand von auswärts holen: Anke Fuchs.« Dagegen plante er, die Basis zu mobilisieren. Das wollte ich miterleben. Die Ochsentour durch die Ortsvereine und Betriebe. Die Kungeleien und Tricksereien. Den Generationenkampf. Innerparteiliche Demokratie. Welchen Preis zahlt einer für Macht? Gerade hatte ich eine Serie veröffentlicht über den sozialdemokratischen Bundestags-Hinterbänkler Karl Weinhofer aus Ingolstadt; so etwas – schlug ich ihm spontan vor – könnte man doch auch mit ihm machen. Schröder gefiel die Idee, aber er erbat sich Bedenkzeit. Die brauchte ich auch, schließlich musste der *Spiegel* das Projekt genehmigen.

Ein paar Tage später war alles klar. Und so begleitete ich drei Jahre lang alle fünf bis sechs Wochen für zwei bis drei Tage den politischen Aufsteiger Gerhard Schröder bei seinem »Marathonlauf auf dem Hochseil«, wie die Geschichte dann schließlich hieß. Wir fuhren in seinem roten VW-Passat nach Aurich und Goslar, nach Wolfsburg und Bad Karlshafen, hangelten uns von Ortsverein zu Ortsverein, von Landjugendtreffen zu Betriebsversammlungen, von Feuerwehrfesten zu Skatturnieren. Wir besuchten seine Mutter in Lemgo, seine Anwaltskollegen in Hannover, seinen Malerfreund Uwe Bremer im Wendland, Fidel Castro in Havanna, diskutierten halbe Nächte mit seiner Frau Hillu über die Grünen, mit den Professoren Oskar Negt und Thomas Ziehe über Jugend und Sozialismus.

Er melkte Kühe für Fotografen, ließ sich im Watt mit Schlick beschmieren, aß Grünkohl mit und ohne Pinkel, spielte Fußball. »Gerd, du warst ja gestern schon wieder im Fernsehen«, rief ihm seine begeisterte Mutter schon im Treppenhaus entgegen. »Wie kommste da eigentlich immer rein? Kennste da einen?« Schröders Elan war mitreißend, seine Lernfähigkeit atemberaubend, seine lärmenden Wirkungsauftritte nervten, seine politischen Ziele blieben nebulös. Dennoch – dass der Kollege Reinhard Urschel aus Hannover, der die bisher solideste Biografie des Kanzlers veröffentlicht hat, den *Spiegel*-Reporter Jürgen Leinemann damals als »Schröder-Freund« beschrieb, war nicht ganz falsch. Dass das seine Tücken hatte, merkten wir selbst.

Die Wahl im Juni 1986 verlor Gerhard Schröder knapp. Und wenngleich er natürlich enttäuscht war über die »schönste Niederlage seit Alexis Sorbas«, befand er doch, dass er »ein Stückchen Führung in der deutschen Sozialdemokratie wahrgenommen« habe. Während ihn Johannes Rau in Bonn etwas lahm für seinen »großen Erfolg« lobte und Willy Brandt von einem »schönen Gesellenstück« redete, ordnete sich Schröder, nie besonders zimperlich, sogleich in die künftige Spitzengruppe der Partei ein. Hinter dem Saarländer Oskar Lafontaine, dem er derzeit, »wenn es mir auch schwer fällt«, einen klaren Vorsprung bescheinigte, stand Willy Brandts niedersächsischer »Enkel« bereit für künftige Aufgaben: Zunächst in Hannover, aber mit einer für den nächsten Parteitag angekündigten Kandidatur zum Bundesvorstand der SPD setzte er den Fuß auch in die Bonner Tür.

Politik ist nicht alles

Erst einmal musste sich der Bundestagsabgeordnete Schröder jedoch aus der Bundeshauptstadt verabschieden. Als einen zukünftigen Bundeskanzler sah ihn die linke Kumpanei aus der »Provinz«, mit der er seine hoffnungsvolle Niederlage begoss, noch immer nicht. Obwohl niemand übersehen konnte, wie sehr sich der Mann im korrekten grauen Zweireiher schon äußerlich von jenem jungen Linken unterschied, der bei seiner ersten Rede im Deutschen Bundestag Unionsabgeordnete in Rage brachte, weil er keine Krawatte trug, und der zum Schrecken seiner Genossen in Jeans und Sandalen auf heimische Schützenfeste schlappte. Gerhard Schröder hatte gelernt, sich zu verkaufen. Von Anfang an hatte er in Niedersachsen mit seiner Biografie geworben. Er machte sein Leben öffentlich, sein Privatleben und seine Herkunft. Das war – wir haben damals oft stundenlang darüber geredet – kein geplantes Konzept. Der Kandidat folgte seinem Instinkt, wusste, was Menschen mochten und hören wollten. Dass er auf ihre Ängste und Wünsche reagierte, nannte er Realpolitik. Er sprach direkt, salopp und saftig, unterschied sich vom Etepetete der Staatsfunktionäre wie vom Soziologen-Kauderwelsch linker Theoretiker.

Auf dem Höhepunkt des Wahlkampfes klebten seine Leute ein Plakat, das eher einen Liebesfilm anzukündigen schien als einen politischen Profi, der Ministerpräsident werden wollte. Hand in Hand stand er mit seiner Ehefrau Hiltrud in idyllischer Landschaft. Der Text verkündete: »Politik ist nicht alles«. In Wahrheit war in Schröders dritter Ehe alles Politik. Die zierliche, aparte Hiltrud Marion Hampel, Tochter eines Bauingenieurs, Mutter zweier Töchter, von einem Polizisten nach 11-jähriger Ehe geschieden, hatte Gerhard Schröder auf einer Kandidaten-Werbe-Radtour kennen gelernt. Sie teilte seinen politischen Ehrgeiz, wenn sie ihn nicht gar übertraf. »Sie ist nich nur schön, sondern auch kluch« – dieser zunächst geradezu anbetend klingende Satz des verliebten Kandidaten, den ich, wie alle Journalisten, ein paar Dutzend Male in meinen Notizen wiederfinde, verwandelte sich im Verlauf der Jahre immer unüberhörbarer in einen Stoßseufzer. Denn »kluch«, das hieß bei der hysterischen Betriebsamkeit seiner »Hillu« zunehmend: besserwisserisch, streitsüchtig, drängelnd, gängelnd.

Wenn der Bundeskanzler Gerhard Schröder zwanzig Jahre später die Grenzüberschreitungen der Medien ins Privatleben von Politikern beklagte, hätte er – bei der Suche nach Anfängen –

nur in alten Presseberichten über sich blättern müssen. Dass er beispielsweise am 19. Juni 1984 zur standesamtlichen Trauung mit Hiltrud – die im eleganten Hut neben dem Alt-Yuppie Schröder aussah wie einem Audrey-Hepburn-Film entstiegen – zweimal nach Hause zurückfahren musste, weil er erst den Sekt und dann die Ringe vergessen hatte – das, da waren in Bonn alle sicher, hatte er natürlich absichtlich getan, um den Medien einen Gag zu liefern. Gefeiert wurde dann zurückhaltend – notgedrungen. Die SPD-Prominenz, Brandt vor allem, waren wegen der Schlusskundgebung zur Europawahl unabkömmlich. »Schade, dass Willy nicht kommt«, bedauerte Schröder, »den Alten hätte ich ja gern dabeigehabt.«

Je deutlicher die Person Schröder ins Blickfeld geriet, die laut Meinungsumfragen als »jung, dynamisch, offen« galt, desto unschärfer wirkten die politischen Konturen des Kandidaten. Vor allem im endlosen Gezerre, ob er nun mit den Grünen oder ohne oder gegen sie in Hannover regieren wollte, hatte er durch Ungeschicklichkeiten und Übertaktieren jeden verlässlichen Hinweis auf seine Position verwackelt. War er nun ein Linker geblieben? Ein Rechter geworden? Oder hatte er sich gar als »machtgeiler Opportunist« entpuppt, wie enttäuschte Parteifreunde argwöhnten? Eines war sicher: Starke Männer imponierten ihm. So sehr er gegen institutionalisierte Macht aufmuckte, sobald sie ihm im Wege stand, so sehr bewunderte er Männer, die mit den Instrumenten und Möglichkeiten des jeweiligen Systems gekonnt umgingen. Diese Bewunderung war sozusagen machttechnokratisch wertfrei: Sie galt Willy Brandt und Helmut Schmidt, Fidel Castro wie Ernst Albrecht. Ganz ungeniert empfand er diese Bewunderung auch schon damals für sich selbst.

»Was machen Sie eigentlich, wenn Schröder nicht gewinnt?«, hatte mich zu Beginn des Kandidatenwettbewerbs in Niedersachsen Anke Fuchs spöttisch gefragt. Jetzt war die Antwort klar – ich musste einen Sicherheitsabstand wiederherstellen. Denn ohne Zweifel waren Schröder und ich uns in den drei Jahren menschlich viel zu nahe gekommen, um auf Dauer professionelle Distanz durchhalten zu können. Schon auf das Kandidaten-Porträt im *Spiegel* hatte er empfindlich und mit zornigem Schweigen reagiert. Nach der Niederlage war der vorerst gescheiterte Hoffnungsträger noch dünnhäutiger geworden.

Und galt das nicht auch für mich? Hatte ich mich nicht – zunächst professionell durch mein Serien- und Buchprojekt, dann auch persönlich durch viele gemeinsame Erlebnisse – auch zu sehr mit Schröders Erfolg identifiziert? Nun, da er weder krachend und Mitleid erregend verloren, aber auch nicht bewundernswert gewonnen hatte, konnte es kein Buch und keine Serie geben. Tatsächlich durfte es von mir überhaupt keine Schröder-Geschichte mehr geben, wenigstens nicht auf absehbare Zeit. Natürlich redeten wir weiter miteinander, wenn auch seltener, hin und wieder besuchten wir die Schröders auch noch in Immensen, und er kam zu meinem 50. Geburtstag nach Bonn. Dass Gerhard Schröder als Oppositionsführer in Hannover enden würde, glaubte ich keinen Augenblick. Aber geschrieben habe ich über ihn nach 1986 zehn Jahre lang keine einzige Zeile, obwohl er, weiß Gott, weiter von sich reden machte.

Zu dieser Zeit hatten die »mittelbaren Effekte« (Däubler-Gmelin) der alternativen Bewegungen die deutsche Gesellschaft schon nachhaltig verändert. So vollmundig Helmut Kohl auch prahlte, er werde mit einer »geistig-moralischen Wende« die Entwicklung seit 68 wieder zurückdrehen – er schaffte es nicht einmal in der eigenen Partei. Im Gegenteil: Der Frankfurter Sozialphilosoph Jürgen Habermas hatte es keineswegs nur ironisch gemeint, als er die Bonner Karriere von Rita Süssmuth als den greifbarsten Erfolg der 68er bezeichnete.

Generationswechsel war zum Schlüsselwort für die Forderung nach politischen Veränderungen geworden, die in der zweiten Hälfte der Achtzigerjahre immer dringlicher wurden. Kanzler Helmut Kohl und seine künstliche Bonner Idylle begannen so deutlich die Lebenswirklichkeit der Mehrheit der Bevölkerung zu verfehlen, dass ihm seine Amtsinhaberrolle nicht mehr abgekauft wurde. In der Union und bei den Liberalen wartete die erste Garde der Nachkriegsgeneration auf ihre Chance zum Nachrücken – Wolfgang Schäuble, Volker Rühe, Jürgen Möllemann,

Irmgard Adam-Schwaetzer. Auch die politischen Patriarchen der anderen etablierten Parteien verloren an Glaubwürdigkeit. Die neuen Leitfiguren hießen plötzlich Joschka Fischer und Oskar Lafontaine. Ihr radikaler, genussfreudiger, unberechenbarer Politik- und Lebensstil entsprach einer westdeutschen Gesellschaft, die sich als weltoffen, emanzipiert und diskursfreudig empfand. Im Vorfeld der Bundestagswahl 1990 machten sie sich daran – unterstützt von den SPD-Altersgenossen Gerhard Schröder in Niedersachsen, Walter Momper in Berlin, Rudolf Scharping in Rheinland-Pfalz, Björn Engholm in Kiel –, die Macht zu erobern.

Als der Grüne Joschka Fischer am 12. Dezember 1985 um 16 Uhr 02 im hessischen Landtag die Hand zum Amtseid hob, um als Minister vereidigt zu werden, war er sich über die politische Signalwirkung dieser von allen Medien begierig weitertransportierten und vielfältig kommentierten Zeremonie keinen Augenblick im Unklaren. Er wusste, dass seine Parteifeinde mindestens so wütend aufjaulen würden wie Helmut Kohl und seine Union: Ein grüner Anarchist, Sponti und Streetfighter saß fortan im Kabinett eines wichtigen Bundeslandes. Gewiss, er stand in Rebellenuniform vor Holger Börner, dem SPD-Ministerpräsidenten, dem sein Aufzug deutlich zu schaffen machte: Jeans, buntes Hemd ohne Krawatte, grobes Sportsakko und vor allem – als Generationssymbol der Verweigerung aller konventionellen Rituale – blütenweiße Turnschuhe. Aber andererseits stand er da auch als Opportunist und Verräter, geschmäht von den Fundamentalisten der grünen Bewegung.

»1968 sind wir zum langen Marsch durch die Institutionen angetreten«, sagte der grüne Vizepräsident des Wiesbadener Landtages, Bernd Messinger. »Der Erste ist durchgekommen, weitere werden folgen.« So sah es auch Fischer selbst. Das werde ohne Zweifel »eine Zäsur für die Partei«, hatte er schon einen Monat zuvor in einem Interview gesagt, »ein entscheidender Schritt bei dem Versuch, eine linke ökologische, pazifistische und soziale Reformpartei in der Bundesrepublik durchzusetzen und auf der Grundlage dieses Programms gewisse Veränderungen herbeizuführen«. Später würde er seine Überzeugung hinzufügen, dass 68 zum

Bestandteil des Gründungsmythos der Bundesrepublik geworden sei.

Joschka Fischer liebt es, sich und sein Leben zu deuten und symbolisch aufzumotzen. Als er gut dreizehn Jahre später im Auswärtigen Amt der Republik angekommen war, hatte er sich und seine Welt schon in zehn Büchern erklärt. Deshalb wissen wir, dass die Vereidigung in Wiesbaden für ihn zwar ein denkwürdiger Tag war, keineswegs aber der eigentliche Bruch in seiner Biografie. Der war mit seiner Entscheidung für den Wiedereinstieg in die bürgerliche Gesellschaft und die Berufsentscheidung für die Politik erfolgt. Und beide Entschlüsse waren lange vorher getroffen worden. Schon 1978 hatte er im *Pflasterstrand* die »Perspektivlosigkeit« und das »Rumhängen« beklagt. »Die Wirklichkeit«, schrieb er, »hat sich durch unseren Rückzug auf uns selbst auch nicht verändert.« Nach zehn Jahren Kampf gegen die etablierte Politik der Bundesrepublik definierte er den Revolutionsbegriff von 68 um. »Unsere Revolution gab es einfach nicht, weder hier, noch in Vietnam, Persien oder China«, schrieb er im *Pflasterstrand*, »es gab und gibt sie lediglich in uns.«

Am 30. Juli 1981 trat er der Partei »Die Grünen« bei. Als er in den Bundestag gewählt wurde, waren die Weichen seines Lebens neu gestellt – von jetzt an war Joschka Fischer auf Erfolgskurs, die grüne Partei wurde sein Aufstiegsvehikel, die Politik gab die Ziele vor. Und Bonn, wo es nach seinem Eindruck noch immer zuging wie vor Beginn der antiautoritären Bewegung, war eine wunderbare Ausgangsposition: »Dadurch, dass in diesen hehren Hallen die Zeit stehen geblieben ist, kann man Wirkungen erzielen, wie man es nur damals konnte. Die sehen ja noch aus wie 1952… Das gilt auch für die SPD.«

Es galt für die alte SPD, die Bonner – eine neue schien sich mit Oskar Lafontaine anzukündigen. Keiner verstand es so gut wie der Saarländer, den Anti-Raketen-Protest gegen den Atomstaat generell zu mobilisieren. Mit seiner Mischung aus Kompetenz und Unverfrorenheit beutete er die Energien und Emotionen beider Bewegungen aus – die der Studentenrevolte und die der Grünen. Wie Fischer symbolisierte auch »der Oskar« – frech und akademisch anmaßend, lebensprall und demagogisch – das Selbstverständnis der 68er, obwohl er an der Saar schon früh seinen eigenen Erfolgsweg gegangen war: in der SPD. Jetzt war er ein politischer Star, ein saalfüllender mitreißender Redner, der von Kiel bis Konstanz, von Bonn bis Berlin vor allem die Jungen anzog.

Da sich zum Thema Frieden seine Überzeugungen, seine politischen Interessen und seine Qualifikationen aufs Schönste deckten, da er überdies ein beträchtliches opportunistisches Geschick mitbrachte, gewann Lafontaine in kurzer Zeit eine erhebliche Popularität auf Ostermärschen und Kirchentagen, bei der »Prominentenblockade« in Mutlangen, bei Betriebsversammlungen, Podiumsdiskussionen und SPD-Kundgebungen. »Oskar« sprach Klartext. »Raketenzählerei halte ich für eine Geisteskrankheit«, sagte er. Und: »Wer glaubt, menschliches und technisches Versagen ausschließen zu können, kalkuliert die atomare Katastrophe ein.« Lafontaine überließ es nicht den Zuhörern, die Verantwortlichen entsprechend zu qualifizieren. Er nannte sie »Verbrecher« und »Wahnsinnige«, was die Bonner Spitzengenossen mit gemischten Gefühlen aufnahmen. Willy Brandt, der eine Vorliebe hatte für aufmüpfige politische Ziehsöhne, wünschte sich, eines Tages von Lafontaine abgelöst zu werden.

Mitten in die Aufstiegseuphorie der jungen Politikergeneration platzte am 12. Oktober 1987 die Schreckensmeldung vom Ende des schleswig-holsteinischen Ministerpräsidenten Uwe Barschel. Der forsche CDU-Politiker war seinen Altersgenossen auf der Karriereleiter immer um ein paar Sprossen voraus gewesen – nun war unter mysteriösen Umständen seine Leiche in der Badewanne eines Hotels in Genf aufgefunden worden. Eine Überdosis Schlaf- und Beruhigungsmittel deuteten auf Selbstmord. In Schleswig-Holstein hatte der um seine Macht fürchtende Barschel versucht, seinem Rivalen Björn Engholm mit kriminellen Mitteln zu schaden und ihn zu diskriminieren. Die Schande einer absehbaren politischen Niederlage ging offenbar über seine Kräfte.

Letzte Klarheit über Barschels Tod gibt es bis heute nicht. Abenteuerliche Spekulationen über Erpressung, Waffenhandel und einen Mord im Auftrag von Geheimdiensten geisterten durch die Gazetten. Die Familie beharrt auf einem mörderischen Komplott. Auch die Kollegen Politiker aller Parteien wollten lieber an fremde Gewalt glauben als an eine mehr oder weniger berufsbedingte psychische Entgleisung, wie sie Bischof Ulrich Wilckens, der Vorsitzende der Nordelbischen Kirche, in seiner Trauerrede unterstellte. Der Geistliche sah im plötzlichen Ende des Ministerpräsidenten ein politisches, ja, ein gesamtgesellschaftliches Symptom.

Während in der ersten Reihe des Lübecker Doms Kanzler Helmut Kohl und seine Minister und Ex-Minister, Rita Süssmuth, Walter Wallmann, Philipp Jenninger und Gerhard Stoltenberg betreten zu Boden blickten, sagte der Bischof: »So lange es schlicht als Katastrophe gilt, wenn die einen die anderen in der Macht ablösen, und die Macht zu verlieren als eine Schande gilt, so lange werden alle durch Jahrhunderte bekannten Gefahren der Machtsucht vielfache und vielfältige Chancen bekommen, unserem Gemeinwesen, gerade dem demokratisch verfassten, in seiner Wurzel zu schaden. Und es steht sehr zu befürchten, dass hier der eigentliche Herd der Krankheit von uns allen liegt, die Uwe Barschel so jählings hingestreckt, aber auch viele andere befallen hat.«

Jählings? Gewiss, das tödliche Ende der Affäre kam als ein Schock. Aber war es denn so, dass man das Unheil nicht hätte heraufziehen sehen können? Waren Barschels verzweifelte Anstrengungen, sich an die Macht zu klammern und sein Glück zu zwingen, tatsächlich so ungewöhnlich?

Schon als Primaner hatte Uwe Barschel »Bundeskanzler« als Berufsziel angegeben. Später sagte er im Fernsehen: »Vielleicht werde ich mal Präsident der Vereinigten Staaten von Europa.« Tatsächlich galt Barschel, Doktor der Juristerei und der Politologie, in der CDU als einer der kommenden Leute. Er gehörte – 1944 zwischen zwei Luftangriffen in Berlin geboren – jener Aufsteiger-Generation an, die heute regiert – in Berlin, in München, in Kiel. Als vaterloses Flüchtlingskind war Uwe Barschel in einem Barackenlager in Börnsen an der Elbe aufgewachsen, wohin die Mutter in den letzten Kriegsmonaten geflohen war. Er blieb dort bis zu seinem 18. Lebensjahr; die Mutter besserte mit Näharbeiten die karge staatliche Unterstützung auf.

Mit sechzehn Jahren trat Uwe Barschel in die Junge Union ein, als 25-jähriger Student schon war er stellvertretender Landesvorsitzender. Schlag auf Schlag ging es weiter: In den Kieler Landtag zog er mit siebenundzwanzig Jahren ein, mit neunundzwanzig führte er die CDU-Fraktion, mit vierunddreißig war er Finanzminister und im Oktober 1982, Barschel war achtunddreißig Jahre alt, wurde er Ministerpräsident. Vier Monate vor der Landtagswahl 1987, deren siegreicher Ausgang Barschel keineswegs gesichert erschien, zerschellte Barschels Charterflugzeug beim Landeanflug auf Lübeck. Drei Menschen starben, nur er überlebte, wenn auch mit schweren Rückenverletzungen. Noch im Krankenhausbett beschloss er, trotzdem in den Wahlkampf einzusteigen.

In einem Feuerwehrzelt in Alt Bennebek bei Schleswig erlebte ich Uwe Barschel zum ersten Mal in Aktion. Es war schon September, nur noch wenige Tage bis zur Entscheidung. Aufrecht und starr stand er hinter dem Vorstandstisch, wie sein eigenes, zu früh vollendetes, ehernes Denkmal. Ein junger Mann war der Ministerpräsident mit seinen dreiundvierzig Jahren immer noch, aber wie er da einsam, feierlich und mit vor Schwäche fast vibrierender Spannkraft langsam die Hand zum Gruß hob, hätte er auch hundert Jahre alt sein können – ein plötzlich vergreister Jüngling.

Nur wenige konnten es erkennen. Ein bisschen dunkel war es dort, im schummrigen Licht der gelben und roten Glühbirnen verschwammen alle Konturen. Und so ging dem erbarmungslosen Heldentum des Wahlkämpfers Uwe Barschel einiges an Strahlkraft verloren. Weil aber alle sehen sollten, dass Uwe Barschel drei Monate nach dem Flugzeugunglück »wieder voll da« war, kletterte der Gestürzte zum Schrecken seiner Freunde auch noch auf einen Stuhl. Für meine Karriere mache ich alles, hieß das, für Beifall riskiere ich mein Leben – im wahrsten Sinne des Wortes. Es konnte ihm nichts mehr wert sein, als der Erfolg versiegte.

Darüber – nicht über seine miese Kampagne gegen Björn Engholm, über die zu diesem Zeitpunkt in Kiel nur gemunkelt wurde – hatte ich schon seit Tagen mit ihm reden wollen, aber er entzog sich. In Alt Bennebek nun, als der Beifall gewaltig anschwoll für »uns Uwe«, der in Siegerpose auf dem Stuhl stand, deutete der Kandidat plötzlich triumphierend auf mich. »Ja«, rief er, »klatschen Sie nur. Hier ist ein Vertreter eines Hamburger Magazins, das nicht glauben will, dass ich wieder da bin.« Dann hinkte er an mir vorbei und sagte: »Später, wenn alles vorbei ist, können wir reden.« Geisterhaft fahl und spitznäsig wirkte er da, wie in Trance, ein gezeichneter Mann. Dass er wegen seiner Schmerzen Unmengen von Tabletten schluckte, verbarg er nicht einmal. Später sollte sich herausstellen, dass der Ministerpräsident sich schon seit sieben Jahren mit Angst lösenden Medikamenten zuknallte. Vier Wochen später war Uwe Barschel tot.

Natürlich war auch in Bonn die Affäre eine Weile abendfüllendes Thema bei privaten Gesprächen von Politikern und Journalisten. Fünf Jahre zuvor war Barschels schneller Aufstieg für manchen Karrieristen ein anfeuerndes Signal gewesen. Man musste ihn nicht mögen, aber er bewies, dass Erfolg auch in jungen Jahren möglich war. Jetzt klammerten sie sich verzweifelt an die Mord- und Abenteuergerüchte, um sich nicht auf die Warnung vor der Machtsucht einlassen zu müssen, mit der Bischof Wilckens alle konfrontiert hatte. Für mich gab es, nachdem ich Barschel selbst erlebt hatte, an der Suizid-These nicht die geringsten Zweifel. Den Eindruck, dass sich hier ein Mensch – der im wahrsten Sinne des Wortes ums Verrecken nicht zugeben konnte, dass seine Erfolgsrechnung nicht mehr aufging – in eine finale Sackgasse manövriert hatte, hatte ich schon aus dem Wahlkampf mitgenommen, ohne die Schmutzdetails seiner Kampagne zu kennen. Es wunderte mich aber nicht, dass sich Björn Engholm unter seinen Kollegen keine Freunde machte, wenn er fragte: »Ist das ein Schicksal, das einem, wenn man einen bestimmten Grad an Bekanntheit oder Position erreicht hat, selbst auch widerfahren kann?«

Der alte Nationalplunder

Der Gesang im Bonner Wasserwerk, dem Ersatz-Plenum des Deutschen Bundestages, begann rechts in den hinteren Reihen. »Einigkeit und Recht und Freiheit...«, sangen ein paar Abgeordnete der Union »...für das Deutsche Vaterland«, stimmten immer mehr ein. Der Grüne Hubert Kleinert sah irritiert, wie der rechte Flügel des Hohen Hauses sich singend erhob, die Sozialdemokraten auf der linken Seite zögernd einfielen: »...danach lasst uns alle streben...« Es war am Abend des 9. November 1989, kurz bevor in Berlin die ersten Bürger aus Ost und West auf die Mauer kletterten. Die jungen Abgeordneten der Grünen – die in den Augen der Öffentlichkeit die 68er im Parlament verkörperten – blickten einander ratlos an, als ihre Kollegen von den Altparteien die Nationalhymne anstimmten. Sie wurden von der historischen Situation völlig überrumpelt. Sollten sie rausgehen? Einige taten es. Aufstehen? Hubert Kleinert fand das irgendwie angemessen. Ein gutes Drittel der grünen Fraktion folgte seinem Beispiel. Stören? Mitsingen? Beides traute sich keiner. Dass eine Zeitung Kleinert fälschlich nachsagte, er sei in den nationalen Chor eingefallen, machte ihm noch wochenlang Ärger.

Die Einheit der Deutschen war kein Thema für diese Generation, und schon gar nicht für die Grünen. Noch einen Tag zuvor, am 8. November, hatte die grüne Abgeordnete Antje Vollmer im Bonner Bundestag eine provozierende Rede gegen den »unaufhaltsamen Versöhnungsimperialismus« des Kanzlers Helmut Kohl gehalten. »Dieser tobt sich vorzugsweise auf Soldatenfriedhöfen und ehemaligen Schlachtfeldern aus, in Verdun, in Bitburg«, höhnte sie und fügte hinzu: »Man darf gespannt sein, welchen Ort Helmut Kohl jetzt für die Versöhnung mit unseren Brüdern und Schwestern plant: wahrscheinlich das Völkerschlachtdenkmal in Leipzig.« Und in den Tumult und die Pfuirufe von den Bänken der Union hinein rief sie: »Dabei ist die Rede von der Wiedervereinigung – das ist mir jetzt sehr wichtig – historisch überholter denn je.«

Selten wurde Wirklichkeitsverlust in der Politik so prompt und so gnadenlos enthüllt und bestraft wie nach der Wende 1989. Die Generation, die in den Vierzigerjahren geboren war und die Gunter Hofmann von der *Zeit*, der sich dazu rechnet, »Generation Bundesrepublik« nannte, hatte geglaubt, die Teilung des Landes als Konsequenz des Zweiten Weltkriegs und als Sühne für Auschwitz sei unaufhebbar. Die Deutschen sollten ihre Teilung begreifen als »notwendiges Ergebnis der eigenen politischen und moralischen Unfähigkeit zum Nationalstaat«, fand Joschka Fischer.

Einige linke Politiker – wie Rezzo Schlauch – waren mit der »Deutschen Frage« zum ersten Mal im US-Außenministerium konfrontiert worden. Schlauch widerfuhr das 1984 in Washington: »The German Question?«, fragte er verblüfft. »There is no German Question.« Wie Gerhard Schröder und Oskar Lafontaine, Joschka Fischer und Renate Schmidt, Walter Momper und Peter Gauweiler hatte auch Rezzo Schlauch aus Gerabronn im Hohenloheschen, Sohn eines evangelischen Pastors, der ehemals deutschnational war und im Krieg als U-Boot-Kommandant für den Führer gegen Engelland fuhr, nicht die geringste emotionale Verbindung zur DDR. Und den »ganzen alten Nationalplunder«, wie Antje Vollmer die Freude über ein vereintes Deutschland nannte, fand er so skurril wie sie.

Auch mir lag, obwohl ich wenigstens noch vage Erinnerungen an Großdeutschland und die schmerzlichen Folgen des Zusammenbruchs hatte, die Vorstellung von einem wiedervereinigten Deutschland fern. Mein Freund Henrik Kaufholz dagegen, Bonner Korrespondent der dänischen Zeitung *Politiken*, ein leidenschaftlicher Linker, hatte das schon lange anders gesehen. Wir wohnten im selben Haus und diskutierten oft über Politik. Im Spätsommer 1989 begann er sich, wie ich fand, zu sonderbaren Vorraussagen zu versteigen. »Jetzt naht die Stunde der Wahrheit«, drohte er triumphierend, »jetzt kommt die deutsche Einheit, und die Welt wird sehen, was ihr aus dem Hitler-Krieg wirklich gelernt habt. Bis jetzt habt ihr euch durch die Teilung vor den inneren Konsequenzen gedrückt.«

Dass Bismarcks Reich und seine Nachfolgestaaten in achtzig

Jahren die Menschheit mit zwei Weltkriegen überzogen hatte, schien mir Grund genug, mit kleineren Deutschländern zufrieden zu sein. Mir hätte es gereicht, wenn die »Brüder und Schwestern« im Osten, die ich nicht kannte, selbst bestimmen könnten, wie sie leben und wohin sie reisen wollten. Andererseits sah ich schnell, dass sie unaufhaltsam zu uns gehören wollten – ob nun wegen der Bananen, der D-Mark oder der Freiheit, die sie meinten, war letztlich egal. Ihr Wille und die Präambel unseres Grundgesetzes waren Realitäten, an denen keiner vorbeikam. Und wenn ich etwas an den Deutschen noch mehr fürchtete als nationalistische Großmannssucht, dann war es ihre erschreckende Unfähigkeit, Realitäten wahrzunehmen und ihnen gerecht zu werden. Dass die Deutschen sich in ihrer Geschichte immer zu groß oder zu klein gemacht hätten, und dass die Nachbarn sie deshalb abwechselnd zu Füßen oder an der Kehle gehabt hätten – diese Erkenntnis von Winston Churchill hatte mir immer zu denken gegeben. Und in Bonn machten die Bundesrepublikaner und ihre politischen Repräsentanten sich und ihr Gewicht in der Welt für meine Begriffe schon lange zu klein. Sie boten ja den deutschen Verzicht auf nationale Souveränitäten zugunsten Europas nicht einmal als bewussten und modellhaften Akt an – sie schoben einfach Verantwortung von sich weg.

Oskar Lafontaine und die meisten seiner Generation sahen das anders. Warum sollten sie sich freuen über eine Vereinigung, die nicht nur ihre persönlichen Pläne durcheinander brachte, sondern auch alle gewohnten Ängste der Linken vor den Gespenstern der deutschen Vergangenheit wieder weckte? Allenfalls galt es, dafür zu sorgen, dass die Deutschen nichts verlieren würden bei diesem Prozess. Aber zu gewinnen gab es nichts. Sowohl die Grünen als auch Lafontaine, noch nicht formal designierter, aber unumstrittener Spitzenkandidat der SPD für den Bundestagswahlkampf 1990, der nun plötzlich zu einem gesamtdeutschen Wahlkampf zu werden begann, versuchten ihre alten bundesrepublikanischen Themen durchzuhalten. Sarkastisch plakatierten die Grünen: »Alle reden von Deutschland, wir reden vom Wetter.«

Aber solch demonstrative Realitätsverweigerung wirkte grotesk. Schon im Frühjahr 1990 nannte Joschka Fischer auf dem Grünen-Parteitag in Hagen den Zustand der Bundespartei »extrem beschissen«. Und die anfeuernden Appelle, mit denen die Sozis sich hinter ihren Kandidaten Lafontaine zu scharen mühten, hatten etwas Gequältes. »Es gibt für uns jetzt nichts Wichtigeres als: Oskar helfen«, forderte Willy Brandt, den in Wahrheit Lafontaines völliger Mangel an patriotischer Freude über den Fall der Mauer zutiefst befremdete. »Meine Rede war dir wohl zu national?«, hatte der Alte auf dem ersten gesamtdeutschen Parteitag seinen favorisierten »Enkel« Oskar gefragt. Und Lafontaines Antwort war ein schroffes »Ja«.

Als Anti-Nazis hatten der Jüngere und der Ältere in der Bonner Republik keine Schwierigkeiten der Verständigung gesehen, aber jetzt stellte sich heraus, dass die Position der Jungen ganz und gar unhistorisch war. Am liebsten wären sie keine Deutschen gewesen, sie dachten europäisch oder universalistisch. Ihre antifaschistische Emphase war gefühlsleer und frei von erlittenen Erfahrungen. An den Krieg und den Zusammenbruch hatten die meisten keine persönlichen Erinnerungen mehr. Sie waren in das geteilte Nachkriegsland hineingewachsen, die Bundesrepublik betrachteten sie keineswegs als ein Provisorium, sondern als ein locker organisiertes Verwaltungsgebilde, das ihnen die volle Entfaltung ihres Individualismus gestattete, der zunehmend identisch geworden war mit einer egoistischen Anspruchshaltung. Sie lebten bequem in der Bundesrepublik, in der das »Deutschland« gewöhnlich nicht mehr mitgesprochen wurde. Und das fanden die Jungen, wie man später in Berlin zu sagen pflegte, auch gut so.

Die Alten ganz und gar nicht. Als sich Oskar Lafontaine in der Nacht der Vereinigung am 2. Oktober 1990 zielstrebig die Tribünentreppen vor dem Berliner Reichstag hinunterschob, um in die erste Reihe zu gelangen, folgte ihm eine murmelnde Welle von nahezu unverstelltem Hass. »Wenn ich diesen Kerl schon sehe«, presste Friedrich Vogel, Ex-Staatsminister in Kohls Kanzleramt, zwischen den Zähnen hervor. Doch es waren nicht nur Unionspolitiker, die so reagierten. Denn der Saarländer nahm die Rolle des politischen Vatermörders nur allzu gern an, das fühlten die

318

»triumphierenden Greise«, wie die Grüne Antje Vollmer die Herren des Parteien-Establishments zu nennen pflegte, sehr genau. Mit unbewegtem, ablehnendem Gesicht stand er während der Zeremonie neben Helmut Kohl und Willy Brandt, denen die historische Stunde das Wasser in die Augen trieb. Ihm selbst ging das Wort »Vadderland« nur als Karikatur über die Lippen. »Dass bei uns die Wirtschaft boomt, während bei Ihnen alles zusammenbricht«, sagte er später im Kulturhaus von Aue im Erzgebirge, »das ist nicht meine Vorstellung von einem vereinten Deutschland gewesen.«

Einheitsfeier hin oder her – »der Oskar« machte weiter Wahlkampf gegen den »antiquierten Nationalstaat«. Für Alt-68er, Friedens- und Ökologiebewegte, Frauen, Künstler und Intellektuelle wurde er zum Herausforderer schlechthin, nicht nur gegen Helmut Kohl, sondern auch gegen die Altvorderen seiner eigenen Partei und überhaupt gegen all jene verkrusteten und verfilzten Strukturen und Machteliten, die das wiedervereinigte Deutschland der Neunzigerjahre als prunkvolle Neuauflage der Adenauerzeit zu verkaufen versuchten. Beifall war dem Kandidaten sicher, wenn er »bewusst«, wie er betonte, das Umwelt-Thema überall in der alten Bundesrepublik an den Anfang seiner Reden stellte. Ozonloch, Vernichtung der Regenwälder, Tschernobyl, Robbensterben, Rheinverschmutzung – waren denn diese »Menschheitsprobleme« alle unwichtig geworden, nur weil die Mauer gefallen war? Seine Empörung übertrug sich schnell auf sein Publikum.

Die Deutschen lebten ja in diesem Jahr 1990 mit dem beunruhigenden Gefühl, dass nichts mehr zusammenstimmte. Der Historiker Christian Meier diagnostizierte einen schwindenden »Sinnkredit« bei den Bürgern. Die Folge: Unsicherheit, Erregbarkeit, Gereiztheit, Aggressivität. Und wiewohl es keine direkten Zusammenhänge zu geben schien, dürfte es dennoch kein Zufall gewesen sein, dass in jenem Jahr 1990 zwei politische Attentate die Öffentlichkeit erschreckten, und dass geistig verwirrte Täter sich ausgerechnet jene beiden westdeutschen Politiker der nachdrängenden Generation als Opfer aussuchten, die sich am intensivsten mit den Vereinigungsproblemen öffentlich auseinander setzten – Oskar Lafontaine contra und Wolfgang Schäuble pro.

Lafontaine wurde am 25. April nach einer Wahlveranstaltung in Köln-Mühlheim von der 43-jährigen Adelheid Streidel, die im religiösen Wahn eigentlich Johannes Rau umbringen wollte, mit einem Messer niedergestochen. Der Stich verfehlte nur um Millimeter die Hauptschlagader am Hals, die das Gehirn versorgt. Lafontaine genas nach der Operation physisch verhältnismäßig schnell und setzte seinen Kanzler-Wahlkampf im Sommer fort. Das Attentat auf Wolfgang Schäuble ereignete sich ebenfalls nach einer Wahlveranstaltung. Der siebenunddreißig Jahre alte Psychopath Dieter Kaufmann feuerte am 12. Oktober 1990 im Saal der »Brauerei Bruder« im schwarzwäldischen Städtchen Oppenau drei Schüsse auf den Kanzleramtsminister Schäuble ab, der für Helmut Kohl den deutsch-deutschen Einigungsvertrag ausgehandelt hatte. Eigentlich hatte der Attentäter den Kanzler umbringen wollen, dem er »Anschläge auf sein Innenleben« vorwarf. Die Veranstaltung mit Schäuble erschien ihm dann aber gelegener. Der CDU-Politiker erlitt eine Querschnittslähmung und muss seither im Rollstuhl leben.

Niemand wäre erstaunt gewesen, hätten die Verletzten nach diesen Attacken ihre politischen Laufbahnen beendet. Im Gegenteil. Hatten sie nicht Familien? Pflegten sie nicht – vor allem Lafontaine – unentwegt darüber zu räsonieren, dass Politik nicht alles sein dürfe? Nun entschieden sich beide, weiterzumachen, so schnell und so eindeutig wie möglich. Beide wurden durch die Anschläge natürlich stark geprägt, vermutlich stärker als sie einräumen mochten. Gemeinsam war ihnen – wie den meisten Politikern ihrer Generation – eine geradezu unbeirrbare Zähigkeit, den Erfolgsweg in der Politik um nahezu jeden Preis weiterzugehen. Und bezeichnend erschien auch, dass beide Männer – die bisher Politik eher, wie Lafontaine, als lustvolles Spiel oder, wie Schäuble, als »Kampfsport« betrieben hatten, erst in ihrem Beruf persönlich mit den Härten des Lebens konfrontiert wurden, da nun aber gleich in brutalster Form.

In der Lobby der evangelischen Akademie in Tutzing bat ich Wolfgang Schäuble Monate später um einen Termin für ein erstes Gespräch nach dem Attentat. Er hatte eine Rede gehalten und war in der Pause nach draußen gerollt, wo er ziemlich einsam zwischen flanierenden Menschen herumstand. Ohne zu überlegen, ging ich neben ihm in die Knie, um auf gleicher Augenhöhe mit ihm zu reden; zum Glück brauchten wir nicht lange, um ein Treffen zu vereinbaren. Er muss schnell gemerkt haben, wie unbehaglich ich mich neben seinem Rollstuhl gefühlt hatte, denn mit leicht spöttischem Lächeln fragte er beim Wiedersehen, wie ich denn diese Situation in Tutzing erlebt hätte? Na ja, sagte ich, unbequem sei es schon gewesen. Und außerdem, fand ich, hätte unser Gespräch durch meine Haltung einen Anschein von Intimität erhalten, der in keiner vernünftigen Relation zum Inhalt stand. Ähnliches hatte Schäuble auch schon mit anderen empfunden. Er werde, sagte er, darauf achten, dass fortan immer ein Stuhl neben seinem Gefährt bereitstünde.

Weil an diesem Abend ein Arztbesuch ausfiel, nahm sich Schäuble Zeit für ein langes Gespräch. Ich war beeindruckt, mit welch kühler Präzision er seine Lage und die Umstände und Auswirkungen seiner Behinderung auf seine politische Karriere analysierte. Rollstuhlfahrer? Vom dritten Brustwirbel abwärts gelähmt? »So ist es eben«, befand der Pragmatiker Schäuble. Das war jetzt seine »Normalität«. Zu der gehörte, dass er so kühl über sich und seine Situation zu reden verstand, als analysiere er einen politischen Sachverhalt. Gewiss, anstrengender war sein neues Leben, schmerzhaft bisweilen, unbequem. Phasen der Resignation und Bitterkeit bestritt er nicht. Aber auch darüber referierte er eher, als dass er sich ausdrückte. Nur kein Mitleid, bloß keine Schonung. Immer lag Herausforderung in seinem Blick. Meine anfängliche Befangenheit schien ihn zu amüsieren.

Schäubles Zweifel kreisten nur um die Frage, wie sich die alten Ziele unter den neuen Umständen verwirklichen ließen. Hatte nicht sein Weg über die Fraktionsspitze ins Kanzleramt als programmiert gegolten? So sollte es bleiben. Mit dem instinktiven Klammern an sein altes Lebenskonzept gestand er es sich und seiner Umwelt ein, dass er mit der Politik einen unverbrüchlichen Lebenspakt abgeschlossen hat, wie Faust mit dem Teufel. »Politik ist eine Sucht«, wusste er spätestens jetzt. Und die Droge heißt Macht. In der Lebenskrise nach dem Attentat wirkte sie als rettende Medizin, die Ärzte nutzten Schäubles Ehrgeiz als Therapie. Schon achtzehn Tage nach den Schüssen, die ihn ins Mark trafen, begann er, sein Buch über die Verhandlungen zur deutschen Einheit vorzubereiten.

Oskar Lafontaine gab sich ungemein locker, als er nach dem Attentat wieder in der Öffentlichkeit auftauchte. Er sah wohl aus, rund und rosig. Durfte man ihn noch als Kandidaten betrachten? Aber ja doch. Es folgte jenes vertraute Lafontaine-Lachen, bei dem ich nie genau wusste, ob er über mich oder über sich lachte. Der Saarländer war zur Fußball-Weltmeisterschaft 1990 nach Italien gekommen, ich traf ihn in Turin vor dem Spiel der deutschen Mannschaft gegen England. Ein Trauma war ihm offenbar nicht geblieben, jedenfalls behauptete er das selbst. »Adelheid, Adelheid«, sang er manchmal morgens beim Rasieren, wenn er über seine Narbe strich.

Doch wer ihn kannte, spürte die Anstrengung hinter dieser dicken Fröhlichkeit. »In den letzten zehn Jahren habe ich ja fast ein ganzes Leben gelebt«, sinnierte er. Er war Ministerpräsident geworden und eine nationale politische Größe, hatte persönliche Krisen durch seine gescheiterte Ehe durchlitten und war als Attentatsopfer dem Tod nahe gewesen: »Da haben sich Jahresringe um meinen Kern gelegt.«

Erst später gestand er mit doppelbödigem Spott, dass er in diesem Sommer, als sich die Folgen des Messerstichs und die Vorboten der deutschen Einheit vom 3. Oktober addierten, »ein Loch« gespürt habe. Im Grunde waren es zwei: eines, halbwegs vernarbt am Hals, und eines, das seine Kampagne auszubluten drohte, in seiner Strategie. Denn wer wollte jetzt noch etwas vom Umbau der satten Wachstumsrepublik zur ökologischen Industriegesellschaft hören? Um Pfingsten, während die Deutschen die schwarzrotgoldene Fahne schwenkten, hatte er deshalb seinen Rücktrittsbrief geschrieben – Oskar Lafontaine, Opfer der deutschen Einheit, so hätte er ihn zeichnen können. Er schickte ihn nicht ab. Er machte weiter. Und natürlich verlor er.

Zaunkönige

Am 2. Dezember war alles vorbei. Nach der Einheit war wie vor der Einheit – nur dass Helmut Kohl jetzt fester im Sattel saß als je zuvor. Er regierte weiter mit seinem Küchenkabinett im Bonner Kanzleramt; die Alten in seiner zum reinen Vollzugsorgan degradierten Regierungsmannschaft – erst Genscher, dann Kinkel, dazu Waigel, Blüm und Seiters – variierten den Ton, den der Chef angab. Die Damen und Herren der Nachkriegsgeneration mussten in allen Parteien weiter auf den Machtwechsel warten. Die Durchsetzungskräftigsten unter ihnen schufen sich in den Ländern und Stadtstaaten eigene Machtbasen und regierten als provinzielle Zaunkönige, wobei eine bemerkenswerte Einheitlichkeit des politischen Erfolgsdenkens deutlich wurde.

Der Sozialdemokrat Gerhard Schröder und der CSU-Chef Edmund Stoiber zum Beispiel, die sich im neuen Jahrtausend als Kanzler-Rivalen gegenüberstehen sollten, waren einander Mitte der Neunzigerjahre so ähnlich, als kämen sie von derselben Parteischule. Beide waren Ministerpräsidenten, und wie Stoiber in Bayern regierte ab 1994 auch Schröder in Niedersachsen ohne Koalitionspartner. Beide Länderchefs sympathisierten unverhohlen mit der Wirtschaft. Sie halfen großzügig mit Staatsgeldern, wenn heimische Unternehmen in Schwierigkeiten gerieten; Stoiber bei der Maxhütte, Grundig und Kirch, Schröder bei der DASA, Continental und Preussag. Auf die Frage, was Stoibers Politik von seiner unterscheide, sagte Schröder damals: »Wenn es um ganz konkrete Landespolitik geht, kann ich nur sagen: ökonomisch nicht viel. Er saniert Betriebe, genauso, wie ich es tun muss, wenn sie in Schwierigkeiten geraten. Der Unterschied reduziert sich darauf, dass der Kollege sonntags ordoliberale Reden hält. Ich nicht.«

In Bonn veranstalteten die beiden Ministerpräsidenten 1995 einen Autogipfel, zu dem sie neben den Bossen von VW, Audi, BMW, Mercedes und Porsche nur noch den baden-württembergischen Ministerpräsidenten Erwin Teufel einluden. Andere Landespolitiker – vor allem die Sozialdemokraten Wolfgang Clement in NRW, Hans Eichel in Hessen und Kurt Beck in Rheinland-Pfalz – sahen das mit Missfallen. Auch Helmut Kohls Bundesregierung hielt auf Abstand. Der frühere CDU-Generalsekretär Heiner Geißler spottete über die beiden Spezln und ihre große Auto-Koalition.

Edmund Stoiber war, nachdem er fleißig, trickreich und rücksichtslos seine altersgleichen Rivalen Tandler und Wiesheu sowie den älteren Theo Waigel ausgestochen hatte, mühelos in den Staatsabsolutismus moderner Prägung hineingewachsen, den Franz Josef Strauß dem Franzosen Charles de Gaulle abgeguckt hatte. Unter Stoiber wurde Bayern womöglich noch zentralistischer regiert als Frankreich. Der coole Jurist brachte den Münchner Machtapparat auf Hochtouren: Führung durch Rastlosigkeit. Der »Chef« schaffte auch an Wochenenden Aktenberge nach Hause, verfolgte die Medien wie ein Chefredakteur, vertiefte sich bis in Details in Verwaltungsvorgänge, dachte Probleme theoretisch zu Ende. Einen »Sachüberzeugungstäter« hat er sich einmal genannt.

Gerhard Schröder hasste Grundsatzdebatten. Wer über den zweiten Bildungsweg nach oben gekommen ist, will praktische Chancen, nicht Theorie. Er hielt es für einen Vorteil, dass er nicht auf ein festes Weltbild eingeschworen war, das er angesichts der rapiden Veränderungen korrigieren müsste. Dass man in der Politik nicht zimperlich sein dürfe, hatte der SPD-Politiker als Juso gelernt und nie vergessen. Als Ministerpräsident kokettierte er noch ungenierter mit seinem Brutalo-Image: »Die Leute wollen doch gar nicht, dass einer immer nur sympathisch ist. Die wollen einen an der Macht, der was durchsetzen kann. Und dann muss er auch ein Schwein sein können.«

So deutlich wie Schröder damals sprach das sonst kaum jemand öffentlich aus; aber die Überzeugung teilten in der Spitzengruppe der Polit-Profis gewiss die meisten, vor allem aber die Erfolgs-

Junkies der Nachkriegsgeneration. In allen Parteien rangelten sie – Helmut Kohl hatte schon vor 1994 erste Anzeichen der Ermüdung durchscheinen lassen, Hans-Dietrich Genscher hatte Ende 1992 aufgehört, die SPD-Patriarchen Willy Brandt und Hans-Jochen Vogel waren abgetreten – brutal und rücksichtslos um günstige Startpositionen für den verspäteten Endkampf um die Macht in der Republik.

Eigentlich hätte es spannend werden sollen, wenn in allen Parteien eine andere Generation an die Spitze drängte. Wäre das nicht eine Chance für neuen Elan, neue Ideen oder gar Gesellschaftsentwürfe gewesen? Stattdessen verbissener Streit der Egomanen: Schäuble gegen Rühe, Möllemann gegen Adam-Schwaetzer, Joschka gegen alle und jeder gegen jeden bei der SPD. Mich begann die aggressive Statik der parteipolitischen Verhältnisse zu langweilen. Von Berlin aus gesehen, wo ich nun schon seit der Vereinigung lebte, nahm sich das Machtgerangel ziemlich lächerlich aus. Die so genannten jungen Hoffnungsträger, die sich öffentlich als »Schweine« und »Arschlöcher« beschimpften, waren nun alle schon um die fünfzig Jahre alt. Die meisten kannte ich seit zwanzig Jahren besser, als ihnen und mir lieb war. Einige der politischen »Enkel« waren im richtigen Leben längst Großeltern.

Für welche Überraschungen sollten beispielsweise die potenziellen Nachfolger des Bundeskanzlers gut sein? Dass der große Helmut Kohl auch die Chancen für die Bewerber um seine Nachfolge selbst vergab, verstand sich. Sowohl Wolfgang Schäuble als auch der gerade einmal sieben Tage jüngere Volker Rühe, Jahrgang 42, und Jürgen Rüttgers, Jahrgang 51, wurden seit Anfang der Neunzigerjahre als seine Erben genannt. Alle drei aber hatte »der Alte« in Bonn ständig unter unmittelbarer Kontrolle. Sie waren Technokraten der Macht und blieben Konkurrenten von Kohls Gnaden. Und so gingen ihnen die Hoffnungen, die sie doch eigentlich für die Zukunft der Partei tragen sollten, ganz persönlich im mächtigen Schatten des ewigen Kanzlers verloren. Als Kohl dann abgewählt war, folgte schnell ein doppelter Generationswechsel. Schäuble und Rühe wurden in kürzester Zeit von

Angela Merkel, Roland Koch, Ole van Beust und Christian Wulff überrannt. Allein Rüttgers überlebte in Düsseldorf im Stil seines alten Chefs – durch Aussitzen.

Die FDP hatte in meinen Augen seit den Achtzigerjahren nur noch Unterhaltungswert, den weitgehend Jürgen Möllemann, Jahrgang 45, garantierte. Der »Riesenstaatsmann Mümmelmann«, wie Franz Josef Strauß den Grundschullehrer Möllemann, Wirtschaftsminister in der Kohl-Regierung seit 1990, einmal nannte, hatte öffentlich den Anspruch auf die Nachfolge Hans-Dietrich Genschers im Außenamt und des Grafen Lambsdorff im Parteivorsitz angemeldet. Dagegen stand – ebenfalls von Genscher gehätschelt – die Apothekerin Irmgard Adam-Schwaetzer, Jahrgang 42, zunächst Generalsekretärin, dann Staatsministerin im Auswärtigen Amt. Sie saß seit 1980 im Bundestag, war so erfolgshungrig und machtbesessen wie Möllemann und sagte es auch: »Hier muss man strampeln, bis man festen Boden kriegt, und dann nichts wie rauf auf die Butter.« Im Frühjahr 1992, als die Liberalen die Genscher-Nachfolge im Außenministerium zu regeln versuchten, entspann sich eine mörderische, die Öffentlichkeit allerdings eher belustigende Kabale, die Klaus Kinkel als überraschenden Sieger sah. Obwohl ihm der Auftrag natürlich schmeichelte, jammerte er: »Ich bin die arme Sau.« Das Hin und Her beschädigte alle, am meisten freilich Möllemann, den Irmgard Adam-Schwaetzer öffentlich ein »intrigantes Schwein« schimpfte.

Am gnadenlosesten aber ging es bei den Sozialdemokraten zu. Die hatten zwar gegen den Einheitskanzler Kohl im Bund verloren, in den Ländern aber gewaltig zugelegt. Triumphierend baute sich auf dem Bundesparteitag in Bremen 1991 eine schmucke Riege von Ministerpräsidenten um die fünfzig zum Gruppenfoto auf – potente Herausforderer des CDU-Kanzlervereins in Bonn, zugleich aber auch erbarmungslose Konkurrenten im Kampf gegeneinander. »Wir sind zu viele, zu ehrgeizig, zu gleichaltrig und zu gut«, ahnte Heide Simonis, künftige Ministerpräsidentin von Schleswig-Holstein, drohendes Unheil voraus. Mit einer gewissen Berechtigung glaube jeder, er sei der Richtige.

Es stimmte ja, dass die »Enkel«-Generation, die als Schüler und

Studenten in Verehrung für Willy Brandt zwanzig bis dreißig Jahre zuvor in die SPD eingetreten war, der Partei auf Landesebene spektakuläre Erfolge verschafft hatte. 1987, zum Zeitpunkt des Rücktritts von Willy Brandt, hatte die SPD lediglich vier Ministerpräsidenten gestellt. Jetzt regierten seine »Enkel« in neun von sechzehn Bundesländern, in Berlin waren Sozialdemokraten an der Koalition beteiligt. Nie zuvor war die SPD im föderalistischen System so stark gewesen. Die meisten fanden sich toller denn je: Scharping, Schröder, Lafontaine, Engholm, Voscherau, Simonis, Beck, Eichel, Wedemeier und Scherf. In diese siegessatte Umgebung waren die Ost-Regierungschefs Manfred Stolpe und Reinhard Höppner geraten. Auch die Damen Heidemarie Wieczorek-Zeul, Renate Schmidt und Herta Däubler-Gmelin meldeten unüberhörbar Ansprüche an.

Vor allem im Bundesvorstand, dem umfassendsten Führungsgremium der Partei, in dem die Genossen von der Basis nicht nur Promis sehen wollten, sondern auch ihresgleichen, gab es praktisch nur eine Altersgruppe: jene Kriegs- und Nachkriegskinder, die zwischen 1938 und 1948 geboren wurden. Fünfunddreißig von fünfundvierzig Vorständlern gehörten dieser Generationskohorte an, die Abweichler – vier jünger, sechs älter – variierten um zwei bis drei Jahre. Allein Johannes Rau, Jahrgang 31, zählte mehr als sechzig Jahre, keiner war unter fünfunddreißig. Fast alle waren sie kurz vor oder nach 1968 in die SPD eingetreten. Alle hatten sie – wie wenig aktiv sie auch selbst an der Studentenrebellion beteiligt gewesen sein mochten – damals empfunden, dass Schluss sein müsste mit der Adenauer-Zeit und ihrem unpolitischen Motto »Keine Experimente!«. Und alle erlebten sie ihr politisches Engagement zugleich als individuellen Aufbruch. Inzwischen waren sie anspruchsvoll und trinkfest geworden und hatten gelernt, sich gegen beunruhigende Neuigkeiten durch den Aktionismus eines 14-Stunden-Tages abzuschirmen. Jeder redete im Vorstand über sein eigenes Beet im Schrebergarten des Lebens und achtete sorgsam darauf, dass kein anderer auf die Rabatten trat. Diskussionen? Konzepte? Sachliche Statements? Faire Auseinandersetzungen? Jeder war sich selbst der Wichtigste. Ihre

Aufregungen und Entrüstungen waren seit langem ritualisiert. Nur den rebellischen Gestus, mit dem sie vor einem Vierteljahrhundert die Türen zur Partei aufzutreten bereit gewesen waren, hätten die nicht längst sperrangelweit offen gestanden, hatten sie sich als Attitüde bewahrt.

Als am 3. Mai 1993 der viel gescholtene Björn Engholm als SPD-Bundesvorsitzender abtrat, begannen wilde Personalspiele. Neben Schröder und Lafontaine wurden auch Renate Schmidt, Heidemarie Wieczorek-Zeul und Rudolf Scharping als Kandidaten genannt. Spöttisch notierte Peter Glotz in seinem später veröffentlichen Tagebuch: »Haben wir wirklich ein halbes Dutzend möglicher Nachfolger für Willy Brandt?«

Keiner drängelte so ungestüm wie Gerhard Schröder. Und prompt schlossen sich, wie in alten Juso-Tagen, seine Rivalen zum Bündnis gegen ihn zusammen. Sie setzten eine Mitgliederabstimmung durch, gegen den Niedersachsen kandidierten Scharping und Wieczorek-Zeul. Schröder, an der Basis der populärste Bewerber, verlor gegen Rudolf Scharping, weil die »rote Heidi« linke Stimmen an sich band. Die Niederlage traf den Hannoveraner schwer, bitter sagte er: »Vor den Gegnern kann man sich schützen, vor den Freunden weniger.«

Wie tief seine Enttäuschung saß, bekam ein halbes Jahr später auch ich zu spüren. Die SPD begann ihr Wahlkampfjahr 1994 mit einer gemeinsamen Veranstaltung des Kanzlerkandidaten und Parteichefs Scharping und des niedersächsischen Ministerpräsidenten Schröder zum Landtagswahlkampf in Hannover. Ich hatte meine Mutter besucht und entschloss mich am Sonntag kurzerhand, einen Abstecher nach Hannover zu machen und mir die beiden Streithähne anzuschauen – zumal ich über Scharping würde schreiben müssen. Gerhard Schröder hatte ich länger nicht gesehen. Er begrüßte mich voller Misstrauen: »Was willst du denn hier? Hast du 'ne Sauerei vor? Du hast dich ja gar nicht angemeldet.« – »Ach«, fragte ich, »muss man das jetzt bei dir?« Wir merkten beide, dass das kein besonders freundlicher Auftakt war, und verabredeten uns zu einem Treffen nach der Veranstaltung beim Italiener.

Dort saß die hannoversche Toscana-Fraktion der SPD, etwa ein Dutzend Freunde, Mitarbeiter und Journalisten, mit Schröder und seiner Frau zusammen. Er schien ganz aufgeräumt, bat mich neben sich und wollte wissen, wie mir seine Rede gefallen habe. Die war nicht so aufregend gewesen, aber das sagte ich nicht. Allerdings wagte ich anzumerken, dass ich es nicht übertrieben gefunden hätte, wenn ihm ein halber Satz – »zur Not ohne Namensnennung« – zur bevorstehenden Bundestagswahl eingefallen wäre, »vielleicht so in dem Sinne: Wir wollen ja schließlich in Bonn auch was ändern.«

Plötzlich wurde es totenstill am Tisch. Schröder erstarrte, bekam einen roten Kopf und brüllte: »Ich bin dir wohl nicht devot genug, was? Ich soll dem Scharping wohl in den Arsch kriechen?« Mir verschlug es die Sprache. Schröder aber wurde auf einmal eiskalt, blickte an mir vorbei und sagte schneidend: »Alles hat seine Zeit, so'ne Freundschaft auch, wir wollen sie hiermit beenden.« Neben ihm schoss Frau Hiltrud in die Höhe und verließ wortlos das Lokal. Zwei Tage später lieferte sie in der *Bild*-Zeitung ihren Kommentar nach: »Mit den L.s sind wir durch.« Mit uns also, was meine Frau am meisten verblüffte. In ihren Erinnerungen schrieb Hiltrud Schröder später, »ein paar lobende Worte über die ruhige, sachliche Art des Kandidaten Scharping« meinerseits hätten das Zerwürfnis ausgelöst. »Wundgescheuert«, wie Schröder damals war, hätte er »seine Wut an dem alten journalistischen Weggefährten« ausgelassen. »Es gab für ihn nur noch zwei Kategorien von Menschen: Scharping-Freund und Scharping-Feind.«

Ich fühlte mich weder als das eine noch als das andere und entschied – nach meiner ersten Bestürzung über Schröders Ausbruch, der mich völlig unvorbereitet traf –, dass ich deshalb auch nicht wirklich gemeint sein konnte. Die nächsten zwei Jahre, bis zum Mannheimer Parteitag, hatten wir überhaupt nichts mehr miteinander zu tun. Dann arrangierten wir uns wieder auf einer Arbeitsebene. Die eigentliche Aussprache kam später. Heute begegnen wir uns auf eine distanzierte, aber vertrauensvolle Weise. Wir haben eben, wie Gerhard Schröder es einmal ausdrückte, »eine Menge zusammen erlebt«.

Nachdem Rudolf Scharping trotz eines verheißungsvollen Auftaktes die Bundestagswahl 1994 gegen einen ganz und gar nicht mehr strahlenden Helmut Kohl verloren hatte, schmolz sein Ansehen auch in der SPD rapide dahin. Das Konkurrenzgerangel der erfolgshungrigen Ministerpräsidenten Schröder und Lafontaine nervte die Basis. Auf dem Mannheimer Parteitag im November des darauf folgenden Jahres hebelten sie ihren schlappen Vorsitzenden handstreichartig aus dem Amt. Neuer SPD-Chef wurde Oskar Lafontaine.

Es wurde ein tumultuöser Parteitag, dramatischer als alle anderen in der Nachkriegszeit. Ein »reinigendes Gewitter« hatte Herta Däubler-Gmelin zum Auftakt der Versammlung gefordert, offene Worte mit Konsequenzen, bloß kein Weiterwursteln. Doch dann trat der Vorsitzende Rudolf Scharping mit der Attitüde des Beleidigten und der Haltung eines Verlierers vor die Genossen. Der steife Mann mit dem strubbelbärtigen Bubengesicht redete und redete und redete. Die Partei werde gebraucht, sagte er leise, »aber wir waren in den letzten Wochen nicht immer brauchbar«. Wie alle jene Spitzen-Egomanen der Partei, die rastlos dabei waren, das Projekt Sozialdemokratie zu ruinieren, beteuerte auch Scharping wieder treuherzig, die SPD sei ihm zu wichtig, um sie durch persönliche Eitelkeit zu gefährden. Dabei kannte auch er – wie alle in dieser Generation von Politikern, die keinen Fuß breit Abstand zu sich selbst und ihrem Tun zu finden gelernt hatten – nur eine einzige Sache, um die er kämpfte wie um seine Existenz: die eigene Karriere. Rudolf Scharping, der so aufdringlich von sich abzusehen behauptete und sagte, er wolle nur »den Laden zusammenhalten«, unterschied sich von Oskar Lafontaine oder Gerhard Schröder allenfalls im Ausmaß bewusster oder unbewusster Selbsttäuschung.

Aber hörte überhaupt einer, was Scharping sagte? Längst hatte er die Genossen abgehärtet gegen sich. Er zeigte sich nicht. Er gab nichts preis. Einen »Autisten« hatte Heide Simonis ihn genannt. Wie hinter einer Glaswand agierte der Vorsitzende starr im harten Scheinwerferlicht. Da stand ein Mann in Not, der in den letzten zehn Minuten seiner Rede jeden einzelnen Satz in einem Ton hervorstieß, dass der nächste eigentlich nur heißen konnte: »Und deshalb trete ich zurück.« Er trat aber nicht ab. Er schleppte sich nur zurück auf seinen Platz. Es war, als ob dieser Mann sich selbst ausgeblendet hätte. »Komm Rudolf, wir gehen nach Hause«, bat seine Frau Jutta verzweifelt, als er am Ende von Oskar Lafontaine aus dem Amt geputscht worden war. Aber wie aufgezogen schritt Scharping in traumwandlerischer Einsamkeit an ihr vorbei in die nächste Präsidiumssitzung. Jetzt war er eben der Stellvertreter.

Ich war ziemlich dicht dran an den Hauptakteuren während der Tage in Mannheim, aber eine halbwegs realistische Einschätzung der dramatischen Ereignisse glückte mir erst, als ich auf Abstand ging. Wegen eines dringenden Termins in Berlin musste ich nach der lähmenden Enttäuschung über die Scharping-Rede den Mannheimer Rosengarten für einen halben Tag verlassen. Zurückgeblieben waren Frust, Wut, Ratlosigkeit. Die Delegierten schienen ohnmächtig. Sollte denn gar nichts passieren? Sollten sie wegfahren nach stundenlanger Selbstkritik, und »die Scheiße geht von vorne los«, wie der baden-württembergische Spitzenkandidat Dieter Spöri polterte? Alle suchten verzweifelt nach einem Retter. Viele hätten gern mit Rudolf Scharping zugleich ihre eigene Hoffnungslosigkeit abgestreift. Doch es dauerte, bis der begriff, dass er vor einem politischen Desaster stand.

Auch mir wurde erst bei der Zeitungslektüre auf dem Weg nach Berlin und der Beobachtung des Parteitages am Bildschirm völlig klar, dass die Genossen einfach nicht heimreisen konnten, ohne die Lähmung abgeschüttelt zu haben. Also musste Lafontaine ran. Tags zuvor hatte er mir noch versichert, dass er keinen Putsch plane. Musste ich ihm das glauben? Schließlich hatte er nicht beteuert, dass er auf keinen Fall etwas tun werde. Jetzt hörte ich ihn sagen: »Wenn wir selbst begeistert sind, können wir auch andere begeistern.« Hochrot und dampfend stieß er die Worte aus sich heraus, als brodele ein Vulkan in ihm. Das Schicksal seines Vorgängers Rudolf Scharping war besiegelt. Ich buchte die frühest mögliche Maschine am nächsten Morgen nach Frankfurt und kam gerade zurecht, um im Mannheimer Rosengarten mit den Delegierten die Nachricht von der bevorstehenden Kampfabstimmung zu erfahren. Mich überraschte sie weniger als etwa Johannes Rau.

War es ein spontaner Entschluss gewesen? So was passiere eben, sagte Oskar Lafontaine, das könne man nicht planen. Er hatte die Situation herbeigeredet. Und dass er den Wechsel überhaupt nicht gewünscht und angestrebt hätte, wollte der Saarländer nun auch nicht behaupten. »Eine gewisse Unschärfe« müsse man ihm da schon zubilligen. Er gewann, weil es ihm gelang, als Mann der inneren Kontraste seine eigenen Ambivalenzen mit den seelischen Schüttelfrösten der Partei in Einklang zu bringen. In Wahrheit habe er nicht viel machen müssen, sagte der neue Vorsitzende. Er setzte einfach nur ein paar Punkte – rhetorisch, politisch, emotional –, und schon schaukelte sich ein Dialog auf. Plötzlich wusste er ganz sicher: Da ist noch mehr drin.

Die Fernsehbilder vermittelten nur unzulänglich die Kraft jenes Energiekreises, der im entscheidenden Augenblick den Redner mit seinem Publikum kurzschloss, und sie transportierten auch den dämonischen Teil der Aura von Ambivalenz und Uneindeutigkeit nicht mit, die Oskar Lafontaine umwaberte. Die aber war nicht nur ein Produkt der Situation. Sie gehörte zu seiner Vita, die den Saarländer schillern ließ zwischen Rampenlicht und Zwielicht, so lange er Politik betrieb, ja, sogar darüber hinaus. Für die Fernsehzuschauer kam aus Mannheim ein »Oskar« rüber, der nicht Sphinx war, sondern Held – ein Sieger, der schon allein deshalb in die TV-Heroen-Galerie gehörte, weil er es einmal mehr geschafft hatte, im Kampf um die Aufmerksamkeit von Millionen alle Konkurrenten aus dem Feld zu schlagen.

Keine Frage – dieser Parteitag war Politainment pur, spannende Fernsehunterhaltung. Aber waren Oskar Lafontaine und Rudolf Scharping deshalb nur Darsteller in einem politischen Schauerdrama? War das Ganze eine Inszenierung für die Medien? In den Kommentaren zu Mannheim fehlte es nicht an bluttriefenden Bildern aus dem Repertoire des barocken Welttheaters – vom Bruder- bis zum Königsmord. Denn mag auch die bürgerliche Demokratie die Macht- und Kraftkerle des feudalen Zeitalters abgeschafft haben, das Bedürfnis des geschätzten Publikums nach pathetischen Solisten wie im historischen Theatrum mundi ist ungebrochen. Schließlich ist das öffentliche Darstellungsbedürfnis von politischen Akteuren keine Erfindung der Mediengesellschaft. Von der antiken Rhetorik über die höfischen Feste des Mittelalters bis zu Napoleons und Hitlers Paraden und Aufmärschen reicht die Tradition, Politik auf der Bühne der Öffentlichkeit zu zelebrieren.

Staatsschauspieler

Heute wetteifern Politiker und Parteien vor allem in der Kunst, sich selbst und ihre Lebenswelt auf der elektronischen Bühne wirkungsvoll in Szene zu setzen. Eine Experten-Kommission befand in einem Bericht an Bundespräsident Richard von Weizsäcker 1994, von den Politikern verlange der Fernsehauftritt »vor allem darstellerische Qualitäten, die in keinem notwendigen Zusammenhang zu politischen Leistungen stehen, aber über den politischen Erfolg entscheiden, denn als erfolgreich gilt der Politiker mit den darstellerischen Fähigkeiten auch dann, wenn seine politischen Leistungen deutlich dahinter zurückbleiben«.

Auch über Rudolf Scharping war die Telekratie natürlich nicht plötzlich und unerwartet hereingebrochen. Im Gegenteil: Scharping gehörte zur ersten Politikergeneration in Deutschland, die mit dem Fernsehen groß geworden war – von den Schwarzweiß-Bildern der ARD in den Fünfzigerjahren bis zu den Farb-Orgien auf sechsunddreißig Kanälen in den Neunzigern. Ihm war geläufig, dass 69 Prozent der Westdeutschen und 76 Prozent der Ostdeutschen ihre politischen Informationen vom Bildschirm bezogen. Und dass die Person des Vorsitzenden nicht nur den Privatmenschen Rudolf, sondern auch die SPD symbolisierte. 1966 war er in die Partei eingetreten, zu einem Zeitpunkt also, da das Fernsehen das Politikverständnis schleichend, aber radikal zu verändern begann. Dass Politik sich als Medienereignis vermittelte, dass Personen die aussagekräftigsten Symbole der Parteien sind, wer wüsste es besser als ein studierter Politologe und politischer Praktiker wie Scharping?

Willig hatte er sich als Kandidat im monatelangen quälenden Bundestagswahlkampf den Ritualen der Medien unterworfen. Er posierte als Radrennfahrer. Er spielte Fußball mit Straßenkickern. Er produzierte sich in Talkshows. Und er genoss es, als für ein Gruppenfoto der SPD-Führungstroika die vergleichsweise kleinwüchsigen Herren Lafontaine und Schröder auf Stapel von Telefonbüchern klettern mussten, um das Höhenniveau des großen Vorsitzenden zu erreichen. Nein, ein Medienmuffel war Rudolf Scharping wirklich nicht. Er machte alles mit, zu viel sogar, wie sich später zeigen sollte. Er machte es nur nicht gut.

Denn in den Medien wetteifern die Politiker um die unwiderstehlichste aller Erfolgsdrogen: um die Aufmerksamkeit anderer Menschen. Dafür kann man, dafür muss man wohl schon mal ein bisschen dicker auftragen. Keine Frage, dass der Augenschein von Politik auf diese Weise stark verkürzt wird – auf ein chaotisches Spektakel, getragen von Haupt- und Staatskerlen, von Skandalen, Machtkämpfen und Affären oder vom Edelmut der Ersatzheiligen. Und immer wirken die Helden ein bisschen holzschnittartiger, als sie sind.

Wie Joseph Fischer, genannt Joschka, der den Wahlkampf 1998 – seine letzte Chance zum Griff nach der Macht in der Bundesrepublik – als persönliches Heldenepos gestaltete und verkaufte, als einen *Langen Lauf zu mir selbst*. Und zurück. Joschka rannte. Für Wählerstimmen. Zum Abspecken. Um Aufmerksamkeit. Im Rausch. Für Auflagenzahlen und Einschaltquoten. Aus Liebeskummer. Vor Verzweiflung. Als Symbol seiner Generation. Vor allem aber lief er für seine Karriere und um die Macht: »Fast meine ganze Energie konzentrierte ich auf den politischen Erfolg und ordnete dem Ziel alles andere unter, auch und gerade mich selbst.«

Das war das Motto seiner ehrgeizigen und vielschichtigen öffentlichen Selbstinszenierung, die ihn am Ende zum Außenminister und zum populärsten deutschen Politiker machte. Der brave Katholik Fischer, wohlvertraut mit den Heiligenlegenden seiner Kirche, nutzte das private Drama seiner gescheiterten dritten Ehe als Erweckungsgleichnis für ein neues Leben. Sie lief weg, er erkannte seinen Wanst als »Panzer«, den er sich angefressen hatte, und wusste: Du musst dein Leben ändern. »Dieser Blitz traf mich aus heiterem Himmel, die Erde tat sich vor mir auf, der Himmel fiel mir auf den Kopf.«

So wandelte er sich zwar nicht vom Saulus zum Paulus, doch immerhin vom »hedonistischen Mops« – wie sein früherer Frankfurter Kampfgefährte Thomas Schmid formulierte – zum dauerlaufenden asketischen Griesgram. In wenigen Monaten schrumpfte er von 108 Kilogramm auf 75 zusammen. Und im Prozess dieser Metamorphose veränderte sich auch seine Biografie. Unmerklich fast gab Fischer den Geschichten über seine Herkunft eine veränderte Färbung. Als er 1983 für die Grünen in den Bundestag einzog, hatte er flammend den elenden Tod seines Vaters, der – aus Ungarn nach dem Krieg in die Bundesrepublik vertrieben – zuletzt als angestellter Metzger bei Horten in Stuttgart malochte, als Hauptanstoß für sein revolutionäres politisches Engagement beschrieben. Ein Schlaganfall fällte den 56-Jährigen im November 1966 am Arbeitsplatz, und sein Sohn Joschka, gerade achtzehn Jahre alt, trug die nach Fett und Blut stinkenden Metzgerklamotten und die speckige Aktentasche des Toten heim und beschloss: »Nee, so lebe ich nicht, so nicht.«

Davon nahm Fischer fünfzehn Jahre später nichts zurück. Doch ließ er inzwischen schon mal in seine Reden einfließen, dass die Vorfahren seines Vaters, die schon vor zweihundert Jahren – als arme Grasfresser, wie er sagte – nach Ungarn ausgewandert waren, dort wohlhabende Leute wurden, eine richtige Metzger-Dynastie. Als Joschka Fischers Eltern 1936 heirateten, bewohnte die Großfamilie Fischer ein »ansehnliches Gehöft« im Budapester Vorort Budakeszi, Kindermädchen und Waschfrau waren zu Diensten. Dass sie am Ende wieder als Grasfresser nach Deutschland zurückkamen, vertrieben und verarmt, hatten sie nicht selbst verschuldet. Wie Millionen Europäer waren auch die Fischers Opfer des Hitler-Raubzuges und der beginnenden Spaltung der

Welt im Kalten Krieg. Später, als Außenminister, würde er die alte Heimat besuchen – mit Fernsehen.

Schon vorher aber hatte die Lebensgeschichte des Rebellen Joschka aus Frankfurt, des Schulabbrechers und Steinewerfers, des Provinzflüchtlings und Berufsrevolutionärs, vor diesem Hintergrund eine andere Gewichtung erhalten. Joschka Fischer sah sich als Teil der großen europäischen Tragödie der Neuzeit. Und es freute ihn, dass er in Deutschland eine Symbolfigur geworden war, die den unterschiedlichsten Gruppen der Bevölkerung eine Projektionsfläche bot – den einstigen Radikalen als einer der ihren, der durchgekommen war, den Älteren, die ihn als verlorenen Sohn aufnahmen, und den ganz Jungen als Popstar, cool und kultig. Sein Gesicht verlor immer mehr an individuellem Ausdruck und wurde zur Signalanlage gesellschaftlichen Unbehagens.

Natürlich ging es Fischer um Macht. Opposition ohne Machtperspektive hieß für ihn immer Kapitulation vor der Wirklichkeit. Dass seine radikalste Anstrengung, in Bonn nach der Macht zu greifen, in der Verkleidung einer Diät-Lebenshilfe für jedermann daherkam, unterstrich die spielerische Lebenshaltung dieser Generation, die von Kindesbeinen an gelernt hatte, das Leben als Abenteuerspielplatz zu behandeln. Mit dieser Einstellung hatte »der Joschka« immer Politik betrieben, so saß er im Bundestag in der ersten Reihe und tyrannisierte die Regierung mit verbalen Störmanövern. In Wahrheit war das der bis dahin größte Triumph des politischen Raufboldes Fischer – der Zweikampf vor Publikum, Auge in Auge, dem Kanzler Kohl nicht ausweichen konnte. In Fischers Diktion hieß das: »150 Kilogramm am seidenen Faden« gegen »100 Kilogramm Zwischenruf«.

Es gab Zeiten, vor allem in den Achtzigerjahren in Bonn, da habe ich mit Joschka Fischer häufig über Sucht allgemein und speziell über die »Droge Politik« geredet. Meine eigene akute Gefährdung lag noch nicht weit zurück, die Gefahr des Rückfalls war immer gegeben, und er begann sich mit der Einsicht vertraut zu machen, dass nicht nur Rotwein, sondern auch Arbeit, Macht und öffentlicher Applaus »besoffen« machen können. Fischer hatte einen ziemlich genauen Blick für menschliche Gefährdungen, was nicht hieß, dass er sich für resistent hielt, im Gegenteil. Ob er sich wirklich selbst bedroht fühlte, weiß ich nicht. Ich denke, er war da ambivalent. Doch wenn er von seinem politischen »Trott« erzählte, der im Wesentlichen aus Kampf bestand, aus dem »Thrill, ein riesiges Erfolgserlebnis zu haben oder eine Niederlagen-Erfahrung« und dem anschließenden »Zurücksacken«, um unter Aufbietung aller Kräfte wieder hochzukommen zu neuer Attacke – dann konnte man schon eine Ahnung davon kriegen, was Fischer meinte, wenn er sich als Gefangener seiner selbst und der Politik beschrieb: »Wie ein Hamster in einem Tretrad.«

Dann fing er an zu rennen. Mit der gleichen Radikalität, mit der er bis dahin gebechert und gefuttert hatte, nahm er nun »die Kilometer unter die Laufschuhe«. Als ich ihn der bloßen Suchtverlagerung zieh, wischte er meine Hinweise auf »Endorphin-Kick« und »runner's high« knurrend weg – ich solle endlich aufhören, ihm meine Suchtängste anzuhängen. Ende der Diskussion. Was hätte ich auch sagen sollen zu Fischers Bekenntnis, er werde »närrisch«, wenn er zwei bis drei Tage nicht gelaufen sei? Und schon gar nicht konnte ich ihm mit Hinweisen auf die Sucht nach Sichtbarkeit kommen, die er später als Außenminister mit seinem Vorgänger Hans-Dietrich Genscher zu teilen begann. Doch fiel Fischer mir ein, als Horst-Eberhard Richter im Zusammenhang mit der grotesken RTL-Dschungel-Show von jenen »kuriosen Extremfällen« erzählte, die sich nur noch präsent fühlen, wenn sie sichtbar sind: »In Abwandlung von Descartes: Man sieht mich im Fernsehen, also bin ich. Und wer erst einmal in eine Abhängigkeit vom Sich-sichtbar-machen gekommen ist, für den wird das dann suchtartig. Der opfert dann auch seine Integrität und Würde.«

So werden auch Politiker zu Popstars, nicht notwendig zum Idol, aber zum Vertrauten und Nachbarn, dem man ansieht, dass er zugenommen hat, und auch, wann er schwindelt. Die Wähler freunden sich mit ihm an, leiden mit, sobald er unter Druck ist, und freuen sich bei seinen Erfolgen. Die Erfolgskette ist simpel: Bilder fügen sich zum Image. Das Image bringt Stimmen. Die Stimmen öffnen die Türen zu Ämtern, fertig ist die Macht.

Es kann kein Zweifel daran bestehen, dass Gerhard Schröder und seine Altergenossen aus allen Parteien an dieser Entwicklung beträchtlichen Anteil haben. Der Leipziger Parteitag der SPD, auf dem 1998 der niedersächsische Ministerpräsident zum Spitzenkandidaten für die Bundestagswahl und damit zum ultimativen Herausforderer des »ewigen Kanzlers« Helmut Kohl nominiert wurde, gilt als Schlüsselereignis der »Mediokratie«. Es wurde in den Zeitungen als »Krönungsmesse« gefeiert oder als »Polit-Show wie in Amerika« geschmäht – ein Gesamtkunstwerk aus Licht, Musik, politischen Ritualen und inszeniertem Charisma. »Hollywood an der Pleisse«, stand im *Spiegel*.

Exakt um 10.15 Uhr verdunkelte sich der Saal, der in königlichem Blau und majestätischem Rot gehalten war. Leise Musik erklang, steigerte sich zum Crescendo. Ein gefühliges Video flimmerte über mehrere Großleinwände: satte Felder, Kinder, schnelle Züge, Handys. Dann erschien der Kandidat im Bild, markig. Im richtigen Leben verharrte er noch mit Oskar Lafontaine und seinem Sicherheitsgefolge am Eingang des Saales, während es überwältigend fernsehfeierlich wurde in der Messehalle 2 in Leipzig, wie Weihnachten. Die Heroen wirkten ein bisschen überfordert vom Sog dieses Events. Weit riss Gerhard Schröder einen Augenblick die Augen auf, Oskar Lafontaine winkte fast Hilfe suchend zu den eingedunkelten Rängen empor. War da nicht einer, den er kannte? Beide Männer schienen unsicher, wohinein sie da geraten waren. Raumschiff Orion? Parteitag in Leipzig? Götterdämmerung in Bayreuth? Dröhnend schwoll die Musik an, aus Lautsprecher-Batterien schmetterte ein Triumphmarsch los: »Ready to go« – was »Ich bin bereit« bedeuten und den Siegeswillen des Kanzlerkandidaten der SPD untermalen sollte.

Die Genossen im Saal hatten sich von den Sitzen erhoben – stolz, ungläubig, belustigt, als sich langsam die kleine Prozession der Bühne entgegenschob. »Wir sind alle nur stolze Statisten«, spottete der SPD-Vize Wolfgang Thierse. Denn nicht auf die Reaktion der Vorständler Johannes Rau und Rudolf Scharping kam es an, die ein wenig fassungslos auf die herannahenden Händeschüttler blickten; nicht die 480 Delegierten der SPD, die vielen hundert Journalisten im Saal, nicht die Diplomaten und Ehrengäste auf den Tribünen waren entscheidend. Nein, es ging vor allem um die »15 Millionen Fernseher«, wie Parteisprecher Michael Donnermeyer bekundete – Wähler, Wähler, Wähler. Schröder nannte sie »die neue Mitte«.

Als er an der Bühne angekommen war, bewegte sich der Kandidat zu den pathetischen Klängen der Auftrittsmusik, die der US-Präsidenten-Hymne aus dem Film *Air Force One* nachempfunden war, schon so sicher wie der Held einer Vorabendserie: Gerhard Schröder, Liebling der Medien und der Massen. Er trat auf wie ein Amtsinhaber, und er redete wie einer.

Ich saß in der Halle und konnte nicht glauben, was ich sah. In Griffnähe hastete der kleine Schröder an mir vorbei, irgendwie high, wie alle seine Vorgänger, die in einem solchen Gedränge nach Händen grapschen, sich umarmen lassen und leuchten, als würden sie von inneren Batterien mit Zusatzenergien aufgeheizt. Entrückt wirkte der Gerhard vor lauter Glück. Er rührte mich. Vorne aber, da, wo er hinwollte, da gab es ihn noch einmal, überlebensgroß auf der Breitleinwand. Und da war er der große Schröder, der Kandidat, der sich selber aufführte, der sein Glück ausstellte wie im Werbefilm – ein Sieger, ganz kantiger Staatsmann von morgen, energisch, volksnah, modern. Der beeindruckte mich, aber ich traute ihm nicht. Nee, Schröder, dachte ich, das bist du nicht, und das bringst du nicht. Lass die Finger davon, dafür bist du eine Nummer zu klein.

Warum liefen mir aber trotzdem Schauer über den Rücken? Dass meine Gänsehaut im Drehbuch der Leipziger Inszenierer mindestens so fest eingeplant war wie das »Winken bis zum Ende der Musik«, wusste ich. Und doch schien mir gerade mit dieser glitzernden Show für einen Moment das klassische sozialdemokratische Ideal vom ehrlichen, warmen, echten Miteinander Wirklichkeit geworden zu sein. Schröder wurde gefeiert, der Vorsitzende verehrt. »Oskar Lafontaine danke ich für die Disziplin, die Vernunft, ja, die Selbstlosigkeit«, sagte Schröder. Er meinte es offenbar ernst, als er den Satz sagte, der den ausgebufften, zynischen Anti-Emotionalisten Lafontaine bewegte: »Ich danke dir für die Freundschaft.« Und als wollten die beiden Enkel mit einer Eilheilung gleich alle Wunden der vergangenen zwanzig Jahre schließen, ließen sie den letzten SPD-Kanzler Helmut Schmidt hochleben. »Vernunft und Selbstdisziplin« seien der Schlüssel, predigte Schmidt, und Lafontaine gebühre das Verdienst.

So viel Frieden war nie. Gemischte Gefühle sind mir nicht unvertraut, doch so verquer wie damals in Leipzig habe ich selten empfunden. Da überschnitten sich Eindrücke und Erinnerungen, die nicht zueinander passen wollten. Bilder vom Juso Schröder, lange Haare, Schlabberpullover, freche Schnauze. Kumpelhaft konnte der sein, wach, neugierig, spontan und entwaffnend ehrlich. Aber auch ruppig, berechnend und hart. Einer, der mit seiner Bullenbeißer-Härte kokettierte. Keine Werteskala, keine Prioritäten-Hierarchie, kein inneres Geländer und kein äußeres. Nur Ehrgeiz. Und Chuzpe.

Aber was der alles nicht konnte. Und wie viel der nicht wusste, immer noch. Obwohl ich keinen kannte, der so schnell begriff, so gut behielt und so gekonnt gerade Aufgeschnapptes als Eigenes verkaufte. Aber Kanzler? Klar, ein politischer Fuchs war er. Ein Steher auch, sonst wäre er nicht hier. Und im Vergleich zu Kohl oder auch zu Scharping… Aber dann doch lieber den Saarländer, oder? Nee, Schröder, das wird nichts. Das ist alles Kino hier.

Doch in den folgenden Wochen und Monaten brach die Medien-Lichtgestalt Schröder keineswegs ein. Wer ihn im Wahlkampf beobachtete, erlebte ein Model bei der Arbeit. Immer war er in Bewegung. Hinter dem Podium tänzelte er, wenn er zu den Wählern sprach, auf der Stelle, als biete er sich mit permanenten Körperdrehungen einem unbekannten Gegner dar – den Kameras. Er hatte nur ein begrenztes Repertoire, einfache Gesten, simple Mimik. »Doch wenn er lacht«, staunte ein Fotograf, »dann strahlt er wirklich. Das springt über.« In Ruhepausen konnte er grau und konturenlos zerfließen. Doch wenn die Kameras klickten, verwandelte sich sein Gesicht in eine blühende Landschaft. Als hätte in seinem Kopf jemand einen Schalter umgelegt, strafften sich seine markigen Züge. Die Stimme vibrierte, eisblau blitzten die Augen.

Politik sei Show-Geschäft? Als hätte irgendjemand daran Zweifel. Schröder ist ein Schauspieler? Gewiss doch. Nur wäre es schiere Einfalt zu glauben, seine Auftritte seien nur eine poppige Lüge, die das politische »Nichts« verdecken müssten. Unverkennbar war vielmehr, dass die emotionale Energie des Kandidaten, die er lieber Ausstrahlung nennen wollte als Charisma, nicht nur im Fernsehen, sondern auch im Alltag wirksam war. Wo immer er sich öffentlich zeigte, fassten Menschen ihn an, trugen ihm ihre ganz privaten Lebens- und Glückserwartungen vor. Auch heute noch ist Schröder sicher, dass er bei ihnen durchfiele, wäre er nicht auch wirklich der Kumpel oder der Landesvater, den er mimt, der nette Mann von nebenan oder der entschlossene Macher. »Die Leute nehmen genau wahr, ob jemand das selbst ist oder ob er sozusagen der Schauspieler seiner selbst ist.« Wie einst Helmut Schmidt hat heute auch Gerhard Schröder nicht die geringsten Skrupel, seine Politik zu inszenieren. Wenn der Theaterbegriff Inszenierung auf der politischen Bühne bedeutet, dass die Darstellung von bestimmten Sachverhalten auf Wirkung berechnet und symbolisch verdichtet ist – was sollte daran falsch sein? »Die Politik braucht Darstellung«, sagt er, »man kann Politik nicht nur begreifen als Durchsetzung von Inhalten. Man muss sie auch begreifen als Vermittlung dessen, was man meint.« Ob andere das Show nennen, ist Schröder egal, so lange sein Handeln authentisch ist: »Die Darstellung muss was mit der Person zu tun haben, die das macht.«

In der Mediengesellschaft hat der Begriff »Authentizität« in den letzten Jahren eine hitzige, wenn auch verwirrende Konjunktur erfahren, wobei gern so getan wird, als sei Authentizität ein Gegenpol zur Darstellung. In Wahrheit ist Authentizität von Politikern ohne Darstellung schwer denkbar. Wenn das Leben eines Menschen und seine persönliche Erfahrung zum Kriterium seiner Wahrhaftigkeit gemacht werden, dann muss er seine Persönlichkeit auch ausdrücken können. Wo hört die primäre Lebenswirklichkeit auf? Wo fängt die suggestive Bilderwelt an? Vielleicht gehört es zur Voraussetzung der Stars, die sich in diesem flüchtigen Ambiente zwischen Sein und Schein behaupten wollen, dass sie über einen festen Wesenskern, über das so genannte Eigentliche hinter dem, was alle sehen, gar nicht verfügen.

Wenn Gerhard Schröder als Politiker vor die Fernsehkamera tritt, verkörpert er tatsächlich Politik und spielt nicht nur eine Rolle – ein Begriff, den die Mediokratie, soziologisch wie theatralisch, längst hinter sich gelassen hat. Die Grenzen zwischen Person und Inhalt, Abbild und Lebenswirklichkeit lösen sich auf. Der »wahre« Schröder bleibt trotz permanenter Präsenz ein Geheimnis, die vage Möglichkeit einer zusätzlichen Dimension von Tiefe und Anderssein ist nicht auszuschließen. Das lässt ihn ebenso unberechenbar wie unverwechselbar erscheinen. Das ist Schröder pur.

Global Player

Am Abend des 27. September 1998 verwandelte sich Gerhard Schröder in ein triumphales körperliches Siegessignal. Beide Arme hochgerissen und V-förmig gen Himmel gereckt, Zeige- und Mittelfinger beider Hände zum Victory-Zeichen gespreizt, das Gesicht von einem fast kindlichen Lachen erleuchtet, stand der SPD-Kandidat nach fünfzehn Jahren Anlauf erfolgreich am Ziel seiner Wünsche. Jetzt war er drin im Zentrum der Macht, Kanzler der Bundesrepublik Deutschland. »Gerhard, Gerhard«, schallten die Sprechchöre seiner Fans durch das Bonner Ollenhauer-Haus. Die Ära Kohl war zu Ende.

Knapp vier Wochen später flimmerte das nächste Symbolbild über die Fernsehschirme und sprang den Deutschen aus allen Zeitungen entgegen – Gerhard Schröder, Joschka Fischer und Oskar Lafontaine feierten mit Champagner ihr rot-grünes Regierungsbündnis. Plastischer konnten sich Glanz und Elend der Spaß- und Mediengesellschaft nicht darstellen. Einerseits wollten die Herren sich gemeinsam ausschütten vor Gelächter über das Schnippchen, das sie der Geschichte geschlagen hatten. Andererseits lachte jeder für sich, wenn nicht gar über die anderen, ungeheuer angestrengt und künstlich und gottsjämmerlich allein. Es gab kein Generationenprojekt mehr, nur noch Personen. Und was einmal Spontitum gewesen sein mochte, wirkte jetzt zynisch.

Der Unernst blieb ihr Markenzeichen. »Hol mir mal 'ne Flasche Bier« wurde die Erkennungsmelodie des Kanzlers. Schröder rauchte dicke Havannas, posierte für Modefotografen im Kaschmirmantel und ließ die Nation rätseln, ob seine Haare gefärbt seien. Sein Finanzminister und Parteivorsitzender Lafontaine kam sich vor wie »das Ekel Alfred«, und so führte er sich auch auf. Die britische Massenzeitung *Sun* ernannte ihn zum »gefährlichsten Mann Europas«. Außenminister Fischer indes rannte und rannte und rannte. Nur zu seiner vierten Verehelichung hielt er kurz inne.

Was sie erreichen wollten? Kohl abräumen. Inhalte? Programmatik? Fehlanzeige. Das SPD-Duo, der Obergrüne und ihre Mannschaften hatten sich auf Dauer eingerichtet, ohne Konzept, ohne Sprachregelungen, ohne ausformulierte Bedingungen. Was zu regeln war, wurde von Fall zu Fall aktuell entschieden. Wenn so etwas wie ein Plan aufschien, konnte man sicher sein, dass er erst im Verlauf des Handelns entstanden war und seine Konturen rückwirkend erhalten hatte. Im Kern war nichts konkret abgestimmt. Eine Handlung zog die nächste nach sich. Schon fünf Jahre bevor Wilhelm Hennis, der Senior der deutschen Politikwissenschaft, von der Hochebene seiner achtzig Lebensjahre herab »diese ganze Generation« harsch als »eine Fehlbesetzung« abqualifizierte, war unübersehbar, wie ausgebrannt und überfordert, wie hilflos und unprofessionell die Schröder-Fischer-Truppe und ihre politisch-parlamentarischen Hilfstruppen in ihren neuen Verantwortungsbereichen herumstolperten.

Über ihre privaten Befindlichkeiten schrieben Fischer, Scharping und Lafontaine selbstverliebt Bücher, doch die hehren Vorstellungen, Staat und Gesellschaft zu reformieren, mit denen diese Generation einmal angetreten war, hatten sie schon auf dem langen Weg nach Bonn vergessen. Schröder war sogar mit dem ausdrücklichen Versprechen in die Wahl gegangen, nicht alles anders als Helmut Kohl machen zu wollen, sondern nur manches besser. So trug die Generation, die in Konrad Adenauers Nachkriegs-Teildeutschland aufgewachsen war, dessen Motto »Keine Experimente!« im wiedervereinigten Gesamtdeutschland ins neue Jahrtausend.

Ein Jahr bevor sie die Wahl gewannen, hatten Schröder und Fischer einmal darüber geredet, was passieren würde, sollten sie tatsächlich Kohl ablösen. »Dein Programm ist mit niemandem in der SPD zu machen«, teilte der Kanzlerkandidat damals seinem grünen Kumpel mit, »noch nicht einmal mit unseren Linksaußen.« Fischer blaffte: »Hochwohlgeboren scheint es nicht mehr gewohnt zu sein, dass es andere Meinungen gibt.« Schröder: »In einer rot-grünen Konstellation muss klar sein: Der Größere ist der Koch, der Kleinere ist der Kellner.« Das war die eigentliche Essenz des Koalitionsvertrages, den sie dann in Bonn aushandelten. Da stand dann zwar »Aufbruch und Erneuerung« drüber, »Deutschlands Weg ins 21. Jahrhundert«, und es gab auch eine Reihe von kleinen Reformschritten – zur Staatsbürgerschaft, zum Atomausstieg, zur Homo-Ehe –, aber das eigentlich Neue, das ganz andere, die große inhaltliche Reform der gestauten und geistig verödeten Gesellschaft der Bundesrepublik, die vor allem die jüngeren Deutschen von Rot-Grün erwartet hatten, blieb aus. Sie wurde nicht nur nicht gemacht, sie wurde auch nicht kommuniziert. Dabei hatte es in Deutschland nach dem Zweiten Weltkrieg noch nie so viele Arbeitslose gegeben, noch nie waren so viele Menschen auf das Sozialamt angewiesen, nie zuvor lebten so viele ohne Obdach wie im Wahljahr 1998.

Die 100-Tage-Bilanz der Regierung fiel verheerend aus. Erbarmungslos wurde der Stand der Dinge bei Atomausstieg und Arbeitsmarkt, bei Steuer- und Rentenreform öffentlich seziert. Ob die interne Koordination, die Öffentlichkeitsarbeit oder die ständigen Nachbesserungen – die Noten waren miserabel. »Oberflächlich«, »flüchtig«, »nicht wirkungsvoll«, schrieb die *Zeit* und fragte: »Wo ist die Linie?« Von »aberwitzigem Dilettantismus« sprach der Berliner *Tagesspiegel*, und die *Süddeutsche Zeitung* beobachtete eine »kraftprotzenhafte« und »halbstarke Politik«.

Ihre eigentlichen Energien hatten die Hauptakteure in internen Machtkämpfen verheizt. Der spektakulärste Krach ging am Donnerstag, den 11. März 1999 zu Ende, als gegen 15.40 Uhr ein Bote einen Brief Oskar Lafontaines mit der Aufschrift »Für den Herrn Bundeskanzler – persönlich« in Schröders Vorzimmer ablieferte. Schröder, der an seinem Schreibtisch arbeitete, mochte zunächst kaum glauben, was er las: »Sehr geehrter Herr Bundeskanzler, ich trete hiermit als Bundesminister der Finanzen zurück. Mit freundlichen Grüßen – Oskar Lafontaine.«

Ebenso lapidar wie aus dem Kabinett war Lafontaine aus dem Bundestag ausgeschieden und vom Parteivorsitz zurückgetreten. Keine weiteren Erläuterungen? Der Saarländer wollte mit dem Kanzler nicht reden. Über eine dritte Person ließ er telefonisch ausrichten, er sei praktisch schon auf dem Weg nach Saarbrücken. Es gebe nichts mehr zu bereden. Schöne Grüße. Dann wurde aufgelegt. Einem Freund sollte der Saarländer später sagen: »Ich hatte nur die Alternative, den Tyrannen zu morden oder zu gehen.« Ende einer Männerfreundschaft.

Die öffentlich zelebrierte Freundesliebe zwischen Lafontaine und Schröder war immer zu schön gewesen, um wahr zu sein. Sie war aber auch zu wahr, um schön enden zu können: Der Oskar und der Gerhard – das waren zwei Kerle wie aus Cowboy-Filmen, Machtmenschen, mit ähnlichem Zugang zur Politik. Von Anfang an erschienen ihre Zuneigungsbekundungen zu schrill und zu aufdringlich. Und bis zum Schluss gebärdeten sich die Herren bisweilen wie die Lümmel von der letzten Bank, pennälerhaft und albern. Man brauchte nicht viel Phantasie, um zu wissen, wie es ausgehen würde. Der Begriff »Männerfreundschaft« stand seit Franz Josef Strauß und Helmut Kohl in der Politik für etwas, das nicht wirklich Freundschaft sein konnte.

Im Binnenverhältnis der beiden war immer Lafontaine der Leitwolf, an dem Schröder herumstupste. Aber Chef blieb der Saarländer. Nach dem Mannheimer Parteitag wussten beide, dass sie ihre Zukunftschancen nur gemeinsam vorantreiben konnten. So entwickelte sich – in vager Absprache – die Doppelspitze, in jahrzehntelanger Rivalität gehärtet und mit familiären Kontakten wärmend unterfüttert. »Politiker haben selten Zeit, Freundschaften zu pflegen«, sagte Schröder. »Aber wenn es den Begriff Freundschaft in der Politik gibt, dann würde ich ihn hier anwenden.« Freundschaft? Ähnlichkeit. Ohne Väter aufgewachsen, aus kleinen Verhältnissen stammend, respektierte jeder am anderen, was er auch für seine eigene Stärke hielt: gnadenlosen Ehrgeiz, die Instrumentalisierung von Gefühlen, eine geniekultige Geringschätzung von Geschichte. Und natürlich misstrauten sie einander aus tiefstem Herzen. Und das mit Grund. Im Klartext hießen ihre Freundschaftsbeteuerungen, dass sie umständehalber freundlich voreinander auf der Hut sein wollten. In den Medien machte sie das schon zu »Zwillingen«.

Am Abend des Sieges hatte Lafontaine amüsiert die Siegesverrenkungen seines Partners auf der Bühne beobachtet. Sein Applaus wirkte gönnerhaft. Der Parteichef fühlte sich selbst als Gewinner. »Mir ist das fast schon peinlich«, erzählte er später einem guten Freund. »Alle Leute sagen, der eigentliche Kanzler bin ja ich.« Aus seiner Sicht hatte das deutsche Volk zwei Kanzler gewählt: ihn und den andern. Im Fernsehen dankte Lafontaine den Wählern für das Vertrauen »für Schröder und mich«.

Ich müsste lügen, würde ich behaupten, dass mich die lässige, fast spielerische Art nicht beeindruckt hätte, mit der Schröder den Wahlkampf bestritt und den Sieg hinnahm. Sein Elan und sein unpathetischer Ton erschienen mir nach sechzehn Jahren Kohlschwulst wie eine körperlich spürbare Entlastung. Doch meine Zweifel, ob er dem Amt gewachsen sein würde, blieben. Von Anfang an hatte ich deshalb auf Lafontaine gesetzt, und das wusste Schröder auch. Mir erschien der Saarländer, zu dem ich persönlich immer eine viel größere Distanz hatte, klarer, nachdenklicher und gebildeter als sein Hannoveraner Kollege, und nach dem Attentat auch reifer.

Nicht, dass ich mir übertriebene Illusionen über Lafontaines Charakter- und Prinzipienfestigkeit gemacht hätte. Auch hielt ich ihn keineswegs für den stramm linken Kandidaten, als der er damals galt. So gewerkschaftskritisch und unternehmerfreundlich modern wie jetzt Schröder war Lafontaine vor zehn Jahren auch gewesen. Rechts oder links? »Mal bist du oben, mal bist du unten«, das waren (und sind) seine Kategorien. Auch erlebte ich belustigt, wie seine ökologischen und psychologischen Interessen mit einer Ehefrau gingen, und seine ökonomischen und globalen mit der nächsten kamen.

Nach dem Wahlsieg war mir klar, dass die beiden Kraftkerle ihre Balance in Bonn nur so lange würden durchhalten können, wie jeder eine eigene Machtbasis hatte, aus der er Kraft beziehen konnte – Gerhard Schröder das Kanzleramt und die Medien, Oskar Lafontaine das Finanzministerium und die Partei. Außer Lafontaine sahen allerdings alle, dass Schröder die ungleich stärkere formale Ausgangsbasis hatte. Wenn ich mit Lafontaine darüber reden wollte, faltete der Saarländer die Hände, legte den Kopf schief und blickte ergeben zum Himmel, als wolle er seine Demut demonstrieren. In Wahrheit aber war es eine Geste puren Hohns: hochmütig, drohend, provokant. Keiner sollte glauben, er wüsste nicht, was er zu tun habe.

Schon nach wenigen Wochen hatten sich beide in ihren Umwelten verschanzt wie in Festungen. Die aufgesetzte Fröhlichkeit, mit der sie sich vor laufenden Kameras umarmten und knufften, über ihre Witze giggelten, sich gegenseitig Blumensträuße überreichten und einander dabei Zähne bleckend angrinsten, wurde immer bedrohlicher: Pass auf, signalisierte das Raubtierlächeln der beiden Machtmenschen, komm mir bloß nicht ins Gehege. Am Rande der Koalitionsverhandlungen, bei denen sich die Grünen stets mit einer Schröder- und einer Lafontaine-SPD herumschlagen mussten, wurde Schröder deutlich: Er sei der Kanzler, nicht Lafontaine, der solle sich nur keine falschen Vorstellungen machen. Lafontaine gingen die Nerven durch, er brach vor Wut in Tränen aus. Schröder knallte die Tür und marschierte davon. Lafontaine war außer sich. Die Ehefrauen vermittelten noch einmal eine Versöhnung. Doch den erfolgreichen Abschluss der Koalitionsverhandlungen verkündeten Schröder und Fischer vor der Bundespressekonferenz allein. Sarkastisch erläuterte der Grüne die Richtlinienkompetenz des Bundeskanzlers: »Der Kanzler macht alles, und auf dieser Basis wird das eine gute Zusammenarbeit.« Diesem Grundsatz, feixte Schröder, müsse er »nichts hinzufügen«.

Und wo blieb der starke Mann? Oskar Lafontaine hatte verloren. Die Männerfreunde redeten nicht mehr miteinander. Eine Weile regierte der Finanzminister noch mit, fühlte sich aber zunehmend von Schröders Staatsminister Bodo Hombach hinterund von seinem Freund Schröder übergangen. Er verbarg seinen Frust kaum noch. »Ich habe ja immer nur die Notbremsen gezogen in den ersten vier Wochen«, klagte er. Am 11. März tauchte Oskar Lafontaine im Ministerium auf und erschreckte seine langjährige Sekretärin Hilde Lauer mit der Aufforderung: »Häng das Bild ab und pack es in den Koffer.« Er wies auf das große Farbfoto, das seine Frau Christa und seinen Sohn Carl Maurice mit einem Riesenbovist zeigte, seinen Trostblickfang im kargen Büro des Vorgängers Theo Waigel. Den fragenden Blick seiner Mitarbeiterin beantwortete der Minister mit weiteren Anweisungen: »Sag der Fahrbereitschaft Bescheid, wir fahren nach Saarbrücken.« Lauer: »Und wann kommen Sie wieder?« Oskar: »Hierher komme ich nie mehr zurück.«

Gegen 16 Uhr an jenem Donnerstag, also etwa zwanzig Minuten nach Eintreffen des Kündigungsbriefes im Kanzleramt, reichte ein Leibwächter dem am Rheinufer joggenden Außenminister Joschka Fischer das Handy aus dem Auto. Der Kanzler war dran: »Du musst sofort kommen.« Fischer: »Was ist los?« Schröder: »Das kann ich dir jetzt nicht sagen.« Mit Baseballkappe und in kurzen Hosen, schwitzend und keuchend vom Laufen, erschien Fischer bald darauf im Kanzlerbüro, wo ihn Schröder und seine Berater erwarteten. »Oskar ist zurückgetreten, von allen Ämtern.« – »Von allen?«, fragte Fischer fassungslos. Schröder: »Ja.« – »Vom Parteivorsitz?« – »Ja.« – »Und das Mandat?« – »Ja.«

Schröder wirkte getroffen, aber konzentriert, fand Fischer. »Du musst auch den Parteivorsitzenden machen«, riet der Grüne nach kurzem Nachdenken. »Du musst aufpassen, dass die SPD nicht auseinander bricht. Du musst für eine geschlossene SPD sorgen. Alles andere ist nachrangig. Wenn die SPD kopflos und führungslos ist, wird sie zersägt.« Die Logik erschien Schröder

348

zwingend, sie entsprach auch seinem Kalkül: Er wusste, dass er das Machtvakuum in der Partei schließen musste, um seine Macht als Kanzler zu erhalten. Nur kurz tippte er Alternativen an. »Gibt es jemanden in den Ländern?«, fragte Schröder seine Leute. »Vergiss es«, sagte Fischer.

Mit Lafontaine begann, kaum hatten die Neuen angefangen zu regieren, eine anhaltende Prozession vorzeitiger Abschiede. Kanzleramtsminister Bodo Hombach, der aktive Gegenspieler des Saarländers, wurde schon knapp vier Monate später auf den Balkan abgeschoben, Franz Müntefering schied als Verkehrsminister aus, sein Nachfolger Rainer Klimmt ein Jahr später, und danach auch Kurt Bodewig, der als Nächster eingesprungen war. Kulturstaatsminister Michael Naumann ging als Herausgeber zur *Zeit*, nicht ohne eine hochgestochene Warnung vor der Gefahr einer Divinisierung, der Selbstvergöttlichung der Machthaber, zu hinterlassen. Die Kabinettsmitglieder Andrea Fischer, Karl-Heinz Funke und Rudolf Scharping wurden abgelöst. Die Gründe des schnellen Ausstiegs mochten unterschiedlich sein und keineswegs in jedem Falle persönlich diskriminierend, doch alle Ex-Minister zusammen verstärkten durch ihr Verschwinden von der Regierungsbühne den Eindruck von handwerklicher Stümperhaftigkeit, traumtänzerischer Eitelkeit und perspektivloser Wurstelei, der sich schon wenige Wochen nach dem Start in Bonn zum rot-grünen Markenzeichen verfestigt hatte: Die können es einfach nicht.

Gerhard Schröder verstand das anfangs alles nicht. Ich begegnete ihm eines Abends überraschend auf dem Flur seines Kanzleramtes, als ich von einem Gespräch mit Bodo Hombach kam. Es muss schon nach 22 Uhr gewesen sein. »Ach, sieh an«, sagte Schröder, »wie man sich so trifft. Bist du auf dem Kriegspfad, oder willst du mich besuchen?« Er bat mich in sein Büro. Müde sah er aus, ganz und gar nicht mehr strahlend. Und er war sauer. »Warum kommst du nicht mal? Keiner meldet sich mehr. Früher habt ihr wegen jedem Scheiß angeklopft.« – »Ja«, sagte ich, »früher warst du auch nicht Kanzler. Beim Kanzler kann man nicht einfach mal so vorbeikommen.« Schröder winkte ab. Im Grunde wusste er es selbst.

Und doch ist der Kanzler noch heute irritiert über seinen Fehlstart. Es hatte ihn damals belustigt, »wie viel Aufhebens alle vom Bundeskanzler machen«. Dagegen wollte der Wahlsieger eine neue Leichtigkeit setzen, wollte ungekünstelt und unprätentiös regieren. Sein Stil sollte sich wohltuend abheben vom dröhnenden Pathos des »ewigen Kanzlers Kohl«, erklärten seine Berater. Es kam aber nur die alte Wurstigkeit des Medien-Stars aus Hannover rüber, der sein Bonner Amt mit einer Dauer-Talkshow zu verwechseln schien. Eine Weile ließ die Öffentlichkeit den Bruder Lustig im Kanzleramt fast wohlwollend gewähren. Dann brach der Spott über den »Party-Kanzler« herein und, schlimmer noch, verächtliche Enttäuschung: »Wie wär's mal mit Regieren, Herr Kanzler?«, höhnte die *Hamburger Morgenpost*.

Aus Hannover war es Schröder gewohnt, die wichtigsten Sachen selber zu machen. Also zog er auch im Kanzleramt viel zu viel an sich und erklärte es zur »Chefsache«. Erst langsam wurde ihm klar, dass Niedersachsen ein Kinderspiel gewesen war. Da hatte er jeden Landrat gekannt, jetzt fehlten ihm seine Beziehungen. Jeder neu gewählte SPD-Abgeordnete spielte sich als Souverän auf. Es folgte ein Sommer der Desaster. Mit Grauen erinnert sich Schröder an die Häme der Medien, die Wut der Genossen, die Hilflosigkeit der Fraktion, die immer noch auf Opposition gegen die Regierung eingestellt war. Dazu das Kuddelmuddel im Kanzleramt. »Du brauchst verdammt gute Nehmerqualitäten«, sagt Schröder. »Und du musst dich entscheiden – kapitulieren oder kämpfen.«

Bruch im Leben

Gespenstisch fahl wirkte Bundeskanzler Schröder am 24. März 1999 – brüchig die Stimme, todernst die Miene –, als er sich aus einem Berliner Hotel an die Fernseh-Nation wandte: »Ich rufe von dieser Stelle aus alle Mitbürgerinnen und Mitbürger auf, in dieser Stunde zu unseren Soldaten zu stehen.« Plötzlich schienen alle alten Gespenster des zu Ende gehenden deutschen Jahrhunderts in der alten Reichshauptstadt wieder aufzutauchen: Zum ersten Mal nach dem Zweiten Weltkrieg flogen deutsche Kampfflugzeuge Bombenangriffe auf einen anderen Staat. Sechs Bundeswehr-Tornados waren beim Einsatz der Nato gegen Jugoslawien dabei.

Dass ausgerechnet er Krieg anordnen musste, empfindet Schröder heute als den »entscheidenden Einschnitt« seiner politischen Laufbahn, ja, als »Bruch in seinem Leben«, wie es seine Frau Doris formuliert. Schröder: »Da hatte mich die Realität eingeholt, nicht nur die Geschichte.« Wie aus einer anderen Welt seien bisweilen Erinnerungsbilder in ihm aufgestiegen, erzählt der Kanzler, in denen er sich bei den Demonstrationen gegen die Nachrüstung Seite an Seite mit Willy Brandt und Oskar Lafontaine, Rudolf Scharping und Björn Engholm marschieren sah: »›Nie, nie wieder wollen wir Waffen tragen‹, haben wir gesungen.« Und jetzt riefen ihm die Leute »Kriegstreiber« nach.

Es mag zynisch klingen, aber es ist wohl so – Gerhard Schröder verdankt es vor allem dem Krieg, dass er sechs Jahre später noch regierte, obwohl er immer wieder kläglich in den Sumpf des Scheiterns geraten war. Die militärischen Konflikte – vom Kosovo über Afghanistan bis zum Irak-Krieg – konfrontierten den hannoverschen Hallodri unverhofft und brutal mit dem Ernst des Lebens. Und zur allgemeinen Überraschung stand er die ersten Kriegseinsätze, in die deutsche Soldaten nach dem Zweiten Weltkrieg aktiv verwickelt waren, mit Ernst und Haltung durch.

Schon nach Kosovo, erinnert sich der Kanzler, sei alles anders geworden – die Prioritäten, der Stil, selbst der Lebensrhythmus. Ob die »Tornados« heil zurückkämen, wurde zur Schlüsselfrage. Er habe damals selten mehr als drei bis vier Stunden geschlafen, erzählt seine Frau. Mitarbeiter erinnern sich, dass er sie oft nach Mitternacht angerufen habe. Wenn nachts ein Fax ankam bei den Schröders, löste das fast Panik aus: Die Vorstellung, er würde Eltern erklären müssen, ihre Söhne seien gefallen, trieb den Kanzler um. Schließlich hatte er sie hinbefohlen.

Die Furcht vor Bildern von schwarzrotgold drapierten Zink-särgen, die mit Staatspomp vom Balkan heimgeflogen würden, drückte auf die Gemüter aller Beteiligten. Keine schneidigen Re-den, kein nationales Auftrumpfen – nicht einmal professionelle Kaltschnäuzigkeit prägte das Auftreten der Regierenden. Sie wirk-ten, als hätte die Geschichte sie überrollt. Gerhard Schröder, jetzt 54, Joschka Fischer, 50, Rudolf Scharping, 51 – ihre ganze Gene-ration war mit dem »Peace«-Zeichen in die Politik hineingewach-sen, nur Scharping war ein halbes Jahr Soldat gewesen. Groß ge-worden in der Rebellion gegen den Vietnam-Krieg, hatten sie mit den Traditionen des deutschen Militarismus radikal gebrochen. »Make love not war«, hieß auch ihr Lebensmotto.

Jetzt waren ausgerechnet sie die Repräsentanten der Krieg füh-renden Parteien geworden – Ende der Unschuld. Ausgerechnet die rot-grüne Bundesregierung brach das Tabu, das seit 1949 Gül-tigkeit besessen hatte: Nie wieder Krieg! Ausgerechnet die Koa-lition von SPD und Grünen, in deren Reihen sich viele über-zeugte Pazifisten und noch viel mehr unverbesserliche Zivilisten fanden, die einen »Tornado« nicht von einem »Leopard« unter-scheiden konnten. Ausgerechnet die Generation der 68er, die vor den Raketendepots der Nato in Mutlangen und anderswo Sitz-streiks und »Die-ins«, Menschenketten und Friedenswerkstät-ten organisiert hatte. »Das ist nicht Ironie der Geschichte«, sagte Georg Dick, damals Planungschef des Auswärtigen Amtes, »das ist Geschichte.«

Bilder aus der deutschen Kriegs- und Gewaltgeschichte holten Gerhard Schröder und Joschka Fischer auch ganz persönlich ein. Schröder erkannte sich im Soldatenfoto seines gefallenen Vaters wieder. Fischer wurde mit Bildern aus seiner eigenen militanten Vergangenheit konfrontiert, die überzeugend offenbarten, dass er in der Tat nie ein Pazifist gewesen war. Die Herren der ge-schichtsfreien Generation, die Anarchen des Hier und Jetzt, fan-den sich plötzlich eingereiht in historische Abläufe. Die politische Landschaft war doch mehr als ein Abenteuerspielplatz für Selbst-inszenierer.

Bis zum Mai 2001 war Fritz Schröder – Hilfsarbeiter und

Obergefreiter, gefallen im Oktober 1944, ein paar Monate nach der Geburt seines Sohnes Gerhard, den er nie sah – im Leben des heutigen Kanzlers nicht viel mehr gewesen als ein verwackeltes Foto und ein zweiter Vorname im Pass. Nun gab es plötzlich nicht nur ein Grab in Rumänien, sondern auch ein Schwarzweiß-Foto in Postkartengröße auf dem Schreibtisch des Kanzlers. Fritz Schröder, der zweiunddreißig Jahre alt war, als er starb, trägt einen Stahlhelm mit Hakenkreuz.

»Das berührt einen schon«, sagt Gerhard Schröder, wenn er das Bild des Verschollenen betrachtet. Er selbst hatte sich, als er zweiunddreißig Jahre alt war, gerade als Rechtsanwalt in Hannover niedergelassen. Soldat war er nie. Die »beinahe zwillingshafte Ähnlichkeit« mit dem unbekannten Fremden irritiert ihn ein bisschen. »Das bin ja ich«, staunte er. »Gelegentlich denkt man darüber nach, was er wohl gemacht hätte.« Aber anders als früher verbreitete Schröder sich nicht mehr so bereitwillig über seine seelische Befindlichkeit. Schon zur Halbzeit seiner ersten Amtsperiode wirkte er deutlich härter und verschlossener, bei aller verbliebenen Spontaneität. Das Leben erwies sich als dritter Bildungsweg.

Das musste auch sein Vizekanzler Joschka Fischer erfahren, wenn auch, wie es seine Art ist, ungleich dramatischer. Nur unter Polizeischutz gelangte der Star der Grünen am 13. Mai 1999 in Bielefeld in die Halle zum eigenen Parteitag. Seine Gegner wollten den »Kriegshetzer« zum Suppenhuhn rupfen, Fischer wollte der Partei »die Realitätsfrage stellen«. Voller Pathos formulierte er die Alternative: »Wollt ihr mich oder eure Träume?« Aber noch ehe das Thema Kosovo richtig ausdiskutiert werden konnte, sauste ein Farbbeutel durch die Luft und traf den Außenminister am rechten Ohr. Eine rote Flüssigkeit, die aussah wie Blut, tropfte Fischer über Rücken und Ärmel. Damit hatte der Chefrealo gewonnen – die Delegierten billigten mit knapper Mehrheit die Fortsetzung der Luftangriffe, die Fischer mit den hehrsten antifaschistischen Glaubenssätzen der deutschen Linken verteidigte: »Ich habe nicht nur gelernt: Nie wieder Krieg, sondern auch: Nie wieder Auschwitz.«

Wie Schröder war auch Fischer noch vor der Bonner Vereidigung von der amerikanischen Administration ihres neuen Freundes Bill Clinton mit der Aufforderung zum militärischen Engagement auf dem Balkan konfrontiert worden. Eine Weigerung hätte ihre Amtszeit beendet, bevor sie begann. Das war die harte Wirklichkeit, und die rot-grüne Führungsmannschaft akzeptierte sie nicht nur; Außenminister Fischer begann die Interventionspolitik offensiv zu rechtfertigen. Das war Fischers Verständnis von Realpolitik: nicht einfach Einsicht in die Notwendigkeit, sondern aggressive Umwandlung des Unausweichlichen in das Vernünftige, wenn nicht gar Erhebung zum moralischen Postulat. »In der Opposition äußert man Wünsche, in der Regierung muss man in den Blaumann und runter, wo die Ölwannen sind. Da werden die Dinge praktisch und unschön, aber das ist der Preis für praktische Veränderung.«

Es gehörte zu den Eigenheiten der politischen Wortführer der Nachkriegsgeneration in allen Parteien – von Oskar Lafontaine bis Peter Gauweiler, von Volker Rühe bis Jürgen Möllemann und natürlich von Gerhard Schröder und Joschka Fischer –, dass sie ihre pragmatischen Anpasserleistungen stets mit besonders rebellischem Getöse zu vollbringen pflegten. So wie der einst friedensbewegte Schröder sein »Nicht wackeln« bei Militäreinsätzen gegenüber den pazifistischen Genossen besonders schroff zum Ausdruck brachte, konterkarierte Fischer seine Abkehr von der Gewaltfreiheit einer »prinzipienorientierten Außenpolitik« mit protzigen Verweisen auf seine ganz persönliche militante Vergangenheit. Die 2001 im *Stern* veröffentlichten Fotos vom prügelnden »streetfighter« Fischer, der zusammen mit anderen auf einen Polizisten einschlug, fand er ganz und gar nicht unrühmlich. »Wir wurden verdroschen, aber wir haben auch kräftig hingelangt.«

Mir schien Wochen vorher absehbar, dass der Außenminister mit dieser pubertären Kraftmeierei nicht nur sich selbst in Schwierigkeiten bringen würde, sondern dass er auch eine neue Vergangenheitsdebatte über die 68er heraufbeschwören könnte. Sein bevorstehender Zeugen-Auftritt im Frankfurter Prozess gegen den Ex-Terroristen Hans-Joachim Klein lud die Opposition geradezu ein, die Vergangenheit der regierenden rot-grünen Chaotentruppe auszubeuten. Also fragte ich Fischer, ob er nicht über sein Staatsverständnis damals und heute sowie über sein Verhältnis zur Gewalt mit dem *Spiegel* ein Gespräch führen wolle. Dazu hatte er aber zunächst weder Lust noch Zeit. Erst später begriff ich, dass der streitlustige Joschka die Diskussion um seine radikal-militante Vergangenheit nach 1968 nie als »einen Prozess der Wahrheitsfindung« begriffen hatte, sondern dass er sie – wie er im Bundestag bekannte – als eine »völlig legitime politische Auseinandersetzung« sah. Er liebte solchen Zoff. Mit aggressiven Reden möbelte er sich selbst auf. »Ein gewisser Extremismus ist mir eigen«, bekennt er. »Ich bin am besten, wenn es zur Attacke geht. Es muss ätzen, dann fühle ich mich wohl.«

Und so verhielt er sich auch. Fischer mauerte, taktierte und färbte seine Darstellung, wann immer ihm das zum Schutz seiner jetzigen Position zweckmäßig erschien. Dass nicht einmal die rot-grünen Sympathisanten in den Medien uneingeschränkt bereit waren, seine damaligen Gewaltakte aus gegenwärtigen politisch-taktischen Gründen zu rechtfertigen, registrierte er mit »Bitterkeit«. Am Telefon brüllte Fischer mich an, als ich ihn zu Widersprüchen befragte. »Die ganze Wahrheit? Als gäbe es eine lückenlose Erinnerung.« Als hätte ich ihn danach gefragt. Die »Schlacht um die Biografie«, in die sich der Vizekanzler und einstige Chef der Frankfurter »Putz«-Gruppe pathetisch verwickelt sah, kostete Joschka Fischer viel Kraft. »Das hat mich mehr verändert als das Amt«, behauptete er nachträglich.

Sowohl der Kanzler als auch sein Vize gingen gestärkt aus ihrer nachholenden privaten Auseinandersetzung mit der deutschen Geschichte hervor. Und nach den Terrorangriffen auf New York und Washington am 11. September 2001 waren Gerhard Schröder und Joschka Fischer einander näher denn je. Der Druck des Geschehens schweißte sie zusammen bis zur Symbiose. Sie lobten einander hymnisch. Es gebe »keinen besseren Außenminister«, schwärmte Schröder. »Was Deutschlands Rolle angeht, wird sie von Joschka Fischer optimal gehandhabt.« Fischer lobhudelte zurück: »Ich habe einen Höllenrespekt vor seinem Amt. Da laufen alle Kraftlinien dieser Republik zusammen.« Als eine Art Schicksalsgemeinschaft von »global players« stellten sie sich mit sorgengefurchten Gesichtern und genormtem Vokabular der Öffentlichkeit. Der Instinktpolitiker Schröder und der Polit-historiker Fischer addierten sich in den Kommentaren der Presse zu einer Art zusammengesetztem Helmut Kohl.

Beide waren sie überzeugt, dass der Schock jenes Tages die Suche nach einer neuen Weltordnung beschleunigen werde. Alle Länder, Bündnisse und internationalen Institutionen würden sich – mit oder neben den herausgeforderten Amerikanern – neu sortieren. Vor allem Schröder war elektrisiert. Er fand, dass es diesen Freiraum für die erst nach der Vereinigung wirklich souverän gewordenen Deutschen zu nutzen gelte. Ohne die »Enttabuisierung des Militärischen« brauchten sie freilich nicht anzutreten. Erst die Überwindung dieses Tabus, da ist Schröder heute sicherer denn je, hat der Außenpolitik der Berliner Republik gegenüber Washington jenen Spielraum verschafft, der ihm sein schroffes Nein zur Beteiligung am Irak-Krieg ermöglichte. Und nur dieses Nein sicherte der Regierung Schröder-Fischer die Wiederwahl im September 2002.

Der Wahlkampf hatte bis ziemlich zum Schluss lahm vor sich hin gedümpelt. Nach vier rot-grünen Jahren war nicht einmal bei den eigenen Anhängern viel Enthusiasmus übrig geblieben für Gerhard Schröder. Aber der CSU-Chef Edmund Stoiber, den die Union ins Rennen schickte, löste außerhalb Bayerns auch keine Begeisterungsstürme aus. Trotz ihrer austauschbar ähnlichen Wirtschaftsvorstellungen konnten sich die beiden Spitzen-kandidaten persönlich nicht leiden, und diese Tatsache schien lange der einzige Inhalt des Wahlkampfes zu sein. Die Politik kreiste auf der Stelle – alles schon gehört, alles schon gehabt. Lust-los brüllten die Kandidaten Sätze ins Mikrofon, die man getrost hätte austauschen können. Schröder: »Ich will keine Gesellschaft, in der sich die Spitzenmanager die Taschen voll machen, die ihnen anvertrauten Menschen aber arbeitslos werden.« Stoiber: »Ich will nicht nur für die Bosse da sein, ich möchte für alle Menschen da sein.«

Zwei heiß angepriesene Fernseh-Diskussionen brachten weder neue politische Erkenntnisse noch weckten sie Leidenschaften. 14,84 Millionen Zuschauer beim ersten und 15,26 Millionen beim zweiten Duell erlebten in dem überregulierten Ritual zwei Kandidaten, die den Kritikern zumeist »wie gefesselte Riesen« erschienen, steif und langweilig. Beide hätten zwar bewiesen, dass sie fernsehtauglich seien, fand der Soziologe Claus Leggewie: »Aber sind sie auch regierungsfähig?« Dabei hatten die Medien nun wirklich alles getan, den Zweikampf aufzupeppen. Da die Auseinandersetzung zwischen Parteien mit unterschiedlichen Wertewelten oder gar feindlichen ideologischen Lagern ausblieb, stilisierten sie die Entscheidung zum persönlichen Duell zwischen zwei Kandidaten derselben Generation – Schröder gegen Stoiber, Mann gegen Mann, ein Showdown nach amerikanischem Vorbild. Rein äußerlich hätte der Schaukampf um die Macht nicht reizvoller sein können, an Klischeegegensätzen war kein Mangel. Der Rechte aus dem Süden gegen den Linken aus dem Norden. Der große Blonde – Stoiber misst 1,86 Meter – gegen den kleinen Dunklen – Schröder bringt es auf 1,74 Meter. Der Aktenfresser gegen den Medienstar. Kompetenzwerte gegen Sympathiewerte. Der Zauderer gegen den Sponti, der Asket gegen den Hedonisten. Bayern München gegen Borussia Dortmund.

Die Leidenschaft der Kandidaten für das Fußballspiel empfand ich, abgesehen von der durchsichtigen Instrumentalisierung für den eigenen Wahlerfolg, im Kern ungekünstelter als die meisten ihrer politischen Bekenntnisse. Wie bei fast allen Politikern hinkte auch bei Schröder, noch mehr aber bei Stoiber, die Entwicklung der emotionalen Ausdrucksformen den argumentativen und rationalen Fähigkeiten weit hinterher. Sie redeten und handelten wie die ausgebildeten Anwälte und ausgekochten Politprofis, die sie waren. Aber sie fühlten wie kleine Jungs.

Kein Wunder, dass ich sie auf den Tribünen der Fußballstadien authentischer erlebte als irgendwo sonst. Sie brüllten und fachsimpelten, waren unsachlich und wehleidig. Im Yokohama International Stadium, wo die deutsche Fußball-Nationalmannschaft im Sommer 2002 zum Endspiel um die Weltmeisterschaft gegen

Brasilien antrat, verwandelten sich beide Kandidaten in Fans mit kindlicher Begeisterung. Kanzler Schröder saß ziemlich zappelig in der Regierungsloge und hätte am liebsten mit schwarzrotgoldenen Papierfähnchen gewedelt. Ministerpräsident Stoiber druckste vor dem Anstoß ein bisschen herum, bevor er mich um eine Art politisches Moratorium bat: »Nicht wahr, Herr Leinemann, in den nächsten neunzig Minuten sind wir aber mal einer Meinung.« Dass ihn nach der Niederlage Brasiliens Superstar Pelé tröstend umarmte, trieb ihm stolze Röte in die Wangen.

So war der Wahlkampf zwischen den Spitzenkandidaten eine Endlosschleife von Infotainment, in der die Medien und die Politik sich gegenseitig inszenierten – bis in Deutschland die Flut kam und im Irak der Krieg drohte. Beides schwemmte einen neuen Ernst ins Land und verschaffte dem Wahlkampf eine konkrete Dynamik. Schon vorher war unterschwellig Angst durch die Republik vagabundiert, Angst vor Arbeitslosigkeit, Armut, Krankheit und Krieg. Viele Menschen fühlten ihre Existenz bedroht und sich ohnmächtig anonymen Kräften ausgeliefert. Nun wurde die Bedrohung sichtbar wie eine biblische Heimsuchung – als Sintflut und als Kriegsgeschrei.

Und sichtbar wurde eben auch, auf wen in einer solchen Katastrophensituation Verlass zu sein schien. Ein Kanzler wie Schröder, der mit grimmigem Ernst vor Ort auftauchte, mit fast kindlichem Erschrecken die Not der Menschen erfasste und teilte, und der dann schnell und unkompliziert erste Hilfe organisierte, empfahl sich als Amtsinhaber. Einen Herausforderer wie Stoiber, der zu spät kam, sich auf linkische Weise leutselig gab und dann sein Zögern auch noch als Seriosität verkaufen wollte, bestrafte – wenn schon nicht das Leben – am Ende der Wähler.

Gegenüber Präsident Bush und seinen kriegerischen Plänen zur Besetzung des Irak setzte Schröder sein Stopp-Signal besonders rabiat. Es werde keine deutsche Beteiligung an amerikanischen »Abenteuern« geben, egal, was die UNO beschließe, sagte er auf dem Marktplatz von Goslar. Das war Wahlkampf-Kalkül, keine Frage, und entsprechend grobschlächtig knallte Schröder seine Botschaft in die Öffentlichkeit. Das Verhältnis zu den

USA kühlte auf Gefrierfachtemperatur ab. Gelingen konnte dieser Verzweiflungsakt aber auch im Wahlkampf nur, weil Schröder die Gefühle der Menschen teilte, die er ansprach. Edmund Stoiber fand sich hilflos in der Defensive.

Trotzdem hielt sich der CSU-Chef am Wahlabend zunächst für den Sieger. Um 18.30 Uhr schon tauchte an diesem 22. September 2002 ein staatsmännisch strahlender Edmund Stoiber in Berlin vor den Kameras auf und ließ sich frenetisch feiern. Die Union sei wieder einmal stärkste Fraktion. In seinem Büro im Willy-Brandt-Haus starrte Gerhard Schröder abwehrend auf den Bildschirm und weigerte sich, die Niederlage zu akzeptieren. »Na, warten wir's ab«, knurrte der SPD-Chef, und mit Blick auf seine deutlich erschrockene Frau Doris fügte er grimmig hinzu: »Dies wird ein langer Abend.« Und dann trotzig: »Das gewinnen wir.« Zu diesem Zeitpunkt hatten die Genossen schon zwei Stunden gebangt. Noch war Schröder Kanzler, aber seine Mitarbeiter sahen ziemlich käsig aus. Nicht wenige begannen sich schon mit dem Gedanken vertraut zu machen, am nächsten Tag die Regierungsschreibtische räumen zu müssen.

Selten habe ich Faszination und Elend des Politikerberufes so hautnah gespürt wie an jenem Abend. Schon eine Stunde vor Schließung der Wahllokale saß die Kanzler-Mannschaft niedergeschlagen im fünften Stock der Parteizentrale herum. Ich war der einzige Journalist in der Runde, und alle mühten sich, mir Zuversicht vorzuspielen. Plötzlich haute mir jemand von hinten so hart auf die Schulter, als wolle er mich durch den Fußboden rammen. Das konnte nur der Kanzler sein. Kohl hatte auch immer solche Scherze gemacht, wenn er in Not war und deshalb besonders jovial – allerdings nicht bei mir. Gerhard Schröder grinste und winkte mich zur Seite. Wir standen am Fenster und starrten ins graue Berlin. »Mann«, sagte er, »wir kennen uns nun ja schon wirklich sehr lange.« – »Ja«, antwortete ich, »bald dreißig Jahre.« – »Mann«, sagte er. »Ja«, sagte ich. Und als er mir dann wieder auf die Schulter haute, ahnte ich, dass er Wahlprognosen hatte, die noch schlechter sein mussten, als ich bis dahin annahm.

Er zog mich mit in sein Zimmer, wo Frau Doris saß, die sehr

verletzlich wirkte. Noch eine halbe Stunde bis zur ersten Hochrechnung. Ob Schröder sich erinnerte, dass ich ihn schon einmal bei einer Niederlage begleitet hatte? In seinen »Kamerad-weißt-du-noch-Geschichten« eben draußen am Fenster war der Sonntag in Hannover im Jahr 1986 nicht vorgekommen. Schröders Kiefer malten. Die Gesichter seiner Mitarbeiter wurden noch fahler. Es war ein schönes Gefühl zu wissen, dass mein Arbeitsplatz morgen noch derselbe sein würde, egal, ob Stoiber gewann oder nicht.

18 Uhr. Die ersten Prognosen waren uneindeutig, jeder Sender mutmaßte ein anderes Ergebnis. Otto Schily und Wolfgang Clement saßen inzwischen dabei, geredet wurde kaum. Hin und wieder kam einer herein und zog Schröder beiseite, um ihm etwas zuzuflüstern. Alle suchten sein Nicken, seine Aufmerksamkeit, seine Zuversicht. Tatsächlich strahlte er als Einziger so etwas wie Optimismus aus, sogar schon bevor er mit Champagner und Rotwein seiner Stimmung Flügel verlieh. Noch war er der Kanzler, und er gedachte offenkundig, es bis zum letzten Augenblick zu bleiben.

So lange es ging, zögerte er seinen eigenen Auftritt vor den Anhängern und den Fernsehkameras hinaus. Schließlich erhob er sich und winkte seiner Frau, ihn zu begleiten. Erschrocken wehrte sie ab. »Was soll ich denn dabei?« Schröder grimmig: »Lächeln.«

Die Deutschen erlebten danach ihren Kanzler im Nieselregen vor dem Berliner Willy-Brandt-Haus so gedämpft wie lange nicht mehr: Kein Victory-Zeichen, das Sakko zugeknöpft – und seine Worte klangen mehr nach Abschied als nach Triumph. »Ich finde, wir haben einen guten Kampf gekämpft«, rief er mit vor Anspannung heiserer Stimme, seine innere Erregung konnte er nur schwer verbergen. »Wir haben keinen Grund, uns zu verstecken«, befand der oberste Sozialdemokrat unsicher, kehrte dann aber angesichts eines augenblicklich auf einem Sender erkennbaren hauchdünnen Vorsprungs mit dem nächsten Satz doch wieder den alten Kämpfer hervor: »Mehrheit ist Mehrheit – und wenn wir sie haben, werden wir sie nutzen.«

Doch die hatte er erst viele Stunden später halbwegs sicher. So knapp war in der Bundesrepublik seit 1949, als der CDU-Patriarch Konrad Adenauer sich selbst zum Kanzler mitgewählt hatte, keine Abstimmung entschieden worden. Schröder ließ in keinem Augenblick eindeutige Zeichen des Zweifels oder der Niedergeschlagenheit erkennen, doch schien sich alles Persönliche aus ihm zu verflüchtigen, je größer der Druck wurde. Er war nur noch die Nummer eins. Und zunehmend erinnerte er mich in diesem Augenblick an seine Vorgänger – er bewegte sich so dampfwalzig wie Helmut Kohl, zog den Kopf zwischen die Schultern wie Franz Josef Strauß, versank ins Grübeln wie Willy Brandt und schnarrte Befehle wie Helmut Schmidt. Mit einer wachsenden Zuneigung zu diesen Männern hatte das nichts zu tun. Es lag vielmehr in der Konsequenz einer Beobachtung, die Joschka Fischer einmal ausgesprochen hatte: »Die Verwandlung des Amtes durch den Menschen dauert etwas länger als die Verwandlung des Menschen durch das Amt.«

Es wurde ein langer Abend. Ich glaube nicht, dass Schröder auch nur einen einzigen Gedanken darauf verwendete, dass er womöglich in der kommenden Woche wieder alle Türen selbst aufmachen, seine Telefonpartner selbst anwählen und zusehen müsste, wie die Kameraleute an ihm vorbei auf jemand anderen zustürzen würden. Er dominierte die Szene, und wie Otto Schily und Wolfgang Clement, seine Ehefrau und seine Büroleiterin Sigrid Krampitz, bekam auch ich die ganze Skala seiner Stimmungen und seines Verhaltensrepertoires zu spüren. Der Kanzler redete, wann und worüber und wie lange er Lust hatte. Er bestimmte das Thema, erteilte das Wort, unterbrach, hörte zu und demonstrierte, dass er zuhörte. Anfangs staunte ich noch über seine Fähigkeit, sich selbst unter diesen extremen Umständen unaufdringlich und liebenswürdig zu bewegen. Später erschrak ich, wie herrisch und rücksichtslos sich derselbe Mann – wie ein Ritter, der sein Visier heruntergeklappt hatte – zu einer geschlossenen Veranstaltung zu verhärten vermochte. Denn ohne Vorankündigung war ich gegen Mitternacht plötzlich ausgesperrt. Unvorsichtigerweise hatte ich kurz das Chefzimmer verlassen, und als ich zurückkam, war die Tür geschlossen. Hatte mir Schröder nicht noch ein Interview versprochen? Doch, aber das war vorhin, jetzt konnte er wohl zum ersten Mal halbwegs sicher sein, dass er es wieder schaffen würde. Mein ehemaliger Freund Gerhard Schröder war wieder ganz Kanzler: »Du hast Privilegien genug gehabt heute Abend.«

Am Ende rechnete sich die rot-grüne Regierung eine Mehrheit von gerade mal fünf Sitzen aus. Und diesen Vorsprung verdankte Schröder seinem grünen Partner Joschka Fischer, der in der SPD-Parteizentrale in Berlin von den Genossen frenetisch bejubelt wurde. So etwas hatte es noch nie gegeben. Die Sieger lagen sich vor Publikum glückselig in den Armen – durchgeschwitzt und high.

Tristesse und Tränensäcke

Der Jubel der Wahlnacht schien die letzten Energien des Kanzlers und seiner Regierungsmannschaft aufgebraucht zu haben, die zweite rot-grüne Amtszeit entwickelte sich noch desaströser als die erste. Nach hastigen Koalitionsverhandlungen hob ein öffentliches Gezerre um Reformen an, um die Außenpolitik und um den sprunghaften, herrischen Stil des körperlich und psychisch ausgelaugten Partei- und Regierungschefs Schröder, das zu einem massiven Popularitätseinbruch für SPD und Kanzler führte. »Machtdepression«, diagnostizierte Herbert Kremp in der *Welt*. Vor Weihnachten waren die Sozialdemokraten, die drei Monate vorher bei der Bundestagswahl noch 38,5 Prozent erreicht hatten, bei 28 Prozent gelandet. Schröder verbat sich lautstark die »Kakophonie« und das »Stimmengewirr« in den eigenen Reihen und maulte im SPD-Vorstand: »Wenn einer meint, es besser zu können, dann soll er es machen.« Mindestens siebenmal drohte er direkt oder indirekt den Rücktritt an.

Hatte er dazu nicht alles Recht? Wie immer, wenn der Aufsteiger Schröder etwas ganz ernst meinte in seinem Leben, bezog er sich auf seine Herkunft. Jetzt beschrieb er sein Selbstverständnis nach der Wiederwahl mit einem Satz, der ihn an den Schimpf der unvergessenen frühen Jahre erinnerte: »Sie können mich nicht mehr vom Hof jagen.«

Der Bundeskanzler schob das Kinn vor und steigerte sich bei diesem Thema gern in eine trotzige Stimmung hinein, schließlich hatte er erreicht, was er wollte – und mehr. Hätte es denn überhaupt irgendjemand vor zwanzig Jahren im Ernst für möglich gehalten, dass er einmal Kanzler werden würde? Oskar hatte es versucht. Björn hatte es versucht. Rudolf hatte es versucht. Und wer hatte es geschafft? Genau, er, Gerhard Schröder. Sogar wiedergewählt war er. Und je größer der Abstand zum 22. September 2002 wurde, desto unverhohlener redete der Kanzler davon, dass der Wettbewerb mit Edmund Stoiber parteipolitisch bereits klar verloren gewesen sei, bevor er ihn in der Personenkonkurrenz doch noch für sich entschied. Musste, wer solche Erfolge vorzuweisen hatte, noch etwas beweisen? Ein Leben, wie das von Hans-Dietrich Genscher würde ihm nicht schlecht gefallen: ein bisschen Anwalt, ein bisschen Politik und viel Familie. Wer Schröder nur ein wenig kannte, der wusste, dass solchen Selbstgesprächen mit Medienmenschen immer lange Grübeleien und häusliche Diskussionen vorausgegangen waren. Und er wusste auch, wie sie abgelaufen waren. Einerseits: Wenn es nicht unbedingt sein müsste, würde er am liebsten nicht noch einmal antreten als Kanzlerkandidat 2006. Andererseits: Wer denn sonst?

In dieser Haltung raffte sich Schröder endlich ernsthaft dazu auf, das Land durch konsequente Reformen zu erneuern. Seine Leute bündelten Vorschläge zu Veränderungen auf dem Arbeitsmarkt und in der Gesundheitspolitik zu einem Gesamtpaket, das Doris Schröder »Agenda 2010« taufte. Dieses Programm könne Deutschland wieder an die Spitze der wirtschaftlichen und sozialen Entwicklung in Europa führen, prahlte der Kanzler am 14. März 2003 im Bundestag. Das las sich im Nachhinein allerdings dröhnender, als er es damals vortrug. Denn die Voraussetzungen klangen harsch: »Wir werden Leistungen des Staates kürzen, Eigenverantwortung fördern und mehr Eigenleistung von jedem Einzelnen abfordern müssen.« Die Abgeordneten der Regierungsfraktionen erschraken. Kündigungsschutz, Krankengeld, Arbeitslosengeld, Sozialhilfe – das waren heilige Kühe in ihrer Herde von Grundwerten.

Die Partei wehrte sich heftig. Und dieses Mal war ihr Widerstand nicht bloß einer der periodisch von den Regierenden bejammerten Rückfälle der Sozialdemokraten und Grünen in ihre traditionelle Oppositionsrolle. Im Gegenteil – in diesem Falle drückten die Abgeordneten der Regierungsparteien das Grundgefühl der Bevölkerung aus. Die Deutschen fühlten sich von Gerhard Schröder tatsächlich verraten, als der unvermittelt von symbolischer Politik auf eine krude Realitätsebene umstieg. Natürlich ging es auch um konkrete Zumutungen. Aber darüber wäre wohl zu reden gewesen, hätte Schröder nicht ohne Vorwarnung den emotionalen Pakt mit seinen Wählern gebrochen, der ihm zur Wiederwahl als Amtsinhaber verholfen hatte. Einer Mehrheit der Deutschen galt der SPD-Kanzler, allen Unzulänglichkeiten der ersten Regierungszeit zum Trotz, noch immer als symbolische Verkörperung einer Republik, in der auch Chancen zum Aufstieg und gesicherten Wohlstand hatte, wer von ganz ganz unten kam.

In Gerhard Schröders Biografie spiegelte sich die Erfüllung ihrer eigenen Wünsche, und auch für die Abwehr ihrer Ängste schien er zu stehen. Sein Alltagsgesicht war längst zur TV-Ikone geworden, die nicht nur Regierungsmacht repräsentierte, sondern auch Nachbarschaft und eine Allerweltsvertrautheit. Dass einer, der sich alles so hart hatte erkämpfen müssen wie er, nichts freiwillig wieder hergeben würde, pflegte Schröder nicht nur in privatem Kreis auszusprechen. Das strahlte er auch glaubwürdig aus. Und durch seine couragierte Hilfe für die Flutopfer und die Entschiedenheit, mit der er die Deutschen aus dem Irak-Krieg heraushielt, festigte er den Eindruck, er würde weiter alles tun, um den Bürgern Ungemach vom Halse zu halten.

So weit hatte die symbolische Politik funktioniert. Über Risiken und Nebenwirkungen wie Arbeitslosigkeit, leere Rentenkassen und ein überteuertes Gesundheitssystem hatten beide Seiten stillschweigend hinweggesehen. Nun aber knallte der Kanzler seinen Wählern plötzlich diese unterschlagenen Wirklichkeiten auf den Tisch. Eine Wutwelle war die Folge. Denn Schröder hatte es versäumt, den Bürgern die Situation des Landes und seinen eigenen Lernprozess angemessen zu vermitteln. Er verweigerte alle Gesten der Einfühlung in die Emotionen der Enttäuschten, die seinen Zumutungen einen einfühlsamen oder wenigstens zerknirschten Anstrich hätten geben können. Kein »Wir haben verstanden«, keine »Blut, Schweiß und Tränen«-Rede. Gerhard Schröder mutete seinen Landsleuten die ungeschminkte Wirklichkeit einer historischen Krise zu, ohne ihnen durch staatsmännische Haltung Zuversicht und Führung anzubieten. Er hatte das Sagen, aber ihm fehlten die Worte.

Und so nahm sich, was ein zweiter Anlauf von Rot-Grün werden sollte, wie der Anfang vom Ende aus. Die alten Minister wirkten müde, die neuen, die Schröder zur Hilfe holte, wirkten alt. Der niedersächsische SPD-Landesvorsitzende Wolfgang Jüttner, selbst Jahrgang 48, war beileibe nicht der Einzige, den die vielen »verbrauchten Gesichter« im Kabinett störten. Auch der stellvertretende SPD-Fraktionsvorsitzende Ludwig Stiegler hatte schon öffentlich bejammert, dass seine Sozis sich nicht gerade als »frische Partei« präsentierten: »Den Leuten stehen Frust und Verunsicherung ins Gesicht geschrieben, Tristesse und Tränensäcke.« Und Schröder machte das Ganze nicht besser, als er im Parteivorstand wütend auffuhr: »Wer hier von verbrauchten Gesichtern redet, der sollte besser mal in den Spiegel gucken.« Wenn Hans Eichel, Manfred Stolpe oder Ulla Schmidt auf den Bildschirmen erschienen, lösten sie – wie eine junge SPD-Abgeordnete erzählte – nicht selten an der Basis den Stoßseufzer aus: »Ach, hätten wir doch lieber die Wahl verloren.«

Vom Überschwang der Männerfreundschaft zwischen Schröder und Fischer, mit deren persönlichem Verhältnis die Koalition stand oder fiel, war schon bald nach der Wahlnacht nicht viel geblieben. In der Politik gebe es keine Freundschaften, hatte Gerhard Schröder einmal gesagt, allenfalls »Kumpanei auf Zeit«. So ist es wohl. Selbst bei ehrlicher Sympathie bleiben Politiker immer Rivalen. Zweckbündnisse und gemeinsam durchgestandene Krisen mögen Augenblicke der Nähe schaffen, doch das Misstrauen schläft nie. Fischer kann herzerweichende Moritaten singen über die Einsamkeit der politischen Giganten in der »Todeszone« der Macht. Denn in Wahrheit gibt es kaum Politiker, die sich ihrer jeweilig errungenen Position auch nur einen Augenblick lang sicher sind, und weder Gerhard Schröder noch Joschka Fischer gehören zu den Ausnahmen.

Wie ein müdes altes Ehepaar, das sich aus Kostengründen und Bequemlichkeit keine Scheidung leisten will, schleppten sie ihre Koalition durch die Tage. Dass aber eine »Eiszeit« zwischen Fischer und Schröder ausgebrochen wäre, ein »Zerwürfnis« beide sogar zu Rücktrittsüberlegungen veranlasst hätte, wie die Zeitungen im Februar 2002 schrieben – das durfte nicht sein. Da taten die Herren plötzlich so, als hörten sie das alles zum ersten Mal. Wie auf Knopfdruck produzierten sie, während die Union das rot-grüne Bündnis am Ende wähnte, im deutschen Bundestag eine Gerd- und Joschka-Show, die lebhaft an die unvergessene Gerd- und Oskar-Serie erinnerte. Der Kanzler und sein Vize tatschten einander auf die Schultern, schüttelten sich die Hände, grinsten sich an und frohlockten so hold wie Jungvermählte.

Nur dass das verehrte Publikum all diese Bilder schon ein paarmal zu oft gesehen hatte. Mir erschien – je länger Rot-Grün regierte – die politische Szenerie in Berlin ohnehin wie ein permanentes Ehemaligentreffen. Renate Schmidt war plötzlich wieder da, die 1980 zusammen mit Schröder im Bundestag angefangen hatte und die Vorstellung, einmal Kanzlerin zu werden, durchaus nicht abwegig fand. Als ich die einstige Vizepräsidentin des Bundestages 1994 im Wahlkampf begleitete, pflegte die Powerfrau aus Nürnberg mit dem »robusten Gemüt« zehn bis sechzehn Stunden zu arbeiten, ohne Sonntagspause. Dieser menschenzermürbenden Mühle der Prominenz versuchte sie zu entgehen, indem sie als Landesvorsitzende der SPD nach Bayern ging – und sich dort weiter aufrieb.

Nun saß sie als Familienministerin in Berlin und stöhnte lustvoll wie eh und je über dieses Leben, »das man eigentlich wegschmeißen kann«, wie sie sagte. Auch der Überzeugungs-Rheinländer Wolfgang Clement regierte auf einmal an der Spree mit. In den frühen Achtzigerjahren hatte ich ihn in Bonn kennen gelernt, als er noch Parteisprecher von Willy Brandt war. Ich bewunderte seine Schnellschlucktechnik als Biertrinker. Dass er inzwischen mit ähnlicher Geschwindigkeit als Superminister Schlagzeilen produzierte, erfüllte mich dagegen mit Unbehagen.

Ein Provokateur trat an, ein Spieler, einsam, ruhelos und rüde, der – wie Renate Schmidt – in nimmermüder Betriebsamkeit für Schröders Reformpläne kämpfte, nur dass es bei Clement bald so aussah, als würde sein brachialer guter Wille mehr Widerstände auf- als abbauen. Das könne er der Partei nicht antun. Und ob er das konnte. »Das müssen wir austragen, mit Fäusten oder sonst wie.« Nach einer Weile hingen Clements Rücktrittsdrohungen über dem Regierungslager wie eine Gewitterfront über der Kölner Bucht. Und Renate Schmidt versicherte in Berlin tapfer weiter, was sie schon in Bonn und München verkündet hatte: »Es wird einen Zeitpunkt geben, an dem ich nicht mehr in der Politik bin.«

Ausgebrannt

Genau 1804 Tage war Gerhard Schröder Vorsitzender der Sozialdemokratischen Partei Deutschlands. Die SPD verlor in dieser Zeit ein Sechstel ihrer Mitglieder. Dann gab er im März 2004 den Genossen das Amt zurück. »Ich habe es so gut zu machen versucht, wie ich es konnte«, sagte er. Und vielleicht zum ersten und einzigen Mal in seiner langen persönlichen SPD-Geschichte erfuhr der Niedersachse so etwas wie Zuneigung und Wärme von dieser schwierigen Truppe, der er allerdings auch selbst immer viel zugemutet hatte.

»Ich bin für viele kein leichter Vorsitzender gewesen«, bekannte Schröder in seiner Abschiedrede den Delegierten eines Sonderparteitages in Berlin, und aus den Reihen der bayerischen Delegation schallte es zurück: »Das kann man sagen.« Darauf Schröder: »Es sind aber auch verdammt harte Zeiten gewesen, in

367

denen ich das war.« Da klatschten die Genossen und wollten gar nicht wieder aufhören. Dreimal versuchte der scheidende Vorsitzende, indem er sich setzte, dem Applaus ein Ende zu bereiten, dreimal nötigte ihn der Beifall wieder hoch.

Stocksteif stand er auf der Bühne des Estrel-Hotels, überwältigt von der Reaktion. Seine Arme hingen seltsam wehrlos an ihm herab. Mit unbewegter Miene drückte Schröder aus, wie bewegt er war. Nur einmal tupfte er linkisch eine Träne aus dem Auge. Alle hielten Abstand. In diesem Augenblick erlebte ihn wohl jeder im Saal als den einsamen Kanzler, als den er sich inzwischen selbst empfand. So einsam wie einst Willy Brandt und Helmut Schmidt – und wie sie umweht von einer Aura möglichen Scheiterns.

Dass er sein Amt an Franz Müntefering abgab, war die Folge einer sonderbaren Mischung aus Überdruss und Kampfeswillen. Schröder akzeptierte, dass er nicht zugleich geliebt und erfolgreich sein konnte. »Meine Parteivergangenheit – die vielen Kämpfe mit den Genossen – hat mich eingeholt«, bekannte er im privaten Gespräch. Jetzt erwiesen sich der angehäufte Sprengstoff und das ritualisierte Misstrauen als Hindernisse, wenn er den Parteifreunden die Reform-Agenda 2010 nahe bringen wollte. Immer hätten seine Gegner bei ihm Verrat an den hehren Zielen der Sozialdemokratie gewittert, erkannte Schröder. Das habe die Kommunikation blockiert. Und so habe er mit dem Amt zwar Macht aufgegeben, »aber das war nur noch eine formale Macht, und das ist keine«.

Niemand – so Schröder – sollte diesen Schritt allerdings als Ende seines Reformwillens missverstehen. »Ich kann nur diese Politik weiterführen. Und ich will nur diese Politik weiterführen.« Viele glaubten, in diesen Bekenntnissen eine Berufung auf Martin Luther zu erkennen. Schröder berief sich aber nur auf sich selbst. Hatte er nicht zu Beginn seiner Kanzlerzeit auch außenpolitisch als einer gegolten, der sich an den unerschütterlichen Glaubenssätzen der Bonner Republik verging? Die Linken verteufelten ihn als Kriegshetzer, weil er Militäreinsätze durchsetzte, die Rechten beschimpften ihn als Zerstörer des atlantischen Bündnisses, weil er sich der Irak-Politik des US-Präsidenten Bush verweigerte. »Jetzt«, sagte der Kanzler nach seinem Rücktritt als Parteivorsitzender, »ist das alles ein Stück außenpolitische Normalität, jetzt bin ich innenpolitisch der Verräter.«

Schröder hatte längst begonnen, seinen künftigen Stellenwert in der Geschichte mit zu bedenken. So unpathetisch und pragmatisch er auch Politik betreiben mochte – wichtig wäre ihm doch, als einer erinnert zu werden, der Deutschlands außenpolitische Autonomie vergrößert und die innere Verfassung der Berliner Republik modernisiert hatte. Natürlich wollte dieser Kanzler weiter Erfolg, auch hier und jetzt. Nie hatte Schröder in seinem Leben etwas anderes gewollt. Und deshalb machte ihn die Frage nervös, was aus seinen Reformen werden würde. Ein großer Abgang wäre das nicht, wenn er jetzt – wie Oskar Lafontaine – einfach müde aufhörte.

Es mag ungerecht sein, aber mir schien, dass die verspätete Generation der Nachkriegs-Erfolgs-Junkies mit ihrer erschöpften Unersättlichkeit das bleierne Klima des Landes, das sie angeblich wegregieren wollten, erheblich verdichtete. Schon ihre permanente Bildschirmpräsenz signalisierte Stillstand. Sollte ich mir von Franz Müntefering, Jahrgang 40, den ich seit dreißig Jahren kannte, ohne ihn zu kennen, plötzlich mehr versprechen, als dass er die alte Tante SPD wenigstens ein winziges Stück näher an die Realitäten der Gegenwart heranführte? In meinen ersten Monaten in Bonn haben wir sogar einmal zusammen in einer Mannschaft Fußball gespielt. Er war damals schon ungemein sauerländisch, nur langhaariger und jünger. Zu denen, die man als Journalist in Bonn kennen musste, zählte er nicht. Er machte mich auch nie auf sich neugierig. Auch in Berlin fiel er mir knapp zwei Jahrzehnte später zunächst nur durch seinen roten Schal auf.

Oder Klaus Uwe Benneter, Jahrgang 47. Sollte ich daran glauben, dass sich Schröders Vorgänger als Juso-Chef in den Siebzigerjahren plötzlich zu einem SPD-Generalsekretär mausern würde, der die widerwillig regierende Volkspartei in die Zukunft peitscht? War er nicht eher ein Nachläufer von gestern als ein Mitreißer für morgen?

In der Opposition war es nicht anders. Edmund Stoiber von der CSU klammerte sich immer besessener an Kanzlerkandidaten-Chancen, die nur noch er sah. Der ewige Wolfgang Gerhardt, Jahrgang 43, wurde ebenso prompt als Bundespräsidentenbewerber seiner FDP genannt, wie anschließend wieder verworfen. Und Volker Rühe, Jahrgang 42, CDU- und Fraktionsvize, Ex-Generalsekretär und ehemaliger Bundesverteidigungsminister? Er hatte sich dicke Chancen ausrechnen können auf das Ministerpräsidentenamt in Kiel, bis Helmut Kohl mit seinen illegalen Parteispenden ihm den Boden unter den Füßen wegzog. Rühe verlor, es wurde still um den streitlustigen Hamburger. Eine schwere Krankheit zwang ihn zum Rückzug, und eine Weile trug er sich mit dem Gedanken, ganz aufzuhören mit der Politik. Doch im Frühjahr 2004 wirkte Rühe erholt, ganz und gar nicht verbittert und war wieder in Berlin aktiv. Dass Politik wie eine Sucht sein könne, habe er auch schon erlebt, sagte er, aber nicht bei sich. Er habe schließlich in Bonn seine »Zeit zum Gestalten« gehabt. Dass die begrenzt war, gehöre zur Demokratie. Und warum sollte er schon alle Hoffnungen auf politischen Einfluss aufgegeben? »Die Macht«, glaubt Rühe, »liegt nicht in den Ämtern. Man kann auch Macht mit Argumenten ausüben.« Aber hatten die Unionspolitiker dieser Generation nicht in Wahrheit mit der Wiederwahl von Rot-Grün alle Karrierechancen eingebüßt?

Gescheitert

Wolfgang Schäuble umgab nach der Spendenaffäre eine Kältezone der Resignation und des Scheiterns. Seit langem war ihm klar, dass Politik wie eine Droge funktioniere. »Schöner ist natürlich das Wort ›Leidenschaft‹«, spottete er. 1972 war der Rechtsanwalt Schäuble in den deutschen Bundestag gewählt worden. Zweiunddreißig Jahre später galt er plötzlich als Unionskandidat für das Amt des Bundespräsidenten. Fühlte er sich durch die Aussicht auf das Schloss Bellevue geehrt? »Es gibt schlimmere Beleidigungen«, sagte er sarkastisch. Mit keinem Wimpernschlag ließ der schmächtige Mann im Rollstuhl erkennen, welche Genugtuung ihm die Wahl in das protokollarisch höchste Amt der Republik bedeuten würde. »Mir geht es heute so gut wie nie zuvor in den vergangenen zehn Jahren«, behauptete er. Aber natürlich: »Bundespräsident – das ist ein Amt, das man nicht ablehnt, wenn es einem angeboten wird.« Die Stimme blieb kontrolliert, der Blick flackerte nicht. Doch nach über drei Jahrzehnten in der CDU konnte ihm nicht entgangen sein, dass dieses Angebot von zu vielen Fallgruben umgeben war, als dass er wirklich eine Chance gehabt hätte. Trotzdem hoffte er wohl. Aber als dann im Mai 2004 alles vorbei war, Angela Merkel ihn ohne erkennbare Skrupel fallen gelassen hatte, gab er sich so professionell wie immer: »So ist Politik. Anderes hat mir stärker wehgetan.«

In vielen Berichten wird Schäubles Leben als Tragödie bezeichnet. Im Grunde gab es für ihn tatsächlich nur noch Niederlagen und Demütigungen, seit ihn ein Geistesgestörter neun Tage nach der Einheitsfeier 1990 niedergeschossen und für den Rest seines Lebens in den Rollstuhl gezwungen hatte. Gewiss, er sollte Kanzler werden, war Fraktions- und Parteivorsitzender, wurde als möglicher Regierender Bürgermeister von Berlin gehandelt und nun als potenzieller Präsident. Aber immer blieb er auf der Strecke. Denn im Machtkampf mit Helmut Kohl war ihm die Glaubwürdigkeit abhanden gekommen.

Damals, sagt er heute, habe er sich mit Ausstiegsgedanken getragen. Denn er konnte sich nicht verstecken. Die Einsamkeit war bei ihm sichtbarer als bei jedem anderen. Solange er noch regierte, hatte der gelähmte CDU-Chef ein besonders eindrucksvolles Symbolbild der Macht abgegeben, wenn er im Rollstuhl, von Sicherheitsrecken umstellt, in eine Kundgebungshalle rollte. Dann zielten die Kameras auf ein langsam durch den Saal wogendes Gewusel, aus dem Blitzlichter zuckten. Mittendrin ein schwarzes Loch, das IHN verbarg – den Star des Abends, Wolfgang Schäuble. Wenn dann der Menschenknubbel auf der Bühne ankam und die Bodyguards zur Seite traten, war das wie die Enthüllung einer Ikone. Der Beifall überschlug sich.

Einen Tag nach der Wahlniederlage 1998 aber stand Schäuble minutenlang unbeachtet und schweigend hinter Theo Waigel im

Bierkeller der bayerischen Vertretung in Bonn. Keiner begrüßte ihn. Keiner schien ihn wahrzunehmen. Er war allein gekommen und galt nichts mehr. Das war ein Vorgeschmack auf die Rolle des Verlierers, die ihn danach immer wieder einholte. Wolfgang Schäuble begann sich damit abzufinden. »So selten ist es, daß die Menschen finden, was ihnen doch bestimmt gewesen schien«, sagte er in seiner letzten Rede als Vorsitzender der CDU/CSU-Fraktion – ein Zitat aus Goethes *Tasso*, das wie sein eigenes resigniertes Lebens-Fazit klang.

Aber er blieb. Öffentliche Beachtung, wichtig sein, Macht haben – oh ja, das bedeutete Wolfgang Schäuble immer noch viel. War also die Charakterisierung von Politik als Sucht doch mehr als »nur ein Bild«, wie er glauben machen wollte? Schäuble wäre nicht Schäuble, ließe er sich klar festlegen. Einerseits: Dass er während der Parteispendenaffäre Dinge erlebte, die ihn an den Untergang Uwe Barschels gemahnten, will er nicht bestreiten. Andererseits: »Meist geht es ja glimpflich aus.«

Wäre Rudolf Scharping dafür ein Beispiel? Der stand im Juli 2002 im Berliner Schloss Bellevue vor dem Bundespräsidenten, als empfinge er eine Siegerurkunde. Er reckte sich, lächelte, hob das Haupt und schob das Kinn vor, während Johannes Rau ihm mit belegter Stimme »Dank und Anerkennung« aussprach. Doch in Wahrheit wurde der Mann, der einmal Kanzlerkandidat und Parteivorsitzender der SPD gewesen war, als Minister entlassen. Es war ein Abschied ohne Ehren, ein kalter Rausschmiss.

Bundeskanzler Gerhard Schröder drückte Scharping so knapp die Hand, als kondoliere er, von Mitgefühl freilich keine Spur. Nur 39 Sekunden hatte er tags zuvor gebraucht, um seinem endlich erledigten Konkurrenten mitzuteilen, dass die »notwendige Basis für eine gemeinsame Arbeit in der Bundesregierung« nicht mehr gegeben sei. Einige vergleichsweise zweitrangige Honorar-Fragwürdigkeiten hatten das Ende der politischen Laufbahn Rudolf Scharpings besiegelt.

Es gehörte zu den ebenso bizarren wie bedrückenden Erfahrungen der an Peinlichkeiten reichen Scharping-Talfahrt, wie lange und mit welcher Konsequenz sich ein Spitzenpolitiker der

Bundesrepublik Deutschland von der Realität isolieren und im Amt halten konnte. Er war vom Rad gefallen und wurde aus dem Fraktionsvorsitz gekegelt. Er verließ seine Familie, rutschte mit einer turtelnden Gräfin in die Klatschspalten und geriet in unvorteilhafte Gesellschaft. Trotzdem sah er sich weiter als eine Art »Kanzler im Wartestand«. Der Jüngste unter Willy Brandts Enkeln betrachtete alles, was ihm zustieß, als eine Art Legitimation für seinen unverrückbaren Anspruch auf die politische Spitzenposition.

Im politischen Salon des windschlüpfrigen Frankfurter PR-Beraters Moritz Hunzinger hatte Rudolf Scharping, Vater von drei Töchtern aus 32-jähriger Ehe mit Frau Jutta, seine zweite große Liebe kennen gelernt – Kristina Gräfin Pilati von Thassul zu Daxberg-Borggreve, geborene Paul. Seither war der Bundesverteidigungsminister nicht mehr ganz von dieser Welt. Konnte ihn früher nicht einmal eine schwere Hepatitis davon abhalten, schleppenden Ganges seinen Aufgaben nachzukommen, tänzelte er nun demonstrativ verliebt durch den Berliner Reichstag. Seine Kollegen verdrehten die Augen und schwiegen. Lange. Erst mit seinen Liebesgeschichten in der *Bunten*, die das Planschen und Kreischen und Knutschen des sozialdemokratischen Ministers und seiner Gräfin im Pool eines mallorquinischen Luxushotels abbildete, überforderte er das Verständnis seiner politischen Kollegen und der Soldaten endgültig.

Die Politik war für den Mainzer nach seinem trostlosen Ausscheiden aus dem Amt aber keineswegs zu Ende. Schon einen Monat später warb der geschasste Verteidigungsminister wieder für seinen rüden Rausschmeißer: »Gerhard Schröder muss Kanzler der Bundesrepublik Deutschland bleiben.« Psychische Selbstverstümmelung nannte das die *Frankfurter Rundschau*, »Automutilation«. Auch in der nächsten Legislaturperiode saß Rudolf Scharping wieder im Bundestag und tat so, als merke er nicht, dass ihm Kollegen und Journalisten auswichen. Er hielt sich immer noch für den potenziell besten Kanzler. Und als Schröder sein Amt als Parteivorsitzender aufgab, schwadonierte sein gescheiterter Vorvorgänger auf der Wehrkundetagung in München darüber, wie er als Regierungschef der SPD die Reformpolitik verkauft hätte – nämlich besser.

Könnte Oskar Lafontaine als Exempel dienen für Schäubles Glimpflichkeits-These? Lafontaine, der angebliche Lebensgenießer, war nie einer, der sich Versagen verzeihen konnte. Er hatte sich im Umgang mit Schröder überschätzt, nun war die Selbstbestrafung unbarmherzig. Was der Attentäterin Adelheid Streidel 1990 nicht gelang, holte ihr Opfer neun Jahre später selbst nach: die Zerstörung der politischen Person Oskar Lafontaine.

Beobachtern war schon unmittelbar nach dem abrupten Abschied des Saarländers aus allen politischen Ämtern am 11. März 1999 aufgefallen, dass das Szenario des Endes, von Oskar Lafontaine sorgfältig geplant und umgesetzt, alle Züge eines Bilanzsuizids hatte. Das reichte vom durchgehaltenen Alltag als Ablenkungsmanöver über einen Vorabend in Gesellschaft mit fast euphorischen und zukunftsorientierten Äußerungen bis zur aggressiven Kargheit der Abdankungsbriefe, die mehr Abstrafung waren als Abschied. Keine Erklärung, keine Chance für Nachfragen – sollten doch alle mal überlegen, was sie dem aus Bonn Verschiedenen angetan hatten. Es würde ihnen schon Leid tun. Regression. Rückzug auf kindliche Muster. Oskar Lafontaine überließ es seinem Sohn Carl Maurice, diese Haltung auszudrücken: Der erschien auf dem heimischen Balkon und streckte der Nation die Zunge raus.

Sieben Monate später standen sie wieder vor seiner Haustür: Kameraleute, Fotografen, Mikrofonhalter. Ihre Blicke strichen an den Fenstern entlang, jeden Besucher des Hauses Am Hügel 26 in Saarbrücken fragten sie, ob Oskar Lafontaine zu Hause sei. Und wie er sich fühle. Der fühlte sich belagert. Belästigt. Terrorisiert. Auf seinem Schreibtisch im Souterrain, von wo aus er den Eingang nicht sehen konnte, hielt er Schriftgut bereit, das seinen Zorn in Worte kleidete, Botho Strauß zum Beispiel: »Das Regime der telekratischen Öffentlichkeit ist die unblutigste Gewaltherrschaft und zugleich der umfassendste Totalitarismus der Geschichte.« Und er, Oskar Lafontaine, war ihr Opfer. »In früheren Zeiten hatten die Menschen die Folter. Jetzt haben sie die Presse«, heißt es in einem Essay von Oscar Wilde, der aus dem Papierwust auf seinem Schreibtisch hervorlugte. Dabei überzog Lafontaine selbst mit einer sorgfältig inszenierten Pressekampagne die Republik. Kein Tag ohne neue rüde Angriffe auf die SPD, die er als Vorsitzender wieder an die Macht gebracht hatte. Kein Interview ohne Häme über den Kanzler, der's nicht konnte. Und keine öffentliche Äußerung ohne Werbung für sein Buch *Das Herz schlägt links*, das er mit gewaltigem Medienrummel auf der Buchmesse in Frankfurt vorstellte. Das Medienopfer Oskar Lafontaine war eine rege verfolgende Unschuld.

Fünf Jahre später war der Saarländer immer noch mit seinem Rachefeldzug beschäftigt, der ihn weiter und weiter in die Selbstisolation führte und in die Lächerlichkeit. *Die Wut wächst* hieß sein nächstes Schröder-muss-weg-Buch. In England und Spanien, in Frankreich, Österreich und der Schweiz trat er als Retter Europas und der Weltwirtschaft auf. Im Saarland inszenierte der frühere SPD-Chef hartnäckig seine Rückkehr ins politische Geschehen. »Es juckt natürlich immer«, räumte er ein. Im »Reich« wehrte er sich »gegen Spekulationen, dass ich geil auf irgendwelche Positionen bin«. Er warb als der letzte aufrechte Linke des Landes bei Gewerkschaften für »eine Revolution des Zeitgeistes«, warnte bei den Friedensmarschierern vor dem »Rückmarsch ins 19. Jahrhundert« und entlarvte Montag um Montag in *Bild* Schröders teuflischen Versuch, »aus der Sozialdemokratischen Partei Deutschlands eine neoliberale Partei zu machen«.

Ich hatte ihm seine Prinzipien einmal geglaubt. Unvergessen das Entsetzen in den Augen des jungen Oberbürgermeisters und SPD-Vorständlers aus Saarbrücken, als er den damaligen Kanzler Helmut Schmidt von zwei schwarzen Aktentaschen niedergezogen, grau und schwer die Stufen zur SPD-Baracke in Bonn hochstapfen sah. »So soll ich auch werden? So kaputt?« Damals beeindruckten mich seine populistische Kraft, seine analytische Schärfe, seine Lebensfreude und seine linken Träume. Aber misstraut hatte ich der Mischung aus spielerischem Unernst und zügellosem Ehrgeiz trotzdem. Nun erlebte ich ihn als Gaudiburschen beim Aschermittwoch 2003 im Münchner Augustiner-

Keller, einem Tingeltangel-Event von *Bild*, zusammen mit Peter Gauweiler von der CSU. Bayerischer Defiliermarsch, Hände-schütteln, Fotoblitze, Schulterklopfen – der rote Oskar aus Saar-brücken gegen den schwarzen Peter aus München, »Ring frei« zur verbalen Schlammschlacht zwischen »den beiden härtesten und klügsten Rednern der Republik«. Heftiger Beifall. Eine Stunde lang hatten die Leute angestanden, etwa sechshundert *Bild*-Leser und Honoratioren, um die beiden Heroen von gestern heute über die Welt von morgen streiten zu hören.

Peter Gauweiler, 53, weißhaarig inzwischen und zünftig ele-gant in Trachtenloden gekleidet, war in den Bundestag einge-rückt. Das sollte ihn zu einer gewissen Seriosität verpflichten, dachte ich. Und so war es auch, nur viel schlimmer. Gauweiler betrat die Bühne, ruckelte ein wenig am Mikrofon, scherzte ein bisschen und redete dann geradezu inbrünstig eine bessere Welt herbei. Am Ende klatschten die Leute, wie sie in der Kirche applau-dieren würden, wenn sie dürften.

Anschließend bekannte Oskar Lafontaine, 59: »Ich, als SPD-Politiker, habe zum Christentum nie einen Widerspruch gese-hen.« Von seinem runden, roten Mönchsgesicht strahlte eine tiefe Milde in den Saal. Irgendwie fand auch er, dass man die Welt dazu kriegen müsste, besser zu werden, am besten so wie früher. Da nickte Peter Gauweiler, wie auch Lafontaine für ihn genickt hatte.

Redeschlacht? Schlagabtausch? Klartext? Nichts als das matte Routinegeplänkel zweier Schattenmänner, die sich wie in ihren besten Promi-Zeiten für eine kurze Weile wieder als Stars auffüh-ren durften. Traurig anzusehen. Im Augustiner-Keller rangelten die Bürger mit den Kameraleuten um ein Autogramm der Promis oder ein paar exklusive Worte ins Mikrofon. »Wollen Sie auch?«, fragte mich Oskar Lafontaine. Danke, ich hatte noch von frü-her.

Abgestürzt

Eigentlich war es – im Sinne Wolfgang Schäubles – jahrzehntelang auch für Jürgen Möllemann irgendwie glimpflich abgegangen, der stolz darauf war, ein politisches »Stehaufmännchen« zu sein. Der FDP-Politiker galt als Luftikus, Quertreiber, Paradiesvogel und Verbal-Aktionist, er war ausgelacht worden und beschimpft, abgesetzt und übergangen. Doch unverdrossen arbeitete er sich immer wieder hoch. Wie ein Mensch aus dem richtigen Leben kam er sich vor: »Die Leute haben wohl das Gefühl, der ist so wie wir! Wir fallen ja auch immer mal auf den Bauch und müssen uns berappeln.«

Am Donnerstag, dem 5. Juni 2003, aber lag Jürgen Möllemann zerschmettert in einem Kornfeld bei Marl in Westfalen und würde nie mehr aufstehen. Aus etwa 4000 Meter Höhe war der erfahrene Fallschirmspringer ungebremst auf den Boden geprallt. Seinen Hauptschirm hatte er abgeworfen, der Reserveschirm hatte sich nicht geöffnet. »Bilanzselbstmord« mutmaßte der Psychoanalytiker Hans-Jürgen Wirth in der Presse: »Er hatte den Kontakt zur Realität verloren.« Diese Diagnose blieb zwar unbewiesen, aber es sprach in der Tat wenig dagegen.

Unmittelbar vor seinem letzten Sprung hatte Möllemann von seinem liberalen Parteifreund Wolfgang Kubicki erfahren, dass der Deutsche Bundestag seine parlamentarische Immunität aufgehoben hatte. »Gleich bekommst du Besuch von der Staatsmacht.« Tatsächlich standen neun Staatsanwälte und mehr als hundert Beamte bereit, um in Möllemanns Wohnhaus in Münster, sowie in Büros und Kreditinstituten an dreizehn Orten in Deutschland, Luxemburg, Spanien und Liechtenstein nach Beweismaterial wegen des Verdachts der Steuerhinterziehung und des Verstoßes gegen das Parteiengesetz zu suchen. Vor seinem Haus warteten bereits Fernseh-Übertragungswagen und andere Pressefahrzeuge. Jürgen Möllemann, der in seinem langen politischen Leben so begierig wie kaum ein anderer den Kameras und Mikrofonen nachgelaufen war, entwich durch die Hintertür und fuhr zum Flugplatz.

Wirklich überrascht hat mich sein Ende nicht. Immer verzweifelter hatte seine überdrehte Spaßigkeit bei den letzten Begegnungen auf mich gewirkt, immer resignierter sein frecher Trotz. Aus dem quicken »Möllie« der Siebzigerjahre, der im Bonner *Spiegel*-Büro ein und aus ging, war ein todtrauriger, böser, alter Clown geworden. Mit hochrotem Kopf saß er zuletzt auf einem Barhocker in Gelsenkirchen neben mir und zischte aus verächtlich verzogenen Mundwinkeln Bosheiten über »Guidolein, der sowieso immer in der Furche liegt, wenn die Kugeln fliegen«. Wie aufgezogen sonderte er Gemeinheiten über seinen Intimfeind Westerwelle ab. Während dieser im VIP-Bereich der Schalke-Arena vom »Gold in den Köpfen« als dem einzigen deutschen Rohstoff schwadronierte, höhnte Möllemann: »Das einzige Gold, das ich im Kopf habe, ist meine Plombe.«

Nein, das war nicht mehr die grelle Popfigur des virtuellen Projekts 18, dieses Hirngespinstes der Spaßpolitik, das zeitweilig von den Medien wie ein politisches Start-up-Unternehmen hochgejazzt worden war. Das war ein jammervolles menschliches Wrack, psychisch, körperlich und politisch ausgebrannt. Ich war ihm die letzten Jahre nur noch selten begegnet, seine Zynismen fand ich längst nicht mehr zum Lachen, seine tückische Mobilisierung antisemitischer Ressentiments widerlich. Er war ruchlos geworden, seine Erfolgsgier außer Kontrolle geraten.

»Diese Sorte Politiker ist der Ruin des Landes«, hatte er einmal über solche umtriebigen Selbstdarsteller geschrieben. »Sie haben keine politischen Ziele, sondern inszenieren nur sich selbst. Bei ihnen ist der Weg tatsächlich das Ziel.« Es war leicht, Guido Westerwelle als Adressaten zu erkennen, doch zu glauben, der selbstironische Möllemann habe nicht gemerkt, dass er mit seiner Kritik zugleich ein Selbstporträt lieferte, fällt schon schwerer. Selbsthass war Möllemann nicht fremd. Und er liebte solche doppelbödigen Scherze. Nicht zuletzt deshalb hatte ich ihn früher durchaus auch gemocht. Oft war er ehrlicher gewesen als andere, mutiger, lebendiger. An Witz übertraf er in Bonn sowieso die meisten, als Minister hatte er keine schlechte Arbeit geleistet. Nur wusste er jeden Ansatz von Sympathie sogleich wieder zielsicher zu zerstören.

Jürgen W. Möllemann war der Prototyp der politischen Nachkriegsgeneration in der Bonner Republik. Sieben Wochen nach Kriegsende im Juli 1945 geboren, startete er so draufgängerisch und erfolgsbesessen in die Politik, als müsste er das Heldentum der geschlagenen Väter an der Heimatfront nachholen. Die Losung »Gelobt sei, was hart macht« lernte er nicht erst bei den Fallschirmjägern in der Bundeswehr. Im niederrheinischen Dorf Appeldorn wuchs er auf, schon als Schulsprecher führte er große Reden. Er wurde Grundschullehrer und begann seine politische Karriere in der CDU, bis er 1970 erkannte, dass es in der regierenden FDP schneller voranging. Zwei Jahre später saß er im Bundestag. Er war zynisch und klug, schnell, rücksichtslos und großspurig. Im Fernsehen verfolgten die Dörfler den Aufstieg des Sohns vom Polsterer und sparten nicht mit Anerkennung. »In deinem heimatlichen Dorf merkst du schnittpunktartig, daß aus dir eine Menge geworden ist, mit dem wohl keiner im entferntesten gerechnet hatte«, erzählte er dem *Stern*-Autor Reimar Oltmanns. »Das macht mir Mut, das motiviert mich ungeheuer. Da hab ich mich auch kurzerhand überzeugt, mach weiter so, Jürgen, auch wenn die Politik knüppelhart ist.«

Möllemann stand früher auf als andere, formulierte dreister, war schon Medienpolitiker, als die meisten seiner Kollegen den Begriff noch nicht einmal kannten. Morgens um sechs rief er in den Funkhäusern und Nachrichtenagenturen an, um mitzuteilen, was er »auf der Pfanne« hatte. Wenn die Kollegen am Kaffeetisch saßen, hörten sie Möllemann im Radio. Die FDP diente ihm als Vehikel für seinen persönlichen Aufstieg. Er war der Erste seiner Generation, der steil aufstieg, obwohl er politisch für nichts stand und das auch ungeniert verkündete – ein Kunstprodukt der Eigenwerbung. Als die Liberalen unter der Führung von Hans-Dietrich Genscher 1982 von den Sozialdemokraten zur Union überliefen, wurde Möllemann auf einen Schlag nahezu alle seine Rivalen gleichen Alters los, die Genschers Wende nicht mitmachten – Günter Verheugen, Helga Schuchard, Ingrid Matthäus-Meyer. Plötzlich stand ihm der Weg nach oben offen. Er wurde – immer von Hans-Dietrich Genscher protegiert – erst Staatsminister im Auswärtigen Amt, dann Bundesbildungsminister, schließlich Bundeswirtschaftsminister und Vizekanzler in der Regierung Helmut Kohls, bis er über eine vergleichsweise geringfügige Affäre stürzte. Zehn Jahre lang hatte er »gepowert, gepowert, gepowert«, erkannte er im Nachhinein. Jetzt war er »physisch total kaputt«.

Sein Come-back startete er in neuer Rolle. Als im Jahr 2000 die FDP von Nordrhein-Westfalen mit 9,8 Prozent in den Düsseldorfer Landtag katapultierte, setzte er voll auf die Medien und spielte gleich den Schurken, weil er fand, dass die Leute Politiker ohnehin für unglaubwürdig hielten. Haltlos verfiel er der Droge Aufmerksamkeit. Seine Klamaukauftritte, Entgleisungen und Tabubrüche verschafften ihm Kicks, die ihn zu weiteren Großtaten anstachelten – Projekt 18, Volkspartei, FDP-Kanzlerkandidat. Auf dem Bundesparteitag 2001 in Düsseldorf redete Möllemann die Delegierten – wie sich sein Medienberater, der frühere FDP-Bundesgeschäftsführer Fritz Goergen erinnert – »in einer so unglaublichen Weise besoffen«, dass der sich fragte, ob es so wohl bei Goebbels im Berliner Sportpalast gewesen sein könnte. Goergen: »Da war nur noch Masse... entfesselte Masse... Sie wollte überhaupt keine Argumente hören. Sie wollte mit Gefühlen gefüttert werden. In diesem Saal war keine Toleranz mehr. Mir lief es kalt über den Rücken.«

Die nächste Steigerung war der Antisemitismus-Kick. Das Flugblatt mit den Angriffen auf Israel und Michel Friedman wurde die Überdosis. Auch da spielte die Mehrheit der FDP mit, solange sie sich Vorteile davon versprach, Guido Westerwelle allen voran. Erst als es schief lief, wurde Jürgen Möllemann vom Erlöser und Wundermann zum Sündenbock. Die Berliner Fraktion stieß ihn aus. Er war politisch tot, als er auf seinem Sünderstuhl außerhalb der Fraktionsreihe hockte. Den bürgerlichen Tod erlitt er, als die Staatsanwaltschaft mit Presse im Gefolge anrückte. Seinen physischen Tod bestimmte er selbst.

Er wundere sich, hatte er bisweilen gewitzelt, dass die Leute unten auf dem Boden noch jedes Mal klatschten, wenn sein Fallschirm aufgehe. Solange das der Fall sei, sei ja alles in Ordnung.

Seine Gedanken für den anderen Fall, den freien, hatte er Journalisten auch schon vorher kundgetan: »Sie denken nur: Das war's. Scheißspiel.«

Wie nahezu alle regierenden Nachkriegskinder hatte auch Jürgen Möllemann ungeniert bekannt, dass er ein Süchtiger der Politik war: »Ich hänge an ihrer Nadel.« Von Günter Verheugen bis Rezzo Schlauch, von Wolfgang Schäuble bis Renate Schmidt reden sie von der »Droge Politik«. Sie sei »süchtig nach Selbstbestätigung«, bekannte die Familienministerin schon vor vielen Jahren. Und Peter Gauweiler, Ex-CSU-Landesminister, sagte, man müsse sich »der Berufspolitik ›entwöhnen‹. Genauso wie man sich vom Alkohol oder Nikotin entwöhnen muss.« Bedrohlich klingt das alles nicht, eher so, als gehöre ein bisschen Rausch zum politischen Alltag der Spaßgesellschaft.

Die Spitzenleute von Rot-Grün machten da keine Ausnahme. Längst redete Joschka Fischer nicht mehr von der Sucht, um seine eigene Politikbesessenheit zu beschreiben. »Das ist einfach mein Ding«, sagte er und fügte den erstaunlichen Satz hinzu: »Deshalb hatte ich es nie nötig, Karriere zu machen.« Außenminister? Vizekanzler? Obergrüner? Anwärter auf den Chefposten eines europäischen Außenministeriums? Das kommt offenbar alles von selbst, wenn einer leidenschaftlich »sein Ding« macht. Wahr ist, dass Fischer in den depressiven Phasen seiner Nicht-Karriere immer gern vom Aufhören redete. Jederzeit, prahlte er jederzeit, könnte er den Bettel hinwerfen, wenn er wollte, auch jetzt: »Wir wollen nicht aus dem Amt getragen werden.«

Fischer wirkte müde, lustlos und griesgrämig zu Beginn der zweiten Hälfte der zweiten Amtsperiode. Er lief nur noch selten, sprach auch schon mal wieder dem Rotwein zu und rundete sich beträchtlich. Bei Gesprächen über seine Zukunft vermochte er vor seinem Salatteller fast physisch zusammenzubrechen, kaum dass er noch Kraft zum Abwinken aufbrachte. Und wer ihn nicht lange kannte, wäre gewiss überzeugt gewesen vom plötzlich aufflackernden Enthusiasmus, mit dem Joschka Fischer versicherte, dass er die Schnauze voll habe, schon lange: »In der logischen Sekunde, wenn ich das Amt los bin, samt

Dienstwagen und Sicherheit, schlage ich die Tür zu und werfe den Schlüssel weg.«

Nur dass es eben irgendwie doch immer nicht ging. Jetzt wieder nicht. Oder sah man etwa eine dominierende Figur bei den Jungen, die ihm nachfolgen könnte? Zweite Wahl, so weit sein Auge schweifte. Also musste der grüne Leidensmann notgedrungen weitermachen. »Man staunt ja«, kokettierte er satt mit sich selbst, »wie viele preußische Sekundärtugenden in so einem Frankfurter Altsponti stecken.«

Und Schröder? Unter der Kapitel-Überschrift »Macht – oder: Die Droge überlisten lernen«, beschrieb sich der damalige niedersächsische Ministerpräsident Gerhard Schröder schon 1993 in seinem Wahlwerbebuch *Reifeprüfung* unumwunden als einen durch die Politik »Suchtgefährdeten«, den die Ausübung von Macht verändere. Sollte er einmal Schluss machen mit der Politik, schien ihm ein Entzug unvermeidbar: »Niemand kann so ohne weiteres aus einem derartige Intensität beanspruchenden Amt aus- und beliebig wieder in seine ›bürgerliche‹ Biographie einsteigen.« Und ganz wie jeder klassische Junkie oder Alki schob er seinem persönlichen Umfeld die Verantwortung zu. Die Mitarbeiter hätten ihn gefälligst rechtzeitig auf die Symptome drohender Abhängigkeit aufmerksam zu machen – als da wären: »Starrsinn, Konfliktscheu, Hochmut und Arroganz«. Allerdings, schrieb er frohgemut, müsste es so weit ja nicht kommen: »Wie man einen guten Wein trinken kann, ohne zum Säufer zu werden, kann man sich auch gegen die Droge Macht und ihre verheerenden Wirkungen wappnen. Widerspruchsgeist und Mut zum Aufruhr zum Beispiel sind geeignete Schutzschilde.«

Ist es das, was ihn als Reformkanzler gegen seine eigene Partei motiviert? Widerspruchsgeist und Mut zum Aufruhr als Schutzschilde gegen die Droge Macht? Das wäre eine hübsche Legende. Realistischer ist wohl, dass Schröder tickt wie die ganze Profession, vor allem aber die Generation der Nachkriegskinder, die alle nicht zum Abtreten neigen, wenn es um die Macht, den persönlichen Erfolg und die Karriere geht. Sie mögen – wie die schleswig-holsteinische Ministerpräsidentin Heide Simonis – die totale

Vereinnahmung des eigenen Lebens durch die Politik beklagen, sie mögen jammern, dass sie sich manchmal wie Zirkuspferde fühlen in ihren Ämtern, die ihnen Dauerstress bescheren, Intrigen und Ärger mit den Medien, die sie angeblich prügeln und manchmal sogar fertig machen wollen. Doch als kurz vor ihrem 60. Geburtstag die Chance zum Aufhören da war, bewarb sich Heide Simonis stattdessen aufs Neue für das Amt. Warum sie sich das antat? »Es macht mir noch Spaß.«

Eine ausführlichere Erklärung lieferte die SPD-Politikerin wenig später in ihrer Autobiographie *Unter Männern* nach, in der sie eindringlich »den Reiz der Droge Politik« beschrieb, der sich nach ihrer Erfahrung nicht in erster Linie in politischen Erfolgen ausdrücke, nicht in Einkommen und nicht in Macht zu tatsächlichen Veränderungen. »Unsere Entschädigung«, so Simonis, »besteht wahrscheinlich zu einem großen Teil darin, allseits wahrgenommen zu werden.« Es ist die Realität der Prominenz in der Mediengesellschaft. Die aufzugeben, erscheint den meisten als schierer Horror. Es ist die Angst, auf einmal ein »Niemand« zu sein, die vor allem Spitzenpolitiker an ihre Schreibtische festnagelt. »Als wäre man gar nicht da, wenn die anderen nicht mehr auf einen schauen und ständig auf einen reagieren«, schreibt Heide Simonis. Was sie schildert, ist Entzug pur: »Die Angst vor der Leere und Stille, wenn plötzlich um einen herum keine Kameras und Mikrofone mehr sind, man von heute auf morgen keine Einladungen mehr bekommt. Wenn man bemerkt, dass die Leute, die früher immer hinter einem hergerannt sind, jetzt anderen nachlaufen.«

VI

Die Ostdeutschen
(1990–2004)

Vereinnahmung

Für Markus Meckel war alles neu. Die Umgebung, das Essen, seine Lebenssituation, die vor allem. Der wildbärtige Landpastor aus dem Dorf Vipperow in Mecklenburg, siebenunddreißig Jahre alt, verheiratet, fünf Kinder, saß im März 1990 bei einem Nobel-Italiener am Kölner Heumarkt und lauschte zerstreut den kundigen Weinvorschlägen des Saarländers Oskar Lafontaine. Etwas Genialisches ging von der klobigen Gestalt aus, die offenbar nur mit Anstrengung den brennenden Blick aus tiefer Ferne zurückholen und auf Naheinstellung zwingen konnte. Ein büchnerscher Kraftkerl aus dem frühen 19. Jahrhundert schien sich in eine unernste Gegenwart verirrt zu haben.

Doch, sagte Gourmet Oskar Lafontaine, damals Kanzlerkandidat der SPD, Zucchini könne man durchaus essen. Auch würden Tintenfische von Kennern als Delikatesse geschätzt. Meckel zupfte gedankenverloren an seinem speckigen Norwegerpullover, kramte nach Papieren in seiner abgegriffenen braunen Aktentasche und wollte lieber Näheres über die Bonner SPD-Position zur Nato-Mitgliedschaft eines vereinten Deutschlands erfahren als über die Raffinessen der italienischen Küche.

Schon seit Wochen fühlte sich Markus Meckel »ganz schwindelig« von einer rasanten Wirklichkeitsveränderung, die seit dem Fall der Mauer natürlich alle wahrnahmen, von der er allerdings sicher war, dass er sie – zusammen mit seinem Freund Martin Gutzeit – ganz persönlich in Gang gesetzt hatte. Markus Meckel empfand sich als eine Art Werkzeug des hegelschen Weltgeistes, seit Gutzeit und er in der Nacht zum 24. Juli des Vorjahres in Berlin einen Initiativaufruf zur Gründung einer sozialdemokratischen Partei in der DDR zu Papier gebracht hatten. In dieser Nacht hätten die beiden philosophiebesessenen Pastoren einen solch irrwitzigen »metaphysischen Spaß« verspürt, erzählte Gutzeit später, dass das Haus eigentlich gedröhnt haben müsste von ihrem Gelächter: »Wir wussten, wir hatten ein Spiel angesetzt, das die anderen nicht gewinnen konnten.«

»Die anderen« – das waren Erich Honecker und seine marode SED-Regierung. Und wurde ihre Diktatur nicht schon Wochen später gestürzt? Und war Meckel jetzt nicht designierter Außenminister einer frei gewählten DDR-Regierung, Abgeordneter der Berliner Volkskammer und stellvertretender Vorsitzender der Ost-SDP? Bald würde er nach Paris fliegen, um neben Hans-Dietrich Genscher an der »2+4-Außenminister-Konferenz« über die Rolle des vereinten Deutschlands in der Welt zu verhandeln. Ein Dutzend Jahre später würde Meckel sagen: »Hier wurden alle Träume wahr.«

Ein richtig genussvolles Essen wurde es für Lafontaine an diesem Abend nicht. Die etwas hölzerne Würde des ostdeutschen Protestanten Meckel und sein aufdringlich-demütiges Sendungsbewusstsein, das in dem mühsam unterdrückten Pochen auf eine höhere Wahrheit etwas Herausforderndes hatte, konnten dem selbstgefälligen Star Lafontaine nicht gefallen. Immerhin tat Meckel spöttisch kund, dass er nicht nur eine Krawatte geschenkt bekommen habe und nun die Möglichkeit erwäge, sie unter besonderen Umständen sogar einmal anzulegen, sondern dass er darüber hinaus bereit sei, sich sein Bartgestrüpp zu stutzen – »stufenweise, damit kein Identitätsverlust eintritt«. Trotzdem, es blieb ein verklemmter Abend. Die Chemie stimmte einfach nicht.

Markus Meckel hat es vermutlich nicht einmal gemerkt. Als ich ihn anschließend über die Deutzer Brücke zu seinem im Lichterglanz funkelnden Luxushotel auf der anderen Rheinseite begleitete, in das die Genossen ihn eingemietet hatten, schwadronierte er noch immer mit sanfter Stimme darüber, wie ihr SDP-Papier damals »einer Erkenntnis des Wirklichen« entsprungen sei, und wie die Überzeugungskraft des Faktischen die Welt verändere: »Es läuft so, wie es laufen musste, nur schneller. Das Vernünftige bringt Wirklichkeit hervor.«

Dann drückte er mir seine Aktentasche in die Hand und schlug sich mit den Worten »Ich muss mal pinkeln« in die Büsche, wie er es als fröhlicher Landvikar gewöhnt gewesen war. Ein paar Wochen später sah ich ihn im Fernsehen wieder. Da hatte er sich – neben den vertrauten Herren James Baker (USA), Eduard Schewardnadse (UdSSR), Douglas Hume (Großbritannien), Roland Dumas (Frankreich) und Hans-Dietrich Genscher – adrett mit Nadelstreifen in Positur gestellt und sah fast aus wie ein richtiger Außenminister. Dass er das diplomatische Jackett von seinem Onkel geborgt hatte, wusste ja keiner.

Noch ein paar Wochen später – und der Zauber dieser Traumkarriere war verflogen. »Die DDR, die ist nicht mehr«, tönte es kurz nach Mitternacht am 3. Oktober vor dem Berliner Reichstag zu der Tribüne empor, auf der Ex-DDR-Außenminister und Pastor Markus Meckel und seine Frau fröstelnd die Atmosphäre »fast nationalreligiöser Weihe« erlebten, mit der zwei Millionen Menschen in Berlin den staatlichen Vollzug der deutschen Einheit begingen. Das war zehn Monate und vierundzwanzig Tage nach der Öffnung der Mauer und eigentlich nur noch ein Verwaltungsakt.

Glockenläuten, Fackeln und Fahnen, krachende Feuerwerksböller und jubelnde Hymnenklänge verschmolzen mit dem großen Kanzler Helmut Kohl, seinen großen Worten und Gesten und den Menschenmassen vor dem Reichstag zu einem Gesamtkunstwerk von wilhelminischem Schwulst. So unbeweglich nahm Kohl in der Einheitsnacht die Huldigungen entgegen, als sei er im Überschwang der Gefühle zur stolzen Statue erstarrt. Unbesiegbar wirkte er da, ein selbst betoniertes deutsches Eck.

Um Mitternacht hatten mit vor Aufregung mahlenden Kiefern vierzehn junge Sportler aus deutschen Gebieten, die bis dahin Hüben und Drüben hießen, in die mond- und raketenhelle Nacht das schwarzrotgoldene Tuch von 60 Quadratmetern Größe genau dort am Mast hochgehievt, wohin am 9. November 1918 auch Philipp Scheidemann geblickt hatte, als er die erste deutsche Republik ausrief: »Das deutsche Volk hat auf der ganzen Linie gesiegt. Das alte Morsche ist zusammengebrochen.« Nun hatte er gesiegt, Helmut Kohl aus Oggersheim – auf der ganzen Linie.

Die ostdeutschen Politiker, die ihren Staat, der am Ende wirklich eine deutsche demokratische Republik gewesen war, ein paar Stunden zuvor im Schauspielhaus am Gendarmenmarkt zu Grabe getragen hatten, verfolgten das lärmende Geschehen vor dem Reichstag mit gemischten Gefühlen. Wer auf den Fotos und Filmen dieser Nacht nach jenen Helden sucht, die von den bundesrepublikanischen Würdenträgern verbal so pathetisch als »das Volk« gefeiert wurden, der fahndet vergeblich. Die Schlüsselstellungen der Sichtbarkeit waren fest in westlicher Hand. Lothar de Maizière, der zugleich der erste frei gewählte und der letzte DDR-Ministerpräsident war, hatte in seiner Abschiedsrede gesagt: »Für uns alle ist die Geschichte der letzten vierzig Jahre trotz aller Widersprüche und Belastungen ein Teil der persönlichen Biografie, ein Stück des gewachsenen Ichs.« Jetzt blickten viele nicht ohne Wehmut zurück. Sie mochten zwar die Einheit gewonnen haben, aber sie hatten auch Heimat verloren.

Staatsvertrags-Unterhändler Günther Krause, der in Kohls Kabinett eintreten sollte, wollte davon freilich nichts hören: Diesem System weine er keine Träne nach. Angela Merkel, damals Pressesprecherin de Maizières, fand das zu kurz gegriffen: »Die DDR, das war ja nicht nur das System«, sagte sie an diesem Abend im Reichstag, »das war auch meine Kindheit und meine Jugend, da fand eben Leben statt, richtiges Leben. Spaziergänge. Urlaube. Familienfeste. Und das war ja auch schön.«

144 Abgeordnete der Ostberliner Volkskammer zogen tags darauf in den Bundestag ein, die traditionellen westlichen Parteien erhielten Zuzug von engagierten Demokraten, die friedlich ein autokratisches System entmachtet hatten – von der Masse der Bevölkerung gestützt und vorwärts getrieben. Wurde an diesem 3. Oktober nicht ihr Sieg gefeiert? Wolfgang Thierse sah es so und sagte es auch in seiner ersten Rede im Reichstag. Die Bundes-

deutschen sollten sich nur nicht einbilden, einen Sieg errungen zu haben, mahnte er. Es seien seine Landsleute, die etwas gewagt und bewegt hätten. »Sie und nicht etwa die Politiker sind die Väter und Mütter der Befreiung unseres Landes. Das sage ich ausdrücklich als Laienspieler in einem Hause voller alterfahrener Profi-Politiker.«

Laienspieler? Gewiss, Wolfgang Thierse und seine Kolleginnen und Kollegen unterschieden sich von den Polit-Profis aus dem Westen dadurch, dass sie nicht von Parteien und deren Programmen geprägt waren und nicht auf sie fixiert. Sie täuschten nicht ständig Allwissenheit und Fehlerfreiheit vor, waren nicht krampfhaft der Tagespolitik verpflichtet und auf Schlagzeilen erpicht. Dafür aber hatten alle Neuen, ganz gleich ob sie jetzt im vereinten Deutschland in die Bundespolitik einstiegen, bei den Parteien mitmachten oder als Gemeinderäte und Bürgermeister tätig wurden, ihren gleichaltrigen westlichen Kollegen »einen Vorsprung an existenzieller Erfahrung« voraus, wie es der heutige CDU-Abgeordnete Günter Nooke ausdrückt, der damals als studierter Physiker in einer Gesundheitsinstitution in Cottbus arbeitete. Im September 1989, als es Ernst wurde mit der revolutionären Zuspitzung, hatten seine Frau und er das Sorgerecht für ihre drei Kinder an die Eltern übertragen – aus Furcht, sie könnten im Verlauf ihrer systemfeindlichen politischen Aktivitäten im Gefängnis landen. Oppositionspolitik in der DDR war gefährlich. Unter den Drangsalierungen und Einschränkungen durch »die Organe« der Staatssicherheit litten alle.

Die Ostdeutschen waren – nach den Grünen – die zweite gründliche Blutauffrischung für die politische Klasse der Bundesrepublik. Sie sind es noch immer. Sie eine Generation zu nennen, hieße nun wahrlich, diesen ohnehin schon ziemlich strapazierten Begriff überdehnen. Altersmäßig umfasste diese Gruppe politischer Quereinsteiger eine erhebliche Spanne. Doch von den jüngeren Bonner Polit-Profis unterschieden sie sich alle dadurch, dass sie mindestens zwei Staaterfahrungen machten. Sie wuchsen in der staatssozialistischen DDR auf, erlebten oder betrieben den Zusammenbruch der SED-Diktatur und erfuhren die Chancen und Tücken einer gemäßigten marktwirtschaftlichen Demokratie westlichen Stils.

Die Neuen brachten noch mehr unbequeme Realität mit in den Bundestag und in die öffentliche Diskussion, als zehn Jahre zuvor die Grünen. Das war ihre Chance. Und sie hatten noch hochgespanntere Erwartungen an den politischen Alltag als der Weimarer Idealist Carlo Schmid. Das war ihr Handicap.

Natürlich veränderten sich in den fünfzehn Jahren seit dem Fall der Mauer – mit dem Wechsel des Personals – das Selbstverständnis der Politiker aus den neuen Ländern, ihre Motivation, ihr politischer Stil und die Zielrichtung ihres Engagements beträchtlich. Während die Bürgerrechtler und revolutionären Aktivisten der ersten Stunde sich schnell aufrieben und resignierten, richteten sich die Anpasser und Pragmatiker aller Parteien erfolgreich ein oder wurden verschlissen. Ihnen folgte eine Riege von jungen selbstbewussten Technokraten und Managern, die sich im Bewusstsein ihrer »Umbruchskompetenz« als gesamtdeutsche Avantgarde verstehen. Die ambitionierten Vertreter der »Generation 89« aus dem Osten schließlich suchen – wie ihre Kollegen aus dem Westen – ein Mindestmaß an kollektiver Verbindlichkeit.

Sie alle aber – ob sie nun, als die Mauer fiel, zweiundfünfzig Jahre alt waren wie Manfred Stolpe und Wolfgang Böhmer, fünfunddreißig wie Angela Merkel oder erst dreizehn wie Carsten Schneider – unterschied von den Wessis das Leben ihrer frühen Jahre. Angela Merkel nennt das »die zweite Ebene der Lebensläufe«. Sie sagt: »Wir haben nicht dieselbe Kindheit erlebt, nicht dieselben Schulen besucht, nicht über dieselben Witze gelacht und so weiter. Solche Unterschiede sind nicht einfach über Nacht aufgehoben.«

Schon die ersten Neuankömmlinge im Bonner Betrieb, die Revolutionäre und kritischen politischen Geister von 1989, wiesen höchst unterschiedliche Biografien und Lebensziele auf. Keiner hatte den Politikerberuf in seiner Lebensplanung, Karriere konnte kein Ziel sein in einem System, in dem die SED-Kader alles entschieden. Das Misstrauen gegenüber jeder Art von politischer Maschinerie saß tief. Die Frage, wie weit man sich mit dem Staat einließ, war moralisch und politisch zugleich. Nicht eine gemeinsame Vorstellung von der Zukunft einte sie, sondern nur ein real existierender Zorn über den politischen Zustand der DDR. Sie verfügten, wie Marianne Birthler vom Bündnis 90 resümierte, über »einen gemeinsamen Vorrat an Symbolen, Geschichten, Liedern und Zeichen, die alle im Osten kennen und niemand im Westen versteht«. Und es gab andererseits »ein gemeinsames Defizit an Selbstwertgefühl, Selbstbestimmung und Selbstverantwortung«.

Und alle, die länger dabei blieben, begannen bald, Václav Havel zu zitieren, den damaligen tschechischen Präsidenten und kämpferischen Bürgerrechtler, der nach einiger Zeit im Amt bekannt hatte: »Indem ich an der Macht bin, bin ich mir ständig verdächtig.« Denn die Gefahr, der Machtsucht zu verfallen, erkannten sie nicht nur bei vielen ihrer westdeutschen Kollegen. Auch an sich selbst bemerkten sie Anzeichen, wie schnell man vom Amt und dessen Privilegien beherrscht werden kann. Die meisten erschraken vor der Vorstellung, zu einer Büste ihrer selbst zu versteinern, wie Havel gewarnt hatte.

Bei ihrer ersten Bundestagssitzung am 4. Oktober 1990 im noch nicht umgebauten Berliner Reichstag durchbrachen die Neuen mit ihrer sympathisch amateurhaften Bescheidenheit so auffallend die Routine des Hohen Hauses, dass die Parlamentspräsidentin Rita Süssmuth sich bemüßigt fühlte, den aus der Volkskammer zugewählten Abgeordneten zu versichern: »Sie sind gleichberechtigte Mitglieder – das ist selbstverständlich – dieses Parlaments.«

Wenn es wirklich selbstverständlich war, warum dann dieser Hinweis? Weil es natürlich nur formal stimmte. Das zeigte sich gleich anschließend, als die Präsidentin den Tagesordnungspunkt eins aufrief: »Eidesleistung von Bundesministern«. Im voll besetzten Haus erhob sich beträchtliches Gemurmel und Geraune, das Protokoll verzeichnete Zurufe aus der SPD-Fraktion, während sich eine östliche Honoratiorenriege – die Lungenfachärztin Sabine Bergmann-Pohl, der Rechtsanwalt Lothar de Maizière, der Physiker Günther Krause, der Informatik-Professor

Rainer Ortleb und der Diplommathematiker Hansjoachim Walther – vor dem Mikrofon auf dem Regierungspodium aufreihte, um als vom Kanzler ernannte »Bundesminister für besondere Aufgaben« die neuen Länder im Kabinett zu repräsentieren. »Welche Aufgaben?«, höhnte es aus den Oppositionsbänken: »Es gibt keine neuen Aufgaben.« Außer einer natürlich: Wahlkampf.

Sabine Bergmann-Pohl, die als Erste die Eidesformel aufsagte, machte sich keine Illusion; weder ihre medizinischen Fachkenntnisse, noch etwaige demokratische Widerstandsleistung gegen die SED-Regierung, noch ihre Erfahrungen aus der sechsmonatigen Tätigkeit als Volkskammerpräsidentin und damit letztes DDR-Staatsoberhaupt waren für ihre Beförderung zur Ministerin ausschlaggebend, sondern allein ihre vermutete Fernseh-Bekanntheit. »Ich war Ministerin für Wahlkampf«, lachte sie nachträglich. Auch die Herren erledigten ihr Pensum musterschülerhaft. Alle wurden mit Beifall und bunten Herbststräußen belohnt – wie Schauspieler nach der Premiere.

Aber ernst genommen wurden sie nicht. »Schon als ich den de Maizière zum ersten Mal sah, wusste ich: Den rauchen die in Bonn in der Pfeife auf«, erzählte ein CDUler vertraulich Gregor Gysi. Und die spätere sozialdemokratische Familienministerin Christine Bergmann hat damals zum ersten Mal ein Gefühl befallen, das sie nie mehr ganz verließ: »Wir waren bloß dazugekommen. Großzügigerweise ließen sie uns dabei sein. Aber an den Stellen, wo die Entscheidungen getroffen wurden, durften wir uns hinten anstellen.«

Tatsächlich war der politische Betrieb des Bonner Parteienstaates längst dabei, die Trümmer der alten und die Ansätze einer neuen politischen Kultur in der DDR platt zu walzen. Weiter so, Deutschland – das selbstgefällige Motto der restaurativen Kohl-Regierung und des Traditionsflügels der Bonner Sozialdemokratie aus den Achtzigerjahren wurde trotz eindringlicher Warnung der ostdeutschen Bürgerrechtler den neuen Ländern übergestülpt. Auch was im Westen längst als veränderungsbedürftig erkannt war, wurde dem Osten noch aufgezwungen. »Du konntest es ihnen fünfmal sagen, das interessierte sie gar nicht«, erinnert sich Christine Bergmann. Und Günter Nooke bestätigt: »Wir haben auf vieles hingewiesen, aber das wollte keiner wissen.«

Die politische Klasse der alten Bundesrepublik nahm überhaupt nicht wahr, dass sie gut vierzig Jahre nach ihren Anfängen die große Chance einer emotionalen und intellektuellen Auffrischung durch eine Gruppe von Seiteneinsteigern erhielt, die soeben auf friedliche, aber couragierte Weise eine Diktatur gestürzt hatten. Von der ersten Stunde der Vereinigung an traten die Bonner Profis gegenüber den neuen Kolleginnen und Kollegen aus dem Osten als Sieger und Schulmeister auf. Das war, fand der Bürgerrechtler Jens Reich, oft nicht einmal böse Absicht: »Es gibt auch unschuldige Arroganz und herablassendes Mitleid.«

Umgekehrt gelang es den Revolutionären des Jahres 1989 nie wirklich, ihre Erfahrung im Umgang mit autokratischen Strukturen und erstarrten gesellschaftlichen Verhältnissen als Gewinn in die Bundesrepublik einzubringen. Ihr Mut, ihre Kraft und die Zivilcourage, die das Volk ermuntert hatte, das SED-Regime ohne Gewalt wegzudemonstrieren, schienen plötzlich erschöpft. Sie hatten ihre beruflichen Aufstiegschancen und ihre persönliche Freiheit riskiert, um eine andere DDR zu erzwingen. Jetzt trotzte ihnen das Volk die Einheit ab, doch auf eine Rolle in einem vereinigten demokratischen Deutschland waren sie nicht vorbereitet.

Die Mehrzahl der Bonner war während der ersten gemeinsamen Bundestagssitzung in Berlin geistig schon wieder auf der Rückreise. Berge von Koffern stapelten sich in der Lobby des Reichstages. Der Lufthansa-Schalter war ständig umlagert. Berlin war den meisten zu hart, zu fremd, zu unwirtlich. »Deutschland einig, frei und groß, die Scheiße geht von vorne los«, hatten Demonstranten in der Nacht zuvor gebrüllt, als die Abgeordneten durch ein Polizeispalier zum Schauspielhaus geleitet worden waren. Viele Westler fürchteten sich, die Ostler wirkten irritiert. Waren sie nicht gerade noch selbst Demonstranten gewesen?

Es war eben alles viel zu schnell gegangen; seit einem Jahr raste die Zeit. Viele fanden sich nicht mehr oder noch nicht zurecht, Ossis wie Wessis. Ich war am Tag nach der Öffnung der Mauer – in der Begleitung von Helmut Kohl aus Warschau kommend – in das quirlige, total durcheinander gewirbelte Berlin geraten, hatte Walter Momper unter dem Jubel der Menge vor dem Rathaus Schöneberg die Öffnung immer neuer Grenzübergangsstellen verkünden und alle zusammen in kakophonischem Chor das Deutschlandlied singen hören. Für mich stand fest, dass ich fortan hier leben würde. Bonn glaubte ich hinter mir zu haben.

Nach der Vereinigungsfeier sah ich deshalb den Tross der Bundespolitiker nicht ungern wieder abreisen. Mir waren die Abgeordneten und Minister in den hektischen Tagen um den 3. Oktober wie verschreckte Schlachtenbummler vorgekommen, die mit ihrem Lieblingsverein zu einem Entscheidungsspiel ins gegnerische Stadion gereist waren, wo sie sich und ihren Heroen Mut anbrüllten. Freude? Eher schienen sie durch auftrumpfende Haltung ihre Ängste vor der ungewissen Zukunft überdecken zu wollen. Der bevorstehende Wahlkampf half, er löste vertraute Reflexe aus.

Natürlich war es ungerecht, die Bonner Routiniers in diesen Tagen mit den verwegenen Figuren der Bürgerrechtler zu vergleichen, die zunächst im Rausch des revolutionären Umbruchs, dann in der rastlosen Ratlosigkeit der neuen Freiheiten vor Worten, Gedanken und Gefühlen übersprudelten. Ob Ulrike und Gerd Poppe oder Rainer Eppelmann, ob Bärbel Bohley oder Friedrich Schorlemmer – ihr Engagement hatte etwas ansteckend Fiebriges, wechselte abrupt von träumerischem Idealismus zu knallhart pragmatischem Realitätssinn: »Nun rutschen wir in det Geld.«

Der im Westen längst ausgelutschte Begriff der »persönlichen Betroffenheit« erfuhr im Osten einen neuen Wirklichkeitsgehalt. Wo immer eine oder einer politisch stehen mochte – viele wussten es bald selbst nicht mehr –, die Frage danach betraf nie nur eine weltanschauliche Haltung, sondern immer ein ganzes Schicksal. Denn so waren die Verhältnisse eben gewesen in Erich Mielkes Herrschaftsbereich, dass seine Gegner und Kritiker für ihre Überzeugungen mit ihrer Existenz einstehen mussten: Wer nicht mitmachen wollte und das besonders deutlich machte, musste eben Bademeister werden statt Physiker.

Dabei hatten die Bonner in der DDR längst das Kommando übernommen. Aus dem CSU-Ableger Deutsche Soziale Union, dem Demokratischen Aufbruch und der Blockflöten-CDU hatte Helmut Kohl die konservative Allianz geschmiedet, und die – allen voran die CDU – gewann am 18. März die erste und einzige freie Wahl in der DDR. »Ich fass es nicht«, empörte sich Bärbel Bohley, die in der Presse als Mutter der Revolution gefeiert worden war, »ausgerechnet die CDU, die waren doch die größten Opportunisten. Die haben sich abgesichert nach beiden Seiten – gegenüber der SED und dem lieben Gott. Und der liebe Gott blieb meist auf der Strecke.« Am Ende ging Helmut Kohl zu Bärbel Bohley, und plötzlich war auch sie für die CDU – aber das war viel später.

Ich kann mich nicht erinnern, dass mich jemals ein Wahlausgang so deprimiert hätte, wie der vom 18. März 1990. Ich saß im damals noch unversehrten »Palast der Republik«, der an diesem Tag die Medienzentrale der DDR war, und am Nebentisch lärmte Heinrich Lummer, der ultrarechte Westberliner CDU-Senator, als sei er der Sieger des Abends. »Von wegen, wer zu spät kommt, den bestraft das Leben«, röhrte er. »Wir waren spät, und wie haben wir gewonnen.« Irgendwie hatte er über Gorbatschow auch gleich mitgesiegt; zu den Siegern gehörten ohnehin nicht wenige, die in früheren Zeiten mit Erich Honecker gegen Experimente aus Moskau gekämpft hatten.

»Können Sie nicht mal was zum Geld sagen?«, fragte eine Reporterin den wirklichen Helden des Tages, den neuen Ministerpräsidenten Lothar de Maizière im Getümmel. Aber der sah ohnehin eher grau und erschöpft aus als triumphierend und redete nur vage davon, die Verhandlungen um die Währungsunion zügig zu Ende führen zu wollen. Hätte er sagen sollen, dass »das Geld« – die D-Mark West – der eigentliche Wahlsieger war? »Kommt die DM, bleiben wir, kommt sie nicht, dann gehen wir zu ihr!«, stand an den Hauswänden.

Der »Palazzo Prozzo«, wie die Berliner Honeckers aufwändigen und asbestverseuchten Prunkbau auf dem Schlossplatz im Zentrum der Stadt verspotteten, war an diesem Abend kein Ort für leise und nachdenkliche Töne. Hochnäsig hielt Otto Schily eine Banane in die Kamera, um die Konsumgier der DDR-Bürger als Grund für den Wahlausgang zu denunzieren. Die TV-Profis aus dem Westen zerrten Sieger und Verlierer erbarmungslos ins Scheinwerferlicht. Es war die Stunde der Schwadroneure, ein Vorgeschmack auf die Berliner Republik. Die traurigen Kinderaugen des SPD-Chefs Ibrahim Böhme, der schon wenige Tage später als Stasi-Spitzel enttarnt werden sollte, das fassungslose Erschrecken Markus Meckels, das beinahe angeekelte Staunen von Konrad Weiß – die ganze Ratlosigkeit jener, die in der DDR die Revolution losgetreten hatten, schwang allenfalls als dissonante Grundmelodie mit über die Sender. Was sie auf die Straße getrieben hatte, war nicht ein gemeinsames Zukunftsbild gewesen. Sie hatten die real existierende DDR satt. Das mochte im Oktober attraktiv gewesen sein, jetzt wollte das Volk überhaupt keine DDR mehr.

Zwei Ostpolitiker, die mitgewonnen hatten, blieben an jenem Abend für die Fernsehzuschauer unsichtbar: Angela Merkel und Wolfgang Thierse. Beider Aufstieg hatte am 18. März 1990 gerade erst begonnen. Angela Merkel trat am nächsten Tag ihren Dienst als stellvertretende Regierungssprecherin bei Lothar de Maizière an, und Wolfgang Thierse, für die SPD als Abgeordneter in die Volkskammer gewählt, erarbeitete sich schnell eine Schlüsselstellung in der Fraktion, die er am Ende anführte. Von den Rebellen der ersten Stunde wurden beide als »Novemberrevolutionäre« verspottet, Spätkommer, die – nach den bitteren Worten des Oppositions-Chronisten Erhart Neubert – keine Schwierigkeiten damit hatten, »die Macht von der Straße aufzuheben, die wir liegen gelassen hatten.«

Inzwischen sind die beiden – Ex-Ministerin, CDU/CSU-Fraktionschefin im Deutschen Bundestag und christdemokratische Bundesvorsitzende in der Nachfolge von Helmut Kohl die eine, stellvertretender Parteivorsitzender und Präsidiumsmitglied der SPD sowie Präsident des Deutschen Bundestags der andere – zu den Vorzeige-Ostdeutschen der politischen Klasse avanciert. Und je erfolgreicher sie wurden, desto häufiger bekamen sie zu hören, dass sie mittlerweile Westpolitiker geworden seien – kritisch aus dem Osten, beifällig aus dem Westen.

Richtig ist daran nur, dass beide gelernt haben, sich im Machtspiel der westlichen Profis nicht nur zu behaupten, sondern die Tricks und Finessen mindestens so gut zu beherrschen wie die Topleute aus der Bonner Republik. Darüber hinaus aber verdanken sie ostdeutschem Eigensinn und den Enttäuschungs-Erfahrungen im ungeliebten SED-Staat jene stabile innere Mitte, die es ihnen ermöglicht, im aufgeregten Wirbel der Ereignisse eine eigene persönliche und politische Lebenskonzeption durchzuhalten. Beide sind sich der Unterschiede wie der Ähnlichkeit ihrer Karrieren bewusst. Auch wenn ihre Biografien als Ossis und ihre politischen Ziele ziemlich verschieden sind, trennt sie doch so vieles grundsätzlich vom Werdegang ihrer westlichen Kollegen, dass sie die Gemeinsamkeiten ihrer DDR-Vergangenheit weder leugnen können noch wollen.

Es fängt damit an, dass ihre Zugehörigkeit zu den in der frühen Bundesrepublik weltanschaulich krass verfeindeten Volksparteien CDU und SPD keineswegs durch ihre familiäre Herkunft vorgezeichnet war. Im Gegenteil, der Vater der protestantischen CDU-Politikerin Merkel sympathisierte lange mit dem Sozialismus, und ihre Mutter war SPD-Gemeinderätin; der Vater des katholischen Sozialdemokraten Thierse hatte in der DDR der CDU, in der Weimarer Republik dem Zentrum angehört. Erst sehr spät, im Herbst 1989, begannen beide, sich politisch in der DDR-Opposition zu engagieren, Angela Merkel beim Demokratischen Aufbruch, Wolfgang Thierse im Neuen Forum.

Als ich Angela Merkel kennen lernte, fand sie die CDU noch eine ziemlich schlimme Partei, die Ost-CDU jedenfalls, die »Blockflöten«. Das war am 14. Februar 1990. Um zu erkunden, wie denn die kleinen Parteien, die nicht von Bonn gleichgeschaltet wurden, sich auf die bevorstehende Wahl zur DDR-Volkskammer vorbereiteten, durchstreifte ich deren Büros im Haus der Demokratie in der Berliner Friedrichstraße. Da es Mittagszeit war, traf ich niemanden an. Nur beim Demokratischen Aufbruch (DA) werkelte eine junge Frau emsig an einem Kopiergerät – eine Doktorin der

Physik, die sich von ihrem Institut in der Akademie der Wissenschaften für sechs Wochen hatte beurlauben lassen, um beim Aufbau der Demokratie mitzumachen. Wahlkampf? Ach, du lieber Gott, daran sei eigentlich noch gar nicht zu denken, sie seien ja gerade dabei, die Partei aufzubauen. Heute Abend, zum Beispiel, führe sie nach Zossen, um dort einen Ortsverein des DA zu gründen. Na, prima, da würde ich dabei sein.

Zossen, ein Städtchen mit 6500 Einwohnern, 40 Kilometer südlich von Berlin, wirkte im Wendewinter trostlos genug. Die Häuser waren baufällig, die Straßen löchrig, Kanalisation Fehlanzeige. Um die Abwasserlage »gesundheitsseitig« zu klären, empfahl Amtsärztin Marianne Koeppen bitter »'ne große Planierraupe«, um Zossen abzuräumen. Wer hätte also nicht Verständnis gehabt für die Bemerkung der resoluten Bürgermeisterin Kerstin Kildal, dass den Bürgern »die Angst im Nacken« säße?

So war die Stimmung in der tristen Aula der Zossener Dr. Carl-Zeiss-Oberschule, in der die aus der Berliner Parteizentrale angereiste Angela Merkel Mut verbreiten wollte für ihren »Demokratischen Aufbruch«. In fast rührender Aufrichtigkeit versuchte sie ein Fazit, das wie eine Entschuldigung klang: »Wir leben in einer Spannung zwischen dem, was war, und dem, was sein wird.« Eben. Die Gesichter blieben misstrauisch und verschlossen.

Das änderte sich nur wenig, als nach der Versammlung Tischlermeister Klaus Michler die angereisten Besucher vor den Kachelofen in sein heimeliges Wohnzimmer bat. Inhaltlich waren die Zossener DA-Mitglieder den Sozialdemokraten näher als der verachteten CDU. Wegen der Zusammenarbeit mit den Blockflöten seien ihnen treue Sympathisanten weggelaufen, klagte Pastor Clauber, der Ehemann der örtlichen »Kandidatin«, und »Kein Einziger ist hinzugekommen«. Das Gefühl, einem undurchschaubaren Geschehen ausgeliefert zu sein, legte sich lähmend über jedes Argument. Eine fast hysterische Dämonisierung der Überreste des Vergangenen wechselte mit angstvoller Faszination bei den ersten Anzeichen des Künftigen. Dazwischen ging die Gegenwart verloren. Nur die schmächtige junge Frau Merkel aus Berlin, auf deren rundem Mädchengesicht jede Gemütsregung wetterleuchtete, behielt eine befremdlich unbeirrte Zielstrebigkeit bei.

Auch Wolfgang Thierse lernte ich in jenen Tagen kennen. Einen Redner wie ihn hatte ich in der Politik noch nicht erlebt – moralisch engagiert, durch und durch rational, nachdenklich und leidenschaftlich, gebildet, aber überhaupt nicht professoral. Ich war nicht der Einzige, den der struppige Privatgelehrtentyp aus Ostberlin in seinen Bann schlug. Ein paar eindrucksvolle Sekunden schweigenden Respekts gingen dem Beifallssturm voraus, der den amtierenden SDP-Vorsitzenden auf dem Vereinigungsparteitag der Sozialdemokraten aus West und Ost im ICC von Berlin belohnte. »Da sieht man mal, was dreißig Jahre Nachdenken ausmachen«, raunte neben mir ein ergriffener Westgenosse seinem Nachbarn zu.

Das war nicht ganz falsch. Als ich Thierse wenig später in seinem kleinen, halbdunklen Arbeitszimmer in dem hundert Jahre alten Mietshaus am Kollwitzplatz auf dem Prenzlauer Berg besuchte, hatte ich keine Mühe, mir vorzustellen, wie er jahrelang – eingegraben zwischen Stapeln von Manuskripten, Zeitungen und Büchern – in einer gedanklichen Festung gegen das System angeschwiegen hatte. Wenn er aus dem Fenster schaute, blickte er auf einen einst von den Nazis verwüsteten, jetzt verwilderten jüdischen Friedhof. »Hier stehst Du schweigend«, mahnt der zentrale Gedenkstein, »wenn Du Dich wendest, schweige nicht.«

Wolfgang Thierse redete. Aufgestautes brach aus ihm heraus. Im Zwiegespräch sprach er mit der gleichen Intensität und mit dem gleichen umfassenden und alltagsnahen Kulturbegriff über Politik wie auf Parteiversammlungen. Endlich war er eine öffentliche Figur und konnte sich zu Wort melden. Er eröffnete Fotoausstellungen und Galerien, stellte Bücher vor und ehrte Künstler. Und er politisierte in Kneipen und Kirchen, Schulen und Altenheimen. Erst jetzt spürte der Germanist Thierse, ein Mann des geschliffenen Wortes und eines trotzigen Optimismus, wie sehr er unter seiner Selbstisolierung gelitten hatte. Er war mit Verspätung zu den Sozis gestoßen. Bei der klandestinen Gründung der SDP in Schwante bei Berlin, als die Teilnehmer noch die Stasi-

398

Verfolger abschütteln mussten, damit die Versammlung überhaupt stattfinden konnte, gehörte Wolfgang Thierse noch nicht zum ausgewählten Kreis. Auch zum ersten offiziellen Parteitag der Ost-Sozialdemokraten in Leipzig war er nicht gefahren. Erst am 9. Juni 1990 wurde er in der Nachfolge des enttarnten Stasi-Spitzels Ibrahim Böhme Vorsitzender der SDP-Ost.

Stieß man nicht überall in Berlin auf »klaffende Geschichte«? War die geteilte Stadt nicht ein »Laboratorium der deutschen Einheit«? Hatten nicht die Menschen in den neuen Ländern die faszinierende Chance, durch »öffentlichen Streit« eine »grandiose Offenheit« herzustellen? So unermüdlich wie Thierse damals für die Haupt- und Regierungsstadt Berlin argumentierte, so selbstverständlich warb er damit auch für sich ganz persönlich. Das unterschied die politische Diskussion mit Wolfgang Thierse von Anfang an wohltuend von Debatten mit den meisten Bonner Sozialdemokraten – der Berliner Kulturwissenschaftler pflegte theoretische Positionen nie losgelöst von seinen alltäglichen Lebensumständen zu erklären.

In dem Mietshaus, neben dessen Haustür Thierses Wahlplakat klebte, fügte sich seine Familie in die typische Prenzlauer-Berg-Mischung aus Rentnern, Archivaren, Studenten, Dramaturgen »und auch drei Leuten mit ganz normaler Tätigkeit«. Unter dem Dach wohnten Maler, im Parterre warb ein Puppentheater. Für den Jüdischen Friedhof hinter der hohen Mauer seines Hinterhofes, auf dem Max Liebermann und Giacomo Meyerbeer beerdigt sind, besaß Thierse schon immer einen Schlüssel. Und jetzt war da plötzlich auch »das Neue« in der Gegend – »zunächst immer Erschwerung«, wie der SPD-Politiker vorsichtig formulierte –, die Wessis und ihre Lebensform. In diesem Geflecht von Beziehungen und Alltagsverhältnissen würde sich, davon war Thierse überzeugt, das Zusammenwachsen zwischen Ost und West bewähren müssen.

Wolfgang Thierse und Angela Merkel hatten sich Zeit gelassen mit ihrem aktiven politischen Engagement. Doch im Nachhinein lesen sich ihre Werdegänge wie gezieltes Warten auf die große Chance.

Angela Merkel war als Angela Dorothea Kasner 1954 in Hamburg geboren und dann im uckermärkischen Städtchen Templin in einer politisch sehr engagierten Familie aufgewachsen. Ihr Vater, ein eigenwilliger und unabhängiger evangelischer Pfarrer, leitete in Brandenburg eine Stiftung für geistig Behinderte. Er hatte in der Bundesrepublik Theologie studiert, eine Hamburger Lehrerin geheiratet und war dann in die DDR zurückgekehrt. Seine Tochter Angela wuchs in dem Bewusstsein auf, nicht wirklich dazuzugehören. Schon mit acht Jahren wusste sie die Namen aller westdeutschen Minister auswendig, von Adenauer bis Wuermeling. Gleichwohl war sie bei den Jungen Pionieren und später bei der FDJ aktiv, und das nicht einmal ungern. »Ich habe ein sehr schizophrenes Leben geführt«, erzählt sie, »ich war Teil des Staates DDR und lebte zugleich in permanenter Auflehnung dagegen.«

Wolfgang Thierse, geboren im Oktober 1943 in Breslau, wurde als Sohn eines Rechtsanwalts im protestantischen Hinterwaldkaff Eisfeld in Thüringen groß. Über seine Ohnmacht, trotz all seiner Zivilcourage politisch unbequemen Bürgern vor Gericht helfen zu können, pflegte Vater Thierse zu Hause am Abendbrottisch offen zu reden. Diese Gespräche prägten den Sohn für das Leben. In seiner Bundestagsrede zum 50. Jahrestag des Aufstands vom 17. Juni 1953 erzählte er, wie erbittert der Vater über die Urteile nach dem Aufstand geklagt habe: acht Jahre Zuchthaus für einen Mann, der seine Freude über Stalins Tod öffentlich ausgedrückt hatte. Thierse: »Ich habe die Tränen meines wahrlich nicht sentimentalen Vaters nie vergessen.« Wolfgang Thierse lernte Schriftsetzer und studierte dann Germanistik und Kulturwissenschaften.

Angela Merkel war ehrgeizig in der Schule und im Studium. Ihre Mutter fand den Schulunterricht in der DDR deutlich schlechter als die Ausbildung im Westen und verlangte deshalb von ihren Kindern, immer zu den Besten zu gehören. Tochter Angela verinnerlichte diesen Auftrag. Für die Chance, Physik studieren zu dürfen, akzeptierte sie auch Akte politischer Anpassung – ihr FDJ-Engagement als »Kulturtante« sei zu »siebzig Prozent Opportunismus« gewesen. Sie hatte Erfolg: Ein Jahrzehnt, von 1978 bis 1988, arbeitete sie an der Akademie der Wissenschaften in Berlin Adlershof. Sie wartete auf das Ende der DDR.

Wolfgang Thierse ist der Meinung, er habe eine »relativ durchschnittliche Existenz in der ehemaligen DDR geführt«. Früh erkannte er, dass er seine Entscheidung, vieles in der DDR nicht mitmachen zu wollen, damit würde bezahlen müssen, »dass man nicht so eine dolle Karriere macht«. Resignation, fast eine Lähmung, sei die Folge gewesen. Er war in keiner Partei, bespitzelte niemanden, wurde selbst bespitzelt. »Ich war kein Staatsfeind, kein Märtyrer, kein Held, kein Opfer.« Aber er nahm auch nicht alles hin. Als er Biermanns Rausschmiss kritisierte, verlor er seine Stelle im Kulturministerium, Abteilung Bildende Kunst. Im Zentralinstitut für Literaturgeschichte erhielt er einen neuen Job. So lebte Thierse seine »grimmige Idylle« auf dem Prenzlauer Berg, ein richtiges Leben im falschen. Er dachte nicht daran, das System zu ändern, das erschien ihm wenig realistisch. Aber er wollte auch nicht weg. »Ich blieb aus Treue gegenüber Freunden, aus Trotz, aus Bequemlichkeit, aus Angst vor der Unsicherheit im Westen, aus Liebe.«

Über Westfernsehen und aus Erzählungen von Westverwandten hatte Angela Merkel das politische Geschehen hinter der Mauer mit großer Leidenschaft verfolgt: »Wir haben immer mitgelebt mit der Bundesrepublik, wenn auch aus der Ferne.« Als im Herbst 89 die politische Rebellion in der DDR begann, erhoffte sie sich eine Öffnung zum Westen. Die junge Physikerin suchte eine passende politische Gruppierung. Den Beitritt zur SPD verwarf sie nach einer Veranstaltung in Treptow, wo die spätere Abgeordnete Angelika Barbe sie nervte, alle sich duzten und mit »Genosse« anredeten. »Ich schau erst noch mal bei Eppelmann vorbei«, meinte sie. Bei dessen Demokratischem Aufbruch blieb sie.

Im Frühherbst 1989 ging Thierse erstmals auf die Straße. Wenn er sich jetzt nicht traute, würde er das sein Leben lang bereuen, wusste er. Anfang Oktober unterschrieb er den Aufruf des »Neuen Forum«. Damals teilte er noch die Meinung der meisten

Mitglieder, dass es einen behutsamen Übergang zur staatlichen Einheit unter Wahrung positiv eingeschätzter Werte der DDR geben könne. Im Rückblick erst erkannte er, dass die Bürgerbewegungen es allesamt versäumt hatten, früh genug die Machtfrage zu stellen und die Regierung zu übernehmen.

Am Abend des 9. November lief Angela Merkel nach einem Saunabesuch »einfach fröhlich in den Westen«, mit Badetasche. Sie blickte nicht zurück, hatte aber auch keine Zweifel, dass sie wiederkehren würde. Einigermaßen fassungslos erlebte sie dann zwei Tage später bei einer Geburtstagsfeier, wie betrübt Bekannte über die Grenzöffnung waren, weil nun ein eigener Weg der DDR nicht mehr möglich schien. Da merkte sie, dass die gemeinsame Ablehnung des SED-Regimes keineswegs eine Garantie dafür war, »dass man von nun an gleiche oder auch nur ähnliche Wege gehen würde«. Für sie stand aber fest, was sie wollte: Die Einheit. Die soziale Marktwirtschaft. Ein Bundestagsmandat. Als der Demokratische Aufbruch im August 1990 geschlossen in die CDU übertrat, war Angela Merkel dabei.

Wolfgang Thierse entschied sich für die SPD. »Es geht am Schluss darum, dass man die angehäuften Träume, Hoffnungen und Ideale doch mit sehr irdischer Politik verbinden muss, weil sie sonst immer nur dieses Gespinst oben drüber bleiben«, erklärte er. Nur dass in der SPD zunächst keiner diesem wunderlichen Intellektuellen mit Rauschebart, schwerer Hornbrille, kariertem Hemd und struppigen Haaren genau diese irdische Politik zutraute.

Glücklich waren die Ostdeutschen alle nicht über die rücksichtslose Bonner Vereinnahmung. Ihre Erfahrungen seit Öffnung der Mauer waren – um es milde auszudrücken – häufig ernüchternd. Mindestens dreißig Jahre lang hatten die DDR-Bürger von der Bundesrepublik nur ein unvollkommenes und ganz ohne Zweifel durch Träume und Wünsche idealisiertes Bild gehabt. »Das war ein Otto-Katalog des Lebens«, erinnert sich Manfred Stolpe, »der bei uns wahrgenommen wurde. Die Probleme – wie Arbeitslosigkeit – wurden ja durchaus nicht unterschlagen. Aber an die wollten die Leute hier nicht glauben. Schon weil Schnitzler in seinem Schwarzen Kanal das auch immer sagte.«

Bei persönlichen Begegnungen mit der Westverwandtschaft wurden solche Themen sowieso ausgeblendet. Man habe sich ja eigentlich nur – wenn man sich überhaupt begegnet sei – im guten Anzug und in festlicher Stimmung getroffen, erinnerte sich der frühere Pastor und jetzige CDU-Abgeordnete Rainer Eppelmann, zu Familienfeiern, nicht im Alltag, wo es die Chance gegeben hätte, sich übereinander zu ärgern.

Die Bundesrepublik war eine Art Fata Morgana – ständig gegenwärtig, sichtbar, aber nicht greifbar. »Ich habe den Eindruck, in beiden Welten groß geworden zu sein«, erzählt der Grüne Bundestagsabgeordnete Werner Schulz. »Wir hatten zwei Gesellschaftsordnungen im Kopf. Ich habe dreizehn Jahre verglichen.« Schulz wurde in seiner Schule in Zwickau »ultimativ aufgefordert, nie wieder den Ochsenkopf anzugucken«, gemeint war der Berg im Westen, auf dessen Sendemasten man zum Empfang von ARD und ZDF die Antennen ausrichtete. Seine Kollegin Katrin Göring-Eckardt dagegen, deren Vater ein glühender Verehrer des Bayern Franz Josef Strauß war, durfte daheim in Thüringen kein Ostfernsehen schauen. Sie musste sich den Blick auf die »Aktuelle Kamera« in der eigenen Familie erschleichen. Und Marianne Birthler erinnert sich, dass ihre Mutter sie immer wieder auf Bundestagsdebatten aufmerksam gemacht habe: »Seht euch das an, Kinder, das ist Demokratie.«

Ein verlässliches Bild von der Bundesrepublik erhielten sie dadurch nicht. Fernsehen blieb eine defizitäre Welterfahrung. Immer mussten die DDR-Bürger, denen der Westen auf dem Bildschirm ins Haus geliefert wurde, das nicht Sichtbare aus ihrer Vorstellungswelt ergänzen, Zerrbilder korrigieren, Ungewissheiten erkennen und sich zu erklären versuchen. Der Westen war kein Bild, sondern ein Vexierspiel, die Kenntnis der realen Verhältnisse blieb lückenhaft und oberflächlich.

Der Stasi galt »die grenzüberschreitende Tätigkeit von imperialistischen Medien« als Hauptursache für die Massenflucht ihrer Bürger. Tatsächlich hatte die geistige Republikflucht häufig abends vor dem Bildschirm begonnen. Längst erfuhren die DDR-Bürger auch über ihren eigenen Staat, ja, über ihren Alltag, mehr aus den West-Medien als von den staatlichen Sendern aus Ostberlin.

Im Wendejahr 1989 sahen – nach Informationen des Leipziger Zentralinstituts für Jugendforschung – nur 27 Prozent der Ostdeutschen täglich DDR-Fernsehen, 65 Prozent informierten sich aus BRD-Programmen. Zu diesem Zeitpunkt arbeiteten die in Ostberlin akkreditierten westdeutschen Korrespondenten in Wahrheit längst wie Inlandsberichterstatter. Medien-Ost und Alltag-Ost waren entkoppelt. Das Meinungsklima in der DDR wurde zunehmend von Individuen und Gruppen bestimmt, die den Mut hatten, aus ihren Nischen herauszutreten. Die West-Medien lieferten ihnen eine Plattform.

Der Bürgerrechtler Jens Reich nannte im Nachhinein den Einfluss des Westfernsehens auf die Revolution 1989 »unglaublich«. Die Regie der Leipziger Demonstrationen habe sich – in der späteren, nicht mehr brisanten Phase – voll darauf einstellen müssen, dass viele ihre schwarzrotgoldenen Fahnen vor den Kameras schwenkten und ihre Volksparolen skandierten, um dann nach Hause zu rennen und in der »Tagesschau« zu sehen, wie sie rüberkamen. »Die Selbstbeobachtung«, schrieb Reich, »erzeugte einen lawinenartigen Verstärkungseffekt.«

Am Ende schienen Wirklichkeit und Abbild, Ost und West, gestern und morgen heillos ineinander verwoben. Nie werde ich die verstörte junge Kollegin aus Hamburg vergessen, die in der Woche nach dem Fall der Mauer auf dem Ostberliner Alexanderplatz, den Tränen nahe, fröstelnd sagte: »Dies ist für mich das fremdeste Land der Welt. Die Leute sprechen wie ich, aber in Italien, Irland oder Frankreich fühle ich mich mehr zu Hause als hier.« Marianne Birthler lacht, wenn sie sich an diese Zeit erinnert. Damals fand sie heraus, dass es paradoxerweise die gemeinsame Sprache war, die Ostler und Westler trennte.

Demokratie? Sozial? Familie? Frieden? Im Gespräch mit Konrad Weiß oder Markus Meckel, Angela Merkel und Wolfgang Thierse benutzte ich dieselben Begriffe wie sie, und trotzdem entstand anfangs schnell eine Atmosphäre von Missverständnissen, Undeutlichkeiten, ja, Gereiztheit. Aufgewachsen in einander fremd gewordenen Alltagswelten, die anders abliefen, rochen, aussahen, klangen und sich ausdrückten, redeten wir oft aneinander vorbei, manchmal ohne es zunächst zu merken. Hinter denselben Begriffen hatten sich in vierzig Jahren Trennung sehr unterschiedliche Lebenserfahrungen, Träume und Hoffnungen angesammelt. Zumal wir sozusagen doppelt gebrochen zu reden pflegten – ich als Westler mit ironischer Distanz zu meinen Gefühlen, sie mit bitterernstem Misstrauen gegenüber allem, was nach offizieller Sprache klang. Es war ein »beschädigtes Sprechen«, wie der Dresdner Lyriker Kurt Drawert diese ständige Kluft zwischen der beabsichtigten Mitteilung und dem tatsächlich Mitgeteilten nannte.

In ihren ersten Bonner Monaten kamen sich die Ostabgeordneten vor »wie im Kino«. Das ganze westliche Leben erschien ihnen wie ein Werbefilm, in den sie durch ein Versehen der Geschichte als einzig echte Menschen geraten waren. »Das Aufbruchsgefühl«, das etwa den Diplomingenieur Christian Müller aus Zittau 1989 erst an den Runden Tisch, dann in die SDP und schließlich für die SPD in den Bundestag gewirbelt hatte, war schnell verflogen. Mit Befremden erkannte Müller, der noch immer im Parlament sitzt, dass seine West-Kollegen »das epochale Ereignis« schon bald nicht mehr so intensiv erinnerten wie er. »Da saß man in der Fraktion wieder eher nebeneinander als zusammen.«

Wobei die Ostdeutschen bis heute für sich in Anspruch nehmen – nach meinen persönlichen Erfahrungen vielfach sogar mit einer gewissen Berechtigung –, dass sie sich ein Stück jenes »echten Lebens« erhalten hätten, das im kalten Westen verdorrt sei, in der Nischengesellschaft der DDR aber überdauert habe. Zumindest verschaffte diese Überzeugung vielen in den Anfangsjahren ein Gefühl moralischer Überlegenheit, das sie in der Konkurrenzgesellschaft der Bundesrepublik stärkte.

Doch der Kulturschock blieb. In einer Phase des Umbruchs und allgemeiner Verwirrung, die sie selbst viel stärker traf als ihre künftigen Kollegen im Westen, machten sich die neuen Politiker aus dem Osten auf den Weg in die Bonner Republik wie auf eine Fahrt in der Geisterbahn. Nur dass sie – für viele Westdeutsche – selbst zu den Gespenstern zählten, die das Volk erschreckten. Beide Seiten mussten lernen, dass die Bilder, die sie sich voneinander aus der Ferne gemacht hatten, den unbefangenen Umgang miteinander stark einschränkten. Die Vorstellungen, die Menschen voneinander haben, sind harte Fakten der Gesellschaft.

Dass die Westmedien die Spirale des Wandels in der DDR mit in Gang gehalten hatten, war auch den Bürgerrechtlern immer klar. Als Produkte des Fernsehens aber hatten sie sich nie verstanden. Sie sahen sich und die Revolte, die sie initiiert hatten, zu Recht als ein genuines Produkt der DDR-Gegenkultur. Und jene Bürgerrechtler, die in der Politik blieben und sich nun in das demokratische System der Bundesrepublik einklinkten, traten mit hohem Ton und großem Selbstbewusstsein an: »Schließlich haben wir den Westen an seine Werte erinnert«, sagt Günter Nooke.

Entsprechend herb war die Enttäuschung. Vier Jahre später, im Mai 1994, feierte der Bürgerrechtler Jens Reich, damals 55, erschrocken und erleichtert zugleich seine Niederlage bei der Wahl zum Bundespräsidenten – als gelungenen politischen Selbstversuch. Nominiert von einer Gruppe von Journalisten und Intellektuellen aus beiden Teilen des Landes hatte der Berliner Molekularbiologe beweisen wollen, dass ein unabhängiger Kandidat aus dem Osten gegen die organisierten Westparteien nicht Präsident in Deutschland werden könne. Tatsächlich gaben ihm nur 62 der insgesamt 1320 Wahlmänner ihre Stimme.

Jens Reich blieb Staffage für ein gesamtdeutsches Illusionstheater. Noch einmal würde er sich zu einer solchen Aktion nicht hergeben. Dafür waren ihm die Stunden im Innern des »Bonner Kastens«, wie er den Reichstag nannte, denn doch allzu beklemmend erschienen. In seinem schwarzen Anzug hatte er sich unter all den Honoratioren gänzlich fehl am Platz gefühlt: »Zu Gast in der Bundesrepublik Deutschland«, wie er es später formulierte, »freundlich empfangen von allen Seiten, höflich und diplomatisch begrüßt, weil alle sich freuten, dass auch einer aus Ostdeutschland dabei war, aber eben als Gast« – ein Fremder im eigenen Land.

Dass Ideal und Wirklichkeit des Sozialismus krass auseinander fielen, hatte zu den bitteren Enttäuschungen der meisten DDR-Oppositionellen, vor allem vieler radikaler Bürgerrechtler gehört. Nun erkannten sie, dass sich das nicht nur mit dem Kapitalismus, sondern offenbar auch mit der Demokratie so verhält. Die alltägliche Praxis des Bonner Parteienstaats hielt ihren hoch idealisierten Ansprüchen nicht stand. Auch Manfred Stolpe konnte sich anfangs gar nicht beruhigen über die »Formelkompromisse« und »Sonntagsreden«, die im Westen als Demokratie verkauft wurden – bis ihm klar wurde, dass er sich mit der Ossi-typischen Hochstilisierung von Demokratie und Demokraten keinen Gefallen tat: Dieses Träumen vom idealen System und dem idealen Menschen, das »gehört wohl zu den unterschwelligen Relikten des Sozialismus, das steckt noch drin«. Stolpe lernte um. Doch die eigentlichen Revolutionäre der Wendezeit zogen sich resigniert aus den westdeutschen Politikzusammenhängen zurück.

Erhart Neubert, Soziologe, Mitbegründer des »Demokratischen Aufbruch« und Chronist der DDR-Opposition, schätzte das Umfeld der heterogenen Gruppen der Bürgerbewegungen, die erst nachträglich Konturen bekamen, auf etwa 2000 Personen. Nach ihrer Blütezeit im Herbst 1989, erlitten sie einen enormen Bedeutungsverlust. Sie wurden, so Neubert, zu »Blutspendern für die Parteien«. Ein kleiner Kern ist bis heute dort geblieben: Markus Meckel, Stefan Hilsberg und Steffen Reiche in der SPD, Werner Schulz bei den Grünen, Rainer Eppelmann, Arnold Vaatz, Vera Lengsfeld, Angelika Barbe und Günter Nooke in der CDU.

Aber die wortgewaltigen Stars der Bewegung, die nachdenklichsten und eindrucksvollsten Köpfe, sind enttäuscht gegangen – zum Teil mit vernichtenden Urteilen über das starre, erneuerungsfeindliche demokratische System der Bundesrepublik, zum Teil mit unverhohlener Verachtung für den rücksichtslos karrieristischen Stil und den effekthascherischen Show-Charakter der westdeutschen Polit-Profis. Und es war kaum jemand unter ihnen, der auf den im Osten beliebten Frage-Witz, warum die Abiturienten in Westdeutschland ein Jahr länger bis zum Abitur brauchten als die Schüler im Osten, nicht die richtige Antwort kannte: weil in der Westausbildung ein Jahr Schauspielschule enthalten ist.

Der Filmemacher Konrad Weiß klagte nach einem Jahr, Politik sei ein »erbärmliches Geschäft«; es werde einem alles genommen »und nichts wird dir gegeben, nichts Wirkliches jedenfalls, nichts, was wesentlich ist, nichts, was lebt. Du bist immer der Verlierer.« Und: »Ich habe in diesen drei Jahren einen Anpassungsdruck erlebt, dem ich mich nicht länger aussetzen will.« Der Kirchenrechtler Wolfgang Ullmann, der leidenschaftlich für eine Überarbeitung des Grundgesetzes plädiert hatte, entschied sich für einen Wechsel ins Europa-Parlament, weil die Verfassungsdiskussion abgewürgt wurde. »Es ist ein Zeichen dafür, dass der Einigungsprozess ein riesiges Demokratiedefizit hat.«

Dass in jenen Tagen in der DDR die Macht auf der Straße lag, hatten die meisten Bürgerrechtler entweder nicht erkannt, oder sie fürchteten die Konsequenzen. Das war der Grund, warum Angela Merkel und Wolfgang Thierse sich den großen Parteien anschlossen, und warum Markus Meckel die SDP gegründet hatte. »Wir stellten damit die Machtfrage«, sagt der Parteigründer heute, »weil wir der Meinung waren, dieses System hat so keine Zukunft. Wir wollten eine repräsentative Demokratie, doch genau das wollten die meisten anderen in der Opposition in dieser Zeit eben nicht.«

Allmählich gewöhnten sich die Neuen an den westlichen Politikbetrieb. Als beim Neujahrsempfang des Bundespräsidenten 1994 in Berlin zum wiederholten Male die Lichter in den Empfangssälen von Schloss Bellevue zu flackern begannen, drängte schließlich auch die letzte Herrenrunde zum Ausgang. Dort drückte Gastgeber Richard von Weizsäcker den widerwillig Scheidenden noch einmal die Hand, spöttisch verwundert über die plötzliche Eile: »Ihr rennt ja, als ob ihr rausgeschmissen seid.«

Als ob sie das nicht so empfunden hätten. Der kumpelige sächsische Innenminister Heinz Eggert kannte das angeblich nur zu gut von DDR-Empfängen. Da habe man auch immer gehen müssen, erzählte er, wenn einer das Licht an- und ausknipste: »Nicht, Gysi«, wandte sich der CDU-Mann an den früheren PDS-Chef, »du hast doch die Schalter bedient, damals.« Gregor Gysi hob mit übertriebener Entrüstung die Arme. Nie sei er in der DDR irgendwo am Drücker gewesen, das wisse doch jeder. »Na gut«, lenkte Eggert ein, »dann war es eben Manfred Stolpe. Der ist sowieso immer an allem schuld.« Der SPD-Ministerpräsident von Brandenburg, bei den einen als Kirchendiplomat berühmt, bei den anderen als angeblicher Stasi-Informant berüchtigt, lachte. Ihm konnte keiner. Ein aufgeräumter Bundespräsident winkte den drei Politikern aus den neuen Bundesländern nach, die Seite an Seite die Treppen hinunterschlenderten. Sie bewegten sich in seinem Berliner Amtssitz inzwischen selbstverständlicher als die meisten westdeutschen Politiker.

Betriebsunfälle

Unaufmüpfig und geschmeidig fügten sich die Revoluzzer aus der Ex-DDR, die im Geschäft blieben, in den Bonner Betrieb ein. Ich sah, wie die Bärte von Markus Meckel und Wolfgang Thierse ihren Wildwuchs einbüßten, hörte, wie ihre Reden glatter wurden. Angela Merkel, deren lebhafte Züge anfangs jede Regung gespiegelt hatten, zog als Ministerin die Mundwinkel herab und einen Vorhang vor ihr Gesicht. Günther Krause wurde immer feister und dreister, Rainer Ortleb ersoff in Einsamkeit. Ausgerechnet Gregor Gysi, der PDS-Chef und Medienstar unter den Ossis, jammerte: »In Bonn sind meine letzten Illusionen zerbrochen. Denn wenigstens ab und zu, so dachte ich, wird es um Sachauseinandersetzungen gehen. Doch das ist ein Irrtum. In Bonn geht es nur um Personen.«

Lauter vertraute Entwicklungen bei unvertrauten Menschen. Über Jahrzehnte hatte ich nun schon an Politikern den zerstörerischen Sog in die Sucht beobachtet, dem ich selbst erlegen war.

Nun vollzog sich dieses heimtückische und verführerische Abenteuer, das die Macht und der politische Betrieb selbst in demokratisch gezähmter Form darstellen, beschleunigt und wie in einer inszenierten Versuchsanordnung noch einmal vor aller Augen. Václav Havel hat es ausgesprochen – aus eigener Erfahrung: »Am besten läßt sich dies bei denen von uns sehen, die nie irgendeine Macht hatten und immer sehr mutig die Mächtigen dafür verurteilten, diese oder jene Privilegien, die den Abgrund zwischen ihnen und allen anderen vertieften, zu genießen, die aber jetzt plötzlich selbst an der Macht gelandet sind.«

Wie im Zeitraffer durchliefen die Ostdeutschen alle Phasen der Lebensentfremdung durch die öffentlichen Funktionen. Wussten sie noch, wie viel eine Straßenbahnkarte oder ein Pfund Butter kostete? Wie man Kaffee kochte, Auto fuhr oder telefonierte? Sie gewöhnten sich neue Verhaltensweisen an und alte ab, und nirgends gab es einen objektiven Punkt, der die Grenze markiert hätte, wo die Interessen des Gemeinwohls endeten und die Freude an Privilegien begann, wo erhöhte Anstrengungen für die Sache erforderlich waren oder nur dazu dienten, das Gefühl der eigenen Bedeutung zu steigern. »Der Mensch, der sich niemals durch das Auge der Fernsehkamera beobachten musste, aber plötzlich jede seiner Bewegungen ihrem Blick unterwirft, ist nicht mehr der gleiche, der er war«, hatte Havel festgestellt. »Er wird zu einer Geisel seiner Position, seiner Privilegien, seines Amtes.«

Der Erste, der abstürzte, war Helmut Kohls frühester Lieblings-Ossi, der gelernte Bauingenieur und spätere Informatik-Professor Günther Krause aus Mecklenburg. Nachdem er mit Wolfgang Schäuble für den Osten den Einigungsvertrag ausgehandelt hatte, galt der hochintelligente und schnell reizbare CDU-Mann in Bonn als Superstar der neuen Länder; für die frühere DDR war er der Überwessi, für sich selbst Professor Allwissend. 5000 Details des Vereinigungs-Gesetzeswerkes habe er im Kopf, protzte er. Im Kabinett Kohl wurde er Verkehrsminister.

Einen Tag vor Weihnachten 2002 saß er – um 15 Kilo Körpergewicht und 15 Millionen Mark Schulden beschwerter – mit puterrotem Kopf im Rostocker Landgericht und vernahm mit Bestürzung das Urteil: drei Jahre und neun Monate Gefängnis wegen Betruges, Untreue und versuchter Steuerhinterziehung. Fassungslos blickte Krause auf die Trümmer seines Lebens, das im viel zu schnellen Aufstieg zwischen Ost und West, zwischen Vergangenheit und Zukunft verglüht war. Familie, akademische Laufbahn, politische Reputation, bürgerlicher Wohlstand, Gesundheit – alles kaputt. »Ich habe nichts Kriminelles getan«, beteuerte er. Man darf ihm abnehmen, dass er das glaubte.

Schon als ich den frisch gebackenen Bundesminister Krause im Wahlkampf 1990 ein paar Tage begleitete, schwankte er ziemlich orientierungslos zwischen seinem alten und seinem neuen Leben hin und her. Mit glühenden Bekenntnissen zu Ludwig Erhard hatte er sich während der Einheits-Verhandlungen den Ruf eines geradezu gläubigen Jüngers der freien Marktwirtschaft erworben. Jetzt gellten ihm im Bonner Wirtschaftsrat der CDU plötzlich Pfiffe entgegen, als er die kommunistische Bodenreform in der DDR verteidigte. Das, ereifert sich Klöckner-Vorständler Hans Christoph von Rohr, sei »ein ordnungspolitischer Sündenfall«. Und als Krause behauptete, die Mehrheit der Landsleute im Osten wolle die Eigentumsverhältnisse nicht antasten, schallte es ihm entgegen: »Lüge.« Und: »Es geht um Volkseigentum, Herr Doktor Krause.«

Schlagartig wich da dem müden Wunderkind aus dem Osten das Blut aus den Wangen. In den vor Erschöpfung tief in den Höhlen liegenden graugrünen Augen, die oft weghuschend umherirrten, blitzte plötzlich Wut auf. Der Minister war nicht nur erschrocken und erbost über »die Unhöflichkeit«. Er zitterte vor Zorn, weil ihm die ignoranten West-Zwischenrufer einen »Schulterschluß mit der PDS« nachzusagen wagten. War er denn – stilisierte sich der angepasste Ost-CDU-Mitläufer zum aktiven Widerständler hoch – »im Herbst auf die Straße gegangen«, um sich mit denen in einen Topf werfen zu lassen? »Da haben Kampfgruppen mit Maschinenpistolen hinter uns gestanden. Und jetzt muß ich mir sagen lassen, ich verteidige den Sozialismus?«

Nicht nur seine neuen Freunde wussten nicht so recht, wer Günther Krause war, wohin er gehörte und was er wollte. Er selbst war sich auch nicht so sicher. Nur von seiner Bedeutung war er durchdrungen. Seit Helmut Kohl ihn angeblich im CDU-Präsidium hinter Wolfgang Schäuble zur Nummer drei ernannt hatte, glaubte er stets, den hechelnden Atem seiner Neider im Nacken zu spüren. Getrieben von Ehrgeiz, Wichtigkeit und Angst vor der Ungewissheit jagte er mit Hubschraubern, Privatflugzeugen und Polizeieskorten durch das von ihm federführend mitvereinigte, unbekannte, große Land. Noch regierte er zwar nicht richtig, aber dass er zum Kabinett Kohl gehörte – mit Sitz in Adenauers altem Palais Schaumburg –, musste er in diesen Wahlkampfwochen überall zur Schau stellen, bei achtundfünfzig Einsätzen in Ost und West.

Beliebter machte er sich bei seinen Parteifreunden damit nicht. Er wurde vorsichtig, unbeweglich und dick. Das verdichtete sich zu einer verstopften Haltung, die den erst 36-Jährigen oft ältlich, blass und lauernd wirken ließ – ein Mitmacher eher als ein Macher, ein hochtouriger Leerläufer. War Politik so? Verachtung über wichtigtuerische Schwätzer im Westen konnte Krause nur noch schwer verbergen. Wie alle Ossis meinte er, was er sagte, immer noch viel unmittelbarer als seine westlichen Kollegen. Er wollte seine Überzeugungen bekennen: »Sonst kann ich ja gleich aufhören!«

Lange dauerte es nicht, bis Krause Bonn zu hassen begann. Seine Müdigkeit verlieh ihm eine düstere, Abstand heischende Starre: Mal ein bisschen linkisch, mal ein bisschen herrisch, aber stets sehr förmlich, versuchte sich Krause dem Rahmen anzupassen, aus dem zu fallen er sich ebenso ständig bemühte. Vieles von dem, was sich Günther Krause schon in der DDR in protestantischem Ethos als Aufstiegsmuster eingetrimmt hatte, taugte nur zu gut für eine Karriere im Westen, auch für eine Suchtkarriere. Neben der so genannten sachlichen Härte gegen andere war das vor allem die als Arbeit verherrlichte Brutalität gegen sich selbst. Von Jugend an auf Leistung und Überstunden getrimmt, war dem Minister in Bonn ein vierzehn- bis achtzehn-Stunden-Arbeitstag schnell zur Selbstverständlichkeit geworden. Mit der gleichen Verbissenheit, mit der er im Sommer die Verträge durchgezogen und nebenher noch die CDU-Fraktion in der Ostberliner Volkskammer gemanagt hatte, hetzte er danach von einem albernen Wahl- und Pressetermin zum anderen. Im Zustand permanenter Erschöpfung gehörte er gleichsam von selbst dazu in Bonn – schwarze Ringe unter den Augen galten als Markenzeichen der politischen Spitzenklasse.

Bald kamen Affären dazu, nichts Weltbewegendes, aber unappetitlich und von Krause durch selbstgerechte und hochnäsige Attitüden verheerend hoch gejazzt: Putzfrau und Umzug auf Steuerzahlerkosten, zwielichtige Geschäfte. Seine politischen Freunde ließen ihn fallen, seine Frau verließ ihn. Im Mai 1993 trat er als Minister zurück, und damit kriegte der Abstieg erst richtig Tempo. »Dass ich Macht hatte, habe ich erst später gemerkt, als sie mir entglitten war«, bekannte er. »Ich ahnte nicht, wie eisig es wird.«

Der Nächste, den es erwischte, war Rainer Ortleb, Bonner Bildungsminister in der Nachfolge Jürgen Möllemanns ab Januar 1991. Immer hatte der Informatik-Professor aus Rostock, der zu DDR-Zeiten zweiundzwanzig Jahre lang in der liberalen Blockpartei LDPD an der Seite der SED »ehrenamtlich« mitmarschiert war, seinen steilen Bonner Aufstieg nach der Wende für einen »Verkehrsunfall« gehalten. Im Februar 1994 verunfallte er sozusagen zurück in die Normalität. »Minister Ortleb stürzt über Alkohol«, kreischte die *Bild*-Titelzeile.

Danach redeten in Bonn seine Kollegen und die Journalisten über den damals 49-jährigen Ortleb so, als sei er in die Ewigkeit dahingeschieden. Im Nachruf des Ministers Norbert Blüm fiel das Wort »unbarmherzig«. Die Bundestagspräsidentin Rita Süssmuth sprach von Überforderung, Bundeskanzler Helmut Kohl verwies darauf, dass viele in Bonn bis zur Grenze des Zusammenbruchs »belastet« seien. Rhetorische Kondolenzgebinde für einen politischen Helden. Sie hatten einen Kameraden. Nur, dass er in Wahrheit noch zwischen ihnen herumstand, den Kopf zwischen den Schultern versteckt, linkisch und voller Scham. Er war ja nicht wirklich gestorben, nur politisch. Schonungslos lieferten die Fernsehkameras sein nacktes Gesicht der Öffentlichkeit aus.

Inzwischen – fast zehn Jahre später – klingt Rainer Ortleb so, als sei das alles nur eine Art bedauerlicher Irrtum gewesen. Alkoholiker? »Ich habe nicht den Eindruck, dass ich einer bin.« Eher würde er sich heute als einen »üblichen Mittrinker« betrachten. Und die Aussetzer während seiner Ministerzeit? Gut, dass ich frage. Rainer Ortleb, der heute nicht mehr so heißt, sondern den Namen seiner Frau angenommen hat, wirkt am Telefon in Dresden richtig aufgekratzt bei diesem Thema. Es habe ihn ja damals in Bonn doch mancher als Konkurrenten um wichtige Posten gefürchtet, was er gar nicht gemerkt haben will. »Für einige ist es da wohl zur Absicht geworden, mich in solche Situationen zu bringen.« Und die Politik, hat er die hinter sich? »Im Prinzip habe ich mich aus der Politik zurückgezogen.«

Die Bonner wussten damals schon, warum sie so übertrieben reagierten auf Ortlebs Ausscheiden: Ihr kleiner Minister – »der kommt aus dem Osten, fassen Sie mal an, der ist echt« – war nicht so furchtbar anders als die meisten. Rücktritt aus gesundheitlichen Gründen? Gewiss, Rainer Ortleb stützte sich auf den Rat seines Arztes. In Wirklichkeit musste er nichts erklären, um kenntlich zu machen, dass sein Zusammenbruch ein Hilfeschrei war – ein verzweifelter Hinweis auf die zerstörerische Qualität des Bonner Politikbetriebs. Seine Kollegen, die so genannten Parteifreunde vorneweg, verstanden nur allzu gut, dass der sensible Neuling ihrer aller Not offenbarte. Für einen Augenblick hatte sich ein Abgrund von Lebensangst aufgetan.

Rückblickend hatte eigentlich jeder das Unheil kommen sehen. Allzu offen – unprofessionell eben, wie seine Kollegen spöttisch oder verächtlich bemerkten – hatte der schüchterne Mathematiker aus Rostock über seine Lebensschwierigkeiten geredet. Er sprach über seine Fremdheit und seine Einsamkeit, beklagte familiäre Schwierigkeiten. Sonderlich viel Anteilnahme konnte er damit nicht wecken, eher Hohn. Und Abwehr. Wem ginge es denn nicht so in der Hauptstadt? Da muss man durch.

Und wenn man dazu Alkohol brauchte, dann doch bitte so, dass es keiner mitkriegt. Je deutlicher Politiker merken, dass sie zusätzliche Mittel und Methoden brauchen, um ihre real existierenden inneren Defizite zu überdecken, desto weniger wollen sie mit denen zu tun haben, die zur Flasche greifen statt zum Mikrofon oder zum Terminkalender. Wenn schon Drogen, dann doch lieber jene »personalen oder apersonalen Mittel« – also Arbeit, Beifall, Erfolg etwa –, mit denen man nach dem Urteil von Suchtexperten ebenfalls Verhaltens-, Gefühls- oder körperliche Veränderungen hervorrufen kann, um sich der Realität zu entziehen. »Wichtigkeitsdrogen«, nennt Wolfgang Thierse solche Stimulanzien.

Zu Alkohol hätte Manfred Stolpe niemals Zuflucht genommen. Seine Droge war und ist die permanente Betriebsamkeit, eine protestantische Tugend. In der DDR habe er als »Hansdampf in allen Gassen« gegolten, renommiert er. Tatsächlich fiel er schon durch Entzugserscheinungen auf, bevor er Bundespolitiker wurde. Seine Frau, eine Ärztin, hatte ihren Ehemann bereits als Polit-Junkie diagnostiziert, als er noch in der DDR als Chefdiplomat der evangelischen Kirche Kontakt zu den staatlichen Machthabern hielt. »Ich hatte keine Angst vor denen«, sagte er später. Er galt als unersetzlich. Er brauchte, dass er gebraucht wurde. Nie würde er sich eine Schwäche eingestehen. Er musste alles unter Kontrolle haben. Sein Lebenssinn war seine Umtriebigkeit. Regelmäßig fiel sein Urlaub aus. Manfred Stolpe wirkte wie ein Herr Mustermann der Arbeitssucht.

Weder seine kommunikative Rastlosigkeit noch sein Arbeitspensum musste er nach der Wende umstellen. Manfred Stolpe hat sich nicht verändert. »Der ist, wie er ist«, zitiert er vergnügt, was die Leute angeblich über ihn reden. Und so gedenkt er auch zu bleiben, obwohl die Kosten seiner Defizite immer deutlicher werden. Kontinuität ist eine zentrale Kategorie in seinem Leben, über alle persönlichen und politischen Brüche hinweg: in den Zielen, in der Arbeits- und Lebensweise, im Umgang mit Menschen, insbesondere aber im Verhältnis zur Macht. Prinzipien spielen eine untergeordnete Rolle im Denken Stolpes, das von den »Realitäten des Tages« ausgeht – von den unterschiedlichen Formen der Macht, mit denen es sich zu arrangieren gilt.

Deshalb bedeutete es 1990 offenbar nur einen vergleichsweise kleinen Schritt für den Kirchenjustiziar und Konsistorialrat Stolpe, auch im Machtgefüge der Bonner Republik einen herausragenden Platz zu finden. Er trat der SPD bei und wurde deren Aushängeschild im Osten. Natürlich hatte er auch Angebote von der Union. Achtzig Tage nach seiner Wahl zum Ministerpräsidenten von Brandenburg bekannte Stolpe »mit allem Freimut«, dass politisches Handeln häufig wirklich durch Misstrauen und Hinterhältigkeit geprägt sei, und dass sich ihm in dieser Hinsicht »nicht einmal ein prinzipieller Unterschied zwischen dem alten Osten und dem neuen Westen« gezeigt habe.

Ich glaubte ihm, dass er das so sah. Und genau das machte mich misstrauisch. Mir schien sein Urteil mehr über die Person Stolpe auszusagen als über die Verhältnisse.

Im Februar 1989, ein gutes halbes Jahr vor dem Fall der Mauer, hatte ich Manfred Stolpe in Bonn zum ersten Mal erlebt. Jürgen Schmude, der frühere SPD-Justizminister und spätere Präses der Evangelischen Kirche, brachte den ostdeutschen Kirchenjustiziar mit einem guten Dutzend westdeutscher Journalisten zusammen, damit er die brisante Lage in der DDR verdeutliche. Das tat Stolpe so eindrucksvoll und überzeugend, dass ich, als ich nach Mitternacht heimkam, meine Frau weckte und sagte: »Du, das dauert da drüben nicht mehr lange.« Damit hatte ich bis dahin nicht im Traum gerechnet.

Später – nachdem nahezu alles so eingetroffen war, wie Stolpe es vorhergesagt hatte – habe ich oft über diesen Abend nachgedacht. Bemerkenswert fand ich nicht nur seine exzellente Analyse der politischen, wirtschaftlichen und gesellschaftlichen Situation; auffällig erschien mir im Nachhinein auch, dass ich – nachdem der Stasi-Spitzel-Verdacht gegen Stolpe aufgekommen war – nicht hätte sagen können, ob der Gast aus Ostberlin zu uns als Kirchen-Diplomat oder als Mielkes Einfluss-Agent gesprochen hatte. Der Vortrag hatte in beiden Funktionen Sinn gemacht.

So habe ich Stolpe später immer wahrgenommen – als einen Mann, der es liebt, sich in einer Aura des Geheimnisvollen und Undurchsichtigen zu verstecken. In einer Grauzone zwischen SED-Regime und Opposition hatte er agiert, in der letzten DDR-

Phase von den Oppositionellen geschätzt, danach wegen angeblicher Stasi-Zusammenarbeit kritisiert und beargwöhnt. Mit einem diffusen Gemisch aus aufklärerischen Vernunftappellen und populistischen Gemütsmassagen sicherte er sich nach der Wende absolute Mehrheiten. Je länger ich ihn erlebte, desto sicherer schien mir, dass er von solchen Unklarheiten lebte – nicht nur als Jurist, sondern auch als Mensch.

»Warum glauben Sie mir eigentlich nicht und sind so hartnäckig hinter mir her?«, hat er mich einmal gefragt, als er noch Ministerpräsident in Potsdam war. »Weil bei Ihnen selbst über die simpelsten Kleinigkeiten Unklarheiten bestehen«, sagte ich. »Zum Beispiel?« – » Zum Beispiel über Ihr Abitur. Haben Sie nun 1956 oder 1957 Abitur gemacht?« Manfred Stolpe blickte mich mit großen blauen Augen an, ein bisschen amüsiert, wie mir schien, dann sagte er: »Aber das muss man doch rauskriegen können. Da gibt es doch sicher noch Zeitzeugen.« – »Ja, Herr Stolpe«, sagte ich, »Sie zum Beispiel. Wann war es denn nun?« – »Na ja, in so einem Leben ist ja viel passiert«, meinte er, »und an alles erinnert man sich nach so langer Zeit ja nun auch nicht.« – »Nein«, räumte ich ein, »an alles nicht. Aber an das Abiturjahr schon, Herr Stolpe, bei mir war es 1957. Ich bin so alt wie Sie.« Der Ministerpräsident nickte anerkennend. Dann fragte er mich: »Und warum ist das so wichtig, wann ich Abitur gemacht habe? 1956 oder 1957, das ist doch egal?« – »Weil es, Herr Ministerpräsident, eine in der Presse veröffentlichte Spekulation gibt, nach der Sie in diesem Jahr zwischen den beiden Daten angeblich in Leningrad vom KGB ausgebildet worden sein sollen.« Lange sah Stolpe mich an, blank und blau. Dann wandte er sich seufzend an seinen Regierungssprecher Erhard Thomas, der die ganze Zeit schweigend und unbewegt dabeigesessen hatte, und sagte: »Dann müssen wir das wohl mal in Ordnung bringen.« Damals blieb er mir die Antwort schuldig. Inzwischen gibt Stolpe das Jahr seiner Reifeprüfung auch offiziell an: 1955.

Es war ein groteskes Gespräch. Am Ende schien er irgendwie niedergeschlagen, als hätte ich ihm mit meinem Bestehen auf Klarheit ein Stück Lebensraum gestohlen. Doch keinen Augenblick hatte ich das Gefühl, dass Stolpe sich belästigt oder gar bedroht gefühlt hätte. Auch kam ich mir nicht veralbert vor, obwohl manchmal aus seinen Augenfalten ein Ausdruck klammheimlicher Belustigung zu zwinkern schien. Es war ein Spiel, eines, das mir Stolpes bizarre Daseinsform vorführte. Er saß da, als werde er von sich selbst gedoubelt und synchronisiert. »Dieser Stolpe«, sagte Stolpe dann über Stolpe – als hätte er nur entfernt mit sich zu tun. So blieb etwas Undurchsichtiges um seine Person. Das war Teil seiner Macht. Und zur Sucht passt es ebenfalls.

Als Überraschungscoup hatte er im Juni 2002 seinen Rücktritt als Ministerpräsident in Potsdam mit der Präsentation seines Nachfolgers Matthias Platzeck inszeniert. Alles war geregelt. Als Landtagsabgeordneter für seinen Wahlkreis Cottbus und im »Forum Ost« plante er, Politik als persönliches Vermittlungsgeschäft weiterzubetreiben. Macht hatte Manfred Stolpe immer als Möglichkeit verstanden, im Gespräch Einfluss auszuüben. Und dass er alle kannte, dass auch alle mit ihm reden wollten – das war sein Kapital, das konnte ihm keiner nehmen. Ihm sollte es nicht passieren, dass er aus dem Amt gedrängelt werden musste wie Helmut Kohl, Eberhard Diepgen und Kurt Biedenkopf. »Hört auf Manfred Stolpe«, feierte ihn der damalige SPD-Generalsekretär Franz Müntefering, »wer zu spät geht, den bestraft das Leben.«

Aber irgendwie verpflichtete ihn der Bundeskanzler dann doch weiter, und plötzlich saß Bundesminister Manfred Stolpe – inzwischen sechsundsechzig Jahre alt, nicht unfroh, aber doch deutlich von Erschöpfung, Müdigkeit und Frust gezeichnet – als Chef eines vor allem auf den Osten ausgerichteten Infrastruktur-Ressorts mit den Sparten Verkehr, Bau und Wohnungen in seinem Berliner Arbeitszimmer und musste aushalten, »als Dilettant und Versager dargestellt zu werden, das gehört zum politischen Geschäft«. Er hatte sich bei der Einführung eines LKW-Mautsystems so verhalten, wie er es immer tat im Umgang mit Mächtigen: Er arrangierte sich mit dem vorhandenen System. Es wurde ein Desaster.

Visionen, Gestaltungswille, eine Gesamtstrategie – das alles wurde ihm weder in Potsdam noch in Berlin nachgesagt. Die Serie der von ihm zumindest mit zu verantwortenden Flops war bemerkenswert. Vom missglückten Zusammenschluss seines Landes mit Berlin bis zur Pleiterennstrecke Lausitzring, vom gescheiterten Cargo-Lifter über die gestrandete Chip-Fabrik in Frankfurt an der Oder bis zum fehlgeplanten Großflughafen Schönefeld reihte sich ein politischer Betriebsunfall an den anderen. Doch die Wähler trugen ihm kaum etwas nach, in seiner Einfühlung in die Wünsche und Ängste der Bevölkerung war er nicht zu übertreffen.

War Manfred Stolpe ein Anpasser? Es gehörte zu den Eigenheiten des gebürtigen Pommern, dass er sich durch derart provokante Fragen nicht in die Defensive drängen ließ. »Unter den Bedingungen einer Diktatur sind Abwarten und Anpassen Lebenskunst gewesen«, gab er zu bedenken. »In einem System, das auf Kampf aus war, ist das eine hilfreiche Methode.« So verteidigte er seine Nähe zum SED-Staats- und -Parteiapparat auch vor dem Untersuchungsausschuss im Brandenburger Landtag: »Wer was erreichen will, muss sich aufs Versteckspielen einlassen.«

Umbruchkompetenz

Am 17. Juni 2003 wurden vor der ersten Reihe der Abgeordneten im Plenum des Bundestages wieder jene fünf Einzelstühle aufgebaut, die signalisierten, dass eine Feierstunde von staatspolitischer Bedeutung angesagt war: 50. Jahrestag des Volksaufstandes in der DDR. Die Ränge füllten sich mit festlich gewandeten Menschen, Wolfgang Thierse eröffnete die Veranstaltung in feierlichem Schwarz. Es folgte das obligate Streichquartett. Für die Grünen-Fraktionschefin Katrin Göring-Eckardt, 1966 in Thüringen geboren, aufgewachsen und noch heute dort zu Hause, schien es zunächst wieder eines dieser typischen virtuellen Ereignisse »im Schwebezustand der Politik-Welt« zu werden, »wo wir immer ein Stück weg sind von dem, was andere erleben«.

Tatsächlich sah auf den ersten Blick alles wieder so aus, als sollte es vor allem gut aussehen. Mussten ausgerechnet die Feierlichkeiten zu Erinnerung an die 1953 blutig niedergeschlagene Erhebung in der – wie es damals im Westen hieß – »sowjetisch besetzten Zone« dafür herhalten, im Jahr 2003 einen nahezu idealen Zustand inzwischen vollzogener innerer Einheit vorzutäuschen? Zwar lauschte mit Manfred Stolpe nur noch ein einziger Bundesminister aus den neuen Ländern auf der Regierungsbank im Berliner Reichstagsgebäude den Festreden. Doch im Plenum hatten 97 Abgeordnete des Deutschen Bundestages aus den neuen Ländern und Ostberlin ihren Sitz, darunter mit Angela Merkel die Bundesvorsitzende der größten Oppositionspartei. Vier Ministerpräsidenten aus Ostdeutschland oder ihre Stellvertreter saßen auf den Bundesratsplätzen. Die fünf protokollarisch hochrangigsten Vertreter der Republik hatten auf den Stühlen vor der ersten Reihe Platz genommen. Neben Bundespräsident Johannes Rau, Kanzler Gerhard Schröder und Hans-Jürgen Papier, dem Präsidenten des Bundesverfassungsgerichtes, waren das der Bundesratspräsident Wolfgang Böhmer aus Sachsen-Anhalt und Bundestagspräsident Wolfgang Thierse aus Berlin – immerhin zwei Politiker aus der früheren DDR.

Katrin Göring-Eckardt war nur mäßig interessiert. An den historischen Anlass hatte sie lange nicht gedacht. Und die Herkunft aus der Ex-DDR spiele in ihrem Selbstverständnis als Bundestagsabgeordnete ohnehin keine Rolle, sagt sie. Doch dann begann Wolfgang Böhmer zu erzählen, wie er als Schüler nach dem 17. Juni ein offenes Schuldbekenntnis hätte ablegen sollen, weil er Mitglied der »Jungen Gemeinde« war. Dem habe er sich zwar entziehen können, aber bis heute schäme er sich dafür, wie kleinlaut er sich um ein klares Bekenntnis zur eigenen Position herumgedrückt habe. Und plötzlich wurde es für Katrin Göring-Eckardt doch noch eine »extrem authentische« Veranstaltung. Ihre Mutter fiel ihr ein, die – damals so alt wie Böhmer – wegen ihrer Zugehörigkeit zur »Jungen Gemeinde« von der Schule geflogen war.

Aus ostdeutscher Sicht sei der 17. Juni 1953 zunächst und vor allem ein Tag der Niederlage gewesen, sagte Thierse, die Erste von vielen großen Enttäuschungs-Erfahrungen, die ihm und manchem anderen für lange Zeit den Mut genommen habe. Nachträglich erst sei dieser Aufstand als Vorläufer der Wende gesehen worden. Wolfgang Böhmer drückte es so aus: »Wir gedenken am 17. Juni nicht nur der Opfer von damals, sondern auch des Erfolgs vom 3. Oktober 1990.«

Erfolg? Aus ostdeutscher Sicht? Gewiss, Katrin Göring-Eckardt und ihre Kolleginnen und Kollegen aus den neuen Ländern und Ostberlin säßen nicht im Bundestag, und es gäbe auch nicht vier ehemalige DDR-Bürger als Ministerpräsidenten. Aber waren die überhaupt noch als Ostdeutsche kenntlich? Sahen sie sich selbst noch so? »Bei den Nachwachsenden erkenne ich keine großen Unterschiede mehr«, sagt Stolpe. Er schätzt, dass der Erfahrungsvorrat der Meckels und Eppelmanns, die ihre Daseinsberechtigung im Parlament aus ihrer ostdeutschen Vergangenheit beziehen, allenfalls noch zehn Jahre reiche. War nicht schon jetzt die möglichst reibungslose Anpassung an die Profi-Normen der Wessis und die Unterdrückung eigener politischer Erfahrungen und Vorstellungen die Voraussetzung für jedes halbwegs erfolgreiche Wirken in der Berliner Republik? Vielleicht hatte aber auch der frühere Bürgerrechtler Werner Fischer Recht, der behauptete, die Ossis wirkten im Berliner Reichstag »wie ein Stück Zucker im Tee: Der ist weg. Aber der Tee schmeckt besser.«

Wie ein Westdeutscher sah Markus Meckel auch in seiner vierten Legislaturperiode noch nicht aus, geschweige denn wie ein ehemaliger Außenminister. »Er ist immer mehr Pastor gewesen als Politiker«, sagt sein Freund Reinhard Höppner, und das bleibt erkennbar. Wir hatten uns im Winter 2004 auf dem Prenzlauer Berg in Berlin verabredet, wo er wohnte. Das kraftkerlig Genialische der Wende-Monate war kaum noch zu ahnen, eine zufriedene Freundlichkeit prägte Meckels Ausstrahlung. »Alles was wir werden wollten, habe ich hinter mir«, erklärte er.

Keine Spur von Resignation, kein Anflug von Bitterkeit. »Brüche im Leben zu haben, ist keine Schande«, lächelte er schmal, »aber keine zu haben auch nicht.« Meckel ist zufriedener Familienvater, hat sich Achtung und eine Reputation als streitbarer Ossi im Parlament erarbeitet und leitet – unterstützt von seinem

Freund und früheren Pastoren-Kollegen Rainer Eppelmann von der CDU – eine »Stiftung zur Aufarbeitung der SED-Diktatur«, die es ohne ihn nicht geben würde. Meckel: »Ich werde gehört, wenn ich will. Es wird bemerkt, was ich tue.«

Nein, Markus Meckel sah weder Anlass, sich von den revolutionären Phasen seines Lebens zu distanzieren, noch war er versucht, sich dafür zu feiern. »Ich gehöre nicht zu denen, die sagen, man muss das gemacht haben, um ein guter Mensch zu sein«, sagte er. Aber er hatte den Vollbart, der den Bürgerrechtsmythos signalisiert, nicht abrasiert, nur gestutzt. Von den 48 bis 50 Abgeordneten in seiner Fraktion, die aus den neuen Ländern kommen, fand er die meisten »den Westdeutschen ähnlich«, bei den Jungen sah er kaum noch Unterschiede.

Politiker aus der DDR, die sich auf Augenhöhe mit ihren Westkollegen in der Berliner Republik durchsetzen wollen, haben sich in zwei Realitäten zu bewähren. Ihre ostdeutschen Landsleute erwarten von ihnen, dass sie die trotzig-melancholische Grundbefindlichkeit der neuen Länder authentisch verkörpern. Die Polit-Profis im Westen beurteilen die neuen Rivalen nach ihren Fähigkeiten, sich im pragmatischen Erfolgs- und Wirkungsdenken des Medienbetriebs zu behaupten. Mit anderen Worten: Ostpolitiker müssen Karriere machen, ohne in den Verdacht zu geraten, das zu wollen.

Kein Wunder, dass gerade diejenigen, denen das gelang, den Karrierebegriff sorgfältig meiden. SPD-Ministerpräsident Harald Ringstorff aus Mecklenburg-Vorpommern lacht ungläubig, wenn er nach seinen Karriere-Überlegungen gefragt wird: »Ich habe mich doch nicht engagiert, um eine Spitzenposition zu erringen.« Wenn sein Magdeburger CDU-Kollege Wolfgang Böhmer gefragt wird, auf welche Leistung in seinem Leben er stolz sei, dann nennt der Gynäkologe gewiss keine Wahlerfolge, sondern die 30000 Säuglinge, denen er ins Leben geholfen hat. Böhmer, 67, regiert ein Land mit 20 Prozent Arbeitslosen, 18 Prozent der Bürger leben unter der Armutsgrenze. »Ich habe die Fähigkeit verloren, mich anzupassen«, sagt er. Der Begriff »Karriere« klang schon zu DDR-Zeiten nach Ellenbogen, Show und Schleimerei und ist im Osten, sagt Marianne Birthler, auch fünfzehn Jahre nach der Vereinigung noch ein Schimpfwort. »Du bist jetzt auch auf dem Karrieretrip«, ist ein Vorwurf, den nicht einmal die effekthascherische FDP-Generalsekretärin Cornelia Pieper auf sich sitzen lassen will. Und der uneinprägsam freundliche CDU-Ministerpräsident Dieter Althaus, Jahrgang 58, aus Thüringen, ein ehemaliger Lehrer aus dem katholischen Eichsfeld, der burschikos und unideologisch die Interessen des Ostens in der Union vertritt, spottet: »Ich hatte nicht das Fenster offen, um den Ruf des Kanzlers nicht zu verpassen. Ich lebe im Hier und Jetzt.« Seinem zentralen Programmsatz könnten alle zustimmen: »Wir leben in einem Zeitalter des neuen Pragmatismus.«

Die Vorzeigeaufsteiger Ost, Angela Merkel und Wolfgang Thierse, spielen längst in einer anderen Liga. Ihr Leben musste in Berlin schon als Libretto – *Angela. Eine Nationaloper* – und als Theaterstück – *Merkels Brüder* – herhalten und wurde von der »Distel« zum Kabarett-Programm hochgejazzt: »Wenn der Thierse zweimal klingelt«. Signalisiert das, die beiden hätten sich damit lückenlos den Macht- und Erfolgsmustern des Westens unterworfen, wie ihre Kritiker behaupten? Oder wird damit honoriert, dass sie im politischen Betrieb so etwas wie östlichen »Eigensinn« behauptet haben, in dem sich ihre abweichenden biografischen Prägungen, ein anderes Politikverständnis und ein besonderer Lebensstil niedergeschlagen haben?

Der Sozialdemokrat Wolfgang Thierse hat mit der Beschreibung seiner Position keine Schwierigkeiten. »Ich will immer Ossi bleiben«, sagt er, »aber nicht immer nur Ossi sein.« Natürlich wusste er, dass er zum stellvertretenden Partei- und Fraktionsvorsitzenden 1990 nur aufgrund seiner Herkunft aus der DDR gewählt worden war. Das verpflichtete ihn einerseits zu einer Sprecherrolle für die Belange der neuen Länder. Das machte ihn andererseits zu einer Reizfigur für viele altgediente Westgenossen. Auf die Ostrolle reduziert zu werden, hatte Thierse schnell als Gefahr erkannt. Es fehlte nicht an Rivalen, die fanden, dass ihnen die Positionen zustanden, die der Ossi besetzte. Entsprechend massiv war der Widerstand. »Meine größte Enttäuschung rührt aus der Massivität des Versuchs, das Bisherige der Bonner Republik bruchlos fortzusetzen«, sagte er im Oktober 1992, nachdem er leidenschaftlich für einen Umzug der Hauptstadt nach Berlin gekämpft hatte.

Gleichzeitig wurde Wolfgang Thierse aber schnell klar, dass er sich in einer reinen Nörglerrolle um seine Reputation bringen würde. Die Angriffe aus der eigenen Partei gegen seine wortgewaltigen Mahnungen setzten ihm zu. »Ich musste die Methode wechseln«, erläuterte Thierse nachträglich, »wenn ich nicht als Profi-Ossi abgestempelt werden wollte.« Das hieß: Er brauchte Tätigkeitsbereiche und Aufgaben über die Ostthematik hinaus.

Von Erhard Eppler übernahm er den Vorsitz der SPD-Grundwertekommission. Und als ihm die Berliner Genossen 1992 den Landesvorsitz antrugen, schlug er das Angebot keineswegs gleich aus – eine reale Machtbasis erschien ihm im Prinzip ratsam. Dennoch sagte er am Ende ab, obwohl die führungslose und total zerstrittene SPD der künftigen Hauptstadt nach ihm rief »wie nach einem Messias«, wie er hinterher spottete: »Allerdings sägten sie auch schon an meinem Ast, bevor ich drauf saß.« Trotz zum Teil heftiger Kritik an seiner angeblichen Risikoscheu war Thierse sicher, die richtige Entscheidung getroffen zu haben. »Wenn ich ein Amt übernehme, muss es zu mir passen.«

Ein solches Amt stand ihm plötzlich offen – das des Bundestagspräsidenten. Nach dem Wahlsieg der rot-grünen Koalition wurde er mit 512 von 666 abgegebenen Stimmen zum Nachfolger der CDU-Präsidentin Rita Süssmuth gewählt. Thierse: »Das ist doch irre. Was habe ich für ein Glück.«

Der neue Präsident verstand seine Position nie rein repräsentativ. Wer einen Schöngeist und intellektuellen Theoretiker ohne Kämpferqualitäten erwartet hatte, sah sich schnell getäuscht. Thierse mischte sich politisch ein, bezog Stellung und machte sich Feinde. »Ich bin doch kein politischer Eunuch.« Er wetterte gegen Fremdenfeindlichkeit und Rechtsextremismus, kritisierte den Sensations-Stil der Medien und warnte vor einem unheilvollen Trend zur Individualisierung in der Gesellschaft. Als Helmut Kohls Parteispendenaffäre aufflog, verhängte er millionenschwere Strafgelder und kürzte den staatlichen Zuschuss für die CDU um 41 Millionen Mark. Nicht freundlicher ging er mit der SPD nach deren Kölner Parteispendenskandal und mit den nordrhein-westfälischen Liberalen um. Wütend schimpfte ihn Helmut Kohl »den schlimmsten Präsidenten seit Hermann Göring«. Seinen Parteichef und Bundeskanzler Schröder erzürnte Thierse, als er – Jahre vor allen offiziellen Kommissionen – öffentlich die Lage in den neuen Ländern als alarmierend analysierte und feststellte: »Der Osten steht auf der Kippe.« Im Sommer 2004 schimpften zum Ausgleich wieder die Ost-Genossen auf ihn. Er sei ein »Totalausfall« für die SPD in den neuen Ländern, polterte Markus Meckel.

Auch Angela Merkel wusste, dass sie die in der Bevölkerung nicht vorhandene innere Einheit in ihrer Person vorleben oder zumindest vortäuschen musste. Und tatsächlich schien sie – trotz neuer Frisur vom Westberliner Starfriseur Udo Walz – nicht bereit, ihre DDR-Herkunft zu verleugnen. Im Gegenteil, sie hatte sich entschlossen, mit ihrer DDR-Biografie offensiver umzugehen als bisher: »Die Perspektiven, aus denen Ostdeutsche auf die Bundesrepublik schauen, können genau für diese Republik hochinteressant und bereichernd sein.« Einen CDU-Landesfürsten, der sie mit seiner »tollen Lebenserfahrung« zu schulmeistern versuchte, bürstete sie drastisch ab: Jahrzehntelanges Leben in einer Diktatur habe vielleicht mehr Gelegenheiten geboten zu beweisen, dass man kein Weichei sei. Man könne ja gerne einmal die Mutfragen im eigenen Lebenslauf vergleichen, bot sie dem prominenten West-Macho an, um zu sehen, wie weit der Mut reiche, wenn es hart auf hart käme.

Karriere? Eigentlich hatte sie nur in den Bundestag gewollt 1990, mehr war nicht geplant. Aber dann fand Helmut Kohl, der aus Proporzgründen eine Frau aus dem Osten für sein Kabinett suchte, Gefallen an ihr und machte »sein Mädchen«, wie er die damals in der Tat noch fast jugendlich wirkende Physikerin aus Ostberlin zu nennen beliebte, nicht nur zur Frauen- und Familienministerin, sondern auch zur stellvertretenden Parteichefin. Diese Ämter fielen ihr zu. Das hat Merkel, gerade mal siebenunddreißig Jahre alt, damals richtig schockiert, wie sie später gestand. Denn weder ihre Rolle in der Wendezeit noch ihre Position in der CDU boten für diesen abenteuerlichen Karrieresprung eine auch nur halbwegs solide Grundlage. Aber es gefiel ihr auch. Schon 1991 vermeldete sie zum ersten Mal »Entzugserscheinungen«.

Die acht Jahre im Kabinett Helmut Kohls betrachtete sie als eine wichtige Lehrzeit, aber es ging ihr auch, wie sie sagte, »auf den Geist«, immer nur als abgeleitete Figur eines anderen Menschen gesehen zu werden. Ein kesser Versuch, in Brandenburg für den Parteivorsitz zu kandidieren, scheiterte kläglich. »Bei mir ist alles viel zu schnell gegangen und hat zu hochhinaufgeführt«, bekannte sie wenig später. »Ich sitze auf hoher Plattform mit wackligen Stützen.«

In Mecklenburg-Vorpommern war sie danach erfolgreicher, ohne nach außen besonders aufzufallen. Dort lernte sie Parteipolitik an der Basis, und in Bonn guckte sie dem Kanzler die Machttechniken ab. Seinen Machtwillen hatte sie schon. Ihre wichtigste Erkenntnis vertraute sie 1995 der Fotografin Herlinde Koelbl an: »Eigentlich gewinnt immer der, der sich nicht an die Spielregeln hält.«

Nach der Abwahl des CDU-Patriarchen 1998 folgte für Angela Merkel der nächste unerwartete Sprung ins Ungewisse. Dass Wolfgang Schäuble, Kohls Nachfolger als Parteichef, sie zu seiner Generalsekretärin machte, gefiel ihr nicht schlecht. Sie hatte ein vertrauensvolles Verhältnis zu ihm, und die Vorstellung, die altbackene Kohl-CDU umzumodeln, reizte sie. Aber dann kam die Spendenaffäre, und damit geriet Angela Merkel in einen noch wilderen Strudel als zu Beginn ihrer Bonner Laufbahn. Sie bewunderte Helmut Kohl – aber sie war noch nicht lange genug dabei, um Teil seines Systems geworden zu sein. »Ich habe Kohl viel zu verdanken«, sagte sie, »dennoch finde ich das Wort Dankbarkeit in diesem Zusammenhang nicht passend. Denn ich habe etwas geleistet. Mir wurde nichts geschenkt.« Dass die historische Figur Kohl nicht die Größe besaß, von selbst abzutreten, enttäuschte sie. Deshalb distanzierte sie sich mutig von ihm durch einen offenen Brief in der *FAZ*.

Danach wurde es einsam um Angela Merkel. Zwar wählten die verstörten Delegierten des CDU-Parteitages von Essen sie im April 2000 zur Bundesvorsitzenden. Aber erst nach und nach dämmerte ihr die bittere Wahrheit, dass sie diese Wahl nicht ihrem Ansehen und ihren Fähigkeiten, sondern den widrigen Umständen der Spendenaffäre zu verdanken hatte. Überall loderten plötzlich Zweifel auf. Kann die das überhaupt? Wie will die das denn in der DDR gelernt haben? Sie verkrampfte.

»Ich kann heute starr nach außen gucken und nicht jedem zeigen, was ich gerade denke«, hatte sie schon 1995 gesagt. Sie glaubte, damit dem westlichen Profi-Politiker ein Stück ähnlicher geworden zu sein; und in der Tat bescheinigten ihr Ost-Freunde bald, sie würde im Parlament rumschreien wie Schröder und Fischer. Nur war das nicht positiv gemeint. Im Westen hingegen galt ihre misstrauische Verschlossenheit als typisch ostig.

Dass Angela Merkel auch charmant und witzig sein kann, voller Selbstironie und Sarkasmus, nahmen ihr die Fernsehzuschauer einfach nicht ab. Sie selbst konnte es bisweilen immer noch komisch finden, sich auf dem Bildschirm unter den Berühmtheiten wiederzufinden. Doch konnte sie diese Distanz zu ihrer Machtrolle anderen nicht glaubhaft vermitteln. Ihr ganz persönlicher Lebensrhythmus, auf den sie sich verlassen konnte wie auf eine innere Uhr, war ihr zeitweilig abhanden gekommen. Politik hatte ihr Dasein in einen permanenten Ausnahmezustand versetzt.

Für die Medien, für die Bildpresse vor allem, war Angela Merkels Weg nach Westen ein Fest. Denn jeder Schritt ließ sich, wenn auch mit deutlicher Verzögerung, an ihrem Äußeren ablesen. Sie wehrte sich gegen modische Vorschläge aus dem Westen, weil sie argwöhnte, sie sollte in so eine Art »Abteilungsleiterkostüm« gesteckt werden, wie sie es von Karrierefrauen im Osten kannte – »Präsent 20«, voll Kunststoff, absolut knitterfrei »und absolut grässlich«, wie sie fand. Sie war noch Ministerin im Kabinett Kohl, als ich einmal ein vorsichtiges Kompliment wagte für ein Foto, das sie mit neuer Frisur in einer Tageszeitung zeigte. Wütend fuhr sie mich an: »Schön? Was ist daran schön? Da sehe ich aus wie andere Westfrauen.« Doch als sie Jahre später gefragt wurde, ob Lothar de Maizières Vorwurf, sie sei eine Westpolitikerin geworden, sie treffe, reagierte sie nicht minder patzig: »Es würde mich treffen, wenn ich mich in den letzten zwölf Jahren nicht verändert hätte. Dass ich keine typisch ostdeutsche Politikerin mehr bin, kann man auch als Lob auffassen.«

Und dennoch ist womöglich auch ihr alles zu schnell gegangen. Wenn ich die Treppe von Manfred Stolpes Berliner Verkehrsministerium herunterkomme, geht mein Blick noch immer wie ferngesteuert nach rechts, wo mitten auf der Fahrbahn nichts zu sehen ist. In meiner Erinnerung aber steht dort unverrückbar eine Kontrollbaracke hinter einer Mauer, gespickt mit Schlagbäumen, Scheinwerfern und Panzersperren. Und ich höre eine blasierte sächsische Stimme, die sagt: »Machensemadengoffaraumuff.« Dass ich das achtundzwanzig Jahre lang irgendwie für normal gehalten habe, will mir nicht mehr in den Kopf.

Und jetzt ist alles verschwunden. Die Mauer ist weg, wie das Außenministerium, das Palast-Hotel, der Radiosender DT 64, die Stasi und die *Wochenpost*. Selbst die Brüche und Leerstellen sind kaum noch auszumachen. Dass der Staat DDR symbolisch beerdigt wurde in jener Nacht zum 3. Oktober 1990, hatte ich mit eigenen Augen gesehen. Aber wie rapide, rückstandslos und nahezu unbemerkt physisch erfahrbare Dinge und Orte verschwanden, die eine Bedeutung hatten im Leben vieler Menschen, wie sich die ganze reale Existenz des ersten Arbeiter- und Bauernstaates auf deutschem Boden in kürzester Zeit verflüchtigte – das befremdet mich bis heute.

Nicht, dass ich Sehnsucht hätte nach der Mauer. Weder als »Weltkulturerbe« noch als touristisches Erlebnisspektakel fehlt mir das Monstrum. Aber die Vollständigkeit und Geschwindigkeit der DDR-Abwicklung hat etwas Unwirkliches, weil damit ja die Erinnerungen nicht abgewickelt waren, die Prägungen und Erfahrungen, die im Nachhinein einen sentimentalen Schmelz bekamen. Es hätte nicht der kommerziell aufgeladenen Ostalgie-Welle bedurft, um zu erkennen, dass in den Köpfen vieler Menschen die DDR etwas anderes war, als nur der »SED-Unrechtsstaat« und das »totalitäre Regime«, von dem die Politiker und wir Journalisten redeten.

Hinter solchen Formeln stauten sich unartikulierte Affekte, Kränkungen, Enttäuschungen und offene Rechnungen. »Die Erinnerungen sind ein Organ der Seele, wie der Magen ein Organ der Verdauung ist«, schrieb der ostdeutsche Autor Thomas Brussig. »Sie verarbeiten das Erlebte so, dass wir einen ›Lebenssinn‹ oder eine ›Lebenserzählung‹ herstellen können.« Der Film *Sonnenallee*, für den er das Drehbuch schrieb, und mehr noch *Good Bye, Lenin* waren solche Erzählungen, die Abschied nachholten. Leander Haußmann, Regisseur der *Sonnenallee*, sagte: »Man will sich nicht laufend an die schlechten Sachen erinnern. Man möchte ja ein schönes Leben gehabt haben, wenn man mal stirbt.« Die Flut von kitschigen Sendungen und Veranstaltungen, die im Erfolgssog dieser Filme nachschwappte, mochte künstlich erzeugt worden sein. Doch sie entsprach einer echten Sehnsucht der Menschen nach geordneten, stabilen, überschaubaren Verhältnissen.

Und plötzlich tauchten jenseits der Elbe neue Heldenfiguren auf. Stoppelbärtig, zupackend, einfühlsam der eine, sanft, nachdenklich, lebenspraktisch der andere – Matthias Platzeck, Jahrgang 53, der Ministerpräsident in Gummistiefeln aus Potsdam, und der Cello spielende Bürgermeister Wolfgang Tiefensee, Jahrgang 54, aus Leipzig. Auf den Fernsehschirmen vermittelten die beiden Sozialdemokraten mit sympathischer Selbstsicherheit ein ausgesprochen bürgerliches Bild aus dem proletarischen Osten – gebildet, erfolgreich und bescheiden. Platzeck dirigierte eindrucksvoll den Kampf gegen das Hochwasser von Oder und Elbe, Tiefensee erspielte seiner Stadt mit seinem anrührend gestrichenen Solo »Dona nobis pacem« den Zuschlag für die deutsche Olympiabewerbung 2012.

Mit diesen Männern – in Alter, früher Prägung und Herkunft der CDU-Vorsitzenden Angela Merkel nahe – meldet sich nach den Bürgerrechtlern und den ersten Nutznießern der Wende eine Generation aus dem Osten zu Wort, die sich zwar schon in Honeckers SED-Staat politisch verhalten hatte, die aber Politik als Beruf erst in der Berliner Republik erlernt hat. Der gönnerhaften

Sicherheit der alten Westpolitiker misstrauten sie, weil sie miterlebt hatten, woran die DDR zerbrach – am satten Stillstand. In den Augen des Ostberliner Soziologen Wolfgang Engler erhebt diese Erfahrung sie sogar zu einer neuen politischen Avantgarde.

Fühlt sich Matthias Platzeck so? Wie die meisten Ostdeutschen, vor allem die jüngeren, ist der Potsdamer Ministerpräsident sicher, in der Konkurrenzwelt des Westens mithalten zu können. Schon mit siebenundzwanzig Jahren hatte es der Kybernetiker und Umwelthygieniker zum Verwaltungsdirektor eines Krankenhauses gebracht. Nach der Wende amtierte er acht Jahre als Umweltminister in der Brandenburgischen Landesregierung, wurde dann Oberbürgermeister in Potsdam und schließlich Manfred Stolpes Nachfolger als Ministerpräsident und 2002 Parteichef. Er verkörpert die im Westen verblasste historische Erfahrung, dass buchstäblich alles auch ganz anders kommen kann. Den Ostdeutschen hat sie sich tief eingebrannt. »Und eben darin«, glaubt Platzeck, »liegt heute ihr Vorsprung.« Umfassender Wandel, unerwartete Rückschläge, Erfahrungen mit vorläufigen Problemlösungen hätten ihnen eine Umbruchkompetenz verschafft, die den Westlern bei den bevorstehenden Modernisierungsprozessen fehle.

Aber als ihn Bundeskanzler Schröder 1998 in sein Kabinett berufen wollte, hatte Platzeck abgelehnt: »Ja, ich weiß, dass du mich gern dabei hättest. Aber ich muss Potsdam erst zu Ende bringen.« Er wollte kein Jobhopper sein, bloß nicht »so ein mechanisches Männchen werden, das nur noch funktioniert und nichts mehr aufnimmt«. Dem Kanzler blieb die staunende Erkenntnis: »Der will Dorfbürgermeister werden.«

Fünf Jahre später machte Schröder diese Erfahrung noch einmal. Dieses Mal gab Leipzigs sozialdemokratischer Oberbürgermeister Wolfgang Tiefensee dem Berliner Regierungschef einen Korb, als der ihm das Bundesverkehrsministerium anbot. Tiefensee, der sich im Herbst 89 für die Bewegung »Demokratie jetzt« am Runden Tisch engagiert hatte, war erst 1995 der SPD beigetreten. »Mein Platz ist in Leipzig«, ließ er die Emissäre des Kanzlers wissen, der das wohl eher für eine Pokerfinte hielt. Doch der Sachse blieb hart. »Was gewünscht ist, und was ich will, sind zwei verschiedene Sachen«, erklärte er hinterher. Ähnlich klar sagte er es auch dem verärgerten Schröder im Kanzleramt ins Gesicht.

Auf der Suche nach sozialdemokratischen Hoffnungsträgern hatten die Medien die beiden Ostdeutschen schnell zu potenziellen Kanzlerkandidaten hochgeschrieben. Tatsächlich wären der Leipziger und der Potsdamer in ihrer Altersklasse bundesweit ohne auffallende Konkurrenz. Doch weder Tiefensee noch Platzeck sieht in der politischen Laufbahn die einzige Zukunftsperspektive.

Der Diplomingenieur Tiefensee kann sich sehr gut vorstellen, »dass da beruflich noch einmal etwas ganz anderes kommt. Ich habe eigentlich alle sieben Jahre gewechselt.« Karriere sei für ihn eben nicht, eine Stufe nach der anderen nach oben zu klettern, versichert er, »Karriere ist Breite, vieles machen, vieles ausprobieren. Mein Glücksfall ist, dass ich auf den unterschiedlichsten Feldern tätig sein kann.« Als Schüler hatte der Sohn eines Kapellmeisters den Bachpreis gewonnen, dann folgten Lebensabschnitte als Bausoldat, Facharbeiter für Nachrichtentechnik und Bildungsexperte im Rathaus.

Woher nahmen Tiefensee und Platzeck die Gelassenheit, Karriere-Verlockungen zu widerstehen, die manchen Westdeutschen schon aus lauter Vorfreude um den Schlaf gebracht hätten? War das ein Resultat der Vielfalt ihrer Berufserfahrungen? Wurden sie als Politiker einfach überschätzt? Oder scheuten sie in Wahrheit doch den harten Konkurrenzbetrieb im Westen?

Besonders strahlend standen die Herren Ende 2003 jedenfalls nicht da. Matthias Platzeck wirkte fast ungläubig, als er zum Jahreswechsel auf die vergangenen Monate in Brandenburg zurückblickte: »Was ich erlebt habe, ist pure Depression.« Sein Vorgänger Manfred Stolpe hatte ihm ein verheerendes Erbe hinterlassen. Die SPD war in einem schlimmen Zustand. Er war Einzelkämpfer, notgedrungen. Die Wahlaussichten für 2004 schienen Platzeck alles andere als rosig, obwohl er persönlich hohe Sympathiewerte vorweisen konnte. Doch sonderbarerweise konnte er diese Bilanz ziehen, ohne in den SPD-typischen Jammerton zu verfallen. Darauf, dass er wieder Ministerpräsident werden würde, bot er Wetten an. Für Schröder wurde er damit nicht bequemer. Zusammen mit den Unions-Ministerpräsidenten stimmte Platzeck im Juli 2004 knallhart gegen die Arbeitsmarktreformpläne »Hartz IV«, worauf er sich in der Klausurtagung von Neuhardenberg am selben Tag von der rot-grünen Bundesministerriege als »Drückeberger« beschimpfen lassen musste. Sonderlich zerknirscht wirkte der Brandenburger danach nicht.

Auch Wolfgang Tiefensee wirkte keineswegs deprimiert, als er die erste Enttäuschung über das Scheitern der Leipziger Olympia-Bewerbung verkraftet hatte. »Dass wir nur Außenseiterchancen hatten, wussten wir«, sagte der Bürgermeister, »nun sind wir um viele Erfahrungen, auch internationale, reicher.« Der Sozialdemokrat will zur nächsten Oberbürgermeisterwahl in Leipzig wieder antreten und sich außerdem verstärkt um europäische Aufgaben kümmern. Fühlt er sich beschädigt? Tiefensee: »Da bleibt kein Schatten.«

Schon im Winter hatte ich erwartet, eine ramponierte Lichtgestalt vorzufinden, als ich Wolfgang Tiefensee in den Neo-Rennaissance-Gewölben seines Leipziger Rathauses heimsuchte. Binnen weniger Wochen waren dem Strahlemann die drei wichtigsten Mitarbeiter für das Olympiaprojekt in einem Strudel von Affären abhanden gekommen. Aus der »neuen Mondlandung«, die er für Deutschland organisieren wollte, drohte schon damals eine Bruchlandung zu werden. Zum ersten Mal hatte er seine Einsamkeit beklagt und eingeräumt, »wie wenig man sich gestärkt fühlt von dem ganzen Umfeld«.

Doch der hagere, hoch gewachsene Mann, der mir entgegen kam, wirkte selbstbewusst, liebenswürdig und elegant. Politik fände er nach wie vor faszinierend, versicherte Wolfgang Tiefensee. Keine Schramme zu entdecken, keine depressive Tonlage, aber auch kein euphorischer Überschwang. Umbruchkompetenz? Gekonnt und gewinnend platzierte Wolfgang Tiefensee einmal mehr seine Werbung für das Gesamtkunstwerk Leipzig. Die Heldenstadt habe als Olympia-Kandidatin eine Geschichte zu erzählen, argumentierte er, die auch emotional anrühre: »Eine Geschichte vom Aufbruch, die Geschichte, Berge zu versetzen und Mauern einzureißen mit der eigenen Kraft, und diese Geschichte ist nicht nur eine theoretische, sondern eine erlebte.« So ähnlich klang im Westen früher die Geschichte vom Wirtschaftswunder.

Wer die knüppelharten Erfolgs-Junkies aus dem Westen erlebt, kann an einen Durchbruch der östlichen Kammerspiel-Politiker vom Typus Platzeck und Tiefensee nicht recht glauben. Sind sie nicht viel zu leise, zu unkrawallig, zu sensibel? Andererseits, hätte denn ein einziger Meinungsguru der Bonner Republik geglaubt, dass Kohls »Mädchen« Angela nicht nur den Meister selbst, sondern auch seinen Nachfolger Schäuble und ihre Konkurrenten Merz, Koch und Stoiber im Kampf um die Spitze ausschalten könnte? Und hätte es das Raubein Joschka Fischer je für möglich gehalten, dass sich die Grüne Katrin Göring-Eckardt, die er für völlig uncharismatisch hält, im Kampf um den Fraktionsvorsitz im Bundestag durchsetzte? Ihr war seine Skepsis egal: »Er hat mich nicht in dieses Amt geschickt. Ich wollte es werden. Punkt.«

Mir ging es nicht viel anders als Fischer, ich unterschätzte sie auch. Erst im Nachhinein ist mir klar geworden, wie ähnlich Katrin Göring-Eckardt in vielem Angela Merkel ist, mit der sie sich gut versteht. Sie reden häufiger miteinander, parteipolitische Bindungen trennen sie nicht ideologisch. »Ich bin liberaler als sie«, glaubt die Grüne, aber ein Projekt, gar ein historisches, war Rot-Grün für sie nie. Also streiten sie eher pflichtgemäß, wenn sie, wie einmal in der *Zeit*, zur Diskussion aufeinander gehetzt werden. »Wir haben die gleiche Art von Humor«, sagt Katrin Göring-Eckardt.

Und natürlich sind sie beide Ossis. Oder?

Natürlich findet Katrin Göring-Eckardt daran gar nichts. Gewiss, sie hat Formen der Existenzbedrohung erlebt, »die der Weichei-Generation Golf des Herrn Illies erspart geblieben sind«. Einen sensibleren Blick für die Probleme ihrer Heimat findet sie deshalb normal. Dass sie zwölf Jahre jünger ist als Angela Merkel, hält sie allerdings auch für bedeutsam: »Ich gehöre einer Generation an, die schon gesamtdeutsch geprägt ist, für die Herkunft nicht mehr die große Rolle spielt.«

Kennen gelernt habe ich Katrin Göring-Eckardt 1998 im Bundestagswahlkampf, an einem warmen, sternenhellen Sommerabend im thüringischen Dorf Ingersleben. Im wildwüchsigen Garten des evangelischen Pfarrers Michael Göring fand sich eine großstädtische Schar von Menschen unversehens in eine Idylle zwischen Rosenranken versetzt, die Goethes *Werther* nachgestellt zu sein schien. Der blondbärtige Pastor dirigierte liebevoll die Söhne Friedrich, 9, und Johann, 7, die freundlich die Gäste versorgten. Die aufmerksame Hausfrau, die sich mit graziöser Sicherheit zwischen den fremden Besuchern, Freunden und Nachbarn bewegte, konnte sich voll dem Gespräch widmen.

Dabei ging es vor allem um ein Thema: Wollte sie diese heimelige Welt tatsächlich verlassen, um sich im Bundestag mit politischen Konkurrenten und Wichtigtuern rumzuschlagen? »Haben Sie sich das wirklich richtig überlegt, Frau Göring-Eckardt?« Doch, versicherte die junge Landessprecherin der Grünen, damals zweiunddreißig Jahre alt, mit sanfter Hartnäckigkeit mehrmals an diesem Abend skeptischen Fragern, doch, sie habe. Ja, und sie ahne auch, was auf sie zukomme. Und ihre Familie stehe hinter ihr.

Immer wenn ich später in Berlin die scheinbar so brave Katrin Göring-Eckardt im Bundestag reden hörte, mit gesuchten Bildern und unüberhörbarem Ehrgeiz, schoben sich die verklärten Erinnerungen an jenen friedvollen Abend im Bauerngarten bei Weimar davor. Katrin Göring-Eckardt hatte das halbe Dutzend Bonner Journalisten, die Joschka Fischer auf seiner Tournee durch die neuen Länder begleiteten, zu sich eingeladen, weil der Star anderweitig verpflichtet war. Mir war, als sei ich in die Welt meiner Großeltern zurückversetzt, nur dass die junge Frau von einem politischen Leben berichtete, das ganz und gar nicht vorgestrig war.

Sie hatte schon damals eine erfreulich unverblümte Art, sich zur Notwendigkeit von Machttechniken zu bekennen. Nur klangen ihre Bekenntnisse bei Kerzenlicht im heimischen Garten weitaus harmloser als die gleichen Sätze, die später schwarz auf weiß im *Spiegel* standen. »Ich finde es nicht unangenehm, über Macht zu reden und sie zu haben«, sagte die Grüne fünf Jahre später in einem Interview. Und wie damals im Garten fügte sie hinzu:

»Wenn aber Macht und Politik nicht deformieren sollen, muss man sich immer wieder entscheiden: für ein ›wirkliches‹ Leben neben der Politik und vielleicht auch mal dafür, einen Karriereschritt auszulassen.«

Das Leben in verschiedenen Wirklichkeiten ist Katrin Göring-Eckardt von Kind auf gewöhnt. »Bei uns hieß es: Es gibt zwei Welten, die da draußen und die hier zu Hause.« Sie wuchs in Gotha als Tochter eines Tanzlehrers auf, der von dem herrschenden System in der DDR nichts wissen wollte. Ab 1984 studierte sie Theologie an der Leipziger Karl-Marx-Universität, wo sie sich für eine soziologische Untersuchung mit den damaligen Oppositionsgruppen befassen durfte, was für ihre politische und persönliche Zukunft nicht ohne Folgen blieb. Im Oktober 1989 schloss sie sich dem »Demokratischen Aufbruch« an, ihr Mann – der sich kämpferisch im kirchlichen Widerstand engagierte – war in der CDU.

Sowohl Michael Göring als auch seine Frau verließen ihre politischen Organisationen, als der »Demokratische Aufbruch« in der CDU aufging. Zusammen mit Marianne Birthler und Werner Schulz führte Katrin Göring-Eckardt für die Ost-Alternativen vom »Bündnis 90« die Verhandlungen zum Zusammenschluss mit den westdeutschen Grünen. Fünf Jahre arbeitete sie für die neue Partei im thüringischen Landesvorstand, 1998 schaffte sie dann den Einzug in den Bundestag. »Als ich zum ersten Mal den Plenarsaal betrat«, sagt sie heute, »da wusste ich, dass ich an der richtigen Stelle bin.« Inzwischen hat sie auch ihren ersten Hörsturz hinter sich.

Als die SPD im März 2004 in Berlin einen neuen Bundesvorsitzenden wählte, war das schon der dritte, dem Wolfgang Thierse als Stellvertreter zur Seite stand. Er selbst war nun schon im sechsten Jahr Parlamentspräsident, für seine Landsleute im Osten eine Art Bundespräsident der neuen Länder. Und doch wirkte Thierse, während er die Parteiveteranen in der ersten Reihe begrüßte, mit seinem roten Strubbelbart und trotz eines schwarzen Anzugs mit Weste immer noch ein bisschen gewöhnungsbedürftig für die modebewussteren Genossen aus dem Westen. »Ich bin ja zum schlechtest angezogenen Mann Deutschlands ernannt worden«, grinste er. »Aber als ich hörte, dass Guido Westerwelle zu den Bestangezogenen gehörte, wusste ich, dass ich ganz falsch nicht liegen kann.«

Ein bisschen gilt Wolfgang Thierse immer noch als Anti-Politiker, obwohl er bei der Wahl zum Stellvertretenden Parteivorsitzenden der SPD zuletzt die besten Ergebnisse erzielte – 90,1 Prozent 2003 in Bochum. Noch immer lässt er sich von seiner Frau zu Hause die Haare schneiden, noch immer wohnt er in seiner viel zu kleinen, gemütlichen Etagenwohnung am Prenzlauer Berg. Er sitzt noch auf der alten grünen Couchgarnitur aus DDR-Zeiten, und hat im Reichstagsbüro den repräsentativen gläsernen Schreibtisch gegen einen alten Holztisch getauscht, damit er nicht immer auf seine Knie gucken muss, wie er sagt. Gelegentlich legt er jetzt eine Krawatte um – ein ziemlich weit gehendes äußeres Opfer für die Würde seines Amtes, wie er findet.

Der borstige Intellektuelle ist eine moralische Instanz geworden, ein unbequemer Stachel im dicken Fell mancher Profis der politischen Klasse, ein Gegenbild zur Spaßgesellschaft. »Ich kann nicht die wandelnde Sanftmut sein«, sagt er. Ein wenig kokettiert er auch mit seiner Bildung, frei von Eitelkeit ist er keineswegs. Aber dass er den Wessis ungeschminkt vorwirft, sie interessierten sich in Wahrheit gar nicht für den Osten, und den Ossis ihr klebriges Minderwertigkeitsgefühl ankreidet – das macht ihn glaubwürdig für beide Seiten, wenn auch nicht bequem. Natürlich haben ihn nach seiner unnachsichtigen Haltung während der Parteispendenaffäre die Oppositions-Abgeordneten nicht wiedergewählt. Er erhielt nur noch 357 von 596 Stimmen. Dennoch ist ihm auch diese Wahl wie ein Geschenk vorgekommen. »Obwohl ja Politik eine latente Kampfsituation ist, hängt nicht alles von der eigenen Leistung ab.«

Dass Thierse darauf verzichtete, in die offizielle Dienstvilla des Bundestagspräsidenten im Grunewald einzuziehen, war mehr als eine demonstrative Geste der Bescheidenheit. »Es ist mir wichtig zu glauben, dass ich von heute auf morgen aus der Politik und allen Ämtern aussteigen kann«, sagt er. Er hat zu DDR-Zeiten unter dem Allmachtsanspruch der Politik gelitten. Jetzt gestattet er sich ein Leben, das sich nicht in Politik erschöpft. Die alte Wohnung am Kollwitzplatz auf dem Prenzlauer Berg betrachtet er als »ein Element der Kontinuität«.

Oppositionsführerin im Deutschen Bundestag zu sein, ist keine Traumposition, ganz gleich, wie schlecht die Regierung dasteht. Im März 2004 schien Angela Merkel die Pflichtsätze ihrer Rede mit beiden Händen in den Boden rammen zu wollen, so stakkatohaft wippend wiederholte sie ihre Forderung nach Rücktritt der Regierung Schröder und Neuwahlen. Glanzvoll war ihr Auftritt nicht, zumal sie sich auch noch verhaspelte und versehentlich über die »Zerstrittenheit der Opposition« höhnte, als sie die Koalition meinte. Entsprechend matt tröpfelte der Beifall ihrer eigenen Leute.

Doch ihre Stellung als Nummer eins der Union geriet nicht einen Augenblick ins Wanken. Für Angela Merkel war schon der Ausgang der Bundestagswahl 2002 die entscheidende Zäsur gewesen. Sie hatte gewonnen, obwohl die Union verlor. Jetzt wurde auch nach außen sichtbar, dass Angela Merkel sich selbst als wichtigste und mächtigste Politikerin Deutschlands akzeptiert hatte. Eine neue Aura umgab sie: Sie war hart geworden, schnell und sicher. Ihre Stimme klang tiefer und voller, sie ballte die Fäuste beim Reden und verstand es, ihren Körper als Machtinstrument in Szene zu setzen. Die Frau, die sich früher geradezu davor geekelt hatte, fotografiert zu werden, posierte jetzt routiniert in allen Lebenslagen.

Zur »Königin der Macht« ernannte eine Zeitung sie an ihrem 50. Geburtstag im Sommer 2004. An der Macht erschreckte sie nichts. Sie habe schon die Macht über die Moleküle gewollt, sagte sie; Macht sei positiv, weil sie ihr ermögliche, »etwas zu gestalten«. Es schien sie auch nicht allzu sehr zu beängstigen, dass sie immer häufiger mit Helmut Kohl verglichen wurde. Sie hatte seinen Herrschaftsstil studiert und seine Erfolge bewundert. Es beschwerte sie nicht, »auch ein Stück weit so geworden zu sein wie die Personen, zu denen ich früher aufgeguckt habe«. Sie teilte Kohls Misstrauen und übertraf ihn inzwischen an Kontrollsucht.

Medienmeldungen und Bildschirmtexte saugte sie auf, als würde sie sich Koks reinziehen. Sie wusste, wer was über wen im MDR gesagt hatte. Sie beherrschte im Saal die Fraktion und die Außenwelt mittels Handy. Ihre Parteifreunde, die mit den Sozialdemokraten über die Gesundheitsreform verhandelten, steuerte sie über SMS. Gegen Mitternacht erschien auf den Displays die Botschaft: »Macht zu Ende, sonst werden unsere Leute kirre.« Einen Unions-Abgeordneten gruselte es: »Gegen die war Kohl ein gemütlicher Mensch.«

Um 13 Uhr 52 am Sonntag, den 23. Mai 2004, verkündete Wolfgang Thierse im Berliner Reichstag den bis dahin größten Triumph der CDU-Chefin Angela Merkel. Auf Horst Köhler, ihren Kandidaten für das Amt des Bundespräsidenten, entfielen in der Bundesversammlung 604 Stimmen – die Mehrheit. In diesem Augenblick hatte für die zielstrebige Ostdeutsche der Prozess des Machtwechsels in Berlin begonnen, der sie spätestens 2006 ins Kanzleramt bringen soll.

Selten hatte man Angela Merkel in jüngster Zeit so unverstellt fröhlich gesehen, ihre Parteifreunde nahmen es nicht ohne Erschrecken wahr. Denn plötzlich bewunderte niemand mehr Disziplin und Härte der Dame aus dem Osten, nun wurde ihre »Brutalität« beklagt. Sie werde sich, spottete Merkel daraufhin, »ein Beispiel an den menschlich warmen Männern« in der Politik nehmen. Und es konnte natürlich auch keinen Zweifel geben, dass viel Heuchelei bei diesen Ausbrüchen des Erschreckens im Spiel war. Sie selbst fand es irritierend, dass sie für kühl gehalten wurde. »So sehe ich mich gar nicht.«

Es war aber vor allem Merkels mathematische Kälte des Kalküls, das die Menschen verstörte. Die Machtkämpfe der Männer in der Politik haben zumeist eine gockelhafte Blut-Schweiß-und-Hoden-Komponente, Elemente kämpferischer Leidenschaft oder giftiger Tücke, die Einfühlung ermöglichen, Parteinahme provozieren. Die Physikerin Angela Merkel berechnet und vernichtet Lebenschancen mittels einer perfekten naturwissenschaftlichen Versuchsanordnung, die frösteln lässt.

Angela Merkel gab nicht zu erkennen, ob sie selbst sich verändert fand. Lag das immer noch nur daran, dass wie sie sagt, »Extrovertiertheit in der DDR nun wirklich nicht gefragt war«? Die Gefahr, die Realität aus den Augen zu verlieren oder den richtigen Zeitpunkt für den Ausstieg aus der Politik zu verpassen, war ihr bisher immer geläufig gewesen. Doch schon als Ministerin hatte sie erkannt, dass es schwer ist, den Moment des beginnenden Wirklichkeitsverlustes zu erfassen, viel schwerer als sie gedacht hatte. »Ich will kein halb totes Wrack sein, wenn ich aus der Politik aussteige«, nahm sie sich vor. Frauen hätten allerdings eine engere Bindung an das praktische Leben als Männer, tröstet sie sich.

Eine »gewisse Abhängigkeit, zumindest zu wenig Distanz« hält sie indes für unvermeidbar, »wenn man Politik wirklich mit Leidenschaft betreibt«. Doch glaubt sie, dass die meisten »nach einer kurzen Zeit des Schmerzes« wieder den Weg ins normale Leben fänden, wenn es sein müsste. »Aber so zu tun, als wäre der Abschied von der Politik eine Lappalie, wäre falsch.«

Keine Frage – sowohl Angela Merkel wie auch Wolfgang Thierse sind auf dem westlichen Weg nach oben und damit in Gefahr, sich selbst zu verlieren. Ebenso unbestreitbar scheint aber auch, dass das Widerlager ihrer politischen Erfahrungen in der DDR ein allzu lockeres Abheben verhindert. Und sie haben etwas einzubringen. Was denn der CDU ohne sie fehlen würde, ist Angela Merkel einmal gefragt worden, und lächelnd antwortete sie: »Ich!« Eine Person also, die fünfunddreißig Jahre ihres Lebens in einem System ohne Freiheit gelebt hat, und die deshalb »den einzigartigen Wert von Freiheit heute bei den ganzen Reformbemühungen, aber auch bei internationalen Konflikten in den Mittelpunkt politischer Entscheidungen stellt«, wie sie selbst sagt, »denn ohne Freiheit ist alles nichts«.

Das alles – wie auch Lust auf Veränderung und Unerwartetes – fehlte auch der SPD, gäbe es nicht Wolfgang Thierse.

VII

Hoffnungsträger

Sehstörungen

Und was nun? Müssen wir auf die Ossis hoffen, um in der Politik endlich wieder lebenswahre Menschen zu erleben? Brauchen wir Medienabstinenz-Wochen für Abgeordnete? Einen Suchtbeauftragten für Polit-Junkies? Oder sollen wir uns gar einen Krieg wünschen, um Politiker wieder mit der Härte des wahren Lebens zu konfrontieren? Helmut Schmidt glaubt, dass Friedensgenerationen niemals den Erfahrungs- und Qualitätslevel von kriegsgestählten Jahrgängen erreichen.

Aber vielleicht reichte es ja auch schon, die politische Klasse daran zu hindern, sich vor den Unbequemlichkeiten der Wirklichkeit zu drücken. Carlo Schmid hatte vor der Gründung der Bundesrepublik vorgeschlagen, den westlichen Teil des getrennten Landes von einem Barackenlager an der Zonengrenze aus zu regieren, um den Provisoriumscharakter der staatlichen Zwischenlösung im Bewusstsein zu erhalten. Und nach dem Zusammenbruch des Honecker-Regimes wäre es womöglich besser gewesen, meint Hans-Dietrich Genscher heute, die Bonner hätte sich sofort nach der Vereinigungsfeier in der neuen gemeinsamen Hauptstadt niedergelassen, um die konkreten Schwierigkeiten des Zusammenwachsens im persönlichen Alltag zu erfahren.

Noch einmal: Es geht um Wirklichkeit, um die Wahrnehmung der Realität durch die politischen Akteure und eine angemessene Reaktion auf die Lebensumstände, Interessen, Erwartungen und Gefühle der Menschen. Derzeit trennt ein gigantisches Misstrauen die Bürger von der politischen Klasse. Offenbar sehen die Politiker aller Parteien und aller Altersgruppen die Welt, ihre Probleme und deren Lösungen sehr viel anders als die überwältigende Mehrheit ihrer Wähler. Diese Wahrnehmungsdiskrepanz hatte Bundespräsident Johannes Rau im Sinn, als er in seiner letzten Berliner Rede im Frühjahr 2004 das Ausmaß des Vertrauensschwunds zwischen den Bundesbürgern und ihren Politikern als »lebensgefährlich« für die Demokratie in Deutschland bezeichnete. »Besonders schädlich ist es«, sagte Rau, »wenn sich immer mehr das Gefühl breit macht: ›Die da oben können es nicht – und zwar auf allen Ebenen und auf allen Seiten.‹« Tatsächlich signalisiert der verächtliche Zweifel an der fachlichen Kompetenz der politisch Verantwortlichen – nicht »nur« an ihrer ethischen Vorbildlichkeit – eine neue Qualität von Politikverdrossenheit. Es gibt zwischen den politischen Profis, den Medien und Otto Normalbürger kaum noch Konsens über die Lebenswirklichkeit in Deutschland.

Natürlich muss ich mich als Medienmensch angesprochen fühlen. »Journalisten sollen die Wirklichkeit abbilden«, hat der Bundespräsident auch gefordert, und dagegen ist im Prinzip nichts zu sagen. Außer, dass Wirklichkeitsabbildungen oft sehr irreführend sein können, weil sich nicht immer ganz einfach herausfinden lässt, was eigentlich die Wirklichkeit ist. Unvergesslich bleibt mir eine Szene aus dem Bundestagswahljahr 1994 mit Rudolf Scharping auf dem Bodensee-Linienschiff »Austria«. Lässig lehnte der SPD-Kanzlerkandidat da in Hemdsärmeln an der Reling und blinzelte in die Sonne. Der Wind zauste an seinen Haaren, der Schlips flatterte ihm über die Schulter. Unten zogen Segelschiffe vorbei, aus der Ferne grüßten die Alpen. Postkartensommer. Nein, sagte der Kandidat aufgeräumt ins Funktelefon, während er lächelnd Ruderern zuwinkte, Urlaub könne man das nicht nennen, was er hier betreibe. Gerade habe er mit dem Schweizer Bundespräsidenten und dem österreichischen Bundeskanzler in Bregenz konferiert. Gleich werde er die Dornier-Werke in Friedrichshafen besuchen. Auch wenn es so aussehen mochte – Rudolf Scharping telefonierte keineswegs mit seiner Frau Jutta daheim, sondern er gab einem ihm unbekannten Moderator eines Lokalsenders ein Interview. Dabei wurde er gefilmt von einem TV-Team, was wiederum Fotografen festhielten, worüber sich der mitreisende Wort-Reporter Notizen machte.

Was war nun wirklich an dieser Szene? Was gar »die« Wirklichkeit? Nur daran, dass Scharping an jenem Sommertag auf der »Austria« telefonierte, würde ich jeden Zweifel ausschließen, das hatte ich – wie auch andere – selbst gesehen. Dass dieses Telefonat ein Interview war, musste ich glauben, weil der Kandidat es mir erzählte. Ich habe jedoch nicht mitgehört. Aus der Ferne wirkte das Gespräch eher wie ein Telefonflirt. Aber wäre mir Rudolf Scharping als Person anders erschienen, wenn ich gewusst hätte, dass er mit seiner Frau telefoniert? Oder mit dem amerikanischen Präsidenten? Und hätte er sich beim Telefonieren anders verhalten, wenn ihm entgangen wäre, dass das Fernsehen ihn filmte? Hätte er den Ruderern zugewinkt, wäre er nicht im Wahlkampf gewesen?

Ich wusste, als ich Rudolf Scharping an jenem Tag im Wahlkampf beobachtete, weit mehr, als ich sah – sah ich auch, was ich wusste? In den Umfragen war der Sozialdemokrat abgesackt, seine Parteifreunde machten sich über ihn lustig, meine Kollegen begannen ihn kritischer zu beurteilen. War das nicht wirklicher als der inszenierte Frohsinn auf dem Bodensee? Gab es Gesten, Zitate, Tonfärbungen, bewusste oder unbewusste Gefühlsäußerungen, mit denen er auf diese Situation reagierte? Ich war dabei, mir ein eigenes Bild von diesem Kandidaten zu machen, eines, das nicht identisch war mit dem, das seine Berater malten, und nicht mit dem, was seine Kritiker seit Jahren verbreiteten. Dafür bediente ich mich natürlich auch der Fernsehbilder, deutete sie, empfand manche als irreführend, andere als aufschlussreich. Ich musste mit Fakten rechnen, an denen nicht zu rütteln war. Und ich hatte mich auf Wahrnehmungs-Routinen von Fernsehzuschauern einzustellen, die nur solche Scharping-Bilder für gelungen hielten, in denen sie entdeckten, was ihnen ohnehin schon bekannt war.

All diese Eindrücke, dazu meine eigenen Empfindungen, hatte ich in einen Zusammenhang zu bringen, um ein faires und halbwegs realitätsnahes Porträt zeichnen zu können, das Scharping gerecht werden würde und dem Leser helfen könnte bei seiner politischen Entscheidung für oder gegen diesen Kandidaten. Welche Details passten zu welchen Eindrücken? Was entstand woraus? Was führte wohin? Die Fähigkeit, »das Grundmuster einer menschlichen Situation aufnehmen zu können, die Art und Weise, wie bestimmte Dinge zusammenhängen«, kennzeichnet laut Isaiah Berlin den »Wirklichkeitssinn« von Journalisten wie Politikern.

Das Fernsehen hat dafür gesorgt, dass solche ohnehin schon vielschichtigen Grundmuster noch viel komplexer geworden sind. Auf den ersten Blick scheinen wir besser Bescheid zu wissen als früher. Denn mit Hilfe einer klischeehaften Bilderzeichensprache haben die elektronischen Medien der Welt einen Augenschein von Verlässlichkeit verpasst. Der Kameraschwenk über den Kabinettstisch bedeutet Regieren, die anrollenden Staatskarossen mit Polizeieskorte signalisieren Staatsbesuch, der Händedruck des Bundespräsidenten mit einer exotischen Dame heißt Neujahrsempfang. Diese Rituale kennt jeder aus der »Tagesschau«. Nur dass die Bilder eben in Wahrheit nicht zeigen, was sie behaupten. Regiert wird im Kabinett erst, wenn die Kameraleute und Fotografen den Raum verlassen haben; der Staatsbesuch besteht aus vielerlei Ritualen und Gesprächen hinter verschlossenen Türen, der diplomatische Austausch beim Neujahrsempfang meidet die Mikrofone.

Umgekehrt kommen die klassischen Abläufe des politischen Geschäfts, die bis zu sechzehnstündigen Arbeitstage mit unzähligen Sitzungen, Telefonaten, Gremienberatungen und Aktenlektüre im Fernsehen so gut wie nicht vor. Selbst die prominentesten Politiker verbringen nur den allergeringsten Teil ihrer Zeit vor Mikrofonen und Kameras, in Pressekonferenzen oder Talkshows. Noch immer gehört es zu ihrem Handwerk, Pläne zu entwickeln, für Mehrheiten zu sorgen, Entscheidungen zu treffen und die dafür nötige Macht zu organisieren. Und noch immer entscheiden taktisches Geschick, Einfühlungsvermögen, politische Kompetenz, fachliches Know-how, sowie Überzeugungs-

und Durchhaltekraft über den Erfolg. Jeder Abgeordnete des Deutschen Bundestages hat 2003 im Zusammenhang mit der aktuellen Gesetzgebung 40 000 Seiten Papier zugesandt bekommen – SPD-Fraktionschef Müntefering hat es nachgerechnet. Kohls langjähriger Berater Peter Radunski ist sicher: »Keiner kommt ganz nach oben, nur weil er in den Medien eine gute Figur macht.«

Mit anderen Worten – der Blick der Öffentlichkeit auf die Lebenswelt der Politiker ist genauso eingeschränkt wie die Realitätswahrnehmung der Polit-Profis. Die gegenseitige »Sehstörung« wird von den Medien, vor allem von den elektronischen, eher bewirkt als beseitigt. Es gehört zu den Merkmalen der Telekratie, dass die visuellen Eindrücke – Bilder, Ereignisse, Bewegungen – wie Spiegelungen der unmittelbaren Realität wirken. Fernsehbilder, ganz gleich ob sie inszeniert sind oder Realität dokumentieren, wirken wie wirklichste Wirklichkeit. Politische Ereignisse und ihre Akteure dringen über den Bildschirm in unsere Wohnzimmer ein und lassen uns das Geschehen miterleben. »Guten Tag, Herr Schröder«, sagte vor Jahren ein junger Mann, der sich zu dem damaligen niedersächsischen Oppositionsführer in einem Gartenlokal an den Tisch setzte, »wir kennen uns ja vom Fernsehen.« Er meinte das nicht als Witz. »Viele glauben ja immer, weil ich so oft in ihren Wohnzimmern bin, müsste ich sie auch kennen«, hat Schröder erfahren.

Volksvertreter

Nichts deutet darauf hin, dass sich an den Grundvoraussetzungen dieser Situation in absehbarer Zeit etwas ändert. Die politische Klasse wird sich auch in Zukunft vorrangig damit beschäftigen, ihre Probleme der Machterlangung und Machtbehauptung zu lösen und den Kontakt zur Gesellschaft vernachlässigen. Und die »Menschen draußen im Lande« werden weiter über »die da oben« maulen.

Parlamentsreform? Verfassungsreform? Entmachtung der Parteien? Veränderte Rekrutierungsbedingungen für die Aufnahme in die politische Klasse? Ich glaube keinen Augenblick daran. Die Rede von der Politikverdrossenheit ist alt und blieb folgenlos, die Vorschläge zur institutionellen und organisatorischen Veränderung von Parteien und Parlament stapeln sich in den Archiven. Eine neue Medienethik? Rückkehr zu Argumenten statt Unterhaltung durch visuelle Eindrücke? Programmatische Diskurse statt Personalisierung? Verzicht auf symbolische Show-Veranstaltungen zugunsten von politischer Aufklärung? Keine Chance. Das Wechselspiel zwischen Politik und Medien hat den politischen Betrieb und auch den Charakter unseres demokratischen Systems unrevidierbar verändert. Medienpräsenz ist heute die wichtigste Legitimationsgrundlage für politische Entscheidungen.

Die Politik wird auch ihren Drogen-Charakter nicht verlieren. Im Gegenteil, mein Eindruck, dass der politische Betrieb immer mehr zu einem Suchtprozess entartet, hat sich in den letzten Jahren verstärkt. In dieser Hinsicht betrachte ich die Politiker als wahre Repräsentanten ihrer Wähler. Denn ich habe wenig Zweifel, dass wir heute eine Suchtgesellschaft sind – eine Gesellschaft, die ihr Bedürfnis nach Sinn, Glück und vor allem nach Sicherheit vorwiegend mit Ersatzmitteln befriedigt. Zumindest in den entwickelten Industrieländern erscheint mir Sucht als die zentrale Krankheit der Zeit.

Das ist die schlechte Nachricht: Ich weiß kein wirksames Rezept gegen die gegenwärtige Misere der politischen Kultur, ich kenne auch niemanden, der glaubwürdig eines verspricht. Es macht also wenig Sinn, in das allgemeine Lamento einzufallen und dem legendären demokratischen Urgestein der angeblich idyllischen Bonner Republik nachzutrauern. Gewiss waren viele ältere Politiker durch historische Ereignisse, die in ihren seelischen Innenbereich eingedrungen sind und das private Denken und Fühlen geprägt haben, gegen die Deformationen des politischen Betriebs resistenter. Und ohne Zweifel verfallen jüngere Jahrgänge – aus Mangel an authentischen Erfahrungen – nur allzu leicht den Wichtigkeitsdrogen der Politik. Je weniger Schicksal sie real zu verkraften hatten, desto verführbarer sind sie durch Pseudo-Bedeutsamkeiten des sich verselbstständigenden politischen Betriebs und der virtuellen Wirklichkeit der Medien. Aber das sind Trends, abgeleitet aus persönlichen Erfahrungen, keine Zwangsläufigkeiten.

Die gute Nachricht klingt banal, verlangt aber viel: Ob jung oder alt – letztlich liegt es nach wie vor in der Verantwortung jedes einzelnen Politikers, sich aus eigener Kraft gegen den Sog des politischen Betriebs zur Deformation zu stemmen und die eigene humane Substanz zu verteidigen. An Beispielen, dass und wie das möglich ist, fehlt es nicht – durch Glauben an und Einsatz für eine bessere Gesellschaftsordnung, wie Erhard Eppler; durch schmerzhafte Enttäuschungen, wie Andrea Fischer; durch bewusst gepflegte vertrauensvolle Nähe zu Menschen außerhalb der Szene, wie Christine Bergmann; durch Konzentration auf Sachgebiete, wie Hermann Bachmaier; vor allem aber – wie Rudolf Seiters – durch Verzicht auf allzu aufdringliche öffentliche Selbstdarstellung im Glanz der Medienscheinwerfer. Als Hoffnungsträger der politischen Szene gelten gemeinhin die jungen, schnellen Smarties der Mediengesellschaft, die am Morgen schon ihr drittes Interview mit flotten Sprüchen schräg zur offiziellen Parteilinie abgesondert haben, wenn die Kollegen noch beim Frühstück sitzen. Aber Individualismus muss ja nicht Egozentrik sein. Hoffnung auf eine ernsthafte politische Zukunft verkörpert erst wirklich, wer ein reflektiertes Verhältnis zu sich selbst gewonnen, Beziehungen zu anderen gewahrt und eine politische Sensibilität für die gesellschaftlichen Verhältnisse entwickelt hat.

Es ist natürlich kein Zufall, dass mir als Beispiel für gelungenen Widerstand gegen den selbstzerstörerischen Trend zum Realitätsverlust durch politische Machtpositionen als erster Richard von Weizsäcker einfällt. Auf Weizsäcker verfallen alle, die sich Gedanken darüber machen, ob Politik nicht auch anders ginge. Selbstverständlich gibt es viele Argumente, seine positive Erscheinung als extremen Sonderfall zu beschreiben. Hat nicht ein Bundespräsident im wahrsten Sinne des Wortes gut reden? War

nicht der silberhaarige Freiherr eine Art demokratischer Ersatz-
kaiser, eine nostalgische Märchenfigur? Was weiß denn so einer
schon von den Niederungen der Tagespolitik? Und was versteht
ein Privilegierter wie er – Adliger, Diplomatensohn, Ex-Offizier,
Jurist, erfolgreicher Wirtschaftsmanager, hofierter Unionspolitiker und evangelischer Laien-Führer – überhaupt vom richtigen
Leben?

Tatsächlich erscheint er mir nicht wegen, sondern trotz seines
überparteilichen Amtes, seiner Herkunft und seiner strahlenden
Erscheinung beispielhaft. Denn an sich war Richard von Weizsäcker perfekt dafür gerüstet, sich das Leben vom Leibe zu
halten. In der Familie, in die er am 15. April 1920 in Stuttgart hineingeboren worden war, galten Form, gute Manieren, Selbstdisziplin und Selbstkontrolle als hohe Tugenden. Das Präsiden-
tenamt verlangt geradezu nach nobler Überparteilichkeit und
Verzicht auf Machtspiele. Und so wie der CDU-Politiker als
Bundespräsident auftrat und aussah, musste »Ritchie«, wie ihn
die jungen Deutschen nannten, einfach zum Medienstar werden.
Aussehen, Name und Stil verschafften ihm während seiner Amtszeit ein Image, das offenbar dem volkstümlichen deutschen Ideal
von Politik und Politikern nahe kam – nämlich edel, hilfreich und
gut. Nur war er gar nicht so – nicht so abgeklärt, nicht so unverletzt, nicht so operettenhaft edel und ganz und gar nicht unpolitisch. Richard von Weizsäcker kam auch als Bundespräsident dem
richtigen Leben näher als viele seiner früheren Kollegen aus dem
Parlament.

Davon habe ich allerdings noch nicht viel gemerkt, als ich im
September 1974 Richard von Weizsäcker in seinem kleinen Büro
im siebten Stock des alten Bonner Bundestagshochhauses zum
ersten Mal gegenübersaß. Damals war er Bundestagsabgeordne-
ter und – als chancenloser CDU-Präsidentschaftskandidat – eine
Berühmtheit für Insider. Mir erschien er sympathisch, doch ka-
men mir seine politischen Vorstellungen ziemlich vage vor.
Mit begrifflichen Klassifizierungen ließ er sich nicht einfangen:
»Konservativ, restaurativ, progressiv – das halte ich für keine
Erleuchtungsmittel.« Allerdings trafen wir uns schnell in einer

Art Grundgefühl. Ich war – sozusagen zum Eingewöhnen – für eine Woche aus Washington an den Rhein gekommen und empfand das Leben hier bürokratisch entsinnlicht. Weizsäcker nannte Bonn »eine Art Phantomstadt«.

Eine unverwechselbare Stufe der Identität, die über seine makellose äußere Form hinausging, erreichte Richard von Weizsäcker für mich erst als Bundespräsident. Mit seiner Rede zum 40. Jahrestag des Kriegsendes am 8. Mai 1985 wurde deutlich, dass es diesem Mann gelungen war, seine natürlichen Fähigkeiten und anerzogenen Haltungen, die persönlichen und beruflichen Erfahrungen, die Familientraditionen und Überzeugungen mit den Erfordernissen und Möglichkeiten des Amtes und der politischen Situation in seltener Harmonie zu verbinden. So konnte er an diesem Tag von sich selbst sprechen, und jeder war zur Identifikation herausgefordert. »Schuld ist, wie Unschuld, nicht kollektiv, sondern persönlich«, sagte der Bundespräsident gegen eine Mauer steinerner Gesichter im Deutschen Bundestag. Und wie durch Zauberspruch zerfiel die unbeweglich schweigende Menge in lauter Einzelne – in Alte und Junge, Geduckte und Aufrechte, vom Leben Bestrafte und dem Leben windschnittig Entschlüpfte.

Die intensiven Vorarbeiten zu dieser ersten großen Rede des Bundespräsidenten hatte ich aus einiger Nähe mitverfolgen können. In den gut zehn Jahren seit meiner ersten Begegnung mit Richard von Weizsäcker musste ich – wie schon berichtet – selbst mein Leben verstehen und verändern, um nicht nur weiterleben, sondern auch in meinem Beruf sinnvoll arbeiten zu können. Dazu bedurfte es einer schmerzhaften Inventur meiner Erfahrungen. Und bei dem Versuch, mein individuelles Erleben in einem größeren Kontext zu verankern, halfen mir die Überlegungen des französischen Philosophen Michel Foucault zur »Ethik der Existenz« und über »Technologien des Selbst«. Nach seiner Auffassung entdecken wir unsere Identität nicht, indem wir – wie Freud lehrte – verborgene frühkindliche Erlebnisse als Schlüssel für das Verständnis späteren Verhaltens aufdecken, sondern dadurch, dass wir unsere erinnerten Erfahrungen unablässig prüfen, bewerten und ordnen.

»Zu den wichtigsten Praktiken der Sorge um sich selbst«, die Foucault als Maxime antiker Lebenskunst für die Gegenwart aktualisierte, »gehörte es, dass man Aufzeichnungen über sich selbst machte, in der Absicht, sie später wieder einmal zu lesen; dass man Abhandlungen und Briefe an Freunde schickte, die ihnen helfen sollten; dass man Tagebuch führte, um die Wahrheiten, deren man bedurfte, für sich selbst reaktivieren zu können.« So ähnlich versuchte ich selbst mit mir ins Reine zu kommen, und so erlebte ich auch Richard von Weizsäcker in der Vorbereitung der Rede zum 8. Mai.

Das Echo war überwältigend, weil Richard von Weizsäcker absolut authentisch wirkte. Von seinen Erfahrungen mit dem Unrecht der Nazi-Zeit konnte der Präsident reden, auch von Zweifeln, Schwächen, Schuld und Irrtümern. Von seiner Erschütterung, seiner Achtung vor den Opfern durfte er sprechen und von seinem Bedürfnis nach Versöhnung. Ihre Überzeugungskraft gewann die Rede daraus, dass der Mann, der sie vortrug, dies alles durchlebt und durchlitten hatte. Richard von Weizsäcker war als Person so glaubwürdig wie seine Sätze. Das ist bei Präsidenten keine Selbstverständlichkeit. Bei einem Mann von dieser Herkunft schon gar nicht.

Wie bei vielen Deutschen war auch bei den Weizsäckers die hergebrachte Ordnung mit dem Kriegsanbruch 1939 völlig durcheinander geraten. Das Leben zerbrach die Stützen des traditionellen Wertesystems und stellte alle Selbstverständlichkeiten in Frage. In einem »schrecklichen Schnellkochverfahren«, so Bruder Carl Friedrich, wurde der Student Richard zu einem »erwachsenen, gereiften Mann«. Dass er die schlimmen Erfahrungen dieser Jahre später nicht verdrängte, sondern als Auftrag zum demokratischen Engagement verstand, machte ihn zum populären Politiker. Richard von Weizsäcker, der neunzehn Jahre alt war, als der Krieg begann, musste schon am zweiten Tag Totenwache für seinen gefallenen Lieblingsbruder Heinrich halten. Er hat, wie von Weizsäckers publizistische Wegbereiterin, Marion Gräfin Dönhoff, vor zwanzig Jahren in der *Zeit* schrieb, »mit vielen seiner Generation das Schicksal geteilt, sehr jung – viel zu jung –

vor immer neuen Abgründen zu stehen«. Ein Faible für die Nazis hatte Weizsäcker nie gehabt, aber im Verlauf des Krieges wurde sein Abstand zu Hass. Dass viele seiner Freunde im Offizierswiderstand umkamen, gehörte zu seinem Schicksal. Sein Verdienst aber war es, dass er nicht die Augen verschloss vor den Verbrechen, die er sah, dass er die Nazis hassen lernte, wie er bekannte. Doch es ist wohl der überzeugendste Teil seiner Lebensleistung, dass er sich – als Verteidiger seines Vaters – gegen die bittere Erfahrung der Schuld nicht sperrte.

Ernst von Weizsäcker, der die Nazis verachtete, hatte sich gleichwohl als Staatssekretär Ribbentrops ins Auswärtige Amt berufen lassen. Mit riskanten Unternehmungen versuchte er, durch Kontakte mit London quasi im Alleingang den Krieg zu verhindern. Dabei scheiterte er nicht nur, sondern er geriet in eine Situation, die ihn zum Mitläufer und Dulder von Nazi-Verbrechen machte. »Mein Verhalten ab Herbst 1939 ist unrühmlich«, bekannte der konservative Patriot später. Ein alliiertes Militärgericht in Nürnberg verurteilte von Weizsäcker zu fünf Jahren Haft, aus der er freilich schon nach kurzer Zeit entlassen wurde.

Für den Sohn Richard, der als Jura-Student während des Prozesses eineinhalb Jahre für die Verteidigung seines Vaters mitgearbeitet hatte, wurden die Nürnberger Gerichtsmonate zu einer Lebensphase, die ihn am meisten »aufregte und innerlich umtrieb«. Als einer der ersten Deutschen erhielt er dort Akten-Einsicht in das Ausmaß der Nazi-Gräuel. Am 8. Mai 1985 formulierte er als Bundespräsident das Ergebnis seines eigenen Entwicklungsprozesses in seiner Rede: »Erinnern heißt, eines Geschehens so ehrlich und rein zu gedenken, dass es zu einem Teil des eigenen Innern wird.« Es bedurfte wohl derart bitterer und ehrlicher Selbstüberprüfungs- und Trauerprozesse, um das äußere Geländer aus soldatischen Tugenden und verinnerlichten preußisch-protestantischen Pflichtkatalogen in ein inneres Geländer demokratisch-toleranter Lebensinhalte zu verwandeln.

In diesem Sinne beschloss Richard von Weizsäcker, die Familientradition des Dienstes am Staat fortzusetzen – aber nicht als Beamter, da er deren »Isolierung und begrenzte Sicht« am Beispiel seines Vaters erkannt zu haben glaubte. So uneingeschränkt der Sohn die in Nürnberg eingenommene Verteidigungslinie Ernst von Weizsäckers weiter vertrat – der sich als Christ vor Gott schuldig bekannte, seine Schuld nach dem Recht der Alliierten aber bestritt –, so deutlich distanzierte er sich von der Verachtung, die sein Vater für die demokratischen Politiker der Weimarer Zeit empfand. Erschrocken über die Folgen, die dessen hochmütiger Abstand von praktischer Politik hatte, entschied sich der Sohn zur aktiven Einmischung.

Spätestens mit seiner Bereitschaft, sich 1981 in Westberlin der Wahl zum Regierenden Bürgermeister zu stellen, machte Richard von Weizsäcker deutlich, dass er sich keineswegs als den »Antityp des Politikers« betrachtete, als den Mitarbeiter der CDU-Zentrale ihn sahen. In der innerparteilichen Arena, lernte er, spielten sich oft die erbittertsten Kämpfe ab. Verwerflich fand er das nie. Die Tricks und Spielchen, mit denen um die Macht gerangelt wird, hatte er schon in Bonn kennen gelernt. »Die Macht ist ein knappes Gut«, sagte er später, »also wird um sie gekämpft« – nicht selten um ihrer selbst willen. Politiker und Funktionäre, so Richard von Weizsäcker, »sind weder bessere noch schlechtere Menschen als wir alle«.

Die geborenen Schurken oder Deppen der Gesellschaft, wie Volkes Stimme gern behauptet, sind Politiker natürlich ohnehin nicht. Im Parlament, hat Joschka Fischer auf dem Wege seiner Verbürgerlichung entdeckt, findet sich »genau wie in der Bevölkerung« alles: Großartigkeiten und Gemeinheiten, Intelligenz und Dummheit, Heiliges und Perverses, Ganoven und ganz und gar durchschnittliche Leute mit Stärken und Schwächen. Fischer: »Das sind im wahrsten Sinne Volksvertreter.« Allerdings arbeiten sie in einem Umfeld und unter Bedingungen, deren deformierende Kräfte ungleich stärker und zwingender sind als die im Leben von Lehrern, Krankenschwestern oder Ingenieuren. Politik verdirbt nicht den Charakter, aber sie birgt die Gefahr, Menschen seelisch und emotional zu verkrüppeln.

Versüchtelung

Auch Bundespräsidenten bleiben dieser Gefahr ausgesetzt. Denn was der Pforzheimer SPD-Oberbürgermeister Joachim Becker in einem Sammelband zu der von Weizsäcker später angestoßenen Diskussion über die Qualität der Demokratie in der Bundesrepublik schrieb, traf auch für das Staatsoberhaupt selbst zu: »Das Leben eines Politikers ist seine Arbeit. Fast alles wird dem Beruf untergeordnet.« Eine Trennung von beruflichem und privatem Leben gebe es so wenig wie freie Tage, denn auch die Wochenenden seien ausgefüllt. Kurz: »Das Leben für die Politik und von der Politik ist ein Leben ständiger Überforderung, mit einem kontinuierlichen Mangel an Schlaf und Bewegung.« Weizsäcker war sich dessen allerdings deutlicher bewusst als die meisten seiner Vorgänger und Nachfolger. Er war vierundsiebzig Jahre alt, als seine zweite Amtszeit endete. Doch als sein tschechischer Kollege Václav Havel ihn neun Jahre später bat, ihm beizubringen, »wie es ist, ein ehemaliger Präsident zu sein«, erschreckte ihn der Deutsche, der im Alter nicht bescheidener geworden ist, mit den Worten: »Einige Jahre im Ruhestand haben mich zur Einsicht gebracht, dass ich ein bequemeres Leben hatte, als ich noch im Amt war.«

Anders als viele seiner Kollegen hatte Richard von Weizsäcker allerdings immer einen wachsamen Kontrollblick auf die eigene Gesundheit. Wer sein persönliches Alarmsystem überhört, den hat die Sucht bereits fest im Griff, weiß der frühere Gesundheitsminister Horst Seehofer heute – eine Erkenntnis, die für ihn fast zu spät kam. Drei Wochen lag der CSU-Abgeordnete auf der Intensivstation des Klinikums in seiner Heimatstadt Ingolstadt und sah zu, wie der Monitor, der seinen Kreislauf sichtbar machte, verrückt spielte. Dass er knapp am Tode vorbeischrammte, kam als ein Schock. Mindestens ebenso bestürzt war der frühere Gesundheitsminister aber, als ihm seine elfjährige Tochter Susanne am Krankenbett gestand, dass sie zwar um seine Gesundheit bange, insgeheim aber auch ein bisschen glücklich sei über seine Krankheit: »Jetzt können wir endlich mal reden. Sonst bist du ja nie da.«

Da wusste der bayerische Recke Seehofer, Jahrgang 50, dass mehr aus dem Takt geraten war in seinem Politikerleben als nur sein Herzschlag. Die Überzeugung, dass er die Welt aus den Angeln heben und ihn nichts dabei umwerfen könne, hatte zu seinem politischen Image gehört. Systematisch – erst lässig, dann in einer »Mischung aus Angst und Verdrängung« – ignorierte der Bayer deshalb Erkältungen und Erschöpfung, Schwächeperioden und Schlaflosigkeit, bis ihn eine virale Herzmuskelentzündung niederstreckte. »Da war es gewissermaßen fünf Minuten vor zwölf«, sagt Seehofer heute.

Bis zuletzt sperrte er sich gegen das Aufgeben. »Ich hatte Angst, mich in die Hände eines Arztes zu begeben, weil ich dann meine ganze Entscheidungshoheit an Dritte hätte abgeben müssen«, bekannte er hinterher. Aber am Ende sagte er seiner Frau den schweren Satz: »Ich muss kapitulieren.« Dabei hatte er noch – als er sich schon zum Stehen zu schwach und unfähig zum Liegen fühlte – darauf beharrt, seine sozialpolitischen Vorschläge für die Wahlplattform der CSU auf dem traditionellen Treffen der Landesgruppe in Kreuth persönlich vorzutragen. Seehofer hat es dann gerade noch im Sitzen geschafft, dann war Schluss. »Du schaust aus wie der leibhaftige Tod«, sagte ihm der erschrockene Theo Waigel. Aber Seehofer, der die Diagnose Lungenkrebs fürchtete, hielt krampfhaft an seiner Behauptung fest, er habe eine Grippe. Den als Nächstes vorgesehenen Vortrag vor Zahntechnikern in Frankfurt musste er dann doch streichen. Den Flug dahin hätte er schon nicht mehr bei Bewusstsein erlebt, versicherten ihm die Ärzte – wenn er ihn denn überhaupt noch erlebt hätte. Erst danach akzeptierte er »die Güterabwägung«, entweder Politik oder »mein eigenes Leben«.

2002 war ein Wahljahr. Seehofer sollte Stoibers Mann für Gesundheit und Soziales sein. Stattdessen lag er monatelang danieder. Doch kaum konnte er wieder aus dem Bett krauchen, registrierte er, »wie es kribbelte, wie es mich zurückdrängte zu den Berliner Geschäften«. Seither steht für Horst Seehofer fest, dass

Politik eine Sucht ist. Er hat sich entschlossen, mit dieser Einsicht weiterzumachen – demütiger als zuvor und selbstverantwortlicher. Was für »armselige Geschöpfe wir in Wahrheit sind, wenn der innere Mechanismus stottert«, sei ihm ebenso schmerzlich bewusst geworden wie die Tatsache, dass draußen »alles weiterläuft – ohne uns«. Mit diesen Einsichten versucht er, sein politisches Engagement neu zu dosieren. »Sie können, wenn Sie wissen, dass Sie süchtig sind, die Dosis bestimmen«, glaubt er und behauptet: »Ich bin jetzt stärker Herr des Verfahrens als früher.« Seine Parteifreunde irritiert er seither durch eine störrische Unabhängigkeit.

Ist ausgerechnet Horst Seehofer ein Sucht-Typ? Der gradlinige, kraftvolle Mann ist so anfällig wie jeder. Offenbar sind die private Lebensumwelt und der gesellschaftliche und berufliche Kontext eines Menschen so bedeutsam für seine Gefährdung durch süchtige Entgleisungen wie seine persönliche Geschichte und seine Zukunftsperspektiven.

Bisher ist es der Forschung nicht gelungen, ein halbwegs verlässliches Profil der so genannten Suchtpersönlichkeit zu ermitteln. Auch die Frage nach einem genetischen Ursprung von Sucht sei noch lange nicht geklärt, schreibt der Frankfurter Psychologe Werner Gross. Sicher ist aber, dass nicht Genetik und Konstitution allein, sondern vielfältige psychosoziale Lernprozesse zur Sucht führen.

Sicher erscheint mir überdies, dass Sucht-Strukturen – wenn sie sich in einer Person erst einmal verfestigt haben – nicht zu tilgen sind. Seit achtundzwanzig Jahren trinke ich nun keinen Alkohol mehr, aber dass ich trotzdem ein durch und durch süchtiger Mensch geblieben bin, ist mir bewusst. Sucht, das weiß ich heute aus eigener Erfahrung, ist eine Lebenshaltung. Mir ist inzwischen gleichgültig, ob sie angeboren oder angelernt ist. Auch ob ich diese spezielle Eigentümlichkeit als Krankheit, Defizit, Charakterfehler oder Schicksal definiere, macht letztlich keinen Unterschied. Entscheidend bleibt allein, dass ich sie als Teil meine Identität wahrnehme und akzeptiere. Mit anderen Worten: Ich leugne nicht meine immer in mir lauernde Neigung, alles, was ich betreibe, so maßlos zu steigern, dass es am Ende zum Selbstzweck wird und mich abhängig macht. Ehrlichkeit sich selbst gegenüber ist nicht immer erbaulich. Doch nur so kann ich versuchen, mich gegen die Gefährdungen des Rückfalls oder der Suchtverlagerung zu wappnen. Überall gilt, was Erhard Eppler in der Politik gelernt hat: »Je perfekter die Deformation, desto geringer das Bewusstsein davon.«

Wahr ist, dass mir die Welt erst besoffen vorkommt, seit ich nicht mehr trinke. Die Sucht – und die Angst davor – lauern offenbar in jedem. »Sie ist das Unheimliche in uns«, hat der Psychoanalytiker Wolfgang Schmidbauer einmal gesagt. Als das Explosive, Triebhafte, Bedrohliche, Irrationale gefährdet sie unsere bis ins Kleinste geordneten und geregelten Verhältnisse, in denen möglichst alle Risiken versichert sind und Abenteuer als Pauschalreisen angeboten werden oder als Fernseh-Shows. Als Betäubung und Flucht ist sie eine Reaktion auf fehlende Geborgenheit, mangelndes Vertrauen in Autoritäten und spirituelle Leere.

Hinter jeder Sucht ist eine Sehnsucht hat der Suchtexperte Werner Gross sein Buch genannt, in dem er eine zunehmende »Versüchtelung« der Gesellschaft diagnostiziert. Von diesem Lebensrisiko erscheint mehr oder minder jeder bedroht. Immer mehr Menschen reagieren mit immer extremeren Ausflüchten auf die unlösbaren Herausforderungen, die bitteren Enttäuschungen und schmerzhaften Konflikte des modernen Lebens. Der Süchtige – unfähig, unwillig und unerfahren, sich der unübersichtlichen Wirklichkeit und ihren Risiken aus eigener innerer Kraft angemessen zu stellen – erscheint als eine Extremvariante des dominierenden Typus unserer Gesellschaft.

Von Sucht zu reden, bedeutet immer, Kultur und Körper zusammenzudenken. »Es geht um den Kampf des Menschen gegen die Dynamik des von ihm selbst geschaffenen kulturellen Käfigs«, schreibt der Berliner Kulturanthropologe Alexander Schuller: »Wie viel Wildnis braucht der Mensch und wie viel Metaphysik?« Es ist diese doppelte Wirksamkeit – als kulturelles Massenphänomen und auch als verbreitetes psychosomatisches Leiden –, die

Sucht heute zur dominierenden Zeitkrankheit macht. In einem eher noch bedrohlicheren Ausmaß übernehmen die Süchte in Deutschland die Rolle, die der Bielefelder Historiker Joachim Radkau der »Nervosität« im frühen 20. Jahrhundert zuschreibt. Auf allen Ebenen der wilhelminischen Gesellschaft – auch in der Politik – wurde damals eine kollektive reizbare Verunsicherung durch Erschöpfung der Nerven deutlich, die auf aggressive Entladung drängte. Die Neurasthenie galt vor allem als Krankheit der geistigen Führer. »Viele litten an einer Gebrochenheit und Unentschiedenheit der Gefühle und sehnten sich nach einer starken Leidenschaft, die alle Energie in eine Richtung bündelt. Gerade dadurch entstand die politische Brisanz der ›nervösen‹ Weltdeutung«, schreibt Radkau. Heute kennzeichnet eine quälende depressive Lähmung die Stimmungslage der Deutschen.

Das Wort »Sucht« hat von Anfang an eine körperliche und geistige Störung bezeichnet. Im Mittelalter stand es meist für eine religiöse oder moralische Verirrung, zur Goethezeit wurde aus diesem moralischen Wertbegriff ein Wort der beschreibenden Seelenkunde. Die Verengung auf die Abhängigkeit von chemischen Mitteln ist ein medizinischer Sonderterminus, der sich erst im vergangenen Jahrhundert durchsetzte. Bis zum späten Mittelalter hatten die Menschen ein Gefühl für die Ganzheit des Lebens und erkannten in der Sucht einen Mangel, der Körper und Seele gleichermaßen betraf. Dieses Wissen ging verloren. Erst heute greifen Suchtexperten darauf zurück.

Ihnen dürfte es nicht als Zufall erscheinen, dass vor allem jene Politiker vergleichsweise unbeschädigt den Machtbetrieb überleben und den Abschied aus ihren privilegierten Ämtern verkraften, die sich als Christen verstehen oder sich auf andere Weise dem Glauben an eine Sache verpflichtet fühlen, die größer ist als sie selbst. »Im Grunde geht es immer um Transzendenz«, hat Norbert Blüm einmal gesagt. »Das Glück als Ziel unserer Sehnsüchte liegt außerhalb von uns.« Heiner Geißler und Ute Vogt, Andrea Fischer und Richard von Weizsäcker, Antje Vollmer und Markus Meckel, Theo Waigel und Johannes Rau – so unterschiedlich ihre privaten Biografien und ihre politischen Ziele sein mögen, ihre christliche Grundüberzeugung verhilft ihnen allen zu einer – bisweilen sogar heiteren – Gelassenheit, die ihnen im hektischen politischen Gerangel einen eigenen Lebensrhythmus bewahrt. Jeden Morgen hat Johannes Rau als Bundespräsident das Bibelwort der Herrenhuther Brüdergemeinde gelesen, nicht als politische Handlungsanweisung, sondern als Lebenshilfe: »Es ist einfach der Versuch, das Geländer nicht zu verlieren.«

Als Jürgen Schmude im Mai 2003 nach achtzehn Jahren sein Amt als Präses der Evangelischen Kirche Deutschlands aufgab, überraschte der allseits geachtete nüchterne Jurist mit einem befremdlichen Wunsch: »Vielleicht legt meine Traumfabrik jetzt einen neuen Film ein.« Doch das scheint eine unerfüllte Hoffnung zu bleiben. Schmude, in der Regierung Schmidt Bildungs- und Justizminister, danach bis zu seinem Ausscheiden aus dem Bundestag 1994 stellvertretender Vorsitzender der SPD-Fraktion, träumt noch immer von der Politik. Noch immer geistern unbehagliche Situationen aus Parlament und Kabinett durch seine Nächte. »Ich dachte, ich hätte das hinter mir«, sagt der Ruheständler heute.

Der fromme protestantische Preuße Jürgen Schmude pflegte in Bonn bis in die Nächte hinein zu arbeiten, aber nie ließ er sich von politischen Ambitionen überwältigen. »Immer, wenn ich ein neues Amt antrat, habe ich mir überlegt, wie ich da heil wieder rauskomme«, erzählt Schmude. Für ihn, der zum Kreis um Gustav Heinemann gehörte, war sein Glaube nie bloße Privatangelegenheit, sondern immer auch Verpflichtung zum politischen Engagement. Als Person nötigten ihm die öffentlichen Ämter aber umso größere Zurückhaltung auf: »Wer mit dem Amt verwächst, kriegt es nicht wieder los.«

Der Bremer Bürgermeister Henning Scherf, Jahrgang 38, hat sich ein Vierteljahrhundert lang in regierender Funktion dagegen gewehrt, als Politiker wahrgenommen zu werden. »Der Henning«, wie ihn zu seiner Genugtuung die Bremer nennen, geht zu Fuß durch seine Stadt oder fährt mit dem Fahrrad, und keine Oma ist davor geschützt, von ihrem SPD-Bürgermeister umarmt und getätschelt zu werden. »Tach auch«, begrüßt er breit lächelnd seine Mitmenschen, »kennen Sie mich? Ich bin hier der Bürgermeister.« Die Tür zu seinem Arbeitszimmer steht immer offen, Scherf, der liebe, nette Mensch von nebenan, klopft bei Pressekonferenzen jedem Journalisten persönlich auf die Schulter, seine privaten Marotten sind jedermann in der Hansestadt geläufig.

Natürlich ist diese Haltung, die der harmoniesüchtigen Natur des über zwei Meter großen Christenmenschen absolut entspricht, auch Kalkül. Scherf braucht die Nähe zu seinen Mitmenschen, auch den körperlichen Kontakt, als »Hilfe gegen den Totalitätsanspruch des Politikbetriebs«. Das Ehepaar Scherf wohnt in einer Hausgemeinschaft mit fünf Parteien, die er als Wohngemeinschaft bezeichnet. Der enge Kontakt zu dieser Gruppe von Freunden und der zu seiner Familie ist für Scherf ein Widerlager zum Verschleiß im Amt, von dem er gleichwohl nur schwer loskommt. In seiner WG bedrängen ihn alle, sich endlich in den Ruhestand zurückzuziehen. »Ich bin der Exot und ständig in Erklärungsnot, warum ich nicht aufhöre.« Inzwischen schwant ihm, dass er mehr aufgeben muss als nur ein Amt.

Lebendige, offene Kontakte zu Menschen außerhalb der politischen Szene sind Barrieren gegen den süchtig machenden Sog der Wichtigkeiten im täglichen Betrieb der Politik. Kaum jemand bemerkt selbst, wann die Deformation beginnt, wann die Vorräte an persönlichen Überzeugungen und das Polster an Lebenserfahrung aufgebraucht und abgenutzt sind, das eigene Leben zur Fassade wird. Erst als er nicht mehr Minister war und auch nicht CSU-Chef, dazu – mit der strahlenden Ski-Heldin Irene Epple – wieder glücklich verheiratet, fand Theo Waigel zu seinem Witz und seiner christlichen Gelassenheit zurück. Wenn er dann am Montagmorgen die Wahl hatte, zur CSU-Vorstandssitzung nach München oder zur Fraktionssitzung der Union nach Berlin zu fahren, entschied er sich oft mit Vergnügen für einen »Kompromiss«: Er ging mit seiner Frau in die Berge. Ohne Karriere-Ambitionen konnte er sich das leisten.

Umgekehrt hatte der frühere Bundesminister und Frankfurter SPD-Oberbürgermeister Volker Hauff, Jahrgang 40, erst, als seine Ehe kriselte, gemerkt, dass er »im Rausch der öffentlichen Wirkung« unterzugehen drohte: »Ich war am Ende, ich hab nur noch geheult.« Plötzlich wusste er: »Du verlierst nicht nur deine Partnerin, du verlierst dich auch selbst.« Er fand Hilfe, doch es sollte noch zehn Jahre dauern, bis er 1991 den endgültigen Absprung schaffte. Staunend schrieb Peter Glotz zwei Jahre später über ihn: »Hauff ist ruhig, sicher, er wirkt fast abgeklärt. ›Was ist mit dir?‹, fragte ich ihn. ›Es war eine schwere Zeit‹, sagte er. ›Da lernt man.‹« Heute ist Volker Hauff wirtschaftlich selbstständig und beobachtet in Berlin das politische Geschäft mit teilnehmender ironischer Distanz.

Ute Vogt, Jahrgang 64, ist erst seit zwei Jahren parlamentarische Staatssekretärin der SPD im Bundesinnenministerium, doch mit Besorgnis bemerkt sie, wie mit den repräsentativen Aufgaben ihre Isolierung zunimmt. Als Abgeordnete im Wahlkreis hatte sie die Chance, immer aufs Neue mit höchst unterschiedlichen Leuten Kontakt aufzunehmen. Nicht ohne Grund mahnt Parlamentspräsident Thierse die Abgeordneten, sie sollten »nicht aufhören, in ihren Wahlkreisen unterwegs zu sein, um soziale Alltagsrealität wahrzunehmen«. Als Staatssekretärin ist Ute Vogt zwar auch ständig in Aktion, aber sie hat weder ausreichende Chancen zum Nachdenken, noch kommt sie intensiv mit normalen Menschen ins Gespräch. Die grüne Abgeordnete Claudia Roth, Jahrgang 55, nennt die Freunde, die ihr aus ihrer kulturellen Vorzeit im Theater- und Popmusikmilieu geblieben sind, ein gut funktionierendes »Frühwarnsystem«. Immer mal wieder kämen sie unangemeldet vorbei, um zu testen, ob die Frau Abgeordnete noch zuhören kann, ob sie noch fähig ist, die Probleme anderer Menschen zu erkennen und sich davon berühren zu lassen. Bisher hat sie sich diesen Prüfungen noch immer gewachsen gefühlt.

Gesichtsverdrossenheit

Für Claudia Roth war der theatralische Aspekt des Politikerberufes immer eine Selbstverständlichkeit. »Du wirst engagiert
für eine bestimmte Spielzeit, und du hast eine Rolle zu spielen«,
sagt sie. Und nur für diejenigen, die nicht wüssten, dass sie »als
Rolle wahrgenommen werden«, die also ihr ganzes Leben zur
Politik machen, werde es bedrohlich. Die Grüne hat es erlebt, als
sie den Parteivorsitz abgeben musste. Sofort wurde sie daraufhin
aus der Christiansen-Talkshow und dem Morgenmagazin ausge-
laden, und sie musste sich selbst klar machen, dass sie damit nicht
als Frau in Frage gestellt sei, sondern nur in ihrer politischen Bedeutung. Roth: »Du bist nur wer, wenn du im Fernsehen bist.
Aber dann bist du auch richtig wichtig.«

Kein Wunder, dass der Bildschirm-Auftritt die Politikdroge
Nummer eins ist. Wer als Politiker im Fernsehen auftaucht, ist
prominent und hat es in die erste Reihe geschafft. Das Medium
nutzen zu können, ohne ihm zu verfallen, ist heute eine Über-
lebensfrage, zumindest für jeden Spitzenpolitiker. Die mediale
Präsenz verschafft den Akteuren eine eigene Wirklichkeit, die als
Aura realer ist als ihr tatsächliches Handeln und ihre sozialen Verhaltensweisen. Aber so, wie die durch Bildproduktionen erzeugte
Welt der Medien für den Empfänger zu einem prägenden Element
seiner Lebenserfahrung wird, wachsen auch die Darsteller – in
diesem Falle die Politiker – in eine Phantomexistenz hinein: Sie
sind gleichzeitig Subjekt und Objekt der Darstellung, sie müssen
»authentisch« sich selbst verkörpern.

Natürlich wissen sie, dass sie unter permanenter elektronischer
Beobachtung stehen, unter dem Verdacht, dass ihre Rede, ihr
Schweigen, ihr Körper, ihr Gesicht etwas verraten – von sich, von
anderen, über einen Sachverhalt. Jeder öffentliche Auftritt wird
zum politischen Indizienbeweis, permanent werden die Akteure
auf ausdeutbare Signale abgesucht. Sind sie starr oder locker,
müde oder straff, wie bekleidet und warum gerade so? »Das bedient den Narzissmus«, sagt Rezzo Schlauch, heute Staatssekre-

tär der Grünen im Berliner Wirtschaftministerium, »darin sind wir ja alle gut.«

Für Erhard Eppler ist Narzissmus, die eitle Verliebtheit in die eigene Person, das schlimmste Laster der Politik. Es ist eine vorwiegend männliche Schwäche – und sie betrifft nur zu einem geringen Teil das äußere Erscheinungsbild. Was in der Politik zählt, ist das »Standing«, das Gewicht und die Bedeutung innerhalb der politischen Klasse. Eppler: »Der eitle Politiker ist davon überzeugt, dass ihm, zumindest in der Sparte der Politik, in der er sich hochgearbeitet hat, niemand das Wasser reichen kann.« Und er sorgt dafür, dass das so bleibt. Damit gerät er leicht in einen teuflischen Kreislauf – die Leute werden seiner ständigen Präsenz auf dem Bildschirm und seines Gelabers in Talkshows überdrüssig. Der TV-Experte Klaus Kreimeier bezeichnet die Übersättigung mit immer denselben Politiker-Gesichtern als einen Hauptgrund für Politikverdrossenheit.

Als mich Herlinde Koelbl für ihren Film über die Presse-»Meute« in Berlin fragte, ob ich mich nicht auch ein bisschen mächtig fühlen würde als Journalist, weil ich doch so nahe dran sei an den Mächtigen, konnte ich das ohne Zögern verneinen; schon deshalb, weil ich keiner der Fernsehmenschen bin, die das permanente Getümmel herstellen. Es sind eben nicht mehr so sehr die fragenden und sachorientierten Journalisten, auf die sich die politischen Karrieristen einstellen und deren Macht sie fürchten, es sind die Produzenten und Manager der Medien, die für sie zählen. Denn die sorgen in den Blättern und vor allem in den TV-Sendern für die Bühnen, auf denen die Politiker ihre eigenen Wirklichkeiten herstellen.

Deshalb belügt sich selbst, wer nur durch oberflächliche Betrachtung der Medien ein Bild zu haben glaubt von der gesellschaftlichen und politischen Realität. Mir scheint, wir verlassen uns ein bisschen zu sehr darauf, dass die Realität auflösbar sei in austauschbare Bilder und Zeichen. Wer wollte bestreiten, dass die Konturen der Welt tatsächlich zu verschwimmen beginnen im beliebigen Nebeneinander von Facts und Fiction, Vergangenheit und Zukunft, Pop und Politik. Und wer könnte unseren journalistischen Anteil an dieser Entwicklung leugnen. Die Medien, so heißt es, hätten das Leben austauschbar gemacht, also bedeutungslos. Was blieb, war Mode. Oder nur was Mode war, blieb.

Aber sind wir alle – Politiker, Journalisten, Bürger – diesem Trend wehrlos ausgeliefert? Der Schriftsteller György Konrád, der vor dem Fall des Eisernen Vorhangs als ungarischer Dissident Jahrzehnte unter staatlicher Bevormundung gelitten hat, behauptet: »Jetzt ist es nicht mehr die Geheimpolizei, die bei den Bürgern Gehirnwäsche betreibt, sondern die als Abfolge von Moden dahinwogende Oberflächlichkeit.« Wer sich dagegen schützen will, muss sich seiner selbst und seines Urteils sicher sein, er braucht einen verantwortlichen, bewussten Umgang mit der eigenen Subjektivität. Erfahrung zählt, Erfahrung verändert.

Sich dem Leben zu öffnen und Erfahrungen zu sammeln – das ist nicht nur eine für Politiker wichtige Abwehr gegen das Abgleiten in die Sucht, das sollte auch für jeden Journalisten selbst auferlegte Pflicht sein, um sich durch reflektierte Erinnerung eine Haltung zu erwerben, eine für ihn ganz persönlich charakteristische bewegliche Beharrlichkeit im Umgang mit dem Leben. In seiner Haltung hat die Freiheit des Journalisten ihren Rückhalt. Wie er auf Ereignisse und auf Menschen reagiert, wie er sich zur Macht und gegenüber Mächtigen verhält, das ist nicht nur individuell relevant, sondern das hat auch politische Folgen. Für mich enthält eine Gedichtzeile von Peter Rühmkorf eine Wegweisung: »Bleib erschütterbar und widersteh.«

Dass ich nach meinem persönlichen Zusammenbruch, den ich zugleich als eine politische und journalistische Krise erlebt habe, gezwungen war, mich intensiv mit mir selbst, meinen Prägungen, Gefühlen und Erfahrungen zu befassen, hat auch mein Schreiben verändert und meinen Blick auf die Politik. Ich hätte mich als Journalist sowieso auf Porträts der Akteure konzentriert, um komplexen Sachverhalten ein Gesicht zu geben und Repräsentanten von Staat und Parteien persönlich in Haftung zu nehmen. Jetzt fügte sich diese Art der politischen Betrachtung glücklich in die neuen Erfordernisse der Medienzeit. Personalisierung? Aber sicher. Ich fühle mich durch politische Inszenierungen auch nicht zwangsläufig entmündigt oder als Bürger missachtet. Allerdings sollte sich Aufklärung heute – anstatt darüber zu lamentieren, dass Politik in der Mediengesellschaft inszeniert wird – darauf konzentrieren, für diese Lage neue Kriterien bereitzustellen. Wir brauchen eine neue Medienpädagogik, ein Erkennungssystem, mit dessen Hilfe die Öffentlichkeit Macht und Machart der medial vermittelten Bilder zu durchschauen lernt.

Im Kampf um die Deutungsmacht ist das Verhältnis zwischen Politikern und der »plappernden Zunft«, wie Joschka Fischer die Journalisten abschätzig nennt, in Berlin zunehmend gespannter geworden. »Jagdfieber« nannte die Deutsche Vereinigung für Parlamentsfragen im Somer 2004 ein Forum zum Thema »Journalisten und Politiker in der Berliner Republik«. Immerhin setzte sie noch ein Fragezeichen hinter die herbe Charakterisierung. Viele der eingespielten Selbstverständlichkeiten zwischen diesen beiden Flügeln der politischen Klasse haben sich verflüchtigt, der Ton wurde wechselseitig aggressiver, ja verächtlich. Das unverkennbare Bedürfnis, es einander wenigstens einmal heimzahlen zu können, lässt nicht nur auf vergangene Kränkungen schließen. Es signalisiert einen Machtkampf. Denn auch die Medienleute inszenieren ja politisches Geschehen, indem sie komplexe Sinnzusammenhänge in Mini-Dramen zerlegen, durch Personen verkörpern oder in symbolischen Schlüsselszenen gipfeln lassen. Damit geraten sie nahezu unausweichlich in Konflikte mit den Politikern um die Deutungshoheit. »So dürfen Sie das nicht sehen«, bleibt die Standard-Mahnung von Politikern an Journalisten.

Die Kluft zwischen den Darstellungen, die Politiker – vor allem die jeweils verantwortlichen – von der Welt und den aktuellen wirtschaftlichen und sozialen Problemen geben, und den Bildern, die Medienmenschen dagegensetzen, wird zunehmend tiefer. Es entstehen getrennte Welten mit unterschiedlichen Geschwindigkeiten. »Die Langsamkeit der Politik liefert wenig sichtbare Gestaltungskraft«, sagt Wolfgang Thierse. Im hektischen Tempo der Medienwelt nehmen die Bürger das selbst dann als Unfähigkeit wahr, wenn ihre eigene Erwartung oder die von den Medien suggerierte ganz und gar absurd ist.

Lebensamateure

In der Woche nach der letzten Bundestagswahl geriet die Schar der vor dem Berliner Reichstag wartenden Kameraleute und Reporter bei der Ankunft einer 19-jährigen Abiturientin mit blau gerandeter Brille so hysterisch in Bewegung, als sei der Bundeskanzler im Anmarsch. Es war aber Anna Lührmann aus Hofheim im Taunus, auf die sie zustürzten, die jüngste deutsche Volksvertreterin aller Zeiten, die für die Grünen ins Parlament einrückte. Anna Lührmann wollte herausfinden, »warum denn das Verhältnis zwischen dem Volk und seinen gewählten Vertretern so verkorkst« sei. Doch bevor sie sich an ihr Vorhaben machen konnte, mit Spaß die Welt zu verändern, musste sie zunächst einmal sich selbst der Welt im Fernsehen vorführen – von Johannes B. Kerner bis Stefan Raab, von Harald Schmidt bis zur »Tagesschau«.

»Meine Generation denkt in Kategorien von: Was bringt das?«, beschreibt Anna Lührmann die ego-taktische Haltung ihrer Altersgefährten. Sie gehört zu den 64 Abgeordneten des 15. Deutschen Bundestages, die jünger sind als 38 Jahre, die zehn jüngsten haben noch nicht einmal das dritte Jahrzehnt vollendet. Zählt man die ab 1961 geborenen Volksvertreter hinzu, erhöht sich die Zahl der jüngeren Abgeordneten auf 121. Nur noch drei unter den insgesamt 603 Gewählten sind älter als 65. Ist das nun die berühmte Generation Berlin? Oder die Generation Golf – eins oder zwei, womöglich schon drei? Die Generation »Z«? Die Erben-Generation? Die Konsumkinder? Die Fernseh-Kids? Die Flut der Deutungsversuche für die Jahrgänge, die nach den 68ern kommen, schwillt weiter an: Generation Spar? Generation Bankrott? Generation Arbeitslos? Oder am Ende doch *Generation Reform*? »Angesichts der schweren Krise, in der Deutschland steckt, wacht eine fast schon verloren geglaubte Generation wieder auf und erkennt, dass sie Verantwortung für ihre eigene Zukunft übernehmen muss«, schreibt der Bremer Historiker Paul Nolte, Jahrgang 63.

Es sieht tatsächlich so aus, als könnte die plötzliche Begrenzung von Lebenschancen und Aufstiegsmöglichkeiten zum verbindenden Merkmal dieser Kinder des Wohlfahrtsstaates werden, denen bisher alle Errungenschaften der Bundesrepublik selbstverständlich erschienen waren. Doch noch haben die Jahrgänge der zwischen 1960 und 1980 geborenen Deutschen – ob in Ost oder West – keine gemeinsame Physiognomie, sie ähneln einander allenfalls in ihrer ironisch-larmoyanten Selbstbespiegelung. Florian Illies machte diesen Mangel an generationeller Originalität, das fehlende Schicksal selbst, zum zentralen Merkmal der Beschreibung: »Wir sind wahrscheinlich die erste Generation, die ihr Leben nicht mehr als authentisch empfindet, sondern als ein einziges Zitat.« Der Soziologe Heinz Bude äußerte sogar die Sorge, dass diese Generation am Ende einfach wegzudenken sein könnte. »Sie ist ganz geschickt, ganz reflexiv, gar nicht blöd – aber spurlos.«

Gemeinsam ist allen Politikern dieser Altersgruppe eine herzhafte, parteiübergreifende Abneigung gegenüber der jetzt regierenden Generation, die sie als 68er verabscheuen. Ob Anna Lührmann oder Guido Westerwelle, Freiherr zu Guttenberg (CSU) oder Matthias Berninger (Grüne), vom kessen JU-Vorsitzenden Philipp Mißfelder, Jahrgang 79, bis zum abgewählten SPD-Ministerpräsidenten Sigmar Gabriel, vom Chef der Jungen Liberalen, Daniel Bahr, bis zum zeitweiligen CDU-Fraktionsvorsitzenden Friedrich Merz – alle tragen sie gemeinsam die Hoffnung, die Renommiertruppe der ewig Jung-sein-Wollenden endlich in Rente zu schicken. »Die Achtundsechziger habe ich immer für Spinner gehalten«, bekannte Merz. Auch die christdemokratischen Veteranen der Jungen Union – Roland Koch, Christian Wulff und Peter Müller – sind gegen den Zeitgeist der 68er politisch aktiv geworden. In der SPD sammeln sich die Jungen in einem »Netzwerk Berlin«, in dem nach der Schilderung des Abgeordneten Hans-Peter Bartels »68er-Bashing« zum Grundton gehört. Bisher ersparten sich jedoch alle die Mühe, ihre eigene Position in der Berliner Republik zu bestimmen.

Nicht zuletzt deshalb sind für ältere Bundesbürger die Unterschiede der Nachrücker zu den 68ern schwer auszumachen. Sind die Jüngeren etwa nicht – wie der grüne Staatssekretär Matthias Berninger, Jahrgang 71 – auf eine schnelle Laufbahn bedacht? Sind sie etwa nicht auch auf ihren brutalst möglichen Pragmatismus stolz, wie der hessische Ministerpräsident Roland Koch, Jahrgang 58? Produzieren sie sich nicht auch – wie FDP-Chef Guido Westerwelle, Jahrgang 61 – in allen Lebenslagen vor den Fernsehkameras? Lassen sie sich etwa nicht – wie der Regierende SPD-Bürgermeister von Berlin, Klaus Wowereit, Jahrgang 53 – als unermüdlich tanzende Helden der Spaßgesellschaft bewundern?

Jugend allein trägt noch keine Hoffnung. Cem Özdemir, frisch gewählter Europa-Abgeordneter der Grünen, hat es in einem brutalen Auf und Ab während der vergangenen zwei Jahre erlebt. Bis zum Juli 2002 war der gut aussehende, freundliche, türkischstämmige Schwabe, Jahrgang 65, einer der Stars der Berliner Bundestagsfraktion. Dass er in der nächsten Legislaturperiode Staatssekretär, wenn nicht gar Minister werden würde, galt bei vielen Journalisten als ausgemacht. Stattdessen trat er am 26. Juli 2002 kreidebleich vor die Presse und verlas seine Rücktrittserklärung. »Ich hatte meine finanziellen Verhältnisse leider nicht mit der Sorgfalt im Griff, die dem Anspruch an meine Person und Partei gerecht wird.«

Aus. Trauer, Wut, Ärger über sich und andere warfen den ehrgeizigen jungen Mann von einem Augenblick zum anderen vollkommen aus der Bahn. In einer Nacht wickelte er sein Berliner Büro ab, plötzlich war alles anders. Die politischen Nachrufe hörten sich für ihn an, als ob er gestorben sei. So fühlte er sich auch. »Ich wollte nichts mehr mit der Politik zu tun haben«, sagte er später, »nie mehr im Leben.« Noch eineinhalb Jahre danach beutelt die Erinnerung Cem Özdemir so, dass seine Stimme zittert. Wir sitzen bei einem Italiener in Berlin, unmittelbar neben dem Innenministerium, das sein früherer Freund Otto Schily leitet. Özdemir hat den Treffpunkt vorgeschlagen; nun – da er vom Abend des Schreckens und seiner Scham redet – scheint es fast, als gehöre die Wahl dieses Lokals noch zu seinem Selbstbestrafungsprogramm.

Eine Rückkehr in den Bundestag kann er sich noch immer

nicht vorstellen. Dabei wären wohl die wenigsten Abgeordneten in Özdemirs Situation zurückgetreten. Zwei »große Dummheiten« wirft er sich vor – zur Begleichung einer Steuernachzahlung hatte sich der junge Abgeordnete einen zinsgünstigen Kredit in Höhe von 80 000 Mark vom umstrittenen PR-Berater Moritz Hunzinger geben lassen. Und dienstlich erworbene Lufthansa-Bonusmeilen hatte er nicht, wie verpflichtet, dem Bundestag zur Verfügung gestellt, sondern privat genutzt. Und obgleich er sowohl das Darlehen als auch die Flüge zurückgezahlt und dazu noch eine Spende als Wiedergutmachung geleistet hatte, hielt er sich für moralisch gescheitert. »Ich hatte natürlich keinen Plan B für solche Fälle«, erklärt er jetzt, »auch keinen Berater. Wir sind doch alle Amateure.«

Lebensamateure. Der türkische Junge aus Bad Urach, der über die Realschule und den zweiten Bildungsweg Sozialpädagogik studierte und Erzieher wurde, trat mit 15 Jahren den Grünen bei. Mit 18 Jahren erwarb er die deutsche Staatsangehörigkeit, mit 23 wurde er in den baden-württembergischen Landesvorstand gewählt, mit 28 war er Bundestagsabgeordneter. Fast zwangsläufig verfiel er den Versuchungen seiner politischen Prominenz. Schon in Bonn nach 1994, aber mehr noch in Berlin geriet er in die Rolle eines Popstars. Als Dressman für Männermoden, Party-Held, Talkshow-Schmuckstück ließ sich der Abgeordnete, dessen sachliche Arbeit nach wie vor geschätzt wurde, herumreichen. Sein Lebensstil und seine Eitelkeit begannen seine Musterrolle als grüne Integrationsfigur zu überlagern. Die Sicherheitsbeamten, die er nach Drohungen aus der rechten türkischen Szene zugeteilt bekam, wurden immer mehr zu Statussymbolen. »Polit-Komet« nannten ihn die Zeitungen, schillernd, blendend, leichtgewichtig. Und als er wegen seiner Fehler kritisiert wurde, reagierte er panisch: »Mich sollte keiner zum Abgang drängen müssen. Ich wollte nicht erst abtreten, wenn alle fragen: Wann geht er endlich?«

Was er danach hätte werden wollen, wusste er nicht. Politikberater? Freier Journalist? Seine Talente, sich den Menschen angenehm zu machen, galten plötzlich als windig. Nun ist er doch wieder in der Politik – als Europa-Abgeordneter der Grünen. Ein längerer Stipendienaufenthalt in den USA hatte sein Leben stabilisiert; geheiratet hat Özdemir auch. Er wirkt ernsthafter, entschiedener, ja, erwachsener. Ob ihn der Schock geändert hat, wird sich zeigen, erschüttert hat er Cem Özdemir auf jeden Fall: »Ich hatte doch noch gar nicht richtig gelebt.«

DANKSAGUNG

Die Idee zu diesem Projekt ist mehr als zwanzig Jahre alt. Sie hat den Umzug von Bonn nach Berlin überstanden, die deutsche Einheit und zwei Regierungswechsel. Die Thematik wurde darüber immer aktueller. Ich habe über die Jahre manchen Mitmenschen damit genervt. Dafür, dass das Buch nun endlich vorliegt, schulde ich vielen Dank. Zuerst will ich Karl Blessing nennen, meinen Verleger, mit dem ich Mitte der Achtzigerjahre zum ersten Mal über meine Politiksucht-Theorie geredet habe. Er hat mir Mut gemacht, ohne zu drängen, unsere Verabredung hat getragen.

Im Laufe der Jahre waren überraschend viele Politikerinnen und Politiker aller Parteien und aller Altersstufen bereit, mit mir offen, vertrauensvoll und manchmal auch kontrovers über die Chancen und Tücken ihres Berufes zu sprechen, einige immer wieder. Freundinnen und Freunde – vor allem die von Bill und Bob – haben mit kritischen und aufmunternden Gesprächen zunächst die Thesen, dann den Text mitgeprägt. Meine Familie ertrug mein Dauerthema mit Geduld und sprach mir immer mal wieder Mut zu. Stefan Aust verschaffte mir Spielräume, und die Kolleginnen und Kollegen des Berliner *Spiegel*-Büros standen mir großzügig mit Rat und Tat zur Seite. Am Ende hatte Hanna Diederichs nicht nur das letzte, sondern oft auch das glücklichste Wort. Aber niemand beteiligte sich über so lange Zeit so intensiv und mit so streitbarem Verständnis an meiner Arbeit wie Irina Repke.

Natürlich musste ich das Buch selber schreiben, aber alleine hätte ich es nicht gekonnt. Danke.

Jürgen Leinemann

Anhang

BIBLIOGRAFIE

Einleitung

Arnim, Hans Herbert von: Fetter Bauch regiert nicht gern, München 1997

Bauriedl, Thea: Das Leben riskieren, München 1988

Congressional Quarterly: Watergate. Chronology of Crisis, Volume 1 and 2, 1974

Eppler, Erhard: Komplettes Stückwerk, Frankfurt – Leipzig 2001

Gerste, Ronald D.: Defining Moments. Amerikas Schicksalstage, 2002

Graham, Katharine: Wir Drucken!, München 1997

Greenfield, Meg: Washington, Washington 2001

Gross, Werner: Sucht ohne Drogen, Frankfurt 2003

Hand aufs Herz. Helmut Schmidt im Gespräch mit Sandra Maischberger, München 2002

Kremp, Werner: Politik und Tod. Von der Endlichkeit und vom politischen Handeln, Opladen 2001

Kornbichler, Thomas: Die Sucht, ganz oben zu sein, Frankfurt 1996

Moser, Tilman: Politik und seelischer Untergrund, Frankfurt 1993

Parin, Paul: Der Widerspruch im Subjekt, Frankfurt 1983

Rupps, Martin: Troika wider Willen, Berlin 2004

Safire, William: Before the Fall, New York 1975

Scheer, Sebastian: Sucht, Hamburg 1995

Schmidbauer, Wolfgang: Ist Macht heilbar?, Hamburg 1986

Summers, Anthony: The Arrogance of Power, New York, 2000

Weber, Max: Gesammelte Politische Schriften, Tübingen 1988

I. Die Berliner Republik

Berlin, Isaiah: Wirklichkeitssinn, Berlin 1998

Biedenkopf, Kurt; Reimers, Dirk; Rolfink, Armin: Berlin – Was ist uns die Hauptstadt wert?, Opladen 2003

Böckelmann, Franz: Die Emanzipation ins Leere. Beiträge zur Gesinnungsgeschichte 1960–2000, Berlin – Wien 2000

Bohrer, Karl Heinz: Provinzialismus, München – Wien 2000

Bohrer, Karl Heinz: Ekstasen der Zeit, München – Wien 2003

Bußkamp, Heike: Politiker im Fernsehtalk, Wiesbaden 2002

Darchinger, Josef H.: Die Bonner Republik, Bonn 1997

Dörner, Andreas: Politainment, Frankfurt 2001

Frank,Thomas, u. a.: Des Kaisers neue Kleider. Über das Imaginäre politischer Herrschaft, Frankfurt 2002

Genscher, Hans-Dietrich: Erinnerungen, Berlin 1995

Genscher, Hans-Dietrich; Frank-Planitz, Ulrich (Hrsg.): Nur ein Ortswechsel?, Stuttgart 2002

Gross, Johannes: Nachrichten aus der Berliner Republik, Berlin 1999

Großkopf, Rudolf: Der Zorn des Kanzlers, Gefühle in der Politik, Bonn 1994

Habermas, Jürgen: Die Normalität einer Berliner Republik, Frankfurt 1995

Habermas, Jürgen: Zeit der Übergänge, Frankfurt 2001

Herzinger, Richard: Republik ohne Mitte, Berlin 2001

Hoffmann, Jochen: Inszenierung und Interpretation, Wiesbaden 2003

Kemper, Peter: Der Trend zum Event, Frankfurt 2001

Kocks, Klaus: Glanz und Elend der PR, Wiesbaden 2001

Koelbl, Herlinde: Spuren der Macht, München 1999

Koelbl, Herlinde: Die Meute, München 2001

Kürschners Volkshandbuch, Deutscher Bundestag, 14. Wahlperiode: 1999

Kürschners Volkshandbuch, Deutscher Bundestag, 15. Wahlperiode: 2003

Meyer, Thomas: Die Inszenierung des Scheins, Frankfurt 1992

Meyer, Thomas; Ontrup, Rüdiger; Schicha, Christian: Die Inszenierung des Politischen, Wiesbaden 2000

Meyer, Thomas; Mediokratie, Frankfurt 2001

Reker, Stefan; Der deutsche Bundestag, Berlin 1999

Schatz, Heribert; Rössler, Patrick; Nieland, Jörg-Uwe (Hrsg.): Politische Akteure in der Mediendemokratie, Wiesbaden 2002

Schwakenberg, Paul: Tatort Bonn – Stunde Null, Bad Honnef 2001

Weiß, Ralph; Groebel, Jo (Hrsg.): Privatheit im öffentlichen Raum, Opladen 2002

II. Die Weimarer (1966–1974)

Allemann, Fritz René: Bonn ist nicht Weimar, Köln 1956

Baring, Arnulf: Machtwechsel, Stuttgart 1982

Born, Wilhelm: Weg in die Verantwortung – Paul Lücke, Recklinghausen 1965

Brandt, Rut: Freundesland, Hamburg 1992

Brandt, Willy: Links und frei. Mein Weg 1930–1950, Hamburg 1982

Brandt, Willy: Erinnerungen, Frankfurt 1990

Bude, Heinz: Das Altern einer Generation, Frankfurt 1995

Bude, Heinz: Achtundsechzig, in: Deutsche Erinnerungsorte II, München 2001

Burckhardt, Jacob: Weltgeschichtliche Betrachtungen, Stuttgart 1949

Busche, Jürgen: Die 68er. Biographie einer Generation, Berlin 2003

Chaussy, Ulrich: Die drei Leben des Rudi Dutschke, Darmstadt 1983

Dubiel, Helmut: Niemand ist frei von der Geschichte, München – Wien 1999

Ehmke, Horst: Mittendrin, Berlin 1994

Eschenburg, Theodor: Jahre der Besatzung 1945–1949. Geschichte der Bundesrepublik Deutschland, Band 1, Stuttgart 1983

Gaus, Günter: Was bleibt, sind Fragen, Berlin 2001

Görtemaker, Manfred: Kleine Geschichte der Bundesrepublik Deutschland, München 2002

Goyke, Ernst: Die 100 von Bonn, Bergisch Gladbach 1973

Gries, Rainer; Ilgen, Volker; Schindelbeck, Dirk: Gestylte Geschichte. Vom alltäglichen Umgang mit Geschichtsbildern, Münster 1989

Guehenno, Jean-Marie: Das Ende der Demokratie, München – Zürich 1994

Haffner, Sebastian: Geschichte eines Deutschen, Stuttgart – München 2000

Harpprecht, Klaus: Im Kanzleramt, 2000

Heiß und Kalt. Die Jahre 1945–1969. BilderLeseBuch, Berlin 1986

Henkels, Walter: 99 Bonner Köpfe, Düsseldorf – Wien 1983

Herbert, Ulrich (Hrsg.): Wandlungsprozesse in Westdeutschland, Göttingen 2002

Hickethier, Knut: Geschichte des Deutschen Fernsehens, Stuttgart 1998

Hildebrand, Klaus: Von Erhard zur Großen Koalition. Geschichte der Bundesrepublik Deutschland, Band 4, Stuttgart 1984

Hoffmann, Hilmar; Klotz, Heinrich: Die Sechziger, Düsseldorf – Wien – New York 1987

Hofmann, Gunter: Willy Brandt. Porträt eines Aufklärers, Hamburg 1988

Italiaander, Rolf (Hrsg.): Wir erlebten das Ende der Weimarer Republik. Zeitgenossen berichten, Düsseldorf 1982

Jahn, Gerhard (Hrsg.): Herbert Wehner. Beiträge zu einer Bibliografie, Köln 1976

Jaide, Walter: Generationen eines Jahrhunderts, Opladen 1988

Kiesinger, Kurt Georg: Schwäbische Jugend, Tübingen 1967

Koenen, Gerd: Das rote Jahrzehnt, Köln 2001

Kunst, Hermann (Hrsg.): Dem Staate verpflichtet. Festgabe für Gerhard Schröder, Stuttgart 1980

Langguth, Gerd: Das Innenleben der Macht, München 2001

Lepenies, Annette (Hrsg.): Alt & Jung. Das Abenteuer der Generationen, Frankfurt 1997

Leugers-Scherzberg, August H.: Die Wandlungen des Herbert Wehner, Berlin – München 2002

Linnekugel, Mirja; Wettig, Klaus: Willy Brandt. Porträts, Berlin 2002

Lücke, Paul: Ist Bonn doch Weimar?, Frankfurt 1968

Merseburger, Peter: Willy Brandt 1913–1992, Stuttgart – München 2002

Oberndörfer, Dieter (Hrsg.): Begegnungen mit Kurt Georg Kiesinger. Festgabe zum 80. Geburtstag, Stuttgart 1984

Schilling, Klaus von: Scheitern an der Vergangenheit, Berlin – Wien 2002

Schmid, Carlo: Wegmarken der Freiheit, Essays, o.J.

Schmid, Carlo: Erinnerungen, Bern – München – Wien 1979

Schneider, Christian; Simon, Annette u. a.: Identität und Macht, Gießen 2002

Schulze, Hagen: Weimar, Deutschland 1917–1933, Berlin 1982

Seebacher, Brigitte: Willy Brandt, München 2004

Strotzka, Hans: Macht, Frankfurt 1988

Stücklen, Richard: Mit Humor und Augenmaß, Weißenburg 2001

Vogel, Reiner: Hermann Höcherl, Regensburg 1988

Wesel, Uwe: Die verspielte Revolution, München 2002

Winkler, Heinrich August: Weimar 1918–1933, München 1993

Wirz, Ulrich: Karl Theodor von und zu Guttenberg und das Zustandekommen der Großen Koalition, Grub am Forst 1997

III. Die Soldaten (1974–1982)

Apel, Hans: Bonn, den... – Tagebuch eines Bundestagsabgeordneten, Köln 1972

Aust, Stefan: Der Baader-Meinhof-Komplex, Hamburg 1985

Bahr, Egon: Zu meiner Zeit, München 1996

Bickerich, Wolfram: Die 13 Jahre, Reinbek 1982

Brügge, Bernd: Über Gerhard Stoltenberg, Stuttgart 1982

Carr, Jonathan: Helmut Schmidt, Düsseldorf – Wien 1993

Dörner, Andreas; Vogt, Ludger (Hrsg.): Wahl-Kämpfe, Frankfurt 2002

Elias, Norbert: Studien über die Deutschen, Frankfurt 1989

Fassel, Diane: Wir arbeiten uns noch zu Tode. Die vielen Gesichter der Arbeitssucht, München 1991

Filmer, Werner; Schwan, Heribert (Hrsg.): Richard von Weizsäcker, Düsseldorf – Wien 1984

Glotz, Peter: Die Innenausstattung der Macht, München 1979

Gross, Werner: Hinter jeder Sucht ist eine Sehnsucht, Freiburg 2002

Hauser, Dorothea: Baader und Herold, Berlin 1997

Heck, Bruno: Auf festem Grund, Stuttgart 1977

Heinrichs, Hans Jürgen: F.J. Strauß, Frankfurt 1989

Henkels, Walter: Neue Bonner Köpfe, Düsseldorf – Wien 1978

Hörisch, Jochen: Der Sinn und die Sinne. Eine Geschichte der Medien, Frankfurt 2001

Jaeggi, Eva: Psychologie und Alltag, München 1987

Jäger, Wolfgang; Link, Werner: Republik im Wandel 1974–1982. Geschichte der Bundesrepublik Deutschland, Bd. 5, II

Korczak, Dieter (Hrsg.): Die betäubte Gesellschaft, Frankfurt 1986

Krause-Burger, Sibylle: Helmut Schmidt. Aus der Nähe gesehen, Düsseldorf – Wien 1980

Kursbuch 70: Macht, 1982

Lahnstein, Manfred; Matthöfer, Hans (Hrsg.): Leidenschaft zur praktischen Vernunft. Helmut Schmidt zum Siebzigsten, Berlin 1988

Lattmann, Dieter: Deutsch-deutsche Brennpunkte, Berlin 1990

Lattmann, Dieter: Die lieblose Republik, München 1981

Leinemann, Jürgen: Die Angst der Deutschen, Hamburg 1982

Machlowitz, M.: Arbeiten Sie auch zuviel? Arbeitssucht – Wie man damit leben kann, München 1980

Richter, Horst-Eberhard: Lernziel Solidarität, Reinbek 1974

Schmidt, Helmut; u.a.: Kindheit und Jugend unter Hitler, Berlin 1992

Schörken, Rolf: Jugend 1945, Opladen 1990

Schwelien, Michael: Helmut Schmidt, Hamburg 2003

Soell, Hartmut: Helmut Schmidt. 1918–1969. Vernunft und Leidenschaft, München 2003

Stephan, Klaus: Gelernte Demokraten. Helmut Schmidt und Franz Josef Strauß, Reinbek 1988

Stoltenberg, Gerhard: Wendepunkte, Berlin 1977

Timm, Uwe: Am Beispiel meines Bruders, Köln 2003

Vogel, Hans-Jochen: Nachsichten, München 1996

Weizsäcker, Richard von: Vier Zeiten, Berlin 1997

Willems, Herbert; Junga, Martin (Hrsg.): Inszenierungsgesellschaft, Opladen – Wiesbaden 1998

Zierer, Otto: Franz Josef Strauß, München – Berlin 1978

IV. Die Kriegskinder (1982–1998)

Arnim, Hans Herbert von (Hrsg.): Korruption, München 2003

Bahners, Patrick: Im Mantel der Geschichte. Helmut Kohl oder die Unersetzlichkeit, Berlin 1998

Bickerich, Wolfram; Leinemann, Jürgen; Leyendecker, Hans: Bruder Johannes. Herausforderer Rau, Hamburg 1986

Blücher, Viggo, Graf von: Die Generation der Unbefangenen, Düsseldorf – Köln 1966

Bode, Sabine: Die vergessene Generation. Die Kriegskinder brechen ihr Schweigen, Stuttgart 2004

Bormann, Cornelius: Ein Stück menschlicher. Johannes Rau. Die Biografie, Wuppertal 1999

Busche, Jürgen: Helmut Kohl. Anatomie eines Erfolges, Berlin 1998

Dettling, Warnfried: Das Erbe Kohls, Frankfurt 1994

Die Grünen entern das Raumschiff Bonn. Ein Lesebuch, Hattingen/Ruhr 1983

Dreher, Klaus: Helmut Kohl, Stuttgart 1998

Filmer, Werner; Schwan, Heribert: Helmut Kohl, Düsseldorf 1985

Filmer, Werner; Schwan, Heribert: Johannes Rau, Düsseldorf 1986

Filmer, Werner; Schwan, Heribert: Lothar Späth, Düsseldorf 1987

Filmer Werner; Schwan, Heribert: Roman Herzog, München 1994

Filmer, Werner; Klein, Wolfgang: Johannes Rau. Der Bundespräsident, Bergisch Gladbach 1999

Glaser, Hermann: Deutsche Kultur. 1945–2000, München 1997

Greiffenhagen, Martin und Sylvia: Ein schwieriges Vaterland, München 1993

Hofmann, Gunter: Abschiede, Anfänge. Die Bundesrepublik, o.J.

Jeismann, Michael: Auf Wiedersehen Gestern, Stuttgart 2001

Jessen, Jens: Deutsche Lebenslügen, Stuttgart – Leipzig 2000

Kilz, Hans Werner; Preuss, Joachim: Flick. Die gekaufte Republik, Hamburg 1983

Kleine, Rolf; Spruck, Matthias: Johannes Rau, München – Düsseldorf 1999

Kleinert, Hubert: Aufstieg und Fall der Grünen, Bonn 1992

Kohl, Helmut: Ich wollte Deutschlands Einheit, Berlin 1996

Kohl, Helmut: Mein Tagebuch, München 2000

Kohl, Helmut: Erinnerungen 1930–1982, München 2004

Kramer, Jane: Unter Deutschen, Berlin 1996

Krause-Burger, Sibylle: Wer uns jetzt regiert, Stuttgart 1984

Kujacinski, Dona; Kohl, Peter: Hannelore Kohl. Ihr Leben, München 2002

Leinemann, Jürgen: Helmut Kohl. Ein Mann bleibt sich treu, Berlin 2001

Leyendecker, Hans; u.a.: Mafia im Staat, Göttingen 1992
Leyendecker, Hans: Die Korruptionsfalle, Reinbek 2003
Lorenz, Hilke: Kriegskinder, München 2003
Mehnert, John Siegfried: Die Gewerkschaftsbande, Hamburg 1997
Meier, Christian: Das Verschwinden der Gegenwart, München 2001
Nayhauß, Mainhardt, Graf von: Denk ich zurück an Bonn, Eltville 2000
Oltmanns, Reimar: Möllemänner, Frankfurt 1988
Pflüger, Friedbert: Ehrenwort. Das System Kohl und der Neubeginn, Stuttgart 2000
Preuss-Lausitz, Ulf; u.a.: Kriegskinder, Konsumkinder, Krisenkinder, Weinheim – Basel 1983
Pruys, Hans Hugo: Helmut Kohl, Berlin 1995
Radunski, Peter: Wahlkämpfe, München 1980
Ramge, Thomas: Die Großen Polit-Skandale, Frankfurt 2003
Rammstedt, Otthein; Schmidt, Gert (Hrsg.): BRD ade!, Frankfurt 1992
Raschke, Joachim: Die Zukunft der Grünen, Frankfurt 2001
Rau, Johannes: Stationen und Begegnungen, Gütersloh 1999
Rau, Johannes: Reden und Interviews, Band 2,1, 1. Juli–31. Dezember 2000
Rau Johannes: Reden und Interviews, Band 2,2, 1. Januar–30. Juni 2001
Schäuble, Wolfgang: Mitten im Leben, München 2000
Schelsky, Helmut: Die skeptische Generation, Düsseldorf – Köln 1957
Schily, Otto: Politik in bar, München 1986
Schily, Otto: Vom Zustand der Republik, Berlin 1986
Schmid, Wilhelm: Was geht uns Deutschland an?, Frankfurt 1993
Trimborn, Jürgen: Fernsehen der Neunziger, Köln 1999
Unseld, Siegfried (Hrsg.): Politik ohne Projekt? Nachdenken über Deutschland, Frankfurt 1995
Wallmann, Walter: Im Licht der Paulskirche. Memoiren eines Politischen, Potsdam 2002
Weil der Mensch ein Mensch ist… Johannes Rau im Gespräch mit Evelyn Roll, Berlin 2004
Wendt, Alexander: Kurt Biedenkopf. Ein politisches Porträt, Berlin 1994
Wiedemeyer, Wolfgang: Roman Herzog. Der erste gesamtdeutsche Präsident, Bonn 1994

V. Die Trümmerkinder (1998–2004)

Anda, Bela; Kleine, Rolf: Gerhard Schröder, Berlin 1996
Bonacker, Thorsten; u.a. (Hrsg.): Die Ironie der Politik, Frankfurt 2003
Butzko, Harald G.: Successoholics. Karriere ohne Reue, Düsseldorf 1997
Dahrendorf, Ralf: Gesellschaft und Demokratie in Deutschland, 1965

Deutschland wird selbstbewusster. Gerhard Schröder im Gespräch mit Ulrich Wickert, Stuttgart–Leipzig 2000

Dieball, Werner: Gerhard Schröder. Körpersprache, Bonn 2002

Dürr, Tobias, Soldt, Rüdiger: Die CDU nach Kohl, Frankfurt 1998

Duve, Freimut: Vom Krieg in der Seele, Frankfurt 1994

Eppler, Erhard: Privatisierung der politischen Moral, Frankfurt 2000

Filmer, Werner; Schwan, Heribert: Oskar Lafontaine, Düsseldorf – Wien – New York 1990

Filmer, Werner; Schwan, Heribert: Wolfgang Schäuble, München 1992

Fischer, Joschka: Regieren geht über Studieren, Frankfurt 1987

Fischer, Joschka: Die Linke nach dem Sozialismus, Hamburg 1992

Fischer, Joschka: Mein langer Lauf zu mir selbst, Köln 1999

Frey, Siegfried: Die Macht des Bildes, Bern – Göttingen – Toronto – Seattle 1999

Gaus, Bettina: Die scheinheilige Republik, Stuttgart – München 2000

Glotz, Peter: Die Jahre der Verdrossenheit. Politisches Tagebuch 1993/94, Stuttgart 1996

Goffman, Erving: Wir alle spielen Theater, München 1969

Graw, Ansgar: Gerhard Schröder. Der Weg nach oben, Düsseldorf 1998

Hennecke, Hans Jörg: Die dritte Republik, München 2003

Herres, Volker; Waller, Klaus: Der Weg nach oben. Gerhard Schröder, München – Düsseldorf 1998

Hogrefe, Jürgen: Gerhard Schröder. Ein Porträt, Berlin 2002

Hoffmann, Jochen: Inszenierung und Interpenetration, Wiesbaden 2003

Hombach, Bodo: Aufbruch, München 1998

Jürgs, Michael: Bürger Grass, München 2002

Klimmt, Reinhard: Auf dieser Grenze lebe ich, Saarbrücken 2003

Köpf, Peter: Stoiber. Die Biografie, Hamburg 2001

Krause-Burger, Sibylle: Die neue Elite, Düsseldorf 1995

Krause-Burger, Sibylle: Joschka Fischer, Stuttgart 1997

Krause-Burger, Sibylle: Wie Gerhard Schröder regiert, Stuttgart – München 2000

Kraushaar, Wolfgang: Fischer in Frankfurt, Hamburg 2001

Lafontaine, Oskar: Das Herz schlägt links, München 1999

Leif, Thomas; Raschke, Joachim: Rudolf Scharping, die SPD und die Macht, Reinbek 1994

Meng, Richard: Der Medienkanzler, Frankfurt 2002

Meyer, Thomas; Kampmann, Martina: Politik als Theater, Berlin 1998

Münkler, Herfried: Politische Bilder, Politik der Metaphern, Frankfurt 1994

Posche, Ulrike: Gerhard Schröder, München 1998

Pötzl, Norbert F.: Der Fall Barschel, Reinbek 1988

Raschke, Joachim: Die Zukunft der Grünen, Frankfurt 2001

Roß, Jan: Die neuen Staatsfeinde, Berlin 1998

Sabathil, Ursula: Edmund Stoiber privat, München 2001

Schatz, Heribert; u. a. (Hrsg.): Politische Akteure in der Mediendemokratie, Wiesbaden 2002

Schicha, Christian: Die Theatralität der politischen Kommunikation, Münster – Hamburg –London 2003

Schmid-Ospach, Michael (Hrsg.): Tatort Staatskanzlei, Wuppertal 1989

Schmidt, Christian: Wir sind die Wahnsinnigen, München 1998

Schröder, Gerhard: Und weil wir unser Land verbessern… 26 Briefe für ein modernes Deutschland, Hamburg 1998

Schröder, Gerhard: Was kommt, was bleibt, Berlin 2002

Simmertz, Christian: Die Lobby regiert das Land, Berlin 2002

Sollmann, Ullrich: Schaulaufen der Mächtigen, München 1999

Stiller, Michael: Edmund Stoiber. Der Kandidat, München 2002

Stoiber, Edmund; Kabermann, Friedrich: Das Maß der Dinge, München 2001

Urschel, Reinhard: Gerhard Schröder, Stuttgart – München 2002

Vollmer, Antje: Die schöne Macht der Vernunft, Berlin 1991

Wallow, Hans (Hrsg.): Rudolf Scharping. Der Profi, Düsseldorf 1994

Walter, Franz; Dürr, Tobias: Die Heimatlosigkeit der Macht, Berlin 2000

VI. Die Ostdeutschen

Bahrmann, Hannes; Links, Christoph: Chronik der Wende. Die DDR zwischen 7. Oktober und 18.Dezember 1989, Berlin 1994

Bahrmann, Hannes; Links, Christoph: Chronik der Wende. Bd. 2. Stationen der Einheit. Berlin 1995

Berg, Klaus; Kiefer, Marie-Luise (Hrsg.): Massenkommunikation IV, Baden-Baden 1992

Busse, Tanja; Dürr Tobias (Hrsg.): Das neue Deutschland, Berlin 2003

Dieckmann, Friedrich: Temperatursprung, Frankfurt 1995

Gaus, Günter: Neue Porträts in Frage und Antwort, Berlin 1992

Gries, Rainer: Die Mark der DDR, Erfurt 2003

Engler, Wolfgang: Die zivilisatorische Lücke, Frankfurt 1992

Engler, Wolfgang: Die ungewollte Moderne, Frankfurt 1995

Engler, Wolfgang: Die Ostdeutschen, Berlin 1999

Engler, Wolfgang: Die Ostdeutschen als Avantgarde, Berlin 2002

Jesse, Eckhard (Hrsg.): Eine Revolution und ihre Folgen. 14 Bürgerrechtler ziehen Bilanz, Berlin 2001

Klein, Fritz: Drinnen und Draußen, Frankfurt 2000

Ludes, Peter (Hrsg.): DDR-Fernsehen intern, Berlin 1990

Neubert, Ehrhart: Geschichte der Opposition in der DDR 1949–1989, Bonn 1997

Riecker, Ariane; Schwarz, Anett; Schneider, Dirk: Laienspieler, Leipzig 1992

Roll, Evelyn: Das Mädchen und die Macht, Berlin 2001

Schneider, Christian; Simon, Annette; u.a.: Identität und Macht, Gießen 2002

Schulz, Werner (Hrsg.): Der Bündnis-Fall. Politische Perspektiven 10 Jahre nach Gründung des Bündnis 90, Bremen 2001

Simon, Annette; Faktor, Jan: Fremd im eigenen Land?, Gießen 2000

Simon, Annette: Versuch, mir und anderen die ostdeutsche Moral zu erklären, Gießen 2000

Stolpe, Manfred: Den Menschen Hoffnung geben, Berlin 1991

Thierse, Wolfgang; u.a. (Hrsg.): Zehn Jahre Deutsche Einheit, Bonn 2000

Thierse, Wolfgang: Das richtige Leben im falschen System, Stuttgart – Leipzig 2001

Wolle, Stefan: Die heile Welt der Diktatur, Berlin 1998

Zoll, Rainer: Ostdeutsche Biografien, Frankfurt 1999

VII. Hoffnungsträger

Arnim, Hans Herbert von: Fetter Bauch regiert nicht gern, München 1997

Foucault, Michel: Die Ordnung der Dinge, Frankfurt 1974

Foucault, Michel: Der Mensch ist ein Erfahrungstier, Frankfurt 1997

Illies, Florian: Generation Golf, Berlin 2000

Illies, Florian: Generation Golf zwei, München 2003

Jeismann, Michael: Demokratie nach dem Ende der Zukunft, in: Zukunft Denken, Sonderheft Merkur, Sept. 2001

Kursbuch 154: Die 30-Jährigen, Berlin 2003

Leggewie, Claus: Die 89er. Portrait einer Generation, Hamburg 1995

Marti, Urs: Michel Foucault, München 1988

Meier, Christian: Das Verschwinden der Gegenwart, München – Wien 2001

Mohr, Reinhard: Generation Z, Berlin 2003

Nolte, Paul: Generation Reform, München 2004

Offe, Claus: Herausforderungen der Demokratie, Frankfurt 2003

Petri, Horst: Guter Vater – Böser Vater. Psychologie der männlichen Identität, München 1997

Radkau, Joachim: Das Zeitalter der Nervosität, München 1998

Scheer, Hermann: Die Politiker, o.J.

Schmid, Wilhelm: Denken und Existenz bei Michel Foucault, Frankfurt 1991

Schmid, Wilhelm: Auf der Suche nach einer neuen Lebenskunst, Frankfurt 1991

Schuller, Alexander; Kleber, Jutta Anna (Hrsg.): Gier. Zur Anthropologie der Sucht, Göttingen 1993

Sonntag, Susan: Das Leiden anderer betrachten, Wien – München 2003

Thierse, Wolfgang: Ist die Politik noch zu retten?, Berlin 1996

Wallow, Hans: Richard von Weizsäcker in der Diskussion. Die verdrossene Gesellschaft, Düsseldorf 1993

PERSONENREGISTER

Abernathy, Ralph 117
Ackermann, Eduard 230, 253
Adam-Schwaetzer, Irmgard 309, 325–326
Adenauer, Konrad 20, 38, 52, 55, 81–82, 85–88, 90, 93, 95, 97–98, 101, 104–106, 114, 142, 171, 184, 191, 194, 200, 218, 227, 232, 244, 285–286, 290, 298, 361, 412
Albertz, Heinrich 166
Albrecht, Ernst 226, 228, 304, 307
Alfes, Präses 110
Althaus, Dieter 423
Apel, Hans 151
Augstein, Rudolf 171

Baader, Andreas 131, 134
Bachmaier, Hermann 69–70, 446
Bahr, Daniel 465
Bahr, Egon 52, 59, 80–81, 83, 100, 120, 128, 165
Bangemann, Martin 197, 218
Barbe, Angelika 401, 407
Barschel, Uwe 14, 30–31, 51, 311–314, 372
Bartels, Hans–Peter 465
Barzel, Rainer 215
Bastian, Gert 188
Baum, Gerhart 160, 195, 197
Beck, Kurt 324, 327
Becker, Joachim 452

Benneter, Klaus Uwe 294, 369
Bergmann, Christine 391–392, 446
Bergmann-Pohl, Sabine 390–391
Berlin, Isaiah 60–61, 124, 443
Berninger, Matthias 465
Beust, Ole van 326
Biedenkopf, Kurt 9–12, 14, 197, 201, 211, 218, 228, 242, 248, 418
Binder, Sepp 145
Birthler, Marianne 390, 403–404, 423, 435
Blücher, Viggo Graf 284, 287
Blüm, Norbert 36–37, 39, 48, 52, 195, 197, 218, 228, 233, 240, 242, 245, 252–253, 261, 275, 323, 413
Bodewig, Kurt 349
Bohley, Bärbel 393–394
Böhme, Ibrahim 395
Böhmer, Wolfgang 389, 420–422
Böll, Heinrich 126, 165
Bölling, Klaus 120, 128–129, 133, 135, 172, 178
Börner, Holger 75, 309
Börnsen, Wolfgang 72
Bötsch, Wolfgang 256
Boventer, Hermann 251
Bracher, Karl Dietrich 104
Brandt, Rut 83, 119
Brandt, Willy (Herbert Ernst Karl Frahm) 21–22, 27, 40, 55, 58–61, 79–81, 83, 86, 88–94, 96–97,

100–101, 104–105, 113, 115–116,
119–125, 129, 131, 144, 169–170,
197, 198, 212, 218, 232, 234–235,
237, 238, 241–242, 245, 273, 294,
300, 305, 307, 311, 318–319, 325,
327–328, 351, 361, 367–368, 373
Brauchitsch, Eberhard von 184,
216
Bremer, Uwe 304
Brussig, Thomas 429
Bülow, Andreas von 195, 197
Butzko, Harald G. 278

Cabanis, Detlev 221
Christiansen, Sabine 65, 270, 460
Clement, Wolfgang 45, 65, 204,
254, 261–262, 324, 360–361, 367
Cohn-Bendit, Daniel 190, 277
Conradi, Peter 158
Coppik, Manfred 294

Dailey, Richard J. 118
Darchinger, Jupp 82–83, 121
Däubler-Gmelin, Herta 45, 53, 56,
294, 308, 327, 330
Dehler, Thomas 55, 87, 218
Diepgen, Eberhard 242, 418
Dohnanyi, Klaus von 197
Dollinger, Werner 84
Dönhoff, Marion Gräfin 103, 450
Donnermeyer, Michael 339
Döring, Walter 14
Drawert, Kurt 405
Dregger, Alfred 181
Dreher, Klaus 201–202
Dutschke, Alfred Willi Rudolf
(Rudi) 111–113, 116, 293, 295
Duve, Freimut 298–299

Eggert, Heinz 409–409
Ehmke, Horst 141
Eichel, Hans 324, 327, 365

Eigen, Karl 188
Engert, Jürgen 40, 200
Engholm, Björn 14, 37–38, 242,
309, 311, 314, 327–328, 351, 363
Enzensberger, Hans Magnus 11
Eppelmann, Rainer 250, 393, 401,
403, 407, 421–422
Epple, Irene 224, 458
Eppler, Erhard 14, 33, 141,
164–165, 169, 199, 211, 424, 446,
455, 461
Erhard, Ludwig 82, 84–85, 88, 90,
93, 98, 286
Erler, Fritz 27, 87

Fahrtmann, Friedhelm 199
Filbinger, Hans 129, 132, 281
Fischer, Andrea 71, 74, 349, 456
Fischer, Joseph (Joschka) 26, 28,
46–47, 50, 53, 56–57, 59, 64, 119,
189–190, 212, 221, 276–279, 281,
286, 303, 309–310, 316, 318, 325,
334–337, 342–344, 347–349,
352–356, 361–362, 365–366,
381–382, 427, 433–434, 451, 463
Fischer, Werner 421
Flick, Friedrich Karl 51, 183,
215–216
Flimm, Jürgen 67, 166
Franke, Egon 163
Friderichs, Hans 215
Friedman, Michel 380
Fuchs, Anke 37, 192, 197, 261,
304, 307
Funcke, Liselotte 84
Funke, Karl-Heinz

Gabriel, Sigmar 465
Gärtner, Klaus 176
Gauweiler, Peter 56, 278, 282, 296,
354, 376, 381
Gehse, Albrecht 272–273

485

Geißler, Heiner 42, 44, 197, 211, 217, 225–226, 228, 324, 456
Genscher, Hans–Dietrich 29, 51–58, 62, 85, 126–129, 141–142, 148, 156, 181, 186, 216, 223, 233–235, 238, 242, 323, 325–326, 337, 363, 379, 385–386, 440
Gerhardt, Wolfgang 197, 279, 370
Gerstenmaier, Eugen 87
Glos, Michael 35, 279
Glotz, Peter 143, 195–196, 328
Goergen, Fritz 380
Gollwitzer, Helmut 107
Goppel, Alfons 129
Göring-Eckardt, Katrin 35, 403, 419–421, 433–435
Gottschaldt, Matthias 222
Gradl, Johann Baptist 84
Grass, Günter 121, 134, 279
Guttenberg, Karl Theodor Freiherr von und zu 101, 173
Guttenberg, Karl-Theodor Freiherr zu 465
Gysi, Gregor 29–30, 74, 171, 391, 409

Haack, Dieter 197
Hamm-Brücher, Hildegard 52, 169, 218
Hansen, Karl-Heinz 290
Hauchler, Ingomar 190
Hauff, Volker 144, 160, 197, 298, 458–459
Haussmann, Leander 429
Havel, Václav 19, 390, 410, 452
Heck, Bruno 142, 191
Heinemann, Gustav 80, 107, 112–116, 131, 193, 198–199, 255, 272, 457
Heisig, Johannes 123
Hennis, Wilhelm 25–26, 343
Herberger, Sepp 104, 256, 286

Herold, Horst 126–129
Herzog, Roman 136, 195, 201, 255
Heuss, Theodor 218, 286
Hilsberg, Stefan 407
Höcherl, Hermann 80, 97–98, 107–108, 116, 198
Hombach, Bodo 210, 348–349
Honecker, Erich 38, 385, 394, 440
Höppner, Reinhard 327, 421
Huber, Erwin 242
Humphrey, Hubert 118
Hunzinger, Moritz 373, 467
Huonker, Gunter 197

Jaspers, Karl 80
Jenninger, Philipp 194, 312
Johnson, Lyndon B. 15, 116
Joop, Wolfgang 283
Jüttner, Wolfgang 365

Kampeter, Steffen 35
Kaufholz, Henrik 316
Kennedy, John F. 15, 87–89, 117
Kennedy, Robert 43
Keupp, Heiner 63
Kiechle, Ignaz 195, 203, 221
Kiesinger, Kurt Georg 27, 79–80, 82–83, 85–86, 93–96, 101, 115, 201
King, Martin Luther 15, 43, 116–117
Kinkel, Klaus 197, 323, 326
Kirch, Leo 274, 323
Kissinger, Henry Alfred 97, 123
Klaeden, Eckart von 40, 248
Klär, Karl-Heinz 293–294
Klarsfeld, Beate 94
Klein, Hans (Johnny) 195, 233
Klein, Hans-Joachim 354
Kleinert, Detlev 37, 221–222
Kleinert, Hubert 278, 303, 315
Klepsch, Egon 196

Klimmt, Reinhard 14, 349
Klose, Hans-Ulrich 129
Knobloch, Heinz 42
Koch, Roland 14, 433, 465–466
Koenigs, Tom 207
Koeppen, Wolfgang 36, 260
Kogon, Eugen 165–166
Kohl, Hannelore 265–266,
    274–275
Kohl, Helmut 12, 14, 26, 31, 37,
    45, 52, 55–56, 58–59, 66–67, 115,
    129, 155, 159, 167, 183–191, 195,
    197, 198–202, 204, 208–214,
    216–219, 223–259, 261–270,
    272–275, 281, 296, 303, 308, 309,
    312, 315, 318–320, 323, 324–326,
    330, 336, 338, 340, 342–345, 349,
    356, 359, 361, 370–371, 380,
    386–387, 393–395, 410, 412–413,
    418, 424–427, 433, 437–438, 444
Köhler, Horst 48, 438
Konrád, György 462
Koschnick, Hans 192
Kossendey, Claudia 266
Krampitz, Sigrid 361
Krause, Günther 14, 387, 390,
    409–413
Kremp, Herbert 362
Krenz, Egon 236
Krockow, Graf Christian von 60
Kroke, Pit 123
Krüger, Thomas 71
Kubicki, Wolfgang 377
Kuby, Erich 99
Kugler, Christine 68
Kühn, Heinz 129, 199
Kurt, Ronald 68
Kurzenberger, Hajo 73

Lafontaine, Oskar 26, 31, 145, 178,
    211–212, 243, 278, 282, 285, 305,
    309–311, 316–320, 322–323,

327–328, 330–332, 334, 338–340,
    342–343, 345–349, 351, 354, 363,
    366, 369, 374–376, 384–385
Lambsdorff, Otto Graf 14, 52, 55,
    129, 142, 148, 215, 223, 326
Lappas, Alfons 217
Lattmann, Dieter 141, 266
Leber, Georg 52, 181
Leisler Kiep, Walther 14
Lemmer, Ernst 113
Lengsfeld, Vera 407
Lindemann, Helmut 114
Lübke, Heinrich 113
Lücke, Paul 80, 85, 97, 109–110
Lührmann, Anna 464–465
Lummer, Heinrich 394
Lüthje, Uwe 217

Machlowitz, Marylin 149
Maihofer, Werner 126–129
Maischberger, Sandra 148, 162
Maizière, Lothar de 387, 390–391,
    394–395, 428
Mangin, Serge 272
Männing, Peter 163
Marcuse, Herbert 117, 292
Martin, Claude 48
Marx, Wilhelm 95
Matthäus-Meyer, Ingrid 71, 379
Matthöfer, Hans 146, 163
Mazowiecki, Tadäus 232, 237
McCarthy, Eugene 117
Meckel, Markus 241, 384–386,
    395, 404, 407–409, 421–422, 425,
    456
Meistermann, Georg 123
Mentzel, Gerhard 149–150
Merkel, Angela 26, 30, 35, 49, 53,
    56, 65, 73, 75, 255, 263, 269, 326,
    371, 387, 389, 395–402, 404,
    408–409, 420, 423, 425–429, 433,
    437–439

Merz, Friedrich 49, 433465
Messinger, Bernd 309
Milbradt, Georg 9–10
Mills, Wilbur 220
Mischnick, Wolfgang 129, 142, 181
Mißfelder, Philipp 465
Mitscherlich, Alexander 135
Mitscherlich, Margarete 135
Mitterand, François 235–236, 273
Modrow, Hans 238, 242
Möllemann, Jürgen 14, 31, 40, 53, 56, 278, 281, 284, 308, 325–326, 354, 377–381, 413
Momper, Walter, 234–23, 309, 316
Moser, Tilman 27
Mühsam, Erich 103
Müller, Christa 348
Müller, Christian 405
Müller, Josef (Ochsensepp) 138
Müller, Peter 465
Müller, Werner 58
Münkler, Herfried 274
Müntefering, Franz 285, 349, 368–369, 418, 444
Murmann, Klaus 247

Naumann, Michael 349
Negt, Oskar 304
Neubert, Erhart 395, 407
Nevermann, Paul 192
Newman, Paul 118
Nixon, Richard Milhouse 14–18, 30, 123, 133, 140, 179
Nooke, Günter 388, 406–407

Oertzen, Peter von 304
Offe, Claus 32
Offergeld, Rainer 197
Ohnesorg, Benno 112, 117, 281, 295

Opladen, Maria Theresia 110
Ortleb, Rainer 391, 409, 413–414
Özdemir, Cem 466–467

Papier, Hans-Jürgen 420
Perschau, Hartmut 282
Peymann, Claus 166
Pieper, Cornelia 53, 423
Pilati von Thassul zu Daxberg-Borggreve, Christina Gräfin 373
Piller, Renate 180
Pinochet Ugarte, Augusto 175
Platzeck, Matthias 418, 429–433
Pöhl, Otto 243
Poppe, Gerd 393
Poppe, Ulrike 393
Prodi, Romano 274
Puškas, Ferenc 256–257

Radunski, Peter 210, 444
Ramstetter, Monsignore Erich 275
Ratzinger, Kardinal Joseph 176
Rau, Christina 254, 260, 265
Rau, Johannes 13, 26, 41, 49, 65, 198–199, 204, 206, 208–214, 218, 254–255, 257–265, 267, 269–272, 276, 279, 305, 320, 327, 332, 338, 420, 441, 456–457
Ravens, Karl 169
Rebmann, Kurt 126–129
Reetz, Christa 189
Reich, Jens 392, 404, 406–407
Reiche, Steffen 407
Renger, Annemarie 221
Ribbentrop, Joachim von 94, 450
Ribikoff, Abraham 118
Richter, Hans Werner 141
Ricœr, Paul 61
Riesenhuber, Heinz 197
Ringstorff, Harald 422

Rohr, Christoph von 411
Rommel, Erwin 130
Roth, Claudia 459–460
Roth, Wolfgang 71
Rothacker, Erich 61
Rühe, Volker 255, 296, 308, 325, 354, 370
Rühmkorf, Peter 462
Rüttgers, Jürgen 325–326

Scharpf, Fritz W. 247
Scharping, Jutta 331, 373, 442
Scharping, Rudolf 26, 212, 252, 279, 285, 294, 309, 327–334, 338, 340, 343, 349, 351–352, 363, 372–373, 441–443
Schäuble, Wolfgang 53, 57, 73, 197, 216, 245, 253, 255, 261–263, 279, 281, 286, 308, 320–322, 325, 370–372, 377, 381, 410, 412, 426, 433
Scheel, Walter 52, 55, 115–116, 278
Scheer, Hermann 293
Scherf, Henning 279, 282, 327, 457–458
Schiller, Karl 82
Schily, Otto 36–37, 52, 183–184, 188, 217, 303, 360–361, 395, 466
Schirrmacher, Frank 273
Schlauch, Rezzo 279, 316, 381, 460–461
Schleyer, Hanns–Martin 126, 129–130, 135, 179
Schmalz-Jacobson, Cornelia 197
Schmid, Thomas 335
Schmid, Carlo 55, 77–80, 83, 85, 87, 97–100, 104–105, 278, 389, 440
Schmidt, Helmut 27, 31, 51–52, 56, 58, 82, 126–130, 132, 135–139, 141–152, 155–158, 160–165, 167, 169–172, 174–182,

186–187, 193, 195, 197, 201, 209–211, 214, 216, 218, 290, 298, 300, 302, 307, 341, 361, 368, 440, 457
Schmidt, Renate 73, 316, 327–328, 366–367, 381
Schmidt, Ulla 365
Schmude, Jürgen 36, 192–193, 197, 199, 216, 416, 457
Schneider, Carsten 389
Schneider, Christian 116, 299
Schöfberger, Rudolf 144
Scholz, Rupert 192, 197
Schorlemmer, Friedrich 50, 393
Schreiber, Hermann 100
Schreiner, Ottmar 294, 300
Schröder, Gerhard (CDU-Innenminister, Jahrgang 1910) 86, 108–109
Schröder, Gerhard 9–10, 26, 28, 35, 38–41, 44–45, 49–50, 53, 56, 58–61, 64–67, 71–72, 74–76, 80, 97, 123, 153, 184, 204, 212, 242, 254, 257, 263, 273, 279–282, 284, 286–291, 294, 297, 299–309, 316, 323–324, 327–330, 334, 228–369, 372–375, 382–383, 420, 425, 427, 430–431, 437, 444
Schröder, Hiltrud (Hillu) 304, 306–307, 329
Schröder, Luise 218
Schröder, Richard 32
Schröder-Köpf, Doris 74, 359–360, 363
Schuchard, Helga 378
Schüler, Manfred 129
Schulz, Werner 403, 407, 435
Schumacher, Kurt 82, 87, 168, 200, 218
Schütze, Yvonne 285
Schwarz, Heinz 189
Seehofer, Horst 155, 452–454

Seiters, Rudolf 52, 197, 239, 261, 266, 323, 446
Simonis, Heide 72, 279, 285–286, 303, 326–32, 330, 382–383
Sloterdijk, Peter 125, 224
Späth, Lothar 14, 225, 226, 228–230, 238, 278
Spiegel, Paul 49
Spöri, Dieter 331
Staeck, Klaus 165
Stiegler, Ludwig 365
Stobbe, Dietrich 144, 163
Stoiber, Edmund 26, 49, 53, 56, 65, 72, 174, 279, 281–282, 286–291, 299–301, 323–324, 356–360, 363, 369, 433, 453
Stolpe, Manfred 327, 365, 389, 402–403, 407, 409, 415–421, 428, 430–431
Stoltenberg, Gerhard 223, 312
Stölzl, Christoph 272
Strauß, Botho 374
Strauß, Franz Josef 14, 82, 120–121, 129–130, 135–139, 141, 158, 170–177, 179–182, 198, 201, 208, 210–211, 214, 216, 224, 247, 287, 296, 299–301, 324, 326, 345, 361, 403
Streibl, Max 14, 300
Strobel, Käte 82
Struck, Peter 267–268
Stücklen, Richard 37, 145, 221
Süssmuth, Rita 197, 225, 226, 228, 242, 308, 312, 390, 413, 424

Tandler, Gerold 324
Teufel, Erwin 324
Teufel, Fritz 281
Thierse, Wolfgang 36, 42, 45, 50, 53, 68, 73, 250, 338, 387–388, 395–396, 398–402, 404, 408–409,

415, 419–420, 423–425, 435–436, 438–439, 459, 463
Tiefensee, Wolfgang 429–433
Tocqueville, Alexis de 24, 93
Töpfer, Klaus 197, 233, 252, 261–262

Ullmann, Wolfgang 408

Vaatz, Arnold 407
Verheugen, Günter 283, 379, 381
Vogel, Bernhard 168
Vogel, Friedrich 318
Vogel, Hans-Jochen 52, 55, 126–129, 144–145, 148, 163–164, 166–169, 181, 215, 217, 235, 242, 245, 301, 325
Vogt, Ute 456, 459
Vogts, Berti 67, 257
Voigt, Karsten 294
Vollmer, Antje 46, 257, 279, 284, 295–296, 315–316, 319, 445, 456
Voscherau, Henning 327

Waigel, Theo 52, 195, 197, 223–225, 232, 246–247, 249, 266, 323, 348, 371, 453, 456, 458
Wallmann, Walter 195, 204–207, 229
Walter, Fritz 256–257
Walther, Hansjoachim 391
Weber, Juliane 233
Wedemeier, Klaus 327
Wehler, Hans-Ulrich 248
Wehner, Herbert 37, 55, 80, 83, 86, 97, 100–103, 110–111, 129, 144, 153–154, 173, 193, 198
Weinhofer, Karl (Charly) 152–155, 304
Weiß, Konrad 395, 408
Weisskirchen, Gert 43, 294
Weizsäcker, Carl Friedrich von 449

Weizsäcker, Ernst von 450–451
Weizsäcker, Richard von 10, 23, 25, 31, 37, 52, 116, 142, 150, 159, 169, 181, 201, 260, 333, 408–409, 446–452, 456
Westerwelle, Guido 26, 53, 62–63, 66, 72, 378, 380, 435, 465–466
Wieczorek-Zeul, Heidemarie 327–328
Wiesheu, Otto 324
Wilckens, Bischof Ulrich 312, 314
Wilms-Kegel, Heike 221

Wischnewski, Jürgen 129–130, 147
Wissmann, Matthias 297
Wölber, Bischof Hans Otto 164
Wörner, Manfred 195–196
Wowereit, Klaus 466
Wulff, Christian 326, 465

Ziehe, Thomas 304
Zimmermann, Friedrich 129, 145–146, 204, 226
Zudeick, Peter 249
Zundel, Rolf 219

ZUM AUTOR

Jürgen Leinemann, Jahrgang 1937, hat Geschichte, Germanistik und Philosophie studiert. Er begann seine journalistische Karriere bei der dpa in Berlin, Hamburg und Washington. Seit 1972 arbeitet er für den SPIEGEL, war Büroleiter in Washington und Bonn, zog 1990 nach dem Fall der Mauer nach Berlin und leitete dort von 1998 bis 2001 das Hauptstadtbüro und das Ressort Deutsche Politik. Seit 2002 ist er SPIEGEL-Autor. Leinemann hat zahlreiche Artikel und Bücher veröffentlicht. Er ist Träger des Egon-Erwin-Kisch-Preises und des Siebenpfefferpreises.

INHALT

Vorwort zur Taschenbuchausgabe   4
Einleitung   9

   I Die Berliner Republik   35
  II Die Weimarer (1966–1974)   77
 III Die Soldaten (1974–1982)   126
 IV Die Kriegskinder (1982–1998)   183
  V Die Trümmerkinder (1998–2004)   276
 VI Die Ostdeutschen (1990–2004)   384
VII Hoffnungsträger   440

Danksagung   469
Bibliografie   473
Personenregister   484

Verlagsgruppe Random House FSC-DEU-0100
Das FSC-zertifizierte Papier *München Super* für Taschenbücher aus dem
Heyne Verlag liefert Mochenwangen Papier.

Aktualisierte Taschenbuchausgabe 9/2005

Copyright © 2002 by Karl Blessing Verlag, München
Wilhelm Heyne Verlag, München,
in der Verlagsgruppe Random House GmbH
www.heyne.de
Printed in Germany 2005
Umschlaggestaltung: Hauptmann und Kompanie
Werbeagentur, München – Zürich
Satz: Uhl + Massopust, Aalen
Druck und Bindung: GGP Media GmbH, Pößneck

ISBN 3-453-62009-7